DIREITO ADMINISTRATIVO E LIBERDADE

Estudos em Homenagem a Lúcia Valle Figueiredo

Celso Antônio Bandeira de Mello
Sérgio Ferraz
Sílvio Luís Ferreira da Rocha
Amauri Feres Saad
Coordenadores

CB080604

Colaboradores

Adilson Abreu Dallari • Alice Gonzalez Borges • Amauri Feres Saad
Carlos Roberto Siqueira Castro • Cassio Scarpinella Bueno
Celso Antônio Bandeira de Mello • Christianne de Carvalho Stroppa
Clèmerson Merlin Clève • Clóvis Beznos
Dinorá Adelaide Musetti Grotti • Diogo de Figueiredo Moreira Neto
Egon Bockmann Moreira • Fernando Vernalha Guimarães
José Roberto Pimenta Oliveira • Letícia Zuccolo Paschoal da Costa
Luís Manuel Fonseca Pires • Luís Roberto Barroso
Marçal Justen Filho • Regina Vera Villas-Bôas
Régis Fernandes de Oliveira • Ricardo Marcondes Martins
Sérgio Ferraz • Sílvio Luís Ferreira da Rocha • Valmir Pontes Filho

MALHEIROS
EDITORES

DIREITO ADMINISTRATIVO E LIBERDADE
Estudos em Homenagem a
LÚCIA VALLE FIGUEIREDO

© CELSO ANTÔNIO BANDEIRA DE MELLO, SÉRGIO FERRAZ, SÍLVIO LUÍS FERREIRA DA ROCHA, AMAURI FERES SAAD (COORDENADORES)

ISBN: 978-85-392-0256-0

Direitos reservados desta edição por
MALHEIROS EDITORES LTDA.
Rua Paes de Araújo, 29, conjunto 171
CEP 04531940 — São Paulo — SP
Tel.: (11) 30787205 – Fax: (11) 31685495
URL: www.malheiroseditores.com.br
email: malheiroseditores@terra.com.br

Composição
Acqua Estúdio Gráfico Ltda.

Capa
Criação: Vânia L. Amato
Arte: PC Editorial Ltda.

Impresso no Brasil
Printed in Brazil
08.2014

APRESENTAÇÃO

Sílvio Luís Ferreira da Rocha

A presente obra, *Direito Administrativo e Liberdade – Estudos em homenagem a Lúcia Valle Figueiredo*, reúne estudos de publicistas brasileiros elaborados para homenagear a inesquecível Professora Titular da Pontifícia Universidade Católica de São Paulo, Lúcia Valle Figueiredo.

Professora e Juíza, Lúcia Valle Figueiredo conciliou teoria e prática nas principais obras que marcaram sua produção científica, como o *Curso de Direito Administrativo*, *Direito dos Licitantes*, *Disciplina Urbanística da Propriedade*, *Dispensa e Inexigibilidade de Licitação*, *Extinção dos Contratos Administrativos* e *Mandado de Segurança*.

Perpassam os artigos ora reunidos, como o leitor poderá perceber, traços marcantes da obra inigualável de Lúcia Valle Figueiredo: a preocupação com a afirmação do Estado de Direito, a ideia de limitação dos poderes estatais, rejeitando-se o autoritarismo, e, por fim, a afirmação da liberdade como um direito inalienável do indivíduo.

Adilson Abreu Dallari, no artigo "Licenças urbanísticas e desvio de poder", aborda, no contexto atual, as complexas manifestações do condicionamento administrativo à propriedade, defendendo a aplicação, pelo Poder Judiciário, dos princípios fundamentais e das normas gerais de processo administrativo à atividade de polícia administrativa, incluindo-se o da razoável duração dos processos.

Alice Gonzalez Borges, no artigo "Responsabilidade civil do Estado em tempo de copa do mundo", analisa os principais riscos (terrorismo, fenômenos multitudinários, violência, greves, paralisação de serviços essenciais etc.) associados à realização, pelo Brasil, da copa do mundo de futebol, e sublinha a deficiência da legislação no que tange à divisão de responsabilidade civil entre a entidade organizadora do evento (FIFA) e o Estado brasileiro (objetiva, deste, e subjetiva, daquela).

No artigo "O controle dos tribunais de contas sobre os contratos administrativos", AMAURI FERES SAAD delimita as competências constitucionais dos tribunais de contas na avaliação de contratos administrativos, defendendo que as decisões de tais órgãos, quer pela própria conformação constitucional da atividade de controle externo, quer pelo princípio do valor formal dos contratos administrativos, não são aptas a atingir as avenças administrativas em seus efeitos típicos.

CARLOS ROBERTO SIQUEIRA CASTRO faz uma profunda e abrangente análise do regime jurídico da atividade da advocacia, defendendo a valorização da inviolabilidade e das demais prerrogativas dos advogados, no artigo "Inviolabilidade de escritórios de advocacia e departamentos jurídicos das empresas – Sigilo profissional e prerrogativas da profissão de advogado".

CASSIO SCARPINELLA BUENO, no artigo "A autoridade coatora na nova lei do mandado de segurança", identifica as diversas dúvidas interpretativas que decorrem da Lei 12.016/2009, a atual lei do mandado de segurança, no tocante à identificação da parte passiva e à caracterização da autoridade coatora no mandado de segurança.

No artigo "Concurso público e perfil profissiográfico", CELSO ANTÔNIO BANDEIRA DE MELLO demonstra a inconstitucionalidade da instituição, nos concursos públicos, dos chamados perfis psicográficos, em razão da absoluta subjetividade de sua formulação, o que impediria o controle jurisdicional do certame.

CHRISTIANNE DE CARVALHO STROPPA, no artigo "A participação das micro e pequenas empresas (MPEs) e a função social da licitação", analisa as modificações legislativas que acabaram por deslocar as licitações públicas, de simples instrumentos de seleção de proponentes e propostas vantajosas ao Erário para elementos significativos de políticas públicas.

CLÈMERSON MERLIN CLÈVE estuda, no artigo "Poder normativo da Administração Pública", os limites constitucionais da atividade normativa do Poder Executivo, defendendo a inexistência, no Brasil, dos regulamentos autônomos e a impossibilidade constitucional dos "regulamentos delegados".

Clóvis Beznos, em "Improbidade administrativa – Reflexões", oferece interessante abordagem do instituto da improbidade administrativa a partir da Constituição Federal, anotando, entre outras conclusões, a impossibilidade de extensão dos atos de improbidade a pessoas não ocupantes de cargo público.

Dinorá Adelaide Musetti Grotti, em seu artigo "Eficiência administrativa: alargamento da discricionariedade acompanhado do aperfeiçoamento dos instrumentos de controle e responsabilização dos agentes públicos – Um paradigma possível?", faz excelente inventário da compreensão do princípio da eficiência e da discricionariedade, refletindo sobre o seu significado constitucional e sobre o controle jurisdicional de tais figuras.

Diogo de Figueiredo Moreira Neto estuda o fenômeno da multiplicidade das fontes do Direito Administrativo na modernidade, apontando as modificações dos ordenamentos jurídicos, do constitucionalismo, do Estado e do conteúdo normativo dos atos da Administração Pública, no artigo "O futuro do Direito Administrativo no policentrismo de suas fontes. O Direito Administrativo global e os rumos do ordenamento jurídico pós-moderno".

No artigo "As várias dimensões do processo administrativo brasileiro (um direito-garantia fundamental do cidadão)", Egon Bockmann Moreira destaca a importância da participação do particular na formação da vontade estatal, o que implica o dever administrativo de bem informar e respeitar a dignidade da participação privada, mormente quando a atuação administrativa relacionar-se à satisfação ou delimitação dos direitos e garantias fundamentais.

Fernando Vernalha Guimarães indica, no artigo "As parcerias público-privadas e a teoria das atividades estatais indelegáveis", uma progressiva redução da dimensão das atividades intransferíveis e uma consequente ampliação do espaço de cooperação público-privada. Ressalta, no entanto, o monopólio estatal da força e da coerção, fixando, a partir do caso específico dos presídios, os contornos desse monopólio.

José Roberto Pimenta Oliveira aborda o tema da terceirização na Administração Pública, buscando delimitar, a partir da Constituição Federal, os espaços em que esta é admitida, no artigo "Terceirização na Administração Pública: possibilidades e limites".

Letícia Zuccolo Paschoal da Costa, no artigo "Breves apontamentos sobre a impetração do mandado de segurança sem esgotamento da via administrativa", estuda a constitucionalidade das restrições legislativas à impetração do mandado de segurança quando pendente a via administrativa.

No artigo "A discricionariedade administrativa e o interesse público líquido", Luís Manuel Fonseca Pires encarece a necessidade de revalorização da noção de interesse público, já não sob a roupagem de um interesse público definido de forma inequívoca, mas sim de um interesse público fluido, cuja legitimidade dependerá da sustentação racional e motivada das ações administrativas.

Luís Roberto Barroso, no artigo "Concessões de geração do setor elétrico brasileiro. Reformulação do setor pela Lei 9.074/1995 – Regime de transição, prazos e poder/dever de autotutela da Administração Pública", estuda os efeitos do regime de transição estabelecido pela Lei 9.074/1995 para a prorrogação de concessões de serviços de energia elétrica.

Marçal Justen Filho, no artigo "Contornos da atividade administrativa de fomento no Direito Administrativo brasileiro: novas tendências", analisa a atividade administrativa de fomento, defendendo não apenas o que denomina "fomento passivo", em que o Estado oferece incentivos e espera a atuação dos particulares, mas também formas alternativas de indução administrativa, como a participação acionária do Estado em sociedades de propósito específico de que sejam acionistas empresas privadas.

Regina Vera Villas-Bôas traça um rico panorama das perplexidades da moderna sociedade e sua relação com o meio-ambiente no artigo "A proteção dos valores, necessidades e interesses do homem, da sociedade e da natureza contra a violência contemporânea, seguindo o itinerário da sustentabilidade e em favor da paz mundial".

Régis Fernandes de Oliveira, no artigo "Discricionariedade administrativa e descumprimento da lei orçamentária pela decisão de não gastar", investiga os limites da discricionariedade administrativa na execução orçamentária, concluindo pela impositividade da lei orçamentária, pela restrita liberdade do agente público, que somente poderá deixar de realizar a despesa prevista no orçamento, quando a correspondente receita não se verificar na realidade.

No artigo "Princípio da liberdade das formas no Direito Administrativo", Ricardo Marcondes Martins, embora admitindo a discricionariedade administrativa para a escolha da forma jurídica de sua atuação, defende a impossibilidade de escolha do administrador quanto ao regime jurídico que baliza suas ações.

Sérgio Ferraz, no artigo "A Administração serviente e o processo administrativo (breves notas)", identifica a mudança de eixo do Direito Administrativo brasileiro moderno, do ato administrativo para o processo, mudança esta que se reflete e se alimenta da noção de Administração como um ente nuclearmente vocacionado à prestação de serviços à coletividade, de acordo com os anseios desta.

Eu no artigo "Intervenção do Estado na Propriedade" analiso a "funcionalização", como o mais recente modo jurídico de intervenção do Estado na propriedade.

Por fim, Valmir Pontes Filho sustenta a inconvivência com o texto da Constituição de 1988 das restrições legislativas à concessão de liminares em mandado de segurança em face do Poder Público, conforme se verifica do artigo "Da inconstitucionalidade das limitações legislativas à concessão de liminares em mandado de segurança".

Os temas dos textos acima sumarizados, escritos pelos prestigiosos autores referidos – a quem os coordenadores ora expressamente agradecem –, afinam-se com os temas versados de forma magistral pela Professora Lúcia Valle Figueiredo. Discricionariedade, interesse público, controle da Administração Pública, mandado de segurança, entre tantos outros, compõem o rico mosaico de sua vasta e profícua obra. Abordá-los é uma forma de manter vivas as lições de Direito e de liberdade que a inesquecível Professora Titular da Faculdade de Direito da Pontifícia Universidade Católica de São Paulo nos transmitiu a todos.

NOTA BIOGRÁFICA

AMAURI FERES SAAD

LÚCIA VALLE FIGUEIREDO nasceu em 1935, na cidade do Recife, Estado de Pernambuco. Iniciou o curso de Direito em 1953 na Faculdade de Direito do Largo de São Francisco – USP, graduando-se em 1957.

Construiu sua carreira acadêmica na Pontifícia Universidade Católica de São Paulo – PUC/SP, onde foi Professora Titular de Direito Administrativo e Coordenadora do Curso de Direito Urbanístico e Ambiental, tanto na Graduação quanto nos programas de Pós-Graduação *stricto sensu* e *lato sensu*.

Obteve na PUC/SP os títulos de Especialista em Direito Tributário (1972) e em Direito Administrativo (1975), Mestre em Direito Administrativo (1977), com a tese *Empresas Públicas e sociedades de economia mista*, e Doutora em Direito Administrativo (1978), com *Disciplina Urbanística da Propriedade*. Todos os títulos, à exceção do primeiro, sob a orientação do Prof. Celso Antônio Bandeira de Mello. Em 1985, obteve a Livre-Docência em Direito Administrativo, com a tese *Extinção dos contratos administrativos*, e em 1989 tornou-se Professora Titular de Direito Administrativo, ambos os títulos na mesma instituição.

Foi procuradora junto à Coordenação das Administrações Regionais da Prefeitura Municipal de São Paulo (1973-1976); assessora-chefe da Assessoria Técnica de Assuntos Jurídicos da Secretaria das Administrações Regionais, antiga Coordenação das Administrações Regionais da Prefeitura do Município de São Paulo (1977-1979); assessora junto ao Tribunal de Contas do Município de São Paulo (1979-1980); assistente técnica da Secretaria Municipal da Administração da Prefeitura de São Paulo (1981-1982); e Juíza Federal da 3ª Região, Seção São Paulo, onde, após se classificar em 1º lugar em concurso de provas e títulos, se tornou titular da 16ª Vara Federal (1982), e por concurso interno, se tornou Desembargadora Federal (1989-1998).

Enquanto Desembargadora Federal foi também Diretora (1995-1996) da Escola de Magistrados da Justiça Federal da 3ª Região (EMAG).

A partir de 1998 até 2009, exerceu intensa atividade de consultora jurídica e parecerista.

Integrou inúmeras instituições, entre as quais destacam-se: Instituto Brasileiro de Direito Municipal (Membro Associado); Instituto dos Advogados Brasileiros – IAB (Membro Associado); Instituto Brasileiro de Direito Constitucional (Membro Associado); Sección de Derecho Urbanístico y Ambiental do Instituto de Derecho Administrativo del Colégio de Abogados del Departamento Judicial de La Plata, Argentina (Membro Correspondente); Instituto dos Advogados de São Paulo – IASP (Membro Colaborador); Instituto Brasileiro de Direito Administrativo – IBDA (Membro); Instituto Paulista de Direito Administrativo – IDAP (Membro); Instituto Geraldo Ataliba – IDEPE (Sócia Honorária e Membro do Conselho Consultivo); Academia Brasileira de Letras Jurídicas, onde ocupou a cadeira de n. 23; Associação das Mulheres de Carreira Jurídica (Membro); e Associação Brasileira dos Constitucionalistas Democratas – ABCD (Membro do Conselho Consultivo).

Por sua colaboração ao Direito recebeu a Medalha João Mangabeira, do IASP (1984), o Colar de Mérito Judiciário Ministro Pedro Lessa, do TRF 3ª Região (1990), a Medalha da Inconfidência, do Estado de Minas Gerais (1999), e o título de Sócia Honorária, do Instituto Geraldo Ataliba – IDEPE (1996). Recebeu também o prêmio Profissional de Direito do Ano de 1989, atribuído pela Associação das Mulheres de Carreira Jurídica.

Faleceu em São Paulo no dia 23 de novembro de 2009.

Publicou os livros:

Mandado de Segurança. 6ª ed. São Paulo, Malheiros Editores, 2009 (1ª ed. de 1996).

Curso de Direito Administrativo. 9ª ed. São Paulo, Malheiros Editores, 2008 (1ª ed. de 1994).

Direito Público. Estudos. Belo Horizonte, Fórum, 2007.

Disciplina Urbanística da Propriedade. 2ª ed. São Paulo, Malheiros Editores, 2005 (1ª ed. de 1980, pela Ed. RT).

Extinção dos Contratos Administrativos. 3ª ed. São Paulo, Malheiros Editores, 2002 (1ª ed. de 1986).

Estudos de Direito Tributário. São Paulo, Malheiros Editores, 1996.

Dispensa e Inexigilidade de Licitação. 3ª ed. São Paulo, Malheiros Editores, 1994 (Coautoria com Sergio Ferraz) (1ª ed. de 1980 pela Ed. RT).

Perfil do mandato de segurança coletivo. São Paulo, Ed. RT, 1989.

Direito dos Licitantes. 4ª ed. São Paulo, Malheiros Editores, 1994 (1ª ed. de 1981 pela Ed. RT).

Autoridade Coatora e o Sujeito Passivo no Mandado de Segurança. São Paulo, Ed. RT, 1991.

Controle da Administração Pública. São Paulo, Ed. RT, 1991.

Direitos Difusos e Coletivos na Constituição de 1988. São Paulo, Ed. RT, 1989.

Empresas Públicas e Sociedade de Economia Mista. São Paulo, Ed. RT, 1978.

Livros coordenados:

Comentários a Lei Federal de Processo Administrativo (Lei n. 9784/99). Belo Horizonte, Fórum, 2004.

Ato Administrativo e devido processo legal. São Paulo, Max Limonad, 2001.

Devido processo legal na Administração Pública. São Paulo, Max Limonad, 2001.

Processo Administrativo Tributário e Previdenciário. São Paulo, Max Limonad, 2001.

Princípios informadores do Direito Administrativo. São Paulo, NDJ, 1997.
Temas de Direito Urbanístico 1. São Paulo, Ed. RT, 1987.
Temas de Direito Urbanístico 2. São Paulo, Ed. RT, 1991.

Artigos:

"Ação Declaratória de inexistência de relação jurídica entre contribuinte e Fisco — Proposição de cautelar incidente de depósito — Impossibilidade de ocorrência de decadência no decurso da ação". *Revista Trimestral de Direito Tributário*, v. 71, 1998.

"Acumulação não remunerada: a acumulação de autoridade". *Revista de Direito Público*, v. 63, p. 63-67, 1982.

"Anúncios Publicitários e Outdoors". *Interesse Público*, v. 42, p. 21-39, 2007.

"Aposentadoria por invalidez precedida de sucessivas licenças médicas". *Revista de Direito Público*, v. 69, p. 298-300, 1984. *Revista do Advogado* (São Paulo), v. 17, p. 50-51, 1985.

"Breves reflexões sobre Mandado de Segurança". *RT* 635/24-27, 2000. *Revista de Direito Público*, v. 87, p. 81-83, 2000.

"Cargos em comissão e funções de confiança". *Revista de Direito Público*, v. 99, p. 23-31, 1991. *Revista Jurídica de Osasco*, v. 1, p. 21-30, 1994. *Synthesis Direito do Trabalho Material e Processual*, v. 20, p. 173-175, 1995.

"Compensação de prejuízos fiscais do Imposto de Renda e de bases de cálculo negativas da Contribuição Social Sobre o Lucro — Limitação de 30% — Medida Provisória 812/94 — Arts. 42 e 58 da Lei 8.981/95". *Revista do Tribunal Regional Federal 3ª Região*, v. 8, n. 4, p. 65-71, 1996. *Revista Dialética de Direito Tributário*, São Paulo, n. 16, p. 31-35, 1997.

"Compensação no Direito Tributário. Procedimento de compensação do excedente a maior (art. 66, da Lei 8.383/91). Instrução Normativa 67/92 da SRF". *Revista Dialética de Direito Tributário*, São Paulo, n. 15, p. 59-65, 1996. *Revista do Tribunal Regional Federal 3ª Região*, v. 39, p. 19-31, 1999.

"Competências administrativas dos Estados e Municípios". *Boletim de Direito Administrativo*, v. 11, p. 658-671, 1994. *Revista Jurídica de Osasco*, v. 2, p. 77-92, 1995. *Revista de Direito Administrativo*, Rio de Janeiro, v. 207, p. 1-19, 1997.

"Competências dos Tribunais Administrativos para controle da constitucionalidade". *Revista Interesse Público*, Porto Alegre, v. 24, p. 24-28, 2004.

"Controle de mérito das despesas pelos Tribunais de Contas". *Anais do 15º Congresso dos Tribunais de Contas do Brasil*, v. 1, p. 152-153, 2000.

"O controle judicial dos atos administrativos e a Súmula Vinculante". *Revista do Tribunal Regional Federal 3ª Região*, v. 42, p. 33-44, 2000. *Revista de Direito Público da Economia*, Belo Horizonte, v. 04, p. 45-56, 2000. *Boletim de Direito Admi-*

nistrativo, v. 7, p. 473-479, 2000. *Revista do Instituto dos Advogados do Estado do Espírito Santo*, v. 1, 2000.

"Controle jurisdicional da Administração Pública". *Revista do Tribunal Regional Federal 3ª Região*, v. 44, p. 15-28, 2001. *Revista Interesse Público*, v. 9, p. 47-58, 2001.

"Corrupção administrativa: causas e remédios". *Revista de Direito Público*, v. 81, p. 182-187, 1987.

"Denúncia espontânea e parcelamento de débitos". *Revistas de Estudos Tributários*, v. 16, p. 20-30, 2000.

"Devido processo legal e fundamentação das decisões". *Revista de Direito Tributário*, São Paulo, v. 63, p. 211-216, 2000. *Revista de Direito Administrativo Aplicado*, Curitiba, v. 6, p. 640-657, 2000.

"O devido processo legal e a responsabilidade do Estado por dano decorrente do planejamento". *Revista Trimestral de Direito Público*, São Paulo, n. 11, p. 5-21, 1995. *Direito Administrativo Aplicado*, Curitiba, n. 6, p. 640-657, 1995. *Revista do Tribunal Regional Federal*, São Paulo, n. 28, p. 19-37, 1996. *Revista de Direito Administrativo*, São Paulo, v. 206, p. 89-108, 1996. *Revista do Ministério Público*, São Paulo, n. 5, p. 97-117, 1997.

"Os direitos difusos e sua tutela na Constituição de 1988". *Revista de Direito Público*, v. 88, p. 103-107, 1988. *Cadernos de Direito Constitucional Eleitoral*, v. 6, 1991.

"Direitos e garantias individuais: o princípio de isonomia". *Revista de Direito Público*, v. 49/50, p. 121-132, 1982.

"Discriminação constitucional das competências ambientais. Aspectos pontuais do regime jurídico das licenças ambientais". *Interesse Público*, v. 28, p. 13-28, 2005.

"Empresas de telecomunicações — Passagem da infraestrutura — Uso do solo urbano". *Revista de Direito Público*, v. 37, p. 150-168, 2002.

"A equação econômico-financeira do contrato: aspectos pontuais". *Revista Brasileira de Direito Público*, v. 5, p. 73-88, 2004.

"Estado de Direito e o devido processo legal". *Revista Trimestral de Direito Público*, v. 15, p. 35-44, 1996. *Actualidad en el Derecho Público*, Buenos Aires, p. 91-102, 1999. *Revista do Tribunal Regional Federal da 3ª Região*, São Paulo, n. 32, p. 15-27, 1997.

"O Estatuto da Cidade e os loteamentos clandestinos". *Revista Trimestral de Direito Público*, v. 33, p. 34-41, 2003. *Revista de Direito Público da Economia*, v. 04, p. 119-125, 2003.

"Favelas; urbanização; possibilidades de instalação de luz elétrica e ligação de água em favelas alojadas em espaços livres de loteamentos destinados ao uso comum do povo". *Revista de Direito Público*, v. 64, p. 202-203, 2000.

"Formalidades e requisitos do contrato administrativo". *Revista de Direito Público*, v. 90, p. 131-137, 1989. *Revista da Procuradoria-Geral do Estado de São Paulo*, v. 32, p. 159-171, 1989. *Suplemento Jurídico do Departamento de Estradas e Rodagem do Estado de São Paulo*, v. 140, p. 9-13, 1990.

"Indenizações e seu regime tributário". *Coleção de Estudos Tributários*, p. 213-225, 2000.

"A inscrição da dívida como ato de controle do lançamento". *Revista Dialética de Direito Tributário*, São Paulo, n. 36, 1998.

"Instrumentos da Administração Pública — A audiência pública e sua finalidade". *Revista Trimestral de Direito Público*, v. 38, p. 5-15, 2002. *Revista Interesse Público*, v. 18, p. 21-33, 2003.

"Interesses difusos na futura Constituição". *Revista de Direito Público*, v. 82, p. 111-114, 1987.

"Licença para construir e modalidades de sua extinção". *Revista da Procuradoria-Geral do Estado do Rio Grande do Sul*, v. 26, p. 67-80, 1980. *Revista de Direito Público*, v. 57/58, p. 67-80, 1982.

"Licenças urbanísticas". *Revista de Direito Público*, v. 57/58, p. 222-232, 1981. *Revista de Direito Administrativo*, Rio de Janeiro, v. 145, p. 21-33, 1981. *Revista da Procuradoria-Geral do Estado do Rio Grande do Sul*, Porto Alegre, v. 33, p. 49-60, 1982. *Revista da Procuradoria-Geral do Estado de São Paulo*, v. 31, p. 113-127, 1989. *Revista de Direito Público*, v. 90, p. 189-195, 1989.

"Licitações: inaplicabilidade aos Municípios dos limites previstos na lei federal". *Revista de Direito Público*, v. 63, p. 187-188, 1982.

"A liminar no Mandado de Segurança". *Revista de Direito Público*, v. 74, p. 230-239, 1985.

"Mandado de Segurança coletivo". *Revista Trimestral de Direito Público*, v. 3, p. 145, 1993.

"Mandado de Segurança em matéria tributária — Efeitos da sentença". *Revista do Instituto Cearense de Estudos Tributários*, v. 1, p. 97-112, 2000.

"Mandado de segurança em matéria tributária — Efeitos da sentença". *Revista AJUFE*, v. 39, 1993. *Revista da PGE*, São Paulo, v. 41, p. 269-291, 1994. *Ciência Jurídica*, v. 64, p. 11-24, 1995. *Revista de Direito Tributário*, São Paulo, v. 62, p. 50-61, 2000.

"Mandado de Segurança individual". *Revista de Direito Público*, v. 96, p. 206, 1990.

"Mandado de Segurança preventivo e decadência — Breves considerações". *Revista Dialética de Direito Tributário*, São Paulo, v. 80, p. 66-68, 2002.

"Medidas Provisórias". *Revista de Direito Administrativo*, v. 217, p. 31, 1999. *Boletim de Direito Administrativo*, v. 771, p. 26-36, 1999.

"Da natureza sancionatória da multa e dos efeitos decorrentes das cassações de liminares". *Revista Dialética de Direito Tributário*, v. 63, p. 105-114, 2000. *Interesse Público*, v. 33, p. 195-206, 2005.

"Norma jurídica; estrutura lógica". *Revista de Direito Civil*, v. 18, p. 30-43, 1981. *Enciclopédia Saraiva de Direito*, v. 54, p. 425-438, 1981.

"Da notória especialização". *Boletim* 56, São Paulo, v. 56, p. 14-23, 1978.

"Panorama da extinção dos atos administrativos". *Revista de Direito Público*, v. 37/38, p. 134-143, 2002.

"Os Partidos Políticos e o Mandado de Segurança Coletivo". *Revista de Direito Público*, v. 95, p. 37-41, 1990. *Revista da Procuradoria-Geral do Estado de São Paulo*, v. 34, p. 99-106, 1990.

"Pessoas de Direito Público e de Direito Privado". *Enciclopédia Saraiva de Direito*, v. 58, p. 278-281, 1981.

"Planejamento, Direito Tributário e segurança jurídica". *Revista Trimestral de Direito Público*, São Paulo, n. 12, p. 11-15, 1995.

"Princípios constitucionais do processo". *Revista Trimestral de Direito Público*, São Paulo, v. 1, p. 118-126, 1993.

"Princípios de proteção ao contribuinte: princípio da segurança jurídica". *Revista Dialética de Direito Tributário*, v. 47, p. 56-61, 1989.

"Privatização parcial da CEMIG — Acordo de acionistas — Impossibilidade de o controle societário ser compartilhado entre o Estado de Minas Gerais e o acionista estrangeiro". *Revista da Procuradoria-Geral do Estado de Minas Gerais*, v. 1, n. 2, p. 87-114, 1999. *Revista do Tribunal Regional Federal da 3ª Região*, v. 41, p. 112-142, 1999. *Revista de Direito Mercantil*, v. 118, 1999. *Boletim de Direito Administrativo*, v. 2, p. 89-103, 2000.

"Procedimento administrativo". *Revista dos Advogados de São Paulo*, v. 34, p. 62-68, 1991. *Folha de S. Paulo*, São Paulo, 1991.

"Processo disciplinar e sindicância". *Boletim de Direito Administrativo*, São Paulo, v. 5, p. 264-272, 1995. *Boletim de Direito Municipal (BDM)*, v. 7, p. 319-327, 1995. *Boletim de Direito Administrativo*, v. 2, p. 123-129, 2003.

"Produtoras de álcool — Imunidade da COFINS – Ausência". *Revista da Associação dos Magistrados Brasileiros*, São Paulo, p. 17-23, 1997. *Lex*, São Paulo, v. 105, p. 09-19, 1998.

"Recursos e sanções administrativas". *Revista Actualidad en el Derecho Público*, Buenos Aires, v. 12, p. 95-101, 2000.

"Redefinição do Estado e os Tribunais de Contas do Brasil". *Revista do Tribunal de Contas do Município de São Paulo*, v. 2, p. 10-17, 1999.

"Reforma administrativa do Estado — Estabilidade — Direito adquirido". *Revista Trimestral de Direito Público*, v. 25, p. 5-12, 1999. *Revista Interesse Público*, v. 3, p. 26-36, 1999. *Revista do Tribunal Regional Federal da 3ª Região*, v. 43, p. 9-22, 2000. *Interesse Público,* Caxias do Sul, v. 1, p. 53-64, 2005.

"Remuneração, subsídios, direitos sociais — Algumas questões que já vão surgindo nos Órgãos Públicos". *Boletim de Direito Administrativo*, São Paulo, v. 1, p. 1-7, 1999.

"Responsabilidade dos agentes políticos e dos servidores". *Revista de Direito Administrativo*, v. 196, 1994. *Boletim de Direito Administrativo*, v. 7, p. 381-386, 1994.

"Revisão de julgado". *Revista do Tribunal de Contas do Município de São Paulo,* v. 29, p. 19-24, 1980.

"A Saúde Pública e as operadoras de planos de saúde". In *Livro em Homenagem ao Professor Manoel de Oliveira Franco Sobrinho*, Belo Horizonte, p. 167-183, 2004.

"Secretário Municipal; viagens fora do Município; Despesas". *Revista de Direito Público*, v. 68, p. 296-297, 2000.

"Telecomunicações e infraestrutura: artigos 73 e 74 da Lei n. 9.472/97". *Revista Trimestral de Direito Público*, v. 30, 2000. *Temas de Direito Urbanístico*, v. 3, p. 29-46, 2001. *Revista Interesse Público*, Rio Grande do Sul, v. 11, p. 27-41, 2001. *Boletim de Direito Administrativo*, v. 06, p. 419, 2001.

"Tribunais de Contas do Município". *Revista de Direito Público*, v. 62, p. 101-110, 1982. *Revista do Tribunal Regional Federal 3ª Região*, v. 46, p. 21-38, 2001.

"Tributos, imunidades e isenções". *Enciclopédia Saraiva de Direito*, v. 75, p. 263-282, 1982.

"O uso do solo urbano pelas concessionárias". *Revista de Direito Público da Economia*, Belo Horizonte, v. 4, p. 142, 2003.

Artigos em colaboração

– com Celso Antônio Bandeira de Mello, Sergio Ferraz e Marcio Cammarosano: "Reforma da Previdência". *Revista Direito e Cidadania (Rolândia),* v. 2, p. 411-447, 2006.

– com Clóvis Beznos e César Augusto Guimarães: "Ação Civil Pública: gizamento constitucional". *Revista Brasileira de Direito Público*, v. 15, pp. 109-127, 2006.

PREFÁCIO
SAUDADES DE LÚCIA

CELSO ANTÔNIO BANDEIRA DE MELLO
SERGIO FERRAZ

A idade de Lúcia Valle Figueiredo, quando nos deixou, é um detalhe por certo que relevante num esboço biográfico, mas inteiramente dispensável nesse testemunho de amizade e de admiração – que é o propósito deste prefácio. Para nós, ela sempre terá ido embora cedo demais. Para nosso "egoísmo" de amigos e admiradores, a única solução aceitável seria sua partida depois da nossa. Mas assim não quiseram os fios do destino.

Nossa lembrança recua ao tempo da Lúcia ainda mestranda de Direito Administrativo na PUC-SP. Jovem, inquieta, sequiosa de saber, renitente pesquisadora, estudiosa incansável. Deslumbrada com o encontro do pensamento de juristas e filósofos que até então desconhecia, ou para os quais sua atenção até então não se voltara, provocava os amigos com a formulação de indagações sem fim, argumentando e polemizando, porém, sempre mais preocupada na verdadeira troca de ideias e sincera busca de formação de uma opinião, que na luta por ver suas deduções e formulações vencedoras no debate. Enfim, um espírito verdadeiramente científico e inovador. Nesse sentido, imperecíveis seus trabalhos de mestrado, doutorado e livre-docência, com enfoques ousados (e que o tempo comprovaria) sobre o regime jurídico das empresas estatais, a disciplina das extinções dos contratos administrativos, o condicionamento do afastamento da exigência de licitação etc.

Depois de passagem exemplar pelas Procuradorias do Município de São Paulo e do Tribunal de Contas do Município de São Paulo, enveredou, após brilhante concurso, pela magistratura federal. Em seguida à sua exemplar trajetória na primeira instância, ascendeu ao recém-criado Tribunal Regional Federal da 3ª Região. E aí sua erudição, sua firmeza, sua integridade, sua presteza no julgar, sua correção atenciosa no trato com os advogados e as partes, tudo isso enfim (e muito mais) marcaram tão indelevelmente seu percurso que, até hoje, quando se fala no Tribunal que ela integrou, se menciona que aquela foi uma Corte de exemplar destaque, a melhor do país à época.

No magistério jurídico Lúcia não só pontificou como também plasmou uma geração de novos juristas, que ainda agora a lembram e homenageiam. Este livro, aliás, é prova expressa dessa afirmação.

Para além e mais alto de tudo quanto até aqui testemunhado, Lúcia era uma amiga exemplar, sempre solícita e disponível, sem abrir mão, contudo, de seu indeclinável compromisso com a verdade, a coerência, a independência. Não raras vezes com essas características pode ter ela, inclusive, incomodado amigos, alunos, colegas. Mas sua probidade e autenticidade, em tais casos, funcionaram perenemente como faróis que, no desdobrar do tempo, revelavam que as passageiras divergências eram um preço justo a ser pago para nos beneficiarmos de seu respeito e nos aproveitarmos de sua respeitabilidade.

Assim era Lúcia. Jurista de escol, professora de excelência, magistrada exemplar, amiga leal, mulher admirável. Dela com muitas saudades nos lembramos mas, com muita alegria, proclamamos que fomos seus companheiros na jornada terrena.

SUMÁRIO

LICENÇAS URBANÍSTICAS E DESVIO DE PODER

ADILSON ABREU DALLARI

Professor Titular de Direito Administrativo da PUC/SP

1. Introdução. 2. A licença para edificar. 3. Problemas enfrentados pelo interessado. 4. O desvio de poder. 5. O processo administrativo do licenciamento. 6. O silêncio da Administração. 7. Conclusões.

O presente estudo foi elaborado especialmente para constar de um livro editado em homenagem a Lúcia Valle Figueiredo, juntamente com quem instituímos e ministramos, durante muitos anos, os cursos de pós-graduação em Direito Urbanístico e Ambiental, na PUC/SP.

1. Introdução

No Brasil, não obstante o direito de edificar seja inerente à propriedade imobiliária urbana, a titularidade de uma propriedade imobiliária urbana não confere ao seu detentor o direito de nela edificar, ao seu inteiro critério, segundo sua exclusiva vontade. Ou seja: embora o direito de construir esteja compreendido no direito de propriedade, ele somente pode ser exercitado de acordo com as normas legais que disciplinam tanto o uso do solo quanto as condições das edificações possíveis de serem executadas no local onde o imóvel está localizado.

Nos termos do art. 30, inciso VIII, da Constituição Federal, compete ao Município "promover, no que couber, adequado ordenamento territorial, mediante planejamento e controle do uso, do parcelamento e da ocupação do solo urbano". Embora normas federais e estaduais também possam incidir sobre a propriedade imobiliária urbana e as edificações, no tocante a alguns aspectos peculiares, a legislação básica e fundamental sobre essa matéria é municipal.

Leis municipais devem estabelecer o zoneamento de uso, compreendendo tanto a finalidade da edificação quanto seu gabarito, e o próprio direto de construir, estabelecendo condições de higiene, salubridade, segurança e, ainda a estética urbana.

Entretanto, o Município não tem completa liberdade sobre a matéria, pois compete à União, nos termos do art. 24, I, da Constituição Federal, editar normas gerais de direito urbanístico, competindo-lhe, ainda, estabelecer diretrizes para o desenvolvimento urbano, conforme o disposto no art. 182:

> A política de desenvolvimento urbano, executada pelo Poder Público municipal, conforme diretrizes gerais fixadas em lei, tem por objetivo ordenar o pleno desenvolvimento das funções sociais da cidade e garantir o bem estar de seus habitantes.

No exercício dessas competências, a União editou o chamado "Estatuto da Cidade", Lei 10.257 de 10.7.2001, estabelecendo tanto diretrizes gerais para o desenvolvimento urbano, quanto normas gerais sobre os instrumentos de intervenção do Poder Público na propriedade imobiliária urbana.

Entre as diretrizes gerais, merecem destaque a sustentabilidade (econômica, social e ambiental), a gestão participativa democrática, a cooperação entre o governo e os particulares, a integração entre as áreas rurais e urbanas, a justa distribuição dos benefícios e ônus da urbanização, a recuperação dos investimentos feitos pelo Pode Público, a preservação do patrimônio natural e cultural e a regularização fundiária.

Entre os instrumentos de intervenção governamental na propriedade imobiliária urbana figuram alguns já tradicionais, como a desapropriação, a servidão administrativa, as limitações administrativas e o tombamento, ao lado de outros que somente agora passam a ser utilizados, como é o caso da instituição de unidades de conservação, da usucapião especial de imóvel urbano, da concessão de direito real de uso, do parcelamento, edificação ou utilização compulsórios, da outorga onerosa do direito de construir, das operações urbanas consorciadas, da concessão de uso especial para fins de moradia e, ainda, da exigência de estudo de impacto de vizinhança.

Com base nessa legislação é possível que o Poder Público municipal consiga retomar o controle do desenvolvimento urbano, impedindo o crescimento desordenado, que ocorreu durante muito tempo, trazendo enormes dificuldades para a implantação e operação de serviços públicos, incidindo de maneira fortemente negativa sobre a qualidade de vida nas cidades e redundando em inaceitável injustiça social.

Em síntese, o particular, detentor de uma propriedade imobiliária urbana, para promover o seu aproveitamento, seja mediante parcelamento, seja mediante a edificação, precisa da anuência do Poder Público, concedida mediante um instrumento tradicionalmente designado como "alvará", que, na verdade, tanto pode conter uma licença quanto uma autorização, conforme ensina o saudoso Hely Lopes Meirelles:

> O alvará pode ser de licença ou de autorização para construir ou lotear. O de licença traz presunção de definitividade; o de autorização, de precariedade. Ambos são legítimos, mas se destinam a prover situações distintas e produzem efeitos jurídicos diferentes. Assim, quando a Prefeitura aprova o projeto de um edifício em terreno do requerente, adequado a essa construção, deve expedir alvará de licença para construir; se, porém, no mesmo terreno ela apenas consente que se construa provisória e precariamente um barracão para estacionamento de carros ou outra atividade simplesmente tolerada, mas não assegurada por lei, ela expedirá um alvará de autorização, revogável a qualquer tempo. Nos dois casos, o alvará é o instrumento de controle prévio da construção, mas cada um produz efeito jurídico distinto: o alvará de licença reconhece e consubstancia um direito do requerente; o alvará de autorização legitima uma liberalidade da Administração.[1]

A outorga do alvará de licença, ou, simplesmente, da licença para edificar, pelas municipalidades, tem apresentado uma série de dificuldades, podendo dar ensejo ao desvio de poder, por parte das autoridades competentes, conforme se passa a examinar.

1. *Direito de Construir*, 11ª ed., atualizada por Adilson Abreu Dallari, Daniela Libório Di Sarno, Luiz Guilherme da Costa Wagner Jr. e Mariana Novis, São Paulo, Malheiros Editores, 2013, p. 220.

2. A licença para edificar

Essencialmente, o elemento definidor do direito a edificar é o preenchimento da condição legalmente estabelecida.

Essa disciplina jurídica evidencia que a autoridade municipal competente para apreciar o pedido de alvará de licença para edificar não tem competência discricionária, podendo deferir ou indeferir por razões de conveniência e oportunidade. Na verdade, a competência conferida à autoridade municipal é vinculada, significando que o particular que cumprir todos os requisitos tem direito ao deferimento de sua solicitação, deferimento esse que não pode ser recusado, pois ele nasce diretamente da Lei.

O alvará para edificar não se confunde com uma simples autorização, mas, sim, se enquadra inteiramente no conceito de licença, que é assim delineado pela mais respeitada doutrina:

> 4.3.1 Licença – Licença é o ato administrativo vinculado e definitivo pelo qual o Poder Público, verificando que o interessado atendeu a todas as exigências legais, faculta-lhe o desempenho de atividades ou a realização de fatos materiais antes vedados ao particular, como, p. ex., o exercício de uma profissão, a construção de um edifício em terreno próprio.
>
> A licença resulta de um direito subjetivo do interessado, razão pela qual a Administração não pode negá-la quando o requerente satisfaz todos os requisitos legais para sua obtenção, e, uma vez expedida, traz a presunção de definitividade.[2]

Esse conceito acima exposto se refere às licenças em geral, nos vários e diversos setores da polícia administrativa, mas a doutrina mais autorizada em matéria urbanística traz uma caracterização ainda mais precisa e reforça ainda mais o entendimento de que o particular interessado tem direito à licença, direito esse que é apenas reconhecido pela autoridade administrativa, pois ele é conferido diretamente pela lei:

2. Hely Lopes Meirelles, *Direito Administrativo Brasileiro*, 40ª ed., São Paulo, Malheiros Editores, 2014, pp. 204-205.

A licença para construir difere da autorização. A primeira é ato vinculado, enquanto a segunda encontra-se na esfera de competência discricionária administrativa – a precariedade é uma de suas características.

Publicado o despacho concessivo da licença e emitido o respectivo alvará, fica o particular investido no direito de edificar e deverá iniciar a construção dentro do prazo prefixado no alvará.

A licença para edificar é ato administrativo inserido na competência vinculada, pois, satisfeitos os pressupostos legais, nada remanesce à Administração a não ser a outorga da licença.

Dissemos ser a licença ato constitutivo-formal por entendermos que não é, por seu intermédio, criado o direito. Perfilhamos, destarte, o entendimento do ilustre Professor Oswaldo Aranha Bandeira de Mello, quando, distinguindo a autorização da licença, assim se expressou: '(...) O primeiro (autorização) cria direito, ao ampliar as faculdades jurídicas de quem recebe a autorização, enquanto o segundo (a licença) consiste em acertamento constitutivo formal, pois se trata de declaração recognitiva de direito, de asseguramento de situação jurídica'.

Deveras, trata-se de acertamento constitutivo, indispensável à possibilidade de edificar, mas que, à diferença da autorização – discricionária –, nada agrega à esfera jurídica do indivíduo, posto que deva ser deferida, se satisfeitos os pressupostos legais. Preexiste o direito ao deferimento do pedido.[3]

Novamente é preciso dizer que, embora o texto acima se refira à licença para edificar, ele se refere ao regime jurídico das licenças urbanísticas em geral, abrangendo, além da construção em si mesma, também suas modificações (reformas), as diversas formas de parcelamento e uso do solo e, também, as regularizações, conforme a seguinte passagem doutrinária constante de trabalho monográfico sobre as licenças urbanísticas em geral:

A Administração, ao conceder uma licença, limita-se a verificar a presença dos elementos exigidos em lei para sua expedição. A constatação positiva leva a emitir uma declaração que será revestida de veracidade, como ocorre com todos os atos administrativos.

3. Lúcia Valle Figueiredo, *Disciplina Urbanística da propriedade*, 2ª ed., São Paulo, Malheiros Editores, 2005, p. 129.

Não tem a licença a natureza de constituir direitos, apenas de declarar direitos subjetivos preexistentes. A nosso ver, talvez seja esta a grande diferença entre a licença e autorização, a qual, ao criar direito novo, assume efeitos constitutivos.[4]

Diante de tudo quanto foi até aqui exposto, parece meridianamente claro que a autoridade administrativa não pode criar exigências não previstas em lei, e também não pode negar um direito expressamente conferido por lei.

Além disso, uma vez concedida a licença urbanística ela é insuscetível de revogação:

> Em suma, a licença urbanística mantém-se como ato administrativo que subsiste com o caráter vinculado, ou seja, sem margem ao administrador de valorar o mérito do ato a ser expedido, sem realizar qualquer juízo de discricionariedade, sem a possibilidade, em última análise, de sua revogação.[5]

A licença urbanística acaba tendo uma característica "real", na medida em que ela adere ao imóvel, sendo transmitida ao novo proprietário em caso de alienação do imóvel. A outorga da licença gera direito adquirido para o solicitante, mas em relação ao específico imóvel licenciado. Ou seja: o outorgado não pode aproveitar essa licença para construir em outro local, daí porque (por estar vinculada ao específico imóvel) pode ser aproveitada pelo novo proprietário.

Um problema que surge com alguma frequência é o que decorre da edição de lei superveniente à outorga da licença, alterando as condições de edificabilidade. A questão está em saber se a licença já outorgada permite, ou não, a edificação licenciada, cujas características não se amoldam à nova disciplina legal da matéria. A doutrina já se manifestou sobre o tema, sustentando a existência de direito adquirido:

4. Márcia Walquiria Batista dos Santos, *Licença Urbanística*, São Paulo, Malheiros Editores, 2001, p. 71.

5. Luís Manuel Fonseca Pires, *Regime jurídicos das licenças*, São Paulo, Quartier Latin, 2006, p. 88.

O início da obra gera direito adquirido à sua continuidade pela legislação em que foi aprovado o projeto, e, mais que isso, o só ingresso do projeto em conformidade com a legislação vigente assegura ao requerente a sua aplicação, pois o retardamento da Prefeitura na aprovação do projeto não pode prejudicar o interessado que atendeu oportunamente às exigências legais da época em que projetou e requereu a construção. Todavia, se houver prazo legal para a conclusão da obra e esta, embora aprovada e iniciada tempestivamente, não se concluir na vigência da licença, o primitivo alvará somente poderá ser renovado com adaptação da construção às novas imposições legais. Há, pois, duas situações a distinguir: a do alvará vigente, que será respeitado com ou sem início da obra, e a do alvará extinto, que exige renovação com adequação do projeto, ou da obra iniciada, às novas exigências legais.[6]

Portanto, será preciso verificar, em cada caso, de acordo com a legislação local, se a licença foi concedida sem prazo de validade ou com prazo de validade. Neste último caso, expirado o prazo de validade a licença perde vigência, validade e eficácia.

Pode acontecer, todavia, que a administração tenha concedido uma licença sem prazo de validade, mas que, em face de substanciais alterações no ambiente ou no planejamento urbano, aquela edificação se torne absolutamente conflitante com o interesse público. Em tal situação, excepcionalíssima, é possível desconstituir a licença urbanística, mas desde que o particular outorgado seja devidamente indenizado pela ablação de seu direito adquirido:

> Expendemos, pois à guisa de conclusão, que a Administração pode suprimir uma licença para edificar se houver interesse público relevante que a isso a impulsione.
>
> Entretanto, quer haja ou não sido iniciada a construção, é, necessariamente, a supressão da licença com indenização. [*Nota ao texto: Na verdade, anteriormente, endossáramos a opinião dos que aderem à necessidade de expropriação do direito. Todavia, posteriormente, remeditando no tema, já na judicatura, entendemos que não se passaria propriamente a figura da expropriação, que tem rito procedimental próprio.*

6. Hely Lopes Meirelles, *Direito de Construir*, cit., p. 219.

> *Se houvesse a expropriação do direito de construir – e não do bem – haveria de se perquirir: qual o destino desse direito? Incorporar-se ia ao patrimônio público, uma vez desapropriado?*]
>
> A questão enseja reflexão aprofundada e, sobretudo, uma revisão do próprio conceito de desapropriação. Na realidade, estaria o Estado a desapropriar fundamentado em utilidade pública – defesa do meio ambiente, por exemplo, ou da ordem urbanística. O que se incorporaria ao patrimônio do Estado seria o dever de o proprietário não construir em conformidade com o projeto anteriormente aprovado.[7]

Não obstante a meditada mudança de entendimento da respeitada autora acima referida, não nos parece despropositada a invocação da figura da desapropriação, que se aplica, também, a bens imateriais, a direitos, como é o caso do direito de construir decorrente da licença outorgada. Na desapropriação, como é cediço na doutrina, não há transmissão do bem do particular expropriado para o patrimônio do expropriante; o que ocorre, concomitantemente, é a extinção do direito do particular expropriado e o nascimento de uma propriedade pública. Portanto, pela desapropriação fica extinto o direito de construir do antigo proprietário, ficando a administração expropriante livre para dar ao bem a destinação mais consentânea com o interesse público.

3. Problemas enfrentados pelo interessado

Diante do que foi acima exposto, pode parecer que o licenciamento urbanístico seja algo já sedimentado na doutrina e na jurisprudência, não ensejando maiores questionamentos. Essa aparência é ilusória.

Na prática, a obtenção de uma licença para edificar é um processo difícil, demorado e tortuoso, pois os projetos arquitetônicos e de engenharia devem observar uma copiosa legislação, abrangendo um conjunto de normas de natureza urbanística e outro conjunto de normas edilícias, invariavelmente de difícil interpretação e aplicação, tantas as nuances e particularidades, além de um número infinito de remissões e até mesmo algumas contradições.

7. Lúcia Valle Figueiredo, *Disciplina Urbanística da Propriedade*, cit., p. 161.

Muitas vezes acontece que um projeto elaborado com o máximo cuidado sofra objeções por parte das autoridades administrativas competentes para sua análise e aprovação. Quando isso ocorre, a autoridade competente emite um documento usualmente denominado "Comunique-se", para que o interessado tome conhecimento das objeções e faça modificações no projeto, para ajustá-lo ao que a administração entende como correto.

Muitas vezes, para atender ao "Comunique-se", suprimindo ou acrescentando algo previsto no projeto inicial, para não comprometer a estética ou a funcionalidade do conjunto, é preciso fazer modificações compensatórias em outras partes do projeto, fazendo com que tudo comece de novo, com novos "Comunique-se" e daí por diante.

Não é o caso de, neste estudo, examinar exaustivamente todas as possibilidades de exigências e desencontros. Porém é conveniente fazer um exame, ainda que breve, de algo que surgiu com o Estatuto da Cidade, qual seja a exigência de obras de compensação.

Nos termos do art. 36 da Lei 10.257, de 10.7.2001,

> Lei municipal definirá os empreendimentos e atividades privados ou públicos em área urbana que dependerão de elaboração de Estudo Prévio de Impacto de vizinhança para obter licenças de construção ou ampliação (...).

Ou seja: a edificação de um empreendimento de grande vulto, como um *shopping center*, um estádio, um centro de exposições, um grande supermercado, uma grande loja de departamentos, pode acarretar uma acentuada concentração de pessoas e veículos num dado local, trazendo sérios problemas de vias de locomoção, disponibilidade de equipamentos urbanos ou comunitários, transporte público, abastecimento, ruído, segurança etc.

Diante disso, é possível condicionar a aprovação do projeto de edificação à execução de obras ou adoção de medidas que possam reduzir o provável incômodo ou os prováveis prejuízos para o funcionamento regular da cidade. Não basta que o projeto que se pretende executar esteja de acordo com as normas urbanísticas e edilícias; além disso, é preciso que o interessado se comprometa a executar os melhoramentos destinados a compensar o impacto causado na vizinhança, que passa a ser uma condição para a outorga final do "Habite-se", ou seja, do documento comprobatório de que a edificação atende plenamente as exigências legais.

No Município de São Paulo, foi editada a Lei 15.150, de 6.5.2010, cuja ementa é a seguinte:

> Dispõe sobre os procedimentos para a aprovação de projetos arquitetônicos e para a execução de obras e serviços necessários para a minimização de impacto no Sistema Viário decorrente da implantação ou reforma de edificações e da instalação de atividades – Polo Gerador de Tráfego.

Essa lei, em seu art. 2º, especifica os casos ou situações em que será obrigatória a execução de obras ou serviços destinados a compensar o impacto de vizinhança. No art. 3º, ela dispõe que caberá à Prefeitura emitir um documento, designado como Certidão de Diretrizes, "na qual estarão fixados os parâmetros a serem seguidos no projeto da edificação e as medidas mitigadoras de impacto no tráfego decorrentes do empreendimento". No art. 4º, a lei indica como o interessado deve elaborar os projetos apontados na Certidão de Diretrizes (que deve conter inclusive o orçamento) e como serão eles apreciados pela autoridade competente.

Para que tais exigências não sejam abusivas e tornem até inviável a execução da pretendida edificação, essa lei, em seu art. 8º, § 1º, estabelece um limite para o montante dos gastos que serão suportados pelo empreendedor interessado: "O custo das melhorias viárias a serem executadas pelo empreendedor não poderá representar mais que 5% (cinco por cento) do custo total do empreendimento".

Também não é o caso de se proceder, aqui, a um exame detalhado dessa legislação. Todavia é importante destacar um aspecto bastante significativo, qual seja: pela legislação tradicional em matéria de edificações urbanas, o particular interessado podia obter a licença simplesmente observando os parâmetros e limites da legislação pertinente; num momento posterior, com o advento da legislação sobre parcelamento do solo urbano (loteamentos), o particular interessado passou a ser obrigado a ceder parte do seu imóvel, para a implantação de vias, praças e espaços livres, e instalação de equipamentos urbanos e comunitários;

agora, deu-se um passo adiante, na medida em que o particular interessado passa a ser indiretamente obrigado (é um condição para a aprovação do empreendimento) a realizar obras e serviços de interesse público.

Essa nova exigência trouxe um complicador adicional. Além de todas as dificuldades inerentes à aprovação do projeto de edificação (conforme acima referido), o particular interessado em executar um empreendimento de grande vulto e que exija significativos investimentos, para o sucesso do qual o tempo de execução é fundamental, passa a enfrentar uma intrincada burocracia, já que, na maioria dos casos, a elaboração dos projetos de obras e serviços compensatórios, sua aprovação pelos órgãos competentes e sua efetiva implantação, vão depender da interferência de diversos órgãos, segmentos da administração local, que normalmente não se entendem, retardando a execução do empreendimento, causando acentuados prejuízos.

Quando a atividade administrativa de controle e fiscalização não é pautada por regras claras, deixando uma enorme margem para a chamada discricionariedade técnica (consistente na valoração de elementos técnicos, de arquitetura, urbanismo, engenharia, abrangendo questões de salubridade, proteção ambiental etc.) abre-se um campo propício à ocorrência de desvio de poder.

4. O desvio de poder

Desvio de poder é uma ilegalidade disfarçada; é uma ilicitude com aparência de legalidade. Ao vício propriamente jurídico agrega-se o vício ético; o embuste, a intenção de enganar. Pelo desvio de poder violam-se, simultaneamente, os princípios da legalidade e da moralidade administrativa.

O desvio de poder nunca é confessado, somente se identifica por meio de um feixe de indícios convergentes, dado que é um ilícito caracterizado pelo disfarce, pelo embuste, pela *aparência* de legalidade, para encobrir o propósito de atingir um fim contrário ao direito, exigindo um especial cuidado por parte do Poder Judiciário.

Pelo menos não se há de negar que um comportamento administrativo errático, instável, imprevisível, agredindo o direito ao devido processo legal é incompatível com as garantias do direito de propriedade e da livre iniciativa, que somente vicejam em ambientes de segurança jurídica, conforme a lição do saudoso mestre Geraldo Ataliba:

Para que a liberdade de iniciativa (princípio da livre empresa) e o direito de trabalhar, produzir, empreender e atuar numa economia de mercado não sejam meras figuras de retórica, sem nenhuma ressonância prática, é preciso que haja clima de segurança e previsibilidade acerca das decisões do governo; o empresário precisa fazer planos, estimar – com razoável margem de probabilidade de acerto – os desdobramentos próximos da conjuntura que vai cercar seu empreendimento. Precisa avaliar antecipadamente seus custos, bem como estimar os obstáculos e as dificuldades. Já conta com os imponderáveis do mercado. Não pode sustentar um governo que agrave – com suas surpresas e improvisações – as incertezas, normais preocupações e ônus da atividade empresarial.[8]

No fundo, o que está sendo mortalmente ferida é a substância do devido processo legal, ou, como diz a doutrina norte americana, o devido processo material, substantivo, que vai muito além da simples observância de determinado rito processual.

A garantia do devido processo legal abrange a liberdade em seu sentido mais amplo (de fazer tudo aquilo que a lei não proíbe) e também qualquer espécie de bem, inclusive o patrimônio moral. Sempre que, de qualquer forma, da atividade administrativa puder decorrer uma lesão a esses valores (liberdade e propriedade), deve ser observado o devido processo legal.

A legislação, a jurisprudência e a doutrina são absolutamente concordes em afirmar que, por força do princípio da oficialidade e diante da garantia da duração razoável dos processos, o Poder Público tem o dever de decidir, com celeridade e eficiência. Sobre isto, seja permitido transcrever o que já afirmamos em obra de doutrina escrita na confortável companhia de Sérgio Ferraz:

Uma vez desencadeado o processo (de ofício ou mediante provocação do interessado), sua nota de oficialidade o impele inevitavelmente a seu destino vocacional (a decisão), de sorte que o andamento ininterrupto do processo administrativo é, sobretudo, um ônus da Administração, 'cabendo a ela e não a um terceiro o empenho na condução e desdobra-

8. *República e Constituição*, 3ª ed., atualizada por Rosolea Miranda Folgosi, São Paulo, Malheiros Editores, 2011, p. 175.

mento da sequência de atos que o compõem até a produção de seu ato conclusivo'. Inadmissível alegue a Administração que não pode parar suas atividades de interesse geral para dar atenção a expedientes de interesse individual: além de ter ela servidores exatamente para misteres como esse (atendimento de pleitos dos administrados), as previsões constitucionais e infraconstitucionais existentes asseguram o trâmite completo e tempestivo das petições apresentadas.[9]

Pode-se travar acalorado debate sobre a configuração, em tese, do descumprimento do dever de decidir, porém, diante de casos concretos, o âmbito da discussão se restringe drasticamente. A jurisprudência já ressaltou, em magnífica síntese, a relevância das circunstâncias do caso concreto para a fiel interpretação e aplicação da lei:

> A norma geral pode ser entendida, é claro, pelo sentido abstrato das palavras por ela utilizadas. Trata-se, porém, de mero entendimento prévio. Esse entendimento não exaure o âmbito da incidência normativa, pois ele só se consuma perante os fatos concretos da vida.[10]

Na prática, diante das circunstâncias do caso concreto, é possível distinguir exigências devidas, pertinentes, e exigências indevidas, de caráter meramente protelatório, destinadas a induzir ou convencer o particular quanto à necessidade de pagar, por fora, uma (eufemisticamente falando) taxa de urgência ou de sucesso. Infelizmente, não são poucos os casos em que a autoridade competente simplesmente se recusa a deferir a licença, simplesmente engavetando o expediente, até que o particular ou empreendedor interessado pague a propina exigida.

O combate a essa forma de corrupção depende da aplicação severa, pelo Poder Judiciário, das decorrências dos princípios gerais inerentes ao processo administrativo e, especialmente do princípio da duração razoável dos processos.

9. Sérgio Ferraz e Adilson Abreu Dallari, *Processo Administrativo*, 3ª ed., São Paulo, Malheiros Editores, 2012, pp. 147-148.

10. Voto do Des. Federal Newton De Lucca no MS 94.03.093099-3-SP, TRF 3ª Região, *Boletim AASP* 2043, p. 473.

5. O processo administrativo do licenciamento

O princípio da razoabilidade figura expressamente no art. 2º da lei geral federal de processo administrativo, Lei 9.784, de 29.1.1999, que, por conter normas gerais de processo administrativo, por consistir apenas na tradução, em normas, de direitos que derivam diretamente do princípio constitucional do devido processo legal, é aplicável também a Estados e Municípios:

> Art. 2º. A Administração Pública obedecerá, dentre outros, aos princípios da legalidade, finalidade, motivação, *razoabilidade*, proporcionalidade, moralidade, ampla defesa, contraditório, segurança jurídica, interesse público e eficiência.

A desculpa normalmente apresentada pelas autoridades está na necessidade de ouvir diversos órgãos e diversas entidades integrantes da Administração, mas esse problema tem uma solução consignada na lei geral de processo administrativo:

> Art. 35. Quando necessária à instrução do processo, a audiência de outros órgãos ou entidades administrativas poderá ser realizada em reunião conjunta, com a participação de titulares ou representantes dos órgãos competentes, lavrando-se a respectiva ata, a ser juntada aos autos.

A rigor, em face do princípio da oficialidade e nos termos da Lei 9.784/1999, quem tem o dever de buscar os documentos necessários ao exame e decisão do caso é a própria autoridade competente para proferir a decisão final.

> Art. 37. Quando o interessado declarar que fatos e dados estão registrados em documentos existentes na própria Administração responsável pelo processo ou em outro órgão administrativo, o órgão competente para a instrução proverá, de ofício, à obtenção dos documentos ou das respectivas cópias.

Como se sabe, diversamente do que ocorre com os processos judiciais, que são impulsionados pelas partes interessadas, o processo administrativo se caracteriza pelo princípio da oficialidade, segundo o qual o Poder Público tem o dever de dar seguimento ao processo e o dever de decidir a questão nele enfocada, conforme manda a legislação federal em exame:

> Art. 48. A Administração tem o dever de explicitamente emitir decisão nos processos administrativos e sobre solicitações ou reclamações, em matéria de sua competência.

Por último, para que se possa ter uma referência daquilo que pode ser havido como duração razoável do processo, confira-se o disposto no art. 49 da Lei 9.784/1999:

> Art. 49. Concluída a instrução de processo administrativo, a Administração tem o prazo de até trinta dias para decidir, salvo prorrogação por igual período expressamente motivada.

Diante disso, naquilo que a legislação de licenciamento urbanístico for silente ou omissa, aplica-se a regra estabelecida pela lei geral.

Nem se diga que o processo de licenciamento urbanístico é mais complexo e que os prazos estipulados na lei geral seriam demasiadamente exíguos. Ora, esses prazos podem ser prorrogados, desde que justificadamente, mas nunca poderá a Administração descumprir o disposto no inciso LXXVIII do art. 5º da Constituição Federal, que assegura a todos os direitos à "*razoável duração do processo* e à *celeridade de sua tramitação*".

6. O silêncio da Administração

É perfeitamente possível (e, felizmente, tem acontecido com alguma frequência), que o Poder Judiciário, com base nos princípios da oficialidade e da duração razoável do processo, mande que a autoridade administrativa cumpra o seu dever de decidir, assinalando prazo para que a decisão seja proferida.

Isso produz algum resultado no sentido de diminuir o desvio de poder e, por decorrência, a enorme corrupção existente em matéria de licenciamento urbanístico, mas existem medidas ainda mais eficazes.

Antigamente, entendia a doutrina e a jurisprudência que a omissão ou o silêncio da Administração, salvo se a lei prescrevesse alguma específica consequência para isso, não poderia ser havido como decisão favorável ou desfavorável ao interessado; o silêncio era apenas o silêncio.

Mas tanto a doutrina como a jurisprudência evoluíram, à luz do surgimento de normas gerais de processo administrativo e do aprofundamento dos estudos sobre processo administrativo, chegando à conclusão, clara e inegável, de que o silêncio não pode ser tido como uma decisão desfavorável ao interessado, nem mesmo se a lei assim estipular, por lhe faltar um elemento essencial: a motivação.

Confira-se a lição de um dos mais brilhantes publicistas da nova geração:

> Por fim, se o ordenamento jurídico, apesar de também prescrever expressamente os efeitos do silêncio, assim o fizer para reconhecer o indeferimento diante da omissão do Poder Público (e, neste caso, pouco importa de qual licença se trata, se urbanística, incluindo a para o parcelamento do solo, ou se ambiental), tal disposição padecerá de vício de inconstitucionalidade por afrontar o princípio constitucional da motivação, pois o silêncio administrativo, como acima se assinalou, não é ato administrativo, mas fato administrativo, portanto, não contém forma e não apresenta motivação, e não pode a Municipalidade dispensar-se de um comando constitucional ao seu bel prazer porque a ele está, como qualquer outro entre estatal, como qualquer administrado, jungida aos seus imperativos.
>
> Destarte, caso a pretensão do administrado encontre ressonância favorável na legislação em vigor, poderá postular junto ao Judiciário para que supra a omissão da Administração com um provimento jurisdicional que constitua as licenças urbanísticas e ambientais a seu favor.[11]

Realmente, a vetusta jurisprudência, que levava ou impasse, está deveras ultrapassada. Foi substituída por decisões que entendem que o

11. Luís Manuel Fonseca Pires, *Regime Jurídico das Licenças*, cit. p. 174.

silêncio deve ser entendido como decisão favorável ao particular interessado, tanto porque não se pode presumir a má fé de quem postula algo perante a administração, quanto porque, principalmente, a administração sempre pode, se houver motivo fundado, reverter a situação, no exercício do poder de controle.

Em obra doutrinária, escrita na consagradora companhia de Sérgio Ferraz, foi possível examinar a jurisprudência mais recente, para poder, então, afirmar categoricamente:

> Como se pode observar, a tendência jurisprudencial é no sentido de tomar a omissão ou o silêncio da Administração como manifestação em favor do particular interessado – o que tem uma lógica perfeitamente consistente. Ora, se o particular manifestou formalmente sua vontade devidamente embasada de usufruir de determinado direito, não pode ficar na dependência da boa vontade da Administração, pois esta tem não apenas o poder, mas, sim, o dever de dar seguimento ao pedido, podendo até negá-lo, desde que o faça fundamentadamente. Mas não pode negá-lo de maneira indireta, tacitamente, por simples omissão, sem qualquer motivação.
>
> Em síntese, o silêncio da Administração deve ter o sentido de decisão favorável ao interessado, dado que não se podem presumir nem a má-fé nem a ilicitude da postulação.[12]

Aplique-se à administração pública, com sólido embasamento científico, o conhecido dito popular: quem cala, consente.

7. *Conclusões*

Diante do que foi acima exposto, pode-se concluir que o licenciamento urbanístico é aparentemente simples, na medida em que compete à autoridade apenas verificar a conformidade do projeto apresentado com as exigências estabelecidas em lei, não havendo margem para considerações acerca da conveniência ou oportunidade do empreendimento.

Entretanto, mesmo que se entenda ser vinculada a competência da autoridade para o exame e aprovação do projeto, é certo que o conjunto

12. Sérgio Ferraz e Adilson Abreu Dallari, *Processo Administrativo*, cit., p. 67.

normativo que disciplina a matéria é extremamente complexo, dada a pluralidade de normas, enfocando diferentes aspectos, sendo que cada norma pode conter uma infinidade de remissões e apresentar especificações, índices, tabelas, gráficos etc. É inevitável, portanto, a existência de um certo grau de discricionariedade técnica, na valoração dos elementos técnicos de arquitetura, urbanismo, engenharia, abrangendo questões de salubridade, proteção ambiental etc.

Além disso, o nível ou a natureza dos condicionamentos que se poderiam impor ao particular interessado foram evoluindo ao longo do tempo. Num primeiro momento, o que se podia exigir do particular era apenas a fiel observância dos limites estabelecidos na legislação. Num segundo estágio, com a legislação sobre loteamentos, veio a obrigação (sob a figura jurídica do concurso voluntário) de ceder parte do imóvel, destinada a ruas, praças, espaços livres e equipamentos urbanos ou comunitários, para o Poder Público. Numa terceira etapa, mais recentemente, com o advento do Estatuto da Cidade, passou a ser possível exigir do particular a realização de obras e serviços necessários á compensação do impacto ambiental ou de vizinhança gerado pelo empreendimento pretendido.

Essa complexidade tem ensejado a possibilidade da ocorrência de desvio de poder na apreciação dos pedidos de licenciamento urbanístico, mediante a criação de dificuldades de toda ordem ou da simples protelação da decisão final do pedido feito pelo empreendedor.

Diante desse quadro, para possibilitar, ao mesmo tempo, a fiel observância da legislação urbanística e coibir a ocorrência do desvio de poder (com a corrupção dele decorrente) fica perfeitamente clara a importância da aplicação, pelo Poder Judiciário, dos princípios fundamentais e das normas gerais de processo administrativo, inclusive da garantia constitucional da razoável duração dos processos.

Bibliografia

ATALIBA, Geraldo. *República e Constituição*. 3ª ed., atualizada por Rosolea Miranda Folgosi. São Paulo, Malheiros Editores, 2011.

FERRAZ, Sérgio, e DALLARI, Adilson Abreu. *Processo Administrativo*. 3ª ed. São Paulo, Malheiros Editores, 2012.

FIGUEIREDO, Lúcia Valle. *Disciplina Urbanística da propriedade*. 2ª ed. São Paulo, Malheiros Editores, 2005.

MEIRELLES, Hely Lopes, *Direito Administrativo Brasileiro*, 40ª ed., atualizada por Délcio Balestero Aleixo e José Emmanuel Burle Filho. São Paulo, Malheiros Editores, 2014.

___________. *Direito de Construir*. 11ª ed., atualizada por Adilson Abreu Dallari, Daniela Libório Di Sarno, Luiz Guilherme da Costa Wagner Jr. e Mariana Novis. São Paulo, Malheiros Editores, 2013.

PIRES, Luís Manuel Fonseca. *Regime jurídico das licenças*. São Paulo, Quartier Latin, 2006.

SANTOS, Márcia Walquiria Batista dos. *Licença Urbanística*. São Paulo, Malheiros Editores, 2001.

RESPONSABILIDADE CIVIL DO ESTADO EM TEMPO DE COPA DO MUNDO[1]

Alice Gonzalez Borges

Procuradora do Estado da Bahia (aposentada). Advogada no foro de Salvador. Professora Titular de Direito Administrativo da Universidade Católica de Salvador (aposentada). Membro da Comissão Permanente de Direito Administrativo do Instituto dos Advogados Brasileiros e do Conselho Superior do Instituto Brasileiro de Direito Administrativo. Membro e atual Presidente da Academia de Letras Jurídicas do Estado da Bahia

1. Considerações sobre as modernas tendências ampliativas da responsabilidade civil

Acha-se plenamente cristalizada, em toda a parte, a concepção da responsabilidade civil objetiva do Estado por atos de seus agentes, independentemente da perquirição da existência de dolo ou culpa. Fundamenta-se tal concepção, que supera a primitiva ideia da responsabilida-

1. N. da E.: Este artigo foi redigido em dezembro de 2012, antes dos eventos nele referidos.

de subjetiva por culpa dos agentes causadores do dano, aos seguintes pontos principais:

a) O princípio da igualdade na distribuição dos encargos públicos entre os cidadãos, e, consequentemente, na repartição, dos prejuízos e danos causados, entre todos os demais, na forma da indenização pelo Estado, que é, afinal, uma soma de contribuintes. Esse princípio geral é assim enunciado por Canotilho:[2]

> Os encargos públicos (impostos, restrições ao direito de propriedade) devem ser repartidos de forma igual pelos cidadãos.
>
> No caso de existir um sacrifício especial de um individuo ou grupo de indivíduos, justificado por razões de interesse público, deverá reconhecer-se uma indenização ou compensação aos indivíduos particularmente sacrificados.

b) A crescente amplitude da ação do Estado sob a forma de várias atividades interventivas nos mais diversos setores da sociedade, assegurada pelo uso de meios coercitivos e pela presunção geral de legitimidade de seus atos.

c) A evidência de que o Estado, com a sua multiplicidade de ação, lidando, por força de suas diversas competências, com coisas perigosas, é potencialmente produtor de riscos mais intensos do que os produzidos por qualquer cidadão.

Daí resulta a tipicidade da responsabilidade civil objetiva do Estado, materializada, forçosamente, em uma abrangência muito maior que a da responsabilidade privada em geral, e com uma proteção mais ampla aos direitos dos administrados.

Tal abrangência e tal amplitude de proteção, para que perfeitamente se realizem os princípios fundantes já aludidos, *demandam que o cidadão lesado não seja obrigado, para ser respeitado o seu direito à reparação dos danos sofridos, a perquirir e demonstrar a existência da culpa de quem quer que seja. Pois, na modernidade atual, frequentemente, frente a certos acontecimentos, é muito difícil ao cidadão lesado identificar quem lhe causou o dano, com seus próprios meios, e*

2. J. J. Gomes Canotilho, *Direito Constitucional*, Coimbra, Almedina, 1993, p. 568.

comprovar sua culpa. Ficaria, pois, inteiramente prejudicada a proteção dos direitos que a Constituição lhe assegura.

A grande novidade de nossa época – ainda não inteiramente assimilada por nossa jurisprudência em todas as suas amplíssimas consequências –, é que o Código Civil de 2002, embora admita basicamente como regra geral, na caracterização do ato ilícito, a responsabilidade subjetiva baseada na *culpa*, adotou, no parágrafo único do seu artigo 927, disposições da maior importância, consagradoras da responsabilidade civil objetiva independente de culpa, baseadas na teoria do risco. A teoria do risco, que até então só era abordada pelo direito público, passa a ser considerada também no direito privado.

Trata-se, segundo Rui Stoco, de verdadeira *cláusula geral de atividade de risco* inserida no Código Civil.

O parágrafo único do artigo 927 do Código Civil admite expressamente a obrigação de reparar o dano, *independentemente da existência de culpa*:

– *nos casos especificados em lei*, o que abriga, então a responsabilidade objetiva em relação aos acidentes do trabalho, na legislação de direito ambiental, no direito urbanístico, no direito do consumidor, no Código Brasileiro do Ar, nas atividades nucleares, ente outros;

– *quando a atividade normalmente desenvolvida pelo autor do dano implicar, por sua natureza,* ***risco*** *para os direitos de outrem*. Trata-se, inegavelmente, de hipótese de responsabilidade civil objetiva, em que não é necessária a demonstração do elemento culpa. Verifica-se, aí, que o *nexo causal* a ser perquirido se verifica entre o *fato* e o *dano* – o que representa uma tendência moderna em nosso direito –, e não mais, como na postura tradicional, entre o dano e o ofensor. Tal posição do Código Civil centra-se no princípio constitucional da proteção à dignidade humana.

Carlos Roberto Gonçalves,[3] aliás, já desde 1994 alertava para que:

> Passa-se a considerar, cada vez mais, que vítimas inocentes não podem ser deixadas ao desamparo diante dos prejuízos decorrentes do exercício de certas atividades reconhecidamente perigosas e, por isso mesmo, causadoras de frequentes danos.

3. Carlos Roberto Gonçalves, "Responsabilidade Civil", in <www.pge.sp.gov.br>.

Estudando o assunto, Udelson Josué Araldi[4] publica uma laboriosa pesquisa estatística sobre acórdãos do STJ, TJSC e TJRS, que já aplicaram em seus julgados o parágrafo único do art. 927 do Código Civil no exame dos seguintes casos específicos: acidentes do trabalho, atividades bancárias, operações de máquinas pesadas e construção civil, responsabilidade no âmbito da Internet.

Cabe-nos destacar, por sua pertinência com o tema principal de nosso estudo, que se liga à realização da Copa Mundial do Futebol de 2014, o acórdão da 5ª Câmara Cível do Tribunal de Justiça do Rio Grande do Sul nos autos da ApCiv 70003027398, de 20.12.2001, que teve como relator o Des. Clarindo Favoretto, responsabilizando o dono de um bar que vendia bebidas alcoólicas pela indenização de um freguês vítima de agressão por outros fregueses alcoolizados.

A propósito, afirma o referido autor:

> Nesse contexto, a importância da análise da jurisprudência em torno do assunto, não apenas através de estudos de casos isolados, mas também mediante a investigação estatística dos fatos levados a juízo, pois, a partir do momento em que determinada atividade começa a figurar como fonte de frequentes disputas judiciais, com significativa ocorrência de prejuízos a terceiros, possivelmente estar-se-á diante de uma atividade perigosa.

Ora, como procuraremos demonstrar mais adiante, a realização de uma Copa do Mundo de Futebol é, em si mesma, *uma atividade perigosa*, como demonstram as estatísticas das ocorrências verificadas nos últimos meses em todo o País, com simples jogos de futebol...

Vemos, pois, que as mais modernas tendências do nosso direito, bafejado pela Constituição de 1988 e pelas disposições renovadas do Código Civil, voltam-se para amparar o cidadão; e até mesmo as regras de direito privado, a respeito da matéria, saem um pouco do esquema clássico de existência de um ato ilícito, da culpa, do dano e do nexo causal que devem ser comprovados pela vítima do ato ou fato danoso.

4. Adelson Josué Araldi, "Responsabilidade civil objetiva: alcance do disposto no parágrafo único do art. 927 do Código Civil", in *Jus Navigandi*, Teresina, Ano 11, n. 1.070, disponível em <http://jus.com.br/revista/texto 8474>.

2. A realização, no Brasil, da Copa Mundial das Confederações e da Copa Mundial de Futebol, em 2013 e 2014

Todas as considerações acima vêm a propósito das expectativas de toda a Nação a respeito da realização, em nosso território, da Copa Mundial das Confederações e da Copa Mundial do Futebol, intensamente aguardadas pelos cidadãos brasileiros para os anos de 2013 e 2014.

O fato de ter sido conquistado pelo Brasil o privilégio de sediar tais Copas representou a vitória de uma encarniçada batalha de influências e tratativas, acompanhadas por entusiástica torcida nacional.

Trata-se de um dos eventos esportivos mais importantes, em escala mundial, reunindo as representações de praticamente todos os países.

Por sua enorme complexidade, tal realização demanda significativos esforços em todos os setores de obras e serviços. Bem realizados, os mesmos trazem considerável perspectiva para o progresso e o desenvolvimento e a própria imagem internacional de qualquer País. Acresce, ainda, que se trata de um esporte que constitui entre nós verdadeira paixão nacional.

3. Compromissos assumidos pelo Governo Brasileiro com entidade futebolística internacional

Preliminarmente, cumpre examinar um pouco o que é a FIFA-*Fédération Internationale de Football Association*, respeitável entidade internacional de direito privado regida pela legislação suíça, sediada em Zurique, na Suíça.

Fundada em 1904, constituída atualmente por 200 federações nacionais de todo o mundo, tem longa folha de serviços prestados historicamente ao engrandecimento do esporte mundial.

Suas normas estatutárias, bem como seu regulamento de aplicação, equivalem a uma verdadeira constituição do órgão máximo do futebol internacional. As atuais ora vigentes foram aprovadas pelo Congresso da FIFA de Zurique, em 1º de junho de 2011, para entrarem em vigor a partir de 1ª de agosto do mesmo ano. As alterações desse texto só podem ser feitas através de um congresso especial da entidade, requerendo, para sua aprovação, a maioria de 3/4 das federações nacionais presentes, e que tenham direito a voto.

Dela podemos dizer, com Paulo Otero (citado em congresso jurídico pelo eminente jurista Flavio do Amaral Garcia),[5] que se trata da "existência de ordenamentos jurídicos específicos ou particulares provenientes de estruturas organizativas não governamentais, internacionais e independentes do Estado, como é o caso do Direito Canônico, enquanto expressão de todo um ordenamento jurídico da Igreja Católica, ou o Direito do Desporto, provenientes de organizações várias como o COI".

São muitas e bastante complexas as missões a que estatutariamente se propõe a FIFA, desenvolvendo suas atividades com o apoio e cooperação, em plano de igualdade, das federações de futebol dos mais diferentes países de todo o mundo.

Trata-se de uma entidade privada cuja atividade, no decorrer de sua existência, tem desenvolvido uma grande tarefa de aproximação entre os povos, unidos pelo mesmo amor ao esporte independentemente de suas desigualdades e diferenças, e, consequentemente, tem contribuído positivamente para a consolidação da própria paz mundial.

Entre essas múltiplas atividades destaca-se, por seu relevo, a realização de Copas de futebol de caráter mundial, como a que será realizada no Brasil, em 2014.

São sempre delicadas e requerem dedicado esforço de compreensão, as relações que se travam, durante tal realização, entre essa organização mundial e as autoridades governamentais do país que foi por ela escolhido para sediar o evento, através de prévia e rigorosa seleção.

De um lado, a estrutura organizacional da entidade privada internacional lhe assegura, como demanda indispensável para o êxito de empreendimento tão complexo, determinados privilégios, que são acordados e previamente aceitos pelos países que se candidataram a sediar o evento. Tais privilégios decorrem de relações comerciais e tecnológicas longamente consolidadas através dos anos, que asseguram a viabilidade econômica e técnica de seus empreendimentos. São as principais:

– o registro especial de marcas, emblemas e símbolos especiais da FIFA;

5. I Forum Jurídico Brasil Copa do Mundo 2014, Salvador, 13.12.2011.

– titularidade, pela FIFA, com exclusividade, de todos os direitos de imagem, som e radiodifusão dos eventos da Copa e da Confederação;

– exigência de prévia autorização pela FIFA para a vendagem de certos produtos, com a definição de áreas de exclusividade cujos limites serão estabelecidos pelas autoridades competentes;

– exclusividade, pela FIFA, para a venda de ingressos e a locação dos assentos dos estádios durante os eventos esportivos;

– criação de *tipos penais* especiais e temporários para as transgressões dos privilégios da FIFA;

– flexibilização do vistos de entrada de agentes estrangeiros da FIFA e das permissões de trabalho;

– segurança interna dos estádios, durante os eventos, a cargo de empresas privadas contratadas pela FIFA;

– *faculdade* de criação de juízos especiais e de normas processuais também especiais para os litígios decorrentes das relações jurídicas com agentes da FIFA

De outro lado, se o país que sediar uma Copa mundial está fortemente vinculado ao cumprimento dos compromissos internacionais formalmente assumidos, presumivelmente para atender a grandes aspirações populares e a grandes benefícios econômicos e desenvolvimentistas esperados para a Nação, *o fato é que o seu mais forte e inadiável compromisso é com o interesse público e com o ordenamento de suas instituições*.

Consequentemente, deve ocorrer a flexibilização de comportamento de ambas as partes na efetivação de seus compromissos, tendo sempre em vista o bem estar geral e o interesse maior de congraçamento universal que preside tais eventos.

4. *Peculiaridades do País a serem consideradas na realização de eventos futebolísticos internacionais*

Para isso, há que os governantes do país-sede e os dirigentes do órgão executivo do evento agirem com extrema prudência e ponderação, levando sempre em conta as peculiaridades locais.

Raramente outras copas mundiais de futebol devem ter sido realizadas em um país que tenha nesse esporte verdadeira paixão nacional, como é o caso do Brasil. Essa paixão é exacerbada ao extremo pelo orgulho nacional de ser pentacampeão mundial nesse esporte: orgulho, esse, que vai ao ponto de considerar verdadeira catástrofe nacional não vencer uma Copa (assim ocorreu em 1950...).

Essa paixão, essa honra nacional, tem aspectos que chegam a ser verdadeiramente irracionais e devem ser muito bem considerados, para assegurar-se o êxito pacífico do evento:

– no acesso irrestrito do público aos jogos, independentemente de idade, de sexo, de higidez física e condição econômica ou social;

– na contenção de abusos e de violência, causadas pelo entusiasmo das torcidas.

Duvidamos que muitos países que sediaram copas cheguem ao ponto de fazer-se considerar a possibilidade da decretação de *feriado nacional* no dia da realização de um jogo de futebol local, paralisando até, na prática, a realização de serviços públicos essenciais.

Outra peculiaridade a considerar é a do momento que vivemos em nosso País, quanto à segurança pública. Os níveis de violência e criminalidade estão levando as estatísticas a níveis inacreditáveis, conjugados com os da ação dos traficantes de drogas que têm, no País, caminho obrigatório para os mercados europeus. É preciso muito rigor para com o problema da segurança, muito maior que o usual, na realização desta Copa Mundial. Alguns aspectos do projeto da Lei Geral da Copa, que consagram certas facilidades para seus organizadores, têm de ser bem dimensionados, ao serem encarados em confronto com os dados da efetiva realidade nacional no setor de segurança pública.

Outro aspecto da realidade nacional, que nos dói relembrar, é o problema da corrupção avassaladora que infelizmente grassa atualmente no País, em todos os níveis e poderes da República, ensejando também, por sua vez, muitas cautelas na adoção de certas permissividades.

5. *Diversidade de riscos no panorama mundial atual*

Vivemos infelizmente em uma época em que grassa a violência, em todas as suas formas, apesar da crescente aspiração dos povos do mundo pela conquista da *Paz plena e total*, manifestada unanimemente em todos os rincões da Terra.

Basta que leiamos os jornais ou abramos os noticiários diários da televisão, para que constatemos, com horror, essa triste verdade. Quanto mais os homens se unem na persecução dos mais sublimes ideais, quanto mais surgem conquistas inimagináveis no progresso da ciência e da tecnologia, de todas as partes do planeta, quanto mais os prêmios Nobel são concedidos a equipes e não mais a indivíduos isolados, equipes essas constituídas por pessoas dos mais diferentes pontos da terra unificados em estudos comuns, quando tudo parece conspirar para uma união dos povos, mais surgem episódios lamentáveis que ceifam vidas de centenas, milhares de inocentes, em nome de não se sabe bem o quê.

Diogo Figueiredo Moreira Neto,[6] ao analisar, em monumental estudo, o fenômeno novo da canalização de legítimos descontentamentos contra os poderes constituídos para a exteriorização de rebeldias através de grandes movimentos de massa, observa:

> Assim é que os *movimentos de massa,* empregados como formas de expressão de protestos ou de reivindicações, poderão facilmente se prevalecer dos acrescidos meios de difusão e de arregimentação possibilitados pela *comunicação digital,* para facilmente se constituírem como espécies compósitas e particularmente agressivas do que seria, assim, perigosamente ampliada, a espécie de riscos dos *contra-poderes sociais*. E tanto assim o é, que, mesmo sem que esse hibridismo de meios de propagação atinja todo o seu potencial, e possível observar-se que, até em simples manifestações de massa em praça pública, indistintamente em países ricos ou pobres e em vários níveis de desenvolvimento, *já se vem registrando uma preocupante escalada de violência,* remotamente induzida pela mobilização eletrônica, que, não obstante, se produzem até mesmo em movimentos legais e legítimos, como as greves.
>
> (...).
>
> Em confronto, se considerados quanto aos *aspectos negativos* do fenômeno, para os que os temem, a ponto de não tolerá-los, mencionem-se a possibilidade da *manipulação radical político-partidária* dos descontentamentos, ainda que legítimos, os abalos que causam à *segurança pública,* principalmente nos centros urbanos, e, não menos inquietantes,

6. Diogo Figueiredo Moreira Neto, "Democracia e contra-poderes", *Revista da Procuradoria-Geral*, Rio de Janeiro, Edição Especial, 2012, pp. 29-54, esp. pp. 41 e ss.

as graves *interferências de fato que acarretam sobre o normal exercício dos serviços públicos,* em prejuízo geral de seus usuários.

Quem acompanhou o noticiário de movimentos de massa como os da Inglaterra, da França, da Rússia e da China, ou, em menor escala, os inquietantes acontecimentos que ocorreram na Bahia com uma greve de policiais militares, sabe bem o que o ilustre autor está dizendo.

Tratando-se da realização de um grande evento esportivo em vários pontos do território nacional, com grande movimentação de massas, propício a certas manifestações políticas, deve ser efetuado um necessário planejamento para assegurar a ordem pública e a defesa nacional e para prevenir e preparar a possibilidade do surgimento interno de atos de violência nessa época, ainda que não necessariamente dentro dos estádios de futebol. É um risco sério para a segurança nacional, que tem de ser levado em conta. Outro problema a ser enfrentado, também, é o risco permanente que há, em competições esportivas de tal porte e amplitude, do advento de atos de terrorismo político contra representações esportivas de vários países. Temos, historicamente, lamentável precedente a esse respeito, ocorrido em Munich, não há muitos anos.

Além da previsão do inciso XLIII do artigo 5º da Constituição, a partir da catástrofe de 11 de setembro de 2001, o País tem-se preparado, sobretudo através da Lei 10.744, de 2003, para fixar responsabilidades e adotar providências especiais, no combate a atos de terrorismo contra aeronaves brasileiras. Mas é preciso alertar para o fato de que a legislação brasileira não está preparada, com medidas pertinentes, contra atos de terrorismo verificados nas áreas terrestres.

6. A Lei Geral da Copa, Lei 12.663, de 5.6.2012, e seus aspectos polêmicos

Após muitas discussões – das quais participamos, através de Parecer submetido à Comissão Permanente de Direito Administrativo do Instituto dos Advogados Brasileiros, cujo Plenário o aprovou em sessão de 4.4.2012 – e de muitas marchas e contramarchas do Governo brasileiro, embaraçado entre o cumprimento dos compromissos com a FIFA e a pressão da opinião pública brasileira, foi finalmente aprovada a Lei Geral da Copa de 2014, Lei 12.663, de 5.6.2012.

A redação final da Lei não conservou vários dos privilégios em favor da FIFA que constavam do projeto original – PL 2.330/2011, encaminhado ao Congresso Nacional. A propósito desse Projeto, tínhamos escrito, em nosso já citado parecer submetido ao Plenário do Instituto dos Advogados Brasileiros, que:

> Pois se é verdade que a principal intenção do PL em comento foi assegurar o cumprimento das garantias prestadas à FIFA pelo Governo Brasileiro para sediar as competições internacionais projetadas, entretanto, é indeclinável dever dos dirigentes da República o de preservar a soberania nacional e os interesses nacionais, bem como verificar a constitucionalidade e a juridicidade de certas proposições apresentadas (...).

Algumas dessas proposições, como oportunamente alertou Oscar Argollo ao encaminhar sua Indicação ao exame do Instituto dos Advogados Brasileiros, constantes do Projeto de Lei original encaminhado ao Congresso, eram imposições excessivas e desproporcionais "que são, em tudo e por tudo, aquelas que implicam na violação dos direitos individuais, políticos e sociais dos brasileiros, assegurados, como cláusulas pétreas, em nossa Constituição".

Fez um bom trabalho o Congresso Nacional a esse respeito, aprovando emendas que escoimaram muitas dessas imposições da FIFA. Mas permaneceu, a nosso ver, na Lei, o ponto mais fraco do Projeto, que era, a nosso ver, o que diz respeito à segurança dos cidadãos brasileiros e dos outros países, ao acudirem a um evento esportivo de tamanha complexidade e envergadura; bem assim, à definição pertinente de responsabilidades dos órgãos promotores do evento. Trata-se de matéria que está a exigir complementação específica, para corresponder ao compromisso maior das autoridades brasileiras com o bem estar e a segurança dos seus cidadãos.

Assim é que foi praticamente mantido pela Lei o compromisso do Governo brasileiro com a FIFA para liberar a vendagem de bebidas alcoólicas nos estádios de futebol, durante os jogos. Essa vendagem era proibida pelo Estatuto do Torcedor, providência que, segundo revelam as estatísticas, já vinha resultando na diminuição de brigas de torcedores durante os jogos. A Lei da Copa não manteve a proibição. A esse propósito, escreveu Danuza Leão, em crônica jornalística, com muita razão:

> (...) o compromisso que o governo assinou com a FIFA, liberando a venda de bebida alcoólica nos estádios, durante a Copa. Se já acontece tanta violência entre as torcidas em tempos normais, imagine uma briga por um impedimento mal marcado, com os torcedores bebendo. Mas os dirigentes da FIFA e da cervejaria patrocinadora não estão nem aí, é um problema de $$, e a responsabilidade sobre qualquer tumulto será totalmente do governo.[7]

Deixou-se a matéria para ser objeto de uma problemática negociação entre a FIFA e cada um dos ordenamentos estaduais que já consagram a proibição em sua legislação.

A Lei 12.663/2012 assim prevê, nos artigos 22 e 25, a respeito de responsabilidades:

> Art. 22. A União responderá pelos danos que causar por ação ou omissão à FIFA, seus representantes legais, empregados ou consultores, na forma do § 6º do art. 37, § 6º da Constituição Federal.
>
> Art. 25. A União assumirá os efeitos da responsabilidade civil perante a FIFA, seus representantes legais, empregados ou consultores, *por todo e qualquer dano resultante ou que tenha surgido em função de qualquer incidente ou acidente de segurança relacionado aos Eventos*, exceto se, e na medida em que, a FIFA ou a vítima houver concorrido para a ocorrência do dano. (Grifamos.)
>
> Parágrafo Único. A União ficará sub-rogada em todos os direitos decorrentes dos pagamentos efetuados contra aqueles que, por ação ou omissão, tenham causado os danos, ou tenham para eles concorrido, devendo o beneficiário fornecer os meios necessários ao exercício desses direitos.

E os direitos do torcedor?

A Lei em comento, em seu art. 68, dispõe que se aplicam subsidiariamente as disposições da Lei 10.671/2003 (que é o próprio Estatuto do Torcedor), diploma legal elaborado com o maior cuidado, e cujos benéficos efeitos já se vêm produzindo na prática brasileira, sobretudo, inclusive, quanto à proteção da segurança dos torcedores contra a violência nos jogos esportivos.

7. Danuza Leão, "Perigo Anunciado", crônica no jornal *A Tarde*, de 25.3.2012.

Pois bem. A Lei Geral da Copa *excetua taxativamente de aplicação* os seguintes artigos do nosso Estatuto do Torcedor, durante os eventos esportivos que disciplina:

– artigos 13-A a 17; 19 a 24, 31-A, 32, 37;

– capítulos II, III, IX e X.

Os referidos artigos tratam, precisamente, da proteção dos direitos e dos direitos dos torcedores, e dos direitos, deveres e responsabilidades das entidades responsáveis pela organização da competição, de seus dirigentes e daqueles caracterizados no seu artigo 15 como detentores do mando de jogo. Entre os artigos do Estatuto do Torcedor cuja aplicação é *afastada* pela Lei da Copa, vale destacar:

> – *o artigo 14*, que diz respeito à responsabilidade da entidade de prática esportiva do mando de jogo e de seus dirigentes pela segurança dos torcedores, com 3 itens esclarecedores e a previsão, no § 1º, da imediatidade do atendimento das reclamações e de seu encaminhamento às autoridades competentes;
>
> – *o artigo 16*, que cuida dos deveres da entidade responsável pela organização da competição, com respeito à divulgação antecipada do horário das partidas e à garantia de serviços de assistência médica. (Sobre o tema, a Lei 12.663/2012, comete a responsabilidade por saúde e serviços médicos à União.);
>
> – *o artigo 17*, que cuida do direito do torcedor à implementação de planos de ação relativos à segurança, transporte e contingências que ocorram durante os eventos esportivos. (A Lei Geral da Copa só se refere à espécie para atribuir tais responsabilidades à União.);
>
> – *o artigo 19, que estabelece a responsabilidade solidária das entidades responsáveis pela organização da competição e seus dirigentes, com as entidades detentoras do mando de jogo, independentemente de existência de culpa, pelos prejuízos causados a torcedor, que decorram de falhas de segurança nos estádios ou da inobservância do Estatuto do Torcedor.*

Como é fácil concluir, a supressão de aplicabilidade das normas do Estatuto do Torcedor já apontadas se dirige, essencialmente, a *afastar as responsabilidades da FIFA* pelos prejuízos causados ao torcedor, que decorram de falhas de segurança, transgressões regulamentares de torcedores no local, brigas e demais incidentes que ocorram nos estádios durante os jogos.

Ora, se é a FIFA quem vai organizar os jogos, marcar o local e a data das competições, determinar quem tem ingresso nos jogos, onde os torcedores terão assento nos estádios, quais serão os árbitros dos jogos etc., isto significa que lhe cabe zelar pela segurança interna das competições que organiza. Aliás, isto, como é notório, faz parte integrante do próprio Regulamento de Segurança da FIFA, o qual lhe permite contratar empresas do setor privado, sob sua responsabilidade, para assegurar a segurança interna durante as competições. A Lei apenas diz que tais agentes obedecerão à legislação permanente e à orientação normativa da Polícia Federal, mas nada diz sobre suas responsabilidades.

Chegamos, assim, à lamentável conclusão de que, durante a realização dos eventos esportivos em comento, o grande esquecido e desprotegido pela Lei Geral da Copa, ante a possibilidade, sempre presente em jogos comuns, de incidentes ou acidentes de toda a sorte, é o *espectador comum*, brasileiro ou estrangeiro, cujas normas de proteção foram afastadas pelas aludidas normas.

O certo seria, segundo os especialistas da matéria, termos duas áreas de segurança: uma interna, diretamente relacionada com a realização dos certames, e outra, externa, respeitante ao exercício do poder de policia comum, sendo que a segurança interna estaria a cargo de pessoas de direito privado: a FIFA e seus agentes.

Como está na Lei, todas as responsabilidades recaem sobre a União, e praticamente nenhuma sobre a FIFA, como agente organizador do evento, a não ser estritamente a baseada na culpa.

Isto não está de acordo com o nosso direito, que consagra a responsabilidade objetiva das pessoas de direito privado pelos danos decorrentes do exercício de atividades perigosas – a realização de eventos esportivos de tamanho porte é sem dúvida uma delas.

7. Providências legislativas que se impõem, para maior proteção aos espectadores brasileiros de outros países, em eventos esportivos de grande porte

Tratando-se da realização de um grande evento esportivo em vários pontos do território nacional – bem distantes um do outro –, com grande movimentação de massas propícia a certas manifestações políticas, será necessário um adequado planejamento estratégico, para que se assegure a ordem pública e a defesa nacional, e para prevenir a possibilidade do surgimento de atos de violência nessa época, ainda que não necessariamente dentro dos estádios de futebol.

Vimos que tal espécie de evento internacional acarreta grandes riscos internos de toda a sorte: ocorrência de ações do crime organizado, insegurança nas áreas de fronteira, o surgimento de movimentos grevistas agravados por ações de violência generalizada repercutindo na paralisação de serviços essenciais etc.

Nesse sentido, os jornais têm noticiado a organização, pelo Governo Federal, sob a coordenação da Secretaria Extraordinária para a Segurança de Grandes Eventos, de um grande planejamento estratégico para ações congregadas dos governos federal, estaduais e municipais, juntamente com as Forças Armadas, a Polícia Federal e a Interpol, organização policial internacional. Tais ações focalizarão as ameaças externas, a proteção de portos, aeroportos e fronteiras, das 12 cidades que sediarão os jogos da Copa e as áreas vizinhas.

Há um risco permanente, na era atual, em grandes eventos internacionais de tal amplitude, do advento de atos de terrorismo político contra representações esportivas de outros países.

A orientação da Lei 10.744/2003, que fixa responsabilidades e adota providências especiais no combate a atos de terrorismo contra aeronaves brasileiras, dirige-se no sentido da assunção, pela União, das responsabilidades estatais pelo *risco integral da reparação dos danos verificados, em relação às vítimas*.

Mas é preciso alertar para que a legislação brasileira não está preparada para enfrentar, com medidas pertinentes, os atos de terrorismo verificados nas áreas terrestres.

É preciso cuidar a respeito, e a oportunidade histórica é extremamente favorável ao surgimento de legislação específica sobre a matéria.[8]

8. Considerações finais

Por força de nossa participação na Comissão de Direito Administrativo do Instituto dos Advogados Brasileiros, tivemos que analisar as

8. A propósito, foram nesse sentido as palavras do Ministro Moreira Alves, durante o Seminário Internacional sobre Atos Terroristas realizado nos dias 17 e 28 de maio de 2002, por iniciativa do Superior Tribunal de Justiça, focalizando em sua conferência o tema "Responsabilidade Civil do Estado frente ao terrorismo e à violência".

propostas do Projeto de Lei 2.330 para a Lei Geral da Copa do Mundo 2014, o qual resultou na Lei 12,663, de 5.6.2012.

Como nos competia, analisamos apenas os aspectos da nova legislação pertinentes à competência de nossa Comissão. Tivemos a preocupação de, respeitando embora os compromissos assumidos pelo Governo brasileiro com a FIFA, verificar e apontar muitos pontos em que as exigências daquela entidade internacional se revelavam descabidas e afrontavam os princípios fundamentais do ordenamento jurídico-constitucional brasileiro. Tivemos a satisfação, posteriormente, de ver que muitas dessas disposições que apontávamos, e que haviam sido igualmente repelidas pelo Instituto ao endossar nosso pronunciamento, vieram a final a ser rejeitadas pelo Congresso.

O que mais nos impressionou, em tal exame, foi que o ponto mais fraco do Projeto original, e que infelizmente não foi devidamente levado em conta pelo Congresso, merecendo ser complementado com legislação específica, diz respeito à adequada proteção do cidadão comum, brasileiro ou estrangeiro, contra possíveis danos decorrentes da realização de um evento internacional tão grandioso, mas que, no momento histórico atual, e tendo em vista certas peculiaridades brasileiras, podem acarretar sérios riscos para os espectadores e a população em geral.

Nos dias em que escrevíamos tais palavras, o noticiário internacional anunciava que dezenas de cidadãos egípcios haviam sido mortalmente vitimadas por brigas de torcedores dentro de um campo de futebol.

Tais aspectos deverão ser profundamente meditados pelos estudiosos de direito, sendo objeto de sérios estudos e da proposição de medidas responsáveis. Mesmo porque também sediaremos, nos próximos anos, uma Olimpíada Internacional. O momento histórico que vivemos, com sua coorte de violência generalizada, não mais admite que enfrentemos a realização de grandes eventos de massa, com as noções clássicas cristalizadas sobre a responsabilidade civil, a culpa, o nexo causal entre o dano e a ação de um agente causador, e as várias excludentes de responsabilidade construídas pela doutrina.

Nos bancos escolares, nossa geração aprendia que a responsabilidade pelo risco integral era uma noção muito avançada, fruto de imaginações exaltadas, de aplicação impossível no terreno prático.

Assim não é mais na realidade. Assim não é mais em nosso direito, com a adoção constitucional do risco integral relativamente aos danos nucleares, com os avanços do Código Civil adotando, no direito privado, a responsabilidade diante dos riscos de atividades perigosas.

Assim contribuiremos para fazer efetivamente, dos eventos de congraçamento universal como este de que se trata, um ponto alto de comunhão universal e de harmonia entre os povos da Terra sob a égide do esporte, para que se atinja o ideal universal de alegria, concórdia e paz.

Salvador, 18 de dezembro de 2012.

ULTIMA HOMENAGEM

Este singelo artigo foi escrito em homenagem à figura inesquecível da grande jurista Lucia Valle Figueiredo, tão cedo roubada ao nosso convívio, quando ainda poderia tanto produzir para as letras jurídicas e para suas intensas atividades profissionais de grande cultora do Direito. Direito, esse, a que dedicou toda a sua vida com superlativa excelência, seja como professora, como advogada, como magistrada, ou como autora de admiráveis obras,

Lucia Valle era, com tantas atividades intelectuais, um exemplo de mulher meiga, afável, até maternal, dotada de todas as chamadas virtudes femininas, sobretudo uma grande sabedoria. Todos quantos dela se aproximavam, atraídos por sua cultura e valor intelectual, rendiam-se ante sua imensa ternura e se tornavam seus incondicionais amigos. Tenho todas as suas obras, ofertadas com carinhosas dedicatórias, dirigidas sempre a *"minha grande amiga"*.

Pessoas como Lucia Valle nunca morrem, porque sobrevivem sempre na memória de todos que a amavam e admiravam suas lições.

AGB.

O CONTROLE DOS TRIBUNAIS DE CONTAS SOBRE CONTRATOS ADMINISTRATIVOS

AMAURI FERES SAAD

Mestre e Doutorando em Direito Administrativo pela PUC-SP

1. Considerações Iniciais[1]

Poucos órgãos são objeto de tantos equívocos, doutrinária e jurisprudencialmente, quanto os tribunais de contas. Ainda hoje se fala em

1. O presente artigo é escrito em homenagem a Lúcia Valle Figueiredo, figura humana extraordinária, que pôde reunir na mesma pessoa a magistrada exemplar e corajosa, a professora cativante e a jurista que – sem favor algum – ocupa lugar de intenso destaque e primeiríssima grandeza na geração que, sobretudo a partir da Faculdade de Direito da PUC/SP, lançou as bases do moderno Direito Administrativo brasileiro, fundado nas ideias de democracia e de limitação jurídica dos poderes estatais em privilégio da dignidade e da liberdade humanas. O tema da *liberdade*, aliás, perpassa toda a sua obra, não sendo ao acaso a sua escolha, pelos coordenadores, como *leitmotiv* desta obra coletiva.

jurisdição para caracterizar a atuação de tais órgãos, os seus regimentos internos são aprovados como mera reprodução acrítica de dispositivos do Código de Processo Civil[2] (desconsiderando-se as peculiaridades do processo administrativo[3] e lembrando a anedota do município do interior que aprovou lei orgânica – copiada de município litorâneo – em que constavam referências aos terrenos de marinha...); e, mais gravemente, a qualidade das decisões tomadas por tais órgãos – em função da ignorância, proposital ou involuntária, dos limites de sua atuação – é muitas vezes baixa, acarretando, não raramente, a violação de direitos individuais e a obstaculização infundada das ações administrativas auditadas, contribuindo para a ineficiência de um aparelho já de *per se* pouco eficiente.

Matéria em que tais problemas se colocam em sua integralidade é a dos contratos administrativos. Sob o pálio da economicidade, escolhas discricionárias administrativas são revistas e atos jurídicos perfeitos são desconstituídos, *ex voluntate* do tribunal, às vezes mesmo sem a oitiva exauriente dos interessados. O desempenho dos tribunais de contas é medido não em termos de legalidade ou constitucionalidade, mas dos

2. O regimento interno do Tribunal de Contas do Estado de São Paulo fala, ridiculamente, em proferimento de "sentença" pelo órgão (arts. 46, 119, I, e 208, IV). Imprecisões deste jaez, no entanto, são encontráveis inclusive no texto constitucional: com efeito, o art. 73 da Constituição Federal menciona que o Tribunal de Contas da União possui "jurisdição em todo o território nacional" e que, nos termos do seu § 3º, os seus Ministros farão jus às "mesmas garantias, prerrogativas, impedimentos, vencimentos e vantagens dos Ministros do Superior Tribunal de Justiça". Ora, se há a necessidade de equiparação do Tribunal de Contas da União com um órgão do Poder Judiciário, isto é porque de órgão do judiciário não se trata. Além disto, a Constituição é escrita em linguagem comum, não técnica, razão por que não se podem levar adiante conclusões literais, disparatadas de todo o sistema jurídico no qual o enunciado se insere (o que implicaria, exemplificativamente, a própria impossibilidade de controle das decisões dos tribunais de contas, acabando com a unidade de jurisdição consagrada no art. 5º, XXXV, da Constituição). Portanto, como ressalta com humor José Cretella Júnior, a "jurisdição" dos tribunais de contas é a mesma que se tem quando se lê, nas estradas de rodagem, "aqui começa a jurisdição da DERSA" (José Cretella Júnior, "Natureza das decisões do Tribunal de Contas". *Revista de Informação Legislativa*, Brasília, ano 24, n. 94, abr.-jun./1987, pp. 183-198, p. 191). Ou seja: em sentido técnico-jurídico, nenhuma.

3. Tais peculiaridades, que incluem os princípios da oficialidade, da verdade material e do formalismo moderado – são muito bem destacadas por Odete Medauar, na obra pioneira, derivada da sua tese de titularidade na Faculdade de Direito da Universidade de São Paulo, *A processualidade no Direito Administrativo* (Ed. RT, 1993, esp. pp. 120-123).

bilhões de reais que, em razão dele, foram "economizados" para os cofres públicos.[4] Sua identidade institucional é buscada nos montantes de dinheiro que são "devolvidos" ao poder público ou que deixam de ser transferidos ao contratado particular, produzindo-se argumentações do tipo "a cada real investido pela coletividade no tribunal, vinte são devolvidos à sociedade". Legitimam-se, algumas cortes de contas, assim, mais como capitães-do-mato, do que como órgãos constitucionais.

Só isto, do ponto de vista da teoria da organização, já seria um problema da maior gravidade, haja vista que a atuação do órgão passa do *programa* (isto é, das regras que regem a sua atuação) para a *programação* (o órgão passa a tematizar as premissas do próprio comportamento). A troca, pelos tribunais de contas, do código lícito/ilícito, próprio do direito, por outros de ordem moral (o apelo a valores sociais), econômica (quantos bilhões se "economizam") ou política (o que uma *maioria* ideal ou atual deseja), é fator de *entropia*[5] – para nos utilizarmos de um conceito próprio da física e da cibernética – do sistema jurídico, ao qual os órgãos burocráticos (judicantes ou meramente administrativos) pertencem, sendo, deste ângulo, absolutamente indesejável a sua ocorrência. O direito é justamente um fator de *sintropia*, de ordem, e não o inverso.

Do ponto de vista estritamente jurídico, por outro lado, sérios problemas de constitucionalidade e legalidade se colocam: a Constituição Federal permite que os tribunais de contas invalidem contratos administrativos, direta ou indiretamente? Permite que tais órgãos se substituam à Administração Pública, determinando a alteração unilateral de preços contratuais? São competentes, os tribunais de contas, para adotar medidas cautelares determinando a retenção de pagamentos ou a realização de aditamentos em contratos administrativos? Podem impor à Administração a invalidação ou suspensão de contratos administrativos

4. Brasil, *Relatório Anual de Atividades: 2010 / Tribunal de Contas da União*, Brasília, TCU, Secretaria de Planejamento e Gestão, 2011, p. 20.

5. Fritjof Capra, *El punto crucial. Ciencia, sociedad y cultura naciente*, tradução de Graciela de Luis, Buenos Aires, Editorial & Estaciones, 1992, p. 38. De se lembrar, também, o espirituoso comentário (a propósito das práticas econômicas brasileiras, mas aplicável também ás instituições nacionais de modo geral), de Roberto Campos, no célebre discurso feito na Associação Comercial de São Paulo em 19.8.1983, para quem o "Brasil é um País tropical, mas não precisa ser um País entrópico" (Roberto Campos, *Ensaio sobre as liberdades*, Gráfica do Senado Federal, 1983, p. 20).

considerados por ela regulares? Quais são, em síntese, os limites para o controle dos tribunais de contas sobre os contratos administrativos? Tais questionamentos balizam as considerações do presente trabalho.

2. O modelo constitucional do controle externo e a competência dos tribunais de contas

2.1 Considerações preliminares

Quando se refere ao controle das atividades estatais, a doutrina costuma aludir às definições contidas na clássica obra de Fábio Konder Comparato como acepções possíveis do termo "controle".[6] Embora tais definições – pela erudição com que explanadas em *O poder de controle na sociedade anônima* – sejam naturalmente interessantes e instigantes como ponto de partida para uma série de reflexões e aprofundamentos, adotar-se-á no presente trabalho definição mais singela: controle, para nós (e confinamo-nos ao Direito Administrativo), é a *competência (e, portanto, o dever) cometida a um agente público isolado ou a um colegiado para contrastar atos jurídicos ou materiais de outro(s) agente(s) público(s) em face das balizas jurídicas (constitucionais, legais e in-*

6. "Em francês, o primeiro emprego conhecido de *contrerole* remonta ao século XIV (de *contre*, preposição, e *role* do latim *rotulus*, que no curso do século XVI passou a ser grafado *roole*, de onde a forma atual *rôle*). Significava um rol ou registro duplo. O verbo *contreroller*, também da mesma época, indicava, propriamente, "inscrever no registro dito controle". O Dicionário da Academia Francesa indica três acepções principais de controle: relação nominal das pessoas pertencentes a um corpo ou a uma tropa (*cet officier a étê rayé des controles de l'armeé; dresser le controle d'une compagnie; vous êtes porte sur le côntrole*); marca, atestando o contraste de obras de ouro ou de prata (*cette pièce de vaisselle est suspecte, ele n'a pas le controle; tous les ouvrages d'orfèvrerie sont soumis au controle*); verificação, sobretudo na linguagem administrativa (*être charge de l'inspection et du controle d'une perception, d'une comptabilité, d'une caísse*). No figurado, significa exame ou censura. (...).

"Na língua inglesa, ao contrário, o núcleo central das diferentes acepções do vocábulo é a noção de poder ou de dominação. Fala-se, assim, em *parental control* como sinônimo do pátrio poder; alude-se à dominação do homem sobre a natureza (*man's increasing control over nature*), sobre si mesmo (*selfcontrol*), sobre as suas aptidões (*have control of several languages*). Num sentido mais atenuado, controle também é sinônimo de regulação (*prices, wages or rent control*). O sinônimo mais proximado de *control* é *power*, da mesma forma que o verbo *to control* aproxima-se de *to conduct*. (...)." (Fabio Konder Comparato, *O poder de controle na sociedade anônima*, São Paulo, RT, 1975, pp. 10-11).

fralegais, portanto) que os regem, podendo, conforme a norma de competência assim o estabeleça, atuar objetiva ou subjetivamente,[7] *em constatada situação de ilicitude.*

As considerações conceituais, necessárias para a correta apreensão da noção ora adotada, são realizadas em seguida.

2.1.1 Da necessária distinção entre hierarquia e controle

A competência de controle não se confunde com as competências decorrentes de relação hierárquica. Celso Antônio Bandeira de Mello diferencia os ambientes da Administração direta e da Administração indireta, referindo que, no primeiro, se produziriam relações hierárquicas e, no segundo, relações de controle, de certo modo opondo uma noção à outra.[8] A nota distintiva entre um e outro, portanto, residiria em que o hierarca, na administração direta, teria presumidamente competência para rever de ofício os atos dos seus subalternos, quer no tocante a questões de juridicidade ("legalidade"), quer no que se refere a questões de liberdade integrativa (em sinonímia às vetustas expressões "conveniência e oportunidade" e "mérito"), cabendo, portanto, aqui, além das figuras da invalidação e convalidação, a revogação. Já com relação à Administração indireta, os poderes do hierarca seriam definidos e limitados, no que toca à revisão dos atos dos entes descentralizados, pelos critérios estabelecidos na legislação de regência destas pessoas, não se colocando a integração de vontade daquele sobre a dos dirigentes destas.

Tal distinção orgânica, à luz de nosso direito positivo, deve ser compreendida *cum grano salis*. Afinal, as competências hierárquicas se fazem presentes na condução dos negócios dos entes da Administração indireta, quer por força da coerção quase que gravitacional que a posição hierárquica exerce (a vontade do chefe do Executivo, por exemplo, é

7. Por atuação *objetiva* entendemos a competência para suspender ou declarar a validade ou invalidade de atos praticados (ou, no caso de atos materiais, aos quais juízos de validade logicamente não são aplicáveis, a desconstituição dos seus efeitos, concomitantemente ou não, com a atuação subjetiva); e, por atuação *subjetiva*, entendemos a competência para responsabilização e aplicação de penalidades aos agentes controlandos, e, em grau mais fraco, a competência para censurar ou recomendar aos mencionados agentes as providências para o reparo da situação ilícita.

8. Celso Antônio Bandeira de Mello, *Curso de Direito Administrativo*, 31ª ed. São Paulo, Malheiros Editores, 2014, pp. 154 e ss.

sempre uma vontade a ser levada em consideração, formal ou informalmente, pelos servidores integrantes da pessoa descentralizada), quer pela edição de normas (medidas provisórias, decretos e demais atos infralegais à disposição do chefe do Executivo), quer pelo controle orçamentário (podendo-se alocar recursos para o ente descentralizado ou não, ou determinar ainda o contingenciamento de recursos que já tenham sido alocados nas leis orçamentárias etc.), quer ainda pela possibilidade de demissão *ad nutum* (exceto nos raríssimos casos das autarquias especiais, nas quais ainda assim os poderes de coerção se fazem sentir muito fortemente e, naturalmente, são aplicáveis as normas editadas pelo hierarca) ou mesmo a recusa, por parte do chefe do Executivo, na nomeação dos dirigentes de tais entes, impedindo, na prática, o seu funcionamento e a tomada de decisões relevantes.[9]

A principal razão para as devidas ressalvas a tal concepção, no entanto, é de outra natureza: na ordem constitucional vigente, ao chefe do executivo compete a "direção superior da administração" (art. 84, II), não tendo realizado o Constituinte de 1988, neste aspecto, distinção ou ressalva quanto à Administração indireta,[10] sendo inadmissível a interpretação que pretenda excluir deste último círculo a incidência das competências hierárquicas titularizadas pelo chefe do Poder Executivo.

De outra parte, dependendo do arranjo normativo, e isto não é de modo algum incomum, pode ser que determinadas competências sejam, no interior mesmo da Administração direta, cometidas a determinados agentes, e somente a eles, de modo que o exercício do "poder hierárquico"

9. A combinação do esvaziamento orçamentário com a desídia nas nomeações de dirigentes foi e tem sido prática comum e especialmente cara à gestão do Partido dos Trabalhadores na Administração Pública federal, desde 2003. As agências reguladoras foram praticamente esvaziadas, sobretudo, por essa "guerra" institucional velada, que praticamente extinguiu o modelo de independência e *expertise* técnica para a gestão de setores regulados, projetado pela Administração anterior.

10. Nos artigos 14, § 9º, 20, § 1º, 37, XI, §§ 7º e 8º, 38, 49, X, 102, I, "f", 142, § 3º, III, entre outros, a Constituição distingue entre Administração direta e Administração indireta (ou autárquica, fundacional etc.), para fins específicos. Não o faz, contudo, no referido art. 84, II, o que permite concluir tratar-se, neste último dispositivo, de um poder hierárquico do chefe do Executivo sobre *todos* os entes integrantes da Administração Pública, sejam eles entes orgânicos (Administração direta) ou pessoas jurídicas de direito público ou direito privado (Administração indireta), que pode, no entanto, ser restringido por força do princípio da legalidade (art. 37, *caput*), remanescendo, de qualquer modo, *abstratamente*, como potência, e *concretamente*, como *uma competência exercitável plenamente na ausência de restrição legal expressa*.

resulta mitigado (cogitem-se, exemplificativamente, as funções da advocacia da Administração Pública, que de regra inserem-se na Administração direta: mesmo que quisesse o chefe do Executivo, e ainda que fosse advogado, não poderia ele avocar as competências dos procuradores para, *v.g.*, inscrever um débito em dívida ativa ou para praticar atos processuais em nome do ente federativo). Mas, de todo modo, mesmo estes agentes públicos (que detêm competência exclusiva) submetem-se, *exempli gratia*, ao poder disciplinar do chefe do Poder Executivo, não se lhes podendo excluir do amplo campo de incidência da hierarquia na Administração Pública. A especialidade ou exclusividade da competência de um agente pode ser um fator, por sua própria natureza, derrogador de parcela das competências hierárquicas, mas não poderia, jamais, derrogá-las em *todos* os seus aspectos, sob pena de inconstitucionalidade.

Alguns doutrinadores, sobretudo na tradição italiana, expressamente referem o controle como um atributo ou caraterística da hierarquia. Assim, presumidamente, a competência hierárquica conteria, por definição, competências de controle, pois como o hierarca seria, no dizer de Cino Vitta, o "guardião da legalidade na Administração Pública, segue-se que ele tem o dever de anular todos os atos praticados pelo subalterno em desacordo com a lei".[11] Não se deve, contudo, precipitar nesta posição sem maiores reflexões, sob pena de se chegar a conclusões incorretas. Senão, vejamos.

Embora o juízo de legalidade seja também possível, usual ou mesmo inerente às relações hierárquicas, não é adequado igualar o conceito de hierarquia ao de controle. Afinal, se o controle é uma competência para realizar o contraste legal de atos, não se confunde com a hierarquia, que é um "modelo de organização vertical da Administração Pública, através do qual se estabelece um vínculo jurídico entre uma pluralidade de órgãos da mesma pessoa coletiva, conferindo-se a um deles competência para dispor da vontade decisória de todos os restantes órgãos, os quais se encontram adstritos a um dever legal de obediência",[12] conforme conceituada, em rica monografia, por Paulo Otero.

11. Cf. Cino Vitta, *Diritto amministrativo*, vol. I, Turim, UTET, 1937, p. 160. No mesmo sentido: Pietro Virga, *Diritto Amministrativo*, vol. 1, 5ª ed., Milão, Giuffrè, 1999, p. 42; e Renato Alessi, *Instituciones de derecho administrativo*, vol. 1, 3ª ed., tradução para o espanhol de Buenaventura Pelissé Prats, Barcelona, Bosch, 1970, pp. 109-110.

12. Paulo Otero, *Conceito e fundamento da hierarquia administrativa*, Coimbra, Coimbra Editora, 1992, pp. 76-77.

Este mesmo autor, ao tratar dos contornos das figuras da hierarquia e do controle (que ele, em decorrência de razões constitucionais, denomina *tutela*[13]), *ressalta as diferenças fundamentais entre elas:*

a) A hierarquia administrativa é um fenômeno intra-subjectivo; a tutela, ao invés, traduz-se numa relação inter-subjectiva. Por isso mesmo, a tutela tem subjacente um processo de descentralização, enquanto a hierarquia se baseia numa desconcentração relativa.

b) Consequentemente, a tutela administrativa *tem como pressuposto a liberdade da entidade tutelada e a tipicidade da intervenção da entidade tutelar*; na hierarquia administrativa, ao contrário, o espaço de livre apreciação dos subalternos pode ser discricionariamente reduzido ou mesmo suprimido pelo respectivo superior hierárquico.

c) Na realidade, *enquanto os poderes tutelares não se presumem, só existindo tutela administrativa na medida e sob as formas determinadas expressamente na lei*, a hierarquia, pelo simples facto de existir, confere ao órgão superior um conjunto de poderes inerentes à sua qualidade, independentemente de qualquer previsão legal expressa.

d) Por conseguinte, *a tutela assume natureza excepcional face à autonomia do ente descentralizado, devendo as respectivas disposições legais ser objecto de interpretação restritiva*; por seu lado, a hierarquia constitui a forma de organização interna típica das entidades públicas, salvo disposição legal em contrário.

13. Diferentemente da Constituição brasileira, que não realiza distinção entre Administração direta e indireta para fins de incidência do poder hierárquico do chefe do Executivo, a Constituição portuguesa de 1976, em seu art. 199, "d", faz tal distinção, atribuindo a hierarquia à Administração direta e o controle, ou "tutela" para a Administração indireta: "Compete ao Governo, no exercício de funções administrativas: (...) (d) Dirigir os serviços e a actividade da administração directa do Estado, civil e militar, superintender na administração indirecta *e exercer a tutela sobre esta e sobre a administração autónoma*; (...)" (grifos aditados). Com esta ressalva é que se pode transpor o pensamento do autor português para o caso brasileiro, pois os tribunais de contas, como órgãos administrativos alheios à Administração Pública direta ou indireta (isto é, não integrantes quer de uma, quer de outra), não são capazes juridicamente de exercer a chamada tutela, nem, logicamente, muito menos, qualquer competência hierárquica sobre a Administração Pública. A sua atividade, conforme a Constituição deixa óbvio, é de controle externo, uma atividade exógena, que, exatamente por isso, deve ser restrita aos confins das competências expressamente consagradas pelo texto constitucional. Nesse sentido, é que se aproxima – sem se confundir, naturalmente – da figura da tutela, tal qual explanada pelo autor português.

e) Ao nível da estrutura funcional, *a tutela nunca comporta a faculdade de a entidade tutelar emitir ordens ou instruções sobre a actividade da entidade tutelada, pelo que esta nunca se encontra integrada numa relação de subordinação, residindo neste facto a sua autonomia*; quanto à hierarquia, o vínculo de subordinação resultante do poder de direcção e do correspondente dever de obediência constitui elemento integrante de seu conceito jurídico.

f) Na hierarquia administrativa, o vínculo de subordinação confere ao superior a disponibilidade da vontade do subalterno; *na tutela, ao invés, a entidade tutelar pode apenas condicionar a vontade da entidade tutelada (v.g., através da tutela integrativa), não podendo impor a iniciativa de qualquer acção*.

g) Por último, *a entidade tutelar pode sempre impugnar contenciosamente os actos de tutela*; em contrapartida, os subalternos nunca podem suscitar o controle jurisdicional dos actos através dos quais o superior exerce o poder hierárquico.[14] (Grifos não coincidentes com os do original.)

A hierarquia, assim, adquire contornos distintos daqueles presentes na atividade de controle (ou *tutela*, no ambiente português), não sendo acertado predicar os atributos e consequências jurídicas de uma figura como pertencentes à outra, nem, muito menos – o que frequentemente ocorre no caso dos tribunais de contas –, tomá-las, ambas, por sinônimas. O controle externo, exercido com o auxílio dos tribunais de contas, em nossa ordem constitucional, terá, quando muito, e feitas todas as ressalvas, as características da tutela, tal como acima referidas, mas nunca as da hierarquia. Afinal, os tribunais de contas não se encontram no interior da Administração Pública (colocando-se acima do chefe do executivo); não podem prescindir da tipicidade de sua atuação, isto é, do dever de realização do contraste de atos em face das balizas legais destes

14. Paulo Otero, *Conceito e fundamento da hierarquia administrativa*, cit., pp. 225-227. Em nosso direito, encontra-se formulação semelhante, da lavra de Themístocles Brandão Cavalcanti: "A tutela administrativa constitui exceção: ela só se pode exercer dentro dos limites da lei, sendo a autonomia do órgão tutelado a regra e a subordinação excepcional, ao contrário do que ocorre com o regime hierárquico, de ampla subordinação e dependência" (*Tratado de direito administrativo*, 3ª ed., Rio de Janeiro-São Paulo, Freitas Bastos, 1956, vol. II, p. 177).

e dentro dos critérios fixados pela Constituição; não integram a sua vontade, fazendo-a prevalecer sobre a vontade exteriorizada pela Administração Pública; suas competências, além de tipificadas na Constituição, devem ser interpretadas restritivamente, não se admitindo, portanto, "poderes implícitos";[15] e, por último, seus atos sempre podem ser questionados *em todos os seus aspectos, pois se trata de atos de contraste jurídico-objetivo,* pelo agente público e demais interessados, quer administrativamente perante os próprios tribunais de contas, quer mediante recurso à tutela jurisdicional.

2.1.2 Do controle como atividade jurídica

Isto posto (e este raciocínio decorre dos anteriores), quando a regra de competência de antemão esclarece o âmbito específico de atuação do agente ou órgão (confinando-o exclusivamente à hierarquia ou ao controle), sabe-se com exatidão e de modo insofismável o campo em que ele exercerá suas competências, incluindo-se aí o aspecto substancial destas. É exatamente o caso dos tribunais de contas, que são, pela própria dicção constitucional, órgãos auxiliares de *controle* aos quais não foi cometida qualquer competência hierárquica sobre a Administração Pública. Ademais, a doutrina é unânime ao situar o órgão fora da estrutura dos pode-

15. O Supremo Tribunal Federal já pôde pronunciar-se sobre a impossibilidade de reconhecimento de poderes implícitos ao Tribunal de Contas da União, quando julgou inconstitucional a possibilidade de quebra de sigilo bancário pelo órgão, sem autorização legislativa: "A Lei Complementar 105, de 10.1.2001, não conferiu ao Tribunal de Contas da União poderes para determinar a quebra do sigilo bancário de dados constantes do Banco Central do Brasil. O legislador conferiu esses poderes ao Poder Judiciário (art. 3º), ao Poder Legislativo Federal (art. 4º), bem como às comissões parlamentares de inquérito, após prévia aprovação do pedido pelo Plenário da Câmara dos Deputados, do Senado Federal ou do plenário de suas respectivas Comissões Parlamentares de Inquérito (§§ 1º e 2º do art. 4º). *Embora as atividades do TCU, por sua natureza, verificação de contas e até mesmo o julgamento das contas das pessoas enumeradas no art. 71, II, da CF, justifiquem a eventual quebra de sigilo, não houve essa determinação na lei específica que tratou do tema, não cabendo a interpretação extensiva, mormente porque há princípio constitucional que protege a intimidade e a vida privada, art. 5º, X, da CF, no qual está inserida a garantia ao sigilo bancário*" (grifou-se) (STF, MS 22.801, Plenário, rel. Min. Menezes Direito, j. 17.12.2007, *DJ-e* 14.3.2008).

res constituídos.[16] Se não há hierarquia fora de uma estrutura orgânica, então ela não poderá se colocar na qualificação da relação dos tribunais de contas com a Administração Pública de qualquer dos poderes.

De todo modo, uma diferença marcante deve ser mencionada, no tocante às figuras da hierarquia e do controle. Enquanto aquela noção importa, em princípio, na possibilidade de revisão do ato em todos os seus aspectos (inclusive aqueles inseridos no âmbito da discricionariedade do agente subalterno), este (controle) possui dimensão sensivelmente mais restrita. Controle será sempre *contraste em face de algo*, sem que seja permitida a substituição da vontade do agente controlado pela vontade do agente controlador, mormente quando àquele for concedida alguma margem de liberdade para a prática do ato.[17] Pertinentes, neste sentido, as observações de João Lyra Filho, para quem o "Tribunal de Contas não é juiz da oportunidade, da conveniência ou de acerto de nenhum ato administrativo, seja originário do Legislativo, do Executivo ou do Judiciário", completando, este monografista, que "[n]enhuma faculdade inerente a poder discricionário, mesmo de uso restrito, lhe é reconhecida no exercício do controle financeiro";[18] e de Carlos Ayres Britto, que sustenta que os tribunais de contas "julgam sob critério ex-

16. Ver, por todos, Oswaldo Aranha Bandeira de Mello, "*Tribunais de contas – Natureza, alcance e efeitos das suas funções*". *RDP* 73/181-192, esp. p. 188.

17. Aqui nos distanciamos de Celso Antônio Bandeira de Mello, quando este eminente Mestre conceitua a figura do controle como aquela que "é mais que ajuizar sobre um comportamento; é sobretudo *influir* no comportamento", o que inequivocamente significa uma maior liberdade integrativa do controlador sobre o controlado (Celso Antônio Bandeira de Mello, *Natureza e regime jurídico das autarquias*, São Paulo, Ed. RT, 1968, p. 429). Para os fins deste trabalho, tal definição não pode ser aceita, pois mistura elementos da figura da hierarquia com os do controle em si. É bem verdade que o autor atribui este sentido ao termo controle no ambiente das relações entre a Administração Central e autarquias – em que há, como visto, um forte e inevitável componente hierárquico, *ex vi* do já referido art. 84, II, da Constituição Federal, que se aplica à Administração como um todo, irradiando os poderes hierárquicos aprioristicamente para todos os entes centralizados e descentralizados que a integram (sendo este mesmo sentido extraível do art. 78 da Constituição Federal de 1946 e do art. 74 da Constituição Federal de 1967) – porém é importante rechaçá-la no tocante à análise do controle externo a cargo dos tribunais de contas, pois estes, justamente pelo fato de não se subordinarem à Administração Pública, também não podem, em relação a ela (Administração), atuar de forma subordinante.

18. João Lyra Filho, *Controle das finanças públicas*, Rio de Janeiro, Gráfica Editora Livro S.A., 1966, p. 24.

clusivamente objetivo ou da própria técnica jurídica (subsunção de fatos e pessoas à objetividade das normas constitucionais e legais)".[19]

O controle, portanto, no fim das contas, será uma atividade *integradora e de recomposição* da ordem jurídica e não de *criação da utilidade pública*, para utilizarmo-nos da terminologia adotada por Oswaldo Aranha Bandeira de Mello[20] para diferençar a função jurisdicional da função administrativa. Vista a questão sob este ângulo, a atividade de controle, exercida no interior da Administração ou por pessoa dela distinta, terá sempre um quê de jurisdicional, embora por razões formais óbvias (derivadas do já citado art. 5º, XXXV, da CF) com ela não se confunda, sendo preferível, neste aspecto, a adoção da noção, muito comum no direito público norte-americano, dos *quasi-jurisdictional powers*,[21] que, embora em certa medida judicantes (pela forma lógica de sua expressão – lícito/ilícito), jamais deixam de ser administrativos (pelo regime jurídico a que se submetem os atos de controle, revisíveis pelo Judiciário, e pela sua natureza, de atos administrativos). Melhor dizendo, *controle é sempre atividade jurídica, é sempre análise de juridicidade*. Onde houver a necessidade de uma integração de vontade para a criação da utilidade pública, poderá haver competência primária ou hierárquica, mas nunca controle. Onde, a seu turno, houver precipuamente análise de juridicidade do comportamento da Administração, esta análise pertencerá à dimensão do controle. A competência primária ou hierárquica poderá ser vinculada ou discricionária, conforme o caso, mas a competência de controle é *sempre* vinculada.

19. Carlos Ayres Britto, "O regime constitucional dos tribunais de contas", *Revista Diálogo Jurídico*, Salvador, CAJ – Centro de Atualização Jurídica, v. 1, n. 9, dez. 2001, pp. 1-12, esp. p. 8. Disponível em <www.direitopublico.com.br>. Acesso em dez. 2012.

20. "Assim, impõe-se distinguir de um lado o ordenamento da atividade do Estado, na consecução de seu fim próprio de criar a utilidade pública, de modo *direto* e *imediato*, e de outro o ordenamento jurídico do Estado na consecução de seu fim próprio de dizer o direito das partes em controvérsias, de modo *indireto*, embora *imediato*. Lá se tem o Direito Administrativo e aqui o Direito Judiciário" (*Princípios gerais de direito administrativo*, vol. I, 3ª ed., 2ª tir., São Paulo, Malheiros Editores, 2010, p. 175).

21. Cf. John Dickinson, *Administrative justice and the supremacy of law in the United States*, Cambridge, Harvard University Press, 1927, pp. 259-284; e Peter Cane, *Administrative tribunals and adjudication*, Oxford, Hart Publishing, 2009, *passim*. Ver também, na literatura nacional: Victor Nunes Leal, "Atos discricionários e funções quase-judiciais da Administração", in *Problemas de direito público*, Rio de Janeiro, Forense, 1960, pp. 240-255.

2.2 O modelo de controle externo na Constituição

A Constituição Federal estabelece, em seu art. 70, os limites do controle externo e interno dos negócios estatais. Nos termos em que redigido, permite o dispositivo entrever que se trata de um controle *matricial*: num eixo, as *atividades* administrativas controladas (contabilidade, finanças, orçamento, gestão operacional e patrimonial, aplicação de subvenções e renúncia de receitas) e, noutro, os *critérios* de controle (legalidade, legitimidade, economicidade e finalidade[22]).

Quanto à natureza do controlador, a Constituição prevê o controle *externo*, feito pelo Congresso Nacional, e o controle *interno*, praticado no interior de cada Poder. Quanto ao sujeito passivo do controle, trata-se de todos os entes integrantes da administração direta e indireta e, nos termos do parágrafo único do art. 70, todas as pessoas que utilizem, arrecadem, guardem, gerenciem ou administrem dinheiros, bens e valores públicos ou que assumam, em nome da União (e, por simetria, dos Estados, do Distrito Federal e dos Municípios[23]), obrigações de natureza pecuniária.

A figura do controle interno é própria de todos os poderes: encarta-se neles como algo conatural à sua existência. Toda organização administrativa, respeitadas as normas incidentes sobre cada caso, deve controlar seus próprios atos no tocante à legalidade, legitimidade, economicidade e finalidade (quando se tratar, neste último caso, de atividade de fomento). Quando a Constituição Federal menciona a existência de controle interno no âmbito de tais estruturas, impõe um claro mandamento de que haja, *pari passu* ao desempenho das competências que lhes sejam cometidas, instâncias ativas e contínuas de controle e revisão.

22. Pelo menos no tocante à aplicação de subvenções e renúncia de receitas a finalidade é um critério extraível do referido dispositivo constitucional. Vê-se que o art. 70 da CF determina que a fiscalização, em sede de controles externo e interno, se dará sobre a "aplicação das subvenções e renúncia de receitas". Quando se refere à aplicação de subvenções e à renúncia de receitas, está a Constituição aludindo ao atendimento fático da finalidade de cada um dos institutos. Por esta razão, incluímos a finalidade (com esse sentido específico) entre os critérios de controle externo.

23. Por economia mental, e considerado este princípio de simetria das soluções constitucionais, no presente trabalho sempre que se fizer referência ao Tribunal de Contas da União, estar-se-á, também, referindo os tribunais de contas de Estados, Distrito Federal e Municípios, e *vice-versa*.

No tocante ao controle externo, a titularidade do seu exercício é do Congresso Nacional, ou, se preferirmos, considerado o princípio da simetria das soluções constitucionais, do parlamento de cada ente federativo. Assim, quem é competente constitucionalmente para a realização do controle externo acerca da gestão de recursos públicos, é o órgão legislativo, e apenas ele.

De se ressaltar que nem o controle interno, nem o controle externo afastam uma terceira instância de controle,[24] que, em nosso sistema jurídico, é o exercido pelo poder judiciário, nos termos do art. 5º, XXXV, da Constituição Federal, que garante que "a lei não excluirá da apreciação do Poder Judiciário lesão ou ameaça a direito". Este controle, exclusivo do poder judiciário (vige entre nós a unidade de jurisdição), mas que conta com a participação ativa de atores qualificados, individual ou

24. Em certa medida, o controle jurisdicional dos atos regidos pelo Direito Administrativo (leis, regulamentos, atos administrativos, atos materiais da Administração etc.) será um controle externo, sob o critério orgânico (isto é, controle exercido por pessoa alheia ao órgão controlado). E nesta qualidade é descrito por parcela da doutrina (cf. Celso Antônio Bandeira de Mello, *Curso de direito administrativo*, cit., pp. 958 e ss.; Maria Sylvia Zanella Di Pietro, *Direito administrativo*, 19ª ed., São Paulo, Atlas, 2006, p. 695; e José dos Santos Carvalho Filho, *Manual de direito administrativo*, 24ª ed., Rio de Janeiro, Lumen Juris, 2011, p. 864). Todavia, se considerado o critério orgânico, o controle jurisdicional, por exemplo, dos atos administrativos do Poder Judiciário será *interno* e não *externo*, porque praticado pelo mesmo órgão, o que torna a classificação inconsistente. Adotamos, portanto, ao sustentarmos uma terceira instância de controle, a classificação segundo a prevalência ou definitividade da decisão de controle e a materialidade de seus critérios de contraste, o que significa que o controle jurisdicional constitui categoria apartada daquela que compreende os controles interno e externo. Os controles ditos interno e externo são revisíveis, isto é, não constituem coisa julgada, com os efeitos daí advindos. A intangibilidade, como é óbvio, é atributo exclusivo da coisa julgada (controle jurisdicional). Mas mesmo quando se considera a materialidade dos critérios de controle, percebe-se que, no controle externo, somente se permitem os controles de legalidade (em sentido estrito), de economicidade, de legitimidade e de finalidade; e não a juridicidade *em seu sentido mais abrangente*, que é própria e exclusiva do controle jurisdicional. Assim, o controle jurisdicional não pode ser enquadrado conceitualmente na categoria do controle externo, pois guarda enormes diferenças formais (definitividade da coisa julgada) e materiais (o seu critério é a juridicidade em sentido amplíssimo) em comparação com o controle externo exercido com o auxílio dos tribunais de contas. O autor que desejar incluir o controle jurisdicional na categoria do controle externo deverá, necessariamente, superar essas diferenças.

coletivamente,[25] incide em *todos* os casos e tem a função precípua de *integração* da ordem jurídica.[26]

Voltando-nos agora à matriz constitucional de controle, importante afastar um constante equívoco, presente tanto na dogmática quanto no discurso daqueles que aplicam o direito: o de que os critérios constitucionais de controle (legalidade, legitimidade, economicidade e finalidade) comportariam uma divisão nítida e intransponível entre o controle jurídico (campo da legalidade) e o controle de mérito (economicidade, legitimidade, finalidade). O pano de fundo para tal distinção reside na contraposição da *legalidade* ao *mérito* do ato; do *juízo de legalidade* ao *juízo de conveniência e oportunidade*: do *jurídico* ao *político*. Os primeiros seriam objetiváveis e, portanto, contrastáveis pelo juiz; os segundos, em verdade, por constituírem *res politicae*, não poderiam ou deveriam ser contrastados, sob pena de ofensa ao princípio da separação de poderes.

Esta interpretação abre caminho para que se considere, no tocante ao Tribunal de Contas da União, que, como este órgão, ao auxiliar o Congresso Nacional no controle externo, deve empregar como critérios de contraste a *legalidade*, a *economicidade*, a *legitimidade* e a *finalidade*, somente serão revisíveis as decisões por ele emitidas sob o primeiro critério (legalidade), devendo-se tomar as decisões proferidas sob os demais (economicidade, legitimidade e finalidade) por decisões de mérito (hierárquicas, no sentido acima exposto) e, portanto, insindicáveis pelo Poder Judiciário. Este raciocínio "sincrético", por uma série de razões da maior importância, adiante referidas, é irremediavelmente equivocado.

Em primeiro lugar, porque pressuporia ser o Tribunal de Contas da União – sob a Constituição Federal – um "super órgão", cuja vontade poder-se-ia impor perante aquela do chefe do Poder Executivo, o que importa dizer que aquele, e não este, ocuparia a posição máxima na hierarquia da Administração Pública. O Tribunal de Contas da União,

25. Notadamente o Ministério Público, as entidades de classe e todos os legitimados para o questionamento judicial das ações estatais (via ação direta de inconstitucionalidade, mandado de segurança, ação popular, ação civil pública etc.). Isto sem falar na figura do *amicus curiae,* que tem inegável importância em tais questões, podendo influir decisivamente sobre o deslinde de matérias de interesse público (sobre o tema, por todos, cf. Cassio Scarpinella Bueno, *"Amicus curiae" no processo civil brasileiro: um terceiro enigmático*, 2ª ed., São Paulo, Saraiva, 2008).

26. Oswaldo Aranha Bandeira de Mello. *Princípios gerais de direito administrativo*, cit., pp. 175-176.

composto por indivíduos cujos nomes e currículos grande parte da população sequer conhece, poderia superpor sua vontade à do Presidente da República – e aquela vontade seria formal e materialmente prevalecente. Isto subverte, de um lado, o conteúdo do art. 84, inc. II, da Constituição Federal, que determina que ao Presidente da República cabe "exercer, com o auxílio dos Ministros de Estado, a direção superior da administração federal"; e, de outro, o quanto disposto no art. 1º, parágrafo único, da Constituição Federal, que institui a regra do Estado Democrático de Direito e o princípio democrático ("Todo o poder emana do povo, que o exerce por meio de representantes eleitos ou diretamente, nos termos desta Constituição"). Carlos Maximiliano, por ocasião de seus comentários à Constituição de 1946, já referia, com amparo em lição do constitucionalismo norte-americano, que o poder que a Constituição confere "com a mão direita, não retira, em seguida, com a esquerda", explicando ato-contínuo que "não pode a garantia individual, a competência, a faculdade ou proibição, exarada num dispositivo, ser anulada praticamente por outro",[27] lição esta de intenso relevo para a correta descrição do modelo constitucional de controle externo vigente.

Em segundo lugar, deve-se combater a confusão, já acima enunciada, entre os *critérios* de controle com a própria *noção* que se tem desta atividade. Melhor explicando: não se pode confundir a natureza do controle, que é *sempre jurídica*, com uma competência assim dita "política" dos tribunais de contas, decorrente dos critérios a serem empregados em sua atividade. O fato de o Tribunal de Contas da União auxiliar o Congresso Nacional no controle externo, como quis a Constituição, sob os critérios de legalidade, economicidade, legitimidade e finalidade, não pode fazer inferir que somente o primeiro deles (legalidade) seja jurídico, enquanto os demais (economicidade, legitimidade e finalidade) sejam "políticos" (numa acepção *hierárquica*, conforme destacado acima). Se a Constituição Federal adotou explicitamente os conceitos de legalidade, economicidade, legitimidade e finalidade como critérios de controle (ou seja, de contraste *jurídico*) – *e ela indubitavelmente assim o fez* –, então é certo concluir que tais critérios, manifestando-se como princípios ou regras, têm densidade jurídico-constitucional bastante para sua aplicação. Significa, portanto, por mais que isto seja uma obviedade,

27. Carlos Maximiliano, *Comentários à Constituição Brasileira*, v. I, 5ª ed., Rio de Janeiro, Freitas Bastos, 1954, p. 134.

que tais valores positivaram-se como normas, e como normas devem (i) ter um conteúdo mínimo objetivável; (ii) ser imponíveis como mandamentos de conduta para seus destinatários; (iii) cujos atos devem ser controláveis jurisdicionalmente, nos termos do já aludido art. 5º, inc. XXXV, da Constituição Federal, em contraste com aquele conteúdo.

Em terceiro lugar, admitir atos insindicáveis dos tribunais de contas perante o Judiciário significa afirmar a existência, no Brasil, de dualidade de jurisdição, o que é descabido, pois isto significaria invalidar o conteúdo do já aludido art. 5º, inc. XXXV, da Constituição Federal. "O *princípio da proteção judiciária*, também chamado *princípio da inafastabilidade do controle jurisdicional*, constitui em verdade", no dizer autorizado de José Afonso da Silva, "a principal garantia dos direitos subjetivos".[28] É por mais esta razão, tão singela quanto relevante, que tal princípio não pode ser suplantado, como se fosse um mero adorno constitucional.

2.2.1 Especificamente sobre um vetor da matriz: súmula do significado dos critérios jurídicos da legalidade, legitimidade, economicidade e finalidade

2.2.1.1 Legalidade – Devem-se separar, como entidades conceitualmente distintas, a legalidade enquanto *juridicidade* e a legalidade, no seu sentido tradicionalmente aceito no direito administrativo, como relação de pertinência (e dependência) sistêmica entre a lei formal e os atos administrativos editados em sua decorrência. Adolf Merkl, ainda no início do século passado, soube diferenciar estes dois sentidos do termo *legalidade*, aos quais ele atribui o *status* de princípios independentes. Para Merkl, a juridicidade consiste na "conexão necessária entre direito e administração",[29] significando, portanto, o postulado *jurídico-político* de que a Administração, assim como as demais funções estatais, deve necessariamente expressar-se por meio de normas jurídicas cujo fundamento seja também uma norma jurídica, *de qualquer nível*. Por outro lado, a legalidade em seu sentido mais estrito pressuporia a juridicidade; porém, por fazer referência expressa à vinculação a uma

28. José Afonso da Silva, *Curso de direito constitucional positivo*, 37ª ed., São Paulo, Malheiros Editores, 2014, p. 433.

29. Adolf Merkl, *Teoria general del derecho administrativo*, Cidade do México, Editora Nacional, 1980, p. 212.

única fonte normativa (a lei em sentido formal), configuraria uma *juridicidade qualificada*, sendo mais ou menos restrita conforme o ordenamento jurídico analisado.

A legalidade-juridicidade é, por isto mesmo, conceito materialmente mais amplo; compreende a vinculação da Administração Pública a uma pluralidade de fontes normativas, caracterizando a impregnação da legalidade administrativa de uma dimensão constitucional analiticamente mais complexa.[30] Esta concepção de legalidade difere, portanto, daquela outra, que significa *pertinência sintático-semântica e dependência lógico-jurídica do ato administrativo com a lei em sentido formal.*[31]

30. Paulo Otero assim conceitua esta dimensão da legalidade: "O conteúdo material da legalidade vinculativa da Administração Pública sofreu uma considerável transfiguração durante as últimas décadas do século XX: (a) a densidade ordenadora da legalidade reduziu-se e o pluralismo normativo converteu-se num neofeudalismo normativo; (b) a proliferação de um sistema constitucional 'principialista' projectou-se no conteúdo da própria legalidade administrativa, reconduzindo-a a um 'Direito de princípios', debilitador da certeza e da segurança da actuação administrativa e do papel garantístico da lei, fazendo aumentar o protagonismo da Administração Pública na realização do Direito e dos tribunais administrativos no seu controlo; (c) a intensidade vinculativa da normatividade relativizou-se ou diluiu-se, observando-se o surgimento de diversas manifestações de *soft law* que envolvem a degradação da força obrigatória das normas integrantes da legalidade administrativa" (Paulo Otero, *Legalidade e Administração Pública. O sentido da vinculação administrativa à juridicidade,* Coimbra Almedina, 2003, p. 198). Embora o autor faça esta afirmação em sentido histórico-descritivo, isto é, com a pretensão de veritativamente relacionar-se a um aspecto evolutivo do moderno Estado de Direito, conclusão a que também aderimos, fato é que a outra concepção (mais estrita) de legalidade, igualmente vigora em nosso Estado de Direito, *no interior daquela primeira acepção*, sendo esta a razão para que se sustente a prevalência de uma acepção pela outra, no tocante especificamente ao controle externo.

31. Considerando a tradicional distinção entre as dimensões da existência, da validade e da eficácia dos atos jurídicos, pode-se observar que a juridicidade é princípio que condiciona não só a validade, mas também a existência dos atos administrativos, ao passo que a legalidade, mais ou menos restrita de acordo com cada ordenamento jurídico, incidirá principalmente no plano da validade. Isto porque a ausência de juridicidade pode impedir o próprio reconhecimento do ato praticado como jurídico, não se lhe podendo aplicar a presunção *juris tantum* de validade de que trata Marcelo Neves, quando menciona a "exigência prática de que a norma permaneça no sistema enquanto não seja desconstituído por órgão competente, caracterizando-se a presunção *juris tantum* de validade das normas emanadas de órgãos do sistema (pertinentes ao ordenamento), pois a hipótese contrária (presunção de invalidade) conduziria ao não funcionamento do sistema, por haver interpretações as mais divergentes entre os utentes das normas" (Marcelo Neves, *Teoria da inconstitucionalidade das*

Somente este último sentido é extraível do art. 70 da Constituição Federal, e, portanto, apenas ele pode ser atribuível à atuação dos tribunais de contas. Isto importa afirmar a impossibilidade de se conceberem os tribunais de contas como "tribunais políticos", tal qual alguns autores inadvertida e erroneamente o fazem. O fato de se proverem os cargos de tais órgãos de forma "política", ignorando-se que a própria Constituição exige objetivamente que os nomeados possuam "notórios conhecimentos jurídicos, contábeis, econômicos e financeiros ou de administração pública" (art. 73, §1º, III), não afasta o fato de que a atividade de controle exercida por tal órgão é essencialmente jurídica e não política. Naturalmente – é um truísmo – que a prática, de alguns, contrária à Constituição não tem o poder de modificar a própria Constituição.

Mas não é só. Ainda que se considere que a legalidade seja algo mais restrito que o conceito de juridicidade – e isto nos parece inegável – importa divisar qual o campo de abrangência material da legalidade estrita que está submetido ao controle dos tribunais de contas. Conquanto seja uma obviedade, deve-se notar que não é toda e qualquer matéria – em que se coloque a compatibilidade formal e material da ação administrativa com a lei – que deverá ser objeto de avaliação dos tribunais de contas. A Constituição Federal é clara, como já se viu, ao consignar a atuação de tais órgãos à "fiscalização contábil, financeira, orçamentária, operacional e patrimonial da União e das entidades da administração direta e indireta" (art. 70, *caput*). Isto significa que o objeto da atuação dos tribunais de contas será a despesa pública e os atos administrativos ou contratuais *que importem em obrigações de natureza pecuniária.*

Pertinente a observação de Ricardo Lobo Torres, quando – ao apontar o sentido dos arts. 70 a 75 da Constituição, que tratam, na dicção constitucional, "Da Fiscalização Financeira e Orçamentária" – sustenta que tal temática se integra "à Constituição Orçamentária, que, por seu turno, faz parte da Constituição Financeira". O referido autor traz, como decorrência lógica desta afirmação, a conclusão de que a "elaboração, a aprovação, a execução e a fiscalização do orçamento constituem um todo, do ponto de vista material",[32] posição esta que é absolutamente

leis, São Paulo, Saraiva, 1988, pp. 46-47); ao passo que o ato eventualmente ilegal (isto é, contrário à *legalidade estrita*) vigerá, de regra, enquanto não for extirpado do sistema por ato do órgão competente para tanto.

32. Ricardo Lobo Torres, *Tratado de direito constitucional, financeiro e tributário*, vol. V *(O orçamento na Constituição)*, 3ª ed., Rio de Janeiro, Renovar, 2008, p. 459.

consentânea com o ambiente da Constituição Federal. Remete-se, portanto, o tribunal de contas, à fiscalização da legalidade da condução, pela Administração Pública, do processo orçamentário de execução de despesas, que pressupõe a observância dos princípios constitucionais da unidade, universalidade, exclusividade, anualidade e não afetação (arts. 165, III, §§ 5º e 8º, 167, IV, da CF), e do devido processo legal-orçamentário definido pela legislação aplicável. Assim, o campo de atuação do tribunal de contas, no tocante à legalidade da atuação administrativa, cingir-se-á, sobretudo, à fiscalização quanto à obediência das normas atinentes à responsabilidade fiscal,[33] à emissão do empenho de despesa ou do adiantamento, incluindo-se aí o respeito aos limites dos créditos definidos no orçamento anual, as limitações relacionadas ao período eleitoral, a vedação à realização de despesa sem prévio empenho, o remanejamento das contas orçamentárias e, principalmente, a realização da devida liquidação antes de qualquer pagamento com recursos públicos (arts. 58 a 70 da Lei 4.320, de 17.3.1964).

Destaque-se que esta delimitação material não significa, ao contrário do que se poderia apontar (sobretudo do ponto de vista daqueles que defendem uma atuação "política" e, por isto mesmo, o mais ampla possível, de tais órgãos), um esvaziamento da compostura constitucional dos tribunais de contas. Em primeiro lugar, porque descabe falar em esvaziamento quando as competências supostas não estão contempladas na Constituição Federal; o sujeito, é um imperativo lógico, não pode perder aquilo que jamais possuiu. Em verdade, a remissão dos tribunais de contas aos confins específicos da disciplina orçamentária, no tocante ao exame da legalidade dos atos e contratos administrativos, nada mais significa que a referência ao seu *locus* de atuação, querido pelo texto constitucional, e, ressalte-se, querido de modo expresso e insofismável. Em segundo lugar, porque o campo de apreciação da legalidade dos atos e contratos administrativos – repise-se uma vez mais: *sob o prisma da execução orçamentária* – em nada impede o amplo escrutínio das ações administrativas: apenas de modo exemplificativo, o processo de *liquidação*, que antecede necessariamente a qualquer despesa pública, pres-

33. Trata-se, evidentemente, da verificação quanto à obediência à Lei Complementar 101, de 4.5.2000, popularmente conhecida como "lei de responsabilidade fiscal". Os dispositivos de relevo imediato para o controle externo das cortes de contas são os arts. 15 a 17, aos quais remetemos o leitor.

supõe a "verificação do direito adquirido pelo credor tendo por base os títulos e documentos comprobatórios do respectivo crédito", cujo objetivo é apurar (i) a origem e o objeto do que se deve pagar; (ii) a importância a ser paga; e (iii) a quem se deve pagar; sendo certo que, no caso de despesa decorrente de fornecimentos ou serviços prestados (contratos administrativos, portanto), deverão ser analisados o "contrato, ajuste ou acordo respectivo", a nota de empenho e os comprovantes da entrega de material ou da prestação efetiva do serviço (art. 63 da Lei 4.320/1964).

O controle exercido pelos tribunais de contas se dá sobre a execução orçamentária: só comportará, portanto, os atos com significação financeira ou pecuniária, que importem inequívoca e inexoravelmente dispêndio de recursos públicos. Assim, desnecessário encarecer que os atos ou contratos administrativos sem reflexo financeiro-orçamental não poderão ser objeto de controle pelos tribunais de contas.[34] Registre-se que o art. 70, parágrafo único, da Constituição Federal, delineia expressamente o âmbito do controle externo, ao sujeitar à obrigação de prestar contas todo aquele "que utilize, arrecade, guarde, gerencie ou administre dinheiros, bens e valores públicos ou pelos quais a União responda, ou que, em nome desta, assuma obrigações de natureza pecuniária". O traço essencial a caracterizar a atividade de controle por parte dos tribunais de contas será a relação do ato ou contrato controlando com a peça orçamentária, relação esta que deverá ser direta, inequívoca e fatal.

Isto afasta uma suposta competência dos tribunais de contas sobre determinados atos ou contratos administrativos que não importem despesa ou assunção de obrigação pecuniária. Exemplificativamente: os atos de procedimento administrativo *interna corporis* da Administração Pública, como descumprimento de prazos de tramitação de um órgão em relação a outro; contratos de permuta de imóveis públicos (operação patrimonialmente neutra, porquanto o bem recebido e o bem

34. Esta posição nada tem de nova: Augusto Olympio Viveiros de Castro, comentando decisão do Tribunal de Contas da União de 24.3.1912, que, ao analisar contrato de concessão de geração de energia elétrica firmado pelo Estado com particular, decidiu pela não abrangência de tais atos pelas competências do órgão, assim se manifestou: "Creio que esta decisão interpretou perfeitamente o pensamento do legislador; o Tribunal de Contas é fiscal da administração financeira, nada tem que vêr com contractos que não affectam á receita e á despesa, nem interessam directamente ás finanças da Republica" (*Tratado de sciencia da administração e direito administrativo*, 3ª ed. Rio de Janeiro, Jacintho Ribeiro dos Santos Livreiro-Editor, 1914, p. 747).

alienado terão valores equivalentes); contratos de doação com encargo (não pecuniário) em benefício da Administração Pública; contratos de concessão de serviço público (e também concessão patrocinada, quando não houver parcela de contraprestação pelo Poder Público); atos normativos de agências reguladoras; medidas de polícia administrativa, entre outros, não poderão ser atingidos pelos tribunais de contas. Sua competência, por imposição constitucional, é taxativa e não pode ser estendida para outros campos, mormente e sobretudo se isto significar a subversão da própria estrutura hierárquica da Administração Pública e da natureza intrínseca (centrada nos atos com impacto orçamentário direto) da atividade de controle externo tal qual delineada no texto constitucional.

Assim é que atos e contratos administrativos, ainda que praticados em contrariedade ao ordenamento jurídico, não serão objeto de escrutínio pelos tribunais de contas, se não envolverem, de modo direto, um impacto na execução orçamentária. O bem jurídico tutelado pela atuação dos tribunais de contas é a execução do orçamento e a proteção ao Erário, *aspectos que se apresentam, sempre, de modo entrelaçado*. E isto deve ser assim para que se guarde a necessária coerência com a vigente ordem constitucional: se o Congresso Nacional detém a competência privativa para discutir e votar as leis orçamentárias (art. 165), é sobejamente óbvio que o controle externo (que cabe também a ele com o auxílio do Tribunal de Contas da União), deverá, como corolário daquela competência, debruçar-se sobre a execução orçamentária.[35] Sempre

35. Deve-se ter sempre em mente a lição de um dos mais competentes estudiosos dos tribunais de contas em nosso País, Alfredo Buzaid, que em linhas exatas, e absolutamente simples, gizou a natureza essencial de tais órgãos em nosso sistema:

"Um das conquistas fundamentais da democracia é a elaboração da lei orçamentária pelos representantes do povo. O orçamento, como previsão da receita e fixação de despesa para um exercício financeiro anual, é a um tempo meio para realização de atividades públicas e defesa do contribuinte contra os abusos de imposições tributárias. Compete ao parlamento votá-lo. Mas a sua missão não se exaure aí. Se o orçamento fosse executado sem qualquer fiscalização pela assembleia que o aprovou, prestar-se-ia facilmente à fraude, mediante estorno de verbas, malversação do dinheiro público e desvio de recursos além das raias estabelecidas para as despesas.

"Nada mais natural, pois, que o corpo legislativo, que votou a lei orçamentária, lhe verificasse o cumprimento. Como, no entanto, esta atribuição dificilmente poderia ser exercida pela casa dos representantes, porque lhe absorveria uma parte considerável do tempo que deve ser dedicado à elaboração legislativa, o direito moderno dos povos civilizados houve por bem confiá-la a uma corporação distinta, chamada *Tribu-*

que se ativerem a tais balizas, os tribunais de contas agirão de acordo com sua competência constitucional. Se, por outro lado, se afastarem de tais parâmetros, sua atuação será irremediavelmente inconstitucional.

2.2.1.2 ***Finalidade*** – A finalidade, que se coloca como um dos critérios do contraste jurídico especificamente no tocante à "aplicação das subvenções e renúncia de receitas" (art. 70, *caput*), refere-se, naturalmente e sem maiores percalços de compreensão, ao cumprimento ou não, em cada caso concreto, dos objetivos de interesse público que informam o fomento administrativo. Mas com uma ressalva: como a atividade de controle é jurídica e não de integração de vontade, a decisão administrativa que consubstancia o fomento não poderá ser revista pelo tribunal de contas em seus aspectos discricionários, mas apenas quanto à finalidade da aplicação dos recursos. Vale dizer: o âmbito da avaliação será exclusivamente o da correspondência fática entre o ato concessório de subvenção ou de renúncia de receita e os motivos invocados para a sua adoção. Não poderá, portanto, o tribunal de contas, em sede de controle externo, determinar a alocação dos recursos destinados ao fomento, via subvenção ou renúncia fiscal, a outros objetivos que não aqueles contemplados na decisão do administrador público e do legislador. Não poderá influir sobre seu conteúdo ou questionar os seus valores. Não poderá determinar a extensão do benefício a outros sujeitos. Nem a exclusão de atuais beneficiários. Em suma, *não poderá integrar qualquer vontade sua nas decisões administrativas*. Isto porque, conforme já ressaltado, não é permitido às cortes de contas atuação hierárquica, que isto consubstanciaria inevitável violação ao art. 84, II, da Constituição Federal. De outro lado, considerada a natureza específica

nal de Contas, para que a sua atividade, exercida de modo permanente, ficasse a salvo das agitações políticas.

"Este novo organismo, a que se outorgou a competência para fiscalizar a execução do orçamento, passou a figurar com função autônoma, no quadro do sistema constitucional; e, para que fosse independente, não vergando ao peso das contingências políticas, das injunções do Poder Executivo ou das influências dos grupos econômicos, outorgou a lei aos seus membros prerrogativas iguais ou semelhantes às da magistratura. Só assim, cercado de garantias e trabalhando em ambiente sereno, é que essa nova instituição poderia desempenhar satisfatoriamente a tarefa que lhe coube no complexo mecanismo político e administrativo do Estado" ("O tribunal de contas no Brasil", *Revista da Faculdade de Direito da Universidade de São Paulo*. São Paulo, v. LXII, fasc. II, 1967, pp. 37-62, esp. p. 38).

dos institutos de fomento referidos, importa destacar que uma atuação "integrativa" dos tribunais de contas significaria, também, uma intromissão – a propósito, vedada constitucionalmente – sobre o Poder Legislativo, a que tais órgãos auxiliam. É de clareza solar que a subvenção requer a autorização em lei em sentido formal e a correspondente previsão na lei orçamentária anual, como condição de sua concessão pelo Poder Executivo. Igualmente, o benefício de renúncia de receita, conforme estabelece o próprio texto constitucional (art. 150, § 6º), "só poderá ser concedido mediante lei específica, federal, estadual ou municipal". Se se reconhece que o tribunal de contas não pode agir como um hierarca sobre o Poder Executivo,[36] com igual razão se deve reconhecer não ser lícito ao órgão imiscuir-se sobre as atividades titularizadas pelo Legislativo, poder ao qual deve auxiliar. Pensar o contrário, com a devida vênia, é imaginar que o "rabo abana o cachorro".

36. A manutenção do chefe do Executivo (ou do hierarca de cada poder) como responsável pela execução orçamentária tem uma importância constitucional muitas vezes ignorada: sendo o responsável máximo pelas decisões que importem em despesa o hierarca, a sua responsabilização será possível. Se ele não for o responsável máximo, claro é que, por outro lado, não poderá ser responsabilizado (ao menos não inteiramente) por eventuais ilícitos praticados nessa execução. Francisco Campos trouxe importante explicação deste aspecto, quando pontuou, avaliando caso concreto de criação legislativa de órgão com atribuições de revisão ou gestão hierárquica do orçamento: "A execução do orçamento, tanto na parte que diz respeito à arrecadação da receita, como ao uso das autorizações orçamentárias relativas à despesa, a mobilização dos recursos orçamentários, o empenho das verbas e as ordens de pagamento – são questões que refogem, pela sua própria natureza, à competência do Poder Legislativo. E por que refogem a essa competência? Porque, precisamente, a Constituição cria ao Poder Executivo a indeclinável obrigação de prestar contas da gestão financeira e o torna responsável por todos os atos que atentarem contra a lei orçamentária. Bastariam essas duas estipulações constitucionais para que se tivesse, independentemente de outras razões, como inequivocamente imputado ao Poder Executivo, e somente a ele, a execução do orçamento e, mais do que isto, a concentração no Poder Executivo não somente da autoridade de dispor sobre o emprego das verbas orçamentárias, autorizando os pagamentos que devam correr por conta das mesmas, como sobre todo o produto da arrecadação, seja qual for a caixa a que tenha sido recolhida. Só mediante a concentração sob a autoridade do Poder Executivo da bolsa federal ou estadual, de maneira que ele possa exercer o controle não somente sobre o que nela entra, como sobre o que dela sai, é que se pode configurar a responsabilidade constitucional daquele Poder pela execução do orçamento, imputar-lhe as infrações à lei orçamentária e lhe postular a obrigação de que nem o Poder Legislativo pode dispensá-lo, de apresentar as contas anuais da gestão financeira." (*Direito Administrativo*. Vol. II. Rio de Janeiro, Freitas Bastos, 1958, p. 213).

Quanto aos demais critérios (legitimidade e economicidade), há, conforme já enunciado de forma genérica na introdução ao presente trabalho, amplo desacordo doutrinário e jurisprudencial quanto à sua delimitação semântica.

2.2.1.3 Legitimidade – Tratando da *legitimidade*, cumpre enunciar uma premissa técnico-metodológica inarredável para a sua compreensão. Tal premissa consiste em que, não havendo vocábulos inúteis no texto constitucional, a legitimidade – inscrita no art. 70 da Constituição Federal – deve ser considerada como um ente diverso da legalidade, economicidade e finalidade, também referidos naquele dispositivo. A *diferença* do conceito de legitimidade em relação àqueloutros é a primeira característica a ser fixada. Postula-se a sua identidade, num primeiro momento, afirmando-se a sua *alteridade*.

Isto importa rechaçar posições, como a de Ricardo Lobo Torres, para quem o "controle da *legitimidade* é o que se exerce sobre a *legalidade* e a *economicidade*".[37] Com todo o respeito devido ao ilustre doutrinador, sua posição quanto a este critério de controle será analisada detalhadamente, porque ela, em certa medida, sumariza os principais equívocos doutrinários relativos ao tema. Enunciada a posição da legitimidade como "síntese" de legalidade e economicidade, o autor, calcado, ressalte-se, em doutrina estrangeira (para a qual tais formulações podem ser consistentes, em face do respectivo direito positivo nacional), identifica também o conceito com "todos os *princípios constitucionais orçamentários e financeiros,* derivados da ideia de segurança jurídica ou de justiça".[38] Além disto, o autor entende que a existência de um critério de controle de legitimidade significa "uma abertura para a política", esclarecendo não se tratar de uma abertura "para a política partidária, nem para a pura atividade política ou discricionária, mas para a *política fiscal, financeira e econômica*".[39] Nas palavras do autor:

37. Ricardo Lobo Torres, "O Tribunal de Contas e o controle da legalidade, economicidade e legitimidade", *Revista de Informação Legislativa*, Brasília, ano 31, n. 121, jan.-mar./1994, pp. 265-271, p. 269.

38. Ricardo Lobo Torres, ob. cit., p. 269.

39. Idem, ibidem.

> O aspecto político do controle se estende também ao Tribunal de Contas, que, sobre exercer fiscalização idêntica à do Congresso quanto à legalidade e economicidade da gestão financeira, precisa dotar as suas decisões do mesmo conteúdo e extensão dos atos administrativos que controla, sem, todavia, substituir as decisões da política econômica pelas suas preferências.[40]

O autor justifica a possibilidade jurídica de tal atuação política (hierárquica, portanto) dos tribunais de contas a partir dos dispositivos da Constituição Federal (art. 74, § 2º, e art. 30, § 3º) que estabelecem a possibilidade de participação popular, via petição, na sua atividade. A legitimidade hierárquica do tribunal de contas sobre a administração pública, seria, assim, haurida dessa "voz popular".[41] Para o autor, por fim, o "controle da legitimidade, que é da própria moralidade, só agora se positivou na Constituição, mas já era reclamado há muito pelos juristas brasileiros".[42]

A crítica a ser feita ao pensamento acima reproduzido liga-se, em primeiro lugar, à síntese que se tenta produzir entre legalidade e economicidade. Tal síntese resulta falha, porquanto, de um lado, ignora o princípio hermenêutico, acima enunciado, segundo o qual o texto constitucional deve ser lido de modo a não resultar em rebarbas ou sinonímias. Se é verdadeiro que a linguagem do Constituinte é a do leigo, tolerando-se sentidos menos técnicos, é igualmente verdadeiro que aquele,

40. Idem, p. 270.

41. Esta afirmação, no sentido de que a possibilidade de participação popular nas atividades dos tribunais de contas, prevista pela Constituição Federal de 1988, propiciaria ao órgão equiparar-se aos órgãos representativos (em que os agentes são eleitos pelo povo), também é falha. Isto porque o que se discute, em sede de controle externo, é o conceito de legitimidade aplicado à administração pública como critério de controle das ações desta. A participação popular por meio de representação ao Tribunal de Contas simplesmente nenhum efeito tem sobre a eventual legitimidade deste como hierarca. Esta atuação é inquestionavelmente vedada, à luz do Estado de Direito. Mesmo porque a possibilidade de petição ao Tribunal de Contas não é novidade da Constituição atual: sob a Constituição de 1969, o direito de petição era igualmente garantido (art. 153, § 30). Aliás, o direito de petição (Constituição Federal, art. 5º, XXXIV, "a") não é restrito a apenas alguns órgãos estatais, mas aplica-se a todo o aparato estatal, indistintamente, razão por que não se pode entendê-lo como conferidor de competências especiais ou exclusivas a este ou aquele órgão estatal.

42. Idem, p. 271.

afinal, não introduziu no texto constitucional palavras inúteis. Por outro lado, ainda que se pudesse imaginar a legitimidade como um fator de síntese dos elementos "legalidade" e "economicidade", era necessário que a síntese produzisse um resultado *qualitativamente diverso* da mera compreensão de seus componentes. Quer pela concepção hegeliana, segundo a qual a síntese seria a fusão de uma tese e de uma antítese numa noção ou proposição nova que, num nível superior de entendimento ou conhecimento, as combina, quer ainda pela concepção semiótica segundo a qual a operação de significação (semiose) de dois signos (como *um* objeto) deve gerar um novo interpretante (diverso dos interpretantes extraíveis individualmente dos dois primeiros), a ideia de legitimidade como síntese de legalidade e economicidade não se sustenta, pois ela não contém qualquer oposição dialética entre seus termos constituintes (legalidade será *a priori* oposta à economicidade, ou *vice-versa*?), nem tampouco traz qualquer incremento de significado diverso do significado daqueles elementos isoladamente considerados.[43]

Da mesma forma não se sustenta a identificação da legitimidade como moralidade. Aqui, além do quanto mencionado no parágrafo precedente, temos um equivoco lógico fundamental: ou a legitimidade é síntese de legalidade e economicidade, ou é idêntica à moralidade. A menos que se pretendesse identificar moralidade com legalidade e economicidade, o que é absurdo. A procura por um significado para a legitimidade não pode autorizar o sincretismo metodológico, em que "tudo pode ser qualquer coisa". É tarefa do cientista do direito expressar-se, tanto quanto possível, livre de ambiguidades, deixando claros e apreensíveis os conceitos com os quais trabalha.

Ainda, cabe ressaltar que a "abertura para a política", mencionada pelo autor, não é, conforme já ressaltamos no item precedente, permitida pela Constituição Federal em sede de controle externo. Descabe dis-

43. Diogo de Figueiredo Moreira Neto incorre, inobstante o seu usual brilhantismo, em equívoco semelhante, quando defende que a legitimidade seria um atributo da atuação administrativa consistente na correspondência dos atos administrativos com o interesse público. Para o autor: "*A Administração, ao agir, tem na* finalidade, *que é o interesse público especificado na lei, um elemento reconhecidamente vinculado*. A legalidade aparece com o padrão legal positivado: a incorporação da legitimidade pela lei, expressando o *interesse público específico* que deverá ser atendido quando de sua execução concreta" (Diogo de Figueiredo Moreira Neto, *Legitimidade e discricionariedade. Novas reflexões sobre os limites e controle da discricionariedade*, 4ª ed., Rio de Janeiro, Forense, 2001, p. 37).

tinguir entre "política partidária" e "política não partidária" para significar que a primeira não seria permitida aos tribunais de contas, mas esta sim. Primeiro, porque não há critério objetivo aceitável para distinguir uma coisa de outra. Segundo, e principalmente, porque a ideia de Estado de Direito repudia o controle que não seja jurídico, isto é, que não seja baseado em normas jurídicas prévias aos atos controlandos. "A decisão justa há de, para ser justa, ser conforme a uma lei preexistente".[44] Por isto é que "abertura para a política", prescindindo de tais características, significa inequivocamente *abertura para o arbítrio*.

Cabe, ademais, a fim de que terminemos a tarefa de delimitar o sentido da legitimidade como critério de controle externo, realizar algumas ponderações adicionais. A primeira tem a ver com a afirmação de que "os atos do tribunal de contas terão a mesma extensão dos atos administrativos sob seu controle". Tal afirmação, a fim de que se evitem equívocos gravíssimos, contrários ao modelo constitucional de controle externo, deve ser compreendida *a partir* do texto constitucional. Assim, jamais a extensão do ato de controle será *igual* à do ato controlado, pois não envolve competência hierárquica, em que se permite uma nova integração de vontade sobre outra, preexistente. A extensão da competência de controle – e, portanto, a extensão dos atos controladores – é dada pela própria Constituição Federal: no caso das competências controladoras do tribunal de contas sobre contratos administrativos, há, conforme se verificará em seguida, além do fato inarredável se tratar de um juízo de juridicidade, regras específicas, que impõem limites claros à atuação das cortes de contas e não permitem inferir que a competência dos tribunais de contas será *idêntica* à do administrador público.

Um outro equivoco consiste em se identificar a legitimidade com o consenso. Seriam legítimas as ações que contassem com a aquiescência dos seus destinatários. Mais do que um conceito objetivo-fático ("basta a aceitação da decisão para que esta se torne legítima"), trata-se de um conceito que pretende alcançar a própria dimensão subjetivo-psicológica dos destinatários ("algo será legítimo quando gerar não apenas a obediência mas a *crença* de que é necessário obedecer porque a decisão é *boa e justa*"). Fala-se, então, em legitimidade "formada no justo consenso da comunidade e num sistema de valores aceitos e compartilhados

44. Eros Roberto Grau, *Por que tenho medo dos juízes (a interpretação/aplicação do direito e os princípios)*, 6ª ed., 2ª tir., São Paulo, Malheiros, 2014, p. 118.

por todos", que reflita "as necessidades reconhecidas como 'reais', 'justas' e 'éticas'".[45]

Tais orientações foram superadas ainda no século passado por formulações teóricas com maior poder analítico. Paulo Bonavides explica a evolução nas formulações relativas à legitimidade, assinalando ter havido o que chama de "despolitização" do seu conteúdo.[46] Para o autor, desde as formulações de Max Weber (que estipulou os tipos-ideais de dominação carismática, tradicional e racional) até Niklas Luhmann (com sua formulação sistêmico-procedimental), passando pelo legalismo de Carl Schmitt, tem-se assistido a um progressivo "esvaziamento" da noção de legitimidade, em razão da identificação de sua natureza com a facticidade do direito positivo. Caberia, portanto, afirmar que a "questão da legitimidade não é assim condicionada a um critério de racionalidade material, vinculando-se ao conteúdo substantivo de uma decisão, mas dependente da coerência lógico-formal dos processos decisórios".[47] Isto, que, para Bonavides, parece ser um fator negativo e que inviabilizaria a própria discussão jurídica do tema, em nossa opinião a possibilita, porquanto é justamente o caráter da legitimidade como *elemento de aprendizado* e, portanto, *de manutenção das expectativas normativas*, que interessa ao direito.

As instituições modernas constituem complexas cadeias contínuas de expectativas normativas, em que "os participantes diretos esperam normativamente e resolutamente quais expectativas normativas seriam a eles dirigidas a partir de terceiros".[48] Este fenômeno não tem nada que ver com a aceitação íntima do conteúdo de uma determinada decisão, nem apenas com a aceitação mecânica de seus efeitos. Pouco importa que o indivíduo concorde ou não, ache a decisão justa ou injusta. Pouco importa que ele a aceite, sem oferecer resistência, ou que ofereça violên-

45. Antonio Carlos Wolkmer, "Legitimidade e legalidade: uma distinção necessária", *Revista de Informação Legislativa*, Brasília, a. 31, n. 124, out.-dez./1994, pp. 179-184, p.184.

46. Cf. Paulo Bonavides, "A despolitização da legitimidade", *RTDP*, São Paulo, Malheiros Editores, 1993, n. 3, pp. 17-31.

47. José Eduardo Faria, "Legalidade e legitimidade. O Executivo como legislador", *Revista de Informação Legislativa*, Brasília, a. 22, n. 86, abr.-jun./1985, pp. 93-104, p. 93.

48. Niklas Luhmann, *Sociologia do direito*, trad. de Gustavo Bayer, Rio de Janeiro, Tempo Brasileiro, 1985, vol. II, p. 62.

cia física ao seu cumprimento. O importante – e aqui estamos tratando efetivamente da legitimação, um conceito que se esclarece pela sua função – é que aprenda que, quer queira ou não, uma decisão será tomada, de acordo com as possibilidades de expectativas normativas vigentes. Calha, a propósito a lição de Niklas Luhmann:

> Quando o direito é positivado, não só os que decidem têm que aprender a aprender. Muito mais o precisam os atingidos por essas decisões. (...) Para os atingidos, ou para os demais terceiros, resulta daí uma situação de aprendizado complementar totalmente diferente, na qual a decisão é legitimada através da expectativa da aceitação. A legitimidade da legalidade é a integração desses dois processos de aprendizado. Ela torna-se instituição, na medida em que possa ser suposto o aprendizado nesse duplo sentido: que processos diferenciados de aprendizado regulem a decisão e a aceitação de decisões sobre expectativas normativas. A legitimidade da legalidade, portanto, não caracteriza o reconhecimento do caráter verdadeiro de pretensões vigentes, mas sim processos coordenados de aprendizado, no sentido de que os afetados pela decisão aprendem a esperar conforme as decisões normativamente vinculativas, porque aqueles que decidem, por seu lado, também podem aprender.[49]

Considerando que o direito só é legítimo porque são institucionalizados mecanismos (i) de participação individual na tomada das decisões coletivamente vinculantes (sufrágio, candidatura a cargos eletivos, grupos de pressão etc.); e (ii) de participação individual nas decisões individualmente vinculantes (via processo judicial, administrativo, contraditório e ampla defesa etc.); e considerando também que (iii) a legitimidade de uma decisão consiste no funcionamento de tais mecanismos de modo a produzir a manutenção de expectativas normativas individuais e de terceiros (inclusive mediante o uso, também institucionalizado, da força), deve-se indagar qual seria o reflexo de tais premissas (que são em princípio extrajurídicas) no campo do direito.

Em termos estritamente técnico-jurídicos, o conteúdo do conceito de legitimidade consagrado no art. 70 da Constituição Federal como um

49. Niklas Luhmann, *Sociologia do direito*, cit., p. 63. Cf. também Niklas Luhmann, *Legitimação pelo procedimento*, trad. de Maria da Conceição Corte-Real. Brasília. Editora UnB, 1980, pp. 49-114.

dos critérios de controle externo só pode relacionar-se com o respeito ao *devido processo normativo*, assim entendida a incidência do devido processo legal e do princípio do contraditório e da ampla defesa (art. 5º, LIV e LV, da CF) nas atividades administrativas. Assim, o ato administrativo legítimo, para fins de controle externo, será aquele cuja edição tenha sido precedida da ampla oitiva dos indivíduos por ele atingidos e daqueles por ele beneficiados, em respeito a normas preexistentes. A legitimidade dos atos administrativos – *consistente no respeito aos deveres procedimentais que presidem a edição de cada ato* – não tem, portanto, uma dimensão substantiva, mas sim adjetiva: pressupõe haja o que Juan Ramón Capella chamou, com felicidade, "momento hermenêutico público".[50] O que cabe ao órgão de controle é avaliar se determinado ato que importe o dispêndio de recursos públicos foi obediente aos deveres procedimentais a ele correlatos,[51] se houve o respeito, por parte da Administração Pública, à ampla comunidade de interessados nas coisas públicas, sendo irrelevante a natureza do interesse (público ou privado) em jogo diante de cada situação, e, por fim, se houve a devida justificação, em sentido amplo, do ato, de modo a permitir o seu contraste jurídico. Sem dúvida que se trata, considerados estes aspectos, de um critério de controle bastante amplo e de grande plasticidade. Mas de modo algum possui a dimensão "quase infinita" que lhe atribuem alguns, ao associarem a legitimidade a aspectos metafísico-políticos (na

50. Juan Ramón Capella, *Elementos de análisis jurídico*, 5ª ed., Madrid, Trotta, 2008, p. 50.

51. Como exemplos, citem-se os deveres de realização de consultas ou audiências públicas previstos nos arts. 11, IV, 19, § 5º, e 51, da Lei 11.445, de 5.1.2007, que introduz o marco regulatório dos serviços públicos de saneamento básico; no âmbito do processo administrativo federal, lembre-se que o inc. V da Lei 9.784, de 29.1.1999, determina ser obrigatória à Administração, nesta esfera, a "observância das formalidades essenciais à garantia dos direitos dos administrados", que se traduzem, entre outros, nos deveres de intimação e oitiva de interessados e de admissão de partes em processos administrativos (arts. 3º, II e III, 9º, 31 e 39, todos deste último diploma); a vedação ao *non liquet* também na esfera administrativa, conforme estabelecido pela leitura conjunta do art. 5º, XXXIV, "a", da Constituição Federal, c/c o art. 48 da Lei 9.784/1999; e, por último, o dever de obediência ao caráter preclusivo das licitações (art. 109, § 2º, da Lei 8.666, de 21.6.1993), que impede o prosseguimento de fases do certame sem o esgotamento das fases anteriores. É claro que se trata de um rol meramente exemplificativo: a multiplicidade de deveres procedimentais, que servem para garantir a legitimidade das ações administrativas, acompanha *pari passu* (quase que de forma tautológica) a multiplicidade dos institutos administrativos e suas respectivas disciplinas normativas.

qualidade de *contrários a* ou *libertos da* juridicidade estrita). Como conceito jurídico, não se confunde com, nem sintetiza, outros conceitos, como os do devido processo legal, do contraditório e da ampla defesa, da representatividade democrática etc.. Mas perpassa tais instâncias, *quando tais elementos sejam procedimentalmente relevantes* para a prática do ato administrativo em consideração e, bem assim, para a possibilidade de manutenção de expectativas normativas, que é o sentido atual da legitimidade para o direito.

2.2.1.4 Economicidade **–** Quando se discute o sentido do critério de *economicidade* para fins de controle externo, as mesmas imprecisões acima referidas no caso do critério de legitimidade soem ocorrer.

Há, de regra, quanto ao referido critério de controle, uma compreensão extremamente perigosa para a estrutura do Estado de Direito. Tal compreensão opera circularmente: a economicidade, equiparada ao princípio da eficiência (este inscrito na Constituição, art. 37, *caput*), constituiria um controle de mérito do ato administrativo; a economicidade, ademais, constituiria um *principio constitucional* do controle externo, cometido, portanto, apenas ao tribunal de contas; e sendo uma "competência privativa", somente ao tribunal de contas caberia rever o mérito do ato administrativo; de onde decorreria a suposta irrevisibilidade do "mérito" das decisões dos tribunais de contas.[52] Tal raciocínio é em tudo e por tudo equivocado: de um lado, pressupõe o controle externo como controle não jurídico, o que, como visto, é uma contradição em termos; e, de outro lado, sustenta uma natureza supra-administrativa (isto é, jurisdicional) dos tribunais de contas, o que também não se sustenta, como também já visto nos tópicos precedentes, em face de nossa realidade constitucional.

52. Paulo Soares Bugarin incorre neste equívoco, ao afirmar: "Ante todo o exposto, infere-se que o princípio da *economicidade* da gestão de recursos e bens públicos autoriza o órgão técnico encarregado do específico e peculiar afazer hermenêutico constitucional – *in casu,* o TCU –, ao exame, em especial, *pari passu*, dos elementos de fato informadores dos diversos processos *subjetivos* de tomadas de decisão de gastos/investimentos públicos vis-à-vis o conjunto *objetivo* dos resultados alcançáveis, qualificando-os, efetiva ou potencialmente, como ganhos ou perdas sociais, evitando-se, deste modo, a despesa pública antieconômica e a consequente perpetração do, muitas vezes irremediável, prejuízo social" (Paulo Soares Bugarin, *O princípio constitucional da economicidade na jurisprudência do Tribunal de Contas da União*, Belo Horizonte, Forum, 2004, p. 140, grifos originais).

Outro equívoco grave no tocante à *economicidade* é a sua equiparação ao princípio constitucional da *eficiência* (art. 37, *caput*). De fato, não se afigura correto igualar um conceito a outro. O princípio da eficiência, entendido como o dever administrativo de promoção satisfatória dos fins estatais "em termos quantitativos, qualitativos e probabilísticos",[53] ou seja, de eleição congruente-satisfativa de meios com relação a fins, abrange uma dimensão muito mais ampla da atuação administrativa do que a economicidade. Esta se limita à avaliação, *in concreto*, da correspondência dos gastos públicos aos preços encontrados no mercado, ao passo que aquele contempla a própria materialidade das escolhas administrativas. Não há confundir, portanto, o juízo de economicidade com o juízo de eficiência. Uma decisão "econômica" tende a produzir uma atuação eficiente; mas nem isto ocorrerá todas as vezes, nem, por outro lado, uma atuação eficiente será, sempre, econômica. Isto tem a ver com todos os aspectos a serem analisados a fim de produzir uma atuação administrativa eficiente: avaliação de riscos, escolha dos propósitos, componentes e atividades possíveis para o atendimento de determinado fim,[54] limitações materiais do Estado, dinâmica do processo legislativo, resistência ou oposição popular etc. Tais fatores, que escapam inclusive à capacidade cognitiva do próprio administrador público, não podem ser avaliados pelos tribunais de contas, pois a eficiência, como visto, não é um critério eleito pela Constituição para o controle externo. Alguns exemplos podem ser úteis: o traçado de uma estrada a ser construída pode ser muito mais "barato" (*i.e.* econômico), mas não ser eficiente, se isto significar, por exemplo, o desalojamento de famílias que habitem nas áreas a serem desapropriadas ou a destruição de um prédio tombado; neste caso, a eficiência, isto é, o atendimento satisfatório em termos quantitativos, qualitativos e probabilísticos do interesse público, demandará a alteração do traçado inicialmente projetado, a fim de acomodar os interesses conflitantes, ainda que disto resulte um preço global maior para a estrada a ser construída (isto é, um resultado "antie-

53. Humberto Ávila, "Moralidade, razoabilidade e eficiência na atividade administrativa", *Revista Eletrônica de Direito do Estado*, Salvador, Instituto de Direito Público da Bahia, n. 4, out.-nov.-dez./2005, disponível na internet em <www.direitodoestado.com.br>, p. 23.

54. Pensamos aqui na atuação administrativa mediante políticas públicas, que são arranjos normativos complexos, compostos de um fim constitucional, propósito, componentes e atividades. Sobre o assunto, ver o nosso *Regime jurídico das políticas públicas*, no prelo.

conômico") em comparação com o projeto original. O atendimento ao interesse público, em tal caso, mesmo que a solução técnica adotada para a estrada resulte "menos econômica", será mais eficiente, em comparação com a alternativa que seria, abstratamente, a "mais econômica".

A compreensão de tal critério envolve também outra dimensão de questionamentos. A economicidade, pois, não deve ser entendida em seu sentido vulgar, como a obrigação de incorrer nos menores custos possíveis para a realização dos cometimentos administrativos. A Administração Pública não está autorizada a pagar nem mais (que isto significaria prejuízo ao Erário) nem menos (que isto significaria enriquecimento sem causa da Administração, em detrimento do particular) pelos meios necessários à sua atuação. Assim como a Administração não aufere "lucro",[55] ela também não "economiza". Como já pudemos apontar, é da essência das contratações administrativas a referência aos preços de mercado como balizadores da sua economicidade.[56] Do mesmo modo, a avaliação, em termos de economicidade, dos atos estatais com impactos orçamentários, deve ater-se à correspondência destes com os preços de mercado.

2.3 Da vedação constitucional à atuação dos tribunais de contas como administração de segundo grau (ou dos efeitos das decisões dos tribunais de contas sobre os atos e sujeitos da Administração Pública)

Os tribunais de contas não são uma "administração de segundo grau". Conforme já destacado nos tópicos precedentes, não há nada, rigorosamente nada, que permita inferir-se que os tribunais de contas po-

55. Cf. os artigos resultantes de seminário promovido pelo IDEPE, em 1993, sob a coordenação do Prof. Adílson Abreu Dallari, nos quais ficou sumulada a impossibilidade jurídica de auferição de lucro por entes estatais, publicadas na *RTDP* (São Paulo, Malheiros Editores, 1994, vol. 6): Aires Barreto, "Pessoa administrativa não aufere lucro nem tem prejuízo. Tem superávit ou déficit", pp. 259-262; Carlos Ari Sundfeld, "Entidades administrativas e noção de lucro", pp. 263-268; Eros Roberto Grau, "Sociedades de economia mista, empresas públicas, fundações e autarquias prestadoras de serviços públicos: o tema do lucro", pp. 269-276; Geraldo Ataliba e José Artur Lima Gonçalves, "Excedente contábil – sua significação nas atividades pública e privada", pp. 277-280.

56. Amauri Feres Saad, "Notas sobre o regime jurídico da precificação de obras públicas", *Fórum de Contratação e Gestão Pública – FCGP*, Belo Horizonte, ano 10, n. 111, mar. 2011, pp. 64-83, p. 66-67.

dem adotar outros critérios de controle que não aqueles fixados no art. 70, *caput*, da Constituição Federal (legalidade, legitimidade, economicidade e finalidade), nem que tais órgãos estariam autorizados a substituir a vontade da Administração Pública pela sua,[57] nem, muito menos, que suas decisões estariam afastadas do amplo controle jurisdicional incidente sobre todas as atividades administrativas estatais.

Mas um outro aspecto geralmente passa despercebido. Trata-se da correta compreensão do alcance formal das decisões dos tribunais de contas sobre os atos auditados. Geralmente, quando cogita desse aspecto, o que costuma fazer a doutrina é diferenciar a decisão irrecorrível do tribunal de contas do instituto da coisa julgada, sob o argumento irrespondível de que a formação de coisa julgada é atributo *exclusivo* das decisões jurisdicionais.[58] Ou então, conforme doutrina mais antiga, cogita-se, simplesmente, de atribuir à totalidade ou a parcela da atuação dos tribunais de contas efeitos de coisa julgada, sustentado, daí, a sua suposta irrevisibilidade pelo poder judiciário.[59] Esta discussão sobre o

57. Como bem ressalta Maria Sylvia Zanella di Pietro, o "Tribunal de Contas não pode tomar decisões que são de atribuição da Administração Pública" ("Incompetência dos Tribunais de Contas para determinar a sustação de contratos administrativos, mesmo como medida cautelar. Matéria de competência privativa do Congresso Nacional. Aplicação do princípio pacta sunt servanda nos contratos administrativos. Limites à invalidação de contratos administrativos", Parecer não publicado, 2010, p. 7).

58. Cf. Oswaldo Aranha Bandeira de Mello, "Tribunais de contas – natureza, alcance e efeitos das suas funções", ob. cit.; Themístocles Brandão Cavalcanti, "O Tribunal de Contas – órgão constitucional – funções próprias e funções delegadas", *RDA* 109, jul.-set./1972, pp. 1-10; Odete Medauar, "Controle da Administração Pública pelo Tribunal de Contas", *Revista de Informação Legislativa*, ano 27, n. 108, out.-dez./1990, pp. 101-126; Eduardo Lobo Botelho Gualazzi, *Regime jurídico dos tribunais de contas*, São Paulo, RT, 1992, pp. 199-205; Celso Antônio Bandeira de Mello, "Funções do tribunal de contas", *RDP* 72, Ano XVII, out.-dez./1984, pp. 133-150; Pedro Roberto Decomain, *Tribunais de contas no Brasil*, São Paulo, Dialética, 2006, pp. 153-171; Ives Gandra da Silva Martins, "Tribunal de Contas é órgão auxiliar do controle externo do Poder Legislativo e não, institucionalmente, órgão equiparado ao regime dos tribunais – reflexões sobre sua disciplina jurídica – opinião legal", *Revista do TCU* 111, jan.-abr./2008, pp. 53-62.

59. Trata-se da interpretação que se baseia na literalidade dos vocábulos constitucionais que atribuem a competência ao tribunal de contas para, *v.g.*, "julgar" as contas do presidente da República ou dos agentes responsáveis pela guarda ou aplicação de dinheiros públicos. Esta interpretação ganhou força sobretudo a partir dos trabalhos de José de Castro Nunes (*Teoria e prática do Poder Judiciário*, Rio de Janeiro, Forense, 1943, pp. 22-35), de Miguel Seabra Fagundes (*O controle dos atos adminis-*

sentido formal das decisões não será aprofundada aqui, por sua absoluta desnecessidade. É inquestionável que os tribunais de contas não exercem qualquer parcela, ínfima que seja, de jurisdição. Suas decisões não fazem coisa julgada, sendo amplamente revisíveis pelo poder judiciário, na exata medida em que o são os atos administrativos em geral. Sua competência, conquanto não integre a Administração Pública, é inarredavelmente administrativa.[60]

O que nos preocupa, com relação à abrangência formal das decisões dos tribunais de contas, são outros aspectos, a saber, a sua força obrigatória com relação aos agentes públicos e particulares, bem como o seu impacto jurídico-formal em face dos atos (sentido amplo) administrativos auditados. Não é exagerado afirmar que muitos dos equívocos de compreensão relativamente aos tribunais de contas poderiam ser evitados se tais tópicos fossem competentemente – e à luz da Constituição Federal – enfrentados.

Começando pela abrangência das decisões dos tribunais de contas em relação aos atos controlandos, deve-se destacar, como decorrência da premissa inevitável (acima devidamente delineada) de que os critérios constitucionais de controle externo – assim como os próprios contornos constitucionais desta atividade – confinam a atuação dos tribunais de contas ao fenômeno orçamentário. Fossem os tribunais de contas animais ruminantes, perdoe-se a imagem, certamente o orçamento seria o seu pasto e o seu redil. Assim é que a abrangência jurídico-material de suas decisões dirá respeito à dimensão orçamentária do ato ou contrato administrativos, estando adstrita, formalmente, àquele âmbito. Não se

trativos pelo Poder Judiciário, 4ª ed., Rio de Janeiro, Forense, 1967, pp. 140-147, datando a primeira edição dessa obra de 1941), e de Francisco Cavalcanti Pontes de Miranda (*Comentários à Constituição de 1967 com a emenda n. 1 de 1969*, Tomo III (arts. 32-117), 2ª ed., São Paulo, Ed. RT, 1973, pp. 253-254). Atualmente, defendem este posicionamento, sobretudo, autores ligados às cortes de contas: cf., por todos, Jorge Ulisses Jacoby Fernandes (*Tomada de contas especial*, 4ª ed., Belo Horizonte, Fórum, 2009, pp. 481-495).

60. O notável Mestre Sérgio Ferraz faz exata síntese deste aspecto, quando pontua que “todas as deliberações do Tribunal de Contas, mesmo as remarcadas de acentuado caráter técnico (contábil, patrimonial, gerencial etc.), se sujeitam (e isto é pacífico doutrinária e jurisprudencialmente), como qualquer ato administrativo, ao controle do Poder Judiciário; ou seja, não se revestem eles da tônica de definitude, exclusiva apenas dos atos jurisdicionais típicos” (Parecer não publicado, elaborado em 2012, juntado ao MS 31.673-DF, em trâmite perante o Supremo Tribunal Federal, p. 15).

trata de um mero jogo de palavras: sustentar que um órgão de controle tem competência para sustar os efeitos *in totum* de atos ou contratos administrativos é coisa radicalmente diversa de se defender que a sustação se dará sobre os efeitos orçamentários do ato ou contrato.

O juízo de ilicitude dos tribunais de contas sobre atos ou contratos administrativos, quando importarem, nos termos do art. 71 da Constituição Federal, a sustação de tais atos ou contratos,[61] só poderá significar juridicamente a sustação dos efeitos orçamentários de tais atos, e nunca o atingimento de todos os seus efeitos. A despesa eventualmente realizada após este juízo será tida por irregular, com a consequência de comprometer o próprio julgamento das contas dos responsáveis pela despesa. Mas o ato – até ser desconstituído pela própria Administração ou pelo poder judiciário, *se o for* – permanecerá válido e produzindo seus efeitos obrigacionais típicos.

Um argumento que se pode levantar contra a tese ora exposta vai no sentido de que não caberia ressalvar o juízo de sustação de atos e contratos do tribunal de contas aos seus reflexos orçamentários, quando o próprio Constituinte não teria feito esta ressalva. Ora, se o Constituinte de 1988 não referiu expressamente esta característica das decisões dos tribunais de contas nos dispositivos em que tratou da sustação de atos e contratos, é porque não precisava: é da essência do controle externo a cargo do Congresso Nacional, com auxílio do Tribunal de Contas, a atuação sobre o orçamento. É esta peça, de iniciativa do Poder Executivo e *aprovada* pelo Poder Legislativo, após intensos debates políticos, que consubstancia a totalidade da ação governamental (administrativa) envolvendo a aplicação de recursos públicos para cada exercício, que dá a razão de ser do controle externo. Não houvesse orçamento, certamente também não se haveria de cogitar da necessidade do controle externo no sentido em que instituído pela Constituição. Da mesma forma que não pode haver resíduo material de controle externo alheio ao orçamento. E isto, com a devida vênia, o Constituinte de 1988 deixou expresso e indene de dúvidas. Qualquer extensão disto resultará em inconstitucional expansão das competências do órgão.

Outro argumento que poderia ser levantado tem a ver com a suposição de que a atividade administrativa ficaria sujeita a um "vácuo de

61. Este aspecto será abordado no tópico seguinte.

controle", de modo que a finalidade do controle externo, consistente na proteção ao Erário, resultaria frustrada. Este é, com a devida vênia aos que o defendem, um argumento claramente falacioso. A Administração Pública é e permanecerá sendo a função estatal mais escrutinada juridicamente. Primeiro, porque todos – repise-se, *todos* – os atos administrativos submetem-se ao amplíssimo e inafastável controle jurisdicional, que conta com a participação dos cidadãos e do Ministério Público como atores privilegiados; a conformação de tal ou qual competência dos tribunais de contas em nada afetará esta situação. Segundo, porque este argumento desconsidera o amplíssimo poder conferido aos tribunais de contas, no tocante à avaliação das despesas públicas, nos exatos termos ora defendidos: com efeito, ao ter um ato sustado pelo órgão de controle externo, o ordenador de despesas terá as suas contas rejeitadas, responsabilizando-se subjetivamente pelo pagamento realizado em desconformidade com a determinação do tribunal e sujeitando-se a consequências seriíssimas.[62] É, renovadas as vênias, desconhecer a realidade defender que o controle orçamentário seja um controle ineficaz.

A partir de tais premissas, passar-se-á ao exame específico da atuação dos tribunais de contas relativamente aos contratos administrativos.

3. A regra do art. 71, §§ 1º e 2º, da Constituição Federal

Determina o art. 71 da Constituição Federal as competências do tribunal de contas da união. A este, nos termos do referido dispositivo, compete: (a) *apreciar* "as contas prestadas anualmente pelo Presidente da República, mediante parecer prévio que deverá ser elaborado em sessenta dias a contar de seu recebimento" (inc. I); (b) *julgar* "as contas dos

62. A Lei Complementar 64, de 18.5.1990, relaciona, como causa de inelegibilidade a rejeição de contas relativas ao exercício de cargos ou funções públicas "por irregularidade insanável que configure ato doloso de improbidade administrativa, e por decisão irrecorrível do órgão competente, salvo se esta houver sido suspensa ou anulada pelo Poder Judiciário, para as eleições que se realizarem nos 8 (oito) anos seguintes, contados a partir da data da decisão, aplicando-se o disposto no inciso II do art. 71 da Constituição Federal, a todos os ordenadores de despesa, sem exclusão de mandatários que houverem agido nessa condição" (art. 1º, I, "g"). A seu turno, a Lei 8.443/1992 fixa as penalidades a serem aplicadas aos agentes públicos fiscalizados, em caso de irregularidades na prestação de contas, tais como multa de até R$ 41.528,52 e multa de até 100 % do valor do dano ao Erário, quando ao agente público for imputado débito (arts. 57 e 58, c/c Resolução TCU 34, de 3.2.2012).

administradores e demais responsáveis por dinheiros, bens e valores públicos da administração direta e indireta, incluídas as fundações e sociedades instituídas e mantidas pelo Poder Público federal, e as contas daqueles que derem causa a perda, extravio ou outra irregularidade de que resulte prejuízo ao erário público" (inc. II); (c) *apreciar* "para fins de registro, a legalidade dos atos de admissão de pessoal, a qualquer título, na administração direta e indireta, incluídas as fundações instituídas e mantidas pelo Poder Público, excetuadas as nomeações para cargo de provimento em comissão, bem como a das concessões de aposentadorias, reformas e pensões, ressalvadas as melhorias posteriores que não alterem o fundamento legal do ato concessório" (inc. III); (d) *realizar* "por iniciativa própria, da Câmara dos Deputados, do Senado Federal, de Comissão técnica ou de inquérito, inspeções e auditorias de natureza contábil, financeira, orçamentária, operacional e patrimonial, nas unidades administrativas dos Poderes Legislativo, Executivo e Judiciário, e demais entidades referidas no inciso II" (inc. IV); (e) *fiscalizar* "as contas nacionais das empresas supranacionais de cujo capital social a União participe, de forma direta ou indireta, nos termos do tratado constitutivo" (inc. V); (f) *fiscalizar* "a aplicação de quaisquer recursos repassados pela União mediante convênio, acordo, ajuste ou outros instrumentos congêneres, a Estado, ao Distrito Federal ou a Município" (inc. VI); (g) *prestar* "as informações solicitadas pelo Congresso Nacional, por qualquer de suas Casas, ou por qualquer das respectivas Comissões, sobre a fiscalização contábil, financeira, orçamentária, operacional e patrimonial e sobre resultados de auditorias e inspeções realizadas" (inc. VII).

Tais competências, que constituem a primeira parte do art. 71 da Constituição Federal (incisos I a VII), delimitam o *âmbito material* da atuação dos tribunais de contas, refletindo, sem dúvida ou entredúvida, a posição constitucional de tais órgãos nos termos em que referido no item precedente: a atuação dos tribunais de contas versará, sempre – e por disposição constitucional expressa – sobre atos administrativos (em sentido amplo) com reflexo orçamentário *direto*, sob os critérios já aludidos da *legalidade*, *legitimidade*, *economicidade* e *finalidade*. Mesmo a alusão, que se encontra no texto constitucional, à auditoria de natureza operacional, deve ser entendida neste sentido específico, ou seja, de fiscalização sobre atos (os atos de gestão operacional, *v.g.* formação de estoques de insumos, aquisição de materiais inúteis ou desnecessários, perecimento de estoques por negligência de agentes públicos, equívocos de logística pública que provocam custos evitáveis etc.) que tenham impacto financeiro-orçamentário direto, sob pena de inconstitucionalidade.

A segunda parte do art. 71 da Constituição Federal consubstancia os poderes sancionatórios cometidos aos tribunais de contas. As competências sancionatórias do tribunal de contas consistem em (i) *aplicar* "aos responsáveis, em caso de ilegalidade de despesa ou irregularidade de contas, as sanções previstas em lei, que estabelecerá, entre outras cominações, multa proporcional ao dano causado ao erário" (inc. VIII); (ii) *assinar* "prazo para que o órgão ou entidade adote as providências necessárias ao exato cumprimento da lei, se verificada ilegalidade" (inc. IX); (iii) *sustar*, "se não atendido, a execução do ato impugnado, comunicando a decisão à Câmara dos Deputados e ao Senado Federal" (inc. X); e (iv) *representar* ao Poder competente sobre irregularidades ou abusos apurados (inc. XI). O § 3º do art. 71 atribui às decisões do tribunal de contas a eficácia de título executivo.

A falta de rigor técnico do Constituinte de 1988, na redação do art. 71, pode dar azo a que se cogite que as competências acima referidas (incisos VIII a X) tenham, por assim dizer, existência autônoma em relação às competências delimitadas na primeira parte do dispositivo. Assim, *v.g.*, além de fiscalizar os atos de concessão de aposentadorias ou apreciar as contas do Chefe do Executivo, poderia o órgão, *sic et simpliciter*, imputar sanções (multa ou débito) a qualquer agente público ou particular que tenha cometido ato ilícito ou determinar a qualquer pessoa a correção de quaisquer situações que, na visão do tribunal, signifiquem ilegalidade. Porém, com a devida vênia, esta solução (verdadeiramente teratológica), não é a que o Direito sufraga.

Sendo a sanção a consequência juridicamente imputada a uma conduta fática desconforme a um mandamento legal positivo, não há que se falar em competência punitiva pura e simples dos tribunais de contas, porque nenhum órgão estatal – nem mesmo o Poder Judiciário – tem autorização para punir sem a existência de uma conduta antecedente definida previamente em lei como ilícita (CF, art. 5º, II, XXXIX, LIV e LV). Muito menos poderá um órgão administrativo qualquer (ainda que extraia sua competência diretamente do texto constitucional, como o fazem os tribunais de contas), invocando uma competência genérica para promover o "exato cumprimento da lei", atuar, já não apenas como *administração de segundo grau*, mas também como um *judiciário de segundo grau*, impondo penalidades e determinando comportamentos administrativos e particulares (e em tais casos mais gravemente, porque sem previsão normativa). Incorre, como já se demonstrou, em erro grosseiro quem defende, sob a justificativa da impossibilidade dos já mencionados "espaços vazios de controle", o elastecimento desmedido das competências dos tribunais de contas, justamente para preencher os "vazios" supostos. Equivoca-se esta posição, primeiro, porque pressupõe que a competência outorgada pela Constituição aos tribunais de contas seria um "cheque em branco", que permitiria qualquer atuação: competência, como é cediço (e mormente quando se trata de competência outorgada pelo Texto Constitucional) não pode ser presumida; ou ela existe expressamente, ou então não existe.[63] Equivoca-se, tal posição, segundo, porque no Estado Democrático de Direito inaugurado pela Constituição de 1988 não se colocam espaços insindicáveis ou "pontos cegos" ao controle da Administração Pública, nem tampouco de qualquer instância de poder:[64] no Estado Democrático de Direito, regido

63. O Supremo Tribunal Federal, em tempo, já pôde manifestar-se sobre pretensão deste gênero, quando vedou a realização, pelo Tribunal de Contas da União, da quebra de sigilo bancário das pessoas fiscalizadas, mesmo consignando que isto (a quebra de sigilo) seria instrumental à competência fiscalizatória do órgão. Veja-se trecho da ementa: "A Lei Complementar 105, de 10.1.2001, *não conferiu ao Tribunal de Contas da União poderes para determinar a quebra do sigilo bancário de dados constantes do Banco Central do Brasil*. O legislador conferiu esses poderes ao Poder Judiciário (art. 3º), ao Poder Legislativo Federal (art. 4º), bem como às comissões parlamentares de inquérito, após prévia aprovação do pedido pelo Plenário da Câmara dos Deputados, do Senado Federal ou do plenário de suas respectivas Comissões Parlamentares de Inquérito (§ 1º e 2º do art. 4º). *Embora as atividades do TCU, por sua natureza, verificação de contas e até mesmo o julgamento das contas das pessoas enumeradas no art. 71, II, da CF, justifiquem a eventual quebra de sigilo, não houve essa determinação na lei específica que tratou do tema, não cabendo a interpretação extensiva, mormente porque há princípio constitucional que protege a intimidade e a vida privada, art. 5º, X, da CF, no qual está inserida a garantia ao sigilo bancário*" (STF, Plenário, MS 22.801, rel. Min. Menezes Direito, j. 17-12-2007, *DJE* 14.3.2008) (grifos aditados).

64. Basta que se verifiquem, num breve (e não exaustivo) resumo, as amplas atribuições dadas ao Ministério Público pela Constituição Federal; os instrumentos processuais (*habeas corpus*, mandado de segurança, mandado de injunção, ação direta de inconstitucionalidade, ação popular, arguição de descumprimento de preceito fundamental etc.); o direito de petição aos poderes públicos; as garantias do devido processo legal, ampla defesa e contraditório; a legalidade como garantia fundamental

pela Constituição Federal, todos os comportamentos, públicos ou privados, obrigatórios, permitidos ou proibidos em função de norma jurídica são juridicamente contrastáveis. Não é exagero dizer que, em nosso modelo constitucional, segundo as balizas jurídicas aplicáveis a cada caso, *tudo é discutível por todos*.

Isto posto, cumpre verificar o teor dos dispositivos que fazem referência aos contratos administrativos. O § 1º do art. 71 estabelece uma ressalva à competência punitiva dos tribunais de contas, no que se refere aos contratos administrativos. Diz o mencionado dispositivo que, no caso de contrato, "o ato de sustação será adotado diretamente pelo Congresso Nacional, que solicitará, de imediato, ao Poder Executivo as medidas cabíveis". Caso silencie o Congresso Nacional, ou o Poder Executivo, deixando de adotar as medidas cabíveis, no prazo de 90 dias, determina o § 2º do art. 71 da Constituição Federal que "o Tribunal decidirá a respeito".

Com efeito, o texto constitucional é claro ao separar o controle dos tribunais de contas sobre os contratos administrativos do controle exercido sobre os demais atos estatais. Com relação aos atos administrativos, o tribunal de contas deverá, se constatada ilegalidade, assinalar prazo para que a autoridade adote as providências necessárias, e, se não for atendido, poderá sustar a execução financeiro-orçamental do ato impugnado. No que se refere aos contratos administrativos – acertam os autores que veem nesta diferença de tratamento a maior importância que defere aos contratos administrativos a Carta de 1988, atribuindo o ato de sustação, ainda que se trate apenas da execução financeira-orça-

e como dever da Administração Pública; e, por fim, a garantia máxima da inafastabilidade do controle jurisdicional, consagrados, todos, pela Constituição Federal (arts. 5º, XXXIV, XXXV, LIV, LV, LXVIII a LXXIII; 37; 102, I, "a", §1º; 103; 127; 129). Todos estes instrumentos de defesa dos direitos individuais foram conseguidos graças à participação intensa de uma geração brilhante de juristas; como exemplo cite-se o artigo absolutamente genial (e que verdadeiramente pode ser lido como se tivesse sido escrito hoje) da lavra de Sérgio Ferraz, denominado "Instrumentos de defesa dos administrados" (in Celso Antônio Bandeira de Mello (coord.), *Curso de direito administrativo*, São Paulo, Ed. RT, 1986, pp. 154-174). Neste artigo, o grande Mestre fluminense, no ambiente ainda formalmente autoritário da Constituição de 1969, antevê, e, mais do que isto, defende os instrumentos acima referidos. Fala, ainda, como se tais avanços não bastassem, no *dever de boa administração* como baliza para o controle do mérito do ato administrativo, ideia que, mesmo hoje, não foi desenvolvida em todas as suas consequências.

mental, à competência primária do Congresso Nacional[65] – nem mesmo esta competência é primariamente outorgada aos tribunais de contas: o Congresso Nacional deve ser formalmente ouvido antes de qualquer deliberação atinente a contratos administrativos.

Sustar a execução financeiro-orçamental, ressalte-se, não equivale a sustar integralmente o contrato, impedindo a prática de quaisquer atos, mormente aqueles inerentes às obrigações típicas, necessárias para o cumprimento do seu objeto. Também, muito menos, equivale à invalidação dos contratos impugnados. *A sustação integral e a invalidação, tanto de atos administrativos quanto de contratos administrativos, serão sempre vedadas tanto ao Congresso Nacional, quanto aos tribunais de contas.*

Sustação, portanto, para fins de controle externo de atos e contratos administrativos, diz respeito à execução financeira de atos ou contratos tidos por antijurídicos sob os critérios de legalidade estrita, economicidade, legitimidade ou finalidade (fomento). Sustado o ato, o que ocorrerá objetivamente é a impossibilidade de sua produção de efeitos orçamentários. Para os contratos administrativos, caberá apenas a informação da irregularidade ao Congresso Nacional, a quem caberá decidir a respeito. Se, no prazo de 90 dias, este se mantiver inerte, "o Tribunal decidirá a respeito" (§ 2º). Esta última locução será analisada a breve trecho.

Cumpre, preliminarmente, retomando a definição de controle esboçada no item 2, acima, realizar uma anotação de extrema relevância: apontou-se que o controle, entendido como o contraste jurídico dos atos estatais, tem consequências diversas conforme o determine a regra de competência. Compreende, do ponto de vista objetivo (ou seja, com referência ao *ato* controlado), potencialmente, as competências para im-

65. Cf. a lição abalizada de Maria Sylvia Zanella di Pietro quanto a este aspecto: "Qual o sentido de atribuir competência ao Congresso Nacional e depois, em caso de sua omissão, transferi-la para o Tribunal de Contas? Se este vai poder sustar o contrato, não há razão para a previsão da competência do Congresso Nacional. Essa fase do procedimento – período de 90 dias, prevista para a sua manifestação – poderia ser tranquilamente eliminada, por sua total inutilidade. É o tipo de interpretação que, por levar a resultado absurdo, não pode ser adotada". E arremata: "O constituinte quis que fosse apreciado o mérito da decisão [*de sustação do contrato*] perante o interesse público envolvido. Daí ter retirado a competência do Tribunal de Contas (que é órgão técnico) para outorgá-la ao Congresso Nacional (que é órgão político)" (*Parecer*..., cit., p. 13).

por, em grau decrescente de intensidade, a invalidação do ato impugnado, a determinação para que a autoridade invalide ou convalide o ato, a suspensão (temporária) total ou parcial dos efeitos do ato e a recomendação para que a autoridade corrija a ilegalidade. Do ponto de vista subjetivo (ou seja, com referência à pessoa do agente responsável pelo ato), o controle pode envolver a imposição de multa aos agentes responsáveis pela prática do ato impugnado, a imputação de débito (*i.e.*, o ressarcimento de eventuais prejuízos ao Erário), a perda do cargo ou a inabilitação para o exercício de cargos, e as penalidades exprobatórias, entre outras possibilidades de sanção.[66]

Comparando as competências cometidas aos tribunais de contas pela Constituição Federal para o controle das atividades administrativas com a tipologia acima esboçada, podem-se extrair conclusões relevantes para a compreensão do órgão. A primeira consiste em que, quanto aos atos sob controle, como visto, não lhe foi atribuída qualquer competência para invalidar, direta ou indiretamente, atos administrativos. A competência para sustar a execução orçamentária de atos considerados ilegais é, naturalmente, muito diversa da competência para invalidação pura e simples. É também muito diferente da competência para sustação da totalidade dos efeitos do ato. A sustação que compete aos tribunais de contas opera parcialmente no plano da eficácia (orçamento), ao passo que a sustação completa paralisa o ato em todos os seus efeitos. Ressalte-se, a competência para a sustação integral dos efeitos dos atos ou contratos administrativos, de extrema gravidade, não foi conferida pela Constituição Federal sequer ao Congresso Nacional. Por isto é que, ao tribunal de contas, órgão auxiliar daquele poder, falece também esta competência.

A posição segundo a qual os tribunais de contas deteriam ampla competência para suspender a totalidade dos efeitos dos atos e contratos administrativos não é afastada apenas em razão de interpretação considerada mais adequada dogmaticamente à integridade do Texto Constitucional: ela leva, como a realidade o comprova sobejamente, a resultados

66. Estamos aqui abordando a atuação específica dos tribunais de contas, porém as sanções subjetivas envolvem a aplicação, sobretudo em sede jurisdicional, das mais variadas penalidades. Cumpre referir, a título exemplificativo, as numerosas (e graves) sanções previstas nos diplomas seguintes: Lei 8.429, de 2.6.1992, que trata dos atos de improbidade administrativa; Lei 8.666, de 12.6.1993; Lei 8.112, de 11.12.1990, que trata do estatuto dos servidores federais (art. 127 e ss.); e Código Penal (Decreto-lei 2.848, de 7.12.1940), sobretudo os arts. 312 a 337-A.

práticos desastrosos. Explicamo-nos: se se admitisse que os tribunais de contas pudessem suspender *in totum* os atos da Administração Pública, o que aconteceria se o Poder Executivo se recusasse a seguir o entendimento do tribunal? Teria de recorrer ao Judiciário para fazer valer a competência que a própria Constituição lhe outorga? Sendo a sustação de atos ou contratos uma providência necessariamente precária, pois do contrário equivaleria à invalidação, ficaria paralisada a Administração Pública por tempo indeterminado? Deixar-se-iam pelo caminho obras públicas, que o Poder Público entende regulares, já iniciadas? A coletividade deixaria de fruir a utilidade pública que seria atendida pelo cumprimento do contrato suspenso em todos os seus efeitos? Teria a Administração Pública (e, destarte, o Erário) de arcar com as vultosas indenizações devidas ao particular contratado nas hipóteses de suspensão da execução contratual (custos diretos e indiretos, tais como custo de equipamentos, mão-de-obra, encargos, mobilização, desmobilização etc.) ou mesmo de extinção do vínculo em razão da atuação dos tribunais de contas?

A resposta para tais perguntas é evidente por si mesma: é claro que o interesse público seria prejudicado (além dos interesses particulares envolvidos em cada caso), se fosse admitida tal extensão às decisões dos tribunais de contas. A suspensão de efeitos orçamentários pelo tribunal de contas não é providência destinada à perenidade: resolver-se-á, quando muito, pela votação do orçamento para o exercício seguinte, ocasião em que o parlamento avaliará a manutenção ou não do contrato administrativo na peça orçamentária (ratificando ou não a situação inquinada de irregular pelo tribunal de contas), ou então quando do julgamento das contas do chefe do Executivo, do órgão ou autoridade competente, nos termos do art. 49, inc. IX, da Constituição Federal, caso em que também prevalecerá a decisão do Congresso Nacional. Ou ainda pela decisão judicial que suspenda ou invalide a decisão dos Tribunais de Contas. Mas em nenhuma dessas hipóteses haveria a total impossibilidade de execução do contrato administrativo; o chefe do Executivo, decidindo prosseguir com o contrato, assumiria, claro, o risco político e jurídico de ter as suas contas desaprovadas;[67] porém isto, por si só, não impede

67. No primeiro regime dos tribunais de contas no Brasil (sob os Decretos 966-A, de 7.11.1890, e 396, de 8.10.1896), embora se previsse o registro prévio dos atos estatais (inclusive contratos) de que resultassem despesas ao Erário, ressalvava-se

absolutamente a execução daquele negócio. Aliás, é o contrário o que ocorre: mesmo havendo decisão do tribunal de contas que suspenda os efeitos orçamentários de um contrato administrativo, este, por constituir relação jurídica intangível, deverá necessariamente continuar em execução, e o particular contratado, a quem as decisões das cortes de contas não podem atingir, pode exigir, judicialmente inclusive, a execução das obrigações assumidas pela Administração contratante.

Ademais, os casos realmente revestidos de gravidade nunca teriam condições de prosseguir: nestes casos, é dever do tribunal de contas representar às autoridades competentes (sobretudo ao Ministério Público), a fim de que sejam tomadas as medidas judiciais cabíveis. O Poder Judiciário, este sim legitimado pela Constituição Federal para suspender ou invalidar quaisquer atos ou contratos da Administração ou de particulares, determinaria, conforme o caso, as providências necessárias para recomposição da legalidade e para o atendimento do interesse público.

Os atos e contratos administrativos ilícitos podem e devem, quando as circunstâncias estabilizadoras ou convalidadoras não estejam presentes, ser expulsos do ordenamento jurídico; porém, tais medidas devem ser adotadas pelas instâncias autorizadas pelo Texto Fundamental (entre as quais não se incluem, como demonstrado fartamente neste estudo, as cortes de contas). É, pois, um sem-sentido a Administração Pública ter de recorrer ao Judiciário a fim de suspender decisões dos tribunais de contas que declarem a irregularidade de contratos administrativos. Irre-

expressamente a autonomia constitucional do Presidente da República para, se assim entendesse, executar os contratos julgados irregulares pelo tribunal de contas; instaurava-se, entre nós, o "registro sob protesto". Viveiros de Castro comentou o sentido da figura, que, a despeito da expressa dicção normativa, causava alguma (mas não muito relevante) divergência doutrinária: "Qual o efeito do registro sob protesto: suspende a execução do contracto até que o Congresso Nacional se pronuncie a respeito? Ou, pelo contrario, suspende a acção impeditiva do Tribunal, sendo o contracto considerado valido para todos os efeitos, emquanto não houver o pronunciamento do Congresso Nacional? (...)

"Tenho para mim que a segunda solução é a verdadeira, o legislador, admitindo o registro sob protesto, quis conciliar a acção fiscalizadora do Tribunal de Contas com a independência do Poder Executivo, que ficaria annullada se a resolução do Tribunal tivesse efeito suspensivo.

"*E, uma vez privado da indispensável liberdade de acção, o Poder Executivo deixaria de ser o único responsável pelos seus actos, o que contrariaria a essência do regimen presidencial*" (*Tratado de sciencia da administração e direito administrativo*, cit., pp. 748-749) (Grifos não coincidentes com os do original).

gularidade grave, se houver, que impeça o prosseguimento da execução de um dado contrato, deverá ser, inclusive por uma questão de economia das instâncias de controle, pronunciada pelo órgão a quem cabe a última palavra sobre todas as questões de juridicidade: o Poder Judiciário. O tribunal de contas, tendo, em sua atividade fiscalizatória, encontrado irregularidades deste jaez, poderá, naturalmente, e obedecidos os requisitos do § 1º do art. 71 da Constituição Federal, sustar a execução orçamental do ato e, além disto, representar aos órgãos competentes (Ministério Público, *e.g.*), a afim de que sejam adotadas as medidas judiciais cabíveis, hipóteses em que se terá desincumbido de forma absolutamente regular das funções que a Constituição de 1988 lhe atribui. Agir para além disto, o que desafortunadamente é a regra nos dias atuais, é violar frontalmente o texto constitucional.

É nesse sentido que deve ser compreendida a irretocável lição de Maria Sylvia Zanella Di Pietro:

> O Tribunal de Contas não pode tomar decisões que são de atribuição da Administração Pública. Ele não pode substituir-se a ela, para inserir exigências nos editais de licitação; ou para exigir garantias suplementares não previstas nos instrumentos convocatórios da licitação; *ele não pratica atos administrativos no âmbito de contratos administrativos em execução; ele não altera e não rescinde contratos administrativos; ele não regula contratos administrativos*.
>
> A sua missão – das mais nobres – é a de auxiliar o Congresso Nacional na fiscalização contábil, financeira, orçamentária, operacional e patrimonial da União e das entidades da administração direta e indireta *quanto à legalidade, legitimidade, economicidade, aplicação das subvenções e renúncia de receitas*, conforme previsto no artigo 70, *caput*, da Constituição.[68] (Grifos não coincidentes com o original)

A segunda conclusão refere-se ao fato de que, no plano subjetivo, as decisões dos tribunais de contas, embora não sejam capazes de fulminar o ato impugnado, podem ensejar a aplicação de sanções aos agentes públicos responsáveis. De se ressaltar que, de acordo com o texto constitucional, as penalidades possíveis de serem aplicadas pelos tribunais

68. Maria Sylvia Zanella Di Pietro. *Parecer...*, cit., pp. 7-8.

de contas são, unicamente, as de multa ou dever de ressarcimento ao Erário, cujos critérios e hipóteses de aplicação foram desenvolvidos por lei.[69] Os sujeitos de tais competências das cortes de contas são todos os agentes públicos (em sentido amplo) que detenham poder de decisão para a ordenação da despesa inquinada de irregular. Os particulares contratados, ainda que concorrentes, com dolo ou culpa, para a configuração de ilícito administrativo de que decorra dano ao Erário, não podem ser atingidos por decisões punitivas dos tribunais de contas. O mesmo se diga – e nem seria preciso – dos particulares que de boa-fé contratam com o Poder Público.

É como leciona Hely Lopes Meirelles, que assim pontuou, já sob a égide da presente Constituição, em estudo de sua rica obra de parecerista:

> (...) O acórdão do Tribunal de Contas, neste e em todos os casos em que considere ilegítima a contratação de obra, compra ou serviço pela Administração centralizada, descentralizada ou autárquica, seja inicial ou decorrente de aditamento, não tem eficácia de título executivo contra o particular contratado, nos termos do § 3º do art. 71 da Constituição da República. É assim porque as decisões dos Tribunais de Contas (cuja competência não pode desbordar do art. 71 da mesma Constituição), no que concerne à imputação de débito ou multa, só podem afetar particulares que derem causa a perda, extravio ou outra irregularidade de que resulte prejuízo ao erário público, relativamente a *bens* ou *valores de que tenham gestão* (cf. art. 71, II), o que, via de regra, não ocorre com os que se obrigam contratualmente com a Administração, para executar obra, prestar serviço ou realizar fornecimento de interesse para o serviço público.[70]

O particular, com as vênias de estilo, não pode ser punido nem ter débito imputado pelo tribunal de contas. Só o Poder Judiciário pode determinar, após ação de conhecimento competente e exauridos o contraditório e a ampla defesa, eventual ressarcimento, pelo particular, ao Erário.

69. No caso, a Lei 8.443/1994.

70. Hely Lopes Meirelles, "Tribunal de Contas e contrato administrativo", *Estudos e pareceres de direito público*, vol. 11, São Paulo, Ed. RT, 1991, pp. 215-222, p. 221.

4. O princípio do valor formal dos contratos administrativos

O contrato é um corolário do princípio da liberdade, plasmado na autonomia individual. Seu principal efeito é a criação de um vínculo entre as partes. No dizer genial de Clóvis do Couto e Silva, a "obrigação é um processo" que se "dirige ao adimplemento, para satisfazer o interesse do credor. A relação jurídica, como um todo, é um sistema de processos".[71] É tamanha a força vinculante do contrato, estribamo-nos no escólio de Orlando Gomes:

> "que se traduz, enfaticamente, dizendo-se que tem força de lei entre as partes. O contrato deve ser executado tal como se suas cláusulas fossem disposições legais para os que o estipularam. Quem assume obrigação contratual têm de honrar a palavra empenhada e se conduzir pelo modo a que se comprometeu".[72]

Efeitos dos contratos, considerados como categoria jurídica, são, ainda na lição do mestre baiano, a *irretratabilidade*, a *intangibilidade* e o princípio da *relatividade* quanto às partes e quanto ao objeto.[73] A conjugação destes fatores com os princípios do equilíbrio econômico-financeiro e da proteção à confiança legítima configura aquilo que denominamos *princípio do valor formal dos contratos administrativos.*

É claro que a realidade do contrato possui particularidades quando tratada a partir da ótica do direito administrativo. Reconhece-se, de modo unânime, a competência administrativa, decorrente da indisponibilidade do interesse público a ser satisfeito, de instabilização da avença, promovendo-se alterações no objeto ou nas condições de execução, a cargo do particular. Por esta razão é que importantíssima doutrina chegou a negar a própria existência dos contratos administrativos, excetuando, como únicos elementos essencialmente contratuais da avença, as disposições atinentes à cláusula econômico-financeira.[74]

71. Clóvis do Couto e Silva, *A obrigação como processo*, Rio de Janeiro, FGV, 2006, p. 167 (edição fac-similar da obra privadamente impressa em 1964, correspondente à tese de livre-docência do autor, apresentada na Faculdade de Direito da Universidade Federal do Rio Grande do Sul).

72. Orlando Gomes, *Contratos*, 17ª ed., Rio de Janeiro, Forense, 1997, p. 161.

73. Orlando Gomes, idem, ibdem.

74. Oswaldo Aranha Bandeira de Mello, *Princípios gerais de direito administrativo*, t. I, cit., pp. 606-614. No mesmo sentido, Celso Antônio Bandeira de Mello (*Curso de direito administrativo*, cit., pp. 630-631).

Embora não seja objeto do presente estudo um aprofundamento deste aspecto, e a despeito da imensa autoridade dos autores citados, que defendem posição contrária, nos parece inegável a realidade jurídico-positiva do contrato administrativo, espécie do gênero *contrato*, compreendendo não apenas as disposições relativas ao equilíbrio econômico-financeiro, mas também *todas* as disposições atinentes ao objeto contratual e sua execução. Isto porque (i) a equação econômico-financeira é lógica e materialmente dependente das disposições atinentes ao objeto do contrato, ou, mais precisamente, ao bloco de obrigações a cargo do particular e do Poder Público; ao passo que a faculdade de instabilização do vínculo, reconhecida à Administração, somente poderá ser exercitada se, *e somente se*, obedecida a correspondência entre encargos e benefícios inicialmente ajustada, de modo que não é errado afirmar que, fora da esfera tributária, a equação econômico-financeira é elemento essencial de qualquer vínculo colaborativo entre particular e Administração Pública (o que é, pois, o espírito do contrato administrativo); e (ii) a diferença que comumente se aponta entre a causa dos contratos privados (a livre manifestação de vontade dos contraentes) e a causa dos contratos administrativos (a satisfação do interesse público) não é tão grande quanto se imagina, quando se leva em consideração que o administrador público não é apenas um mero aplicador de ofício da lei autossuficiente, mas também um partícipe absolutamente relevante na construção da utilidade pública, vinculando-se juridicamente com terceiros para esse desiderato;[75] dito de outro modo: o papel da vontade

75. José Manuel Sérvulo Correia assim caracteriza a liberdade contratual administrativa: "O poder próprio da Administração manifesta-se precisamente no exercício da discricionariedade e da 'prerrogativa de avaliação' respeitante ao preenchimento de conceitos jurídicos indeterminados. Através destas figuras, o ordenamento jurídico recusa a subordinação total da Administração ao legislador e ao juiz. Recusa a subordinação total ao legislador, porque as soluções se vão basear em premissas autonomamente escolhidas pelo órgão administrativo. E recusa a subordinação total ao juiz administrativo, porque a este não caberá substituir-se à Administração para efeito de refazer os juízos valorativos de prognose e de ponderação de interesses em conflito, isto é, não lhe cabe rever e emitir em última instância juízos de mérito que integram materialmente a função administrativa e, em princípio, se encontram arredados do controlo jurisdicional de legalidade. As normas que encerram conceitos jurídicos indeterminados ou conferem discricionariedade deixam pois à Administração um 'momento criativo' que, embora regido por alguns princípios (vinculação ao fim, imparcialidade, proporcionalidade), configura o exercício de um poder próprio de determinação daquilo que em cada momento nos casos concretos, é melhor para a

na Administração Pública não é questão fechada, que possa permitir afirmações peremptórias ou fórmulas pré-concebidas[76]; a vontade, portanto, como causa dos contratos, não pode ser um elemento suficiente para negar a natureza contratual dos contratos administrativos; e (iii) o contrato diferencia-se dos atos negociais da Administração e dos atos administrativos unilaterais pelo fato de não configurar quer a conferência de uma faculdade ao particular, quer uma imposição; ele somente aperfeiçoa-se e produz efeitos quando há efetivamente o acordo de vontades entre o particular e a Administração.[77]

Assim é que os efeitos atribuíveis aos contratos em geral também se aplicam aos contratos administrativos. A *irretratabilidade* é um atributo presente nos contratos administrativos, haja vista que estes somente poderão ser rescindidos unilateralmente nas estritas hipóteses legais decorrentes de descumprimento pela parte (pública ou privada) de suas

satisfação dos interesses públicos abstractamente enunciados na lei" (*Legalidade e autonomia contratual nos contratos administrativos*, Coimbra, Almedina, 2003, pp. 488-489).

76. A metáfora absolutamente genial de Ruy Cirne Lima, que compara o administrador público ao administrador de uma empresa privada, que não age em nome próprio e sim da pessoa de quem é mandatário, daí porque não existiria vontade individual na Administração Pública ("Como acontece ao administrador privado, não possui, também, o Poder Executivo, acerca dos negócios públicos, atribuições irrestritas, porém, essencialmente atribuições de administração. Estão os negócios públicos vinculados, por essa forma, – não ao arbítrio do Executivo, –, mas, à finalidade impessoal, no caso, pública, que este deve procurar realizar" – *Princípios de Direito Administrativo*, 7ª ed., revista e reelaborada por Paulo Alberto Pasqualini, São Paulo, Maleiros Editores, 2007, p. 38), não é, de regra compreendida em todas as suas consequências: afinal, se o administrador público somente está autorizado pelo ordenamento jurídico a perseguir finalidades de interesse do seu outorgante (o Estado), fato é que é ele também um ator insuprimível na definição mesma da finalidade a perseguir, ficando a seu cargo, igualmente, a tarefa de exprimir, via atos jurídicos e contratos, esta vontade impessoal *que ele ajudou a construir como vontade juridicamente produtora de efeitos*. Este aspecto não passou despercebido ao mestre gaúcho, quando salienta, no mesmo parágrafo da afirmação acima transcrita, que "[i]ncumbe ao próprio Poder Executivo, as mais das vezes, a determinação dessa finalidade mesma, tendo em vista, aquele, a utilidade pública, como o tutor a utilidade particular do menor" (ob. e loc. cits.). Lida pela metade, a lição de Ruy Cirne Lima levaria a negar a natureza contratual inclusive dos contratos celebrados por pessoas jurídicas de direito privado, pois o administrador, nestes casos, não seria capaz de exprimir vontade nenhuma, vinculado que está aos fins de utilidade da pessoa que representa, o que é um verdadeiro absurdo.

77. Maria Sylvia Zanella Di Pietro, *Direito administrativo*, cit., p. 260.

obrigações contratuais, por caso fortuito ou força maior, ou por razões de interesse público "de alta relevância e amplo conhecimento, justificadas e determinadas pela máxima autoridade da esfera administrativa a que está subordinado o contratante e exaradas no processo administrativo a que se refere o contrato" (art. 78 da Lei 8.666/1993). Nos casos em que a rescisão se der por conduta imputável à Administração, esta deverá indenizar amplamente o particular contratado, conforme determina o art. 37, § 6º, da Constituição, c/c o art. 79, § 2º, da Lei 8.666/1993. Esta situação é em tudo e por tudo idêntica à dos contratos privados.[78]

A decisão dos tribunais de contas sobre os contratos administrativos, ainda que atendidos os trâmites previstos no § 1º do art. 71 da Carta, não afasta este atributo das contratações administrativas. Como já se demonstrou, as suas decisões restringem-se à conformação orçamentária das despesas realizadas em decorrência de atos ou contratos administrativos. Todavia, a dimensão orçamentária é externa ao vínculo e a suposta ilegalidade a ela atinente não pode ser utilizada, ainda que parcial ou temporariamente, como um fator que restrinja a eficácia típica de tais atos. É a própria Lei 8.666/1993 que, ao lado das modalidades de rescisão contratual unilateral por parte da Administração e a consensual, identifica apenas a possibilidade de rescisão judicial da avença (quer por solicitação do particular contratado, quando houver descumprimento autorizante por parte da Administração, quer por razões de legalidade, no bojo de ações ajuizadas por particulares ou pelo Ministério Público). *Quator non datur*. Não é autorizada, portanto, decisão de tribunais de contas que determine ou declare, a qualquer título, a extinção do vínculo formado entre o particular e a Administração por meio do contrato administrativo, ainda que ilícito.

Decorrência da irretratabilidade dos contratos administrativos, coloca-se a sua *intangibilidade*. Isto significa, retomando-se a lição valiosa de Orlando Gomes, que "[a]ssim como não pode ser desfeito pela vontade de uma das partes, o contrato não admite modificação do seu conteúdo que não resulte de mútuo consenso", admitidas exceções.[79]

78. Mesmo a rescisão unilateral por razões de interesse público não é elemento característico do contrato administrativo: no contrato privado, equivale à rescisão imotivada (as razões fáticas serão de foro íntimo do contratante rescindente, não sendo inadequado qualificá-las como de "interesse privado").

79. Orlando Gomes, *Contratos*, cit., p. 162.

Mutatis mutandis, o contrato administrativo, embora passível de alterações unilaterais por parte da Administração contratante, encontra seu limite na acima referida cláusula de equilíbrio econômico-financeiro, cujo teor imbrica-se no conteúdo (e na tensão) das obrigações divididas entre as partes na relação contratual, bem como na disposição expressa da Lei 8.666/1993, que, em seu art. 65, I, "a" e "b", determina que as alterações do contrato somente poderão ocorrer de forma unilateral quando houver modificação do projeto ou das especificações, para melhor adequação técnica aos seus objetivos, ou quando necessária a modificação do valor contratual em decorrência de acréscimo ou diminuição quantitativa de seu objeto, nos limites permitidos pela lei (§1 º), garantindo-se ao contratado o direito de recusar alterações superiores aos ditos limites, rescindindo-se de pleno direito a avença, e o direito de, em aceitando tais alterações, ver o contrato devidamente reequilibrado, caso sofra prejuízos em razão das alterações propostas pela Administração (art. 65, II, "d").

A *intangibilidade* dos contratos administrativos, naturalmente, repele as decisões dos tribunais de contas que pretendam substituir escolhas administrativas, determinar a revisão de preços, alterar a estrutura ou a composição de planilha orçamentária contratual derivada de proposta regularmente apresentada pelo particular em licitação, impor ou restringir prazos e cronogramas, decidir sobre metodologia executiva ou regime de execução;[80] em suma, atuar exogenamente como *gestor* e

80. Em artigo sobre a precificação de obras públicas, sustentamos: "Em diferente dimensão, o *princípio do valor formal das contratações administrativas* também deve ser considerado: muitas vezes, em auditorias, os órgãos de controle pretendem *substituir* opções técnicas realizadas em determinada contratação. Assim, substitui-se uma determinada técnica por outra, que o órgão de controle considera equivalente para o mesmo serviço ou um equipamento, realmente empregado na obra, ou ainda se pretende eliminar horas de trabalho ou reduzir o número de profissionais que trabalhariam na obra, por se considerar que o mesmo trabalho poderia ser feito com menos profissionais ou menos horas de trabalho. A justificativa da totalidade dos casos (pois do contrário os órgãos de controle não se dariam ao trabalho de realizar esta verificação) é a de que a nova solução proposta pelos órgãos de controle é mais barata, e, portanto, o simples fato de ter-se adotado solução técnica diversa (com preços diversos) significaria a ocorrência de sobrepreço no contrato, cabendo, portanto, a glosa unilateral dos valores correspondentes.

"Aqui, deve-se ressaltar que, pela incidência do *princípio do valor formal dos contratos administrativos*, a mera comparação de técnicas, equipamentos ou profis-

juiz de contratos administrativos, munido de poderes e faculdades que nem mesmo a Administração contratante, já se demonstrou, possui.

Ainda, a *relatividade* dos contratos administrativos em relação às partes, significando a impossibilidade jurídica de produção de efeitos do ajuste de modo a vincular terceiros, vale, em relação aos tribunais de contas, no seu sentido contrário: se o contrato administrativo é, como os demais contratos, *res inter alios acta* (e ele de fato o é), todos aqueles que dele não sejam parte a ele não estão vinculados e, na mesma medida, não podem exercer qualquer prerrogativa própria das partes copartícipes. O tribunal de contas, excetuando-se as avenças de que seja parte, na qualidade de Administração Pública, não é parte nos contratos administrativos que audita. A sua atividade cognitiva, com relação a estas realidades jurídicas delimitadas e específicas (os contratos administrativos), resolve-se no juízo de sustação dos efeitos orçamentários da avença (respeitados os já aludidos requisitos constitucionais) e, de modo concomitante ou não, na representação ao Congresso Nacional ou aos entes competentes (*v.g.*, o Ministério Público), a fim de que sejam tomadas as medidas judiciais cabíveis para sustar a sua execução ou para sua invalidação.

sionais não é suficiente para sustentar-se a existência de sobrepreço: cabe ao analista comprovar ou a total incompatibilidade das técnicas (aí se incluindo equipamentos e mão de obra) empregadas com o projeto ou a má-fé dos contratantes. Fora de tais hipóteses, impõe-se a manutenção das condições contratadas, haja vista que elas refletem, de um lado, as opções discricionárias do administrador público na elaboração do projeto básico e do projeto executivo, e, de outro, a concordância do particular contratado com a técnica licitada. (...)

"Do mesmo modo, há que se atentar para casos em que se pretende discutir a estrutura de custos diretos e indiretos, muitas vezes retirando deste último (o chamado BDI) rubricas que eram permitidas ou mesmo impostas pelo edital. É muito comum, no Tribunal de Contas da União pelo menos, o questionamento dos custos indiretos (BDIs) de determinados contratos, por se considerar que neles ou foram incluídos custos indevidos (como nos já famosos casos do Imposto de Renda e da Contribuição Social sobre o Lucro Líquido, que na visão do TCU são tributos personalíssimos e por isto não podem onerar o contrato) ou que neles encontram-se preços que deveriam pertencer à parcela de custos diretos. (...) o que se deve reter, neste passo, é que a incidência *do princípio do valor formal dos contratos administrativos* impede que estes sejam invalidados (ainda que parcialmente), quer mediante a realocação dos preços (de indiretos para diretos ou vice-versa), quer mediante a sua glosa. Se a proposta foi apresentada de boa-fé nos termos do edital e aceita pela Administração Pública, aperfeiçoa-se a equação econômico-financeira, devendo o vínculo ser mantido e respeitado em sua integralidade até o término da avença" ("Notas sobre o regime jurídico da precificação de obras públicas", cit., pp. 76-77).

Por outro lado, a *relatividade* dos contratos quanto ao seu objeto pressupõe a impossibilidade de, exogenamente aos termos da relação contratual, produzirem-se alterações na distribuição das obrigações entre as partes. Somente as partes – Administração e particular contratado – estão legitimadas a produzirem alterações, consensuais ou unilaterais, conforme o caso, das condições e encargos contratuais mútuos, ressalvada, como de resto em todos os atos jurídicos, a apreciação exauriente do Poder Judiciário. Aos tribunais de contas, pelas razões já acima expostas, veda-se a atuação sobre a conformação dos encargos e condições dos contratos administrativos.

Deve-se ainda considerar a irresponsabilidade do particular contratado pelos termos do vínculo travado pela Administração. Como se sabe, as contratações administrativas, de regra, são mediadas por processo licitatório. Os termos do ato convocatório e do futuro contrato (cuja minuta integra o primeiro, *ex vi* do art. 40, § 2º, III da Lei 8.666/1993) são definidos de antemão pela Administração, não havendo qualquer influência do particular. Em resumo, ao aceder a um certame, apresentar proposta e firmar contrato com o Poder Público, o particular adere às cláusulas e condições ali estabelecidas.[81] Se não é dado à Administração-contratante, que se vincula ao "bloco de legalidade" que ela própria produz (art. 41 da Lei 8.666/1993), devendo respeitar os direitos do par-

81. Leciona neste mesmo sentido Celso Antônio Bandeira de Mello: "Em suma, a *conveniência* de que as normas regentes da disputa sejam tais ou quais e a *responsabilidade pelo acerto delas* são questões pertinentes a quem promove o certame (pessoa, órgão e agente a quem sejam imputáveis), e não aos que buscarão atender ao que lhes haja sido solicitado, e nos termos em que o foi. O promotor do certame (no caso, a pessoa da esfera administrativa), tomando em conta os próprios interesses, dita os termos que lhe convêm e que reputa juridicamente adequados e eventualmente também fixa os limites que considera economicamente satisfatórios, balizando dessarte o campo de preços em que se devem conter as ofertas. Os eventuais ofertantes (ou seja, os afluentes à licitação), se lhes convierem tais termos – é dizer, se também consultarem a seus interesses –, ofertam dentro daquelas mesmas disposições apresentadas como retoras da disputa e do futuro contrato. São as pautas que existem, e das quais não podem fugir.

"Para o contratado, a eventual inculca de que as regras por este estabelecidas eram inconvenientes, insatisfatórias ou incursas em ilegalidade constituir-se-á em *res inter alios acta*. Não podem, então, afetar-lhe os direitos. Menos ainda, por óbvio, poderiam onerar prestações suas já consumadas e, como tal, irretiráveis do mundo" ("Competência dos tribunais de contas", *Pareceres de direito administrativo*, São Paulo, Malheiros Editores, 2011, pp. 417-436, pp. 419-420).

ticular, mutilar arbitrariamente o conteúdo avençado, com muito menos razão poderá um órgão, como visto acima, em decisão cesariana, imiscuir-se nesta relação. Se a Constituição Federal, em seu art. 5º, XXXVI, determina que nem mesmo o Congresso Nacional, por lei, poderá afetar atos jurídicos aperfeiçoados antes da sua edição ("a lei não prejudicará o direito adquirido, o ato jurídico perfeito e a coisa julgada"), resultaria um contrassenso cogitar que o tribunal de contas, auxiliar daquele, pudesse, por ato secundário (as suas decisões têm, repita-se o quanto necessário, a natureza de atos administrativos), atingir aquelas mesmas situações.

Os valores da boa-fé e da proteção à confiança, consagrados no *caput* do art. 37 da Carta sob o rótulo da *moralidade*, e expressamente consignados na Lei 9.784/1999, art. 2º, que prevê, no seu *caput*, ser obrigatória à Administração Pública a obediência, entre outros, aos princípios da *moralidade* e da *segurança jurídica*, devendo aquela atuar "segundo padrões éticos de probidade, decoro e boa-fé" (inc. IV), impõem-se de forma inarredável à atuação dos tribunais de contas e da própria Administração. O Código Civil vigente, disciplinando verdadeiro princípio geral do direito, prevê, em seu art. 422, que os "contratantes são obrigados a guardar, assim na conclusão do contrato, como em sua execução, os princípios de probidade e boa-fé".

É claro que a interferência, por agente alheio ao vínculo, sobre os termos de contratos administrativos regulamente formados e em execução, impondo obrigações a partir de opiniões escoteiras, muitas vezes com impactos financeiros significativos em desfavor do particular, não é expediente tolerado pelo direito. As competências de controle externo a cargo dos tribunais de contas submetem-se, como quaisquer outras competências estatais, aos princípios da segurança jurídica, da proteção à confiança, da moralidade e da legalidade, todos com legítimo assento constitucional e legal.[82] E o particular que contrata com a Administração Pública, colaborando para a consecução das finalidades de interesse público subjacentes a cada avença, encontra-se protegido de violações a tais mandamentos, venham elas de outros particulares, venham do próprio Poder Público.

Note-se, à margem, que todas as considerações acima se fazem sem incluir um outro aspecto essencial dos contratos em geral, e dos contra-

82. CF, art. 37, *caput*, e Lei 9.784/1999, art. 2º.

tos administrativos muito particularmente: o direito, que têm os contratados privados, à manutenção do equilíbrio econômico-financeiro das avenças de que são parte em face do Poder Público. O art. 37, XXI, da Carta de 1988 garante ao contratado a manutenção das condições efetivas de sua proposta, isto é, garante que aos encargos que lhe sejam impostos sob a avença correspondam as mesmíssimas vantagens que lhe foram prometidas quando ele se apresentou perante a Administração, no correspondente certame. Mais do que isto: o art. 65, II, "d", da Lei 8.666/1993, já citado, garante amplamente a recomposição deste equilíbrio que lhe é, ao particular, garantido pela Constituição, abrangendo praticamente todos os eventos que componham a chamada *alea extraordinaria* da contratação (fato do príncipe, fato da Administração, caso fortuito e força maior etc.). Não respeitar este direito público subjetivo do particular, significará também a consagração do enriquecimento sem causa da Administração Pública, o que, em face dos princípios constitucionais da probidade e da moralidade, não se admite.[83]

5. *As medidas cautelares e os contratos administrativos*

O Tribunal de Contas da União, nos últimos anos, tem se utilizado largamente de medidas cautelares com o fim específico de determinar a retenção de pagamentos em contratos administrativos sob a justificativa

83. O Poder Judiciário tem, a bom termo, procurado coibir a atuação dos tribunais de contas violadora do equilíbrio econômico-financeiro dos contratos administrativos, havendo uma série de julgados, mediante os quais invalidam-se atos danosos proferidos por aqueles órgãos: cf. JF-DF, 5ª Vara, sentença proferida no processo 2008.34.00.038345-6, j. 2.3.2009; JF-DF, 16ª Vara, sentença proferida no processo 2009.34.00.028791-7, j. 5.7.2012; JF-DF, 17ª Vara, decisão liminar proferida em 9.9.2009; JF-DF, 17ª Vara, processo 2009.34.00.029511-2, decisão liminar proferida em 25.2.2010; JF-DF, 1ª Vara, processo n. 2009.34.00.034829-4, decisão proferida em 25.5.2010; JF-DF, 6ª Vara, processo. 2009.34.00.038682-5, decisão liminar proferida em 24.5.2010; JF-DF, 21ª Vara, processo 381-76.2010.4.01.3400, decisão liminar proferida em 25.3.2010; JF-DF, 17ª Vara, processo 2009.34.00.029511-2, decisão liminar proferida em 9.9.2009; JF-DF, 21ª Vara, processo 381-76.2010.4.01.3400, decisão liminar proferida em 25.3.2010; TRF-1, AI 379961820104010000-DF, rel. Des. Fagundes de Deus, j. 16.5.2010; TRF-1, AI 396962920104010000-DF, rel. Des. Selene Almeida, j. 16.5.2010; TRF-1, AI 733137720104010000-DF, rel. Des. Selene Almeida, j. 16.5.2011; TRF-1, AI 0057473-27.2010.4.01.0000-DF, decisão monocrática, rel. (conv.) Juiz Alexandre Laranjeira, j. 20.10.2010; TRF-1, MS Ap 2005.34.00.032027-6-DF, rel. Des. Souza Prudente, j. 10.3.2008.

de prevenir potenciais danos ao Erário decorrentes de apontamentos, muitas vezes superficiais e preambulares, de existência de sobrepreço ou de outras irregularidades com impactos financeiros. O mesmo expediente é utilizado também para paralisar a execução de contratos sobre os quais recaia suspeita de ilegalidades (muitas vezes sem reflexo orçamentário direto) ou para modificar, pelos mesmos motivos, obrigações contidas em tais avenças. Funda-se, aquela corte de contas, para justificar a legalidade de tal atuação, em dispositivo do seu regimento interno que dispõe sobre a adoção de medidas cautelares,[84] e também em decisão (até o momento única) do Supremo Tribunal Federal, admitindo a edição de cautelares para a suspensão de licitação (ato/procedimento administrativo e não contrato administrativo).[85]

À luz de tudo quanto se expôs nos itens precedentes, e antes de quaisquer aprofundamentos adicionais, não se pode senão concluir pela vedação, aos tribunais de contas, do proferimento de medida cautelar que determine a sustação, total ou parcial, de contratos administrativos,

84. Cf. o art. 276 do Regimento Interno do Tribunal de Contas da União, *verbis*: "Art. 276. O Plenário, o relator, ou, na hipótese do art. 28, inciso XVI, o Presidente, em caso de urgência, de fundado receio de grave lesão ao erário, ao interesse público, ou de risco de ineficácia da decisão de mérito, poderá, de ofício ou mediante provocação, *adotar medida cautelar, com ou sem a prévia oitiva da parte, determinando, entre outras providências, a suspensão do ato ou do procedimento impugnado, até que o Tribunal decida sobre o mérito da questão suscitada*, nos termos do art. 45 da Lei n. 8.443, de 1992. (...)" (Grifos não coincidentes com o original).

85. Trata-se do MS 24.510-DF (STF, Plenário, rel. Min. Ellen Gracie, *DJU* 19.3.2004 p. 18). Neste acórdão, embora afirme um suposto poder geral de cautela do TCU, o STF debruça-se sobre a matéria fática relacionada a cautelar proferida pelo tribunal de contas para suspender licitação. Neste caso, aqueles que atribuem um sentido amplo às competências de tais órgãos, tratam de estender a afirmação contida no referido acórdão para todos e quaisquer casos, chegando à conclusão de que o tribunal de contas poderia sustar a totalidade dos efeitos inclusive de contratos administrativos. Para aqueles que adotam uma posição mais restrita, as cautelares, conquanto fossem permitidas no tocante à suspensão dos efeitos de atos administrativos, não poderiam ser adotadas em caso de contratos, pois, aqui, encontrariam a vedação do § 1º do art. 71 da Constituição Federal, que atribui ao Congresso Nacional a competência primária para a sustação de contratos administrativos. Embora compreendamos esta última posição como preferível, porque atribui alguma eficácia ao § 1º do art. 71 da Carta, dela nos afastamos pelas premissas enunciadas ao longo do presente trabalho: o tribunal de contas somente tem competência para atingir, em sede definitiva ou cautelar, os efeitos orçamentários dos atos e contratos administrativos, razão pela qual não podem ser admitidas medidas cautelares, editadas por aqueles órgãos, que pretendam mais que o atingimento da dimensão orçamentária do ato ou contrato.

ou que, de qualquer forma, produza impacto sobre o modo de execução ou sobre o conteúdo das obrigações pactuadas entre Administração Pública e particular. Isto porque tais órgãos não têm, à luz do texto constitucional, competência para suspender ou invalidar contratos administrativos (e também atos administrativos) *em nenhuma hipótese*. Se um juízo definitivo sobre a validade ou suspensão de efeitos de contratos administrativos é proibido aos tribunais de contas, com maior razão lhes será interditado, sobre a mesma matéria, o provimento cautelar. Ninguém acautela algo sobre o que em definitivo não lhe caiba pronunciar-se, por mais que isto, a propósito da conformação constitucional dos tribunais de contas (e também do Congresso Nacional, que igualmente não detém esta competência), seja algo evidente em si.

A afirmação que se faz acima diz respeito exclusivamente à relação jurídica fundada no contrato administrativo, que é intangível. Por isto mesmo, não se pode excluir a possibilidade, em tese (veremos em seguida se concretamente *possível*, à luz das normas positivadas a respeito), de que se editem decisões cautelares *que não afetem a relação contratual*. O exemplo mais claro disto consiste na decisão cautelar de afastamento do agente público que esteja embaraçando a ação fiscalizatória do tribunal de contas (que poderá versar sobre um contrato administrativo).[86] Neste caso, o provimento cautelar visará a possibilitar a própria ação fiscalizadora do tribunal, sem ter, naturalmente, força jurídica para afetar o plexo de relações jurídicas formado pelo próprio objeto investigado.

Do mesmo modo, pode-se cogitar, em princípio, de uma decisão cautelar do tribunal de contas que suspenda os efeitos *orçamentários* do contrato administrativo, mas, aqui, também, a providência não terá jamais qualquer efeito sobre a relação jurídica representada pelo contrato.

86. Nesta hipótese, não será admitido o afastamento, por decisão do tribunal de contas, de agentes políticos, ocupantes de cargos eletivos. Se assim não fosse, ficaria vulnerado o princípio democrático e também todo o sistema instituído pela Constituição Federal, que prevê casos específicos e taxativos para o afastamento de tais agentes (vejam-se, exemplificativamente, os dispositivos da Constituição Federal: arts. 36, § 4º; 38; 56; 86, § 2º; 96, I, "f"). Também não podem ser atingidos por decisão de afastamento temporário eventualmente adotado por tribunais de contas os magistrados, membros do Ministério Público e todos os servidores que gozem do atributo de vitaliciedade ou da inamovibilidade (arts. 95; 128, § 5º, I, "a" e "b"; 134, § 1º), pelos motivos óbvios de que tais atributos, que ligam o servidor ao cargo ocupado e ao seu exercício pleno, não podem ser derrogados senão nas hipóteses que a própria Constituição estabelece.

Quando se nega a possibilidade jurídica de toda e qualquer medida cautelar de tribunais de contas relativamente a contratos administrativos, isto se dá, reitere-se, porque o objeto, o preço e todas as demais obrigações contratuais são intangíveis pelas cortes de contas. Os reflexos orçamentários de tais obrigações constituem realidade *formal* e *materialmente* apartada daquela representada pela relação contratual entre Administração e particular. Quando o tribunal de contas suspende (seja em decisão final, seja – admitindo-se, novamente em tese, a sua possibilidade – em sede cautelar) os efeitos orçamentários de contratos administrativos, a dimensão jurídica do contrato permanece intocada, com igual força vinculante e mesma eficácia intersubjetiva; o que se afeta é a qualificação jurídico-orçamental da despesa realizada em decorrência do vínculo, que passa de *regular* para (temporariamente) *irregular*, comprometendo, como já se disse, em decorrência, a regularidade das contas do agente público ordenador da despesa, caso, ao final da cognição realizada pelo tribunal de contas, a ilegalidade da despesa se confirme. *O sinalagma da avença administrativa, como já assinalado, é intangível na esfera do controle externo e só pode ser desconstituído pela própria Administração contratante ou pelo Judiciário, e ainda sob a observância dos princípios do valor formal dos contratos administrativos e do devido processo legal.*

As considerações *retro* dizem respeito ao modelo constitucional de controle externo, aplicável indistintamente às cortes de contas de todos os entes federativos. Este modelo, conquanto impeça a adoção pelos tribunais de contas de quaisquer decisões (cautelares ou definitivas) que importem a invalidação, na suspensão dos efeitos ou na modificação dos contratos administrativos, não veda, por outro lado, a adoção de medidas cautelares por tais órgãos. Os requisitos para tanto são, (i) de um lado, que as medidas acautelatórias não signifiquem a deturpação da configuração constitucional dos tribunais de contas, mediante acréscimo ou supressão de competências; e, (ii) de outro, que a autorização para a adoção de medidas cautelares se dê mediante lei em sentido formal editada pelo Congresso Nacional (ou em conformidade com as diretrizes ditadas por este, no caso dos tribunais de contas de Estados, Distrito Federal e Municípios). Este segundo aspecto se explica pelo fato de serem as medidas cautelares figuras de natureza inconfundivelmente *processual*, as quais, de acordo com o art. 22, I, da Carta, são de competência legislativa privativa da União Federal.[87] Ademais, nunca se perca de vista que os tribunais de contas são órgãos de natureza administrativa; sendo assim, a eles também se aplica (e muito especialmente) o princípio da legalidade plasmado no art. 37, *caput*, da Constituição Federal. Assim, predica-se não apenas tipicidade das medidas cautelares, mas também a estrita reserva legal da matéria.

Devem-se, neste passo, fixar as premissas regentes da atividade acautelatória dos tribunais de contas. A primeira é de natureza *material*: poderão as cortes de contas adotar medidas cautelares desde que estas não signifiquem, direta ou indiretamente, a ampliação ou modificação de suas competências constitucionais. A segunda, de natureza *formal*: a distribuição do ônus do tempo nos processos de qualquer natureza é possível, desde que mediante lei; daí segue que os tribunais de contas não poderão adotar medidas cautelares sem autorização por lei formal federal expressamente conferidora de tais Poderes. Ambas as premissas devem ser atendidas *concomitantemente*, como condição de validade da medida cautelar eventualmente adotada por tribunais de contas.

A adoção de medida cautelar que pretenda a retenção do preço ou a modificação das condições de contrato administrativo, como é intuitivo, desobedece a ambas as premissas, pois dispõe sobre matéria alheia às competências constitucionais dos tribunais de contas e, conforme se verificará abaixo, não foi instituída por lei federal.

87. Valemo-nos da segura lição de dois dos maiores expoentes do tema do processo administrativo em nossa doutrina, os professores Sérgio Ferraz e Adílson Abreu Dallari, para quem: "Leis (em sentido amplo), atos administrativos e sentenças são *normas jurídicas*, fruto, para sua criação, de um *processo*. Essa máxima aplica-se a todos os Poderes e funções do Estado. O que equivale a dizer: todas as normas jurídicas emanam de um *processo estatal*, conceito *genérico*, que compreende as *espécies* processo legislativo, processo jurisdicional e processo administrativo. Impende enfatizar: o precitado art. 22, I, da CF, ao contrário do que se contém em outras disposições do Texto Maior (*v.g.*, art. 5, LV; art. 37, XXI; art. 41, § 1º, II; art. 247, parágrafo único), não qualificou o *processo* a que se refere. Ou seja: não houve limitação competencial à privatividade conferida à União para legislar sobre processo. Com o quê, por óbvio, aqui também se albergou o processo administrativo. Assim, se verdade é que, na província do direito *material* administrativo, a competência legislativa, por decorrência dos princípios federativo e republicano, se distribui ilimitadamente pelas pessoas jurídicas de capacidade política, identicamente não se deu com a produção normativa atinente ao *processo* (inclusive administrativo): no ponto, a Constituição optou por um regime uniforme, por fatal emanação da consagração da ideia de devido processo legal" (*Processo administrativo*, 3ª ed., São Paulo, Malheiros Editores, 2012, pp. 36-37).

Cabe, agora, a análise do direito infraconstitucional, a fim de verificar em quais casos os tribunais de contas estão autorizados a adotar provimentos cautelares. Visitando-se a Lei Orgânica do Tribunal de Contas da União (Lei 8.443/1992), tem-se que a *única* disposição de caráter acautelatório nela consagrada diz respeito à decisão cautelar para determinar o afastamento (temporário) de servidor que, fundadamente, impeça ou cause embaraços à atividade fiscalizatória do órgão, podendo, na mesma hipótese, e por prazo não superior a um ano, decretar a indisponibilidade dos bens de tal servidor.[88] É claro que o afastamento do agente público que dificulte a fiscalização pelo Tribunal de Contas da União de um contrato administrativo é possível, nos estritos termos desta norma; mas isto não significa, em absoluto, o atingimento da avença em si.

À luz dessa conclusão, duas objeções poderiam ser levantadas. A primeira, no sentido de que, à míngua de disposição legislativa prevendo a hipótese de edição de medidas cautelar em geral pelo tribunal de contas, existiria o já transcrito art. 276 do Regimento Interno do TCU, que garantiria o amparo normativo necessário para tais medidas. A segunda, atinente à regra inscrita no art. 45 da Lei 9.784/1999, nos termos do qual "[e]m caso de risco iminente, a Administração Pública poderá motivadamente adotar providências acauteladoras sem a prévia manifestação do interessado". Sendo o Tribunal de Contas da União um órgão de natureza administrativa, em princípio, poder-se-ia pretender estender-lhe os efeitos de tal dispositivo.

Com as vênias de estilo, ambas as objeções não podem ser aceitas. Quanto à suposta validade do art. 276 de seu Regimento Interno, deve-se destacar que tal dispositivo inova em relação à disciplina constitucional do tribunal de contas e em relação à sua lei orgânica. Disto resulta que o

88. "Art. 44. No início ou no curso de qualquer apuração, o Tribunal, de ofício ou a requerimento do Ministério Público, determinará, *cautelarmente, o afastamento temporário do responsável*, se existirem indícios suficientes de que, prosseguindo no exercício de suas funções, possa retardar ou dificultar a realização de auditoria ou inspeção, causar novos danos ao erário ou inviabilizar seu ressarcimento. § 1º. Estará solidariamente responsável a autoridade superior competente que, no prazo determinado pelo Tribunal, deixar de atender à determinação prevista no *caput* deste artigo. § 2º. Nas mesmas circunstâncias do *caput* deste artigo e do parágrafo anterior, poderá o Tribunal, sem prejuízo das medidas previstas nos arts. 60 e 61 desta lei, decretar, por prazo não superior a um ano, *a indisponibilidade de bens do responsável,* tantos quantos considerados bastantes para garantir o ressarcimento dos danos em apuração."

preceito contido no mencionado dispositivo – que, aliás, tem natureza processual – é claramente uma regra sem amparo legal ou constitucional. É certo que os tribunais de contas, por força do art. 73, *caput*, combinado com o art. 96, I, "a", da Constituição, têm autonomia para dispor normativamente sobre os seus regimentos internos; no entanto, estas normas, de acordo com o próprio texto constitucional, devem, além de respeitar as "normas de processo" e as "garantias processuais das partes", dispor unicamente "sobre a competência e o funcionamento dos respectivos órgãos jurisdicionais e administrativos". É indene de dúvidas que o dispositivo regimental em comento veicula matéria de direito processual-administrativo; alheia, portanto, ao âmbito constitucionalmente reservado aos regimentos internos.[89] Por não se tratar, a concessão de medidas cautelares para sustação de atos e contratos administrativos, de instituto que se relacione, nem remotamente, com a organização interna das competências e da estrutura do Tribunal de Contas da União, a sua adoção, no regimento interno de tal órgão, produz, como é de se inferir sem dificuldades, grave inconstitucionalidade.[90]

89. Não incorreu nesta inconstitucionalidade, por exemplo, o Tribunal de Contas do Estado de São Paulo, que, em seu regimento interno não contém dispositivo similar ao art. 276 do Regimento Interno do Tribunal de Contas da União. A única medida acauteladora a que aquele tribunal de contas está autorizado consiste na determinação do afastamento temporário do agente público que dificulte a atuação do órgão, acompanhada ou não da declaração da indisponibilidade (também temporária) dos seus bens (*ex vi* do art. 109 da Lei Complementar do Estado de São Paulo 709, de 14.1.1993). A disciplina desse órgão, portanto, por reproduzir essencialmente a norma processual federal vigente na espécie (art. 44 da Lei 8.443/1992), é absolutamente constitucional quanto à matéria dos provimentos cautelares por tribunais de contas.

90. Já decidiu o Supremo Tribunal Federal: "Com o advento da CF de 1988, delimitou-se, de forma mais criteriosa, o campo de regulamentação das leis e o dos regimentos internos dos tribunais, cabendo a estes últimos o respeito à reserva de lei federal para a edição de regras de natureza processual (CF, art. 22, I), bem como às garantias processuais das partes, 'dispondo sobre a competência e o funcionamento dos respectivos órgãos jurisdicionais e administrativos' (CF, art. 96, I, *a*). São normas de direito processual as relativas às garantias do contraditório, do devido processo legal, dos poderes, direitos e ônus que constituem a relação processual, como também as normas que regulem os atos destinados a realizar a *causa finalis* da jurisdição. Ante a regra fundamental insculpida no art. 5º, LX, da Carta Magna, a publicidade se tornou pressuposto de validade não apenas do ato de julgamento do Tribunal, mas da própria decisão que é tomada por esse órgão jurisdicional" (ADI 2.970, Plenário, rel. Min. Ellen Gracie, j. 20.4.2006, *DJU* de 12.5.2006).

No que se refere à incidência do art. 45 da Lei 9.784/1999, que autoriza a adoção de providências acauteladoras pela União em caso de dano iminente, sobre as atividades do Tribunal de Contas da União, deve-se investigá-la a partir do que dispõe o art. 69 da mesma lei ("Os processos administrativos específicos continuarão a reger-se por lei própria, aplicando-se-lhes apenas subsidiariamente os preceitos desta lei"). Preconiza, este último dispositivo, que somente quando *não haja disciplina específica* sobre a matéria é que a lei geral de processo administrativo federal poderá incidir. Levando-se em consideração que, no caso do Tribunal de Contas da União, já existe disciplina específica acerca da adoção de medidas cautelares, tendo o legislador restringido, como se referiu, a atuação acautelatória daquele órgão às medidas para afastamento temporário de servidores e declaração, também temporária, da indisponibilidade de bens de tais sujeitos, não se pode invocar a lacuna normativa capaz de ensejar a aplicação subsidiária da Lei 9.784/1999. *Não existe lacuna sobre a atividade cautelar dos tribunais de contas: o âmbito de sua realização foi plenamente delimitado pelo legislador, não havendo, portanto, como sustentar-se a incidência supletiva do art. 45 da Lei 9.784/1999.*

Ademais, a formulação de juízos declarando a irregularidade de despesas efetuadas pela Administração sobre contratos administrativos, na maioria das vezes, não se revestirá de qualquer urgência ou, mesmo, utilidade prática. Os juízos sobre a prestação de contas dos agentes públicos são, por natureza, *ex post factum*. Como, de regra, o seu proferimento está cingido ao exercício fiscal anterior, havendo (como há no caso do inciso I do art. 71 da Carta) prazos específicos para o encaminhamento ao Congresso Nacional dos trabalhos de prestação de contas, nenhum prejuízo advirá ao Erário, desde que o tribunal se atenha a tais prazos. Mas, ainda neste caso, a eventual urgência advirá da própria condução dos trabalhos pelo tribunal de contas, não sendo invocável quer contra o agente público responsável pela despesa, quer, muito menos, contra o particular contratado. Qual será, então, a utilidade de um pronunciamento cautelar sobre a irregularidade de uma despesa fundada em contrato administrativo? É uma pergunta que fica sem resposta.

A medida cautelar do tribunal de contas sobre a qualificação orçamentária das despesas atinentes a contratos administrativos – que depende de lei específica para ser criada, repise-se à exaustão – seria capaz de surtir efeitos apenas no plano orçamentário, não sendo cogente, por si só, sobre o ordenador da despesa. Se a suposta irregularidade do contrato administrativo não se relacionar diretamente com uma questão orçamentária, a medida cautelar de tribunal de contas expedida para o seu saneamento – esquecendo-se o fato de que não há lei federal que autorize a sua adoção – não terá qualquer significado jurídico além de o de uma "recomendação cautelar". Pretender maiores efeitos a tais deliberações dos tribunais de contas é uma impossibilidade jurídica, e a medida cautelar que contiver disposições neste sentido será, mais que nula, inexistente, pelo caráter teratológico de seus termos.

Indo além, importa consignar ainda um último argumento que impede a edição de medidas cautelares pelos tribunais de contas com o objetivo de impedir a execução ou reter pagamentos em contratos administrativos. Conforme visto anteriormente, a Carta de 1988 é expressa ao estabelecer que a imputação de débito, em caso de constatação de dano ao Erário, bem como a imposição de multa, pelos tribunais de contas, são atos restritos aos agentes públicos responsáveis pela despesa. Mesmo que isto não fosse consagrado de forma expressa pelo Constituinte, ainda assim é um pressuposto para a aplicação de sanções administrativas a tipicidade (e não existe tipo constitucionalmente estabelecido outorgando aos tribunais de contas tais competências) e a configuração, *in concreto,* de *dolo* ou *culpa* do sujeito, o que implica afirmar que, para que alguém se submeta à aplicação de penalidades administrativas, é imperioso não apenas que ele participe do ilícito (isto é, que exista um nexo de causalidade direto entre a conduta do sujeito e o dano), mas que participe de forma dolosa, com intenção de lesar o Erário. No caso do particular, o contratado de boa-fé apenas participa de certame e firma contrato sem qualquer participação quanto ao seu conteúdo (que é definido pela Administração) e, executando as prestações que lhe cabem na avença, recebe o preço ajustado, sendo o pagamento, neste caso, responsabilidade exclusiva da autoridade ordenadora de despesa, e não, naturalmente, daquele. Trata-se, por isto mesmo, de absoluto descabimento de imputação de débito ou multa ao particular, porque nenhuma responsabilidade terá ele, na qualidade de contratado, quanto a eventuais danos provocados ao Erário. O contratado *cumpre* o contrato administrativo; não é, *ipso facto,* o ordenador ou o responsável pela despesa.

Cabe, ainda, mencionar, como requisito necessário para a imposição de sanções administrativas, o dever dos tribunais de contas de obediência aos princípios do contraditório e da ampla defesa, sem o quê não será reputada válida a cognição de tais órgãos.[91]

Tenha-se em mente (mantendo entre parênteses o fato de que os tribunais de contas não estão autorizados a imputar multa ou débito a contratados da Administração Pública, sendo necessário, nesta hipótese, ampla e efetiva cognição judicial, a fim de apurar eventual dano ao Erário causado por tais sujeitos) que uma medida cautelar que pretenda a retenção de pagamentos por parte da Administração significa, por vias transversas, a "execução" antecipada de um suposto débito do contratante privado em face do poder público. Isto posto, a sua determinação *somente pode dar-se mediante ordem expressa do Poder Judiciário no âmbito de processo de execução específico.* Tal se deve ao fato de que, consoante dispõe o § 3º do art. 71 da Constituição Federal, acima transcrito, as decisões dos tribunais de contas de que resulte a imposição de débito ou multa terão eficácia de título executivo, o que, em verdade, não elimina o fato de que tais decisões devam ser levadas ao Judiciário para poderem impor-se sobre a esfera patrimonial de terceiros. Afinal, dizer que as decisões dos tribunais de contas são títulos executivos significa dizer que são dotadas de *liquidez, certeza e exigibilidade*,[92] dispensando, portanto, um processo jurisdicional de conhe-

91. Traga-se à colação a Súmula Vinculante n. 3 do Supremo Tribunal Federal, que dispõe: "Nos processos perante o tribunal de contas da união asseguram-se o contraditório e a ampla defesa quando da decisão puder resultar anulação ou revogação de ato administrativo que beneficie o interessado, excetuada a apreciação da legalidade do ato de concessão inicial de aposentadoria, reforma e pensão" (*DJU* de 6.6.2007). É claro, diante do que se demonstrou ao longo do presente trabalho, que o enunciado de tal súmula deve sofrer uma interpretação *conforme* a Constituição: *ergo*, quando nela se mencionam atos dos tribunais de contas de que possa resultar "anulação ou invalidação" de atos administrativos, deve-se compreender tal locução como referente às decisões do tribunal que tragam como consequência a *sustação dos efeitos orçamentários do ato impugnado ou a rejeição das contas de agentes públicos*. O respeito ao contraditório e à ampla defesa são também requisitos para a validade de *toda e qualquer* cognição dos tribunais de contas no exercício de suas competências de controle externo (sob os critério da legalidade, legitimidade, economicidade e finalidade), inclusivamente nas hipóteses de cognição que leve à instauração de procedimento de tomada de contas especial.

92. Dispõe o art. 580 do Código de Processo Civil: "Art. 580. A execução pode ser instaurada caso o devedor não satisfaça a obrigação certa, líquida e exigível, consubstanciada em título executivo".

cimento que lhes confira tal status;[93] mas estes atributos não autorizam ao credor o ingresso direto, sem a participação do Poder Judiciário, no patrimônio do devedor. O ganho evolutivo representado pela eliminação da autotutela, isto é, a substituição do agir pelas próprias mãos pelo *fazer agir* ao Estado-juiz, não pode ser desprezado.[94]

Nessa ordem de ideias, é óbvio não se poder dizer sejam executáveis por si mesmas: como os tribunais de contas não são órgãos integrantes do Poder Judiciário, nem exercem, por conseguinte, *jurisdição*, suas decisões, imputando responsabilidade, débito ou multa, constituem tão somente – e isto por força constitucional – título executivo que deve ser levado ao Judiciário para, sob o crivo deste Poder, imporem-se aos seus destinatários.

As decisões cautelares dos tribunais de contas, afetando a execução de contratos administrativos, afiguram-se, não se pode concluir de forma diversa, também por este ângulo completamente desprovidas de amparo constitucional.

93. A decisão de imputação de débito ou multa, adotada pelos tribunais de contas, reitere-se, a fim de que não restem dúvidas, somente constituirá título executivo quando se referir a agentes públicos responsáveis pela despesa. Particulares (contratados ou não) que não possam ser qualificados como ordenadores de despesa, não serão alcançados por decisões dos tribunais de contas; nestes casos, será imprescindível a apuração do dano, mediante processo judicial de cognição, em que sejam garantidos aos demandados os direitos ao contraditório e à ampla defesa.

94. "Nas fases primitivas da civilização dos povos, inexistia um Estado suficientemente forte para superar os ímpetos individualistas dos homens e impor o direito acima da vontade dos particulares: por isso, não só inexistia um órgão estatal que, com soberania e autoridade, garantisse o cumprimento do direito, como ainda não havia sequer as leis (normas gerais e abstratas impostas pelo Estado aos particulares). Assim, quem pretendesse alguma coisa que outrem o impedisse de obter haveria de, com sua própria força e na medida dela, tratar de conseguir, por si mesmo, a satisfação de sua pretensão. A própria repressão aos atos criminosos se fazia em regime de *vingança privada* e, quando o Estado chamou a si o *jus punitionis*, ele o exerceu inicialmente mediante seus próprios critérios e decisões, sem a interposição de órgãos ou pessoas imparciais independentes e desinteressadas. A esse regime chama-se *autotutela* (ou autodefesa) e hoje, encarando-a do ponto-de-vista da cultura do século XX, é fácil ver como era precária e aleatória, pois não garantia justiça, mas a vitória do mais forte, mais astuto ou mais ousado sobre o mais fraco ou mais tímido" (Antonio Carlos de Araújo Cintra, Ada Pellegrini Grinover e Cândido Rangel Dinamarco, *Teoria geral do processo*, 30ª ed., São Paulo, Malheiros Editores, 2014, p. 39). Na disputa entre o particular e o Estado, em regime de *autotutela*, não fica difícil identificar quem será o mais fraco ou mais tímido, e quem será o mais forte, mais astuto ou mais ousado.

6. Síntese

Por ocasião das discussões para a criação do primeiro tribunal de contas no Brasil em 1890, Ruy Barbosa já encarecia a necessidade de se evitarem conflitos entre tais órgãos e a Administração Pública, defendendo que a eles fosse conferida uma função estritamente relacionada à verificação orçamentária. Não seria de bom alvitre, ressalta, "insinuar no organismo de uma instituição um principio de conflito com outras, confiando o remédio do mal orgânico á prudência acidental dos indivíduos que a representarem". "Melhor", defende este relevantíssimo jurista, seria "encerrar a nova autoridade no limite natural das necessidades que a reclamam, isto é, reduzir a superintendência preventiva do Tribunal de Contas aos atos do governo, que possam ter relação com o ativo ou o passivo do Tesouro".[95]

Desde a edição do decreto que é amparado pelo texto de Ruy Barbosa, referido acima, o Brasil submeteu-se a sete regimes constitucionais diversos (contando-se a vigente Carta). Nenhum desses regimes continha, nem contém, em sua disciplina normativa sobre os órgãos de contas, disposição capaz de infirmar o acerto da observação acima transcrita. Os tribunais de contas, importantíssimos órgãos auxiliares do poder legislativo na tarefa de controle externo da execução orçamentária, não têm, assim como nunca tiveram, competência constitucional pa-

95. Exposição de motivos do Decreto 966-A, de 7.11.1890. Para Ruy: "Parece, porém, que essa evolução, a que se chegou, na fórma italiana, levando a superintendencia do Tribunal de Contas (Corte dei Conti), além da fronteira dos actos concernentes ás finanças publicas, força a natureza da instituição, sujeitando-a a criticas, de que não seria susceptivel, si se lhe tivessem limitado as funcções ao circulo dos actos propriamente financeiros do governo. Transpondo essa divisoria, o tribunal poderia converter-se em obstaculos á administração, difficultando improficuamente a acção ministerial, e annullando a iniciativa do governo, em actos que não entendem com o desempenho do orçamento. Na Italia o criterio do pessoal a que tem sido confiada essa magistratura, evitou, até hoje, em geral, esse inconveniente, abstendo-se o tribunal de exercer as suas pesquizas em assumptos alheios ás finanças do Estado. Mas não é de bom aviso insinuar no organismo de uma instituição um principio de conflicto com outras, confiando o remedio do mal organico á prudencia accidental dos individuos que a representarem.

"Melhor é encerrar a nova autoridade no limite natural das necessidades que a reclamam, isto é, reduzir a superintendencia preventiva do Tribunal de Contas aos actos do governo, que possam ter relação com o activo ou o passivo do Thesouro. Estabelecida esta resalva, o modelo italiano é o mais perfeito." Note-se, foram com estes contornos que o órgão foi criado.

ra substituírem-se à Administração Pública, refazendo escolhas e decisões a cargo deste poder. Também nunca tiveram, como ainda não têm, competência constitucional para substituírem-se ao poder que auxiliam, elaborando as normas gerais e abstratas, assim como os atos individuais e concretos que regem as premissas de sua atuação. Igualmente, nunca foram, nem são capazes de igualarem-se ao Poder Judiciário, produzindo decisões sobre as quais não caiba qualquer revisão ou recurso.

A confusão, enunciada no início deste artigo, acerca das atribuições dos tribunais de contas (que talvez seja inerente à própria conformação jurídica de tais órgãos), muitas vezes leva o analista a ter de realizar um discurso de negativas sobre eles, enunciando aquilo que eles não podem realizar.[96] É verdadeiro o dito de Voltaire, segundo quem "o segredo de aborrecer é dizer tudo": no presente caso, pode ser que as conclusões carreadas ao longo do trabalho aborreçam a alguns. Pode ser que doutrinadores e aplicadores do direito, que professem as crenças sobre a compostura constitucional dos tribunais de contas aqui combatidas, sintam que, de acordo com o trabalho, tais órgãos tenham sido diminuídos ou menosprezados em suas atribuições "inatas". Não nos parece, contudo, que estas possíveis críticas sejam procedentes. O direito, como se sabe, é a arte de realizar distinções. A fábula de Kelsen sobre a distinção entre o ladrão e o cobrador de impostos é apenas um exemplo extremo desta tarefa. O jurista está sempre à procura do ladrão e do cobrador de impostos. É justamente este o objeto do presente trabalho: reconduzir o tribunal de contas à matriz que lhe definiu a Constituição de 1988.

Referências

ALESSI, Renato. *Instituciones de derecho administrativo*. Vol. 1, 3ª ed. Tradução para o espanhol de Buenaventura Pelissé Prats. Barcelona: Bosch, 1970.

ATALIBA, Geraldo; e GONÇALVES, José Artur Lima. "Excedente contábil – sua significação nas atividades pública e privada". *RTDP* 6, pp. 277-280. São Paulo: Malheiros Editores, 1994.

96. É ilustrativo das perplexidades que causa esse desencontro doutrinário o trabalho de Luís Roberto Barroso, "Tribunais de contas: algumas incompetências" (*RDA* 203, jan.-mar./1996, pp. 131-140), posteriormente renomeado, mitigando-se a irreverência do título original, para "Tribunais de Contas: algumas competências controvertidas", quando da publicação na obra *Temas de Direito Constitucional* (t. I, 2ª ed., Rio de Janeiro, Renovar, 2006, pp. 223-240, 1ª ed. de 2001).

ÁVILA, Humberto. "Moralidade, razoabilidade e eficiência na atividade administrativa". *Revista Eletrônica de Direito do Estado* 4, out.-nov.-dez./2005. Salvador, Instituto de Direito Público da Bahia. Disponível em <www.direitodoestado.com.br>.

BANDEIRA DE MELLO, Celso Antônio. *Curso de direito administrativo*. 31ª ed. São Paulo: Malheiros Editores, 2014.

______. *Pareceres de direito administrativo*. São Paulo: Malheiros Editores, 2011.

______. "Funções do tribunal de contas". *RDP* 72, Ano XVII, out.-dez./1984, pp. 133-150.

______. *Natureza e regime jurídico das autarquias*. São Paulo, Ed. RT, 1968.

BANDEIRA DE MELLO, Oswaldo Aranha. "Tribunais de contas – natureza, alcance e efeitos das suas funções". *RDP* 73, ano XVIII, jan.-mar./1985, pp. 181-192.

______. *Princípios gerais de direito administrativo*. Vol. I. 3ª ed., 2ª tir. São Paulo, Malheiros Editores, 2010.

BARRETO, Aires. "Pessoa administrativa não aufere lucro nem tem prejuízo. Tem superávit ou déficit". *RTDP*. 6, pp. 259-262. São Paulo, Malheiros Editores, 1994.

BARROSO, Luís Roberto. *Temas de Direito Constitucional*. T. I. 2ª ed. Rio de Janeiro, Renovar, 2006.

______. "Tribunais de contas: algumas incompetências". *RDA* 203, jan.-mar./1996, pp. 131-140.

BONAVIDES, Paulo. "A despolitização da legitimidade". *RTDP* 3, pp. 17-31, 1993. São Paulo, Malheiros Editores.

BRITTO, Carlos Ayres. "O regime constitucional dos tribunais de contas". *Revista Diálogo Jurídico*, v. 1, n. 9, dez./2001, pp. 1-12. Salvador, CAJ – Centro de Atualização Jurídica. Disponível em <www.direitopublico.com.br>. Acesso em dez./2012.

BUENO, Cassio Scarpinella. *"Amicus curiae" no processo civil brasileiro: um terceiro enigmático*. 2ª ed. São Paulo, Saraiva, 2008.

BUGARIN, Paulo Soares. *O princípio constitucional da economicidade na jurisprudência do Tribunal de Contas da União*. Belo Horizonte, Fórum, 2004.

BUZAID, Alfredo. "O tribunal de contas no Brasil". *Revista da Faculdade de Direito da Universidade de São Paulo*. São Paulo, v. LXII, fasc. II, 1967, pp. 37-62.

CAMPOS, Francisco. *Direito Administrativo*. Vol. II. Rio de Janeiro, Freitas Bastos, 1958.

CAMPOS, Roberto. *Ensaio sobre as liberdades*. Brasília, Gráfica do Senado Federal, 1983.

CANE, Peter. *Administrative tribunals and adjudication*. Oxford, Hart Publishing, 2009.

CAPELLA, Juan Ramón. *Elementos de análisis jurídico*. 5ª ed. Madri, Trotta, 2008.

CAPRA, Fritjof. *El punto crucial. Ciencia, sociedad y cultura naciente*. Tradução de Graciela de Luis. Buenos Aires, Editorial & Estaciones, 1992.

CARVALHO FILHO, José dos Santos. *Manual de direito administrativo*. 24ª ed. Rio de Janeiro, Lumen Juris, 2011.

CASTRO NUNES, José de. *Teoria e prática do Poder Judiciário*. Rio de Janeiro, Forense, 1943.

CAVALCANTI, Themístocles Brandão. "O Tribunal de Contas – órgão constitucional – funções próprias e funções delegadas". *RDA* 109, jul.-set./1972, pp. 1-10.

______. *Tratado de direito administrativo*. Vol. II. 3ª ed. Rio de Janeiro, São Paulo, Freitas Bastos, 1956.

CINTRA, Antonio Carlos de Araújo; GRINOVER, Ada Pellegrini; e DINAMARCO, Cândido Rangel. *Teoria geral do processo*. 30ª ed. São Paulo, Malheiros Editores, 2014.

COMPARATO, Fabio Konder. *O poder de controle na sociedade anônima*. São Paulo, Ed. RT, 1975.

CORREIA, José Manuel Sérvulo. *Legalidade e autonomia contratual nos contratos administrativos*. Coimbra, Almedina, 2003.

COUTO E SILVA, Clóvis do. *A obrigação como processo*. Rio de Janeiro, FGV, 2006 (edição fac-similar da obra privadamente impressa em 1964, correspondente à tese de livre-docência do autor, apresentada na Faculdade de Direito da Universidade Federal do Rio Grande do Sul).

CRETELLA JÚNIOR, José. "Natureza das decisões do tribunal de contas". *Revista de Informação Legislativa*, Brasília, ano 24, n. 94, abr.-jun./1987, pp. 183-198.

DECOMAIN, Pedro Roberto. *Tribunais de contas no Brasil*. São Paulo, Dialética, 2006.

DI PIETRO, Maria Sylvia Zanella. *Direito administrativo*. 19ª ed. São Paulo, Atlas, 2006.

______. "Incompetência dos Tribunais de Contas para determinar a sustação de contratos administrativos, mesmo como medida cautelar. Matéria de competência privativa do Congresso Nacional. Aplicação do princípio pacta sunt servanda nos contratos administrativos. Limites à invalidação de contratos administrativos". Parecer inédito, 2010.

DICKINSON, John. *Administrative justice and the supremacy of law in the United States*. Cambridge, Harvard University Press, 1927.

FAGUNDES, Miguel Seabra. *O controle dos atos administrativos pelo Poder Judiciário*. 4ª ed. Rio de Janeiro, Forense, 1967.

FARIA, José Eduardo. "Legalidade e legitimidade. O Executivo como legislador". *Revista de Informação Legislativa*, Brasília, a. 22, n. 86, abr.-jun./1985, pp. 93-104.

FERNANDES, Jorge Ulisses Jacoby. *Tomada de contas especial*. 4ª ed. Belo Horizonte, Fórum, 2009.

FERRAZ, Sérgio. Parecer inédito, juntado ao MS 31.673-DF, em trâmite perante o Supremo Tribunal Federal, 2012.

______. "Instrumentos de defesa dos administrados". In BANDEIRA DE MELLO Celso Antônio (coord.). *Curso de direito administrativo*. São Paulo, Ed. RT, 1986.

______. DALLARI, Adílson Abreu. *Processo administrativo*. 3ª ed. São Paulo, Malheiros Editores, 2012.

GOMES, Orlando. *Contratos*. 17ª ed. Rio de Janeiro, Forense, 1997.

GRAU, Eros Roberto. *Por que tenho medo dos juízes (A Interpretação/Aplicação do Direito e os Princípios)*. 6ª ed., 2ª tir. São Paulo, Malheiros Editores, 2014.

______. "Sociedades de economia mista, empresas públicas, fundações e autarquias prestadoras de serviços públicos: o tema do lucro". *RTDP* 6, pp. 269-276. São Paulo, Malheiros Editores, 1994.

GUALAZZI, Eduardo Lobo Botelho. *Regime jurídico dos tribunais de contas*. São Paulo, Ed. RT, 1992.

LEAL, Victor Nunes. *Problemas de direito público*. Rio de Janeiro, Forense, 1960.

LUHMANN, Niklas. *Sociologia do direito*. Vol. II Tradução de Gustavo Bayer. Rio de Janeiro, Tempo Brasileiro, 1985.

______. *Legitimação pelo procedimento*. Tradução de Maria da Conceição Corte-Real. Brasília, Editora UnB, 1980.

LYRA FILHO, João. *Controle das finanças públicas*. Rio de Janeiro, Gráfica Editora Livro S.A., 1966.

MARTINS, Ives Gandra da Silva. "Tribunal de Contas é órgão auxiliar do controle externo do Poder Legislativo e não, institucionalmente, órgão equiparado ao regime dos tribunais – reflexões sobre sua disciplina jurídica – opinião legal". *Revista do TCU* 111, jan.-abr./2008, pp. 53-62.

MAXIMILIANO, Carlos. *Comentários à Constituição Brasileira*. Vol. I. 5ª ed. Rio de Janeiro, Freitas Bastos, 1954.

MEDAUAR, Odete. *A processualidade no Direito Administrativo*. São Paulo, Ed. RT, 1993.

______. "Controle da Administração Pública pelo Tribunal de Contas". *Revista de Informação Legislativa*, a. 27, n. 108, out.-dez./de 1990, pp. 101-126.

MEIRELLES, Hely Lopes. *Estudos e pareceres de direito público*. Vol. 11. São Paulo, Ed. RT, 1991.

MERKL, Adolf. *Teoria general del derecho administrativo*. Cidade do México, Editora Nacional, 1980.

MOREIRA NETO, Diogo de Figueiredo. *Legitimidade e discricionariedade. Novas reflexões sobre os limites e controle da discricionariedade*. 4ª ed. Rio de Janeiro, Forense, 2001.

NEVES, Marcelo. *Teoria da inconstitucionalidade das leis*. São Paulo, Saraiva, 1988.

OTERO, Paulo. *Legalidade e Administração Pública. O sentido da vinculação administrativa à juridicidade*. Coimbra, Almedina, 2003.

______. *Conceito e fundamento da hierarquia administrativa*. Coimbra, Coimbra Editora, 1992.

SAAD, Amauri Feres. "Notas sobre o regime jurídico da precificação de obras públicas". *Fórum de Contratação e Gestão Pública — FCGP*, Belo Horizonte, a. 10, n. 111, pp. 64-83, mar. 2011.

______. *Regime jurídico das políticas públicas*. No prelo.

SUNDFELD, Carlos Ari. "Entidades administrativas e noção de lucro". *RTDP* 6, pp. 263-268. São Paulo, Malheiros Editores, 1994.

TORRES, Ricardo Lobo. *Tratado de direito constitucional, financeiro e tributário*. Vol. V *(O orçamento na Constituição)*. 3ª ed. Rio de Janeiro, Renovar, 2008.

______. "O Tribunal de Contas e o controle da legalidade, economicidade e legitimidade". *Revista de Informação Legislativa*. Brasília, a. 31, n. 121, jan.-mar./1994, pp. 265-271.

VIRGA, Pietro. *Diritto Amministrativo*. Vol. 1. 5ª ed. Milão, Giuffrè, 1999.

VITTA, Cino. *Diritto amministrativo*. Vol. I. Torino, UTET, 1937.

VIVEIROS DE CASTRO, Augusto Olympio. *Tratado de sciencia da administração e direito administrativo*. 3ª ed. Rio de Janeiro, Jacintho Ribeiro dos Santos Livreiro-Editor, 1914.

WOLKMER, Antonio Carlos. "Legitimidade e legalidade: uma distinção necessária". *Revista de Informação Legislativa*, Brasília, a. 31, n. 124, out.-dez./1994, pp. 179-184.

INVIOLABILIDADE DE ESCRITÓRIOS DE ADVOCACIA E DEPARTAMENTOS JURÍDICOS DAS EMPRESAS – SIGILO PROFISSIONAL E PRERROGATIVAS DA PROFISSÃO DE ADVOGADO[1]

CARLOS ROBERTO SIQUEIRA CASTRO

Master of Laws (LL.M.) pela University of Michigan – Doutor em Direito Público pela UERJ – Professor Titular de Direito Constitucional da UERJ – Conselheiro Federal da OAB.

A questão da inviolabilidade dos escritórios de advocacia e bem assim dos departamentos jurídicos das empresas, que constituem local de trabalho dos advogados, sobremodo se agravou ultimamente tendo em vista o noticiário de sucessivas operações policiais de grande porte que resultaram na devassa de escritórios de advocacia em São Paulo e no Rio de Janeiro, como também na busca e apreensão indiscriminadas de toda sorte de arquivos e documentos relacionados com o exercício da profissão de advogado. Não raro essas ações da polícia judiciária, especialmente da Polícia Federal, resultaram na prisão de advogados, tudo feito com grande estardalhaço e exibição em tempo real nos órgãos da mídia. Ainda mais grave e preocupante é o fato de que esse exibicionismo policial de estilo "hollywoodiano", subespécie de requentado "xerifismo" tupiniquim, foi perpetrado mediante aparato bélico desproporcional, com desnecessário contingente de agentes policiais e armamentos pesados (como fuzis e metralhadoras) e valendo-se da indevida e disseminada utilização de algemas.[2] A divulgação instantânea, em tempo

1. Artigo publicado na *Revista da OAB/RJ*, vol. 25, n. 1, jan.-jun./2009, pp. 85-121.

2. Em face dos abusos praticados nessas detenções cinematográficas e na locomoção de presos, o Supremo Tribunal Federal firmou o entendimento de que a utili-

real e em rede nacional pelos canais de televisão, por óbvio previamente informados do local e horário das diligências de busca, apreensão e prisão de pessoas, entre elas vários advogados, traz a natural e inexorável consequência, com ou sem intenção dirigida a esse propósito inidôneo, de malferir a reputação e a respeitabilidade da categoria profissional dos advogados. Tudo porque incute na opinião pública o sentimento de execração pública e a percepção de que o exercício da advocacia se insere na fronteira da criminalidade, até mesmo com ela se associando, e que se acha contaminado das patogenias ínsitas à delinquência de todo tipo. E em meio a essa avalanche persecutória e da escandalização midiática se esquece de que a profissão de advogado, com justas e históricas razões, mereceu, da Constituição e das leis do País, tratamento especial e o reconhecimento de prerrogativas inerentes.

Creio de superlativa importância avaliar esses lamentáveis episódios em cotejo, de um lado, com o poder-dever do Estado, a cargo da polícia judiciária federal e estadual, de realizar eficazmente a investigação policial, de combater o crime e identificar a materialidade e autoria dos delitos, e de outro lado, com os limites constitucionais e legais que indispensavelmente condicionam a validade do exercício da persecução criminal pré-processual e sua divulgação nos veículos da mídia. Enfim, cumpre diferenciar o exercício regular do poder-dever investigatório e a prática do abuso de autoridade policial.

A inviolabilidade do exercício da profissão de advogado resulta, em primeiro lugar, da matriz constitucional, como previsto no Título IV (*Da Organização dos Poderes*), Capítulo IV (*Das Funções Essenciais à Justiça*), ao dispor o art. 133 da Constituição democrática de 1988 que "O advogado é indispensável à administração da justiça, sendo inviolável por seus atos e manifestações no exercício da profissão, nos limites da lei". Tem-se aí preceito constitucional autoaplicável, eis que toca ontologicamente ao direito fundamental do acesso à Justiça e ao contradi-

zação indiscriminada de algemas viola a incolumidade moral dos detentos, podendo, ainda, importar em prejuízo para a defesa. Assim, por exemplo, no HC 91.952-SP, julgado pelo Tribunal Pleno em 7.8.2008, sob a relatoria do Min. Marco Aurélio, cuja ementa enuncia: "Algemas – Utilização – O uso de algemas surge excepcional somente restando justificado ante a periculosidade do agente ou risco concreto de fuga – Julgamento – Acusado algemado – Tribunal do Júri – Implica prejuízo à defesa a manutenção do réu algemado na sessão de julgamento do Tribunal do Júri, resultando o fato na insubsistência do redicto condenatório".

tório e à ampla defesa, conquanto possa estar sujeito a complementação legislativa ulterior.[3] Para utilizar a festejada classificação de José Afonso da Silva, é certo que o privilegiamento da nobilitante função de advogado, alçada em "função essencial à Justiça", consubstancia norma constitucional de *eficácia contida*,[4] de conseguinte revestida de autoaplicabilidade, à semelhança das normas supralegais dotadas de *eficácia plena*, embora sujeitáveis a complementação legislativa adventícia, de resto já expressa no Estatuto da OAB e da Advocacia (Lei Federal 8.906, de 1994) e demais legislações aplicáveis ao exercício da profissão de advogado e estruturação de seus órgãos de classe. Observem que, ao lado da menção de órgãos, autoridades, funções públicas e atividades empresariais diversas empreendida pela Constituição da República, a única profissão em sentido estrito capaz de ser exercida em caráter privado que foi objeto da contemplação constituinte foi a profissão de advogado. Sem nenhum desmerecimento das demais profissões, o estatuto supremo da nação não se ocupa da profissão de médico, de engenheiro, de contador e das outras mais, que restaram amparadas sob a proteção geral do livre exercício de profissão, trabalho ou ofício, atendidas as qualificações profissionais que a lei estabelecer (art. 5º, XIII).

Tal se deve, a toda evidência, não em razão de interesses meramente corporativos da profissão de advogado, o que moralmente não se jus-

3. Tem-se, aí, duas faces do direito constitucional respeitante à profissão de advogado, a saber: (i) direito do jurisdicionado de constituir advogado para a promoção e defesa de seus interesses nas instâncias judiciais, administrativas ou simplesmente privadas, ou seja, na via judicial ou extrajudicial de toda espécie; e (ii) direito do advogado de patrocinar, em plenitude, a promoção e a defesa dos interesses do jurisdicionado seu cliente. Por se tratar, tanto um quanto outro, de aspectos da investidura advocatícia, em direito fundamental (direito individual ou coletivo), é o mesmo protegido pela regra constitucional da autoaplicabilidade constante do art. 5º, § 1º, da Constituição Federal, ao dispor que "as normas definidoras dos direitos e garantias fundamentais têm aplicação imediata".

4. Ao conceber as três modalidades de normas constitucionais no que respeita à sua aplicabilidade, como sejam normas de eficácia plena, de eficácia limitada e de eficácia contida, o eminente mestre da Universidade de São Paulo qualifica essas últimas como sendo normas de "aplicabilidade direta e imediata, visto que o legislador constituinte deu normatividade suficiente aos interesses vinculados à matéria de que cogitam... Nada obstante, "são normas que, em regra, solicitam a intervenção do legislador ordinário, fazendo expressa remissão a uma legislação futura... Enquanto o legislador ordinário não expedir a normação restritiva, sua eficácia será plena (...)" (José Afonso da Silva, *Aplicabilidade das Normas Constitucionais*, 8ª ed., São Paulo, Malheiros Editores, 2012, p. 102).

tificaria. Mas, sim, à associação íntima e impossível de ser desconectada entre o exercício dos direitos fundamentais, de um lado, e entre outros, o direito ao acesso à Justiça, ao contraditório e à ampla defesa com os recursos a ela inerentes, ao devido processo legal, à presunção de inocência, à inadmissibilidade das provas obtidas por meios ilícitos, à incolumidade física e moral dos detentos e às condições de regularidade da prisão (*v.g.*, Constituição Federal, art. 5º, XXXV, XLIX, LIV, LV, LVI, LVII, LXI, LXV), e de outro lado, a inviolabilidade da profissão de advogado e dos meios, instrumentos, locais de trabalho e prerrogativas próprios ao seu pleno exercício. Daí afirmar a Lei 8.906, de 1994, no art. 2º, § 1º, que o advogado, "no seu ministério privado, presta serviço público e exerce função social". Pelas mesmas razões, e guardadas as diferenças históricas e culturais, a legislação, quando não a própria Constituição, e de um modo geral os estatutos da advocacia em todos os países de formação jurídica civilizada e que prestigiam o princípio do *devido processo legal* e das *garantias da defesa* no sistema acusatório, universalizados sob a cláusula do *due process of law*, que remonta à festejada Magna Carta inglesa do ano de 1215, exibem proteção semelhante no que toca às prerrogativas e inviolabilidades da profissão de advogado.[5] A título de exemplo, o *Code of Conduct for European Lawyer*, recém-editado pela Comunidade Europeia, enaltece com grande ênfase a regra de sigilo ou confidencialidade profissional dos advogados, ao dispor:

> 2.3. Confidentiality. 2.3.1. It is of the essence of a lawyer's function that the lawyer should be told by his or her client things which the client would not tell to others, and that the lawyer should be the recipient of other information on a basis of confidence. Without the certainty of confidentiality there cannot be trust. Confidentiality is therefore a primary and fundamental right and duty of the lawyer. The lawyer's obligation of confidentiality serves the interest of the administration of justice as well as the interest of the client. It is therefore entitled to special protection by the State.[6]

5. Sobre essa garantia secular que representa, ao lado do princípio da igualdade ou isonomia, um dos pilares monumentais da teoria constitucional moderna, reporto-me à obra doutrinária que desenvolvi sobre o tema, *O Devido Processo Legal e os Princípios da Razoabilidade e da Proporcionalidade*, 4ª ed., Rio de Janeiro, Forense, 2006.

6. Na Espanha, o "Código Deontológico de la Abogacía Española", no art. 5º, item 8, dispõe que o segredo profissional constitui um direito e um dever fundamental

A inviolabilidade do escritório do advogado e, por forçosa extensão, das dependências ocupadas pelos departamentos e gerências jurídicas das empresas, acha-se duplamente protegida no plano constitucional. Se não bastasse a disposição especial quanto a ser a advocacia uma função essencial à Justiça, que homenageia o princípio da especialidade nesse campo profissional, agrega-se a proteção, sublimada em direito fundamental e, portanto, em cláusula pétrea, respeitante à inviolabilidade da intimidade e da casa de todo indivíduo, conforme o disposto no art. 5º, X, XI e XII, da Constituição Federal. O escritório do advogado, onde quer que se instale, seja em estabelecimento profissional, na própria casa do profissional ou em qualquer outra serventia, em suma, o local de trabalho do advogado, por mais simples e modesto que seja, usufrui, por certo, dessa genérica proteção constitucional. Assim é que o art. 150, § 4º, III, do Código Penal, ao tratar do crime de violação de domicílio, presta reverência ao comando supralegal e estabelece que a

da profissão de advogado: "El secreto profesional es un derecho y deber primordial de la Abogacía". Já o Estatuto Geral da Advocacia Espanhola, em seu art. 17, § 14, remete aos Colegiados locais a competência para disciplinar diversos aspectos relacionados com o exercício da advocacia. Exemplificando a implementação dessa regra de atribuição, o "Estatuto del Real e ilustre Colegio de Abogados de Zaragoza" estabeleceu, no art. 17, inciso 3, o direito à inviolabilidade dos escritórios de advocacia: "Son derechos de los Colegiados: 3. Recabar y obtener del Colegio la protección de su independencia y libertad de actuación profesional en aquellos casos en que las mismas se vean perturbadas o limitadas por cualquier causa. El amparo del Colegio se extenderá al mantenimiento de la consideración debida al Abogado y, especialmente, a salvaguardar el secreto profesional y la inviolabilidad de los despachos profesionales". Em Portugal, a inviolabilidade dos escritórios de advocacia é prevista na Lei 15, de 26.1.2005, que instituiu o Estatuto da Ordem dos Advogados. A regra geral adotada é a inviolabilidade, que só pode ser excepcionada por ordem judicial, devendo a diligência de busca e apreensão ser acompanhada pelo advogado sujeito à investigação e por membro da Ordem dos Advogados. Nesse sentido, preceitua o art. 70, item 1, do referido diploma legal: "Art. 70 – Imposição de selos, arrolamentos e buscas em escritórios de advogados. 1 – A imposição de selos, o arrolamento, as buscas e diligências equivalentes no escritório de advogados ou em qualquer outro local onde faça arquivo, assim como a interceptação e a gravação de conversações ou comunicações, através de telefone ou endereço eletrônico, utilizados pelo advogado no exercício da profissão, constantes do registro da Ordem dos Advogados, só podem ser decretados e presididos pelo juiz competente". No que concerne à apreensão de documentos, determina o art. 71 do mesmo estatuto: "Apreensão de documentos – 1 – Não pode ser apreendida a correspondência, seja qual for o suporte utilizado, que respeite ao exercício da profissão. (...) 4 – Excetua-se o caso de a correspondência respeitar a fato criminoso relativamente ao qual o advogado tenha sido constituído arguido".

expressão "casa", constante do preceito da Constituição, compreende, para fins da inviolabilidade, "compartimento não aberto ao público, onde alguém exerce profissão ou atividade".

Especializando ainda mais essa tutela constitucional e legal, a Lei 8.906/1994, no art. 7º, II, estabelece: "são direitos do advogado: (...) II – ter respeitada, em nome da liberdade de defesa e do sigilo profissional, a inviolabilidade de seu escritório ou local de trabalho, de seus arquivos e dados, de sua correspondência e de suas comunicações, inclusive telefônicas ou afins, salvo caso de busca ou apreensão determinada por magistrado e acompanhada de representante da OAB". Tem-se aí, ademais, a proteção do sigilo de fonte das informações recebidas e a inviolabilidade da comunicação do advogado e seu cliente ou patrocinado a qualquer título, oneroso ou gratuito. Assume especial relevo nesse campo de questões a vedação à interceptação telefônica de conversas entre o advogado e seu cliente, consoante reconhecido em plúrimas decisões de nossos tribunais, mas que tem experimentado toda sorte de violações nos anos recentes.[7] A sua vez, a regra de sigilo da fonte reproduz a garantia constitucional constante do art. 5º, XIV, ao dispor que "é assegurado a todos o acesso à informação e resguardado o sigilo da fonte, quando necessário ao exercício profissional". Assim, o advogado, com

7. Para se ter uma ideia do quanto chegou o arbítrio do Estado policialesco no Brasil, a Comissão Parlamentar de Inquérito das Escutas telefônicas Clandestinas constituída pela Câmara dos Deputados, sob a competente presidência do Deputado Marcelo Itagiba, apurou que, apenas no ano de 2007, foram autorizadas pela Justiça 375 mil interceptações telefônicas. O excelente trabalho dessa CPI resultou na adoção de medidas corregedoras por parte do Conselho Nacional de Justiça e do Conselho Nacional do Ministério Público com vista a impedir a banalização desse instrumento investigatório que só pode ser utilizado em situações extremas e mediante justificativa idônea, sob pena de comprometer com aguda intensidade o direito fundamental à intimidade e à inviolabilidade das comunicações. Nossos tribunais maiores em boa hora começam a insurgir-se contra tais abusos, conforme exemplifica, entre outros mais colacionáveis, o acórdão do STJ no HC 114.458-SP, de que foi relator o Min. Arnaldo Esteves Lima. Eis o seguinte excerto do voto: "(...) Na espécie, em avaliação superficial, própria do momento, é plausível, pelo teor mesmo da decisão indeferitória da liminar que ora se combate, acima transcrita, conceder, em parte, o pedido, pois houve, ao que decorre do feito, em princípio, indevida interceptação de conversas telefônicas de aparelho do Paciente (advogado), com cliente, no exercício de sua profissão, patrocinando ação cível, o que não se coaduna com a regra inscrita no art. 7º, II, da Lei 8.906, mesmo na sua redação original. Tampouco se compatibiliza com sua inovação oriunda da Lei 11.767/2008, sem se falar na total ausência dos supostos fáticos contidos na nova redação do § 6º do art. 7º do inovador diploma legal".

supedâneo no estatuto da advocacia, possui o mesmo direito ao sigilo que a lei de imprensa confere aos jornalistas e que o direito canônico confere ao padre no *sacramento da confissão*.

Releva assinalar que todas essas prerrogativas não se assentam em justificativas meramente corporativas, eis que visam dar implementação aos direitos fundamentais pertinentes ao acesso à Justiça, ao contraditório e à ampla defesa. Como preleciona a Professora espanhola Verónica López Yagües, "el éxito de la defensa no solo depende de un puntual reconocimiento al imputado del derecho de recibir los servicios del Abogado sino, al tiempo, de la atribución a este último de un conjunto de prerrogativas que le permitan un libre y adecuado desenvolvimiento de la función defensiva".[8] Desse modo, as inviolabilidades dos locais de trabalho dos advogados e as prerrogativas inerentes a essa categoria profissional possuem natureza instrumental, ou seja, visam dar concretude a um conjunto de direitos constitucionais substantivos, sendo, por isso mesmo, indispensáveis para a boa operância do sistema constitucional no que respeita ao direito de representação e defesa dos jurisdicionados e suas relações com as instâncias de solução de conflitos de interesses no âmbito do Poder Judiciário, da Administração Pública e de todo tipo de Arbitragem. Não é por outra razão que a violação de segredo profissional, que a regra de sigilo visa proteger, restou alçada em tipo penal pela norma do art. 154 do Código Penal brasileiro, na seção especificamente destinada a tratar dos crimes contra a inviolabilidade dos segredos.[9] A dogmática civilista também intervém para reforçar o preceito criminalizante. Assim é que dispõe o Código de Processo Civil, no art. 363, IV: "A parte e o terceiro se escusam de exibir, em juízo, o documento ou a coisa: (...) IV –se a exibição acarretar a divulgação de fatos, a cujo respeito, por estado ou profissão, devam guardar segredo". O concurso das órbitas penal e civil para coibir a revelação de segredo profissional está a demonstrar o caráter de ordem pública e metaindividual de que se reveste o dever de sigilo. Tal significa dizer que a proteção e as

8. Verónica López Yagües, *La Inviolabilidad de las Comunicaciones con el Abogado Defensor*, Valencia, Tirant lo Blanch, 2003, p. 112.

9. Assim dispõe a nossa codificação penalista: "Violação de segredo profissional – Art. 154. Revelar alguém, sem justa causa, segredo, de que tem ciência em razão de função, ministério, ofício ou profissão, e cuja revelação possa produzir dano a outrem: Pena – detenção, de 3 (três) meses a 1 (um) ano, ou multa. Parágrafo único. Somente se procede mediante representação".

sanções multidisciplinares atribuídas à violação de segredo profissional não se justificam apenas para o resguardo da intimidade individual ou por razões de ordem meramente corporativa e deontológica com relação às profissões e ofícios selecionados pelo legislador (advogados, médicos, jornalistas e padre confessor) para figurarem como destinatários da tutela legal. O bem jurídico protegido por tal sistema protetor revestido de cogência pública diz com premissas basilares do convívio social e com direitos fundamentais de repercussão coletiva de que dependem a Administração da Justiça Pública e a prestação de jurisdição no Estado Democrático de Direito. Nessa linha de convicções, bem sustenta Diego Fajardo Maranha Leão de Souza:

> O sigilo profissional tutela, simultaneamente, dois bens jurídicos. De forma imediata há proteção da intimidade do confitente, aquele que confidenciou o segredo ao profissional. De maneira mediata protege-se a confiança da coletividade na perenidade dos segredos, ou seja, a expectativa social de que exista uma esfera protegida na relação cliente/profissional de modo que as necessidades individuais sejam satisfeitas.[10]

De igual modo, apregoa Rodrigo Octávio de Godoy Bueno Caldas Mesquita:

10. Cf. Diego Fajardo Maranha Leão de Souza, "Sigilo profissional e prova penal", *Revista Brasileira de Ciências Criminais*, Ed. RT, v. 73, p. 150, jul./ago. 2008. Esse mesmo autor avança, com propriedade didática, na explicação quanto à *ontogênese* da tutela legal ao sigilo profissional: "O ponto-chave para a obtenção de um conceito juridicamente coerente de sigilo profissional encontra-se na indispensabilidade das funções exercidas por certas categorias para o corpo social. A existência de determinadas pessoas que executam atividades fundamentais para o atendimento das necessidades individuais é uma aspiração coletiva, pois dela a sociedade não pode prescindir, sob risco de perecimento. É a condição de 'confidente necessário' que torna a profissão digna de tutela pela norma do art. 154 do Código Penal. Vale dizer, a necessidade inafastável de o cidadão se socorrer de determinados serviços (de saúde, jurídicos, contábeis) faz da confiança um elemento indispensável na relação cliente/profissional. Parte-se da premissa de que o confidente voluntário tem apenas um dever moral na manutenção do segredo, mas quando esse confidente se converte em necessário para o titular do segredo, o sistema jurídico a intervém para assegurar a supremacia de um interesse que, além de individual, é público. Daí nasce o sigilo profissional" (idem, p. 121). No direito comparado, veja-se, no mesmo diapasão, a monografia de Carlos da Silva Campos, "O sigilo profissional do advogado e seus limites", na *Revista da Ordem dos Advogados de Portugal*, Lisboa, ano 48, pp. 471 e ss., set. 1988.

Ressalte-se que o próprio fato de haver norma penal protegendo o sigilo (cf. art. 154 do CP) reforça-lhe o caráter de instituto de ordem pública. Tem caráter público porque seu escopo é garantir a plenitude do direito de defesa cristalizado no art. 5º, LV, da CF/88. Sua função é assegurar o contraditório e a ampla defesa através da ação dos advogados, protegendo, consequentemente, os interesses dos clientes e da coletividade.[11]

Oportuno colacionar, ainda, a exposição de Paulo Luiz Neto Lôbo, comentando o Estatuto da Advocacia e da OAB:

> O sigilo profissional é, ao mesmo tempo, direito e dever. Direito ao silêncio e dever de se calar. Tem natureza de ofício privado (múnus), estabelecido no interesse geral, como pressuposto indispensável ao direito de defesa. Não resulta de contrato entre o advogado e o cliente (...) O Estado ou os particulares não podem violar essa imunidade profissional do advogado porque estariam atingindo os direitos da personalidade dos clientes, e "a fortiori" a cidadania. O sigilo profissional não é patrimônio apenas dos advogados, mas uma conquista dos povos civilizados.[12]

Por outro lado, para fins de determinação do sentido e alcance das inviolabilidades e prerrogativas dos advogados, há que distinguir perfeitamente as situações em que os fundados indícios da prática de crime envolvem diretamente (i) o próprio advogado que concorreu para a prática do delito, ou seja, a pessoa do advogado em quem a imputabilidade delitiva recai enquanto sujeito ativo do tipo penal, daquelas situações (ii) em que o suspeito da prática de crime é o cliente ou patrocinado do advogado. A depender das circunstâncias ocorrentes de cada uma dessas hipóteses, o sistema de inviolabilidades e prerrogativas advocatícias operará com maior ou menor intensidade.

11. Rodrigo Octávio de Godoy Bueno Caldas Mesquita, "Do sigilo profissional do advogado: natureza jurídica, extensão, limites e restrições", *RT*, ano 97, v. 869, p. 78, mar. 2008. Mencione-se, ainda, o estudo de Leandro Bittencourt Adiers, "A privacidade e os sigilos telefônico, profissional e bancário", *RT*, ano 91, v. 800, pp. 145-185, jun. 2002.

12. Paulo Luiz Neto Lôbo, *Comentários ao Estatuto da Advocacia e da OAB*, 3ª ed., São Paulo, Saraiva, 2002, pp. 58-59.

Em se tratando de estado de suspeição do cliente do advogado, o art. 232 do Código de Processo Penal (CPP) proíbe a apreensão de quaisquer documentos encontrados no escritório do advogado, assim considerados "quaisquer escritos, instrumentos ou papéis, públicos ou particulares". Por acréscimo, o art. 243, § 2º, do mesmo CPP proíbe a apreensão de qualquer documento que esteja na posse do defensor do acusado, exceto se tal documento constituir elemento do corpo de delito. Por corpo de delito deve-se entender a exteriorização física do crime de matriz material (*delicta facti permanentis*), ou seja, notadamente a pessoa ou a coisa sobre a qual se tenha praticado o ato criminoso, os objetos e instrumentos empregados e os vestígios deixados pela prática delitiva. Cuida-se, aí, da categoria do corpo de delito, que constitui pressuposto indispensável da prisão preventiva, prevista no art. 311 do CPP. Por força do precitado art. 243, § 2º, do CPP, penso que quaisquer outros elementos probatórios que não constituam estritamente o corpo de delito, como computadores, contratos de honorários, pareceres jurídicos, notas técnicas, arrazoados, cartas, e-mails, arquivos, pastas do cliente, repertórios legislativos e de jurisprudência etc., que estejam na posse ou à disposição do advogado e que sejam instrumentos da profissão advocatícia, não poderão ser objeto de busca e apreensão conforme ultimamente tem-se verificado na prática da Polícia Federal. Isso sem esquecer os documentos e arquivos privados da pessoa do advogado, como relação de endereços, de telefones, de e-mails, talões de cheque ou movimentações bancárias que, por igual, jamais poderão ser apreendidos a pretexto da persecução criminal em face de terceiros.

Nada obstante, quando se tratar da hipótese, por certo deplorável, do advogado incurso pessoalmente na prática de crime, seja atuando de forma isolada ou em coautoria com um eventual cliente, a investigação policial poderá ser mais ampla, sujeita, porém, em qualquer caso, às limitações genéricas que decorrem, já agora não mais, especificamente do estatuto da profissão de advogado, mas da Constituição e da legislação processual penal, no que toca à tutela da intimidade e à inviolabilidade de domicílio. O jornalista André Petry ajunta comentários, conquanto leigos mas sobremodo apropriados, a essas situações distintas e que não raro são confundidas pelos órgãos de imprensa e pelo público em geral:

> O escritório de um advogado pode ser invadido caso ele próprio seja suspeito de um crime – como o advogado de Dinho Porquinho, que ofe-

recia suborno. Mas jamais no caso de suspeita de seu cliente. E isso por uma razão elementar: o advogado tem direito ao sigilo profissional, do mesmo modo como o jornalista tem direito a manter sigilo sobre sua fonte e o padre tem direito a manter segredo sobre o que lhe contam os fiéis no confessionário. É assim que funciona numa democracia, num regime de liberdade. O sigilo do advogado, porém, não existe para protegê-lo. Existe para proteger o cidadão, para que tenhamos todos nós, inocentes ou culpados, o elementar direito à defesa plena. O sigilo de fonte do jornalista também não existe para agradar ao jornalista, mas para assegurar à sociedade o acesso ao mais amplo leque de informações possíveis.[13]

Com efeito, uma coisa é o cliente delinquente e patrocinado por advogado no exercício regular da profissão, outra coisa é o advogado que, atuando de forma isolada ou em coautoria com o próprio cliente ou com terceiros, pratica crime e se torna alvo da investigação policial. Impende advertir, nada obstante, que poderá haver, aí, uma zona cinzenta e fronteiriça, que os autores anglo-saxônicos designam de *bordline*, entre a eventual prática de abuso do exercício regular da profissão e o efetivo cometimento de crime por parte do advogado, não raro de difícil demarcação. Isso exige, por certo, um percuciente sopesamento dos fatos e circunstâncias objeto da investigação. Tudo a fim de que não se confunda, em detrimento das prerrogativas constitucionais e legais da advocacia, entre as situações de abusividade no desempenho dos misteres profissionais, caracterizado pelo desbordamento das regras de boa conduta e da ética próprias ao regular exercício da profissão, de um lado, e a prática de crime comum que possa ser atribuída ao indivíduo advogado, de outro lado. Assim, por exemplo, a ocorrência de excesso de mandato ou de extrapolação do procuratório judicial, que não importa na prática de crime, mas que pode importar em responsabilidade civil do advogado e/ou em sanções disciplinares aplicáveis pelo respectivo órgão de classe. Daí dispor o art. 32 do Estatuto da Advocacia e da OAB (Lei 8.906/1994) que "o advogado é responsável pelos atos que, no exercício profissional, praticar com dolo ou culpa". Já o parágrafo único desse mesmo dispositivo legal acrescenta: "Em caso de lide temerária,

13. André Petry, na reportagem sob o título "Advogados picaretas: batalha contra invasão de escritórios deve ser da sociedade", revista *Veja*, edição de 18.5.2005.

o advogado será solidariamente responsável com seu cliente, desde que coligado com este para lesar a parte contrária, o que será apurado em ação própria".

O reportado estatuto da profissão, por outro lado, comina a sanção de nulidade aos "atos praticados por advogado impedido – no âmbito do impedimento – suspenso, licenciado ou que passar a exercer atividade incompatível com a advocacia" (art. 4º, parágrafo único). Inúmeros outros exemplos de infrações disciplinares podem ser colhidos no extenso elenco de tipos infracionais contidos no art. 34 da precitada Lei 8.906/1994, e que, em tese, não configuram a prática de crime por parte do advogado. Bem por isso, quando ocorrentes, não exoneram o dever de respeito às inviolabilidades e sigilo profissional imposto, nomeadamente, às autoridades públicas e à sociedade em geral. Pode-se citar, entre elas, as infrações disciplinares descritas no inciso VI do diploma estatutário ("advogar contra literal disposição de lei, presumindo-se a boa-fé quando fundamentado na inconstitucionalidade, na injustiça da lei ou em pronunciamento judicial anterior") e no inciso XIV ("deturpar o teor de dispositivo de lei, de citação doutrinária ou de julgado, bem como de depoimentos, documentos e alegações da parte contrária, para confundir o adversário ou iludir o juiz da causa"). Essas figurações de abusividade profissional situam-se no âmbito das infrações de caráter disciplinar, enquanto tais sujeitas ao poder de polícia e correcional exclusivo dos órgãos competentes da Ordem dos Advogados do Brasil. Refogem, pois, inteiramente ao poder investigatório da polícia judiciária e do Ministério Público, eis que associado tão apenas à atividade de persecução criminal. Por essa razão específica, o cometimento de infração disciplinar jamais desobriga os agentes estatais incumbidos dos atos de investigação do imperioso dever de respeitar e fazer cumprir as regras de inviolabilidade dos locais de trabalho do advogado e de proteção do sigilo profissional. Para que o exercício da profissão de advogado não sofra qualquer tipo de constrição ou perturbação externa e, sobretudo, para que não se descambe para o abuso na investigação policial e nas diligências de busca e apreensão, impõe-se, de conseguinte, sempre e sempre, salvaguardar as inviolabilidades e prerrogativas que decorrem, objetiva e independentemente, de qualquer outra condição, do simples registro profissional no quadro de advogados da Ordem dos Advogados do Brasil, de consonância com o disposto no art. 3º da Lei

8.906/1994: "o exercício da atividade de advocacia no território brasileiro e a denominação de advogado são privativos dos inscritos na Ordem dos Advogados do Brasil (OAB)". Esse registro profissional faz resultar, de per si, o regime de paridade e equidistância entre os advogados, os magistrados e os membros do Ministério Público, além do dever de respeito e de não ingerência nos atos da profissão de advogado imposto a todas as autoridades e servidores públicos. Em textual:

> Art. 6º Não há hierarquia nem subordinação entre advogados, magistrados e membros do Ministério Público, devendo todos tratar-se com consideração e respeito recíprocos.
>
> Parágrafo único. As autoridades, os servidores públicos e os serventuários da justiça devem dispensar ao advogado, no exercício da profissão, tratamento compatível com a dignidade da advocacia e condições adequadas a seu desempenho.

Impende assinalar que a inviolabilidade do sigilo profissional torna indevassáveis todo e qualquer tipo de informação resultante da interlocução verbal, escrita ou digitalizada entre o advogado e seus clientes, bem como todos os documentos, cartas, mensagens, anotações, gravações, fotografias, filmes, agendas, minutas de arrazoados forenses, pastas, computadores, sistemas de informática, *softwares*, *hard disks*, disquetes, telefones celulares, *iPhones*, *blackberries*, acervo doutrinário e jurisprudencial já colacionado, a biblioteca como um todo, elementos de prova utilizáveis no processo judicial, administrativo ou de arbitragem, enfim, toda sorte de registros físicos e arquivos de computador, analógicos ou digitalizados, de primeira ou de última geração, que traduzam a relação advogado-cliente ou os trabalhos e estratégias de defesa elaborados pelo profissional da advocacia. Nesse particular aspecto, a relação das fontes e das peças de informação e respectivas matrizes é a mais ampla possível, compreendendo inclusive e notadamente os mais sofisticados avanços tecnológicos no campo da comunicação, do registro e da base de dados de informações. Como bem exposto por Marco Antonio de Barros,

> O advogado está submetido a rigoroso dever ético, moral e legal de preservação do sigilo, principalmente na área criminal, pois a exigência

> de obediência ao segredo funda sua prevalência no princípio constitucional da garantia da defesa. Com certeza o sigilo inviolável a que se submete o advogado não se resume apenas ao que lhe for transmitido pelo cliente, mas também às anotações, documentos, cartas a que tiver acesso e tudo mais que lhe chegar ao conhecimento no exercício do seu mister.[14]

De um modo geral, a jurisprudência brasileira tem prestado boa reverência ao princípio do sigilo profissional do advogado e da inviolabilidade do seu local e materiais de trabalho. Assim, por exemplo, o acórdão do Plenário do Supremo Tribunal Federal no MS 23.452-1/RJ, rel. Min. Celso de Mello, julgado em 16.9.1999, onde se lê:

> A inviolabilidade do advogado alcança seus meios de atuação profissional, tais como o seu escritório ou locais de trabalho, seus arquivos, seus dados, sua correspondência e suas comunicações. Todos esses meios estão alcançados tradicionalmente pela tutela do sigilo profissional. A ampla utilização da informática pelo advogado, com sua crescente miniaturização, faz estender a inviolabilidade aos dados e arquivos de computador, mantidos em seu local de trabalho ou que transporte consigo. O Estatuto da OAB refere-se a escritório e local de trabalho. Entende-se por local de trabalho qualquer um que o advogado costume utilizar para desenvolver seus trabalhos profissionais, incluindo a residência, quando for o caso. A atual revolução tecnológica aponta para a realização à distância de serviços ligados por redes de comunicação, sem o deslocamento físico das pessoas. Em qualquer circunstância, o sigilo profissional não pode ser violado...[15]

Por força de natural extensão da regra de sigilo profissional, está o advogado exonerado do dever de prestar depoimento como testemunha com relação a fatos relacionados com seus clientes. Seria assaz contraditório impor ao advogado o dever do sigilo e obrigá-lo a depor de forma contrária ou inservível aos interesses de seus clientes, isso tanto na jurisdição civil quanto criminal. Nessa última ainda com mais razão, eis que

14. Marco Antonio de Barros, "Sigilo profissional. Reflexos da violação no âmbito das provas ilícitas", *RT* 733/433, nov. 1996.

15. Cf. *DJU* de 12.5.2000.

na mais das vezes está em jogo o bem mais precioso da existência, como seja a liberdade de seus clientes ou patrocinados a qualquer título. A matriz normativa dessa imposição de sigilo é o comando do art. 5º, XIV, da Constituição Federal: "é assegurado a todos o acesso à informação e resguardado o sigilo da fonte, quando necessário ao exercício profissional". A esse propósito, já tive a ocasião de sustentar em obra doutrinária:

> Este (o segredo profissional), como categoria jurídica primária no contexto enfocado, radica nas indispensáveis virtudes da liberdade e da ética profissional, que garantem a preservação das informações de cunho pessoal segredadas em razão do ofício, consoante se dá, assinaladamente, como relação aos profissionais de jornalismo, da medicina e da advocacia. A importância da salvaguarda do sigilo de informações, inclusive quanto ao segredo de profissão, expressa-se na tipificação dos crimes contra a inviolabilidade dos segredos, notadamente a divulgação de segredo em geral e, em específico, a violação de segredo profissional, objeto dos artigos 153 e 154 do Código Penal brasileiro.[16]

São muito bem-lançadas, nesse campo de questões, as lições de Ada Pellegrini Grinover, Scarance Fernandes e Gomes Filho, ao advertirem que o direito constitucional à produção da prova não é absoluto, eis que se submete à natural restrição do princípio da convivência das liberdades, cuja meta é não permitir que qualquer delas seja exercida de modo danoso à ordem pública e às liberdades alheias.[17] Prevalecem necessariamente certos limites à instrução probatória, entre eles a proibição quanto ao depoimento de pessoas que em razão de função, ministério, ofício ou profissão acham-se sujeitas ao dever de guardar sigilo, conforme previsto no art. 207 do Código de Processo Penal e art. 355 do Código de Processo Penal Militar. De forma específica, o Estatuto da Advocacia e da OAB (Lei 8.906/1994) inclui entre os direitos e prerrogativas dos advogados, no art. 7º, XIX, "recusar-se a depor como testemunha em processo no qual funcionou ou deva funcionar, ou sobre fato

16. Carlos Roberto Siqueira Castro, *A Constituição Aberta e os Direitos Fundamentais*, Rio de Janeiro, Forense, 2003, pp. 552-553.

17. Cf. Ada Pellegrini Grinover, Antonio Scarance Fernandes e Antonio Magalhães Gomes Filho, *As Nulidades no Processo Penal*, 3ª ed., São Paulo, Malheiros Editores, 1993, p. 104.

relacionado com pessoa de quem seja ou foi advogado, mesmo quando autorizado ou solicitado pelo constituinte, bem como sobre fato que constitua sigilo profissional". A jurisprudência de nossos tribunais tem reconhecido essa prerrogativa estatutária dos advogados em plúrimos julgados, qual se vê na eloquente decisão estampada no AgR no HC 48.843-MS, julgado pelo STJ em 31.10.2007, rel. Min. Nilson Naves, cuja ementa enuncia:

> Advogado (testemunha) – Depoimento (recusa) – Conhecimento dos fatos (exercício da advocacia) – Sigilo profissional (prerrogativa) – Lei n. 8.906/94 (violação). 1. Não há como exigir que o advogado preste depoimento em processo no qual patrocinou a causa de uma das partes, sob pena de violação do art. 7º, XIX, da Lei n. 8.906/94 (Estatuto da Advocacia). 2. É prerrogativa do advogado definir quais fatos devem ser protegidos pelo sigilo profissional, uma vez que deles conhece em razão do exercício da advocacia. Optando por não depor, merece respeito a sua decisão.[18]

As provas obtidas mediante a violação da inviolabilidade dos locais de trabalho dos advogados ou ultraje ao resguardo do sigilo profissional dessa nobre profissão acarretam a nulidade absoluta da produção probatória. A Constituição democrática de 1988 de forma inovadora reforçou a interdição das provas obtidas com desrespeito a essas garantias da instrução processual, ao preceituar no art. 5º, LVI: "são inadmissíveis, no processo, as provas obtidas por meios ilícitos". Com efeito, o legislador constituinte incluiu no elenco dos direitos fundamentais a prerrogativa dos jurisdicionados e investigados em geral de não terem que contraditar provas colocadas à margem da legalidade, as quais não podem ser levadas em consideração pelo Juízo processante e que, de resto, não se prestam a fundamentar decisões judiciais de qualquer natureza, na jurisdição tanto cível quanto criminal. A relação processual, no que toca à produção dos meios de prova, há de pautar-se no regime indesviável da licitude, sob pena da nulidade dos atos conducentes à demonstração dos fatos pertinentes às pretensões deduzidas em juízo ou na investigação pré-processual, o que vale tanto para o inquérito policial quanto

18. Cf. inteiro teor desse acórdão no site certificado do STJ, documento 734541, *DJ* 11.2.2008.

para o inquérito civil público no âmbito da polícia judiciária e da instituição do Ministério Público. Trata-se de exigência constitucional conformadora da regularidade ética do processo de toda natureza e em qualquer instância administrativa ou judicial. Em suma, consoante já tive a oportunidade de sustentar, "é necessário que as provas produzidas sejam idôneas, eis que contraria o princípio da justiça nas relações processuais, tanto civis quanto criminais, a utilização de meios de prova obtidos ilicitamente".[19] Em qualquer caso, e com rechaço de qualquer sofisma ou argumentação tergiversante, a prova obtida por meios ilícitos é irremediavelmente nula e não pode ser considerada para quaisquer fins de direito. A professora Ada Grinover espanca as dúvidas que possam remanescer quanto à inadmissibilidade de tais provas:

> A Constituição preocupa-se com o momento da admissibilidade, pretendendo claramente impedir os momentos sucessivos de introdução e valoração da prova ilícita. Mas, suponhamos que a prova, embora considerada inadmissível pela Constituição, venha a ser admitida no processo. E que a prova ingresse no processo, vulnerando a regra constitucional. De duas, uma: ou partimos para a ideia de que nesse caso a atipicidade constitucional acarreta, como consequência, a nulidade absoluta e, portanto, no plano processual, a prova admitida "contra constitutionem" será nula e nula será a sentença que nela se fundar, ou então, numa interpretação mais consentânea com a norma constitucional, firmamos o entendimento de que a Lei Maior, ao considerar a prova inadmissível, não a considera prova, tem-na como "não prova", como prova inexistente juridicamente. Nesse caso, será simplesmente desconsiderada.[20]

O Supremo Tribunal Federal tem reiteradas vezes afirmado a imprestabilidade das provas obtidas por meios ilícitos. No julgamento do HC 69.912-RS, realizado em 16.12.1993,[21] rel. Min. Sepúlveda Pertence, o Min. Celso de Mello deixou externado em seu judicioso voto-vista:

19. Cf. Carlos Roberto Siqueira Castro, *O Devido Processo Legal e os Princípios da Razoabilidade e da Proporcionalidade*, cit., pp. 294-295.

20. Ada Pellegrini Grinover, "A eficácia dos atos processuais à luz da Constituição Federal", *Revista da Procuradoria-Geral do Estado de São Paulo*, jun. 1992, p. 34.

21. Cf. publicação no *DJU* de 25.3.1994.

O fato irrecusável é que a prova ilícita é prova inidônea. Mais do que isso, prova ilícita é prova imprestável. Não se reveste, por essa explícita razão, de qualquer aptidão jurídico-material. Prova ilícita, sendo providência instrutória eivada de inconstitucionalidade, apresenta-se destituída de qualquer grau, mínimo que seja, de eficácia jurídica. A "exclusionary rule" – considerada essencial pela jurisprudência da Suprema Corte dos Estados Unidos na definição dos limites da atividade probatória desenvolvida pela Polícia e pelo Ministério Público – destina-se, na abrangência de seu conteúdo, a proteger, pelo banimento processual de evidências ilicitamente coligidas, os réus criminais contra a ilegítima produção ou ilegal colheita de prova incriminadora.

A sua vez, o Ministro Relator Sepúlveda Pertence adentrou a questão da prova obtida por derivação da prova ilícita consistente na interceptação telefônica, para considerar inadmissível e nula a sua utilização no processo penal:

(...) Desse modo, sem necessidade de reexame de questões de fato, o caso demanda a aplicação da doutrina que a melhor jurisprudência americana constituiu sob a denominação de princípios dos "fruits of the poisonous tree": é que às provas diversas do próprio conteúdo das conversações telefônicas interceptadas só se pode chegar, segundo a própria lógica da sentença, em razão do conhecimento delas, isto é, em consequência da interceptação ilícita de telefonemas. (...) De fato, vedar que se possa trazer ao processo a própria degravação das conversas telefônicas, mas admitir que as informações nela colhidas possam ser aproveitadas pela autoridade, que agiu ilicitamente, para chegar a outras provas, que sem tais informações, não colheria, evidentemente, é estimular e, não, reprimir a atividade ilícita da escuta da gravação clandestina de conversas privadas.

Já no HC 93.050-RJ, j. 10.6.2008, sob a relatoria do Min. Celso de Mello, a 2ª Turma do STF focalizou a questão da prova obtida mediante busca e apreensão de documentos em escritório de contabilidade sem mandado judicial. O excerto da ementa desse aresto é bastante ilustrativo:

Fiscalização tributária – Apreensão de livros contábeis e documentos fiscais realizada, em escritório de contabilidade, por agentes fazendários e policiais federais, sem mandado judicial – Inadmissibilidade – Espaço privado, não aberto ao público, sujeito à proteção constitucional da inviolabilidade domiciliar (CF, art. 5º, XI) (...) – Impossibilidade de utilização, pelo Ministério Público, de prova obtida com transgressão à garantia da inviolabilidade domiciliar – Prova ilícita – Inidoneidade jurídica – *Habeas corpus* deferido (...) Ninguém pode ser investigado, denunciado ou condenado com base, unicamente, em provas ilícitas, quer se trate de ilicitude originária, quer se cuide de ilicitude por derivação. Qualquer novo dado probatório, ainda que produzido, de modo válido, em momento subsequente, não pode apoiar-se, não pode ter fundamento causal nem derivar de prova comprometida pela mácula da ilicitude originária. A exclusão da prova originariamente ilícita – ou daquela afetada pelo vício da ilicitude por derivação – representa um dos meios mais expressivos destinados a conferir efetividade à garantia do "due process of law" e a tornar mais intensa, pelo banimento da prova ilicitamente obtida, a tutela constitucional que preserva os direitos e prerrogativas que assistem a qualquer acusado em sede processual penal (...).[22]

É assinalável que, se a proteção constitucional respeitante à inviolabilidade de domicílio restou reconhecida a um escritório de contabilidade, ainda com maiores razões haverá de ser proclamada em prol do local de trabalho do advogado, seja este o seu escritório, sua residência ou o departamento ou gerência jurídica dos estabelecimentos empresariais, considerando que a advocacia foi alçada, constitucionalmente, em função essencial à Justiça, ao mesmo tempo em que, como antes anotado, os locais de trabalho do advogado mereceram especial e específica proteção da Lei 8.906/1994.

Com vistas a evitar toda sorte de excessos na persecução criminal a cargo da Polícia Federal, o Ministério da Justiça, com expressa invocação das normas do art. 5º, X e XII, da Constituição Federal (que asseguram a inviolabilidade da intimidade, da vida privada, da honra e da imagem das pessoas, bem como a inviolabilidade do sigilo da correspondência e das comunicações) e arts. 240 a 246 do Código de Processo Penal, editou as Portarias 1.287 e 1.288, ambas datadas de 30.6.2005. O primeiro desses atos ministeriais acha-se fundamentado na "necessidade de uniformizar e disciplinar as ações da Polícia Federal relativas ao

22. Cf. publicação do acórdão no *DJU* de 1º.8.2008.

cumprimento de mandados judiciais de busca e apreensão", como também "na importância de assegurar que as ações policiais se deem no estrito cumprimento do dever legal e que se circunscrevam ao objeto do mandado judicial, prevenindo a prática de atos que extrapolem seus estritos limites". Já a segunda mencionada Portaria do Ministro da Justiça estabelece instruções específicas sobre a execução de diligências da Polícia Federal para cumprimento de mandados judiciais de busca e apreensão em escritórios de advocacia, "considerando que nessas ações as prerrogativas profissionais não podem se impor de forma absoluta nem, tampouco, o poder da autoridade policial deve se revestir de caráter ilimitado, devendo sempre prevalecer o bom senso e o equilíbrio, para que se realize o superior interesse público". Releva destacar no texto da Portaria 1.287/2005 a regra do art. 1º, onde se lê:

> Art. 1º. Ao representar pela expedição de mandado de busca e apreensão, a autoridade policial indicará fundamentadamente as razões pelas quais a autorização da diligência é necessária para a apuração dos fatos sob investigação, instruindo o pedido com todos os elementos que, no seu entender, justifiquem a adoção da medida.
>
> Parágrafo único. A representação da autoridade policial indicará, com a maior precisão possível, o local e a finalidade da busca, bem como os objetos que se pretende apreender.

Além disso, o art. 2º. do mesmo ato ministerial determina que "O cumprimento do mandado de busca e apreensão será realizado: (...) IV – sem a presença de pessoas alheias ao cumprimento à diligência; V – preservando ao máximo a rotina e o normal funcionamento do local da diligência, de seus meios eletrônicos e sistemas informatizados". A sua vez, a Portaria 1.288/2005 estabelece, entre outras diligências e cautelas:

> Art. 1º. Quando no local em que se requer a busca e apreensão funcionar escritório de advocacia, tal fato constará expressamente na representação formulada pela autoridade policial para expedição do mandado.
>
> Parágrafo único. Antes do início da busca, a autoridade policial responsável pelo cumprimento do mandado comunicará a respectiva Secção da Ordem dos Advogados do Brasil, facultando o acompanhamento da execução da diligência.

Art. 2º. As diligências de busca e apreensão em escritório de advocacia só poderão ser requeridas à autoridade judicial quando houver, alternativamente:

I – provas ou fortes indícios da participação de advogado na prática delituosa sob investigação;

II – fundados indícios de que em poder de advogado há objeto que constitua instrumento ou produto do crime ou que constitua elemento do corpo de delito ou, ainda, documentos ou dados imprescindíveis à elucidação do fato em apuração.

Merece destaque, ainda, o disposto no art. 3º: "A prática de atos inerentes ao exercício regular da atividade profissional do advogado não é suficiente para fundamentar a representação pela expedição de mandado de busca e apreensão em escritório de advocacia".

Conquanto de louvável inspiração, não me agrada a ideia de submeter a eficácia plena de direitos e prerrogativas emergentes da Constituição e da legislação ordinária (Código de Processo Penal) à complementação de subalterna hierarquia por via de portaria ministerial. A ordem constitucional democrática não pode ser desautorizada diuturnamente por práticas de desobediência por parte dos órgãos e agentes da polícia judiciária e, por inopinada força de uma portaria ministerial, recuperar sua eficácia e cogência pública.[23] Isso deixaria no ar a impressão de que

23. Não se pode esquecer, nesse conjunto de questões, de que a portaria, assim como os avisos e circulares expedidos por Ministros de Estado, que são auxiliares político-administrativos do Presidente da República, por tradicional definição constitucional (cf. arts. 84, II, e 87 da Constituição Federal de 1988), traduzem atos de quarto escalão hierárquico, destinados a prover, no âmbito dos Ministérios que integram a administração direta do Poder Executivo, a boa e perfeita execução da Constituição, das leis e dos decretos do Presidente da República. Enquanto normas destinadas a implementar os comandos normativos de 1º (Constituição), de 2º (leis e atos legislativos formais a ela equiparados) e de 3º (decretos e regulamentos do Presidente da República) graus na hierarquia das normas, isso no que se relaciona com a organização e serviços próprios de cada Ministério, não podem tais atos ministeriais inovar na ordem jurídica, nem deles dependem a eficácia plena dos atos-regra de maior graduação. Daí sustentar, com a habitual proficiência, o saudoso Pontes de Miranda: "As instruções, que os Ministros de Estado expedem, como os avisos, as circulares e as portarias, são fontes jurídicas inferiores às leis e aos regulamentos, a que se reportam e a cuja boa execução se destinam. A Constituição reconhece-lhes a existência no quadro das regras de direito; porém, por sua natureza, não criam, nem alteram, nem extinguem direitos, pretensões, deveres e obrigações, ações ou exceções (...)".

"só uma Portaria nos salva dos abusos de autoridade!". Ou bem a Constituição e a legislação processual penal têm sua efetividade respeitada e concretizada no dia a dia do serviço público da polícia judiciária, e nesse caso as sobreditas Portarias do Ministro da Justiça assumem o reduzido papel que lhes é próprio, como seja o de tornar efetivas as normas de superior investidura e desse modo contribuir para melhor ordenação interna, no âmbito das repartições policiais, do exercício da função investigatória e da persecução dos delitos; ou bem desbordamos para uma perigosa e irremediável situação de apostasia e ineficácia das normas constitucionais e legais que devem reger (e constranger), com eficácia plena, os atos da investigação policial em face dos direitos e prerrogativas da profissão de advogado, cuja fonte primária é a Constituição da República. A não ser assim, pouco adiantaria, para a implementação dos direitos fundamentais, a enunciação solenemente proclamada pelo art. 133 da Constituição Federal, no sentido de ser a advocacia, tanto pública quanto privada, uma função essencial à Justiça, bem como no sentido de ser o advogado indispensável à administração desse poder orgânico da soberania do Estado brasileiro.

Bem por isso, as referidas portarias ministeriais, em que pese sua louvável inspiração, são desnecessárias e supérfluas, no que respeita à essencialidade da operância dos sistemas jurídico pátrio, eis que a normativa constitucional e legal é autoaplicável e perfeitamente inteligível para a boa concreção da tutela das inviolabilidades e prerrogativas dos advogados. Ademais disso, a redação da Portaria 1.288/2005 do Ministério da Justiça exibe contradições e excessos insuperáveis, e, se aplicada à risca, poderá periclitar o conjunto de garantias da ampla defesa e do contraditório processual centradas na atuação independente dos advogados e da regra de sigilo profissional. Por oportuno, vale reproduzir, nesse passo, a crítica percuciente de Nilo Batista, ao comentar:

> A Portaria n. 1.288, de 30.06.05, com a qual S. Exa. pretendeu disciplinar a atuação da Polícia Federal nessas diligências, entretanto, cabe naquelas decepções em que a emenda piora o soneto. Prescreve dita Portaria que tais diligências "só poderão ser requeridas à autoridade judicial quando houver (...) fundados indícios de que em poder do advogado há objeto que constitua instrumento ou produto do crime, ou que constitua elemento do corpo de delito, ou ainda documentos ou dados

imprescindíveis à elucidação do fato em apuração" (art. 2º, inciso II). Ora, a lei só abriu exceção para "documento que constitua corpo de delito" (art. 243, § 2º, do CPP). Como pode a Portaria admitir a diligência referida a "produto do crime" (para alguns membros daquela CPI, o interesse pelos honorários do advogado tinha este matiz), ou a "documentos ou dados imprescindíveis à elucidação do fato", cláusula tão genérica que equivale a abrir indiscriminadamente todos os escritórios de advocacia à inspeção policial? No artigo 4º, quando a Portaria proíbe – "salvo expressa determinação judicial em contrário" – a apreensão de "documentos relativos a outros clientes", fica bem claro que saímos definitivamente do velho modelo democrático, e que se trata de invadir escritórios para colher efetivamente prova contra seus clientes. A "expressa determinação judicial em sentido contrário", ou seja, a ordem de uma busca e apreensão em todos os arquivos de escritório de advocacia, é tão flagrantemente ilegal que melhor seria recomendar que a polícia não a cumprisse.[24]

Avanço extraordinário nesse campo de questões foi conquistado com a promulgação da Lei 11.767, de 7.8.2008, que alterou e acrescentou disposições ao art. 7º da Lei 8.906/1994, o Estatuto da Advocacia e da OAB. Trata-se, na origem, de projeto de lei de iniciativa do ilustre então Deputado Federal Michel Temer, de São Paulo, que representa uma notável conquista para a advocacia brasileira e para o aprofundamento do sistema de garantias que cercam a investigação policial. Sua aprovação pelo Congresso Nacional e subsequente sanção pelo Presidente da República contou com o operoso apoio da Direção do Conselho Federal da Ordem dos Advogados do Brasil, sob a liderança de seu então Presidente, Cesar Britto. Em síntese, esse diploma legal alterou a norma do inciso II do art. 7º da Lei 8.906/1994, para incluir, entre os direitos dos advogados, "a inviolabilidade de seu escritório ou local de trabalho, bem como de seus instrumentos de trabalho, de sua correspondência escrita, eletrônica, telefônica e telemática, desde que relativas ao exercício da advocacia". Além disso, acrescenta dois parágrafos ao mesmo art. 7º, com a redação seguinte:

24. Cf. Nilo Batista, "A criminalização da advocacia", *Revista de Estudos Criminais*, PUC-RS, ano 2005, n. 20, p. 91.

> § 6º. Presentes indícios de autoria e materialidade da prática de crime por parte de advogado, a autoridade judiciária competente poderá decretar a quebra da inviolabilidade de que trata o inciso II do *caput* deste artigo, em decisão motivada, expedindo mandado de busca e apreensão, específico e pormenorizado, a ser cumprido na presença de representante da OAB, sendo, em qualquer hipótese, vedada a utilização dos documentos, das mídias e dos objetos pertencentes a clientes do advogado averiguado, bem como dos demais instrumentos de trabalho que contenham informações sobre clientes.

A seu turno, o § 7º acrescentou a seguinte disposição:

> A ressalva constante do § 6º deste artigo não se estende a clientes do advogado averiguado que estejam sendo formalmente investigados como seus partícipes ou coautores pela prática do mesmo crime que deu causa à quebra da inviolabilidade.

Esses dois preceitos incluídos no Estatuto da Advocacia e da OAB objetivam bem distinguir as situações a que antes me referi, como sejam a da investigação policial em razão da suposta prática de crime cometido pelo advogado, de um lado, e da investigação pela prática de crime cometido por um cliente do advogado em autoria única ou em coautoria com o seu patrono profissional da advocacia, de outro lado. Na primeira hipótese, em explícita reverência ao cânone do sigilo profissional que deve resguardar a comunicação entre o advogado e seu cliente, fica expressamente assegurada a inviolabilidade da documentação e de quaisquer objetos que materializem a relação advogado-cliente, cuja proteção, já se viu, repousa no paradigma constitucional. Em qualquer caso, porém, a quebra da inviolabilidade do escritório ou local de trabalho do advogado subordina-se ao princípio da "reserva de jurisdição", a significar que somente por decisão motivada (e suficientemente motivada) da autoridade judicial competente poder-se-á proceder às diligências de busca e apreensão nos recintos em que é exercida a profissão de advogado. Assim sendo, fica vedada, desde logo, autorização por magistrado que não seja o *juiz natural* que esteja a cargo da investigação criminal, ficando proscrita, ainda, autorização oral ou transmitida por via telefônica pelo juiz à autoridade policial. A decisão que determina o adentramento no escritório ou local de trabalho do advogado há de ser lavrada por escrito nos autos do inquérito policial ou procedimento investigatório devidamente autuado, da qual constarão, de forma circunstanciada, as razões que induzem à convicção ou fundada suspeita de que o advogado incorreu na prática de crime e de que em suas dependências profissionais poderão ser encontrados elementos de prova, vestígios ou indícios da prática delitiva imputável ao advogado e que consiste no objeto da investigação em curso. Tudo porque, como tem decidido reiteradas vezes o Supremo Tribunal Federal, a "fundada suspeita" a que alude o permissivo do art. 244 do Código de Processo Penal "não pode fundar-se em parâmetros unicamente subjetivos, exigindo elementos concretos que indiquem a necessidade da revista, em face do constrangimento que causa".[25]

Atentos a todas essas advertências que condicionam as diligências de busca e apreensão nos locais de trabalho do advogado, *y compris*, natural e forçosamente, os escritórios de advocacia e as dependências, dentro dos estabelecimentos empresariais, onde funcionam os departamentos e gerências jurídicas das sociedades e empresas de todo tipo, sabe-se, não obstante, que os direitos individuais e coletivos não são, por princípio, absolutos, eis que comportam exceções e temperamentos, pontuais e limitados, em prol do interesse público da Administração da Justiça no campo da jurisdição criminal. As diligências de busca e apreensão, que se incluem, quando legítimas, no poder-dever investigativo do Estado, no exercício da atividade da polícia judiciária, constituem, no dizer do ilustre Professor Rogério Lauria Tucci, "meios de prova, de natureza acautelatória e coercitiva, consubstanciado no apossamento de elementos instrutórios, quer relacionado com objetos, quer

25. Veja-se, nesse sentido, a decisão unânime da 1ª Turma do STF no HC 81.305-GO, j. 13.11.2001, rel. Min. Ilmar Galvão. Nessa assentada, houve por bem decidir a nossa Corte Maior: "(...) A fundada suspeita, prevista no art. 244 do CPP, não pode fundar-se em parâmetros unicamente subjetivos, exigindo elementos concretos que indiquem a necessidade da revista, em face do constrangimento que causa. Ausência, no caso, de elementos dessa natureza, que não se pode ter por configurados na alegação de que trajava, o paciente, um 'blusão' suscetível de esconder uma arma, sob risco de referendo a condutas arbitrárias ofensivas a direitos e garantias individuais e caracterizadoras de abuso de poder. *Habeas corpus* deferido para determinar-se o arquivamento do Termo circunstanciado de ocorrência".

com as pessoas do culpado e da vítima, quer, ainda, com a prática criminosa que tenha deixado vestígios".[26] Mas haverá de preponderar sempre a proteção constitucional e legal quantos aos aspectos nucleares do direito à inviolabilidade e prerrogativas dos advogados. Tal significa dizer que o limite da investigação policial há de ser sopesado pelo instrumental exegético da "ponderação de interesses", mediante prudente avaliação sob a ótica dos princípios da *razoabilidade* e da *proporcionalidade*.[27] É importante enfatizar, nesse sentido, que os atos investigatórios, máxime as diligências ultrainvasivas da intimidade e da paz domiciliar consistentes na busca e apreensão dos meios de prova da prática de delitos, hão de estar justificados do ponto de vista teleológico, ou seja, devem fundar-se em finalidades e objetivos legítimos. Além disso, a incursão policial nos locais de trabalho dos advogados, não raro cumulada com a ruptura do sigilo profissional, deve indispensavelmente constituir providência instrumental idônea, essencial e suficiente para o atingimento da finalidade persecutória legítima.

Assim sendo, exige-se, primeiramente, a demonstração cabal de que a decretação da busca e apreensão apresenta-se de todo necessária em face de outras diligências igualmente aptas e menos gravosas para a consecução do resultado investigatório objetivado. Se outros meios probatórios forem igualmente eficazes à apuração da autoria e da materialidade penal, a medida mais invasiva poderá ser considerada supérflua, dispensável e desinfluente para o bom curso da investigação. Assim, por exemplo, se o documento perquirido no domicílio ou local de trabalho do advogado já estiver disponibilizado em bancos de dados do Poder Público, ou mesmo em bancos de dados privados mas de acesso coletivo, ainda que sua acessibilidade esteja sujeita a prévia autorização judicial, como é o caso da movimentação de contas bancárias ou da declaração de bens da pessoa investigada, não tem cabimento algum a realização da diligência mais invasiva e ultrajante consistente na busca e apreensão em recintos privados. Por outro lado, caso a diligência pro-

26. Rogério Lauria Tucci, "Busca e apreensão", *RT* 515/287-295, set. 1978.

27. Dispenso-me de digredir sobre a compreensão doutrinária acerca dos princípios da razoabilidade, de origem anglo-saxônica, e da proporcionalidade, este de formulação germânica, pois isso alongaria de muito os estreitos limites deste artigo. Para tanto, reporto-me às extensas considerações lançadas em meu livro *O Devido Processo Legal e os Princípios da Razoabilidade e da Proporcionalidade*, cit., especialmente nos Capítulos IV e V, pp. 141-236.

movida pela polícia judiciária ou pelo Ministério Público, segundo o conjunto dos fatos sob apuração – consideradas aí as circunstâncias fáticas que integram o cenário do crime, ou seja, os indícios substanciais de autoria e da materialidade delitiva –, apresente-se injustificada, abusiva, irrazoável ou desproporcional para o atingimento dos objetivos finalísticos da investigação, estará a mesma maculada do vício da ilicitude. Com efeito, há de comprovar-se uma plausível e concreta relação de congruência entre a medida investigatória e os fins a que ela se destina.

Se tal relação de identidade entre *meio e fim* da investigação – *means-end relationship*, de acordo com a nomenclatura norte-americana –, não se fizer presente, de modo que a diligência policial resulte despropositada ou excessiva, estará a intromissão persecutória acoimada de nulidade. Com isso, afasta-se o arbítrio e o autoritarismo no exercício do poder-dever do Estado de investigar a prática de crimes, eis que este interfere sempre com a esfera das liberdades ou do exercício regular da profissão de advogado, erigidos em direitos fundamentais pela Constituição da República. A cláusula constitucional do devido processo legal (art. 5º, LIV), celebrizada sob a fórmula *due process of law*, que no Direito brasileiro engloba os princípios da razoabilidade e da proporcionalidade, impede toda sorte de abusos de autoridade nos atos da investigação policial.

Por outro lado, e em consequência dessas limitações supralegais que condicionam a *reserva de jurisdição* para a autorização das medidas de busca e apreensão, faz-se indispensável que a autoridade judicial competente para determinar a diligência policial deixe perfeitamente declinados, de forma clara, consistente e objetiva, os motivos e as razões que justificam e emprestam idoneidade, no caso concreto de que se trate, ao afastamento excepcional do regime de proteção das liberdades fundamentais. A suficiência dessas razões poderá a todo tempo ser contrastada pelas pessoas físicas e jurídicas que sofrerem a intromissão policial em sua esfera domiciliar e profissional, mediante as impugnações e recursos próprios na esfera judicial ordinária e, ainda, perante o Conselho Nacional de Justiça, com base no art. 103-B, § 4º, III e IV, da Constituição Federal, com a redação introduzida pela Emenda Constitucional 45/2004.[28] Os motivos determinantes da ordem judicial não podem exte-

28. Assim dispõe o art. 103-B, § 4º, III e IV, da Constituição: "§ 4º. Compete ao Conselho o controle da atuação administrativa e financeira do Poder Judiciário e do

riorizar-se em meros jargões decisórios e semânticos, como a alusão genérica a "simples e não demonstradas suspeitas" ou a "fortes indícios", sem estar acompanhados de concretos e plausíveis elementos de convicção. A par da norma do art. 93, IX, da Constituição (dispondo que "todos os julgamentos dos órgãos do Poder Judiciário serão públicos, e fundamentadas todas as decisões, sob pena de nulidade (...)"), o art. 243, II, do Código de Processo Penal exige em categórico que "o mandado de busca deverá (...) mencionar o motivo e os fins da diligência".[29] Atento a essas condicionantes, a 1ª Turma do Supremo Tribunal Federal, no HC 81.305-GO, rel. Min. Ilmar Galvão, houve por bem decidir em hipótese relacionada com a busca pessoal prevista no art. 244 do CPP:

> A fundada suspeita, prevista no art. 244 do CPP, não pode fundar-se em parâmetros unicamente subjetivos, exigindo elementos concretos que indiquem a necessidade da revista, em face do constrangimento que causa. Ausência, no caso, de elementos dessa natureza, que não se pode ter por configurados na alegação de que trajava, o paciente do *habeas corpus*, um "blusão" suscetível de esconder uma arma, sob risco de referendo a condutas arbitrárias e ofensivas a direitos e garantias individuais e caracterizadoras do abuso de poder.[30]

cumprimento dos deveres funcionais dos juízes, cabendo-lhe, além de outras atribuições que lhe forem conferidas pelo Estatuto da Magistratura: (...) III – receber e conhecer das reclamações contra membros ou órgãos do Poder Judiciário, inclusive contra seus serviços auxiliares, serventias e órgãos prestadores de serviços notariais e de registro que atuem por delegação do poder público ou oficializados, sem prejuízo da competência disciplinar e correicional dos tribunais, podendo avocar processos disciplinares em curso e determinar a remoção, a disponibilidade ou a aposentadoria com subsídios ou proventos proporcionais ao tempo de serviço e aplicar outras sanções administrativas, assegurada ampla defesa; IV – representar ao Ministério Público, no caso de crime contra a administração pública ou de abuso de autoridade".

29. É oportuno registrar que o Código de Processo Penal disciplina a *busca pessoal* no art. 244 ("A busca pessoal independerá de mandado, no caso de prisão ou quando houver fundada suspeita de que a pessoa esteja na posse de arma proibida ou de objetos ou papéis que constituam corpo de delito, ou quando a medida for determinada no curso de busca domiciliar"), e a busca domiciliar no art. 245 e seus parágrafos ("As buscas domiciliares serão executadas de dia, salvo se o morador consentir que se realizem à noite, e, antes de penetrarem na casa, os executores mostrarão e lerão o mandado ao morador, ou a quem o represente, intimando-o, em seguida, a abrir a porta...").

30. Cf. *DJU* de 22.2.2002, p. 35.

Nessa linha de convicções, sustenta a Professora Cleunice Pitombo que

> as fundadas razões, a que alude o Código, não se confundem com meras suspeitas. Há que se ter motivos concretos, fortes e reais indícios da existência de elementos de convicção, de que se possam achar na casa a qual se pretenda varejar. Não guarda cabimento a proteção constitucional da intimidade e inviolabilidade ruírem, ou cederem passo, frente à suspeita, ainda que venha adjetivada de robusta, séria ou grave.[31]

O mandado judicial de busca e apreensão deverá especificar os itens e objetos a serem apreendidos, não podendo apontar identificação genérica e polivalente, do tipo "quaisquer objetos relacionados aos fatos em investigação" ou ainda "quaisquer objetos que possam contribuir com a apuração dos fatos". Essas expressões de multialcance tornam vulnerável a totalidade dos bens que guarnecem um domicílio ou o local de trabalho do advogado, sendo inservíveis para emprestar justeza às ordens judiciais com tal propósito. Ou bem se tem adequada noção do elemento de prova perquirido, e se faz constar a sua identificação no mandado de busca e apreensão, ou se aguarda para a realização da diligência até que haja indícios concretos do material a ser apreendido. Com razão, acrescenta, nesse particular aspecto, Cleunice Pitombo:

> Não pode haver mandado incerto, vago ou genérico. A determinação do varejamento, ou da revista há de apontar, de forma clara, o local, o motivo da procura e a finalidade, bem como qual a autoridade judiciária que a expediu. É importantíssima a indicação detalhada do motivo e os fins da diligência (art. 243, II, do CPP), a que se destina. Mandado vazio é perigoso e difícil debelar-se. Autoritário, traz risco ínsito, arraigado na forma.[32]

A demonstração da razoabilidade e da proporcionalidade das ordens de busca e apreensão domiciliar visa impedir medidas de arresto policial desarrazoadas, equivalentes às "unreasonable searches and seizures",

31. Cleunice Pitombo, *Busca e Apreensão no Processo Penal*, São Paulo, Ed. RT, São Paulo, 1999, p. 115.

32. Cf. idem, ibidem, p. 171.

como previstas expressamente na Emenda 4 à Constituição dos Estados Unidos da América, ratificada no ano de 1791, que reza: "The right of the people to be secure in their persons, house, papers, and effects, against unreasonable searches and seizures, shall not be violated, and no warrants shall issue, but upon probable cause, supported by oath or affirmation, and particularly describing the place to be searched, and the persons or things to be seized". A jurisprudência da Suprema Corte americana exige, para a validade das medidas de busca e apreensão, a demonstração efetiva da "causa provável" (*probable cause*), materializada em elementos substanciais de convicção que apontem: (i) a relação entre o objeto específico que se pretende apreender e os fatos delituosos em apuração; (ii) a probabilidade de tal objeto ser encontrado no local da diligência. Com isso, são vedadas as buscas e apreensões calcadas em suposições genéricas e não suficientemente demonstradas. Bem por isso, a diligência de busca domiciliar e o material a ser apreendido deverão ser objeto de descrição circunstanciada no auto respectivo a ser lavrado, o qual deverá fazer integrar os autos do inquérito policial. Este, por sua vez, reveste-se de natureza sigilosa e o menos possível invasiva, sob pena de causar gravame à intimidade do investigado, de sua família, ao exercício de sua profissão ou ao negócio empresarial regularmente estabelecido. Não é por outra razão que o art. 20 do CPP obriga a autoridade policial a assegurar no inquérito o "sigilo necessário à elucidação do fato". Trata-se do chamado "sigilo externo", cuja finalidade precípua é proteger a dignidade humana e a incolumidade física e moral do cidadão investigado – presumido inocente até o trânsito em julgado da sentença penal condenatória (CF, art. 5º, LVII).

Assim sendo, é rigorosamente abusiva e destoante da legalidade a diligência policial de efeitos midiáticos, ao estilo de espetáculo circense ou de programa de auditório televisivo, que se faz acompanhar de repórteres, fotógrafos e cinegrafistas, que jamais podem estar autorizados a adentrar o domicílio ou o local de trabalho objeto da investigação, eis que não são autoridades policiais competentes para cumprir a diligência determinada pela ordem judicial, tampouco se acham autorizadas a adentrar domicílio ou estabelecimento alheio. Essa exposição degradante de pessoas, não raro de servidores públicos, até mesmo de juízes e advogados sendo presos e conduzidos por agentes policiais, não raro e indevidamente algemados, é abusiva e não se compadece com o figurino constitucional democrático que impõe limites ao chamado processo acusatório adotado pelos povos cultos.

Assim é que o art. 248 do CPP exige que, em casa ou local de trabalho habitado, a diligência de busca e apreensão "será feita de modo que não moleste os moradores mais do que o indispensável para o êxito da diligência". Por força dessa disposição legal, é de igual modo excessiva e desautorizada a utilização de efetivo policial e aparato bélico desproporcional ao risco oferecido para o cumprimento da diligência. Essa disposição da lei adjetiva penal está a impor, por certo, o dever de urbanidade, de respeito, de discrição e de cuidados indispensáveis com a imagem e a propriedade alheia. Choca-nos, pois, o cumprimento de mandado de busca e apreensão em escritórios de advocacia, como se tem visto com frequência ultimamente na mídia, utilizando-se do mesmo contingente policial e do mesmo tipo de armamento pesado (fuzis, metralhadoras e granadas) que seriam justificáveis para a prisão em flagrante de delinquentes de alta periculosidade num *bunker* fortificado de uma quadrilha organizada para o contrabando de armas ou para o narcotráfico.

Assentes essas premissas que remetem à esfera dos direitos fundamentais sublimados na Constituição, tem-se que a inobservância pela autoridade policial ou pelo órgão do Ministério Público de qualquer um desses parâmetros de conduta limitadores da investigação traz como consequência a ilicitude da prova obtida por meios violantes e inidôneos, nos termos do art. 5º, LVI, da Constituição da República, além da sujeição do agente estatal às sanções cominadas ao crime de abuso de autoridade (Lei 4.898/1965, art. 3º, "b") ou ao crime de violação de sigilo profissional (Código Penal, art. 325), conforme o caso. Isso sem esquecer a caracterização do dano moral indenizável que possa ser infligido à pessoa do advogado e à sociedade de advogados, ou conjuntamente a ambos, cuja reparação há ser buscada em ação própria na jurisdição civil, segundo os cânones da responsabilidade objetiva do Estado pelos atos de seus agentes que causem danos a terceiros, consoante o disposto no art. 37, § 6º, da Constituição Federal.

Quando a Suprema Corte norte-americana, reformando antigo entendimento jurisprudencial, proclamou, no ano de 1963, no julgamento do famoso caso Gideon *v.* Wainwright,[33] que a 6ª e 14ª Emendas à Constituição dos Estados Unidos garantem o direito fundamental dos jurisdicionados a ter um advogado habilitado em todas as instâncias de Justiça claramente considerou o patrocínio advocatício um elemento

33. 372 U.S. 335, 83 S.Ct. 792 (1963).

essencial da garantia do acesso à Justiça. O mesmo fez – vale reiterar – a Constituição do Brasil com a regra expressa no art. 133, ao considerar o advogado indispensável à administração da Justiça. Por isso também a generalidade dos sistemas jurídicos dotou a profissão de prerrogativas e inviolabilidades funcionais, a fim de assegurar a eficiência da defesa, mantê-la íntegra e colocá-la a salvo de desmandos de autoridade nos atos de persecução criminal. Tamanha a importância constitucional do precedente no caso Gideon, que a Suprema Corte americana atribuiu-lhe efeitos retroativos, a fim de promover a anulação de todas as condenações criminais em que os condenados não tivessem usufruído de uma defesa técnica por parte de um advogado.[34]

Todo esse conjunto sistêmico de normas de proteção ao exercício da advocacia, além de essencial à eficácia plena de inúmeros direitos fundamentais relacionados com o acesso à Justiça, o contraditório, a ampla defesa e a regularidade do processo acusatório, gera efeito altamente pedagógico para o exercício da cidadania e para a limitação democrática do desempenho da autoridade pública em nosso país. Diz bem Nilo Batista ao apregoar, com arrimo na lição de Raúl Zaffaroni, que o abuso do poder investigatório constitui risco premente e indissociável do processo dialético da Justiça no Estado Democrático de Direito:

> Não existe um estado de direito democrático estagnadamente acabado, como "hortus conclusus" do empreendimento democrático. Dentro dele, pulsa surdamente e procura avançar, por todos os interstícios que se apresentam, o estado de polícia (...) O juiz, no Estado de direito democrático, tem precisamente esta função: a de filtrar implacavelmente toda a demanda de criminalização que lhe é apresentada, impedindo a

34. Os comentários dos Professores Lockhart, Kamisar, Choper e Shiffrin (na festejada obra *Constitutional Law – Cases – Comments – Questions*, 6ª ed., Racine, (WI), West Publishing Company, 1986, p. 448) bem ilustram a relevância do julgado: "Gideon v. Wainwright held that, at least in all felony prosecutions, an indigent defendant must be appointed counsel. Because, as Justice Black, J., maintained, dissenting in the case (Bets *vs*. Brady, 316 U.S. 445 (1942) Gideon was to overrule 20 years later, – 'whether one is innocent cannot be determined from a trial in which denial of counsel has made it impossible to tell that the defendant's case was adequately represented', and because, as Black, J. pointed out for the Court in Gideon, –'any person haled into court, who is to poor to hire a lawyer, cannot be assured a fair trial 'unless counsel is provided for him'. Gideon was given complete retroactive effect".

> passagem de todo poder punitivo que não seja meridianamente constitucional, legal e racional. Para exercer tal função – cuja importância para o Estado de Direito dispensa considerações –, dispõe ele do direito penal. Se, em vez de colocar-se nesta posição, o juiz resolve alavancar a demanda de poder punitivo, negligenciando garantias ou distendendo requisitos, ele está na verdade permitindo que o Estado de direito seja assaltado pelo Estado de polícia.[35]

Não há, aqui, espaço para crendices e ingenuidades. A luta secular pelo direito e pela justiça é a luta pela advocacia altiva, íntegra, corajosa e independente. A valorosa classe dos advogados, por sua união estável e histórica com as liberdades públicas, recebe naturalmente o olhar suspeitoso dos tiranos de plantão. Tal se dá, de forma endêmica, nas fases de desarranjo institucional e adensamento da lógica autoritária. As liberdades públicas e seu esteio maior – a advocacia destemida – foram e serão sempre as vítimas seletas da truculência autoritária no processo civilizatório. A explosão urbana que assola o planeta, a violência institucionalizada e o processo de exclusão dos bens da vida por mais de 2/3 da população mundial deformaram em larga medida a paisagem bucólica do cotidiano que prevaleceu no limiar do século passado. Por outro lado, corromperam-se os resquícios de mansidão e espontaneidade nas relações humanas interindividuais, subjugadas pela massificação das novas pautas sociais. Massificou-se, também, a violência, de um lado, e a repressão violenta, de outro. O Estado policial tende a suplantar o Estado de serviço social. Nesse contexto, é sempre bom lembrar a máxima de Winston Churchill, aplicável a saudosos tempos de pacato convívio nos bairros residenciais da maioria das cidades, ao reconhecer que o regime democrático é aquele no qual, quando batem à porta de nossa casa às 4h da madrugada, pode-se prever com tranquilidade que se trata do entregador do leite ou do pão. Se já não é mais assim, ou se já não é sempre assim, a contrapartida compensatória no plano institucional há de ser o respeito aos direitos fundamentais e o compromisso dos advogados com os ideais de Justiça, com o suporte indispensável das prerrogativas e inviolabilidades de seu singular ofício.

Rio de Janeiro, 8 de setembro de 2009.

35. Nilo Batista, "A criminalização da advocacia", cit., *Revista de Estudos Criminais*, pp. 86-87.

Bibliografia

ADIERS, Leandro Bittencourt. "A privacidade e os sigilos telefônico, profissional e bancário". *RT*. Ano 91, v. 800, pp. 145-185, jun. 2002.

BARROS, Marco Antonio de. "Sigilo profissional. Reflexos da violação no âmbito das provas ilícitas". *RT* 33/433, nov. 1996.

BATISTA, Nilo. "A criminalização da advocacia". *Revista de Estudos Criminais*. Ano IV, v. 20, pp. 86-87, 2005.

CALDAS MESQUITA, Rodrigo Octávio de Godoy Bueno. "Do sigilo profissional do advogado: natureza jurídica, extensão, limites e restrições". *RT* 869/78, mar. 2008.

CAMPOS, Carlos da Silva. "O sigilo profissional do advogado e seus limites". *Revista da Ordem dos Advogados de Portugal*. Lisboa, ano 48, pp. 471 e ss., set. 1988.

GRINOVER, Ada Pellegrini. "A eficácia dos atos processuais à luz da Constituição Federal". *Revista da Procuradoria-Geral do Estado de São Paulo*. p. 34, jun. 1992.

________; SCARANCE FERNANDES, Antonio; GOMES FILHO, Antonio Magalhães. *As Nulidades no Processo Penal*. 3ª ed. São Paulo, Malheiros Editores, 1993.

LEÃO DE SOUZA, Diego Fajardo Maranha. "Sigilo profissional e prova penal". *Revista Brasileira de Ciências Criminais*. Ed. RT, v. 73, jul./ago. 2008.

LÔBO, Paulo Luiz Neto. *Comentários ao Estatuto da Advocacia e da OAB*. 3ª ed. São Paulo, Saraiva, 2002.

LOCKHART, William B.; KAMISAR, Yale; CHOPER, Jesse H.; SHIFFRIN, Steven H. *Constitutional Law – Cases – Comments – Questions*. 6ª ed. Racine (WI), West Publishing Company, 1986.

PETRY, André. "Advogados picaretas: batalha contra invasão de escritórios deve ser da sociedade". Revista *Veja*. Edição de 18.5.2005.

PITOMBO, Cleunice. *Busca e Apreensão no Processo Penal*. São Paulo, Ed. RT, 1999.

SILVA, José Afonso da. *Aplicabilidade das Normas Constitucionais*. 3ª ed. São Paulo, Malheiros Editores, 1998.

SIQUEIRA CASTRO, Carlos Roberto. *A Constituição Aberta e os Direitos Fundamentais*. Rio de Janeiro, Forense, 2003.

________. *O Devido Processo Legal e os Princípios da Razoabilidade e da Proporcionalidade*. 4ª ed. Rio de Janeiro, Forense, 2006.

TUCCI, Rogério Lauria. "Busca e Apreensão". *RT* 515. pp. 287-295, set. 1978.

YAGÜES, Verónica López. *La Inviolabilidad de las Comunicaciones con el Abogado Defensor*. Valencia, Tirant lo Blanch, 2003.

A AUTORIDADE COATORA NA NOVA LEI DO MANDADO DE SEGURANÇA

ESTUDO EM HOMENAGEM À PROFESSORA LÚCIA VALLE FIGUEIREDO

CASSIO SCARPINELLA BUENO

Mestre, Doutor e Livre-docente em Direito Processual Civil pela Faculdade de Direito da PUC-SP – Professor de Direito Processual Civil nos cursos de Graduação, Especialização, Mestrado e Doutorado da Faculdade de Direito da PUC-SP – Membro e Diretor de Relações Institucionais do Instituto Brasileiro de Direito Processual – Membro do Instituto Iberoamericano de Direito Processual e da Associação Internacional de Direito Processual –Advogado.

1. Primeiras palavras. 2. Autoridade coatora federal. 3. Identificação da autoridade coatora. 4. Indicação errada da autoridade coatora. 5. A notificação da autoridade coatora. 6. Ciência da pessoa jurídica: o litisconsórcio passivo e necessário com a autoridade coatora. 7. Providências a cargo da autoridade coatora. 8. Fluência do prazo para apresentação de informações. 9. Providências a cargo da autoridade coatora perante a Administração Pública. 10. Legitimidade recursal da autoridade coatora. 11. Palavras finais.

1. Primeiras palavras

Dos diversos assuntos exaustiva e exemplarmente abordados na profícua bibliografia da homenageada, o mandado de segurança é um dos que periodicamente recebeu sua atenção. Além de diversos artigos escritos sobre o tema,[1] há duas obras de sua autoria fundamentais para

1. Apenas para destacar, entre tantos, dois estudos da lavra da Professora Lúcia Valle Figueiredo veiculados em importantes obras coletivas sobre o mandado de segurança. Em obra coletiva coordenada por Celso Antônio Bandeira de Mello, *Curso*

o tema até os dias de hoje, a primeira delas, de 1991, *A Autoridade Coatora e o Sujeito Passivo do Mandado de Segurança*, e a segunda delas, que chegou à 6ª edição em 2009, *Mandado de Segurança*. Nesta, aliás, o trato do mandado de segurança na perspectiva do ato coator e da autoridade coatora revela abordagem única na nossa doutrina.

A escolha do mandado de segurança para homenagear a prestigiada Professora Titular de Direito Administrativo da Faculdade de Direito da Pontifícia Universidade Católica de São Paulo parece ser, destarte, oportuna.

Mesmo que não fosse assim, tive o privilégio de ver um dos meus trabalhos, justamente meus *Comentários às Leis ns. 1.533/1951, 4.348/1964 e 5.021/1966*, prefaciados pela Professora Lúcia Valle. Nada mais natural, portanto, que me valer daquele mesmo tema para prestar singela homenagem à Mestra.

Entre os tão variados quanto apaixonantes temas sobre o mandado de segurança, um que está a merecer renovado e mais cuidadoso exame das nossas atuais doutrina e jurisprudência é o relativo à autoridade coatora. Sim, porque, a Lei 12.016/2009, ainda chamada "nova Lei do Mandado de Segurança", traz algumas diferenças com relação ao tema, quando contrastado o texto legislativo vigente com os anteriores.

É esse o objetivo destas linhas, que pretendem contrastar o que, a respeito do tema, traz a Lei 12.016/2009, comparativamente ao direito anterior.

2. Autoridade coatora federal

O primeiro dispositivo a ser destacado é o art. 2º da Lei 12.016/2009, que tem a seguinte redação: "Considerar-se-á federal a autoridade coatora se as consequências de ordem patrimonial do ato contra o qual se requer o mandado houverem de ser suportadas pela União ou entidade por ela controlada".

de Mandado de Segurança, São Paulo, Ed. RT, 1986, escreveu sobre "A liminar no mandado de segurança". Em obra coletiva organizada por Sergio Ferraz, *Mandado de Segurança*, São Paulo, Malheiros Editores, 2006, abordou "Autoridade coatora e sujeito passivo".

A relação do dispositivo com o *caput* e os §§ 1º e 2º do art. 1º da mesma Lei[2] e, superiormente, com o inciso LXIX do art. 5º da Constituição Federal[3] é inequívoca. A impetração do mandado de segurança pressupõe, em todo e em qualquer caso, ato de autoridade, seja ele ato já praticado (mandado de segurança *repressivo*) ou a praticar (mandado de segurança *preventivo*).

Nesse contexto, o art. 2º da Lei 12.016/2009 não traz nenhuma novidade substancial quando comparado ao art. 2º da Lei 1.533/1951. Ele, ao se referir a "União ou entidade por ela controlada", deixando de se limitar às "entidades autárquicas federais" do direito anterior, esclarece que a autoridade é federal não só nos casos em que a União ou autarquia sua estiver em juízo, mas também o será, para os fins de responsabilização patrimonial, toda vez que a autoridade coatora for vinculada institucionalmente a fundação federal, empresa pública federal ou sociedade de economia mista federal, independentemente de essas duas últimas serem prestadoras de serviço público ou exploradoras de atividade econômica, na forma como, aliás, quer deixar mais claro o § 2º do art. 1º.[4] Também as *agências* devem ser compreendidas pela previsão legislativa, sendo injustificável que uma lei aprovada pelo Congresso Nacional em 2009 sequer as leve em conta.

Malgrado o silêncio do artigo, quando as consequências tiverem de ser suportadas por outras pessoas jurídicas da Federação, as autoridades a elas vinculadas serão consideradas, para todos os fins, estaduais, mu-

2. "Art. 1º. Conceder-se-á mandado de segurança para proteger direito líquido e certo, não amparado por *habeas corpus* ou *habeas data*, sempre que, ilegalmente ou com abuso de poder, qualquer pessoa física ou jurídica sofrer violação ou houver justo receio de sofrê-la por parte de autoridade, seja de que categoria for e sejam quais forem as funções que exerça. § 1º Equiparam-se às autoridades, para os efeitos desta Lei, os representantes ou órgãos de partidos políticos e os administradores de entidades autárquicas, bem como os dirigentes de pessoas jurídicas ou as pessoas naturais no exercício de atribuições do poder público, somente no que disser respeito a essas atribuições. § 2º Não cabe mandado de segurança contra os atos de gestão comercial praticados pelos administradores de empresas públicas, de sociedade de economia mista e de concessionárias de serviço público."

3. (...) *habeas-corpus* ou *habeas-data*, quando o responsável pela ilegalidade ou abuso de poder for autoridade pública ou agente de pessoa jurídica no exercício de atribuições do Poder Público."

4. Para essa demonstração, v. o meu *A Nova Lei do Mandado de Segurança: Comentários Sistemáticos à Lei n. 12.016, de 7-8-2009*, 2ª ed., São Paulo, Saraiva, 2010, pp. 25-27.

nicipais ou distritais. A distinção é importante para fins de identificação da competência jurisdicional para a impetração do mandado de segurança, cuja identificação depende do *status* da autoridade coatora. É de lamentar, apenas, que a Lei n. 12.016/2009 nada disciplinou de novo sobre o assunto. Contudo, já que a regra não é substancialmente nova, são ainda suficientes os comentários anteriores a respeito do assunto.[5]

3. Identificação da autoridade coatora

O § 3º do art. 6º da Lei 12.016/2009 traz regra expressa que não constava da Lei 1.533/1951, a respeito da identificação da autoridade coatora.

O § 3º, ao conceituar autoridade coatora como "(...) aquela que tenha praticado o ato impugnado ou da qual emane a ordem para a sua prática", parece querer voltar o mandado de segurança *indistintamente* ao mero *executor* do ato, isto é, àquele que *praticou* o ato indicado como coator *ou* àquele que expediu a *ordem* para a sua prática (ou abstenção).

5. Para eles, v. Cassio Scarpinella Bueno, *Mandado de Segurança: Comentários às Leis ns. 1.533/1951, 4.348/1964 e 5.021/1966*, 5ª ed., São Paulo, Saraiva, 2009, pp. 47-56. A 1ª Seção do Superior Tribunal de Justiça teve oportunidade de reiterar o seu entendimento sobre o assunto frisando que, "em se tratando de mandado de segurança, a competência foi estabelecida em função das pessoas ali elencadas [*a referência é feita ao art. 105, I, da CF*], tendo em vista a natureza e a hierarquia funcional da autoridade coatora" (STJ, 1ª Seção, AgRg no MS 8.909-DF, rel. p/ acórdão Castro Meira, j.m.v. 27.2.2008, *DJe* 29.9.2008, sem os esclarecimentos). Mais recentemente, já sob o império da Lei 12.016/2009, a mesma 1ª Seção teve oportunidade de reiterar seu entendimento em acórdão assim ementado: "Processual civil – Conflito negativo de competência – Mandado de segurança contra ato do Superintendente do Ibama – Autarquia federal – Competência da Justiça Federal. 1. A competência para julgamento de Mandado de Segurança é estabelecida em razão da função ou da categoria funcional da autoridade apontada como coatora. 2. Hipótese em que o *mandamus* foi impetrado contra o Superintendente do Instituto Brasileiro do Meio Ambiente e dos Recursos Naturais Renováveis – Ibama (autarquia federal de regime especial), porquanto este é qualificado como autoridade federal, nos termos da Lei Federal 12.016, de 7 de agosto de 2009 (Lei do Mandado de Segurança). 3. Conheço do presente Conflito e declaro competente o Juízo Federal da 4ª Vara da Seção Judiciária do Estado do Amazonas, o suscitado" (CC 105.538-AM, rel. Min. Herman Benjamin, j.un. 26.8.2009, *DJe* 28.8.2009). Há decisão monocrática do Min. Castro Meira invocando o julgamento do CC 105.538-AM para fixar, perante a Justiça Federal, a competência para julgar mandado de segurança impetrado contra ato de agente do Ibama. Trata-se do CC 107.749-PA, j. 19.2.2010, *DJe* 23.2.2010.

Importa, contudo, *conjugar* a previsão legal não só com o que já entendiam a respeito do tema doutrina e jurisprudência,[6] mas também com o art. 1º, § 2º, III, da Lei 9.784/1999, que "regula o processo administrativo no âmbito da Administração Pública Federal". O dispositivo define autoridade como "o servidor ou agente público dotado de *poder de decisão*".

Assim, para a identificação da autoridade coatora em mandado de segurança, a despeito da aparente *alternativa* que se extrai da redação do § 3º do art. 6º da Lei 12.016/2009, mister que ela tenha poder *decisório* ou *deliberativo* sobre a prática do ato ou a abstenção de praticá-lo. O mero *executor material* do ato, que apenas cumpre as ordens que lhe são dadas, não lhe cabendo questioná-las, não pode ser entendido como *autoridade* coatora.[7] É inconcebível, por exemplo, que se defenda a pertinência do cabimento do mandado de segurança contra o agente administrativo que, cumprindo ordens que lhe foram dadas, veda a entrada em estabelecimento comercial, concretando a respectiva porta. O ato *material* de fechamento do estabelecimento é *consequência* do ato questionado. O mandado de segurança deve se voltar à *causa* da ilegalidade ou da abusividade reclamada pelo impetrante. É aquele o ato coator.

Por isso mesmo, apesar do texto da nova disciplina legal, a identificação escorreita da autoridade coatora para fins de mandado de segurança continua a depender da compreensão e da identificação do *ato coator* a partir da doutrina do direito público. Somente quando a doutrina publicista admitir os contornos concretos do ato e, portanto, sua

6. A respeito, v. Lúcia Valle Figueiredo, *Mandado de Segurança*, 6ª ed., São Paulo, Malheiros Editores, 2009, pp. 58-60; Sergio Ferraz, *Mandado de Segurança*, cit., pp. 138-158; Hely Lopes Meirelles, *Mandado de Segurança*, 26ª ed. atualizada por Arnoldo Wald e Gilmar Ferreira Mendes, com a colaboração de Rodrigo Garcia da Fonseca, São Paulo, Malheiros Editores, 2003, pp. 39-41 (na edição mais recente, v. p. 65), e o meu *Mandado de Segurança: Comentários às Leis ns. 1.533/1951, 4.348/1964 e 5.021/1966*, cit., pp. 22-33.

7. No sentido do texto, manifestaram-se os seguintes autores: Carlos Alberto Garcete, *A Nova Lei do Mandado de Segurança*, Rio de Janeiro, GZ, 2010, p. 49; Francisco Cavalcanti, *O Novo Regime Jurídico do Mandado de Segurança*, São Paulo, MP Editora, 2009, pp. 77-78; Heraldo Garcia Vitta, *Mandado de Segurança: Comentários à Lei n. 12.016, de 7 de agosto de 2009*, 3ª ed., São Paulo, Saraiva, 2010, p. 28; e Pedro Roberto Decomain, *Mandado de Segurança (o Tradicional, o Novo e o Polêmico na Lei 12.016/09)*, São Paulo, Dialética, 2009, p. 122.

predestinação para produzir efeitos *concretos* na ordem jurídica, com aptidão, destarte, de lesionar ou, quando menos, ameaçar situações específicas, é que pode ser concebida sua impugnação pelo mandado de segurança. Até porque, de acordo com a Súmula 266 do Supremo Tribunal Federal, "Não cabe mandado de segurança contra lei em tese", o que equivale a dizer que o mandado de segurança não pode ser empregado como sucedâneo das formas de *controle concentrado* da constitucionalidade, não havendo quaisquer óbices, contudo, à impetração do mandado de segurança para questionar lei de efeitos concretos, inclusive sob o fundamento de sua inconstitucionalidade.[8]

Importa ter presente, destarte, a necessária individualização do ato que se pretende questionar pelo mandado de segurança dentro da esfera administrativa, até para que a identificação da autoridade coatora seja a mais escorreita possível e também para que o direito de defesa possa ser regularmente exercido, uma vez que a identificação correta dos contornos do ato coator e de seus desvios do padrão de legalidade corresponde à *causa de pedir* do mandado de segurança.[9]

A *alternativa* contida no § 3º do art. 6º da Lei 12.016/2009 já foi examinada pelo Superior Tribunal de Justiça. Ao que tudo indica, na primeira vez que o tema chegou àquele Tribunal ele foi analisado por sua 5ª Turma em interessante acórdão relatado pelo Ministro Napoleão Nunes Maia Filho. Trata-se do RMS 29.630/DF, em que se discutia a implementação concreta de orientação normativa derivada do Tribunal de Contas da União por ato (administrativo) do Presidente do Tribunal de Justiça do Distrito Federal e Territórios. A decisão do relator, acolhida por unanimidade de votos pelo colegiado, após destacar as complexas questões relativas à identificação do ato coator e, consequentemente, da autoridade coatora, para fins de mandado de segurança, entendeu que o dispositivo aqui examinado

8. No sentido do texto, v. o meu *Mandado de Segurança: Comentários às Leis ns. 1.533/1951, 4.348/1964 e 5.021/1966*, cit., p. 33, com base nas lições de Alfredo Buzaid, *Do Mandado de Segurança*, São Paulo, Saraiva, 1989, pp. 127-128; Sergio Ferraz, *Mandado de Segurança*, cit., pp. 167-172; e Teori Albino Zavascki, *Processo Coletivo: Tutela de Direitos Coletivos e Tutela Coletiva de Direitos*, São Paulo, Ed. RT, 2006, pp. 255-257, além dos julgados lá colacionados.

9. Para essa discussão, v. o meu *Mandado de Segurança: Comentários às Leis ns. 1.533/1951, 4.348/1964 e 5.021/1966*, cit., p. 31.

(...) tentou solucionar a questão, ao prever como autoridade passível de legitimidade passiva do pedido de segurança não somente a autoridade delegatária imediata que dá execução ao ato, mas também a que detenha poderes e meios para executar o futuro mandamento, porventura ordenado pelo Poder Judiciário (poder delegante). 5. Dest'arte, a autoridade no mandado de segurança não é somente aquela que emitiu determinação ou ordem para certa providência administrativa ser implementada por outra autoridade, mas também a que executa diretamente o ato, praticando-o *in concretu* (...).[10]

10. STJ, 5ª Turma, RMS 29.630-DF, rel. Min. Napoleão Nunes Maia Filho, j.un. 6.10.2009, *DJe* 19.10.2009. É a seguinte a ementa do acórdão: "Administrativo – Mandado de segurança – Supressão de pagamento de verba remuneratória destacada – Suscitada inobservância aos princípios do devido processo legal, ampla defesa e contraditório – Ato da Presidência do Tribunal do Distrito Federal e Territórios – Reconhecimento da legitimidade passiva – Segurança parcialmente concedida para determinar o retorno dos autos ao Tribunal *a quo* para prosseguimento de sua análise. 1. A autoridade no Mandado de Segurança não é somente aquela que emitiu determinação ou ordem para certa providência administrativa ser implementada por outra autoridade, mas também a que executa diretamente o ato, praticando-o *in concretu*, conforme orienta o art. 6º, § 3º, da nova Lei do Mandado de Segurança, aplicável ao caso em exame, a teor do art. 462 do CPC (direito superveniente). 2. Neste caso, a questão combatida cinge-se à legalidade (ou não) do ato da Presidência do egrégio TJDFT que, atendendo a recomendação do Ministério Público Federal calcada em acórdão proferido pelo TCU quanto ao recebimento da VRD cumulativamente com os valores relativos à função comissionada ou cargo em comissão e à remuneração do cargo efetivo, suspendeu o pagamento daquela parcela remuneratória sem cientificar previamente o Servidor prejudicado e dar-lhe oportunidade de se manifestar no Processo Administrativo subjacente. 3. Dest'arte, a presente impetração não se volta contra o entendimento firmado na orientação normativa eficaz exarada pelo TCU, mas sim em desfavor de ato da competência do Presidente do TJDFT, materializador da alegada vulneração do direito líquido e certo do impetrante/recorrente. 4. Ademais, a orientação normativa decorrente do acórdão 582/2003-TCU, em que o ato do Presidente do TJDFT se baseou para suprimir a VRD estava (como ainda está) com a sua eficácia suspensa (parágrafo único do art. 61 da Lei 9.784/99), em face de recurso administrativo interposto pelo Sindicato dos Trabalhadores do Poder Judiciário e do Ministério Público da União no Distrito Federal – SINDIJUS-DF, ainda pendente de apreciação; em face dessa suspensão de eficácia do acórdão do TCU, gera-se a singular situação de o ato do Presidente do TJDFT não se estribar em provimento obrigatório que lhe seja anterior, por isso que a coação parte mesmo é dessa última autoridade, ou seja, do Desembargador do egrégio Tribunal de Justiça. 5. Recurso Ordinário parcialmente provido, mas apenas para determinar o retorno dos autos ao egrégio Tribunal de Justiça do Distrito Federal para que, superada a preliminar de ilegitimidade passiva, dê prosseguimento ao Mandado de Segurança, julgando-o como entender de direito".

A solução dada ao caso concreto, tendo presentes as suas peculiaridades, parece ter sido a mais adequada porque o ato questionado tinha, ele próprio, pelo que se pode ler do relatório então elaborado, conteúdo decisório. Ele não versava, isso é certo, sobre o âmago da questão (viabilidade de cumulação de determinadas verbas remuneratórias), que havia sido decidida em caráter abstrato pelo Tribunal de Contas da União, mas, não obstante, era ele o ato que implementava aquela orientação "(...) que, segundo se argumenta, *não estaria vinculado ao julgamento da matéria pelo TCU, nem poderia ter suprimido a verba sem antes oportunizar a defesa do prejudicado*". Em tais condições, o ato do Presidente do Tribunal de Justiça assumia, ele próprio, contornos de ilegalidade ou abusividade que desafiavam o mandado de segurança.

Justamente pelas peculiaridades do caso então julgado, contudo, é que importa ressalvar que aquele acórdão não pode ser *generalizado* para admitir que todo e qualquer ato *material*, *sem qualquer conteúdo deliberativo*, possa ser, ele próprio, objeto de mandado de segurança sem, pelo menos, outras peculiaridades concretas que somente o exame casuístico terá condições de revelar.

Tanto que Napoleão Nunes Maia Filho, relator do acórdão, em sede de doutrina, chega a criticar a alternatividade estabelecida pelo precitado dispositivo legal,[11] sem, contudo, deixar de concluir, consoante o caso, que "(...) a autoridade que executa o ato vulnerador ou ameaçador de direito, seja editado por própria iniciativa, ou em acatamento de determinação de outra se legitima passivamente para o mandado de segurança, como também se legitima quem determina a outrem que pratique determinado ato eivado de ilegalidade ou de abuso".[12]

A 1ª Turma do Superior Tribunal de Justiça mais recentemente fez a distinção aqui proposta, reconhecendo, consequentemente, a *ilegitimidade passiva* de autoridade coatora que, a despeito de ser a *executora* do ato, não tinha qualquer poder deliberatório sobre ele, tendo se limitado a *praticar* ato emanado de outro órgão, esse sim o responsável pelo ato guerreado (e por seu eventual desfazimento).[13]

11. Napoleão Nunes Maia Filho, *Comentários à Nova Lei do Mandado de Segurança*, São Paulo, Ed. RT, 2010, pp. 110-111.

12. Idem, ibidem, p. 112.

13. Essa distinção fica muito clara no voto então proferido pelo Ministro Benedito Gonçalves: "Sr. Ministro Relator, pedindo a máxima vênia a V. Exa., entendo que

Colacionando diversos precedentes do próprio Superior Tribunal de Justiça[14] e do Supremo Tribunal Federal,[15] inclusive anteriores ao advento da atual Lei 12.016/2009, o Ministro Teori Albino Zavascki, à época ainda no STJ, sustentou, em estreita harmonia com o que escrevi acima, que o *texto* do atual art. 6º, § 3º, da Lei 12.016/2009 não pode ser interpretado em desarmonia com a distinção indicada tradicionalmente pela doutrina e pela jurisprudência

> 3. Essa orientação é perfeitamente compatível com o disposto no § 3º do art. 6º da atual Lei do Mandado de Segurança (Lei 12.016/2006), que assim dispõe:
>
> "§ 3º Considera-se autoridade coatora aquela que tenha praticado o ato impugnado ou da qual emane a ordem para a sua prática".
>
> No particular, a nova Lei, a rigor, nada inovou em relação ao que a doutrina e a jurisprudência já haviam assentado no regime da Lei 1.533/51, que, conforme registrado no precedente, consideram a autoridade impetrada a que pratica ou ato ou ordena a sua prática. É essa a autoridade que pode ser considerada a "responsável pela ilegalidade ou abuso de poder", a que se refere o art. 5º, LXIX da Constituição Federal. Não se considera como tal, portanto, quem simplesmente executa a ordem.

essa redação nova veio justamente espancar a dúvida de que a autoridade coatora é aquela que pratica o ato, a fim de evitar que aquele que executa o ato... Por exemplo, concursos da Polícia Federal, em que, tantas vezes, deparamo-nos com situações em que não havia outro jeito; o executor da ordem estava cumprindo a ordem. Então, vou pedir vênia a V. Exa. para acompanhar a divergência do Sr. Ministro Teori Albino Zavascki, dando provimento ao agravo regimental e, em consequência, negando provimento ao recurso ordinário em mandado de segurança".

14. 1ª Seção, MS 14.105-DF, rel. Min. Teori Albino Zavascki, j.un. 22.4.2009, *DJe* 11.5.2009; 5ª Turma, RMS 29.773-DF, Min. Jorge Mussi, j.m.v. 20.10.2009, *DJe* 2.8.2010; 5ª Turma, REsp 1.001.910-SC, rel. Min. Laurita Vaz, j.un. 26.5.2009, *DJe* 29.6.2009; e 5ª Turma, REsp 464.633-SE, rel. Min. Felix Fischer, j.un. 18.2.2003, *DJ* 31.3.2003, p. 257.

15. Pleno, MS 25.403-DF, rel. Min. Ayres Britto, j.un. 15.9.2010, *DJe* 10.2.2011; Pleno, MS 24.544-DF, rel. Min. Marco Aurélio, j.m.v. 4.8.2004, *DJ* 4.3.2005, p. 12; e Pleno, MS 24.001-DF, rel. Min. Maurício Corrêa, j.un. 20.5.2002, *DJ* 20.9.2002, p. 89. Mais recentemente, idêntica orientação foi reiterada pela 1ª Turma do Tribunal no MS 31.239-GO, rel. Min. Marco Aurélio, j.un. 4.9.2012, *DJe* 17.9.2012 e no MS 31.153 AgR-DF, rel. Min. Rosa Weber, j.un. 29.5.2012, *DJe* 19.6.2012.

No caso, quem praticou o ato e ordenou a sua execução foi o Tribunal de Contas da União. O TRF não foi nem produtor, nem ordenador da prática, mas mero executor.

O voto que restou vencido foi do Ministro Napoleão Nunes Maia Filho, que invocou o quanto decidido no precitado RMS 29.630/DF sem fazer, como revela a leitura de seu voto, a distinção que parece ser indispensável a cada caso concreto – haver, ou não, algum espaço de deliberação para o executor do ato –, a despeito de colacionar o mesmo trecho doutrinário acima destacado.

Essa (aparente) dualidade de entendimentos[16] revela a complexidade do tema e a necessidade de cada caso ser analisado como tal, levando em conta suas necessárias e inafastáveis peculiaridades fáticas. Muito longe, portanto, das estatísticas e das metas tão em voga no Poder Judiciário nesse limiar de século[17] e que tanto afastam o administrado do seu *day in court*, expressão tão simples como eloquente em termos de significação do que *deve ser* o devido processo legal.

Voltando ao precitado dispositivo legal, a despeito do *texto* do § 3º do art. 6º da Lei 12.016/2009, cabe entender legitimada a autoridade

16. Sobre ela, importa destacar que o entendimento do Ministro Jorge Mussi da 5ª Turma do STJ no RMS 29.564-DF e no RMS 29.773-DF é empregado pelos dois votos conflitantes sem qualquer ressalva das peculiaridades dos casos então julgados que poderiam justificar, como aqui se propõe, a dualidade interpretativa da alternatividade contida no § 4º do art. 6º da Lei 12.016/2009. Mais recentemente, a 6ª Turma do STJ (AgRg no RMS 29.760-DF, rel. Min. Maria Thereza de Assis Moura, j.un. 3.5.2012, *DJe* 14.5.2012), fazendo, a meu ver, a *necessária e correta particularização do caso* então julgado, conclui no mesmo sentido do precitado RMS 29.630-DF. Claros, suficientemente a respeito, os seguintes excertos da ementa então elaborada: "1. O Presidente do Tribunal de Justiça do Distrito Federal e Territórios é a autoridade com atribuição para desfazer o ato impugnado no presente *mandamus*, que suprimiu a Verba Remuneratória Destacada, importando em redução nos vencimentos do impetrante sem prévio contraditório. 2. Afasta-se a legitimidade passiva *ad causam* do Tribunal de Contas da União que se limitara a analisar a matéria em tese, em sede de consulta formulada pelo Vice-Presidente do Tribunal Superior Eleitoral, expedindo recomendação de caráter geral que, ademais, estava com sua eficácia suspensa em face de recurso interposto pelo Sindicato dos Trabalhadores do Poder Judiciário e do Ministério Público da União no Distrito Federal – SINDIJUS-DF. Precedentes".

17. Para uma crítica aguda (e corretíssima) do ponto, consultar, com proveito, Rodolfo de Camargo Mancuso, *Acesso à Justiça: Condicionantes Legítimas e Ilegítimas*, São Paulo, Ed. RT, 2011, esp. pp. 184-194.

coatora executora do ato somente quando houver, por alguma razão, poder de deliberação sobre sua prática ou não. Caso contrário, se de mera execução *material* verdadeiramente vinculada se tratar, sem que da execução do ato em si mesma considerada decorra qualquer outra ilegalidade ou abusividade de direito, a sua ilegitimidade é de rigor.

Feliz, a respeito, é a síntese proposta em sede doutrinária: "(...) é autoridade coatora: (i) quem ordena manifestamente, ainda que incompetente para a sua prática, ou omite a prática do ato impugnado e não o superior que recomenda ou baixa normas para a sua execução; (ii) quem adota o comportamento coator por deliberação própria".[18]

Destarte, para ser autoridade coatora é mister que seja demonstrada deliberação sua, própria, para a prática do ato.

4. Indicação errada da autoridade coatora

O § 4º do art. 6º da Lei 12.016/2009 dava solução expressa à tormentosa questão da prática forense. A indicação errônea da autoridade coatora – que tem tudo para se tornar mais frequente diante do § 3º do art. 6º da Lei 12.016/2009 (v. n. 3, *supra*) – não deveria conduzir, como com frequência se vê no dia a dia do foro, à extinção do mandado de segurança por ilegitimidade passiva, mas, bem diferentemente, à possibilidade de emenda da inicial. É ler o dispositivo: "§ 4º Suscitada a ilegitimidade pela autoridade coatora, o impetrante poderá emendar a inicial no prazo de 10 (dez) dias, observado o prazo decadencial".

A regra, contudo, foi vetada com a justificativa de que "a redação conferida ao dispositivo durante o trâmite legislativo permite a interpretação de que devem ser efetuadas no correr do prazo decadencial de 120 dias eventuais emendas à petição inicial com vistas a corrigir a autoridade impetrada. Tal entendimento prejudica a utilização do remédio constitucional, em especial, ao se considerar que a autoridade responsável pelo ato ou omissão impugnados nem sempre é evidente ao cidadão comum".

Com a devida vênia, não há como concordar com aquele entendimento que acabou por eliminar regra salutar, um dos pontos positivos (e verdadeiramente novos) da Lei 12.016/2009. A regra realmente não diz, nem textual, nem teleologicamente, o que é afirmado nas "razões de

18. Luiz Fux, *Mandado de Segurança*, Rio de Janeiro, Forense, 2010, p. 28.

veto". O fato, de qualquer sorte, é que o veto do dispositivo não exclui a possibilidade de o magistrado determinar a *emenda* da petição inicial, valendo-se, subsidiariamente, do art. 284 do Código de Processo Civil.[19] É iniciativa que prestigia o *conteúdo* dos atos processuais e que fornece condições de superar eventuais dificuldades interpretativas derivadas do § 3º do art. 6º da Lei 12.016/2009 e que, diante da peculiaridade do direito material, encontra eco até mesmo no instituto da nomeação à autoria, tal qual previsto no art. 63 do Código de Processo Civil.[20]

Ademais, a despeito do veto do § 4º do art. 6º da Lei 12.016/2009, não há razão para duvidar que, a depender do conteúdo das informações, a questão relativa à ilegitimidade passiva da autoridade coatora possa ser descartada pela aplicação do que vem sendo chamado, pela jurisprudência do Superior Tribunal de Justiça, de "teoria da encampação". São as hipóteses em que, não obstante a alegação de ilegitimidade, a autoridade coatora acaba por defender a juridicidade do ato. Entende-se que nesses casos, não havendo qualquer prejuízo para a adequada formação e desenvolvimento do processo, máxime quando a autoridade apontada como coatora tiver vínculo de hierarquia com a que deveria ter participado do processo, e não havendo alteração de competência, não há por que deixar de enfrentar o *mérito* do mandado de segurança.[21]

19. Sob a égide da Lei 1.533/1951, já era esse o entendimento que sustentava em meu *Mandado de Segurança: Comentários às Leis ns. 1.533/1951, 4.348/1964 e 5.021/1966*, cit., pp. 82-83. Para o direito vigente, v. Cesar Asfor Rocha, *Comentários à Nova Lei do Mandado de Segurança*, obra coletiva organizada por Napoleão Nunes Maia Filho, Caio Cesar Vieira Rocha e Tiago Asfor Rocha Lima, São Paulo, Ed. RT, 2010, pp. 159-162, e Tiago Asfor Rocha Lima, *Comentários à Nova Lei do Mandado de Segurança*, cit., p. 63.

20. V. meu *A Nova Lei do Mandado de Segurança: Comentários Sistemáticos à Lei n. 12.016, de 7-8-2009*, cit., pp. 190-191.

21. Nesse sentido: STJ, 1ª Turma, REsp 997.623-MT, rel. Min. Luiz Fux, j.un. 2.6.2009, *DJe* 1º.7.2009; STJ, 3ª Seção, EDcl no MS 13.545-DF, rel. Min. Maria Thereza de Assis Moura, j.un. 15.12.2008, *DJe* 19.12.2008; STJ, 5ª Turma, AgRg no RMS 24.116-AM, rel. Min. Felix Fischer, j.un. 8.5.2008, *DJe* 2.6.2008; STJ, 5ª Turma, REsp 743.271-RO, rel. Min. Arnaldo Esteves Lima, j.un. 14.6.2007, *DJ* 6.8.2007, p. 625; STJ, 1ª Turma, RMS 17.948-RS, rel. Min. Denise Arruda, j.un. 6.3.2007, *DJ* 2.4.2007, p. 231; STJ, 3ª Seção, MS 9.526-DF, rel. p/ acórdão Min. Paulo Medina, j.m.v. 9.8.2006, *DJ* 12.3.2007, p. 197; STJ, 1ª Turma, REsp 745.541-BA, rel. Min. Luiz Fux, j.un. 14.11.2006, *DJ* 27.11.2006, p. 247; STJ, 5ª Turma, RMS 19.782-RS, rel. Min. Felix Fischer, j.un. 17.8.2006, *DJ* 18.9.2006, p. 339; STJ, 3ª Seção, MS 11.021-DF, rel. Min. Paulo Medina, j.un. 23.8.2006, *DJ* 25.9.2006, p. 228; STJ, 3ª

5. *A notificação da autoridade coatora*

O inciso I do art. 7º da Lei 12.016/2009 repete a mesma regra anterior, localizada no inciso I do art. 7º da Lei 1.533/1951 com a redução do prazo que determinara o art. 1º, "a", da Lei 4.348/1964: recebida a inicial, será ordenada a *notificação* da autoridade coatora para que preste as informações que entenda cabíveis no prazo de *dez* dias. A notificação será acompanhada da segunda via da petição inicial e dos documentos de instrução, o que agiliza o procedimento do mandado de segurança em papel, dispensando a autoridade coatora de se deslocar para a sede do juízo a fim de ter acesso aos autos, mais especificamente à petição inicial e aos documentos de instrução respectivos.

Na hipótese do § 1º do art. 6º da Lei 12.016/2009, também por ocasião da notificação, será dirigida à autoridade coatora determinação (verdadeira ordem) para que entregue em juízo os documentos necessários à instrução do processo quando estiverem em seu poder.

A nova lei não é clara, a exemplo da anterior, a respeito da contagem do decêndio legal. À falta de regra específica, a melhor interpretação é a de entender como *dies a quo* o da juntada aos autos do comprovante de notificação, o que tem arrimo no art. 9º da Lei 12.016/2009 (v. n. 7, *infra*) e na regra geral codificada (art. 241, I a III, do Código de Processo Civil).[22]

6. *Ciência da pessoa jurídica: o litisconsórcio passivo e necessário com a autoridade coatora*

O inciso II do art. 7º da Lei 12.016/2009 exige que da petição inicial (não dos documentos) tenha *ciência* o órgão de representação judicial da pessoa jurídica a que pertence a autoridade coatora. O objetivo da *ciência*, a regra é clara no particular, é viabilizar que a pessoa jurídica atue no processo se assim desejar. É o que se lê do dispositivo: "II – que se dê ciência do feito ao órgão de representação judicial da pessoa

Seção, MS 9.559-DF, rel. Min. Arnaldo Esteves Lima, j.un. 22.2.2006, *DJ* 26.6.2006, p. 114; e STJ, 3ª Seção, MS 9.933-DF, rel. Min. Arnaldo Esteves Lima, j.un. 23.11.2005, *DJ* 6.3.2006, p. 150.

22. Manifestando expressa concordância com a conclusão do texto, v. José Eduardo de Melo Vilar Filho, *Comentários à Nova Lei do Mandado de Segurança*, cit., p. 167.

jurídica interessada, enviando-lhe cópia da inicial sem documentos, para que, querendo, ingresse no feito".

A lei, no particular, perdeu (incompreensivelmente) a oportunidade de esclarecer questão tormentosa em sede de doutrina, de jurisprudência e na prática forense, consistente em saber quem é o *réu* em mandado de segurança: se a autoridade coatora, se o ente ou a pessoa jurídica a que ela pertence ou se ambos, um autêntico caso de litisconsórcio *passivo necessário* porque exigido por lei.

É certo que o art. 6º, *caput*, da Lei 12.016/2009 exige que na petição inicial seja indicada, além da autoridade coatora, a pessoa jurídica a que ela faz parte, mas em nenhum momento aquele dispositivo permite, mormente quando interpretado isoladamente, conduzir, com segurança, a quaisquer das respostas ventiladas pelo parágrafo anterior. Importa, contudo, tomar partido sobre a questão levando em conta – como nunca pode deixar de ser, aliás – o direito positivo, tal qual vigente.

A regra em comento, ao prescrever que se dê *ciência* ao "órgão de representação judicial da pessoa jurídica interessada" (...) "para que, *querendo*, ingresse no feito" (isto é, no *processo*), deve ser entendida como *citação* daquela entidade. A *citação*, nos precisos termos do art. 213 do Código de Processo Civil, é o ato pelo qual se dá ciência a alguém de que há um processo em seu desfavor, viabilizando a oportunidade de se defender.[23] Há consenso na doutrina quanto a ser *ônus* do réu exercitar sua defesa,[24] o que, nessa perspectiva, explica suficientemente o verbo "querendo" utilizado pelo legislador mais recente.

A identificação da pessoa jurídica ou entidade a que pertence a autoridade coatora como *ré* do mandado de segurança, ao lado da autoridade coatora, de resto, tem o condão de explicar, suficientemente, novos dispositivos da Lei 12.016/2009, tal como a exigência feita pelo precitado *caput* do art. 6º,[25] e o de reconhecer expressamente legitimidade

23. "Art. 213. Citação é o ato pelo qual se chama a juízo o réu ou o interessado a fim de se defender."

24. Para tanto, v. Cândido Rangel Dinamarco, *Instituições de Direito Processual Civil*, 5ª ed., vol. II, São Paulo, Malheiros Editores, 2005, pp. 251-252.

25. "Art. 6º. A petição inicial, que deverá preencher os requisitos estabelecidos pela lei processual, será apresentada em 2 (duas) vias com os documentos que instruírem a primeira reproduzidos na segunda e indicará, além da autoridade coatora, a pessoa jurídica que esta integra, à qual se acha vinculada ou da qual exerce atribuições."

recursal à autoridade coatora (v. n. 10, *infra*). É certo que, assim resolvida a questão, o art. 9º da mesma Lei parece ser regra desnecessária, supérflua mesmo (v. n. 7, *infra*), mas cabia à Lei, se quisesse, tomar partido expresso, sendo mais clara a seu respeito, evitando, com isso, as certas e tormentosas questões que já vêm surgindo no dia a dia do foro e que nada contribuem para a tão propalada agilização dos trâmites judiciários. Como se vê, mudança de lei não assegura, por si só, nada em termos de agilidade processual ou, mais amplamente, de "acesso à Justiça" ou de "efetividade do processo".

O que se extrai da previsão normativa atual, contudo, é que a Lei 12.016/2009, mesmo que involuntariamente, acabou cedendo à prática do foro[26] e retornando ao sistema da Lei 191/1936 e do Código de Processo Civil de 1939[27] ao estabelecer um *litisconsórcio passivo e necessário* entre a autoridade coatora *e* o órgão ou pessoa jurídica a que pertence. Aquela, a autoridade, será *notificada* para prestar as informações que entender necessárias, isto é, para justificar o ato que praticou ou que está na iminência de praticar perante o órgão jurisdicional. Este, o órgão ou pessoa jurídica, será *cientificado* para, querendo, apresentar a defesa que entender importante em seu próprio nome, secundando, ou não, o

26. Prática essa que leva a outras questões não resolvidas pela nova lei, como, por exemplo, a da correção de as informações serem subscritas única e exclusivamente pela autoridade coatora, que não tem capacidade postulatória. Sobre o assunto, escrevi, anteriormente, o seguinte: "Não há como, no entanto, desconhecer a realidade forense em que as informações são peça de 'sustentação' do ato questionado, usualmente assinadas só pela autoridade coatora e que não dispensam, por isso mesmo, que a pessoa jurídica a cujos quadros a autoridade pertence conteste 'oportunamente' a ação. É nesse sentido que deve ser entendida afirmação minha, constante da 1ª edição deste trabalho, de que as informações são verdadeira 'motivação' da prática do ato administrativo perante o magistrado. Hoje estou absolutamente convencido de que isto não se afina com o sistema da lei, mas que se dá por causa de uma prática, de um verdadeiro *costume* forense que, em muitos casos, sobrepõe-se à disciplina legislativa e às suas constantes alterações. O que releva afirmar é que, nesses casos – de resto, predominantes –, deve prevalecer o entendimento de que de sua prática não pode decorrer qualquer invalidade ou vício para o mandado de segurança. Inviável que se mostre, por qualquer razão, o saneamento dessas irregularidades sem comprometer o rito específico da ação; a hipótese deve ser tratada como *falta* de informações, embora sua ausência não conduza à veracidade dos fatos alegados pelo impetrante" (Cassio Scarpinella Bueno, *Mandado de Segurança: Comentários às Leis ns. 1.533/1951, 4.348/1964 e 5.021/1966*, cit., p. 88).

27. V. o meu *A Nova Lei do Mandado de Segurança: Comentários Sistemáticos à Lei n. 12.016, de 7-8-2009*, cit., pp. 42-46.

ato coator tal qual individuado na petição inicial.[28] Apesar da nomenclatura empregada pelo legislador mais recente, posta em itálico, o caso deve ser entendido, para o sistema processual civil vigente, como *dupla citação*. Por isso, trata-se de litisconsórcio *passivo* e *necessário*, diferentemente do que era mais correto interpretar à luz do direito que vigeu desde o art. 3º da Lei 4.348/1964, não modificado, no particular, pela redação que lhe deu o art. 19 da Lei 10.910/2004.[29]

Entendimento diverso do sustentado pelos parágrafos anteriores conduziria o intérprete ao dilema consistente em saber a que título a pessoa jurídica deve ser *cientificada* do mandado de segurança, ao mesmo tempo em que a autoridade coatora deve ser *notificada* dele. Tratar-se-ia de "assistência provocada"? Tratar-se-ia de "parte anômala"? Tratar-se-ia de algo similar ao que a Lei 4.717/1965, a "Lei da Ação Popular", prevê em seu art. 6º, § 3º, e que se aplica também para as chamadas "ações de improbidade administrativa" por força do § 3º do art. 17 de sua lei de regência, a Lei 8.429/1992?[30]

Eventuais respostas afirmativas a quaisquer dessas questões são, com o devido respeito, insatisfatórias.[31] A par de não haver nenhum ele-

28. Uma das razões importantes que a doutrina sempre acentuou sobre a entidade e não a autoridade coatora ser ré do mandado de segurança está bem equacionada na seguinte lição de Napoleão Nunes Maia Filho, hoje Ministro do Superior Tribunal de Justiça: "Por último, convém refletir que deixar-se toda essa fama de atribuição em mãos do mesmo agente seria uma desmedida concentração da potestade estatal, ainda que de forma apenas episódica, mas de certo modo incentivando a prática da ilegalidade sem sanção. Afastar o ente público da lide e consentir que a autoridade coatora, praticando o ato ilegal, seja ainda a única a defendê-lo, importa em o Estado abdicar do seu poder hierárquico sobre os seus agentes, privando os entes públicos da oportunidade de corrigir – se for o caso – os desvios operacionais dos seus próprios órgãos" (*Estudos Processuais sobre o Mandado de Segurança*, Fortaleza, UFC, 2000, p. 228, sem os destaques do original).

29. Para essa demonstração, v. Lúcia Valle Figueiredo, *Mandado de Segurança*, cit., pp. 54-55, ainda, o meu *Mandado de Segurança: Comentários às Leis ns. 1.533/1951, 4.348/1964 e 5.021/1966*, cit., pp. 235-247.

30. Para uma interpretação daqueles polêmicos dispositivos legais, v. o meu *Curso Sistematizado de Direito Processual Civil*, 3ª ed., vol. 2, t. III, São Paulo, Saraiva, 2013, pp. 120-122 e 149-150.

31. Vicente Greco Filho, *O Novo Mandado de Segurança: Comentários à Lei 12.016, de 7 de Agosto de 2009*, São Paulo, Saraiva, 2010, p. 30, por exemplo, sustenta que a pessoa jurídica intervém no mandado de segurança na qualidade de assistente *litisconsorcial* "(...) porque a autoridade é seu substituto processual, mas a relação jurídica decorrente de seus atos é da pessoa jurídica com o adversário do assistido". No

mento concreto na evolução doutrinária e jurisprudencial do mandado de segurança que dê supedâneo à tomada daquela opção, não consta que a Lei tenha pretendido ir tão longe e de forma tão desavisada. De resto, catalogar institutos jurídicos com adjetivos como "diferenciado", "anômalo", *sui generis* e que tais denota postura acientífica. O trabalho da ciência, e com a do Direito não é diferente, é pesquisar a natureza jurídica dos institutos, mesmo que estabelecendo que se trata de algo *novo*, distinto, inédito até o momento. Não é suficiente destacar a existência de um instituto novo, que não pode ser equiparado aos demais. É mister catalogá-lo identificando o seu regime jurídico correspondente.

Não que o direito positivo não possa, desde que o faça sem agredir o "modelo constitucional do direito processual civil", criar novas figuras de intervenção das partes ou de terceiros no processo em geral e, mais especificamente, no mandado de segurança. A questão, repita-se, é que não há qualquer contexto que justifique ter sido esse o intento do legislador ou, menos que isso, o resultado obtido pela Lei 12.016/2009. Até porque, a entender que a pessoa jurídica pudesse ingressar no mandado de segurança para os mesmos fins do precitado art. 6º, § 3º, da Lei 4.717/1965, escolhendo, em última análise, se dá guarida ao impetrante ou à autoridade coatora, e a Lei, efetivamente, teria avançado em direção

mesmo sentido, acentuando, contudo, tratar-se de uma assistência litisconsorcial diferenciada, é a lição de Francisco Cavalcanti, *O Novo Regime Jurídico do Mandado de Segurança*, cit., pp. 82-83, e de Luís Otávio Sequeira de Cerqueira *et al.*, *Comentários à Nova Lei do Mandado de Segurança: Lei 12.016, de 7 de Agosto de 2009*, São Paulo, Ed. RT, 2009, p. 86. José Miguel Garcia Medina e Fábio Caldas de Araújo, *Mandado de Segurança Individual e Coletivo: Comentários à Lei 12.016, de 7 de Agosto de 2009*, São Paulo, Ed. RT, 2009, p. 110, por sua vez, entendem que a autoridade coatora pode intervir no processo na qualidade de assistente *simples*. Hugo de Brito Machado, *Mandado de Segurança em Matéria Tributária*, 8ª ed., São Paulo, Dialética, 2009, pp. 83-84, defende que a pessoa jurídica pode, querendo, ingressar no processo na qualidade de assistente simples ou de litisconsorte passivo facultativo porque a autoridade coatora presenta-a naquele plano, afastando a necessidade de uma outra citação. Pedro Roberto Decomain, *Mandado de Segurança (o Tradicional, o Novo e o Polêmico na Lei 12.016/09)*, cit., pp. 119-120 e 138-145, por seu turno, distinguindo entre parte *formal* (autoridade coatora) e parte *substancial* (pessoa jurídica), sustenta que a entidade pode intervir no processo na qualidade de assistente *litisconsorcial*. Fazendo a mesma distinção é o entendimento de Rita Quartieri, *Mandado de Segurança*, São Paulo, Saraiva, 2011, pp. 211-214. No mesmo livro, pp. 95-96, Gregório Assagra de Almeida sustenta que há litisconsórcio *facultativo* entre autoridade coatora e pessoa jurídica, sendo esta legitimada ordinária e aquela legitimada extraordinária.

a uma verdadeira compreensão do "interesse público *primário*".[32] Não é isso, contudo, que decorre dos dispositivos da Lei 12.016/2009 que se ocupam do tema, mais ainda quando ela é, como suas antecessoras, tão anacrônica em termos de pluralidade de partes ou intervenção de terceiros, como se lê, com todas as letras, em seu art. 24.[33] A resenha que ocupa a nota 30, *supra*, é bastante para demonstrar a enorme polêmica, objetivamente constatável, gerada pela nova Lei do Mandado de Segurança. E mesmo que não se queira insistir no acerto de uma tese (a minoritária, aqui sustentada e reiterada *em função* das modificações trazidas, no ponto, pela Lei 12.016/2009) em detrimento de outra (a amplamente majoritária, que mantém para o direito doravante vigente a orientação que, à luz do anterior, era, indiscutivelmente, a mais acertada), o certo é que aquela pesquisa mostra a quanta *insegurança* no trato prático da questão estão condenados os advogados públicos e privados, defensores públicos, membros do Ministério Público e da própria Magistratura e quanta discussão *processual* precisará ser travada para que o *mérito* do mandado de segurança (estar-se ou não diante de um ato ilegal ou abusivo) possa ser enfrentado. Um inegável retrocesso legislativo e um desserviço às tão propaladas efetividade e eficiência do processo.

7. Providências a cargo da autoridade coatora

O art. 9º da Lei 12.016/2009 repete, com algumas poucas modificações, a redação *original* do art. 3º da Lei 4.348/1964, que era a seguinte:

> As autoridades administrativas, no prazo de (48) quarenta e oito horas da notificação da medida liminar, remeterão ao Ministério ou ao ór-

32. Pertinente lembrar que Castro Nunes, no seu célebre *Do Mandado de Segurança*, 9ª ed., Rio de Janeiro, Forense, 1988, pp. 35-36, já destacava a circunstância de o mandado de segurança ser, a um só tempo, "garantia do direito individual e do interesse público" (nota 25), escrevendo, no texto, que "Daí a audiência que, logo de início, se reserva à pessoa pública responsável pelo ato de autoridade, para que inteirada da violação arguida, nesse primeiro passo da defesa do direito, ainda antes de qualquer postulação reparatória defenda o ato ou, tal seja a evidência da ilegalidade, confesse o gravame".

33. O dispositivo tem a seguinte redação: "Art. 24. Aplicam-se ao mandado de segurança os arts. 46 a 49 da Lei n. 5.869, de 11 de janeiro de 1973 – Código de Processo Civil". Para a sua crítica, v. o meu *A Nova Lei do Mandado de Segurança: Comentários Sistemáticos à Lei n. 12.016, de 7-8-2009*, cit., pp. 188-190.

gão a que se acham subordinadas e ao Procurador-Geral da República ou a quem tiver a representação judicial da União, do Estado, do Município ou entidade apontada como coatora, cópia autenticada do mandado notificatório, assim como indicações e elementos outros necessários às providências a serem tomadas para a eventual suspensão da medida e defesa do ato apontado como ilegal ou abusivo de poder.

Analisada a regra no contexto da atual Lei do Mandado de Segurança, importa destacar que ela cria, para todos os fins, uma duplicação desnecessária de atos, porque impõe não só ao magistrado a *cientificação* do órgão ou da pessoa jurídica de direito público a que pertence a autoridade coatora, mas também a *notificação* da autoridade coatora (v. n. 6, *supra*). O resultado da repetição das regras é que a autoridade coatora, ao menos em caso de liminar concedida, terá, ela própria – e sem prejuízo da *cientificação judicial*, imposta pelo inciso II do art. 7º da Lei 12.016/2009 –, o *dever* de informar o representante judicial do órgão ou pessoa jurídica, o que, na linha da clássica lição de Celso Agrícola Barbi, já era suficiente para transformar a autoridade coatora em *representante processual* do órgão ou pessoa jurídica, excepcionando, destarte, a regra geral do art. 12 do Código de Processo Civil.[34]

A menção a "Advogado-Geral da União" no lugar de "Procurador-Geral da República" justifica-se por razões históricas e já bem equacionadas pela doutrina e pela jurisprudência. Com o advento da Constituição de 1988 e a criação da Advocacia-Geral da União passou a ser dela, não mais do Ministério Público Federal, a representação judicial da União, ajustando-se o novo texto legislativo a essa realidade normativa.[35]

O esquecimento de que o art. 3º da Lei 4.348/1964 tinha nova redação, dada pelo art. 19 da Lei 10.910/2004, contudo, além de manter a indesejável *duplicação de atos processuais*, em nítida agressão ao "modelo constitucional do direito processual civil" – é o art. 5º, LXXVIII, da Constituição Federal, que exige *eficiência* na prestação jurisdicio-

34. Celso Agrícola Barbi, *Do Mandado de Segurança*, 11ª ed., atualização de Bernardo Pimentel de Souza, Rio de Janeiro, Forense, 2008, pp. 141 (o atualizador colaciona, em nota, a Súmula 114 do Tribunal de Justiça do Estado do Rio de Janeiro no sentido do texto, datada de 2006) e 175-178.

35. Para essa demonstração, v. o meu *Mandado de Segurança: Comentários às Leis ns. 1.533/1951, 4.348/1964 e 5.021/1966*, cit., p. 238.

nal[36] –, trouxe um obstáculo que havia, pelo menos com base na mais recente redação daquele dispositivo, sido superado. A intimação aos representantes judiciais dos órgãos ou pessoas jurídicas de direito público deveria ser, de acordo com a redação de 2004, feita *pessoalmente* pelo órgão jurisdicional, e não, como quer o novo art. 9º da Lei 12.016/2009, pela própria autoridade coatora.[37] Há, consequentemente, nítida falta de sintonia com o que para o "processo cautelar" impõe o art. 1º, § 4º, da Lei 8.437/1992, fruto da Medida Provisória 2.180-35/2001, e com o que passa a ser regra (novamente e de forma expressa) para o mandado de segurança.

O fato é que, diante da regra inequívoca do art. 7º, II, da Lei 12.016/2009, pela qual o órgão ou pessoa jurídica de direito público a que pertence a autoridade coatora será "cientificado" da impetração, o art. 9º ora comentado torna-se regra desnecessária, supérflua verdadeiramente. Mesmo que a autoridade coatora não acate aquela determinação, não há qualquer prejuízo *desde que aquela outra comunicação processual, a cargo do órgão jurisdicional, tenha sido cumprida*. O mesmo deve ser dito com relação à intimação da *sentença* a ser proferida em mandado de segurança. A intimação, ao menos quando se tratar de sentença *concessiva* do mandado de segurança, deve se dar não por causa do artigo em comento – que, aliás, nem sequer se refere expressamente à hipótese –, mas por força do art. 13 da Lei 12.016/2009.[38]

Até porque, a confirmar o acerto das conclusões a que se chega no parágrafo anterior, o art. 9º da Lei 12.016/2009 pressupõe, para incidir,

36. Voltei-me ao assunto em meu *Curso Sistematizado de Direito Processual Civil: Teoria Geral do Direito Processual Civil*, 7ª ed., vol. 1, São Paulo, Saraiva, 2013, pp. 156-160.

37. Para essa demonstração, acentuando a necessidade de o original art. 3º da Lei 4.348/1964 dever ser compreendido como regra relativa ao *processo administrativo*, não *jurisdicional*, v. meu *Mandado de Segurança: Comentários às Leis ns. 1.533/1951, 4.348/1964 e 5.021/1966*, cit., pp. 235-238, e, nas páginas seguintes (238-247), a exposição do meu entendimento acerca das modificações introduzidas pelo art. 19 da Lei 10.910/2004.

38. Questão pertinente que se põe à luz do atual art. 9º, mesmo quando lido em conjunto com o art. 13, ambos da Lei 12.016/2009, diz respeito à manutenção do entendimento da necessidade de os *advogados públicos* serem intimados *pessoalmente* da sentença que concede a ordem, como era possível sustentar no regime legal anterior. Para o direito pretérito, v. meu *Mandado de Segurança: Comentários às Leis ns. 1.533/1951, 4.348/1964 e 5.021/1966*, cit., pp. 247-248; para o atual, v. nota 30, *supra*.

que haja *concessão da liminar*, o que, embora comum na maioria dos casos que se constata no dia a dia do foro, não é uma constante.

8. Fluência do prazo para apresentação de informações

O art. 11 da Lei 12.016/2009, atualizando o antigo art. 9º da Lei 1.533/1951, regula as providências que serão tomadas pelo cartório (ou secretaria) do juízo em que tem tramitação o mandado de segurança a partir das comunicações a que se referem os incisos I e II do art. 7º da Lei 12.016/2009 (v. n. 6, *supra*).

Deverá ser juntada aos autos não somente cópia autêntica do ofício dirigido à autoridade indicada como coatora, mas também a prova de sua entrega ou da recusa em recebê-lo ou dar recibo. O mesmo deve se dar com relação à ciência da impetração ao órgão de representação judicial da entidade a que pertence a autoridade coatora. Apesar do silêncio da nova lei, o próprio escrivão pode dar por autênticas essas cópias, valendo-se da prerrogativa dos arts. 364 e 365, I, do Código de Processo Civil.

Sendo as comunicações feitas com uso das alternativas previstas nos §§ 1º e 3º do art. 4º da Lei 12.016/2009,[39] o escrivão comprovará, nos autos do mandado de segurança, o respectivo envio.

Como a Lei 12.016/2009 nada diz a respeito do tema, mantendo a lacuna anterior – e esse é um problema recorrente do novel diploma legislativo –, é importante entender que é a partir do instante procedimental previsto no seu art. 11 que devem fluir os prazos para manifestação da autoridade coatora, da entidade a que pertence e, bem assim, de eventuais litisconsortes (v. n. 5, *supra*).[40]

39. "Art. 4º. Em caso de urgência, é permitido, observados os requisitos legais, impetrar mandado de segurança por telegrama, radiograma, fax ou outro meio eletrônico de autenticidade comprovada. § 1º. Poderá o juiz, em caso de urgência, notificar a autoridade por telegrama, radiograma ou outro meio que assegure a autenticidade do documento e a imediata ciência pela autoridade. § 2º. O texto original da petição deverá ser apresentado nos 5 (cinco) dias úteis seguintes. § 3º. Para os fins deste artigo, em se tratando de documento eletrônico, serão observadas as regras da Infraestrutura de Chaves Públicas Brasileira – ICP-Brasil."

40. A propósito, v. o meu *Mandado de Segurança: Comentários às Leis ns. 1.533/1951, 4.348/1964 e 5.021/1966*, cit., p. 85.

9. Providências a cargo da autoridade coatora perante a Administração Pública

Sem prejuízo da comunicação a ser feita pelo juízo e certificada nos autos do processo, nos termos do art. 11 da Lei 12.016/2009, é importante frisar que, por força de seu art. 9º, a autoridade coatora deverá, ela própria – e sem prejuízo da comunicação determinada por iniciativa jurisdicional (art. 7º, II, da Lei 12.016/2009) –, dar ciência ao órgão de representação jurisdicional da entidade a que pertença, fornecendo-lhe material e "indicações e elementos outros necessários" para a apresentação, em sentido amplo, da defesa do ato.

Sobre a (desnecessária) duplicação de atos com inegável prejuízo à celeridade procedimental, são suficientes as considerações feitas pelo n. 7, *supra*.

10. Legitimidade recursal da autoridade coatora

O § 2º do art. 14 da Lei 12.016/2009 reconhece expressamente legitimidade recursal à autoridade coatora. Prescreve a regra, que não encontra similar na revogada Lei 1.533/1951: "estende-se à autoridade coatora o direito de recorrer".

A regra, tal qual redigida, coloca fim a discussão doutrinária e jurisprudencial preexistente sobre a autoridade coatora ter ou não legitimidade para recorrer em nome próprio, e não como mero *representante* do órgão ou pessoa jurídica a que pertence. A melhor doutrina caminhava no sentido de reconhecer à autoridade coatora legitimidade para recorrer como *terceiro*, nos moldes do que, genericamente, admite o § 1º do art. 499 do Código de Processo Civil.

A lição de Lúcia Valle Figueiredo a respeito do assunto merece o devido destaque:

> Se estivermos atentos ao texto constitucional, ao art. 37, § 6º, ou, mesmo, ao art. 107 da Constituição anterior, verificaremos que, quando o Estado dá causa a qualquer dano, tem de recompô-lo, ou pode ter de recompô-lo, se for acionado. De outro lado, deverá, *será obrigado*, não é faculdade, é competência, e toda competência implica o exercício de função, de dever, *a acionar regressivamente* o funcionário, caso haja culpa ou dolo deste (embora saibamos que, na prática, tal dever é executado muito parcimoniosamente, ou simplesmente descumprido).

Só por isso, já se verifica que a autoridade coatora teria, consoante penso, legitimidade recursal, interessando-lhe a manutenção do ato por força de eventual responsabilidade futura. Evidentemente que, para recorrer, deverá fazê-lo por advogado.[41]

A lição – anterior ao advento da Lei 12.016/2009 – já era absolutamente correta porque relacionava, com precisão, a legitimidade recursal com o concreto prejuízo causado por alguém (*in casu*, a autoridade coatora, pessoalmente considerada) por decisão judicial.[42] A legitimidade, em tais casos, decorre – até por imposição dos princípios constitucionais do contraditório e do devido processo legal – do efetivo prejuízo experimentado (ou a ser experimentado) por alguém.[43]

Se, como expõe o n. 5, *supra*, a Lei 12.016/2009 acabou por fazer a escolha de impor o litisconsórcio passivo entre a autoridade coatora e o órgão ou pessoa jurídica a que pertence, nada mais coerente do que reconhecer, de maneira expressa, a legitimidade da autoridade coatora para recorrer de quaisquer decisões que lhe sejam desfavoráveis. Sua legitimidade recursal, nesse sentido, nada mais é do que extensão natural do reconhecimento de sua legitimidade passiva para atuar, como ré, ao longo de todo o processo.

41. Lúcia Valle Figueiredo, *Mandado de Segurança*, cit., p. 56, com os itálicos do original.

42. No mesmo sentido: Fredie Didier Jr., *Recurso de Terceiro: Juízo de Admissibilidade*, São Paulo, Ed. RT, pp. 149-158, e o meu *Mandado de Segurança: Comentários às Leis ns. 1.533/1951, 4.348/1964 e 5.021/1966*, cit., p. 206. Na jurisprudência, cabe destacar acórdão da 2ª Turma do Supremo Tribunal Federal (RE-AgR 412.430-MS, rel. Min. Ellen Gracie, j.un. 13.12.2005, *DJ* 17.3.2006, p. 40), que nega à autoridade coatora legitimidade recursal, entendimento defendido, em sede de doutrina, por Carlos Alberto Menezes Direito, *Manual do Mandado de Segurança*, Rio de Janeiro, Renovar, pp. 140-141. Na jurisprudência do STJ, contudo, eram diversos os acórdãos reconhecendo a legitimidade da autoridade coatora na qualidade de terceiro prejudicado para a tutela de direito próprio. Bem ilustrativos desse entendimento são os acórdãos seguintes: STJ, CE, EREsp 180.613-SE, rel. Min. Eliana Calmon, j.un. 17.11.2004, *DJ* 17.12.2004, p. 388; STJ, 6ª Turma, REsp 264.632-SP, rel. Min. Maria Thereza de Assis Moura, j.un. 4.9.2007, *DJ* 19.11.2007, p. 298; e STJ, 5ª Turma, AgRg no REsp 901.794-PR, rel. Min. Arnaldo Esteves Lima, j.un. 18.9.2008, *DJe* 3.11.2008.

43. No que é claríssimo, didático até, o precitado § 1º do art. 499 do Código de Processo Civil, *verbis*: "Cumpre ao terceiro demonstrar o nexo de interdependência entre o seu interesse de intervir e a relação jurídica submetida à apreciação judicial".

Quanto à conclusão a que se chega no parágrafo anterior, cabe criticar a nova lei, que, pelo local que escolheu para disciplinar a hipótese, pode dar a (falsa) impressão de que a legitimidade recursal da autoridade coatora limita-se à interposição do recurso de *apelação*, o que não merece prevalecer. A legitimidade recursal das *partes* é ampla o suficiente para albergar a possibilidade de contrastar qualquer decisão pelos recursos cabíveis.[44]

11. Palavras finais

As poucas linhas deste trabalho não pretenderam, evidentemente, esgotar o assunto; quiseram apenas deixar o registro de homenagem – sempre merecida e sempre insuficiente – à Professora Lúcia Valle Figueiredo.

Há, como as ideias aqui expostas querem demonstrar, diversos caminhos a serem trilhados e mais bem-demarcados pela doutrina e pela jurisprudência. A "nova" Lei do Mandado de Segurança, a Lei 12.016/2009 pouco ajuda nessa empreitada. É verificar, para confirmar o acerto da afirmação, as dúvidas interpretativas que vêm sendo apresentadas com relação à identificação da parte passiva do mandado de segurança (art. 7º, I e II, da Lei 12.016/2009) e à caracterização da autoridade coatora (art. 6º, § 3º, da Lei 12.016/2009).

Fazem falta, no particular, a sempre segura lição da Professora Lúcia Valle Figueiredo e os caminhos que, com sua singular experiência e *expertise*, ela certamente indicaria para uma melhor compreensão daquele diploma legislativo, interpretando-o, como sempre ensinou, à luz da Constituição Federal, querendo, com isso, tornar efetivo, também pelo processo civil como um todo e pelo mandado de segurança em particular, o modelo de Estado brasileiro.

Bibliografia

ALMEIDA, Gregório Assagra de; CIANCI, Mirna; QUARTIERI, Rita. *Mandado de Segurança*. São Paulo, Saraiva, 2011.

BARBI, Celso Agrícola. *Do Mandado de Segurança*. 11ª ed. Atualização de Bernardo Pimentel de Souza. Rio de Janeiro, Forense, 2008.

44. No mesmo sentido, Rita Quartieri, *Mandado de Segurança*, cit., p. 357.

BUZAID, Alfredo. *Do Mandado de Segurança*. São Paulo, Saraiva, 1989.

CAVALCANTI, Francisco. *O Novo Regime Jurídico do Mandado de Segurança*. São Paulo, MP Editora, 2009.

CERQUEIRA, Luís Otávio Sequeira de *et al*. *Comentários à Nova Lei do Mandado de Segurança: Lei 12.016, de 7 de Agosto de 2009*. São Paulo, Ed. RT, 2009.

DECOMAIN, Pedro Roberto. *Mandado de Segurança (o Tradicional, o Novo e o Polêmico na Lei 12.016/2009)*. São Paulo, Dialética, 2009.

DIDIER JR., Fredie. *Recurso de Terceiro: Juízo de Admissibilidade*. São Paulo, Ed. RT.

DINAMARCO, Cândido Rangel. *Instituições de Direito Processual Civil*. 5ª ed., vol. II. São Paulo, Malheiros Editores, 2005.

DIREITO, Carlos Alberto Menezes. *Manual do Mandado de Segurança*. Rio de Janeiro, Renovar.

FERRAZ, Sergio. *Mandado de Segurança*. São Paulo, Malheiros Editores, 2006.

________ (org.). *Mandado de Segurança*. Porto Alegre, Fabris/IAB, 1986.

FIGUEIREDO, Lúcia Valle. *A Autoridade Coatora e o Sujeito Passivo do Mandado de Segurança*. São Paulo, Ed. RT, 1991.

________. *Mandado de Segurança*. 6ª ed. São Paulo, Malheiros Editores, 2009.

FUX, Luiz. *Mandado de Segurança*. Rio de Janeiro, Forense, 2010.

GARCETE, Carlos Alberto. *A Nova Lei do Mandado de Segurança*. Rio de Janeiro, GZ, 2010.

GRECO FILHO, Vicente. *O Novo Mandado de Segurança: Comentários à Lei n. 12.016, de 7 de Agosto de 2009*. São Paulo, Saraiva, 2010.

LIMA, Tiago Asfor Rocha. *Comentários à Nova Lei do Mandado de Segurança*. Obra coletiva organizada por Napoleão Nunes Maia Filho, Caio Cesar Vieira Rocha e Tiago Asfor Rocha Lima. São Paulo, Ed. RT, 2010.

MACHADO, Hugo de Brito. *Mandado de Segurança em Matéria Tributária*. 8ª ed. São Paulo, Dialética, 2009.

MAIA FILHO, Napoleão Nunes. *Comentários à Nova Lei do Mandado de Segurança*. Obra coletiva organizada por Napoleão Nunes Maia Filho, Caio Cesar Vieira Rocha e Tiago Asfor Rocha Lima. São Paulo, Ed. RT, 2010.

________. *Estudos Processuais sobre o Mandado de Segurança*. Fortaleza, UFC, 2000.

MANCUSO, Rodolfo de Camargo. *Acesso à Justiça: Condicionantes Legítimas e Ilegítimas*. São Paulo, Ed. RT, 2011.

MEDINA, José Miguel Garcia; ARAÚJO, Fábio Caldas de. *Mandado de Segurança Individual e Coletivo: Comentários à Lei 12.016, de 7 de Agosto de 2009*. São Paulo, Ed. RT, 2009.

MEIRELLES, Hely Lopes; WALD, Arnoldo; MENDES, Gilmar Ferreira. *Mandado de Segurança e Ações Constitucionais*. 32ª ed. Com a colaboração de Rodrigo Garcia da Fonseca. São Paulo, Malheiros Editores, 2009.

MELLO, Celso Antônio Bandeira de (coord.). *Curso de Mandado de Segurança*. São Paulo, Ed. RT, 1986.

NUNES, Castro. *Do Mandado de Segurança*. 9ª ed. Atualização de José de Aguiar Dias. Rio de Janeiro, Forense, 1988.

ROCHA, Cesar Asfor. *Comentários à Nova Lei do Mandado de Segurança*. Obra coletiva organizada por Napoleão Nunes Maia Filho, Caio Cesar Vieira Rocha e Tiago Asfor Rocha Lima. São Paulo, Ed. RT, 2010.

SCARPINELLA BUENO, Cassio. *A Nova Lei do Mandado de Segurança: Comentários Sistemáticos à Lei n. 12.016, de 7-8-2009*. 2ª ed. São Paulo, Saraiva, 2010.

________. *Curso Sistematizado de Direito Processual Civil: Teoria Geral do Direito Processual Civil*. 7ª ed., vol. 1. São Paulo, Saraiva, 2013.

________. *Curso Sistematizado de Direito Processual Civil: Direito Processual Público e Direito Processual Coletivo*. 3ª ed., vol. 2, t. III. São Paulo, Saraiva, 2013.

________. *Mandado de Segurança: Comentários às Leis ns. 1.533/1951, 4.348/1964 e 5.021/1966*. 5ª ed. São Paulo, Saraiva, 2009.

VILAR FILHO, José Eduardo de Melo. *Comentários à Nova Lei do Mandado de Segurança*. Obra coletiva organizada por Napoleão Nunes Maia Filho, Caio Cesar Vieira Rocha e Tiago Asfor Rocha Lima. São Paulo, Ed. RT, 2010.

VITTA, Heraldo Garcia. *Mandado de Segurança: Comentários à Lei n. 12.016, de 7 de Agosto de 2009*. 3ª ed. São Paulo, Saraiva, 2010.

ZAVASCKI, Teori Albino. *Processo Coletivo: Tutela de Direitos Coletivos e Tutela Coletiva de Direitos*. São Paulo, Ed. RT, 2006.

CONCURSO PÚBLICO E PERFIL PROFISSIOGRÁFICO

CELSO ANTÔNIO BANDEIRA DE MELLO

Professor Titular de Direito Administrativo da PUC-SP e Professor Emérito da mesma Universidade.

1. É conhecimento notório que os concursos de acesso a cargos públicos destinam-se ao atendimento de um duplo propósito: um deles é o de propiciar ao Poder Público a possibilidade de selecionar os mais habilitados ao exercício das funções postas em certame. Nisso atender-se-ia ao princípio da eficiência, enaltecido na cabeça do art. 37 da Constituição; o outro, de relevo ainda maior, é o de prestar obséquio ao princípio da igualdade, consagrado no art. 5º, de acordo com o qual todos são iguais perante a lei. Logo, *a fortiori*, perante a Administração Pública. Esse cânone de suma importância constitui-se, sabidamente, em um dos pilares do Estado Democrático de Direito. É livre de qualquer dúvida ou entredúvida que os cidadãos em geral estão e devem estar parificados ante a possibilidade de acederem aos cargos públicos, como de resto se estampa no art. 37, I e II.

Ora bem, para que um concurso possa ser minimamente adequado ao cumprimento desses propósitos é absolutamente indispensável o cumprimento de alguns requisitos elementares e conaturais a esse desiderato, dos quais cabe aqui salientar alguns. A saber:

É indispensável (a) que os critérios de avaliação sejam o quanto possível *objetivos* e, quando menos, que deles se possa dizer que não padecem de um subjetivismo acentuado; (b) que sejam pertinentes, ou seja, tecnicamente idôneos para aferir a aptidão técnica do candidato em relação ao cargo em disputa; (c) que tais critérios sejam de conhecimento público e, como mínimo dos mínimos, ao menos de conhecimento dos candidatos; (d) que a avaliação seja efetuada de modo competente e suscetível de ser controlada, a fim de que os disputantes e os órgãos de controle, notadamente o Poder Judiciário, tenham como aferir a lisura, a idoneidade, não apenas moral, mas técnica, do concurso para aportar no resultado a que deve tender: escolha equânime dos mais capacitados para a ocupação dos cargos.

Fora disso, ou seja, ausente qualquer desses pressupostos, o concurso não é prestante e pode até mesmo, dependendo de como for organizado, constituir-se em mera farsa, em instrumento de burla dos objetivos que lhe são inerentes.

2. É ao lume dessas considerações preliminares que deve ser examinado o chamado "perfil profissiográfico", ou seja, a exigência de que haja uma presumida *adequação mental do candidato às supostas demandas peculiares à índole do cargo*. A simples elucidação de seu significado já sugere algo profundamente exotérico, *gratuito* e *quase grotesco*, mas sobretudo *carente de qualquer objetividade*, tanto no que concerne à *fixação dos fatores a serem eleitos* para caracterizar o que seria tipificador desses dotes distintivos quanto *na própria avaliação "in concreto" da ocorrência ou inocorrência deles*.

Assim, já há muitos anos, diante do surgimento de tal escandalosa aberração, quando ainda nem havia surgido essa esdrúxula terminologia para batizá-la, averbamos o seguinte comento que vimos reproduzindo ao longo do tempo:

> 79. Averbações de equivalente teor devem ser feitas em relação à incorreta utilização de exames psicotécnicos – hábito que se disseminou de há algum tempo – aplicados durante ou após as provas, com a pretendida destinação de verificar se o candidato tem o perfil adequado aos cargos em concurso. Servem para eliminação dos que não respondem ao modelo pretendido. Fácil é ver-se, tanto mais porque costumam ser apresentados como irrecorríveis na via administrativa, que podem conduzir e conduzem muitas vezes a soluções despropositadas, além de comprometerem a objetividade do concurso, ensejando a eliminação arbitrária de concorrentes capazes.
>
> Não se nega que os sobreditos exames possam ser utilmente aplicados para exclusão de indivíduos padecentes de graves distúrbios de per-

sonalidade, isto é, com desequilíbrio psicológico sério, suscetível de inabilitá-los para o serviço público. Também não se nega que – *em relação a certas atividades* – a avaliação psicológica seja prestante para detectar características de personalidade incapacitantes para a função, como o seria, por exemplo, um teor exagerado de agressividade em candidato à carreira policial.

Entretanto, o que se nega terminantemente é que seja compatível com o Texto Constitucional – *por violar a necessária objetividade inerente a razão de ser dos princípios da acessibilidade e do concurso público – a adoção de um perfil psicológico em que se devam encaixar os candidatos, pena de exclusão do certame*. Com efeito: uma coisa é ser portador de algum traço patológico ou exacerbado a níveis extremados e portanto incompatível com determinado cargo ou *função e outra coisa, muito distinta, é ter de estar ajustado a um modelo ou perfil psicológico adrede delineado para o cargo*. Nega-se, igualmente, que as avaliações psicológicas possam ser irrecorríveis na via administrativa ou que o exame recursal se possa efetuar sem a presença e fiscalização de um especialista indicado pelo candidato. Nega-se também que as avaliações psicológicas *possam ser realizadas sem prévia e pública notícia dos fatores específicos que serão objeto de análise, dos testes a serem utilizados, dos critérios decisórios em face deles, da justificação minuciosa dos laudos determinantes da reprovação do concorrente*, bem como da identificação dos especialistas que irão se responsabilizar pelos exames e conclusões técnicas finais.

A falta de qualquer destes requisitos obviamente compromete não só a objetividade e imparcialidade do concurso, mas também a possibilidade de aferir-se seja a idoneidade técnica dos meios eleitos para atingir os fins a que se destinam, seja a correção com que tais meios foram aplicados ou a suficiência dos aplicadores para fazê-lo, deixando os candidatos inteiramente à mercê de decisões incontroláveis (*Regime Constitucional dos Servidores Públicos da Administração Direta e Indireta*, São Paulo, Ed. RT, 1990, pp. 48 a 50. Este mesmo texto está reproduzido nas outras edições e reimpressões do livro. Somente o primeiro destaque é do original. Os demais são atuais).

É bem de ver que essa invenção de um tal perfil ideal, ou perfil profissiográfico, não passa de um meio, dir-se-ia até mesmo tosco, de construir uma via para eliminar candidatos carentes de apadrinhamento e de, assim, abrir espaço para outros que se quer favorecer. Com efeito, é claro que *não existe nem pode existir um perfil desse jaez*, e é igualmente claro que fabricar algo do gênero e apresentá-lo como um procedimento normal em um concurso implica subestimar a inteligência alheia e presumir que as pessoas são tolas a ponto de não perceberem que essa é apenas uma forma de burlar a imparcialidade do certame.

Deveras, quem seria o "iluminado" capaz de discernir na espécie humana a tipologia mental adequada para o exercício de tal ou qual função, assim como qual seria a tipologia inadequada para que ela sobreposse se cogitada em relação a cargos para cujo bom desempenho o que se demanda, mais que tudo, são aptidões intelectuais e conhecimentos em certa área do saber?

Tirante os casos realmente extremos de uma inadequação óbvia manifestada pela existência de traços psicológicos anômalos exacerbados, reconhecíveis em um exame de saúde mental normal (dispensando qualquer perfil profissiográfico), nos quais fosse detectável uma inadequação flagrante para algumas específicas funções (por exemplo alguém com incontida agressividade devendo tratar com crianças). Nos restantes casos é inadmissível pretender eliminar um candidato porque não reproduz um modelo tipológico fabricado pela imaginação criadora e exponencialmente inventiva de organizadores do concurso!

3. Como dito, o primeiro requisito para se realizar com higidez um concurso público é a objetividade, o que implica a adoção de um proceder obstativo ao máximo do ingresso de subjetivismos capazes de tisnarem a imparcialidade na seleção dos mais aptos.

Dessarte, quaisquer expedientes que ensejem aos examinadores produzir exigências cuja verificação se subordine a inclinações pessoais deles ou renda ensejo à interferência de apreciações individuais refratárias a um critério de exame suscetível de generalizada concordância por parte de terceiros, evidentemente desgarram por inteiro do que se entende por um critério objetivo. Além do mais, cumpre que as exigências estabelecidas, quaisquer que sejam elas, possuam *idoneidade* para abicar em uma seleção eficaz no reconhecimento dos candidatos tecnicamente mais aptos para o cargo em disputa.

Ora bem, não há como reduzir a um padrão de objetividade a própria escolha do perfil que seria superiormente adequado ao cargo tal ou qual para que se possa estar seguro de que ele e só ele é que serviria para os futuros exercentes dos correspondentes encargos ou inversamente, que os que a ele não se ajustem estão desqualificados para ditas funções. E mais: também não se vê como seria possível, sem a inclusão de subjetivismos gratuitos, a concreta identificação de tal perfil. Mais ainda: o que garantiria, ainda agora objetivamente, uma aplicação *in concreto* capaz de operacionalizar esse crivo de maneira a operar uma seleção apta a identificar de modo tecnicamente idôneo o que seria o perfil adequado e, pois, o inadequado para certos misteres, se, afinal, para tanto o que se requer, afora a correção pessoal dos candidatos, é uma cópia de conhecimentos em certa área do saber ou da técnica e que, a toda evidência, só são acessíveis a quem tenha um nível mental e intelectual quando menos satisfatório.

Em pessoas normais, isto é, com uma saúde mental normal, que pretendam ingressar na carreira pública o que se demanda é a demonstração de que dispõem de uma cópia de conhecimentos técnicos necessários para a tipologia das funções demandadas.

4. Cumpre, como segundo requisito, conforme já se disse, que o concurso proponha tópicos adequados, ou seja, idôneos à identificação dos conhecimentos presumidos como necessários para o correto exercício do cargo. De resto, é isso que está contido no art. 37, II, da Constituição ao mencionar que o concurso será feito "de acordo com a natureza e a complexidade do cargo ou emprego". Ou seja: demanda-se uma correlação entre as questões a serem propostas e o que é necessário em função da natureza do cargo e da complexidade das funções dele. Aliás, se é isso que a Lei Maior demanda do concurso público, também se pode depreender que nele não cabem tópicos impertinentes, isto é, a formulação de exigências que, em tema de qualificação do candidato, desbordem do âmbito compreensivo da dicção do preceptivo mencionado, cujos dizeres literais são: "a investidura em cargo ou emprego público depende de aprovação prévia em concurso público de provas ou de provas e títulos, de acordo com a natureza e a complexidade do cargo ou emprego, na forma prevista em lei, ressalvadas as nomeações para cargo em comissão declarado em lei de livre nomeação e exoneração".

Note-se que nesse âmbito não se abriga a hipótese de um exame compreensivo de um "perfil profissiográfico", pois nem a natureza, nem a complexidade do cargo são de índole a reclamar *tecnicamente* qualquer coisa além dos conhecimentos habilitantes ao exercício dos correspondentes misteres.

5. Anotou-se, ainda, que cumpria que os critérios de avaliação do concurso fossem de conhecimento público e, quando menos, dos candidatos. De fato, o próprio princípio da publicidade, enfatizado no Texto Constitucional, exigiria o atendimento desse requisito.

O art. 5º, XXXIII, estatui que "todos têm direito a receber dos órgãos públicos *informações de seu interesse particular, ou de interesse coletivo ou geral*, que serão prestadas no prazo da lei, sob pena de responsabilidade, ressalvadas aquelas cujo sigilo seja imprescindível à segurança da sociedade e do Estado".

Acresce que o art. 37, *caput*, estatui: "A administração pública direta e indireta de qualquer dos Poderes da União, dos Estados, do Distrito Federal e dos Municípios obedecerá aos princípios de legalidade, impessoalidade, moralidade, *publicidade* e eficiência e, também, ao seguinte:".

Ora, em geral não costuma haver publicidade do tal "perfil profissiográfico", ou seja, não há prévia notícia do que nele seria exigido, muito menos, pois, em que consistiriam os critérios que o norteariam ou que traços de personalidade seriam avaliados. Nisso, aliás, há costumeiramente desatenção a tudo que é considerado imprescindível tanto pelas normas que se referem a exames psicotécnicos quanto ao que a jurisprudência torrencialmente demanda como imprescindível!

6. Foi anotado ainda que a avaliação teria de ser efetuada de modo competente e suscetível de ser controlada, a fim de que os disputantes e os órgãos de controle, notadamente o Poder Judiciário, pudessem avaliar a correção do concurso. Ora, o chamado "perfil" é literalmente incontrolável porque, ao contrário dos exames técnicos, em que é possível a terceiros e aos próprios concorrentes verificar se as questões propostas são idôneas para avaliar as aptidões necessárias e se as respostas a elas foram ou não corretamente estabelecidas, não há em face dele como proceder a esse confronto. Outrossim, diferentemente dos exames médicos – em que é igualmente possível aferir-lhes a exatidão, seja por meio de exames laboratoriais ou de imagem, seja por meio da apreciação de outras análises feitas pelos profissionais da área –, no caso do perfil profissiográfico isso é impossível.

Com efeito, dito perfil é fruto de uma concepção estritamente subjetiva de quem o tenha concebido, fruto da visão pessoal de seu ou seus autores e não há como comprovar seu acerto dada *a inexistência de um padrão universal, previamente estabelecido ao qual possa ser reportado* como gabarito dele validador ou que servisse para infirmar-lhe a valia quando daí discrepante. Eis, pois, que o "perfil" em apreço tem o caráter de elemento insondável, cuja força descansa nele próprio, irredutível, então, a qualquer confronto, o que lhe confere um caráter de onipotência, donde francamente inadmissível no Estado de Direito.

É evidente, então, que o tal "perfil" de modo algum pode ser admitido sem com isso ofender-se o que há de mais elementar em um concurso público.

Bibliografia

MELLO, Celso Antônio Bandeira de. *Regime Constitucional dos Servidores Públicos da Administração Direta e Indireta*. São Paulo, Ed. RT, 1990.

A PARTICIPAÇÃO DAS MICRO E PEQUENAS EMPRESAS (MPES) E A FUNÇÃO SOCIAL DA LICITAÇÃO

CHRISTIANNE DE CARVALHO STROPPA

Mestre pela PUC-SP – Professora de Direito Administrativo da PUC-SP e da Universidade Municipal de São Caetano do Sul-SP– Assessora Jurídica na Secretaria da Saúde do Município de São Paulo – Ex -Procuradora da Universidade de São Paulo – Advogada especialista em Direito Público.

1. Introdução. 2. Licitação: atividade instrumental para atividade--fim. 3. Objetivos da licitação: 3.1 Assegurar aos interessados iguais oportunidades – 3.2 Selecionar a proposta mais vantajosa. 4. O tratamento diferenciado e privilegiado como política pública. 5. Considerações finais.

1. Introdução

A licitação, desde os seus primórdios com as Ordenações Filipinas em 1575,[1] sempre foi vista como uma atividade instrumental, pois visava única e exclusivamente atender ao denominado interesse secundário do Estado. Entretanto, com a vigência da Constituição Federal de 1988, sua natureza jurídica passa a sofrer profundas alterações. Isso porque um dos alicerces do nosso ordenamento jurídico-constitucional é a ideia de função social.

1. As Ordenações Filipinas, ou Código Filipino, são uma compilação jurídica que resultou da reforma do Código Manuelino, por Filipe II de Espanha (Felipe I de Portugal), durante o domínio castelhano. Ao fim da União Ibérica (1580-1640), o Código Filipino foi confirmado para continuar vigendo em Portugal por D. João IV. A obra ficou pronta ainda no tempo de Filipe I, que a sancionou em 1595, mas só foi mandada observar definitivamente após a sua impressão em 1603, quando já reinava Filipe II.

Na busca da função social, percebe o Estado que, ao se utilizar da licitação, objetivando uma obra, compra ou serviço, em face do montante despendido, ela pode se apresentar como atividade de desenvolvimento econômico sustentável, geração de emprego e renda para uma grande parcela da sociedade e erradicação da pobreza.

E essa nova função do instituto "licitação" recebeu do Governo Federal a denominação uso do poder de compra do Estado.

2. Licitação: atividade instrumental para atividade-fim

A vida social – vale dizer, o conjunto de atividades desenvolvidas em uma sociedade – é formada pela soma de dois setores, delimitados pela Constituição: o campo estatal e o campo privado. Esse último é constituído pelas atividades próprias dos particulares: as atribuídas a eles pela Constituição, como um direito subjetivo, e as que, não tendo sido reservadas ao Estado, lhes são facultadas.

Em face do princípio constitucional da legalidade,[2] o Estado desenvolve apenas as atividades que a ordem jurídica lhe atribui, estando proibido de fazer o que a Constituição ou as leis não autorizam expressamente.

Segundo Carlos Ari Sundfeld,[3] as atividades estatais podem ser classificadas em dois grandes grupos: o das atividades instrumentais e o das atividades-fim. Enquanto as atividades-fim justificam a existência do Estado, as atividades instrumentais servem apenas ao seu aparelhamento, possibilitando a realização do primeiro grupo de atividades.

Entre as atividades instrumentais o autor arrola a obtenção de bens, serviços e compras indispensáveis ao suporte da atividade do Estado, através de um procedimento ampliativo de escolha – a *licitação*.

2. A Constituição Federal de 1988 fez da lei a expressão emblemática do ato normativo primário. Lei em sentido formal, na acepção de que editada por órgão ou órgãos do Poder Legislativo, entendido este como a instância republicana que mais autenticamente encarna a representação popular e favorece a realização do Estado Democrático de Direito. Ainda mais, lei como termo sinônimo de Direito-lei, a compreender todos os atos que se integram no "processo legislativo". Lei, enfim, como fonte primária da imposição de deveres de conteúdo positivo e/ou de conteúdo negativo (Min. Carlos Ayres Britto, em voto proferido na ADC-MC 12-DF, STF).

3. Carlos Ari Sundfeld, *Fundamentos de Direito Público*, 5ª ed., 5ª tir., São Paulo, Malheiros Editores, 2014, pp. 80-85.

Fica claro que a licitação sempre foi vista como uma atividade acessória, pois visava única e exclusivamente atender ao denominado interesse secundário do Estado.[4] Um breve passar d'olhos nas legislações disciplinadoras do instituto reforça esse entendimento.

Nesse sentido se posiciona Marçal Justen Filho, ao afirmar que "a licitação é um procedimento administrativo orientado ao atingimento de certos fins. O art. 3º enumera os fins buscados pela licitação e indica os princípios jurídicos mais relevantes a que a licitação se subordina. (...) A licitação não é um fim em si mesmo, mas um instrumento apropriado para o atingimento de certas finalidades".[5]

Entretanto, com a vigência da Constituição Federal de 1988, a natureza jurídica da licitação passou a sofrer profundas alterações.

Isso porque um dos alicerces do nosso ordenamento jurídico-constitucional é a ideia de *função social*.[6] Tome-se como exemplo a questão da perda da propriedade urbana pelo não atendimento de sua função social (art. 182, § 4o, III, da CF); o tratamento diferenciado dispensado às pessoas portadoras de deficiências (art. 203, IV, da CF), às micro e pequenas empresas (art. 179 da CF). Importante também ressaltar a introdução da noção de função social do contrato no novo Código Civil (art. 421).

Glauber Moreno Talavera ensina que

> a função social, que significa a prevalência do interesse público sobre o privado, bem como a magnitude do proveito coletivo em detrimento do meramente individual, é fenômeno massivo que, modernamente, inspira todo o nosso ordenamento jurídico, rompendo com o padrão retributivo contido no brocardo *suum cuique tribuere* – "dar a cada um o seu", e tentando fundar as bases de uma justiça de natureza mais distri-

4. São os interesses que o Estado pode ter e perseguir validamente, pelo simples fato de ser pessoa.

5. Marçal Justen Filho, *Comentários à Lei de Licitações e Contratos Administrativos*, 15ª ed., São Paulo, Dialética, 2012, pp. 57-58.

6. Acerca do tema "função social da propriedade", lembra Clovis Beznos, ao destacar o pensamento de Léon Duguit, que "Antes, assevera esse grande mestre que todo homem tem uma função social, tendo o dever de desempenhá-la, compreendendo esta o dever de desenvolver-se em sua plenitude, sendo todas as suas atividades no desempenho dessa função socialmente protegidas" (*Aspectos Jurídicos da Indenização na Desapropriação*, Belo Horizonte, Fórum, 2006, p. 107).

butiva; nos termos concebidos por Hegel, promove a inclusão social dos excluídos e, nesse mister, diligencia para o cumprimento de um dos objetivos fundamentais da República Federativa do Brasil, erradicar a pobreza e a marginalização e reduzir as desigualdades sociais e regionais.[7]

Na busca da função social, percebe o Estado que, ao se utilizar do instituto da licitação, objetivando uma obra, compra ou serviço, em face do montante despendido, ele se apresenta como fonte geradora de emprego e renda para uma grande parcela da sociedade.[8]

Tanto é assim que há empresas que se especializaram em fornecer bens única e exclusivamente para a Administração Pública.

Em razão desses fatos, a licitação se constituiu em atividade de desenvolvimento econômico sustentável, geração de emprego e renda e erradicação da pobreza, como preconizado inicialmente no Plano Plurianual para o período 2004/2007 (Lei federal 10.933, de 11.8.2004), cujo desafio era "incentivar e fortalecer as micro, pequenas e médias empresas com o desenvolvimento da capacidade empreendedora". Para tanto, entre as diretrizes fixadas, destaca-se a utilização do poder de compra do governo no fortalecimento das micro, pequenas e médias empresas.

Entende-se por poder de compra o "poder do consumidor, seja ele empresa privada, órgão público, cooperativa ou pessoa física, que ao adquirir bens e serviços define suas exigências e necessidades, tornando-se um indutor da qualidade, da produtividade e de inovação tecnológica, gerando emprego, ocupação e renda, e contribuindo para a competitividade e desenvolvimento do país".[9]

7. Glauber Moreno Talavera, "A função social do contrato no novo Código Civil", *CEJ*, n. 19, out./dez., pp. 94-96, Brasília, 2002.

8. Dessa forma, não podemos concordar com o posicionamento de Marçal Justen Filho ao afirmar que a grande problemática da Lei Complementar 123/2006 "reside em que a Constituição não previu – ao menos, de modo explícito – preferência para pequenas empresas no âmbito das contratações administrativas" (*O Estatuto da Microempresa e as Licitações Públicas*, São Paulo, Dialética, 2007, p. 10).

9. Rafael Setúbal Arantes, "Comercialização no mercado interno e compras governamentais", in Conferência Brasileira sobre Arranjos Produtivos Locais – Ministério do Planejamento, Orçamento e Gestão, 2 set. 2005, Rio de Janeiro, disponível em: <http://www.desenvolvimento.gov.br/arquivos/dwnl_1199710858.pdf>, acesso em 12.2012.

Em decorrência, no dia 6 de julho de 2006, o Governo Federal, através do Ministério do Planejamento, Orçamento e Gestão, formalizou Termo de Cooperação Técnica com o SEBRAE, objetivando a proposição de "ações efetivas e complementares ao programa do uso do poder de compra do Estado, visando ampliar a participação quantitativa e qualitativamente das Micro e Pequenas Empresas – MPEs no fornecimento de bens e serviços ao poder público, especialmente os adquiridos nas modalidades de compras eletrônicas".

Assim, foi expedida a Lei Complementar 123/2006, com fundamento na Constituição Federal, em seus arts. 146, III, "d", 170, IX, e 179, objetivando estabelecer um tratamento privilegiado e diferenciado às micro e pequenas empresas através das seguintes ações:

- licitação exclusiva, para compras com valor até R$ 80 mil – desenvolvimento regional;
- subcontratação de MPEs – transferência tecnológica;
- cotas de 25% – formação de consórcios;
- habilitação diferenciada – desburocratização e desoneração; e
- critérios de desempate específico – equidade mercadológica.

No uso desse poder de compra, o Estado buscou regular o mercado. Atualmente, isso também é feito através de outros institutos, tais como: a preferência aos bens e serviços nacionais, pela inserção de critérios ambientais, sociais e econômicos nos certames, objetivando o desenvolvimento da sociedade em seu sentido amplo e a preservação de um meio ambiente equilibrado, denominada "licitação sustentável".

Daniel Ferreira, inobstante trate do tema da promoção do desenvolvimento nacional sustentável, ao discorrer sobre o "novo" papel da licitação, aponta que "talvez o grande alarde acerca da potencial 'função social' da licitação tenha se originado na Lei Complementar n. 123/2006",[10] já que fora notoriamente responsável "por despertar a melhor doutrina para a reflexão acerca da necessidade-possibilidade de a licitação (e a

10. Daniel Ferreira, *A Licitação Pública no Brasil e sua Finalidade Legal: a Promoção do Desenvolvimento Nacional Sustentável*, Belo Horizonte, Fórum, 2012, p. 68.

contratação) se prestarem a cumprir uma finalidade extraordinária"[11] que efetivamente alterou a natureza jurídica da licitação.

Eis por que entendemos que a licitação é uma das atividades-fim do Estado, e não uma atividade instrumental.

Sobre o assunto, posiciona-se Marçal Justen Filho no sentido de que

> como regra, a contratação administrativa é um instrumento para o Estado obter uma prestação apta, em si mesma, a satisfazer as necessidades coletivas. (...) Mas há hipóteses em que o Estado pretende valer-se de uma contratação não apenas para obter uma prestação de que necessita. A execução da prestação é visualizada como meio de promoção de outros valores reputados como relevantes. (...) Daí se poderia aludir a uma "função extraeconômica" da licitação, para indicar a orientação do certame não propriamente à obtenção da proposta mais vantajosa, mas à seleção da proposta apta à realização de outros fins (não diretamente relacionados com a vantagem econômica).[12]

Oportuno notar que a Administração Pública não pode ver a Lei 8.666/1993 como a única fonte legal a estabelecer as normas gerais de licitações e contratos administrativos.

Como bem registra Adilson Abreu Dallari, o Estatuto das Licitações e Contratos, "embora ainda cumpra uma função extremamente importante, dado que delineia o modelo básico de cada uma das principais modalidades de licitação, detalhando seu procedimento, deve, agora, conviver com a legislação superveniente sobre a matéria, que ou criou novas espécies de licitação, ou adaptou modalidades existentes a novas espécies de contratos, ou, ainda, alterou diretamente seu texto".[13]

Assim, inobstante seja possível falar em função social da licitação, o problema inicial se coloca nos objetivos orientadores do instituto.

11. Idem, ibidem.

12. Para o autor (*Comentários à Lei de Licitações e Contratos Administrativos*, cit., p. 80), apenas na situação prevista no inciso XIII do art. 24 da Lei 8.666/1993, que trata sobre a contratação direta de instituição destinada à recuperação social do preso, poderia se falar em "função social da contratação administrativa", em face do princípio da solidariedade social.

13. Adilson Abreu Dallari, *Aspectos Jurídicos da Licitação*, 7ª ed., São Paulo, Saraiva, 2006, pp. 6-7.

3. Objetivos da licitação

Entende-se por licitação[14] o procedimento[15] administrativo vinculado mediante o qual a Administração Pública, assegurando iguais oportunidades a todos os interessados, busca, a final, a eleição da melhor proposta para celebração de contrato de seu interesse.

Segundo o descrito no art. 3º, *caput*, 1ª parte, da Lei 8.666/1993, são objetivos da licitação garantir aos interessados iguais oportunidades, selecionar a proposta mais vantajosa para a administração e promover o desenvolvimento nacional sustentável. Entre eles, nos debruçaremos apenas nos dois primeiros.

3.1 Assegurar aos interessados iguais oportunidades

Retrata, em verdade, o princípio constitucional da isonomia (art. 5º, *caput*), que, segundo Aristóteles, consiste em "tratar os iguais igualmente e os desiguais desigualmente, na medida de suas desigualdades".[16]

Entretanto, referida discriminação somente é válida se prevista em lei, como afirma Celso Antônio Bandeira de Mello:

> Não se podem interpretar como desigualdades legalmente certas situações, quando a lei não haja "assumido" o fator tido como desequiparador. Isto é, circunstâncias ocasionais que proponham fortuitas, acidentais,

14. É classificada pela doutrina como procedimento ampliativo concorrencial. Ampliativo, porquanto tem como finalidade acrescer a esfera jurídica dos destinatários, e concorrencial porque sujeito ao princípio da competição, em face da existência de uma pluralidade de objetos que atendam aos interesses da Administração e/ou de fornecedores interessados em participar do referido certame.
Dessa forma, sempre que a Administração se deparar com uma situação em que haja competição, estará obrigada a instaurar um procedimento de caráter competitivo para que possa buscar, até com maior eficiência, os objetivos almejados.

15. Sucessão itinerária e encadeada de atos tendendo todos a um resultado final e conclusivo.

16. Entre os filósofos gregos, destacam-se Platão, que foi o primeiro a preocupar-se com a equidade, e Aristóteles, que diferenciou equidade de justiça, e colocou a primeira num patamar superior ao da justiça normativa. Porém Aristóteles definiu a *epieikeia* como pouco prática devido à corrupção no judiciário e, por isso, não recomendou o seu uso irrestrito por parte dos Juízes (disponível em: <http://pt.wikipedia.org/wiki/Equidade>, acesso em 12.12.2012).

> cerebrinas ou sutis distinções entre categorias de pessoas não são de considerar.
>
> Então, se a lei se propôs distinguir pessoas, situações, grupos, e se tais diferenciações se compatibilizam com os princípios expostos, não há como negar os *discrimens*. Contudo, se a distinção não procede diretamente da lei que instituiu o benefício ou exonerou de encargo, não tem sentido prestigiar interpretação que favoreça a contradição de um dos mais solenes princípios constitucionais.[17]

Isso porque, acrescenta ainda o autor, "(...) não sendo o interesse público algo sobre que a Administração dispõe a seu talante, mas, pelo contrário, bem de todos e de cada um, já assim consagrado pelos mandamentos legais que o erigiram à categoria de interesse desta classe, impõe-se, como consequência, o tratamento impessoal, igualitário ou isonômico que deve o Poder Público dispensar a todos os administrados".[18]

Complementando essas valiosas lições, Humberto Ávila indica que a igualdade é "uma relação entre dois ou mais sujeitos em razão de um critério que serve a uma finalidade. Quando se comparam sujeitos, estes são necessariamente comparados em razão de uma medida".[19]

Assim, para referido autor, os sujeitos são comparados por algum motivo, o que permite verificar se a medida de comparação está correta. A *relevância* da propriedade escolhida está na *relação de pertinência* ou *vínculo de correlação lógica* que ela deve manter com a finalidade que justifica a comparação.

O problema no Direito não é apenas saber se as pessoas são iguais ou diferentes (*igualdade descritiva*), necessita-se, sim, saber se as pessoas devem ou não ser tratadas igualmente (*igualdade prescritiva*). Nesse caso, é preciso verificar, no plano dos fatos, se elas têm as propriedades selecionadas como relevantes pelas normas: (i) se pretende manter as pessoas iguais; (ii) se pretende aproximar pessoas diferentes; e (iii) se pretende separar pessoas iguais.

17. Celso Antônio Bandeira de Mello, *Conteúdo Jurídico do Princípio da Igualdade*, 3ª ed., 22ª tir., São Paulo, Malheiros Editores, 2014, p. 45.

18. Idem, *Curso de Direito Administrativo*, 31ª ed., São Paulo, Malheiros Editores, 2014, p. 86.

19. Humberto Ávila, *Teoria da Igualdade Tributária*, 2ª ed., São Paulo, Malheiros Editores, 2009, p. 40.

A igualdade, enquanto dever de tratamento igualitário, só surge quando, para alcançar determinada finalidade que deve ser buscada, os sujeitos são comparados por critérios que, além de serem permitidos, são *relevantes e congruentes* relativamente àquela finalidade.

Assim, igualdade não significa invalidade de todo e qualquer tratamento discriminatório. A discriminação entre situações pode ser uma exigência inafastável para atingir-se a igualdade. Nesse caso, o tratamento uniforme é que seria inválido, por ofender a isonomia.

3.2 Selecionar a proposta mais vantajosa

A eleição da melhor proposta, por sua vez, está diretamente relacionada ao critério de julgamento escolhido pela Administração Pública, que deve estar orientado pelos seguintes fatores: qualidade, rendimento, preço, condições de pagamento, prazo e outros pertinentes ao objeto da licitação, com fundamento nas lições do saudoso Mestre Hely Lopes Meirelles.[20]

Além desses, afirma Hely Lopes Meirelles que outros fatores poderão estar previstos no edital, desde que peculiares a cada licitação e pertinentes ao seu objeto. Somente o administrador pode estabelecê-los, tendo em vista o caso concreto e as exigências específicas do serviço público em cada órgão da Administração.

Destarte, e como alertou Marcos Juruena Villela Souto, em palestra proferida no 7º Seminário Internacional de Compras Governamentais,[21] o que se pretende é a melhor proposta no mercado e não no processo licitatório.

Logo, se existem falhas de mercado, está justificada a intervenção do Estado na economia. Como uma das falhas, Villela destaca a existência de barreiras à entrada de novos competidores, principalmente nos mercados já dominados.

Outrossim, acertada a lição de Marçal Justen Filho ao afirmar que "a busca da maior vantagem na contratação administrativa relaciona-se

20. Hely Lopes Meirelles, *Licitação e Contrato Administrativo*, 15ª ed., São Paulo, Malheiros Editores, 2010.

21. Evento realizado na cidade do Rio de Janeiro, nos dias 18 e 19 de setembro de 2006.

com o princípio da República, que impõe o dever de eficiência[22] na gestão dos recursos públicos".[23]

Entretanto, não nos parece acertada a conclusão por ele externada de que, "se o Estado promover contratação desastrosa apenas para assegurar preferência em favor de uma pequena empresa, haveria dupla ofensa ao sistema jurídico".[24] Isso porque entendemos que a eleição da preferência está embasada tanto na aplicação do princípio constitucional da isonomia quanto na possibilidade concreta de geração de emprego e renda para uma grande parcela da sociedade.

Para tanto, o Governo deveria garantir a preferência das micro e pequenas empresas sem descurar do princípio da economicidade, previsto no art. 70 da Constituição Federal.

Isso porque é preciso sempre demonstrar que o preço ajustado é vantajoso, ou seja, compatível com os de mercado. Essa exigência deve ser atendida comprovando-se, por exemplo, através de orçamentos que o preço ofertado é o menor dentre os apresentados.

A economicidade deve ser avaliada no momento da prática do ato, tendo em vista as circunstâncias e segundo os padrões normais de conduta. Logo, a aleatoriedade dos fatos supervenientes não pode ser considerada para fins de avaliação do respeito ao princípio examinado.

4. O tratamento diferenciado e privilegiado como política pública

O tratamento diferenciado e favorecido a ser concedido às MPEs, amparado no "princípio" da função social da licitação, deve objetivar, como contido no art. 47 da Lei Complementar 123/2006:

I – a promoção do desenvolvimento econômico e social no âmbito municipal e regional;

22. Emerson Gabardo destaca que "Diogenes Gasparini, Hely Lopes Meirelles e Adilson Abreu Dallari, há muito, estudavam o então 'dever de eficiência' que, traduzido do princípio do bom andamento ou boa administração, significa a realização rápida, responsável, maximizada, abrangente e perfeita da atividade, evitando-se gastos além dos necessários, dentro da adequada estrutura institucional" (*Princípio Constitucional da Eficiência Administrativa*, São Paulo, Dialética, 2002, p. 103).

23. Marçal Justen Filho, *O Estatuto da Microempresa e as Licitações Públicas*, cit., p. 22.

24. Idem, ibidem, pp. 22-23.

II – a ampliação das políticas públicas; e

III – o incentivo à inovação tecnológica.

Esses três objetivos deverão servir como vetores de interpretação e aplicação do Capítulo V – Do Acesso aos Mercados – da Lei Complementar 123/2006.

Ademais, poderão adotar as seguintes diretrizes gerenciais:

I – instituir cadastro próprio, de acesso livre, para as microempresas e empresas de pequeno porte sediadas regionalmente, com a identificação das linhas de fornecimento, de modo a possibilitar a notificação das licitações e facilitar a formação de parcerias e subcontratações;

II – estabelecer e divulgar um planejamento anual das contratações públicas a serem realizadas, com a estimativa de quantitativo e de data das contratações;

III – estabelecer e divulgar as especificações dos bens e serviços contratados de modo a orientar as microempresas e empresas de pequeno porte para que adequem os seus processos produtivos; e

IV – na definição do objeto da contratação, não utilizar especificações incompatíveis com as características dos produtos e serviços ofertados pelas microempresas e empresas de pequeno porte sediadas regionalmente.

Cediço que a Constituição Federal de 1988 impôs ao Estado brasileiro um perfil eminentemente de Bem-Estar Social, dessa forma, tem o dever de intervir na ordem econômica e social mediante a implementação de políticas públicas e medidas concretas que visem à melhoria das condições de vida da população.

O princípio da supremacia da Constituição, de que flui o caráter cogente das políticas públicas nela traçadas, impõe a todos os segmentos de atividades atribuídas aos poderes públicos a atuação de modo a concretizar *objetivos socialmente relevantes e politicamente determinados*.

Segundo a concepção tradicional, a atividade contratual do Estado seria um meio para a Administração satisfazer necessidades imediatas, o que justifica a utilização de medidas protetivas a um grupo econômico como forma de incentivar o desenvolvimento regional.

Segundo Jessé Torres Pereira Júnior e Marinês Restelatto Dotti, "a atividade contratual da Administração Pública, mesmo quando no exercício de competências discricionárias, deve exprimir escolhas ditadas por políticas públicas e implementadas de acordo com normas jurídicas que viabilizem a concretização do interesse público".[25]

Para tanto, elencam três condições para justificar tal afirmação:

1ª) A competição seletiva é isonômica e garante a identificação da proposta mais favorável.

2ª) Preferência pela execução indireta,[26] por terceiros, à direta, pelo próprio Estado.

3ª) Distancia a Administração Pública dos conflitos político-partidários (*politics*)[27] e proporciona gestão técnica, racional e previsível, baseada no estrito cumprimento da lei e tutelada por sistema de controle interno e externo.

De acordo com Eros Roberto Grau, "a expressão políticas públicas designa todas as atuações do Estado, cobrindo todas as formas de intervenção do poder público na vida social".[28]

Para Maria Paula Dallari Bucci, políticas públicas são "programas de ação governamental visando a coordenar os meios à disposição do Estado e as atividades privadas, para a realização de objetivos socialmente relevantes e politicamente determinados. Políticas públicas são 'metas coletivas conscientes' e, como tais, um problema de direito público, em sentido lado".[29]

25. Jessé Torres Pereira Jr. e Marinês Restelatto Dotti, *Políticas Públicas nas Licitações e Contratações Administrativas*, 2ª ed., Belo Horizonte, Fórum, 2012, p. 33.

26. Para esses autores, é exatamente a execução indireta que "faz da atividade contratual da Administração o caminho necessário e natural para viabilizar as compras, as obras e os serviços de que carecem os programas e projetos que materializarão aquelas políticas. Por isto que se introduzem na legislação regente das licitações e contratações normas de estímulo à contratação de objetos relevantes para tal implementação" (idem, ibidem, p. 34).

27. Importante destacar as ideias defendidas por Ronald Dworkin ao apresentar a expressão "diretriz" como *policy*, já que é um "tipo de referencial que estabelece objetivos a serem alcançados, geralmente uma melhoria em algum aspecto econômico, político ou social da comunidade (apesar de que alguns objetivos são negativos, na medida em que estipulam um provimento atual que deve ser protegido contra mudanças adversas)" ("Is law a system of rules?", *The Philosophy of Law*, New York, Oxford University Press, 1977, p. 43).

28. Eros Roberto Grau, *O Direito Posto e o Direito Pressuposto*, 8ª ed., São Paulo, Malheiros Editores, 2011, p. 25.

29. Maria Paula Dallari Bucci, *Direito Administrativo e Políticas Públicas*, São Paulo, Saraiva, 2002, p. 241.

Assim, para que os entes da federação possam promover o desenvolvimento econômico e social, bem como ampliar a eficiência das políticas públicas, entendemos que seja necessário:

1º) Definir quais as políticas públicas, no sentido de "processo de escolha dos meios para a realização dos objetivos do governo, com a participação dos agentes públicos e privados",[30] que serão perseguidas e implantadas pela Administração. Isso significa que deverá a Administração ter, em seu quadro de pessoal, agentes públicos qualificados para a identificação das áreas passíveis de desenvolvimento. São os denominados "Gestores de Negócios".

2º) Definir, ainda, por meio de lei,[31] o plano para o estabelecimento dos "objetivos da política, os instrumentos institucionais de sua realização e outras condições de implementação".[32]

Verifica-se ser importante acrescentar ao caráter material proposto por Maria Paula Dallari Bucci aspectos formais ou procedimentais, como proposto por Amauri Feres Saad.[33]

A utilização do termo "poderá" pela lei complementar significa que a Administração tem a possibilidade de escolher se vai ou não conceder tratamento privilegiado às MPEs, o que implica dizer que lhe foi atribuída uma competência discricionária.

Maria Sylvia Zanella Di Pietro define a discricionariedade administrativa "como a faculdade que a lei confere à Administração para

30. Idem, ibidem, p. 259.

31. Como apontado por Eduardo García de Enterría, "A Lei não somente é o ponto de articulação das liberdades dos cidadãos, liberdades iguais e recíprocas, passando também a ser o instrumento através do qual impera o único poder legítimo em uma sociedade de homens livres, a vontade geral, atuando por meio de determinações gerais, impessoais e abstratas, as quais somente necessitarão ser particularizadas nos casos concretos por meio de agentes executores, funcionários ou juízes, para ser finalmente efetivas" (*La Lengua de los Derechos: la Formación del Derecho Público Europeo tras la Revolución Francesa*, 2ª ed., Madri, Civitas, 2001, p. 129).

32. Maria Paula Dallari Bucci, *Direito Administrativo e Políticas Públicas*, cit., p. 259.

33. Para esse autor, as políticas públicas são "estruturas normativas integradas tanto por atos jurídicos quanto por atos materiais, distribuídos entre os elementos funcionais: fins, propósitos, componentes e atividades, relacionados entre si, em ordem decrescente, por um liame de necessidade e satisfatividade" (*Contribuição ao Estudo do Regime Jurídico das Políticas Públicas em Direito Administrativo*, dissertação, PUC-SP, 2011).

apreciar o caso concreto, segundo critérios de oportunidade e conveniência, e escolher uma dentre duas ou mais soluções, todas válidas perante o direito".[34] Assim, "seu fundamento se encontra no ordenamento jurídico positivo; é a própria lei que deixa ao administrador espaço para apreciação discricionária; trata-se de decorrência do princípio da legalidade".[35]

Entretanto, se interpretado tal dispositivo em conformidade com todos os demais (acresça-se as observações referentes à nova natureza jurídica da licitação, bem como aos princípios da isonomia e economicidade), não resta à Administração, seja ela federal, estadual ou municipal, outra conduta senão conceder referido privilégio. Sob pena, aliás, de estar incorrendo em improbidade administrativa, porquanto sua atuação estará afrontando os vetores de atuação do Estado Democrático de Direito.

Isso porque, mesmo no exercício de competência discricionária,[36] deve a Administração, no caso concreto, buscar a melhor solução, isto é, não é qualquer solução que será legal, mas sim a solução que atenda de forma única ao interesse público.

Nesse sentido, leciona Celso Antônio Bandeira de Mello que

> uma vez que a atividade administrativa é desempenho de função e dado que função é o cumprimento obrigatório do dever de atingir uma finalidade antecipadamente estabelecida através do manejo de poderes exercitáveis no interesse de outrem, e estabelecido que a lei sempre e sempre impõe, como é natural, o dever de buscar-se a medida que atenda de modo preciso sua finalidade, resulta certo que a liberdade administrativa acaso conferida por uma norma de direito não significa sempre liberdade de eleição entre indiferentes jurídicos. Não significa poder de opções livres, como as do direito privado. Significa o dever jurídico funcional (questão de legitimidade e não de mérito) de acertar, ante a

34. Maria Sylvia Zanella Di Pietro, *Discricionariedade Administrativa na Constituição de 1988*, São Paulo, Atlas, 1991, p. 41.

35. Idem, p. 47.

36. Miguel Sánchez Morón lembra que a lei não pode regular tudo, dessa forma ela atribui à Administração um poder de decisão próprio, mais ou menos extenso ou condicionado segundo alguns casos, que é o que chamamos *discricionariedade administrativa* (*Derecho Administrativo*, 4ª ed., Madri, Tecnos, 2009, p. 48).

configuração do caso concreto, a providência – isto é, o ato – ideal, capaz de tingir com exatidão a finalidade da lei, dando, assim, satisfação ao interesse de terceiros – interesse coletivo e não do agente – tal como firmado na regra aplicanda.

Segue-se que a abstrata liberdade conferida ao nível da norma não define o campo da discricionariedade administrativa do agente, pois esta, se afinal for existente (ao ser confrontada a conduta devida com o caso concreto), terá sua dimensão delimitada por este mesmo confronto, já que a variedade de soluções abertas em tese pela norma traz consigo implícita a suposição de que algumas delas serão adequadas para certos casos, outras para outra ordem de casos e assim por diante.[37]

Ademais, importante verificar que se trata do exercício de função política as decisões prepostas à promoção do desenvolvimento econômico e social, bem como a ampliação da eficiência das políticas públicas. Referida função, sempre discricionária, busca conduzir a Nação "à realização de seus fins essenciais, segundo as grandes diretrizes de orientação política fixadas pelo Estado".[38]

Outrossim, o tratamento dado às MPEs tanto poderá ser diferenciado quanto simplificado, ou seja, admite certame direcionado somente a essa categoria de empresas e a exigência de uma documentação mais singela demonstrativa das condições de habilitação, bem como regras específicas de desempate de propostas.

Inicialmente, o fez com a elaboração da Lei Complementar 123, de 14.12.2006, a qual estabelece normas gerais relativas ao tratamento diferenciado e favorecido a ser dispensado às microempresas e empresas de pequeno porte no âmbito dos Poderes da União, dos Estados, do Distrito Federal e dos Municípios, especialmente no tocante às aquisições de bens e serviços pelos Poderes Públicos, à tecnologia, ao associativismo e às regras de inclusão.

Ato contínuo, deverá haver medidas administrativas concretas para a efetiva implantação do tratamento diferenciado, bem como a expedição

37. Celso Antônio Bandeira de Mello, *Discricionariedade e Controle Jurisdicional*, 2ª ed., 11ª ed., São Paulo, Malheiros Editores, 2012, pp. 47-48.

38. Yara Martinez de Carvalho e Silva Stroppa, "Função administrativa no Estado brasileiro", *RTDP* 8, p. 156, Malheiros Editores, São Paulo, 1994.

de legislação específica de cada ente federativo, possibilitando validar as alterações introduzidas pela Lei Complementar 123/2006.

Todavia, a existência de legislação sobre o assunto, por si só, não garante a busca pela função social da licitação e a concretização dessa política pública, pois se faz necessária uma mudança radical nas ideias e nos comportamentos profundamente enraizados.

5. *Considerações finais*

Exatamente pelo caráter de função social atribuído à licitação é que as determinações constantes da Lei Complementar 123/2006, em especial seus arts. 42 a 49, não afrontam o princípio constitucional da isonomia (art. 5º, *caput*).

Isso porque o alcance do princípio da isonomia "não se restringe a nivelar os cidadãos diante da norma legal posta, mas que a própria lei não pode ser editada em desconformidade com a isonomia".[39]

Dessa forma, a isonomia entre os concorrentes de um certame licitatório admite o tratamento diferenciado entre desiguais para a determinação da real extensão de seu universo.

A questão reside nos critérios para identificação do respeito à isonomia, pelos quais

> tem-se que investigar, de um lado, aquilo que é adotado como critério discriminatório; de outro lado, cumpre verificar se há justificativa racional, isto é, fundamento lógico, para, à vista do traço desigualador acolhido, atribuir o específico tratamento jurídico construído em função da desigualdade proclamada. Finalmente, impende analisar se a correlação ou fundamento racional abstratamente existente é, *in concreto*, afinado com os valores prestigiados no sistema normativo constitucional.
>
> Em suma: importa que exista mais que uma correlação lógica abstrata entre o fator diferencial e a diferenciação consequente. Exige-se, ainda, haja uma correlação lógica concreta, ou seja, aferida em função dos interesses abrigados no direito positivo constitucional.[40]

39. Celso Antônio Bandeira de Mello, *O Conteúdo Jurídico do Princípio da Igualdade*, cit., p. 9.

40. Idem, pp. 21-22.

Traduzindo para o tratamento diferenciado dado às MPEs, verifica-se que estão presentes todos os critérios, ou seja, há uma correlação lógica entre os privilégios concedidos e a justificativa (transformar a licitação em atividade de desenvolvimento econômico sustentável, gerar emprego e renda e erradicar a pobreza), bem como tal correlação está afinada com os preceitos constitucionais (arts. 146, III, "d", 170, IX, e 179 da Constituição Federal).

Para Jonas Lima,

> o direito é sistêmico e suas normas não podem ser interpretadas de forma estanque, isoladas, mas sim como integrantes de um mesmo sistema. Por essa razão, o inciso XXI do artigo 37 da Constituição Federal, quando estabelece a "igualdade de condições a todos os concorrentes", além do artigo 3º da Lei n. 8.666/93, que impõe a "igualdade" de tratamento entre os licitantes, o artigo 4º do Anexo I do Decreto n. 3.555/00, bem como o artigo 5º do Decreto n. 5.450/05, precisam ser observados em face do princípio do "tratamento favorecido", insculpido no artigo 170, inciso IX, da Constituição Federal.[41]

Por sua vez, Celso Antônio Bandeira de Mello, ao analisar a preferência dada às MPEs pela Lei Complementar 123/2006, leciona:

> Deve-se considerar que estas distintas providências correspondem a um exemplo paradigmático da aplicação positiva (ou seja, não meramente negativa) do princípio da igualdade, o qual, como é sabido, conforta tratamentos distintos para situações distintas, sempre que exista uma correlação lógica entre o fator discriminante e a diferença de tratamento. No caso concreto, é a própria Constituição Federal que impõe, como princípio da ordem econômica, o tratamento favorecido para as empresas de pequeno porte constituídas sob as leis brasileiras e que tenham sua sede e administração no País (art. 170, IX). Ou seja: ali se determina a outorga de vantagens às sobreditas empresas. É a Lei Magna, portanto, que estabelece uma correlação entre o pequeno porte

41. Jonas Lima, "Lei do Supersimples: ampliando o espaço das pequenas empresas nas licitações", in "Curso" Lex Editora, fev. 2007, Curitiba, disponível em: <jonaslima.com>, acesso em 12.2012, *passim*.

econômico de uma empresa e a justeza de se lhe atribuírem benefícios em sua atividade empresarial.[42]

Acerca da vantajosidade da proposta, de se notar, de início, que na noção de atividades econômicas estão compreendidas as "industriais ou comerciais que o Estado, (...) desempenha basicamente *sob regime de Direito Privado*, (...), isto é, atividade própria dos particulares; atividade privada, portanto, e, bem por isto, insuscetível de ser qualificada como serviço público".[43]

Em princípio, a Constituição Federal reserva aos particulares a exploração de atividade econômica. Nesse sentido é o teor do art. 170, parágrafo único, que diz ser livre o exercício de atividade econômica, independentemente de autorização de órgãos públicos.

Entretanto, o art. 173 permite que o Estado, em situações especiais, intervenha no domínio econômico quando necessário aos imperativos da segurança nacional ou a relevante interesse coletivo.[44]

Ora, dar um tratamento diferenciado às micro e pequenas empresas insere-se na noção de relevante interesse coletivo, a justificar o uso do instituto da licitação como instrumento de intervenção no mercado.

Essas ideias encontram guarida no denominado direito administrativo econômico, que é "o conjunto de regras e instituições de direito administrativo tendentes a promover o desenvolvimento social econômico e o bem-estar social, na constante procura por desenvolvimento sustentável, ordem, paz, segurança e igualdade para todos".[45]

São princípios desse novo ramo do Direito: soberania nacional, propriedade privada e sua função social, livre concorrência, defesa do consumidor, defesa do meio ambiente, redução das desigualdades regionais e sociais, busca do pleno emprego e tratamento favorecido para as empresas de pequeno porte.

42. Celso Antônio Bandeira de Mello, *Curso de Direito Administrativo*, 31ª ed., São Paulo, Malheiros Editores, 2014, p. 547.

43. Idem, ibidem, p. 703.

44. Não esqueçamos ainda do contido no art. 174 da Constituição Federal, que prevê o Estado como agente normativo e regulador da atividade econômica, logo podendo adotar as medidas necessárias para promover, estimular, favorecer e auxiliar a ampliação da participação das MPEs nas compras governamentais.

45. José Eduardo Martins Cardozo *et al.*, *Curso de Direito Administrativo Econômico*, vol. I, São Paulo, Malheiros Editores, 2006, p. 26.

Analisando os princípios acima, Celso Spitzcovsky destaca que o surgimento do princípio do tratamento favorecido para as empresas de pequeno porte tem por objetivo reforçar a livre-iniciativa e, em particular, a livre concorrência.

> Destarte, ao assegurar tratamento favorecido para as empresas de pequeno porte, a Constituição tornou clara a intenção de conferir a elas condições mínimas de competição com as grandes, de forma a promover o desenvolvimento social, através da geração de novos empregos.
>
> Por óbvio, a diretriz estabelecida pela Constituição, em vista dos objetivos que nortearam sua inclusão, acaba por se aplicar também para as microempresas, posto que, se as de pequeno porte necessitam deste apoio para que possam concorrer com as maiores, com muito mais razão este argumento deve ser utilizado, com legitimidade, para as que se revelam ainda menores.[46]

Ademais, competindo ao Estado garantir a aplicação desses princípios, deve, como agente normativo e regulador da atividade econômica, exercer, na forma da lei, as funções de fiscalização, incentivo e planejamento, sendo este determinante para o setor público e indicativo para o setor privado (art. 174 da Constituição Federal).

Como marco do direito administrativo econômico, destacamos o direito administrativo regulatório e o direito administrativo ordenador econômico.

O primeiro

> implica a integração de diversas funções: pressupõe que um quadro seja imposto às atividades econômicas, devendo respeitar um certo equilíbrio dos interesses das diversas forças sociais presentes. Este quadro normativo é estabelecido por decisões gerais e abstratas, constantes geralmente de regulamentos; pela aplicação concreta das suas regras; e pela composição dos conflitos que delas advêm, dando lugar, nestas duas últimas hipóteses, a decisões individuais. Há, portanto, três poderes

46. Celso Spitzcovsky, "Princípios do direito administrativo econômico", in José Eduardo Martins Cardozo *et al.*, *Curso de Direito Administrativo Econômico*, cit., p. 97.

inerentes à regulação: aquele de editar a regra, o de assegurar sua aplicação e o de reprimir as infrações.[47]

Por sua vez, o direito administrativo ordenador econômico se aproxima do conceito de regulação, dele se diferenciando apenas no tocante à não abrangência da regulação dos serviços públicos. Assim, compreende o "conjunto de medidas legislativas, administrativas e convencionais, abstratas ou concretas, pelas quais o Estado, de maneira restritiva da liberdade privada ou meramente indutiva, determina, controla ou influencia o comportamento dos agentes econômicos, evitando que lesem os interesses sociais definidos no marco da Constituição e orientando-os em direções socialmente desejáveis".[48]

Como consequência da conjugação entre regulação e ordenação, verifica-se a necessidade de o Estado fomentar as atividades das micro e pequenas empresas[49] para que sejam inseridas no processo de desenvolvimento econômico e social. Até porque, com o reconhecimento da situação diferenciada das MPEs e a aplicação de políticas públicas privilegiadas, estarão sendo atendidos os dois objetivos da licitação: isonomia e melhor proposta.[50]

Verifica-se que a introdução da Lei Complementar 123/2006 inseriu um novo paradigma nas compras públicas, porquanto aliou a eficiência inserida pela modalidade pregão (Lei 10.520/2002) com o uso do poder de compra do Estado.

Entretanto, nem todos os Estados da federação implementaram as diretrizes estabelecidas pela Lei Complementar 123/2006:

a) possuem legislação e programa de incentivo: RS, MG, RJ, ES, BA, SE, AL, RN;

b) possuem legislação, mas não programa de incentivo: SC, SP, MS, GO, DF, MT, RO, AC, AM, RR, PA, AP, PE, PB;

47. Alexandre Santos de Aragão, "Regulação da economia: conceito e características", in José Eduardo Cardozo *et al.*, *Curso de Direito Administrativo Econômico*, vol. III, São Paulo, Malheiros Editores, 2006, p. 418.

48. Idem, ibidem, p. 431.

49. Marcos Juruena Villela Souto, *Direito Administrativo da Economia*, Rio de Janeiro, Lumen Juris, 2003.

50. Evidente, então, que, contrariamente ao afirmado por Marçal Justen Filho, a preferência atribuída às MPEs pode se coadunar com a obtenção da proposta mais vantajosa.

c) não possuem legislação nem programa de incentivo: PR, TO, PI, CE, MA.

Recente matéria publicada pelo jornal *Folha de S.Paulo*[51] evidencia que 93% dos municípios brasileiros não cumprem as determinações estabelecidas para beneficiar as micro e pequenas empresas em compras públicas.

Assim, há muito a ser feito para que as prerrogativas previstas na Lei Complementar 123/2006 sejam efetivamente implementadas.

Bibliografia

A – Sites

1. www.sebrae.com.br
   – O Brasil comprando mais de micro e pequena empresa.
   – Pequena empresa pode ter preferência nas compras governamentais (13.2.2006).
   – Texto final garante avanços importantes para os pequenos negócios (6.9.2006).
   – Seminário discutirá alterações na legislação em favor das micro e pequenas empresas (15.6.2004).
   – Para Fecomercio-SP, Lei Geral garante cidadania para pequenas (6.9.2006).
   – Senado Federal aprova nova Lei Geral das MPEs (8.11.2006).
2. 5º Seminário Internacional de Compras Governamentais
   – Apresentação do Cláudio Veras – Consultor/Coordenador do Projeto Compras Governamentais Unidade de Políticas Públicas Sebrae NA – Os Municípios, as pequenas empresas e as compras locais.
3. Apresentação: Ministério do Planejamento, Orçamento e Gestão
   – Programa: Uso do Poder de Compras do Estado dirigido à ampliação da participação das MPEs nas compras eletrônicas.
   – Projeto de ampliação da participação das MPEs nas compras eletrônicas.
4. www.convergenciadigital.com.br
5. Agência Brasil
   – Estudo incentiva debate sobre desenvolvimento das MPEs (25.8.2004).
   – Micro e pequenas empresas fornecem 10,5% de bens e serviços ao Governo (23.7.2006).
6. Comprasnet
   – MPEs vão ter mais participações nas licitações (29.3.2004).
   – Governo quer ampliar participações das MPEs nas Compras Públicas (11.7.2006).

51. "93% dos Municípios violam lei que ajuda as micro e pequenas", *Folha de S.Paulo*, São Paulo, Mercado mpme, Caderno B11, p. 1, 19.8.2012.

7. www.governoeletronico.gov.br
– Micro e pequenas empresas preferem o pregão eletrônico (21.7.2006).
– Propostas para ampliar participação das micro e pequenas empresas nas compras do governo serão apresentadas na Mostra de TIC (14.3.2005).
– Fórum discute mudanças na lei de licitações (18.8.2006).
– Governo quer ampliar participação das MPEs nas compras públicas (6.7.2006).
8. www.migalhas.com.br
– As novas preferências em favor das pequenas empresas nas licitações. Marçal Justen Filho, Pílulas da Informação (2.2.2007).
9. www.folha.uol.com.br
– 93% dos Municípios violam lei que ajuda as micro e pequenas. *Folha de S.Paulo*, São Paulo, Mercado mpme, Caderno B11, 19.8.2012.

B – Doutrina

ARAGÃO, Alexandre Santos de. "Regulação da Economia: conceito e características". In CARDOZO, José Eduardo *et al*. *Curso de Direito Administrativo Econômico*. vol. III. São Paulo, Malheiros Editores, 2006.

ARANTES, Rafael Setúbal. "Comercialização no mercado interno e compras governamentais". In Conferência Brasileira sobre Arranjos Produtivos Locais – Ministério do Planejamento, Orçamento e Gestão, 2 set. 2005, Rio de Janeiro. Disponível em: <http://www.desenvolvimento.gov.br/arquivos/dwnl_1199710858.pdf>. Acesso em: 12.2012.

ÁVILA, Humberto. *Teoria da Igualdade Tributária*. 2ª ed. São Paulo, Malheiros Editores, 2009.

BEZNOS, Clovis. *Aspectos Jurídicos da Indenização na Desapropriação*. Belo Horizonte, Fórum, 2006.

BUCCI, Maria Paula Dallari. *Direito Administrativo e Políticas Públicas*. São Paulo, Saraiva, 2002.

BUGARIN, Paulo Soares. *O Princípio Constitucional da Economicidade na Jurisprudência do Tribunal de Contas da União*. Belo Horizonte, Fórum, 2004.

CARDOZO, José Eduardo Martins *et al*. *Curso de Direito Administrativo Econômico*. vol. I. São Paulo, Malheiros Editores, 2006.

________. *Curso de Direito Administrativo Econômico*. vol. III. São Paulo, Malheiros Editores, 2006.

DALLARI, Adilson Abreu. *Aspectos Jurídicos da Licitação*. 7ª ed. São Paulo, Saraiva, 2006.

DI PIETRO, Maria Sylvia Zanella. *Direito Administrativo*. 17ª ed. São Paulo, Atlas, 2004.

________. *Discricionariedade Administrativa na Constituição de 1988*. São Paulo, Atlas, 1991.

DWORKIN, Ronald. "Is law a system of rules?" *The Philosophy of Law*. New York, Oxford University Press, 1977.

ENTERRÍA, Eduardo García de. *La Lengua de los Derechos: la Formación del Derecho Público Europeo tras la Revolución Francesa*. Cap. 3: Las bases de la formación del Derecho Público Revolucionario. 2ª ed. Espanha, Civitas, 2001.

FERNANDES, Jorge Ulisses Jacoby. *Contratação Direta sem Licitação*. 5ª ed. Brasília, Brasília Jurídica, 2004.

FERREIRA, Daniel. *A licitação Pública no Brasil e sua Finalidade Legal: a Promoção do Desenvolvimento Nacional Sustentável*. Belo Horizonte, Fórum, 2012.

FIGUEIREDO, Lúcia Valle. *Curso de Direito Administrativo*. 8ª ed. São Paulo, Malheiros Editores, 2008.

GABARDO, Emerson. *Princípio Constitucional da Eficiência Administrativa*. Parte III: Implicações do Princípio da Eficiência no Direito Administrativo. São Paulo, Dialética, 2002.

GASPARINI, Diogenes. *Direito Administrativo*. 9ª ed. São Paulo, Saraiva, 2004.

GRAU, Eros Roberto. *O direito Posto e o Direito Pressuposto*. 8ª ed. São Paulo, Malheiros Editores, 2011.

JUSTEN FILHO, Marçal. *Comentários à Lei de Licitações e Contratos Administrativos*. 15ª ed. São Paulo, Dialética, 2012.

________. *O Estatuto da Microempresa e as Licitações Públicas*. São Paulo, Dialética, 2007.

LIMA, Jonas. "Lei do Supersimples: ampliando o espaço das pequenas empresas nas licitações". In Curso Lex Editora S.A., fev. 2007, Curitiba. Disponível em: <jonaslima.com>. Acesso em: 12.2012.

MEIRELLES, Hely Lopes. *Direito Administrativo brasileiro*. 40ª ed. São Paulo, Malheiros Editores, 2014.

________. *Licitação e Contrato Administrativo*. 15ª ed. São Paulo, Malheiros Editores, 2010.

MELLO, Celso Antônio Bandeira de. *Conteúdo Jurídico do Princípio da Igualdade*. 3ª ed., 22ª tir. São Paulo, Malheiros Editores, 2014.

________. *Curso de Direito Administrativo*. 31ª ed. São Paulo, Malheiros Editores, 2014.

________. *Discricionariedade e Controle Jurisdicional*. 2ª ed., 11ª tir. São Paulo, Malheiros Editores, 2012.

PEREIRA JR., Jessé Torres; DOTTI, Marinês Restelatto. *Políticas Públicas nas Licitações e Contratações Administrativas*. 2ª ed. rev., atual. e ampl. Belo Horizonte, Fórum, 2012.

SAAD, Amauri Feres. *Contribuição ao Estudo do Regime Jurídico das Políticas Públicas em Direito Administrativo*. Dissertação. Pontifícia Universidade Católica de São Paulo, São Paulo, 2011.

SÁNCHEZ MORÓN, Miguel. *Derecho Administrativo*. 4ª ed. Madri, Tecnos, 2009, Cap. I.

SOIBELMAN, Félix. "Função social do contrato". *Jus Navigandi*, Teresina, ano 9, n. 681, 17.5.2005. Disponível em: <http://jus.com.br/artigos/6696/funcao-social-do-contrato>. Acesso em: 12.2012.

SOUTO, Marcos Juruena Villela. *Direito Administrativo da Economia*. Rio de Janeiro, Lumen Juris, 2003.

STROPPA, Yara Martinez de Carvalho e Silva. "Função administrativa no Estado brasileiro". *Revista Trimestral de Direito Público*. São Paulo, n. 8, 1994.

SUNDFELD, Carlos Ari. *Fundamentos de Direito Público*. 5ª ed., 5ª tir. São Paulo, Malheiros Editores, 2014.

_______. *Licitação e Contrato Administrativo de Acordo com as Leis 8.666/93 e 8.883/94*. São Paulo, Malheiros Editores, 1994.

TALAVERA, Glauber Moreno. "A função social do contrato no novo Código Civil". *CEJ*. Brasília, DF, n. 19, pp. 94-96, out./dez. 2002.

PODER NORMATIVO DA ADMINISTRAÇÃO PÚBLICA

CLÈMERSON MERLIN CLÈVE

Professor Titular de Direito Constitucional da UFPR – Professor Titular de Direito Constitucional da UniBrasil – Professor Visitante do Máster Universitario en Derechos Humanos, Interculturalidad y Desarrollo e do Doctorado en Ciencias Jurídicas y Políticas da Universidad Pablo de Olavide, em Sevilha, Espanha – Pós-graduado em Direito Público pela Université Catholique de Louvain, Bélgica – Mestre em Direito pela UFSC – Doutor em Direito do Estado pela PUC-SP – Líder do NINC-Núcleo de Investigações Constitucionais em Teorias da Justiça, Democracia e Intervenção da UFPR – Foi Procurador do Estado do Paraná e Procurador da República.

1. A atividade legislativa e sua descentralização

O Estado de Direito pretendeu vincular a produção do direito à vontade geral. Nessa linha, o direito seria veiculado pela lei. Apenas o ato com forma de lei poderia inovar a ordem jurídica. Se a lei, entretanto, constitui fonte do direito por excelência, nem por isso o direito todo reside nela. A unidade da ordem jurídica liberal já ocultava uma espécie de pluralismo jurídico. Um pluralismo acentuado com o desenrolar do processo de acumulação capitalista.

Os indivíduos, de um lado, e os grupos, de outro lado, produzem normas jurídicas, implicando a criação de direitos e obrigações e a mudança da situação jurídica das pessoas. Cada grupo pode constituir uma ordem jurídica. Há milhares de ordens jurídicas que se reproduzem no seio da sociedade. Aqui, encontra-se a dimensão plural da instância jurídica. Essas ordens jurídicas, todavia, encontram o seu momento de unidade na regulação produzida pelo Estado. Nenhuma norma pode contrariar os comandos veiculados pela vontade do legislador e do Constituinte.

Talvez se possa afirmar que o Estado de Direito não pretendeu monopolizar toda a função normativa, mas sim o exercício da função legislativa (aqui num sentido material) enquanto forma de regulamentação heterônoma dos interesses dos particulares. Uma heteronomia, diga-se, que do ponto de vista político se reconduz à ideia de autonomia, já que a lei, no Estado Democrático de Direito, é expressão do autogoverno coletivo.

Mesmo no contexto liberal, se o Estado pretendeu monopolizar a função legislativa, não a depositou por inteiro nas mãos do Poder Legislativo. O Poder Executivo nem sempre ficou impedido de exercer o poder regulamentar. Mas se nos Estados de tradição romanística (sistema do *civil law*) o fenômeno da centralização manifestou-se de modo mais acentuado, o mesmo não pode ser dito dos Estados de tradição anglo-saxônica.[1]

1. No sistema anglo-saxônico, há uma concorrência entre o *common law* (direito costumeiro) e a lei. A lei, nesse particular, guarda uma função auxiliar, de complementação e esclarecimento do direito comum. Não assumia, num primeiro momento, a preeminência adquirida no sistema do *civil law*. Ora, quem aplica o *common law* são os tribunais, que, decidindo, criam precedentes judiciais vinculantes, decorrentes do princípio do *stare decisis* (segundo o qual os tribunais inferiores estão obrigados a respeitar as decisões dos superiores, os quais por sua vez se obrigam por suas próprias decisões). Do precedente judicial é extraída a norma jurídica geral obrigatória. Assim, no sistema do *common law*, o direito é feito pelo juiz. Como ensina Kelsen, "A decisão judicial também pode criar uma norma geral. A decisão pode ter força de obrigatoriedade não apenas para o caso em questão, mas também para outros casos similares que os tribunais tenham eventualmente de decidir. Uma decisão judicial pode ter o caráter de um precedente, i.e., de uma decisão obrigatória para a decisão futura de todos os casos similares. Ela pode, contudo, ter o caráter de precedente apenas se não for a aplicação de uma norma geral preexistente de Direito substantivo, se o Tribunal atuou como legislador. A decisão de um tribunal num caso concreto assume o caráter de precedente obrigatório para as decisões futuras de todos os casos similares por meio de uma generalização da norma individual criada pela primeira decisão. É a força de obrigatoriedade da norma geral assim obtida que é a essência de um chamado precedente. Apenas com base nessa norma geral é possível estabelecer que

A descentralização é típica dos Estados federais. Nestes, há uma verdadeira partilha da função legislativa entre os entes componentes da federação. As coletividades regionais, assim como a União, legislam, por meio de seus órgãos legislativos, nas matérias de sua competência. Se em alguns países a federação caracteriza-se pela presença de dois níveis de governo dotados de autonomia política, no Brasil a situação é singular, já que os Municípios também produzem lei (inclusive no sentido formal). Por isso, a República Federativa do Brasil compreende as esferas federal, estadual (também o Distrito Federal) e municipal.

A descentralização legislativa – fenômeno que vem se desenvolvendo de modo impressionante – consiste na possibilidade de criação de atos normativos, sob a forma de lei ou não, por outros órgãos que não propriamente o Legislativo (nesse passo compreendido enquanto plenário). Ou seja, identifica-se com o exercício de uma função normativa, definida quer seja sob o ponto de vista formal (lei) ou material (regulação heterônoma de interesses particulares – regra de direito – ou regulação genérica e abstrata – norma geral).

Observa-se, então, o processo de descentralização legislativa pelo qual passa o Estado contemporâneo. O fenômeno manifesta-se no Brasil, como em todo lugar, para alterar o perfil do próprio Legislativo, ora o do Judiciário ou aquele dos grupos sociais (sindicatos, por exemplo). Todavia, o poder que saiu mais beneficiado com o processo foi, sem dúvida, o Executivo.

O Executivo chama para si tarefas que, na doutrina liberal, não cabiam no espaço funcional reservado ao Estado, além de outras antes perfeitamente realizáveis pelos particulares. Esse poder, igualmente, invade o território funcional do legislador.

O fato não constitui novidade. O processo de descentralização da atividade normativa não poderia deixar de contemplar o Executivo, que, nas sociedades políticas contemporâneas, participa ativamente do pro-

outros casos são 'similares' ao primeiro, cuja decisão é considerada o 'precedente' e que, consequentemente, esses outros casos devem ser decididos da mesma maneira. A norma geral pode ser formulada pelo próprio tribunal que criou o precedente. Ou pode ser deixada para outro tribunal, obrigado pelo precedente a derivar dele a norma geral, sempre que surja um caso pertinente" (*Teoria Geral do Direito e do Estado*, trad. de Luiz Carlos Borges, revisão técnica de Péricles Prade, São Paulo, Martins Fontes; Brasília, Universidade de Brasília, 1990, p. 151).

cesso legislativo.[2] Sua participação no processo opera-se de dois modos: *(i)* ou intervém em uma das fases do procedimento de elaboração da lei, ou *(ii)* exerce, ele mesmo, a função de elaborar o ato normativo (dotado ou não de força de lei).

2. A participação do Executivo no processo de elaboração da lei

O crescimento das funções do Estado tornou obsoleta a tese do monopólio do exercício da iniciativa pelos membros das câmaras legislativas. Aliás, nesse território, cada vez mais o Executivo foi se afirmando, até o ponto em que, atualmente, quase todas as Constituições atribuem também a ele o poder de iniciativa.

Não importa o sistema de governo. Parlamentarista ou presidencialista, o Executivo influencia o processo de formação das leis. Imagina-se que no parlamentarismo tal fato não se manifesta. Engano. O governo, no regime parlamentarista, antes de se constituir em mero comitê parlamentar, por ele dirigido, comanda o parlamento em face da fidelidade da maioria parlamentar às diretrizes impostas pelo partido ou coalizão majoritários.

Se no regime parlamentarista, puro ou temperado, a função (talvez) mais importante do parlamento seja a de formar um governo, o mesmo não ocorre no regime presidencialista. Neste, há uma separação mais nítida entre os Poderes Executivo e Legislativo. Em princípio, o governo fica com o Executivo, não sendo o Legislativo por ele corresponsável. Ao Legislativo cabe, teoricamente, aprovar as leis que serão, ao depois, executadas pela Administração Pública, além de fiscalizar sua execução (*accountability*).[3]

2. Boris Mirkine-Guetzévitch, *Evolução Constitucional Europeia*, São Paulo, José Konfino, 1957, p. 33; Georges Langrod, *O Processo Legislativo na Europa Ocidental*, Rio de Janeiro, Fundação Getulio Vargas, 1954.

3. De acordo com Andrew Arato, seria possível falar em uma dupla *accountability*, na qual o Executivo responde ao Parlamento pelos atos que realiza, enquanto este se responsabiliza por suas ações perante a população ("Representação, soberania popular e *accountability*", *Lua Nova*, Cedec, São Paulo, n. 55-56, p. 94, 2002). Para Guilhermo O'Donnell, a *accountability* pode ser horizontal ou vertical: "Por meio de eleições razoavelmente livres e justas, os cidadãos podem punir ou premiar um mandatário votando a seu favor ou contra ele ou os candidatos que apoie na eleição seguinte. Também por definição, as liberdades de opinião e de associação, assim como

Na pura formulação do sistema, não seria dado ao Executivo propor projetos de lei ao Legislativo. Ele, afinal, não seria um poder provocante, mas, antes, de execução da lei. Porém, essa concepção, formulada pelos pais da democracia americana, resistiu por pouco tempo. O sistema presidencialista foi sendo adotado por vários países, especialmente os da América Latina, e, nestes, como é o caso do Brasil, o Executivo nunca foi impedido de manejar o poder de iniciativa.[4]

o acesso a variadas fontes de informação, permitem articular reivindicações e mesmo denúncias de atos de autoridades públicas. (...) Eleições, reivindicações sociais que possam ser normalmente proferidas, sem que se corra o risco de coerção, e cobertura regular pela mídia ao menos das mais visíveis dessas reivindicações e de atos supostamente ilícitos de autoridades públicas são dimensões que chamo de '*accountability* vertical'. (...) Posso, agora, definir o que entendo por *accountability* horizontal: a existência de agências estatais que têm o direito e o poder legal e que estão de fato dispostas e capacitadas para realizar ações, que vão desde a supervisão de rotina a sanções legais ou até o *impeachment* contra ações ou emissões de outros agentes ou agências do Estado que possam ser qualificadas como delituosas" ("*Accountability* horizontal e novas poliarquias", *Lua Nova*, Cedec, São Paulo, n. 44, pp. 28-40, 1998).

4. Nos Estados Unidos, entretanto, o chefe do Executivo formalmente está impossibilitado de provocar a atuação legiferante. Todavia, a despeito disso, a maioria dos projetos de lei apreciados pelo Congresso americano é, atualmente, proveniente daquele Poder. Sobre isso, seja lembrado o que comenta Michel Nelson, Professor de ciência política na *Vanderbilt University* ("Avaliando a presidência", in *A Presidência e o Sistema Político – Política Norte-Americana Hoje*, São Paulo, Alfa-Ômega, 1985, p. 34): "Durante o Século passado o público em geral fez exigências de ação cada vez maiores ao governo federal, muitas das quais exigiam alterações na legislação. Para satisfazer cada uma dessas exigências, o Congresso como instituição teve de enfrentar o processo longo, tortuoso e algo subterrâneo de desenvolver programas e fazê-los passar pelos seus próprios obstáculos internos à ação (...)". Desde 1932, os membros do Congresso começaram a encontrar maneiras de resolver esse dilema voltando-se para a presidência. Não somente o Congresso deu a Franklin D. Roosevelt carta branca para lidar com a grande depressão como bem lhe aprouvesse – nos famosos 100 primeiros dias, foram aprovadas dezenas de emendas de autoria de Roosevelt –, mas também autorizou ações que permitiam ao presidente institucionalizar seu poder de iniciativa. A Receita Federal foi transferida do Departamento do Tesouro para um novo gabinete executivo, com o poder de peneirar todas as propostas ministeriais para a legislação antes de serem submetidas ao Congresso. Além disso, o presidente foi autorizado a nomear um quadro de assessores principalmente com o propósito de criar e enviar projetos lei ao Congresso. Essa tendência continuou nas administrações seguintes: o *Employment Act* de 1946 incumbiu o presidente (com a ajuda de um novo conselho de assessores econômicos) de dirigir a economia e recomendar alterações na legislação em termos de crise econômica. Pedidos semelhantes de iniciativa presidencial por parte do Congresso estavam incluídos no *Manpower Development Act* de 1968, no *National Environmental Policy Act* de 1969 e em muitas outras emendas.

A Constituição de 1988 manteve a técnica de reservar ao Executivo a iniciativa de determinadas matérias. Embora a Constituição de 1988 objetivasse devolver o país ao espaço civilizado das democracias constitucionais, não poderia, nesse momento histórico, impedir o Executivo de exercer algum peso no processo de elaboração da lei. Como se vê, o princípio da separação dos poderes, tal como inicialmente formulado, ou tal como radicalmente interpretado, não consegue sobreviver atualmente. Seja no parlamentarismo, em que a colaboração entre os poderes é, por natureza, indispensável, seja no presidencialismo, que, inicialmente, requereu uma rígida separação de funções, a cooperação entre os órgãos constitucionais do Estado, notadamente entre o Executivo e o Legislativo, definitivamente se impõe. A atividade legislativa sofistica-se com o decorrer do tempo, sendo certo que a sombra do Executivo fica cada vez mais presente.

A revisão do princípio da divisão de poderes levou o Executivo não apenas a *(i)* participar do processo de elaboração da lei (especialmente mediante a iniciativa) ou a *(ii)* sugestionar o resultado do procedimento. O acontecimento concluiu, enfim, por *(iii)* autorizar o Executivo a produzir a lei.

Parece ser possível afirmar que o Executivo legisla[5] em face de *(i)* delegação com assento constitucional; de *(ii)* delegação anômala e, finalmente, de *(iii)* atividade legislativa decorrente de atribuição constitucional.

A delegação[6] com assento constitucional dá-se quando a Lei Fundamental confere ao ato normativo do Executivo natureza de ato legislativo. Nos Estados ocidentais, é difícil encontrar um quadro constitucional em que o Executivo esteja impedido de atuar normativamente. Mas se em determinados casos o sistema jurídico constitucional autoriza ou tolera a delegação legislativa, outras vezes a Constituição confere, diretamente, ao Executivo competência para legislar.

3. *A atividade normativa do Poder Executivo no Brasil*

Concorde-se que, no presente momento da história política, é inviável proibir o Executivo de desempenhar, com limites rigorosos e precisos, atividade normativa.

5. No sentido de que dispõe de um poder normativo, seja primário ou secundário.

6. Por delegação entende-se provisoriamente a transferência de função atribuída constitucionalmente de um órgão a outro do próprio ou de outro poder.

A atividade normativa do Executivo não se encontra subordinada apenas aos princípios constitucionais de dimensão substantiva. Há, igualmente, importantes parâmetros processuais a limitar referido Poder no desempenho dessa importante atividade.

Tais fórmulas processuais são dedutíveis do princípio da divisão dos poderes inscrito no art. 2º da Constituição da República: "São Poderes da União, independentes e harmônicos entre si, o Legislativo, o Executivo e o Judiciário". A compreensão do princípio reclama a leitura atenta de toda a Constituição.

Em nosso país, o Poder Executivo exerce *(i)* atividade normativa decorrente de atribuição, bem como *(ii)* atividade normativa decorrente de delegação. Por outro lado, a atividade normativa do Chefe do Poder Executivo, nos termos da Constituição, pode ser *(i)* primária (atos legislativos capazes de inovar originariamente a ordem jurídica: medidas provisórias e leis delegadas) *(ii)* ou secundária (atos insuscetíveis de inovar, originariamente, a ordem jurídica: os regulamentos). Esses dados são suficientes para justificar a abordagem da presente parte do estudo. Analisa-se a partir de agora, em específico, a atividade normativa de natureza regulamentar (secundária).

4. Atividade normativa secundária: os regulamentos

Além da atividade normativa primária, o Executivo manifesta, igualmente, atividade normativa secundária, quando emana, por exemplo, decretos regulamentares. Aqui também o Chefe do Poder Executivo contribui para a formação da ordem jurídica. O poder regulamentar,[7] conferido ao Presidente da República pela Constituição,[8] consiste no mais importante meio pelo qual a Administração Pública exerce atividade normativa secundária.

Há uma gama imensa de atos normativos editados pelas autoridades integrantes da Administração Pública, a começar pelas instruções editadas pelos Ministros de Estado, as circulares, os regimentos, os estatutos, as ordens de serviço, entre outros.

7. Discute-se, na doutrina, se o Presidente da República dispõe de um "poder", uma "faculdade" ou uma "atribuição" regulamentar. No presente texto, a expressão "poder regulamentar" será tomada com o sentido de "atribuição regulamentar". Ora, o Presidente da República não apenas pode regulamentar as leis que exijam a atuação do Executivo, como deve regulamentá-las. Trata-se de um poder-dever, "atribuição" ("poder-função", como diria Oswaldo Aranha Bandeira de Mello).

8. Leia-se: ao Poder Executivo (nas esferas federal, estadual ou municipal).

Todos os atos acima referidos, exceto os últimos, integram um conceito *lato* de regulamento. Integram, ademais, no Direito estrangeiro, o próprio conceito de regulamento. Afinal, em outros sistemas jurídicos, o regulamento não é mais do que o ato normativo baixado pela Administração Pública.[9] Tal não ocorre no Brasil. Regulamento, em nosso país, visto o conceito no sentido estrito, é apenas o ato normativo secundário editado pelo Chefe do Executivo. Se o ato promana de qualquer outra autoridade ou ente (agência reguladora, por exemplo), já não mais corresponde à ideia constitucional de regulamento,[10] a não ser em sentido lato.[11]

Reconstruindo o princípio da separação dos poderes por força das mutações pelas quais passou a civilização ocidental (mas não apenas a civilização ocidental), ficou absolutamente clara a "necessidade de uma potestade normativa da Administração como uma técnica inescusável de governo humano em nossa época".[12]

Os regulamentos não traduzem emanação da função legislativa, substanciando entre nós verdadeira atividade administrativa de caráter normativo.[13] Os atributos de generalidade e abstração apartam o ato administrativo executivo do ato administrativo normativo.[14]

9. Jorge Manuel Coutinho de Abreu, *Sobre os Regulamentos Administrativos e o Princípio da Legalidade*, Coimbra, Almedina, 1987, p. 40.

10. Quando a Constituição se reporta à competência regulamentar do CNJ, está a cuidar do regulamento no sentido lato.

11. Nos termos da Constituição de 1988 (art. 84), compete privativamente ao Presidente a República (inc. IV) "sancionar, promulgar e fazer publicar as leis, bem como expedir decretos e regulamentos para sua fiel execução". A Emenda Constitucional 32 alterou a redação do inciso VI do art. 84 da CF, criando nova hipótese de exercício do poder regulamentar, anotando que competirá privativamente ao Presidente da República: "VI – dispor, mediante decreto, sobre: *a*) organização e funcionamento da administração federal, quando não implicar aumento de despesa nem criação ou extinção de órgãos públicos; *b*) extinção de funções ou cargos públicos, quando vagos".

12. Eduardo García de Enterría e Tomás-Ramón Fernández, *Curso de Derecho Administrativo*, ed. argentina com notas de Agustín Gordillo, Buenos Aires, La Ley, 2006, p. 185.

13. Diogenes Gasparini, *Poder Regulamentar*, 2ª ed., São Paulo, Ed. RT, 1982, p. 6. Também: Luciano Ferreira Leite, *O Regulamento no Direito Brasileiro*, São Paulo, Ed. RT, 1986, p. 22. Ainda: Geraldo Ataliba, *República e Constituição*, 3ª ed., São Paulo, Malheiros Editores, 2011, p. 135. Finalmente: Sergio Ferraz, *3 Estudos de Direito: Desapropriação de Bens Públicos; o Prejulgado Trabalhista em face da Constituição; Regulamento*, São Paulo, Ed. RT, 1977, p. 105; e Roque Antonio Carrazza, *O Regulamento no Direito Tributário Brasileiro*, São Paulo, Ed. RT, 1981, p. 14.

14. Mas não são os únicos responsáveis, como se verá.

Se o ato administrativo executivo constitui um "caso concreto decidido" (um fato subsumido a uma norma), o regulamento (enquanto regra ou norma jurídica) constitui "critério material de decisão de casos concretos".[15] Não há como confundir um e outro.

Os atos administrativos podem ser *(i)* individuais, quando se dirigem a única pessoa; *(ii)* plurais, quando se voltam a uma série determinada e fechada de pessoas (alistamento militar); e *(iii)* gerais, quando "se dirigem a um círculo indeterminado ou aberto de pessoas, não sendo, portanto, os seus destinatários individualizados nem individualizáveis até o momento da sua emanação".[16]

No Direito brasileiro, o regulamento, em sentido *lato*, pode ser definido como qualquer ato normativo (geral e abstrato) emanado dos órgãos da Administração Pública. Em sentido *estrito* (que importa para o direito constitucional), regulamento será o ato normativo editado, privativamente, pelo Chefe do Poder Executivo, no exercício da função administrativa para a *(i)* fiel execução de lei ou para *(ii)* dispor sobre a organização da Administração Pública (regulamentos de execução e regulamentos de organização). A exata compreensão do instituto exige a verificação dos seus limites, que podem ser de duas ordens. Ou são *(i)* limitações de natureza formal, ou são *(ii)* limitações de natureza material.

4.1 Limitações formais

O primeiro limite formal liga-se à competência. Nos termos da Constituição Federal, compete, privativamente, ao Presidente da República editar regulamentos de execução ou de organização (art. 84, IV e VI, da CF). No Brasil, apenas ao Chefe do Executivo é conferido o exercício da atribuição regulamentar geral, e essa atribuição é, em princípio, indelegável, segundo se depreende da leitura do art. 84, parágrafo único, da CF. Nessa linha, delegáveis serão apenas os regulamentos de organização, editados com fundamento no art. 84, VI, em face da autorização contida no art. 84, parágrafo único, da CF. Mas aqui ocorre verdadeira exceção que confirma a regra geral.[17]

15. Jorge Manuel Coutinho de Abreu, *Sobre os Regulamentos Administrativos e o Princípio da Legalidade*, cit., p. 19.

16. Idem, ibidem, p. 27.

17. Há quem afirme que após o advento da Emenda Constitucional 32/2001, e, levando em conta o parágrafo único do art. 84, poderia haver, especificamente no caso

Não se deduza desse fato que os demais órgãos da Administração estão impedidos de emanar atos administrativos normativos. Basta verificar o Diário Oficial para constatar a infinidade de medidas normativas (circulares, portarias, instruções) editadas pelos órgãos públicos a cada dia. Tais atos podem ser considerados regulamentares (já que regulamentam algo) num sentido amplo, como já referido; porém, não constituem, sob o prisma constitucional, verdadeiros regulamentos (regulamentos em sentido estrito). Se válidos, inscrevem-se numa posição inferior à dos regulamentos editados pelo Presidente da República. A relação de derivação-fundamentação dos atos normativos começa com a Constituição, ingressa no território da lei e, depois, imprime um escalonamento hierárquico, no seio da Administração Pública. Quando um Ministro de Estado "regulamenta" uma lei, ele na verdade não está usurpando uma atribuição privativa do Executivo, mas fazendo uso de um poder particular conferido pelo próprio Constituinte (art. 87, II). A instrução ministerial deve guardar uma relação de conformidade não apenas com a lei, mas também com o regulamento. Num caso de colisão entre o regulamento e a instrução ministerial (normalmente veiculada por meio de portaria),[18] o regulamento prevalece.[19]

O mesmo ocorre no caso de colisão entre o regulamento presidencial e qualquer outra normativa baixada por determinados órgãos da Administração. Como se sabe, a Administração emana atos normativos com o objetivo de, com incidência meramente doméstica, estabelecer orientações sobre o modo como sua competência haverá de ser exercida. A situação dos regulamentos (em sentido amplo) introduzidos pelas agências reguladoras é um pouco diferente. Tratando-se de regulamentos setoriais, o espaço de atuação normativa das agências, definido pelo legislador, em função de autorização constitucional inerente ao modelo,

do regulamento de organização, uma delegação de competência privativa do Presidente da República. Nesse sentido: André Rodrigues Cyrino, *O Poder Regulamentar Autônomo do Presidente da República: a Espécie Regulamentar Criada pela EC n. 32/2001*, Belo Horizonte, Fórum, 2005.

18. Brasil, Presidência da República, *Manual de Redação da Presidência da República*, Gilmar Ferreira Mendes *et al.*, Brasília, Presidência da República, 1991, p. 251.

19. Roque Antonio Carrazza, *Curso de Direito Constitucional Tributário*, 29ª ed., São Paulo, Malheiros Editores, 2013, p. 406. Francisco Cavalcanti Pontes de Miranda, *Comentários à Constituição de 1967 com a Emenda n. 1, de 1969*, 2ª ed., t. III (arts. 32-117), São Paulo, Ed. RT, 1970, p. 371. Ainda: Celso Antônio Bandeira de Mello, *Ato Administrativo e Direitos dos Administrados*, São Paulo, Ed. RT, 1981, p. 103.

manifestar-se-á na forma do que dispuser a lei, em cada caso, retirando-se do Presidente da República a oportunidade de dispor sobre as matérias conferidas à gestão reguladora. Nessa situação, não há motivo para falar propriamente em hierarquia, mas antes em espaços de atuação normativa, lembrado sempre que a competência reguladora não se circunscreve à dimensão normativa (ou regulamentar). Ou seja, se é certo que o atuar normativo da agência reside no campo a regular delimitado pelo Legislador,[20] não é menos certo que, por decorrência natural da adoção do modelo, nesse campo nada tem a autoridade presidencial a dizer. É que não há lei para o Presidente regulamentar, já que tal tarefa foi, pelo legislador, em virtude de autorização constitucional, conferida à agência. Agora, como será visto oportunamente, o regulamento da agência não pode ser tido como autônomo (já que depende da lei) nem se equipara à lei (estando antes subordinado a ela). Por essa razão, não há fundamento, entre nós, para falar em separação de esferas normativas do legislador e das agências ou para manifestar hipótese de deslegalização.[21]

20. Veja-se, nesse sentido, o entendimento de Lúcia Valle Figueiredo: "As determinações normativas das agências devem se limitar a aspectos estritamente técnicos. No Direito brasileiro, obrigações somente se criam por lei e o poder regulamentar do Presidente da República limita-se a fixar os parâmetros e os *standards* para a execução da lei, atribuição específica do Executivo. É certo, todavia, que se deve tentar entender os textos das emendas constitucionais, precisamente as que se referem expressamente a *órgãos reguladores*, como sendo a eles cometidas as funções de traçar os parâmetros dos contratos de concessão, sempre submissos à lei. Não pode, todavia, a lei lhes dar papel normatizador em sentido estrito, o que, aliás, vem acontecendo com as agências americanas. Note-se que após uma bem maior liberdade outorgada pelo Legislativo às ditas agências (no Direito americano) houve a percepção de que esse fato poder-se-ia constituir em invasão das competências do Poder Legislador" (*Curso de Direito Administrativo*, 9ª ed., São Paulo, Malheiros Editores, 2008, pp. 154-155).

21. Segundo Eduardo García de Enterría e Tomás-Ramón Fernández, a deslegalização trata-se de uma "operação que efetua uma Lei que, sem entrar na regulação material de um tema, até então regulado por lei anterior, abre referido tema à disposição da potestade regulamentar da Administração". A lei deslegalizadora, conforme os autores, não tem um conteúdo material, não é criada para ser posteriormente regulamentada, mas sim opera uma "degradação formal" da lei anterior de regulação material, de modo que a matéria por esta veiculada possa ser tratada por regulamento posterior. Assim, o regulamento posterior é capaz não só de revogar a lei anterior, como, também, inovar no ordenamento jurídico (*Curso de Derecho Administrativo*, cit., p. 277). Já para Giuseppe de Vergottini, a deslegalização, por ele chamada delegificação, reside no campo dos regulamentos autorizados, ao disciplinarem, com especificidade, matéria veiculada através de normas gerais em lei anterior. Contudo,

O segundo limite formal diz respeito ao veículo de edição. O regulamento em sentido estrito (de execução e de organização) é introduzido na ordem jurídica por meio de decreto.[22] O decreto constitui o veículo pelo qual o Presidente da República formaliza os atos políticos (em princípio) e os atos administrativos, sejam executivos ou normativos. A Constituição exige, ademais, a referenda ministerial (art. 87, I). O Ministro de Estado da área afeta à matéria regulamentada deverá, necessariamente, subscritar, referendar o decreto regulamentador sob pena de não aperfeiçoamento do ato normativo. Quanto aos decretos propostos por Secretarias de Governo, serão referendados pelo Ministro da Justiça.[23]

O terceiro limite formal vincula-se à publicação do decreto regulamentar. Tratando-se de regulamento interno, que produzirá efeito unicamente no interior da Administração, bastaria o conhecimento dos destinatários por qualquer meio adequado e eficaz. Cuidando, todavia, de regulamento que deve produzir efeitos em relação a terceiros, impõe-se a publicação para que referidos efeitos possam ser alcançados. De acordo com a prática brasileira, os decretos dotados de regras de caráter singular não serão numerados. Quanto àqueles que contêm regras jurídicas de caráter geral e abstrato, são numerados e publicados, pouco importando o fato de cuidarem de regulamento interno ou externo.[24]

diversamente de Enterría e Fernández, para Vergottini a delegificação não resulta na revogação, pelo regulamento, da lei anterior, o que só seria possível pela própria lei autorizadora, já que o regulamento não tem força de lei (*Diritto Costituzionale*, Pádova, Cedam, 2006, p. 233). Ambos concordam, porém, em que a deslegalização é inadmissível onde a Constituição declare expressamente a reserva material de lei. No Brasil, a doutrina divide-se entre os que veem na Constituição de 1988 viabilidade para a deslegalização (Diogo de Figueiredo Moreira Neto e Alexandre Santos de Aragão) e aqueles que refutam tal tese (Marçal Justen Filho e Gustavo Binenbojm). Parece que no Direito brasileiro a Constituição de 1988 não dá espaço à tese da deslegalização. Isso porque a ordem constitucional brasileira não autoriza a degradação formal de matéria já veiculada por meio de lei. Ademais, o art. 25, I, do ADCT obsta que qualquer dispositivo legal atribua a órgão do Poder Executivo competência normativa assinalada pela Constituição ao Congresso Nacional (nesse sentido, Gustavo Binenbojm, *Uma Teoria do Direito Administrativo: Direitos Fundamentais, Democracia e Constitucionalização*, 2ª ed., Rio de Janeiro, Renovar, 2008).

22. Tal limite se aplica aos regulamentos de execução e de organização. No caso do segundo, é o que dispõe expressamente o inciso VI do art. 84 da CF.

23. Brasil, Presidência da República, *Manual de Redação da Presidência da República*, cit., p. 249.

24. Idem, ibidem, p. 249, onde se lê que "os decretos que contenham regras de caráter singular não serão numerados, mas conterão ementas, exceto os relativos a

4.2 Limitações materiais

No Brasil, não há nenhuma matéria reservada ao regulamento. Todos os campos normativos são, em princípio, disciplináveis pela lei. Vigora, pois, entre nós, em relação ao campo de ação do ato legislativo, o princípio da universalidade da lei.[25] Ademais, apenas a lei pode, originariamente, inovar a ordem jurídica para criar novas obrigações, bem como para restringir direitos. O art. 5º, II, da Constituição deixa claro que "ninguém será obrigado a fazer ou deixar de fazer alguma coisa senão em virtude de lei".

A lei pode perfeitamente disciplinar a matéria legislada de modo suficiente, prescrevendo, inclusive, os detalhes de sua aplicação. Ou pode preferir deixar certa margem para que a Administração Pública atue por meio da atribuição regulamentar. Importa salientar que o regulamento compreenderá norma subordinada à lei e necessária para a sua aplicação. A observação é válida, com os cuidados devidos porque a Constituição autoriza o exercício normativo mesmo sem a precedência da lei, no caso dos regulamentos de organização.[26]

nomeação ou a designação para cargo público, que não serão numerados nem conterão ementas".

25. Há autores que vislumbram uma exceção a esse princípio; sustentam que há um campo material infenso à lei criado pela EC 32/2001, que só poderia ser regulado mediante regulamento "autônomo", ou, como preferimos, de organização.

26. Concorde-se com Celso Antônio Bandeira de Mello quando afirma, em seu *Curso de Direito Administrativo* (31ª ed., São Paulo, Malheiros Editores, 2014, p. 347) que "Com efeito, os dispositivos constitucionais caracterizadores do *princípio da legalidade no Brasil* impõem ao regulamento o caráter que se lhe assinalou, qual seja, o de ato *estritamente subordinado*, isto é, meramente subalterno *e*, ademais, *dependente da lei*. (...)

"Este é o regulamento previsto no art. 84, VI, "a". Mera competência para um arranjo intestino dos órgãos e competências já criados por lei. Como é possível imaginar que isto é o equivalente aos regulamentos independentes ou autônomos do Direito europeu, cuja compostura, sabidamente, é muitíssimo mais ampla?".

Posição mais ampla é a de André Cyrino, no sentido de que o regulamento do art. 84, VI, da Constituição brasileira não só relativiza o princípio da precedência de lei, como, inclusive, contém matéria sob reserva da Administração, de modo que "Nessa seara não poderá o legislador se imiscuir sob pena de inconstitucionalidade" (*O Poder Regulamentar Autônomo do Presidente da República: a Espécie Regulamentar Criada pela EC n. 32/2001*, cit., p. 105).

Com efeito, a opinião generalizada dos autores manifesta-se no sentido de que apenas as leis que devam sofrer aplicação pelo Executivo, ou dele dependam para a produção de efeitos, desafiam regulamentação. Aquelas que disciplinam relações exclusivamente entre particulares, em que a presença do Estado-Administração não se faz sentir, estariam fora do alcance da ação regulamentar do Poder Executivo.

Do exposto, depreende-se que os regulamentos com fundamento no art. 84, IV e VI, da Constituição Federal substanciam atos normativos secundários editados, privativamente, pelo Presidente da República, no exercício de competência administrativa, por meio de decreto referendado por Ministro de Estado, destinados a *(i)* disciplinar a aplicação das leis que regem relações jurídicas qualificadas pela presença do Estado-poder (regulamentos de execução) e a *(ii)* organização da Administração Pública federal, nos estreitos limites definidos na normativa constitucional (regulamentos de organização). Ambos, regulamentos de execução e de organização, integram o terreno dos regulamentos gerais, que não se confundem com os setoriais, não editados pelo Presidente da República, mas antes pelas agências reguladoras independentes.

5. *Algumas distinções necessárias*

O regulamento (em sentido estrito) não se confunde com os demais atos normativos da Administração.[27] Os regulamentos gerais residem numa posição hierárquica superior aos demais atos normativos infralegais do Executivo. Isso decorre, evidentemente, do fato de o Presidente da República, nos termos da Constituição (art. 84, II), exercer a direção superior da Administração Federal. Como a direção superior não envolve as agências reguladoras independentes, a posição preferencial do regulamento presidencial não interfere no sítio da atividade reguladora, inclusive normativa, operada por elas.

O regime jurídico dos regulamentos é distinto daquele próprio dos atos executivos. A primeira distinção diz respeito à competência. Enquanto os primeiros (em sentido estrito) são editados pelo Presidente da

27. Como esclarece Diogenes Gasparini (*Poder Regulamentar*, cit., p. 109), os atos normativos baixados pelos vários órgãos e entidades que compõem a Administração Pública, em virtude de autorização legislativa, poderiam ser chamados de regulamentos apenas num sentido amplo. Não são regulamentos, em sentido estrito.

República, os atos executivos são produzidos por quaisquer agentes públicos, inclusive o próprio Chefe do Executivo. A segunda distinção relaciona-se com a forma. Se o regulamento exige solenidade, tanto que é escrito, revestindo, necessariamente, a forma do decreto, os atos executivos podem não exigir solenidade especial, havendo atos orais para além dos escritos (despachos, por exemplo), que assumem, porém, formas mais solenes, como o alvará, a portaria e mesmo o decreto. A terceira distinção envolve a publicidade. Os regulamentos devem necessariamente ser publicados, especialmente os que produzem efeitos externos: no Brasil, de acordo com a prática constitucional, todos os decretos regulamentares são publicados no *Diário Oficial da União*. Quanto aos atos executivos, a publicação nem sempre é necessária. Ademais, quando o ato reclama publicação, ela pode se manifestar em forma resumida.[28] A quarta distinção relaciona-se com a possibilidade de revogação. A revogação dos regulamentos, em princípio, é livre, não admitidas, todavia, as revogações individuais.[29] Quanto aos atos executivos, a revogação nem sempre é possível, seja porque ocorreu a *coisa decidida administrativa*, seja por outro motivo.[30] A quinta distinção diz

28. Diogenes Gasparini, *Poder Regulamentar*, cit., p. 11.

29. Eduardo García de Enterría e Tomás-Ramón Fernández, *Curso de Derecho Administrativo*, cit., p. 208. No Brasil: Oswaldo Aranha Bandeira de Mello, *Princípios Gerais de Direito Administrativo*, vol. I, 3ª ed., 2ª tir., São Paulo, Malheiros Editores, 2010, p. 323.

30. Ensina Maria Sylvia Zanella Di Pietro que: "1. não podem ser revogados os atos vinculados, precisamente porque nestes não há os aspectos concernentes à oportunidade e conveniência; se a Administração não tem liberdade para apreciar esses aspectos no momento da edição do ato, também não poderá apreciá-los posteriormente (...); 2. não podem ser revogados os atos que exauriram os seus efeitos; como a revogação não retroage, mas apenas impede que o ato continue a produzir efeitos, se o ato já se exauriu, não há mais que falar em revogação (...); 3. a revogação não pode ser feita quando já se exauriu a competência relativamente ao objeto do ato; suponha-se que o interessado tenha recorrido de um ato administrativo e que este esteja sob apreciação de autoridade superior; a autoridade que praticou o ato deixou de ser competente para revogá-lo; 4. a revogação não pode atingir os meros atos administrativos como certidões, atestados, votos, porque os efeitos deles decorrentes são estabelecidos pela lei; 5. também não podem ser revogados os atos que integram um procedimento, pois, a cada novo ato ocorre a preclusão com relação ao ato anterior; e, 6. não podem ser revogados os atos que geram direitos adquiridos, conforme está expresso na Súmula 473, do STF" (*Direito Administrativo*, 19ª ed., São Paulo, Atlas, 2006, p. 256).

respeito ao conteúdo e aos efeitos dos atos em questão. Enquanto os regulamentos produzem efeitos *erga omnes*, disciplinando conteúdos gerais e abstratos, os atos executivos produzem efeitos concretos. A sexta distinção vincula-se à natureza dos atos. Enquanto o regulamento constitui ato ordenante, que integra o ordenamento jurídico, os executivos constituem atos ordenados, ou seja, praticados como aplicação da lei.[31] A sétima distinção diz respeito à delegação. Se o regulamento é indelegável,[32] o mesmo não ocorre com os atos executivos, que podem aceitar delegação.[33] Refira-se, por fim, para completar o presente esquema exemplificativo, que os regimes jurídicos do regulamento e do ato executivo diferem também no que concerne aos processos de impugnação contenciosa. Enquanto os atos executivos sempre admitem impugnação direta, inclusive por meio dos mecanismos processuais céleres, como o mandado de segurança, o *habeas corpus* e o *habeas data*, os regulamentos são insuscetíveis de impugnação direta, posto constituírem verdadeiras leis materiais.[34] A doutrina e a jurisprudência brasileiras são pacíficas no sentido de que os regulamentos, salvo quando aplicados,

31. Eduardo García de Enterría e Tomás-Ramón Fernández, *Curso de Derecho Administrativo*, cit., p. 186.

32. Salvo a hipótese dos regulamentos de organização. Nesse caso, todavia, ocorrente delegação, o ato normativo emanado pela autoridade inferior não alcançará o mesmo grau hierárquico do regulamento, *stricto sensu*. Tratar-se-á de ato normativo infrarregulamentar.

33. Régis Fernandes de Oliveira, *Delegação Administrativa*, São Paulo, Ed. RT, 1986.

34. Raramente comportam também impugnação por via de ação direta de inconstitucionalidade, já que via de regra envolvem questão de "ilegalidade", e não de "constitucionalidade". Entretanto, os regulamentos que invadem matéria sob reserva absoluta do legislativo ("reserva qualificada") são impugnáveis, inclusive, por meio do controle abstrato da constitucionalidade. Isso porque envolvem questão constitucional e não meramente legal. Já nos posicionamos sobre o assunto, no seguinte sentido: "O STF não admite ação direta de inconstitucionalidade contra *regulamentos* ou quaisquer atos normativos que desbordam dos parâmetros da lei, pois são hipóteses de ilegalidade. Excetuam-se, porém, os *regulamentos autônomos*, quando invadem esfera reservada à lei" (Clèmerson Clève, "Artigo 103, *caput* e parágrafo primeiro (ADI e ADC)", in Paulo Bonavides, Jorge Miranda e Walber de Moura Agra (orgs.), *Comentários à Constituição Federal de 1988*, vol. 1, Rio de Janeiro, Forense, 2009, pp. 1.331-1.347). Sobre o assunto, consultar, entre outros, Luciano Ferreira Leite, *O Regulamento no Direito Brasileiro*, cit., p. 83. Os regulamentos, não obstante, podem aceitar impugnação por meio da Arguição de Descumprimento de Preceito Fundamental-ADPF.

porque comportando normas genéricas e abstratas, são insuscetíveis de acarretar lesão a direito individual.[35] Desafiam impugnação direta, todavia, os atos executivos praticados com fundamento nos regulamentos.

6. Relações entre o regulamento e a lei

Alguns dados constitucionais precisam ser reafirmados. Apenas a lei pode, dentro do âmbito permitido pela Constituição, impor, de modo originário, restrições a direitos (art. 5º, II, da CF). Ademais, "ninguém será privado da liberdade ou de seus bens sem o devido processo legal" (art. 5º, LIV). Não bastasse isso, o Texto Constitucional dispõe que "Cabe ao Congresso Nacional, com a sanção do Presidente da República, não exigida esta para o especificado nos arts. 49, 51 e 52, dispor sobre todas as matérias de competência da União (...)" (art. 48 da CF). As únicas exceções a essa regra são a medida provisória e a lei delegada. Ainda, o art. 84, IV, da Constituição afirma competir privativamente ao Presidente da República expedir decretos e regulamentos para a *fiel execução das leis*. Dispõe, também, o Presidente da República, nos termos do art. 84, VI, "a", da Lei Fundamental, de competência para expedir decretos dispondo sobre a organização e o funcionamento da administração federal. Está-se aqui a referir ao regulamento de organização. Em ambos os casos, com menor ou maior amplitude o atuar normativo do Presidente reside em posição hierárquica inferior àquela da lei.

Dos dados normativos, é possível extrair alguns princípios reitores das relações entre a lei e o regulamento.[36] O primeiro princípio é o da *primazia ou da preeminência da lei*. A lei está, hierarquicamente, acima do regulamento. O segundo princípio é o da *precedência da lei*. O Esta-

35. Miguel Seabra Fagundes (*O Controle dos Atos Administrativos pelo Poder Judiciário*, 6ª ed., São Paulo, Saraiva, 1984, p. 224) demonstra que "(...) a lei propriamente dita dificilmente ensejará o pedido de segurança. Em si mesma, como norma genérica e abstrata (e, se não o for, não será lei materialmente, mas sim ato administrativo com forma de lei), ela jamais afeta direito subjetivo. Dependendo de ato executório que a individualize, não fere direitos, mas apenas torna possível ato de execução capaz de feri-los. É pela aplicação por meio de ato administrativo que se atinge o patrimônio jurídico do indivíduo. Tanto que, se a Administração se abstiver de aplicá-la, quando, por exemplo, contrária à Constituição, nenhuma situação individual será afetada".

36. Cf. José Joaquim Gomes Canotilho, *Direito Constitucional e Teoria da Constituição*, Coimbra, Almedina, 2003, pp. 835-842.

do Democrático de Direito exige não apenas uma vinculação negativa (dever de não contrariar), mas também uma vinculação positiva (dever de apontar o fundamento legal) da Administração à lei.[37] O terceiro princípio é o da *acessoriedade dos regulamentos*. Os regulamentos, particularmente os de execução, são acessórios em relação à lei. Não podem tomar o lugar delas. Não podem assumir o papel que a Constituição reservou à lei. São atos normativos sujeitos à lei e dela dependentes. O quarto princípio é o do *congelamento da categoria*. Dele decorre que, disciplinada determinada matéria por meio de lei, apenas por lei ou por ato de hierarquia superior poderá sofrer alteração. O quinto princípio é o da *identidade própria do regulamento*. Ou seja, ainda que expressamente previstas pela lei, as normas regulamentares guardam a hierarquia que lhes é própria, não alcançando, com a simples previsão legal, promoção hierárquica ou deslocamento de regime jurídico (do regulamentar para o específico da lei). O sexto princípio é o da *autonomia da atribuição regulamentar*. Bem por isso, o regulamento presidencial independe de autorização legislativa, encontrando seu fundamento não na lei, mas na própria norma constitucional. O sétimo princípio é o da *colaboração necessária entre a lei e o regulamento*. Em face dele, no caso dos regulamentos de execução, havendo dispositivos não autoexecutáveis, então *deverá* o Presidente da República regulamentá-los, sob pena, inclusive, de praticar crime de responsabilidade (art. 85, VII, da CF).[38] O oitavo e último princípio nesta amostragem referido é o da *autonomia da lei*. Dele decorre que: *(i)* a *vigência* da lei não pode ficar condicionada à edição de regulamento; previsão legal nesse sentido fere a Constituição, importando delegação vedada de poder;[39] *(ii)* a *eficácia* (execução) da lei pode ficar condicionada à edição do regulamento, desde que seja fixado prazo para a ação normativa do Executivo (o princípio da divisão de poderes não admite deixar com o Executivo decisão envol-

37. Maria Sylvia Zanella Di Pietro, *Discricionariedade Administrativa na Constituição de 1988*, 2ª ed., São Paulo, Atlas, 2001, p. 37.

38. Se a lei é constitucional e dispõe de normas não autoexecutáveis, o exercício da atribuição regulamentar constitui medida inafastável, sob pena de a autoridade competente (O Presidente da República) incidir em crime de responsabilidade (art. 85, VII, da CF).

39. Francisco Cavalcanti Pontes de Miranda, *Comentários à Constituição de 1967 com a Emenda n. 1, de 1969*, cit., p. 318.

vendo a suspensão ou adiamento da execução da lei);[40] *(iii)* não previsto prazo para a edição de regulamento, então a lei "será eficaz desde a sua vigência em tudo aquilo que não depender do ato complementar e inicial da execução";[41] e, finalmente, *(iv)* definido o prazo da regulamentação e esgotado sem sua edição, "a lei será eficaz em tudo o que não depender do regulamento, já que antes de vencida a dilação temporal, era totalmente ineficaz".[42]

7. *Alguns tipos de regulamentos e o Direito brasileiro*

7.1 Os regulamentos autônomos?

São autônomos os regulamentos baixados pelo Executivo em virtude de competência outorgada diretamente pelo Texto Constitucional para tratar de matérias pelo Constituinte definidas.

No Brasil, alguns juristas, vigente a última Constituição, admitiram os regulamentos autônomos. Fundamentavam a tese, basicamente, com o art. 81, V, que dotava o Presidente da República de competência para "dispor sobre a estruturação, atribuições e funcionamento dos órgãos da administração federal".[43] Hoje, o dispositivo encontra-se (art. 84, VI, da CF) redigido de modo a conferir ao Chefe do Executivo competência para dispor, mediante decreto, sobre a organização e o funcionamento da Administração Federal, bem como a extinção de funções ou cargos públicos, quando vagos. O que permite que alguns juristas estejam a defender, vigente a atual Constituição, em virtude da redação conferida pela Emenda Constitucional 32, de 2001, tratar-se a hipótese do art. 84, VI, de verdadeiro regulamento autônomo.[44] Ocorre que o regulamento

40. Contra, entendendo que a fixação de prazo pelo Legislador é inconstitucional: Diogenes Gasparini (*Poder Regulamentar*, cit., p. 118).

41. Idem, ibidem, p. 60. No mesmo sentido: Oswaldo Aranha Bandeira de Mello, *Princípios Gerais de Direito Administrativo*, cit., p. 378.

42. Diogenes Gasparini, *Poder Regulamentar*, cit., pp. 60-61.

43. É o caso de Diogenes Gasparini (ob. cit.).

44. Posições acerca do regulamento autônomo na ordem constitucional brasileira, a partir da EC 32/2001, podem ser consultadas em: Bandeira de Mello, *Curso de Direito Administrativo*, cit., p. 346; André Rodrigues Cyrino, *O Poder Regulamentar Autônomo do Presidente da República: a Espécie Regulamentar Criada pela EC n. 32/2001*, cit., pp. 129-163; Eros Roberto Grau, *O Direito Posto e o Direito Pressu-*

autônomo aceita partilha da competência normativa. Não é o que parece manifestar-se no caso brasileiro. Aliás, o legislador não fica impedido de dispor sobre as matérias elencadas no art. 84, VI. E nesse caso, havendo lei prévia, fica o Presidente da República limitado ao que ela especifica ("organização e funcionamento da Administração Federal, quando não implicar aumento de despesa nem criação ou extinção de órgãos públicos"), exceto na hipótese da letra "b", em função da qual está o Presidente da República autorizado a extinguir cargo público criado (necessariamente) por lei. Não há aqui regulamento autônomo. Há, sim, manifestação de "Mera competência para um arranjo intestino dos órgãos e competências *já criados por lei*".[45]

No caso brasileiro, o art. 84, VI, da Constituição não apresenta hipótese de regulamento autônomo, mas antes de um tipo que fica a meio caminho entre este e o de execução, muito mais próximo deste do que daquele, o assim chamado *regulamento de organização.*

7.2 Os regulamentos independentes

Os regulamentos independentes, ao contrário dos de execução, já "não recebem das leis determinados conteúdos-disciplinas para regulamentar, antes são eles que estabelecem, originariamente e com amplos poderes de conformação material, o regime, a disciplina de certas rela-

posto, 8ª ed., São Paulo, Malheiros Editores, 2011, pp. 252-254; Fernando Dias Menezes de Almeida, "Considerações sobre a 'regulação' no direito positivo brasileiro", *Revista de Direito Público da Economia – RDPE*, Belo Horizonte, ano 3, n. 12, pp. 64-94, out./dez. 2005; José Afonso da Silva, *Princípios do Processo de Formação das Leis no Direito Constitucional*, 2ª ed., São Paulo, Malheiros Editores, 2006, pp. 13-37 e 333-337; José Afonso da Silva, *Curso de Direito Constitucional Positivo*, 37ª ed., São Paulo, Malheiros Editores, 2014, p. 428; Leila Cuéllar, *Introdução às Agências Reguladoras Brasileiras*, Belo Horizonte, Fórum, 2008, pp. 27-30; Gilmar Mendes, Inocêncio Mártires Coelho e Paulo Gustavo Gonet Branco, *Curso de Direito Constitucional*, São Paulo, Saraiva, 2010, p. 1.051; Gustavo Binenbojm, *Uma Teoria do Direito Administrativo: Direitos Fundamentais, Democracia e Constitucionalização*, cit., pp. 165-173.

45. Cf. Bandeira de Mello, *Curso de Direito Administrativo*, cit., p. 347. Em sentido contrário, identificando no art. 84, VI, um campo de reserva material administrativa delimitado na Constituição, o que autorizaria a existência de regulamentos autônomos no Brasil, Cyrino, *O Poder Regulamentar Autônomo do Presidente da República: a Espécie Regulamentar Criada pela EC nº 32/2001*, cit., pp. 143-187.

ções jurídicas".[46] Todavia, "(...) para que assim possa ser, tais regulamentos têm de ser legitimados por uma lei. Têm de receber duma lei habilitação para tal. Tem um ato legislativo de dizer quem pode emiti-los e em que matérias: definir, por conseguinte a competência subjetiva para a sua emissão".[47]

Não é necessário afirmar que nosso país não os aceita,[48] exceto em um específico caso. Com efeito, a Constituição Federal contempla uma modalidade de normativa independente. Trata-se daquela prevista no art. 33, § 3º. Com efeito, segundo esse dispositivo (*in fine*), "(...) a lei disporá sobre as eleições para a Câmara Territorial e sua competência deliberativa". Evidente que a Câmara Territorial não emanará leis, no sentido formal. Afinal, os Territórios não passam de autarquias territoriais integrantes da União.[49] Logo, não dispõem de competência legislativa. Mas disporão, sim, de uma competência normativa, cujos limites serão definidos por lei federal. Aliás, uma competência normativa não muito diferente daquela exercida pelas antigas províncias sob a égide do regime imperial.

7.3 Os regulamentos de necessidade?

Os regulamentos de necessidade são velhos conhecidos da experiência jurídica europeia. Aliás, o *decreto-legge* encontra sua origem na prática centenária italiana dos regulamentos de necessidade. Ou seja, para atender a situações urgentes e extraordinárias (guerras, situações de calamidade, comoções internas de gravidade intensa, entre outras) o

46. Jorge Manuel Coutinho de Abreu, *Sobre os Regulamentos Administrativos e o Princípio da Legalidade*, cit., p. 78.

47. Idem, ibidem.

48. Como analisado, o Direito brasileiro admite os regulamentos de organização, comparáveis aos independentes do Direito português. Mas a comparação não é justa. Antes da EC 32/2001 os regulamentos de organização dependiam de lei, que traçava, de antemão, os limites da atuação normativa do Executivo e, mais do que isso, os *standards* vinculantes da normativa. Não é o que ocorre hoje. No caso dos regulamentos independentes, a lei faz referência, unicamente, à matéria regulamentável e ao órgão que deverá editar a normativa. Não fixa o conteúdo (os parâmetros) da normativa. Logo, a extensão da competência regulamentar do Executivo, no último caso, é incomparavelmente mais ampla que aquela experimentada no Direito brasileiro no caso dos regulamentos de organização.

49. Art. 18, § 2º, da CF.

governo editava comandos normativos inovadores, de modo originário, da ordem jurídica. Posteriormente, as medidas de necessidade eram submetidas à apreciação do Legislativo, que poderia convalidá-las ou não. Trata-se de autêntica usurpação legislativa do governo, ou, antes, uma situação de governo de fato. Conforme a lição de Sergio Ferraz, os regulamentos de necessidade ou urgência não passam de manifestação política "que só adquirirá foros de legitimidade se *a posteriori* convalidada pela ordem jurídica (...). Assim, antes, não serão regulamento e, depois de ratificados, o que haverá será lei formal".[50]

O direito constitucional brasileiro não os tolera. Entre nós, em situações extremas o Presidente, quando outro meio não seja suficiente, decreta o estado de defesa (art. 136 da CF) ou o estado de sítio (art. 137 da CF), podendo nesses casos emanar comandos normativos de urgência (que não são lei: arts. 136, § 1º, e 138, respectivamente, da CF), sempre sujeitos, porém, aos controles político (exercitável pelo Congresso[51]) e jurisdicional (o Judiciário a qualquer tempo poderá verificar, ocorrente lesão a direito fundamental, a compatibilidade do ato de governo com a Constituição[52]). Esses comandos normativos de urgência, todavia, cabe reiterar, não são assimiláveis ao conceito de regulamento. Não sendo esse o caso, o Presidente da República pode usar a sua competência para editar Medidas Provisórias, com força de lei.

7.4 Os regulamentos de execução

O regulamento de execução pode ser definido como "ato administrativo normativo, contendo comandos gerais, com vistas à correta apli-

50. Sergio Ferraz, *3 Estudos de Direito: Desapropriação de Bens Públicos; o Prejulgado Trabalhista em face da Constituição; Regulamento*, cit., pp. 122-123.

51. Ora, tanto o estado de defesa quanto o estado de sítio dependem da aprovação do Congresso, dotado de competência para suspendê-los (art. 49, IV, da CF). Dependem também de manifestação favorável do Legislativo a celebração de tratados, convenções e atos internacionais (art. 84, VIII), a declaração de guerra em caso de agressão estrangeira (art. 84, XIX) e a celebração da paz (art. 84, XX). Ao Legislativo compete a apreciação do mérito das medidas adotadas.

52. Em sentido contrário, focalizando o ato de governo como limite ao controle jurisdicional da Administração: Ada Pellegrini Grinover (*As Garantias Constitucionais do Direito de Ação*, São Paulo, Ed. RT, 1973), Seabra Fagundes (*O Controle dos Atos Administrativos pelo Poder Judiciário*, cit.). Na doutrina portuguesa: Jean Rivero (*Direito Administrativo*, Coimbra, Almedina, 1981).

cação da lei. A finalidade dessa modalidade regulamentar é a explicitação da norma legal, e o aparelhamento dos meios concretos para sua execução".[53] Esse tipo regulamentar não pode operar *contra legem*, *ultra legem* ou *praeter legem*, exceto nas situações em que se esteja a realizar, diretamente, comando constitucional descumprido, por ação ou omissão do legislador.[54] Opera, portanto, *secundum legem e intra legem*.[55] Instrumentaliza a execução da lei, detalhando e explicitando seus comandos, interpretando seus conceitos e dispondo sobre órgãos e procedimentos necessários para sua aplicação pelo Executivo.

A doutrina brasileira parece concordar que o regulamento de execução é útil para *(i)* precisar o conteúdo dos conceitos (ou categorias) de modo genérico (deficiente densidade) ou de modo impreciso (vago, ambíguo) referidos pela lei e *(ii)* determinar o modo de agir (procedimento) da Administração nas relações que necessariamente travará com os particulares na oportunidade da execução da lei.

53. Sergio Ferraz, *3 Estudos de Direito: Desapropriação de Bens Públicos; o Prejulgado Trabalhista em face da Constituição; Regulamento*, cit., p. 115.

54. De acordo com Gustavo Binenbojm: "Enfrentando embora diversos e autorizados entendimentos em sentido contrário, sustentei em outro trabalho – e reafirmo aqui – a possibilidade do repúdio à lei havida por inconstitucional pelo Poder Executivo (bem como pelos demais Poderes, quando no exercício de funções administrativas), independentemente de qualquer pronunciamento judicial prévio. Com efeito, fundando-se juridicamente a atividade administrativa direta e primariamente na Constituição, não há como negar à Administração Pública a condição de intérprete executora da Lei Maior. E, se assim é, corolário lógico de tal condição é a possibilidade (e, de resto, o dever jurídico) de deixar de aplicar leis incompatíveis com a Constituição, sob pena de menoscabo à supremacia constitucional" (*Uma Teoria do Direito Administrativo: Direitos Fundamentais, Democracia e Constitucionalização*, cit., p. 175). Há manifestação de descentralização normativa no exercício de competência regulamentar pelo Conselho Nacional de Justiça, nos termos do que dispõe o art. 103-B, § 4º, I, da Constituição Federal, com a redação oferecida pela Emenda Constitucional 45/2004. Não pode, num caso, o Conselho Nacional de Justiça inovar originariamente a ordem jurídica. Sua atividade normativa é atividade de nível inferior ao da lei. Por isso, ainda que esteja a regulamentar matéria constitucional, nos casos em que isso possa se justificar, porque sua normativa não reside no mesmo patamar hierárquico da lei, aquela do legislador competente (seja federal ou estadual) sobre a mesma matéria prefere à oferecida pelo Conselho Nacional de Justiça.

55. Celso Antônio Bandeira de Mello, "Regulamento e princípio da legalidade", *RDP* 96/45, out./dez. 1990.

Um terceiro campo de incidência dos regulamentos de execução, no Direito brasileiro, poderia ser localizado. Trata-se do campo da assim chamada *(iii)* discricionariedade técnica.[56]

Os regulamentos incidentes sobre esse campo foram estudados, entre outros, por Oswaldo Aranha Bandeira de Mello, que, fundamentado na doutrina americana, os chamou de "contingentes".

Tais regulamentos, segundo o autor, manifestam-se quando:

> (...) o Legislativo delega ao Executivo as operações de acertar a existência de fatos e condições para a aplicação da Lei, os pormenores necessários para que as suas normas possam efetivar-se. Ela encontra corpo nas atividades estatais de controle. A lei da habilitação fixa os princípios gerais da ingerência governamental e entrega ao Executivo o encargo de determinar e verificar os fatos e as condições em que os princípios legais devem ter aplicação.[57]

É verdade que há autores, como Marçal Justen Filho, para quem inexistiria fundamento jurídico suficiente para distinguir a discricionariedade administrativa da discricionariedade técnica. Isso porque não haveria lugar, na atividade administrativa, para o exercício de competência discricionária neutra, sendo único o regime jurídico da discricionariedade administrativa, seja ela considerada "pura" ou "técnica". Marçal Justen Filho não chega a propor a impossibilidade da emanação de decisões baseadas em critérios técnicos. É seu pensamento, todavia, que os juízos técnico-científicos continuam sendo, de toda forma, juízos de oportunidade e conveniência.[58]

56. O tema é controverso, pois muitos autores defendem ser insustentável apartar do campo da discricionariedade administrativa aquela qualificada como técnica, Nesse sentido, confira-se: Eros Grau, *O Direito Posto e o Direito Pressuposto*, cit., p. 215, e Marçal Justen Filho, *O Direito das Agências Reguladoras Independentes*, São Paulo, Dialética, 2002, pp. 528-529.

57. Oswaldo Aranha Bandeira de Mello, *Princípios Gerais de Direito Administrativo*, cit., p. 367.

58. Marçal Justen Filho, *O Direito das Agências Reguladoras Independentes*, cit., pp. 528-529. Também, do mesmo autor, *Curso de Direito Administrativo*, 4ª ed., São Paulo, Saraiva, 2009, pp. 178-180.

No nosso caso, mantém-se a posição para apartar a discricionariedade técnica de outras formas de manifestação. É que, compreendida a unidade da competência administrativa em questão, presta-se, ao mesmo tempo, homenagem à utilidade da distinção que haverá de operar-se apenas como artifício teórico relevante.

Celso Antônio Bandeira de Mello, cuidando da operacionalização técnica da lei, desenha os contornos desse tipo de atuação regulamentar. Exemplifica com aqueles que "especificam as condições de segurança mínima nos veículos automotores e que estabelecem as condições de defesa contra fogo nos edifícios".[59]

No atual momento histórico, em face do processo de "administrativização" pelo qual passa o direito, é natural que os decretos regulamentares assumam uma importância considerável, contribuindo, inclusive, para a colaboração entre os Poderes Executivo e Legislativo. O território da operacionalização técnica da lei, no mundo de hoje, talvez constitua o espaço significativo da atividade regulamentar do Presidente da República. Trata-se de espaço relativamente novo, mais compreensível no contexto da sociedade técnica dotada de complexidade sempre crescente.

O campo da discricionariedade próprio da atividade regulamentar do Presidente da República, particularmente do regulamento de execução, com a reforma administrativa que incorporou à nossa experiência constitucional as agências reguladoras independentes, é também o campo da atividade discricionária de caráter normativo por elas desenvolvido.

Como se sabe, a competência reguladora tem na atividade normativa uma (apenas uma) de suas dimensões. Os regulamentos (setoriais) baixados pelas agências reguladoras independentes residem, do mesmo modo que os regulamentos gerais (sentido estrito), em posição hierárquica inferior à lei, mantendo-se subordinados a esta. É a lei que define os contornos da competência reguladora e, portanto, da competência normativa das agências.

8. Regulamentos delegados?

No Brasil, é possível divisar o debate em torno do regulamento autorizado em dois momentos; um anterior à Reforma Administrativa

59. Celso Antônio Bandeira de Mello, "Regulamento e princípio da legalidade", cit., *RDP*, p. 48.

do Estado e outro posterior. No contexto anterior à Reforma, entre outros que os admitiam, encontravam-se Carlos Roberto de Siqueira Castro,[60] Celso Ribeiro Bastos[61] e Carlos Mário da Silva Velloso.[62] A experiência jurídica brasileira, em determinado momento, bastante influenciada pela doutrina americana, chegou a aceitá-los sem maiores problemas.

Nos últimos anos, a Reforma do Estado e a atuação normativa das Agências Reguladoras Independentes reavivaram o debate sobre a possibilidade de o ordenamento jurídico pátrio experimentar o regulamento autorizado.

8.1 Delimitação conceitual

Advirta-se de antemão que, referindo-se aos regulamentos delegados ou autorizados, não se está a identificá-los com os regulamentos complementares ou de integração. Estes, espécies dos regulamentos de execução, em sentido amplíssimo, são os que complementam os preceitos referidos pela lei, sempre de modo absolutamente sintético, em virtude de autorização constitucional. Decorrem de uma partição dos campos normativos da lei e do regulamento, cabendo à primeira não mais do que a descrição das bases gerais da regulação, que será, ao depois, complementada pela atividade regulamentar do Executivo (em qualquer campo, pouco importando a natureza, administrativa ou não, da matéria regulada).

Com os regulamentos delegados, tudo se passa de modo diferente. A lei poderia (não há impeditivo constitucional) esgotar a regulação de dada matéria, preferindo, todavia, transferi-la, parcialmente, ao Executivo. No caso dos regulamentos complementares, o Executivo atua sobre um campo (variável e dotado de limites fluidos) propriamente seu. Já no caso dos regulamentos delegados, agirá apenas porque autorizado pelo legislador.

60. Carlos Roberto de Siqueira Castro, *O Congresso e as Delegações Legislativas*, Rio de Janeiro, Forense, 1986, p. 96. O Autor entende que esse tipo de regulamento decorre de uma "delegação do tipo inominada".

61. Celso Ribeiro Bastos, *Curso de Direito Constitucional*, 22ª ed., São Paulo, Saraiva, 2001, p. 381.

62. Carlos Mário da Silva Velloso, "Do poder regulamentar", *RDP* 65, jan./mar. 1983.

Quanto aos regulamentos complementares ou de integração, é indubitável que o Direito brasileiro não mais os admite,[63] pelo menos no sentido empregado neste estudo. Verifique-se, agora, o caso dos regulamentos delegados.

8.2 Natureza dos regulamentos delegados

Os regulamentos delegados constituem resultado da ampliação da esfera normativa do Executivo em virtude de delegação do Legislativo.[64] Não é necessário recordar que há delegação quando um poder autoriza outro a exercer determinada função.[65] As delegações atípicas, ou anômalas, possuem natureza jurídica idêntica à das delegações constitucionalmente previstas (típicas): a natureza de "autorização" ou de "ato autorizativo".

Como praticados na experiência estrangeira, o Direito brasileiro repele os regulamentos delegados. E continua a repeli-los mesmo depois da Reforma Administrativa.

Não é necessário mais uma vez enumerar as razões pelas quais, no Brasil, apenas a lei pode inovar, vestibularmente, a ordem jurídica. O poder regulamentar envolve apenas o campo determinado pelas leis exigentes de atuação do Poder Público. Ou seja, aquelas que exigem uma atuação (inclusive reguladora) do Executivo para sua aplicação.

O Constituinte, no art. 25 do ADCT (Ato das Disposições Constitucionais Transitórias), revogou "(...) a partir de cento e oitenta dias da promulgação da Constituição, (...) todos os dispositivos legais que atribuam ou deleguem a órgão do Poder Executivo competência assinalada pela Constituição ao Congresso Nacional, especialmente no que tange a: I – ação normativa; II – alocação ou transferência de recursos de qualquer espécie". O dispositivo aponta para um sentido que deve ser levado a sério. Se a prática jurídica anterior experimentou a técnica da delegação legislativa atípica, a nova Constituição não mais a tolera. O Constituinte procurou fortalecer a competência normativa do Congresso Nacional.[66] Se os princípios *(i)* da separação dos poderes (art. 2º); *(ii)*

63. Luciano Ferreira Leite, *O Regulamento no Direito Brasileiro*, cit., p. 38.

64. Bonifácio Fortes, "Delegação legislativa", *RDA* 62/354, out./dez. 1960.

65. Idem, ibidem.

66. Toshio Mukai, "Vedação constitucional de se legislar por portarias, resoluções e outros atos de terceira categoria", *Boletim Adcoas*, São Paulo, n. 2, pp. 21-23, 1992.

democrático (art. 1º, parágrafo único); *(iii)* do devido processo legal (art. 5º, LIV); e *(iv)* da legalidade (art. 5º, II) e universalidade da lei (art. 48), inscritos na Constituição, não forem suficientes para impedir a delegação legislativa em apreço, então o art. 25 do ADCT certamente a impedirá. Ora, se o Constituinte revogou, incondicionalmente, as delegações do passado, é porque quer também proibi-las no presente e no futuro.

No Direito brasileiro, sempre que a Administração age para restringir os direitos fundamentais deverá amparar-se em título jurídico idôneo para fundamentar sua ação (executiva ou normativa). Ante a dimensão assumida pelo princípio da legalidade,[67] entre nós, a investigação do universo de incidência do regulamento reclama a clara definição *(i)* das regras que *a priori* são regras de lei, reservadas ao Poder Legislativo, e, pois, vedadas ao Executivo e *(ii)* das regras que conquanto *a priori* não sejam regras de lei podem ser transportadas por lei (congelamento do grau hierárquico) ou por regulamento, conforme a opção do Legislador.

Se a regra só pode ser veiculada por lei, então o Legislador não pode autorizar a livre incursão do regulamento sobre ela. Porém, se a regra não é regra *a priori* de lei, então o Legislador pode incursionar ou, se assim preferir, deixar ao Executivo a tarefa de dispor sobre a matéria. Nessa última hipótese, inocorre delegação.

Não há delegação quando o Presidente da República apenas detalha os conceitos ou categorias referidos pelo Legislador ou disciplina os procedimentos utilizados pela Administração nas relações travadas com os particulares em decorrência de lei. Se o Legislador, nesse caso, poderia exaurir o âmbito de regulação da matéria legislada e não o fez, o Chefe do Poder Executivo pode regulamentar a lei em virtude de competência própria com ou sem autorização legal (regulamentos de execução: art. 84, IV, da CF).

67. Como leciona Lúcia Valle Figueiredo: "Todavia o princípio da legalidade não pode ser compreendido de maneira acanhada, de maneira pobre. E assim seria se o administrador, para prover, para praticar determinado ato administrativo, tivesse sempre que encontrar arrimo expresso em norma específica que dispusesse exatamente para aquele caso concreto. Ora, assim como o princípio da legalidade é bem mais amplo do que a mera sujeição do administrador à lei, pois aquele, necessariamente, deve estar submetido também ao Direito, ao ordenamento jurídico, às normas e princípios constitucionais, assim também há de se procurar solver a hipótese de a norma ser omissa ou, eventualmente, faltante" (*Curso de Direito Administrativo*, cit., p. 42).

A questão atinge certo grau de complexidade quando a ação normativa do Executivo incide sobre um universo maior de discricionariedade (especialmente a de feição técnica, sistêmica ou de conjuntura). Porque este seria, no Direito brasileiro, o lugar daquele regulamento apontado, por determinada doutrina, como delegado ou autorizado.

Nesse campo, a Administração atua em virtude de delegação (autorização) do Legislativo, podem afirmar alguns. Aí, não há delegação, porque a Administração simplesmente executa a lei, podem afirmar outros. Ora, admita-se que a diferença entre as posições é meramente nominal. Designados como regulamentos delegados ou como regulamentos de execução (como se prefere no presente estudo), os rótulos indicam realidade fenomênica única. Idênticos fenômenos, embora com nomes distintos. Ambos constituem regulamentos *intra legem*, aceitos não apenas pela doutrina, como também pela jurisprudência. Com efeito, o Supremo Tribunal Federal, em acórdão prolatado ainda sob a égide da Constituição de 1946, mas perfeitamente compatível com a ordem constitucional em vigor, decidiu que o princípio da indelegabilidade não exclui "certas medidas a serem adotadas pelo órgão executor no tocante a fatos e operações de natureza técnica, dos quais dependerá a aplicação da lei".[68]

Para a Suprema Corte, se o Congresso não pode delegar o poder de fazer leis, pode, no entanto, elaborar uma lei com autorização para a Administração "determinar fatos ou um estado de coisas de que dependa, nos termos que ela mesma estatui, a sua execução ou eficácia".[69] A atividade normativa (discricionária) do Administrador, nessa área, deve estar sempre preestabelecida. A lei não pode conceder ao Executivo campo de atuação exasperado e sem linhas paramétricas claras, definidas e incontornáveis.[70]

68. HC 30.555, rel. Min. Castro Nunes, *RDP* 21/136.

69. Idem. No mesmo sentido: RE 13.357, de 9.1.1950, rel. Min. Ribeiro Costa.

70. Francisco Cavalcanti Pontes de Miranda, "Independência e harmonia dos poderes", *RDP*, São Paulo, n. 20, p. 21, abr./jun. 1972. Aliás, nesse artigo, cuja leitura é indispensável para quem queira aprofundar a problemática discutida no presente estudo, o jurista demonstra que o Direito brasileiro não admite os regulamentos delegados. Mas admite um campo de ação dos regulamentos de execução, que é, exatamente, aquele sobre o qual incidem, para alguns autores, os regulamentos delegados. Reproduza-se um trecho do artigo: "Era dado ao Poder Legislativo deixar ao Poder Executivo a fixação de cota mínima ou máxima de plantio, industrialização ou consu-

Logo, aquilo que no Brasil determinada doutrina chama de regulamento delegado corresponde ao regulamento de execução incidente sobre o sítio da discricionariedade,[71] tal como definido nas linhas precedentes (especialmente a de feição técnica, sistêmica ou de conjuntura). Aliás, corresponde também ao regulamento setorial baixado pelas agências reguladoras independentes, sempre com fundamento em norma legal, respeitada a preeminência da lei.

Em síntese, não há lugar no Direito brasileiro para o regulamento delegado na forma como concebido e praticado em outros países.

mo de determinada produção nacional? A Comissão de Constituição e Justiça da Câmara dos Deputados teve de enfrentar, de uma feita, esse problema. Ocorreu isso quando, em projeto de lei, se pretendeu tornar obrigatório o consumo de certa percentagem de trigo produzido no Brasil, em cada moinho, cota a ser determinada anualmente, de acordo com o aumento da produção, pelo Poder Executivo. Arguiu-se-lhes constituir delegação de poderes (art. 3º, § 1º), além de infringir o art. 113, 2, da Constituição de 1934 (depois, art. 14, § 2º, da Constituição de 1946). A Comissão repeliu que se tratasse de delegação de poderes sustentando que: 'Nada há a opor a que a lei atribua ao órgão executivo a faculdade de fixar, anualmente, a cota mínima de moagem do trigo nacional. A cota não pode ser fixada em definitivo, porque isso viria contrariar a ideia da lei em estudo. Essa cota tem de ser variável, é passível de aumentar a substituição progressiva do produto estrangeiro pelo produto nacional (...) Será mesmo conveniente que assim aconteça, como ato de funcionamento normal do aparelho regulador da produção e consumo do trigo nacional, e da execução de um plano econômico bem determinado, como esse que tem por objetivo a supressão futura da importação do trigo (Parecer de 13.4.37). A doutrina da Comissão de Constituição e Justiça seria verdadeira naqueles casos em que a fixação da percentagem ou cota constitui ato de execução, isto é, em que ao Poder Executivo se concedeu apreciar elementos de fato, dentro de certos critérios estabelecidos, explícita ou implicitamente, pela lei'. Ainda quando haja liberdade, não absoluta, de determinação da percentagem ou cota, o Poder Executivo não recebe delegação, apenas exerce a sua função específica, que é executar a lei. Não assim se, para a fixação de percentagem ou cota, não há critério nos textos legais e se deixou ao arbítrio do Poder Executivo. Aí, haveria delegação de poderes, ter-se-ia deixado ao Poder Executivo elaborar a regra jurídica, o que o art. 3º, § 1º, da Constituição de 1934, semelhante ao art. 36, § 2º, de hoje, vedava ao Poder Legislativo. É preciso, portanto, certo cuidado no exame das espécies e na recepção da doutrina aceita pela Comissão de Constituição e Justiça da Câmara. Não há delegação legislativa onde a lei preestabeleceu a atividade do Poder Executivo; há-a, seguramente, onde se deixou arbítrio ao Poder Executivo".

71. A Súmula 14 do STF, com a redação que alcançou no RE 84.355 (*RTJ* 170/155), confirma a tese. A redação proposta pelo Ministro Thompson Flores é a seguinte: "É admissível por meio de decreto ou instruções, a fixação dos limites de idade na inscrição para provimento de cargos públicos, segundo a forma e as condições estabelecidas em lei".

Bibliografia

ABREU, Jorge Manuel Coutinho de. *Sobre os Regulamentos Administrativos e o Princípio da Legalidade*. Coimbra, Almedina, 1987.

ALMEIDA, Fernando Dias Menezes de. "Considerações sobre a 'regulação' no direito positivo brasileiro". *Revista de Direito Público da Economia – RDPE*. Belo Horizonte, ano 3, n. 12, pp. 64-94, out./dez. 2005.

ARATO, Andrew. "Representação, soberania popular e *accountability*". *Lua Nova*. São Paulo, n. 55-56, Cedec, 2002.

ATALIBA, Geraldo. *República e Constituição*. 3ª ed. São Paulo, Malheiros Editores, 2011.

BANDEIRA DE MELLO, Celso Antônio. *Ato Administrativo e Direitos dos Administrados*. São Paulo, Ed. RT, 1981.

________. *Curso de Direito Administrativo*. 31ª ed. São Paulo, Malheiros Editores, 2014.

________. "Regulamento e princípio da legalidade". *RDP* 96, out./dez. 1990.

BANDEIRA DE MELLO, Oswaldo Aranha. *Princípios Gerais de Direito Administrativo*. Vol. I. 3ª ed., 2ª tir. São Paulo, Malheiros Editores, 2010.

BASTOS, Celso Ribeiro. *Curso de Direito Constitucional*. 22ª ed. São Paulo, Malheiros Editores, 2010.

BINENBOJM, Gustavo. *Uma Teoria do Direito Administrativo: Direitos Fundamentais, Democracia e Constitucionalização*. 2ª ed. Rio de Janeiro, Renovar, 2008.

BRASIL. Presidência da República. *Manual de Redação da Presidência da República*. Gilmar Ferreira Mendes *et al*. Brasília, Presidência da República, 1991.

CANOTILHO, José Joaquim Gomes. *Direito Constitucional e Teoria da Constituição*. Coimbra, Almedina, 2003.

CARRAZZA, Roque Antonio. *Curso de Direito Constitucional Tributário*. 29ª ed. São Paulo, Malheiros Editores, 2013.

________. *O Regulamento no Direito Tributário Brasileiro*. São Paulo, Ed. RT, 1981.

CLÈVE, Clèmerson. "Artigo 103, *caput* e parágrafo primeiro (ADI e ADC)". In BONAVIDES, Paulo; MIRANDA, Jorge; AGRA, Walber de Moura (orgs.). *Comentários à Constituição Federal de 1988*. vol. 1. Rio de Janeiro, Forense, 2009.

CUÉLLAR, Leila. *Introdução às Agências Reguladoras Brasileiras*. Belo Horizonte, Fórum, 2008.

CYRINO, André Rodrigues. *O Poder Regulamentar Autônomo do Presidente da República: a Espécie Regulamentar Criada pela EC nº 32/2001*. Belo Horizonte, Fórum, 2005.

DI PIETRO, Maria Sylvia Zanella. *Direito Administrativo*. 19ª ed. São Paulo, Atlas, 2006.

________. *Discricionariedade Administrativa na Constituição de 1988*. 2ª ed. São Paulo, Atlas, 2001.

ENTERRÍA, Eduardo García de; FERNÁNDEZ, Tomás-Ramón. *Curso de Derecho Administrativo*. Ed. argentina com notas de Agustín Gordillo. Buenos Aires, La Ley, 2006.

FERRAZ, Sergio. *3 Estudos de Direito: Desapropriação de Bens Públicos; o Prejulgado Trabalhista em face da Constituição; Regulamento*. São Paulo, Ed. RT, 1977.

FERREIRA LEITE, Luciano. *O Regulamento no Direito Brasileiro*. São Paulo, Ed. RT, 1986.

FIGUEIREDO, Lúcia Valle. *Curso de Direito Administrativo*. 9ª ed. São Paulo, Malheiros Editores, 2008.

FORTES, Bonifácio. "Delegação legislativa". *RDA* 62, out./dez. 1960.

GASPARINI, Diogenes. *Poder Regulamentar*. 2ª ed. São Paulo, Ed. RT, 1982.

GRAU, Eros Roberto. *O Direito Posto e o Direito Pressuposto*. 8ª ed. São Paulo, Malheiros Editores, 2011.

GRINOVER, Ada Pellegrini. *As Garantias Constitucionais do Direito de Ação*. São Paulo, Ed. RT, 1973.

JUSTEN FILHO, Marçal. *Curso de Direito Administrativo*. 4ª ed. São Paulo, Saraiva, 2009.

________. *O Direito das Agências Reguladoras Independentes*. São Paulo, Dialética, 2002.

KELSEN, Hans. *Teoria Geral do Direito e do Estado*. Trad. de Luiz Carlos Borges. Revisão técnica de Péricles Prade. São Paulo, Martins Fontes; Brasília, Universidade de Brasília, 1990.

LANGROD, Georges. *O Processo Legislativo na Europa Ocidental*. Rio de Janeiro, Fundação Getulio Vargas, 1954.

MENDES, Gilmar; COELHO, Inocêncio Mártires; BRANCO, Paulo Gustavo Gonet. *Curso de Direito Constitucional*. São Paulo, Saraiva, 2010.

MIRKINE-GUETZÉVITCH, Boris. *Evolução Constitucional Europeia*. Trad. de Marina de Godoy Bezerra. São Paulo, José Konfino, 1957.

MUKAI, Toshio. "Vedação constitucional de se legislar por portarias, resoluções e outros atos de terceira categoria". *Boletim Adcoas*. São Paulo, n. 2, 1992.

NELSON, Michael. "Avaliando a Presidência". In *A Presidência e o Sistema Político – Política Norte-Americana Hoje*. Trad. de Ana Lúcia Franco e Carlos A. L. Salum. São Paulo, Alfa-Ômega, 1985.

O'DONNELL, Guilhermo. "*Accountability* horizontal e novas poliarquias". *Lua Nova*. Cedec, São Paulo, n. 44, 1998.

OLIVEIRA, Régis Fernandes de. *Delegação Administrativa*. São Paulo, Ed. RT, 1986.

PONTES DE MIRANDA, Francisco Cavalcanti. *Comentários à Constituição de 1967 com a Emenda n. 1, de 1969*. 2ª ed., t. III. São Paulo, Ed. RT, 1970.

________. "Independência e harmonia dos poderes". *RDP* 20, abr./jun. 1972.

RIVERO, Jean. *Direito Administrativo*. Coimbra, Almedina, 1981.

SEABRA FAGUNDES, Miguel. *O Controle dos Atos Administrativos pelo Poder Judiciário*. 6ª ed. São Paulo, Saraiva, 1984.

SILVA, José Afonso da. *Curso de Direito Constitucional Positivo*. 37ª ed. São Paulo, Malheiros Editores, 2014.

________. *Princípios do Processo de Formação das Leis no Direito Constitucional*. 2ª ed. São Paulo, Malheiros Editores, 2006.

SIQUEIRA CASTRO, Carlos Roberto de. *O Congresso e as Delegações Legislativas*. Rio de Janeiro, Forense, 1986.

VELLOSO, Carlos Mário da Silva. "Do poder regulamentar". *RDP* 65, jan./mar. 1983.

VERGOTTINI, Giuseppe de. *Diritto Costituzionale*. Padova, Cedam, 2006.

IMPROBIDADE ADMINISTRATIVA – REFLEXÕES[1]

CLOVIS BEZNOS

Mestre e Doutor em Direito do Estado pela PUC-SP – Professor Doutor da Faculdade de Direito da PUC-SP nos Cursos de Graduação e Pós-Graduação, em Direito Administrativo e Teoria Geral do Direito – Ex-Presidente do IBDA-Instituto Brasileiro de Direito Administrativo – Conselheiro do Instituto de Direito Administrativo Paulista-IDAP – Membro Associado do Instituto dos Advogados de São Paulo – Diretor de Cursos do IBDE-Instituto Brasileiro de Direito do Estado – Ex-Diretor da Associação Brasileira de Constitucionalistas Democratas-ABCD – Vice-Presidente do Instituto de Estudos Brasileiro de Estudos da Função Pública-IBEFP.

1. Improbidade culposa

Discute a doutrina sobre a possibilidade da caracterização da improbidade administrativa culposa, tendo em conta a previsão do art. 10 da Lei 8.429, de 2.6.1992, que ao preconizar a modalidade de dano ao erário refere-se a qualquer ação ou omissão, dolosa ou culposa, que enseje perda patrimonial.

Debate-se o significado do signo "improbidade", que os léxicos atuais definem como desonestidade, para afirmar a impossibilidade de uma desonestidade culposa, e considerando que a Constituição da República, ao prever em seu art. 37, § 4º, a punibilidade da improbidade administrativa, nada mais fez do que acolher o significado semântico de improbidade, ou seja, desonestidade.

1. O presente estudo foi elaborado em homenagem a LÚCIA VALLE FIGUEIREDO, inesquecível amiga, jurista luminar e magistrada exemplar.

Autores existem que não concordam com essa análise, e remetem-se à origem etimológica do termo improbidade, tal como o faz o douto Luis Manuel Fonseca Pires em seu artigo "Controle judicial da probidade administrativa".[2]

Refere esse autor a obra de Antônio Geraldo da Cunha, que, em seu *Dicionário Etimológico da Língua Portuguesa*, afirma que "probo" significa "quem apresenta caráter íntegro", para após reportar-se a Emerson Garcia e Rogério Pacheco Alves, na obra *Improbidade Administrativa*, que anotam a origem ainda mais longínqua do termo, no sentido de conferir o significado de *probus*, como "*o que brota bem* (*pro + bho* – da raiz *bhu*, nascer, brotar)".

Assim, culmina por concluir a existência da modalidade culposa de improbidade administrativa, nos seguintes termos: "O que se deve perquirir, portanto, é se a *maneira criteriosa de proceder, o que brota bem*, sentidos compatíveis com a culpa, se eles *são preconceitos legítimos* ao signo jurídico *improbidade administrativa*", para finalmente afirmar: "A *manifesta ineficiência no trato da função pública* é a ausência de *uma maneira criteriosa de proceder*, um agir que se afasta de algo que *brota bem*, coerente com a admissibilidade de sua ocorrência por *culpa*".

Todavia, parece-nos que a incursão ao conceito meramente semântico do termo "improbidade", para colher a sua recepção pela Constituição da República de 1988, somente se viabilizaria se não existisse o significado jurídico de *improbidade* quando da edição da Carta da República. E tal significado existia de há muito.

Com efeito, a Constituição Republicana de 1891, em seu art. 54, inciso 6º, assim estabelecia: "Art. 54. São crimes de responsabilidade os atos do Presidente que atentarem contra: (...) 6º) a probidade da administração;".

A Constituição de 1934 repetiu o dispositivo em seu art. 57, "f": "Art. 57. São crimes de responsabilidade os atos do Presidente da República, definidos em lei, que atentarem contra: (...) *f*) a probidade da administração".

2. "Controle judicial da probidade administrativa. A culpa na língua da Constituição da República de 1988", in Floriano de Azevedo Marques Neto, Fernando Dias Menezes de Almeida, Irene Patrícia Nohara e Thiago Marrara (orgs.), *Direito e Administração Pública. Estudos em Homenagem a Maria Sylvia Zanella Di Pietro*, vol. 1, São Paulo, Atlas, 2013, pp. 1.069-1.080.

Também a Carta outorgada de 1937 tratou da questão ao estabelecer em seu art. 85, "d": "Art. 85. São crimes de responsabilidade os atos do Presidente da República definidos em lei, que atentarem contra: (...) *d*) a probidade administrativa e a guarda e emprego dos dinheiros público".

A Constituição democrática de 1946 fixou em seu art. 89, V: "Art. 89. São crimes de responsabilidade os atos do Presidente da República que atentarem contra a Constituição federal e, especialmente, contra: (...) V – a probidade na administração".

De outra parte, estabeleceu o parágrafo único desse art. 89 a seguinte previsão: "Parágrafo único. Esses crimes serão definidos em lei especial, que estabelecerá as normas de processo e julgamento".

Foi sob a égide da Constituição de 1946 que foi editada a Lei 1.079, de 10.4.1950, que "Define os crimes de responsabilidade e regula o respectivo processo de julgamento".

Com efeito, no que tange aos "crimes contra a probidade na Administração", no Capítulo V do diploma, seu art. 9º estabeleceu uma série de condutas, definidas como "crimes de responsabilidade contra a probidade na administração".

Todas essas condutas, conforme o art. 2º da lei, são passíveis da pena de perda do cargo, com inabilitação, até cinco anos, para o exercício de qualquer função pública, imposta pelo Senado Federal, nos processos contra o Presidente da República ou Ministros de Estado, contra os Ministros do Supremo Tribunal Federal ou contra o Procurador-Geral da República.

De outra parte, segundo o art. 3º do diploma a imposição da pena supra-aludida não exclui o processo e julgamento do acusado por crime comum na justiça ordinária, nos termos da lei do processo penal.

Todos os tipos previstos para o crime de responsabilidade em exame exigem para sua configuração o elemento subjetivo – dolo.

Com efeito, nosso sistema penal somente admite o crime culposo mediante expressa disposição, conforme estatui o art. 18, parágrafo único, do Código Penal: "Art. 18. Diz-se o crime: (...) II – culposo, quando o agente deu causa ao resultado por imprudência, negligência ou imperícia. Parágrafo único. Salvo os casos expressos em lei, ninguém pode ser punido por fato previsto como crime, senão quando o pratica dolosamente".

A Carta de 1967 igualmente previu em seu art. 84, V, como crime de responsabilidade do Presidente da República a prática de atos atentatórios contra a Constituição da República e, entre eles, contra a probidade da administração, fixando o parágrafo único desse artigo o cometimento à lei especial da definição dos crimes de responsabilidade, bem como o seu processo e julgamento.

Nesse mesmo sentido dispôs a Emenda Constitucional 1/1969 (art. 82, V e parágrafo único).

Finalmente a Constituição da República de 1988 manteve idêntica previsão, ao fixar em seu art. 85, V e parágrafo único: "São crimes de responsabilidade os atos do Presidente da República que atentem contra a Constituição Federal e, especialmente, contra (...) V – a probidade na administração. Parágrafo único. Esses crimes serão definidos em lei especial, que estabelecerá as normas de processo de julgamento".

Significa isso que a Lei 1.079, de 10.4.1950, foi recepcionada em seus termos, e quanto ao que nos interessa, na previsão dos crimes contra a probidade na administração, previstos em seu art. 9º.

Desde logo, vale precisar que as penas estabelecidas para os crimes de responsabilidade previstos na Lei 1.079, de 10.4.1950, fixadas no art. 2º do diploma, consistem, ainda que em hipóteses de mera tentativa, *na perda do cargo*, e *na inabilitação, até cinco anos, para o exercício de qualquer função pública*.

Vale notar que a Constituição da República, além de prever a perda do cargo, ampliou para oito anos a penalidade de inabilitação para o exercício de função pública, nos termos do parágrafo único de seu art. 52.

Referindo-se aos crimes de responsabilidade previstos na Lei 1.079/1950, afirma Damásio de Jesus que não configuram crimes em seu sentido próprio, mas sim infrações político-administrativas, ou seja, correspondem a "um crime que não é crime":

> A expressão "crime de responsabilidade", na legislação brasileira, apresenta um sentido equívoco, tendo em vista que se refere a *crimes* e a *infrações político-administrativas* não sancionadas com penas de natureza criminal.
>
> Em sentido amplo, a locução abrange tipos criminais propriamente ditos e fatos que lesam deveres funcionais, sujeitos a sanções políticas.

> Em sentido estrito, abrange delitos cujos fatos contêm violação dos deveres de cargo ou função, apenados com sanção criminal. Por sua vez, os delitos de responsabilidade propriamente ditos, aqueles considerados em sentido estrito, estão previstos no Código Penal (crimes comuns) e na legislação especial (crimes especiais).
>
> Assim, crime de responsabilidade, em sentido amplo, pode ser conceituado como um fato violador do dever de cargo ou função, apenado com uma sanção criminal ou de natureza política. Pode-se dizer que há o crime de responsabilidade próprio, que constitui delito, e o impróprio, que corresponde ao ilícito político-administrativo ("crime que não é crime").
>
> Entre nós, são crimes de responsabilidade impróprios os definidos na Lei n. 1.079, de 10.4.1950 (crimes de responsabilidade do Presidente da República, de Ministros de Estados, dos Ministros do Supremo Tribunal Federal, do Procurador-Geral da República e dos Governadores dos Estados e seus Secretários), alterada pelo art. 3.º da Lei n. 10.028, de 19.10.2000, e na Lei n. 7.106, de 28.6.1983 (crimes de responsabilidade do Governador do Distrito Federal).[3]

Todavia, não obstante se acolha a lição do douto autor, cabe referir que, tratando-se da qualificação como crime, ainda que imprópria, tem-se como consequência a sua submissão a determinados aspectos tratados na Parte Geral do Código Penal, entre eles aqueles pertinentes à tipicidade subjetiva, dolo ou culpa, para reiterar-se a conclusão de que as condutas na modalidade culposa ensejam expressa previsão, o que na espécie não ocorre.

A Constituição da República, ao preconizar em seu art. 37, § 4º, a improbidade administrativa, simplesmente estendeu aos demais agentes públicos, não alcançados pela previsão dos crimes de responsabilidade, por atos atentatórios à probidade na administração, a responsabilidade pela prática de atos de improbidade administrativa.

E se não se pode contestar que esse crime de responsabilidade consiste em uma modalidade de "crime que não é crime", também se pode concluir que a improbidade administrativa, estendida aos agentes públicos em geral pela Constituição da República, consiste em uma prática de

3. Damásio E. de Jesus, "Ação penal sem crime", disponível em: <http://conteudojuridico.com.br/?artigos&ver=2.22993>.

violação administrativa que não é violação administrativa, em uma prática penal que não é penal e em uma infração civil que tampouco é civil.

Com efeito, tanto o crime de responsabilidade pela prática de improbidade como a improbidade administrativa atribuível aos agentes públicos em geral configuram uma espécie peculiar, que se classifica como *improbidade administrativa,* que não se confunde com infração penal, civil ou administrativa.

Com efeito, a prática de improbidade administrativa, preconizada pelo art. 37, § 4º, da Carta da República, tipifica-se em atos da mesma natureza daqueles previstos no art. 85, V, da Carta Constitucional e disciplinados na Lei 1.079, de 10.4.1950, naturalmente adaptados para os servidores, não exercentes de atividade político-administrativa, mas simplesmente administrativa.

Trata-se em verdade de dois sistemas de responsabilidade administrativa, por atos de uma única espécie, consistentes em improbidade administrativa, um de competência de conhecimento e julgamento do Supremo Tribunal Federal, e outro dos juízes singulares.

Essa paridade, aliás, já foi reconhecida pelo Supremo Tribunal Federal no julgamento da Reclamação 2.138, pela qual se afastou a possibilidade do enquadramento de agente político (Ministro de Estado) em improbidade administrativa, com fulcro no art. 37, § 4º, da Constituição da República e na Lei 8.429, de 2.6.1992.

Com efeito, decidiu a Suprema Corte que essa espécie de agente político não poderia ser responsabilizada pela prática de atos de improbidade, previstos na Lei 8.429/1992, mas tão somente pela prática de "crime de improbidade", previsto na Lei 1.079, de 10.4.1950, e perante o Supremo Tribunal Federal, nos termos do art. 102, I, "c", da Constituição da República.[4] Confira-se:

> Reclamação – Usurpação da competência do Supremo Tribunal Federal – Improbidade administrativa – Crime de responsabilidade – Agentes políticos – I. Preliminares – Questões de Ordem.
>
> I.1. Questão de ordem quanto à manutenção da competência da Corte que justificou, no primeiro momento do julgamento, o conheci-

4. Rcl 2.138-DF, Tribunal Pleno, rel. Min. Nelson Jobim, j. 13.6.2007, *DJ-e* 70 de 17.4.2008 ; Ement. v. 2315-01, p. 94 ; *RTJ* 211/58.

mento da reclamação, diante do fato novo da cessação do exercício da função pública pelo interessado. Ministro de Estado que posteriormente assumiu cargo de Chefe de Missão Diplomática Permanente do Brasil perante a Organização das Nações Unidas. Manutenção da prerrogativa de foro perante o STF, conforme o art. 102, I, *c*, da Constituição. Questão de ordem rejeitada. I.2. Questão de ordem quanto ao sobrestamento do julgamento até que seja possível realizá-lo em conjunto com outros processos sobre o mesmo tema, com participação de todos os Ministros que integram o Tribunal, tendo em vista a possibilidade de que o pronunciamento da Corte não reflita o entendimento de seus atuais membros, dentre os quais quatro não têm direito a voto, pois seus antecessores já se pronunciaram. Julgamento que já se estende por cinco anos. Celeridade processual. Existência de outro processo com matéria idêntica na sequência da pauta de julgamentos do dia. Inutilidade do sobrestamento. Questão de ordem rejeitada. II. MÉRITO. II.1. Improbidade administrativa. Crimes de responsabilidade. Os atos de improbidade administrativa são tipificados como crime de responsabilidade na Lei nº 1.079/1950, delito de caráter político-administrativo. II.2. Distinção entre os regimes de responsabilização político-administrativa. O sistema constitucional brasileiro distingue o regime de responsabilidade dos agentes políticos dos demais agentes públicos. A Constituição não admite a concorrência entre dois regimes de responsabilidade político-administrativa para os agentes políticos: o previsto no art. 37, § 4º (regulado pela Lei n. 8.429/1992) e o regime fixado no art. 102, I, *c*, (disciplinado pela Lei n. 1.079/1950). Se a competência para processar e julgar a ação de improbidade (CF, art. 37, § 4º) pudesse abranger também atos praticados pelos agentes políticos, submetidos a regime de responsabilidade especial, ter-se-ia uma interpretação ab-rogante do disposto no art. 102, I, *c*, da Constituição. II.3. Regime especial. Ministros de Estado. Os Ministros de Estado, por estarem regidos por normas especiais de responsabilidade (CF, art. 102, I, *c*; Lei nº 1.079/1950), não se submetem ao modelo de competência previsto no regime comum da Lei de Improbidade Administrativa (Lei nº 8.429/1992). II.4. Crimes de responsabilidade. Competência do Supremo Tribunal Federal. Compete exclusivamente ao Supremo Tribunal Federal processar e julgar os delitos político-administrativos, na hipótese do art. 102, I, *c*, da Constituição. Somente o STF pode processar e julgar Ministro de Estado no caso de crime de responsabilidade e, assim, eventualmente, determinar a perda do cargo ou a suspensão de direitos políticos. II.5. Ação de improbidade administrativa. Ministro de Estado que teve decretada a suspensão de seus direitos políticos pelo prazo de 8 anos e a perda da função pública por sentença do Juízo da 14ª Vara da Justiça Federal – Seção Judiciária do Distrito Federal. Incompetência dos juízos de primeira instância para processar e julgar ação civil de improbidade administrativa ajuizada contra agente político que possui prerrogativa de foro perante o Supremo Tribunal Federal, por crime de responsabilidade, conforme o art. 102, I, *c*, da Constituição. III. Reclamação julgada procedente.

Decisão: Preliminarmente, o Tribunal assentou a ilegitimidade da Procuradora Valquíria Oliveira Quixadá Nunes e da Associação Nacional do Ministério Público, vencidos os Senhores Ministros Carlos Velloso, Celso de Mello, Ilmar Galvão, Sepúlveda Pertence e o Presidente. No mérito, após os votos dos Senhores Ministros Nelson Jobim, Relator, Gilmar Mendes, Ellen Gracie, Maurício Corrêa e Ilmar Galvão, julgando procedente o pedido formulado na reclamação, para assentar a competência do Supremo Tribunal Federal e declarar extinto o processo em curso, na 14ª Vara da Seção Judiciária do Distrito Federal, que gerou a reclamação, pediu vista o Senhor Ministro Carlos Velloso. Falaram, pela reclamante, o Dr. José Bonifácio Borges de Andrada, Advogado-Geral da União, e, pelo Ministério Público Federal, o Dr. Haroldo Ferraz da Nóbrega, Vice-Procurador-Geral da República. Presidência do Senhor Ministro Marco Aurélio. Plenário, 20.11.2002.

Decisão: Renovado o pedido de vista, justificadamente, pelo Senhor Ministro Carlos Velloso, que não devolveu à mesa o feito para prosseguimento, tendo em vista estar aguardando a inclusão em pauta das Ações Diretas de Inconstitucionalidades n. 2.797 e n. 2.860, envolvendo temas a ela relacionada. Presidência do Senhor Ministro Maurício Corrêa. Plenário, 28.04.2004.

Decisão: Prosseguindo no julgamento, e colhidos o voto do Senhor Ministro Carlos Velloso, que julgava improcedente a reclamação, e o voto do Senhor Ministro Cezar Peluso, que acompanhava o relator, pediu vista dos autos o Senhor Ministro Joaquim Barbosa. Não participaram da votação os Senhores Ministros Eros Grau e Carlos Britto, por sucederem aos Senhores Ministros Maurício Corrêa e Ilmar Galvão que proferiram votos. Presidência do Senhor Ministro Nelson Jobim. Plenário, 14.12.2005.

Decisão: Renovado o pedido de vista do Senhor Ministro Joaquim Barbosa, justificadamente, nos termos do § 1º do artigo 1º da Resolução n. 278, de 15 de dezembro de 2003. Presidência do Senhor Ministro Nelson Jobim. Plenário, 22.02.2006.

Decisão: Retomado o julgamento do feito, após a preliminar de conhecimento suscitada pelo Ministério Público Federal, apontando a incompetência superveniente desta Corte para a apreciação da matéria e propondo, portanto, o não conhecimento da reclamação, acolhida pelo eminente Ministro Joaquim Barbosa, que também suscitou preliminar, essa no sentido da perda do objeto da reclamação em face do afastamento do cargo que garantia a prerrogativa de foro, e do voto da Senhora Ministra Cármen Lúcia, que acolhia a preliminar do Ministério Público, no que foi acompanhada pelos Senhores Ministros Ricardo Lewandowski e Carlos Britto, pediu vista dos autos o Senhor Ministro Eros Grau. Presidência da Senhora Ministra Ellen Gracie. Plenário, 01.03.2006.

Decisão: O Tribunal, por maioria, deliberou pela rejeição da preliminar de prejudicialidade suscitada pelo Senhor Ministro Joaquim Barbosa, no que foi acompanhado pelos Senhores Ministros Carlos Britto, Celso de Mello e Sepúlveda Pertence. Em seguida, o Tribunal também rejeitou a questão de ordem suscitada pelo Senhor Ministro Marco Aurélio, no sentido de sobrestar o julgamento, no que foi acompanhado pelos Senhores Ministros Joaquim Barbosa e Celso de Mello. Votou a Presidente. No mérito, por maioria, o Tribunal julgou procedente a reclamação, vencidos os Senhores Ministros Carlos Velloso, Joaquim Barbosa, Celso de Mello e Sepúlveda Pertence, que a julgavam improcedente. Votou a Presidente, Ministra Ellen Gracie, em assentada anterior. Não participaram da votação, quanto ao mérito, a Senhora Ministra Cármen Lúcia, e os Senhores Ministros Ricardo Lewandowski, Eros Grau e Carlos Britto, por sucederem, respectivamente, aos Senhores Ministros Nelson Jobim, Carlos Velloso, Maurício Corrêa e Ilmar Galvão, que proferiram votos em assentada anterior. Plenário, 13.06.2007.

Retificação de decisão: Fica retificada a decisão da assentada anterior, publicada no Diário da Justiça de 20 de junho deste ano, referente à ata da décima sétima sessão ordinária, para constar que, no mérito, ficou vencido o Senhor Ministro Marco Aurélio, julgando improcedente a reclamação, acompanhado dos Senhores Ministros Carlos Velloso, Joaquim Barbosa, Celso de Mello e Sepúlveda Pertence. Ausentes, nesta assentada, os Senhores Ministros Celso de Mello e Eros Grau. Presidência da Senhora Ministra Ellen Gracie. Plenário, 8.8.2007.

Conclui-se, assim, que se tratando da mesma espécie de conduta, já prevista pelas Constituições anteriores, e de há muito sedimentada no Ordenamento, como crime de responsabilidade (crime que não é crime, mas infração político-administrativa), e que não admite a modalidade culposa, sua recepção extensiva aos demais agentes públicos, pela letra do art. 37, § 4º, da Constituição da República, afasta a possibilidade da modalidade culposa de improbidade, que nada mais significaria que uma *contradictio in terminis*.

2. O alcance constitucional da improbidade administrativa

A Constituição de 1988 preconizou severíssimas punições para a prática de *improbidade administrativa*.

Com efeito, o art. 37, em seu § 4º, da Carta Política fixou que os atos de improbidade administrativa haveriam de ser punidos com: a suspensão dos direitos políticos, a perda da função pública, a indisponibilidade dos bens e o ressarcimento ao erário, *na forma e gradação previstas em lei*.

Além disso, estabeleceu o dispositivo a aplicabilidade dessas penalidades, *sem prejuízo da ação penal cabível*, o que significa o caráter não penal em sentido estrito da previsão desse ilícito e das penas decorrentes.

Um importante aspecto a ser salientado é que o dispositivo constitucional dirige-se apenas aos agentes públicos, o que se evidencia do próprio art. 37 da Constituição, que tem exclusiva referência à administração pública.

Além disso, entre as penalidades elencadas há expressa referência à *perda da função pública*, a reforçar o aspecto da exclusiva referibilidade aos agentes públicos.

Outra questão que vale observar diz respeito ao fato de que o dispositivo constitucional reserva à lei, quanto às penalidades elencadas, apenas a *forma* e *gradação*.

Por isso, emerge a conclusão de que a Constituição da República conferiu uma competência específica e especial, para a edição de Lei

Nacional, regulando a forma e a gradação dessas penas, diversa de quaisquer das competências privativas, elencadas no art. 22, ou das competências concorrentes, estatuídas no art. 24 da Carta da República.

A Lei Federal 8.429, de 2.6.1992, foi editada com a finalidade prevista no art. 37, § 4º, mas ao que se evidencia extrapolou a previsão constitucional, não apenas ampliando seus destinatários, mas também ampliando o rol das penalidades.

Com efeito, além do alcance dos agentes públicos em geral, das previsões qualificadoras de improbidade administrativa, estendeu a lei a terceiros, não agentes públicos, suas consequências, criando *originariamente outros tipos puníveis*, consistentes em práticas atribuíveis a não agentes públicos, consistentes em *indução a ato de improbidade, concorrência à prática de ato de improbidade* ou, finalmente, *auferir benefício direta ou indiretamente de ato de improbidade*, tal como dispõe o art. 3º do diploma.

Além dessa ampliação dos destinatários preconizados pela Constituição, ampliou a lei o rol das penalidades fixadas no Texto Constitucional, vez que estabeleceu novas penas diversas da suspensão dos direitos políticos, da perda da função pública, da indisponibilidade de bens e do ressarcimento ao erário, criando a figura denominada *multa civil*, instituindo finalmente outra penalidade, consistente na *proibição de contratar com o Poder Público ou receber benefícios ou incentivos fiscais ou creditícios, direta ou indiretamente*.

Pois bem, uma questão desde logo se coloca, qual a competência que a União detém, que lhe confere a estatuição dessas tipologias puníveis e penalidades, estabelecidas além da previsão constitucional.

Importante é ter em conta a redação do art. 12 do diploma, pois este exclui dessas penalidades o caráter penal, civil e administrativo, *verbis*: "Independentemente das sanções penais, civis e administrativas previstas na legislação específica, está o responsável pelo ato de improbidade sujeito às seguintes cominações, que podem ser aplicadas isolada ou cumulativamente, de acordo com a gravidade do fato".

Destarte, não sendo civil a natureza dessas sanções, não podem elas se alocar na competência da União para legislar sobre direito civil; não sendo de natureza penal em sentido estrito, tampouco se situam na competência da União para legislar sobre direito penal; e não sendo de natureza administrativa sequer figuram entre as competências da União para legislar sobre agentes públicos federais.

Daí que inexoravelmente se há que compreender o que se disse no início desta exposição: a competência no caso é especial, decorrente da previsão do art. 37, § 4º, não se enquadrando em qualquer competência outra estabelecida pela Constituição da República.

Essa competência não se confunde com as outras competências da União Federal, pois em nenhuma delas se colhe a menor atribuição para legislar sobre esse setor da improbidade.

A questão, portanto, a ser respondida reside na indagação quanto a poder ou não a União Federal, diante de uma competência especial e específica, atribuída exclusivamente para legislar sobre a forma e dosimetria das penas, *expressamente discriminadas* na Constituição da República, ampliar os destinatários das penas, criando novos tipos puníveis e alcançando pessoas não compreendidas no conceito de improbidade administrativa.

A inovação originária da Lei 8.429/1992, sem dúvida, configura restrições de direito, vez que impõe sanções especiais, diversas das sanções penais, civis ou administrativas, à conduta de pessoas privadas, não submetidas a uma sujeição especial.

Trata-se daquilo que Robert Alexy denomina "restrições indiretamente constitucionais", assim definidas:

> são aquelas que a Constituição autoriza alguém a estabelecer. A expressão mais clara da competência para impor restrições indiretamente constitucionais encontra-se nas cláusulas de reserva explícitas. Cláusulas de reserva explícitas são aquelas disposições constitucionais – ou parte de disposições constitucionais – que expressamente autorizam intervenções e restrições. Nesse ponto deve ser feita uma distinção entre reservas simples e qualificadas; no primeiro caso a competência para estabelecer restrições é pura e simplesmente garantida (por exemplo: art. 2º, § 2º, 3º, da Constituição alemã) no segundo caso há uma limitação ao conteúdo da restrição (por exemplo: art. 11, § 2º).[5]

5. Robert Alexy, *Teoria dos Direitos Fundamentais*, trad. de Virgílio Afonso da Silva, São Paulo, Malheiros Editores, 2ª ed., 3ª tir., 2014, pp. 291 e 292.

Para melhor entendimento dos conceitos elencados pelo autor em relação a reservas simples e reservas qualificadas, declinamos, em tradução livre, quanto ao primeiro tipo, o artigo referido, o art. 2º, § 2º, 3, da Constituição alemã, bem como, quanto ao segundo tipo, transcrevemos o art. 11, § 2º:

> Art. 2º, § 2º – (2) Cada pessoa tem o direito à vida e à integridade física. A liberdade da pessoa é invulnerável. Só se pode intervir sobre esses direitos através de uma lei.
>
> 11§ 2º – (1) Todos os cidadãos alemães gozam de liberdade na Alemanha inteira.
>
> (2) Este direito só pode ser restringido por lei, ou em virtude de lei, e só nos casos em que a insuficiência de meios de subsistência possa acarretar encargos especiais para a coletividade, ou se a restrição for necessária para a defesa contra um perigo iminente para a existência ou ordem fundamental livre e democrática da Federação ou de um Estado federado, para combater o perigo de epidemias, em catástrofes naturais e acidentes muito graves, para a proteção da juventude contra abandono ou para a prevenção de delitos.

Como se evidencia, nos casos de reserva qualificada, a própria Constituição impõe limites à restrição.

Tratando desse tema, Gilmar Ferreira Mendes, Inocêncio Mártires Coelho e Paulo Gustavo Gonet Branco lecionam que a Constituição brasileira de 1988, tal como as anteriores, estabeleceu a técnica de restrições legais diretas a diferentes direitos fundamentais, exemplificando com o sigilo das comunicações, que apenas pode ser suspenso, mediante ordem judicial, *nas hipóteses e na forma que a lei estabelecer para fins de investigação criminal ou instrução processual penal* (art. 5º, XII).

Nesse mesmo sentido exemplificam com o livre exercício de trabalho, ofício ou profissão, *atendidas as qualificações profissionais que a lei estabelecer*, conforme o disposto no art. 5º, XIII, da Constituição. Referem ainda como exemplo o direito à livre locomoção em todo território nacional, *em tempo de paz*, podendo qualquer pessoa, *nos termos da lei*, nele entrar, permanecer ou dele sair com seus bens, conforme o art. 5º, XV.

Todavia, tais restrições aos direitos podem ser delegadas pela Constituição ao legislador infraconstitucional.

Nesses casos, também os autores distinguem entre reservas legais simples e qualificadas, referindo quanto às simples que o constituinte utiliza-se de fórmulas diversas para explicitar a reserva legal: *na forma da lei; nos termos da lei; salvo nas hipóteses previstas em lei.*

Outras vezes anotam: o constituinte utiliza-se de formas menos precisas, que reclamam densificação, empregando conceitos jurídicos indeterminados, que atribuem ao legislador uma liberdade ampla, conferindo-lhe mesmo uma competência discricionária, que em determinadas hipóteses permite "quase a conversão da reserva legal em um caso de interpretação da Constituição segundo a lei".[6]

6. Gilmar Ferreira Mendes, Inocêncio Mártires Coelho e Paulo Gustavo Gonet Branco, *Hermenêutica Constitucional e Direitos Fundamentais*, Brasília, Brasília Jurídica, 2002, pp. 223, 232, 233 e 234: "Outras vezes o constituinte utiliza-se de formas menos precisas, submetendo o direito fundamental à aplicação de conceito ou instituto jurídico que reclama densificação. É o que se verifica nas seguintes hipóteses:

"XLIII – a lei considerará crimes inafiançáveis e insuscetíveis de graça ou anistia a prática de tortura, o tráfico ilícito de entorpecentes e drogas afins, o terrorismo e os definidos como crimes hediondos por eles respondendo os mandantes, os executores e os que, podendo evitá-los se omitem;

"LXVI – ninguém será levado à prisão ou nela mantido, quando a lei admitir a liberdade provisória, com ou sem fiança;

"LXVII – não haverá prisão civil por dívida, salvo a do responsável pelo inadimplemento voluntário e inescusável de obrigação alimentícia e a do depositário infiel'.

"No primeiro caso, relativo aos crimes hediondos, o constituinte adotou um conceito jurídico indeterminado que conferiu ao legislador ampla liberdade, o que permite quase a conversão da reserva legal em um caso de interpretação da Constituição segundo a lei. Os crimes definidos como hediondos passam a ter um tratamento penal agravado pela simples decisão legislativa. Essa questão tornou-se ainda mais polêmica porque o legislador ordinário, de posse do mandato que lhe foi conferido constitucionalmente, entendeu por bem impor que a execução da pena se fizesse exclusivamente em regime fechado (Lei 8.072/1990, art. 33, § 2º), em aparente contradição com o disposto no art. 5º, inciso XLVI da Constituição.

"No que se refere à liberdade provisória, também optou o constituinte, aparentemente, por conferir amplo poder discricionário ao legislador, autorizando que este defina os casos nos quais seria aplicável o instituto. É quase certo que a expressão literal aqui é má conselheira e que todo o modelo de proteção à liberdade instituído pela Constituição recomende uma leitura invertida, segundo a qual haverá de ser admitida a liberdade provisória, com ou sem fiança, salvo em casos excepcionais, especialmente definidos pelo legislador.

De outra parte, quanto à *reserva ou restrição legal qualificada* (*qualifzierter Gesetzesvorbehalt*) afirmam que a mesma ocorre "quando a Constituição não se limita a exigir que eventual restrição ao âmbito de proteção de determinado direito seja prevista em lei, estabelecendo também, as condições especiais, os fins a serem perseguidos ou os meios a serem utilizados".[7]

Ao exame do art. 37, § 4º, da Constituição evidencia-se que se está diante de uma reserva ou restrição qualificada, porque o texto não apenas fixou ineludivelmente os destinatários das penalidades – os agentes públicos –, mas também elencou em *numerus clausus* essas penalidades.

Finalmente, a Constituição delineou a missão legislativa, quanto à espécie, consistente única e exclusivamente no estabelecimento da forma quanto à apuração e aplicação da pena, e todo o mais pertinente ao objetivo constitucional da punição da improbidade administrativa, bem como na gradação da pena a ser aplicada.

De outra parte, impõe-se considerar que na espécie, tanto quanto à limitação dos destinatários das normas sobre improbidade quanto sobre as penas elencadas, traduziram-se em limites impostos pela Constituição deliberadamente, não ocorrendo *ipso facto* qualquer lacuna, mas sim aquilo que se pode qualificar como *silêncio eloquente*, ou seja: ao limitar os destinatários e discriminar as sanções aplicáveis, *contrario sensu* a Constituição proibiu não apenas a extensividade desse alcance, mas também a aplicabilidade a outros destinatários, que não os agentes públicos.

Com efeito, segundo o magistério de Larenz não se pode confundir "lacuna" com o "silêncio da lei":

> Poderia pensar-se que existe uma lacuna só quando e sempre a lei – entendida esta, doravante, como uma expressão abreviada da totalidade das regras jurídicas susceptíveis de aplicação dadas nas leis ou no Direito

"Finalmente, a autorização para que se decrete a prisão civil do depositário infiel enseja discussão, exatamente pela possibilidade que se oferece ao legislador de ampliar o conceito de depósito. É a controvérsia que se desenvolve entre nós sobre a prisão do fiduciante na alienação fiduciária em garantia". (Tenha-se em conta que essa questão hoje se encontra superada, inclusive pela edição da Súmula Vinculante 25 pelo Supremo Tribunal Federal: "É ilícita a prisão civil de depositário infiel, qualquer que seja a modalidade do depósito".)

7. Idem, ibidem, p. 236.

consuetudinário – não contenha regra alguma para uma determinada configuração no caso, quando, portanto, "se mantém em silêncio". Mas também existe o "silêncio eloquente da lei". A modo de exemplo, o fato de não conter qualquer disposição sobre a propriedade da casa de morada (no sentido atual) não foi uma lacuna do Código Civil na sua formulação originária. É que o legislador do BGB não quis admitir um tal direito real especial sobre uma casa ou uma parte do edifício, que em princípio lhe não era desconhecido, por razões da disposição das relações jurídicas sobre bens imóveis e, por isso, intencionalmente não incluiu na lei disposições a esse respeito. Foi necessário por esse motivo uma lei própria, pela qual foram modificadas algumas regras do Código Civil, para introduzir a propriedade da casa de morada como instituto jurídico na ordem jurídica vigente.[8]

O Supremo Tribunal Federal já se pronunciou sobre a distinção entre "lacuna" e "silêncio eloquente", como se confere dos seguintes vv. acórdãos: Recurso Extraordinário 135.637-5, de 25.6.1991, Relator o Ministro Moreira Alves;[9] Recurso Ordinário em Mandado de Segurança 24.334-5, Paraíba, Relator o Ministro Gilmar Mendes;[10] Agravo

8. Karl Larenz, *Metodologia da Ciência do Direito*, 3ª ed., trad. de José Lamego, Lisboa, Fundação Calouste Gulbenkian, 1997, p. 525. Refere ainda o autor sobre essa questão: "A nova criação ou reintrodução deste instituto na nossa ordem jurídica pela via do desenvolvimento judicial do Direito não teria sido admissível porque a lei, precisamente neste aspecto, não continha 'lacunas'. Por outro lado, existem casos para os quais a lei contém, por certo, uma regra aplicável segundo cada possível sentido literal e aos quais, contudo, esta regra não se ajusta segundo o seu sentido e escopo. A regra legal carece aqui de uma restrição não contida na lei e não compatível com o sentido literal possível, cuja ausência pode igualmente considerar-se uma 'lacuna'. 'Lacuna e 'silêncio da lei' não são, portanto, pura e simplesmente o mesmo" (p. 525).

9. Nesse caso o Pretório Excelso considerou que o art. 114 da Constituição da República, ao não se referir, em sua parte final, aos litígios que tenham origem em convenção, utilizou o dispositivo do "silêncio eloquente". Vez que tal hipótese já estava alcançada pela previsão anterior do mesmo artigo, ao facultar à lei ordinária estender, ou não, controvérsias decorrentes da relação de trabalho, ainda que indiretamente. Em consequência, e não havendo lei que atribua competência à Justiça Trabalhista para julgar as relações jurídicas sob exame, a competência é da Justiça Comum.

10. Tratava-se de caso de impetração de Mandado de Segurança impugnando decisão do Tribunal Superior Eleitoral, que afastou da disputa da vaga de juiz substituto, da classe dos advogados, por não contar o candidato com 10 anos de atividade de advocacia, não exigida expressamente pelo art. 120, § 1º, III, da Constituição da Re-

Regimental na Ação Penal 470-1, Minas Gerais, Relator Ministro Joaquim Barbosa.[11]

Assim sendo, afigura-se-nos que a Lei 8.429/1992 incide em inconstitucionalidades, seja quando estabelece modalidade culposa de improbidade administrativa, seja quando amplia os destinatários da Lei de Improbidade, além dos agentes públicos, seja quando estabelece outras penas, não previstas no art. 37, § 4º, da Carta da República.

Bibliografia

ALEXY, Robert. *Teoria dos Direitos Fundamentais*. Trad. de Virgílio Afonso da Silva. 2ª ed., 3ª tir. São Paulo, Malheiros Editores, 2014.

LARENZ, Karl. *Metodologia da Ciência do Direito*. 3ª ed., trad. de José Lamego. Lisboa, Fundação Calouste Gulbenkian, 1997.

MENDES, Gilmar Ferreira; COELHO, Inocêncio Mártires; BRANCO, Paulo Gustavo Gonet. *Hermenêutica Constitucional e Direitos Fundamentais*. Brasília, Brasília Jurídica, 2002.

pública, fixando a Colenda Corte que a Constituição silenciou apenas quanto ao preenchimento das vagas de advogados para integrar a Justiça Eleitoral, nada existindo quanto a essa Justiça que a possa diferenciar das demais, configurando, portanto, omissão, que não se converte em silêncio eloquente, havendo por isso de aplicar-se a regra geral inserta no art. 94 da Carta.

11. No caso o que estava em questão era o art. 397 do Código de Processo Penal, que em resultado da reforma desse diploma teve suprimida a previsão de substituição de testemunha suprimida. Entendeu a Corte a possibilidade da aplicação subsidiária do Código de Processo Civil, em razão da análise teleológica do processo, negando na espécie o silêncio eloquente. Registre-se o voto vencido do Min. Marco Aurélio.

EFICIÊNCIA ADMINISTRATIVA: ALARGAMENTO DA DISCRICIONARIEDADE ACOMPANHADO DO APERFEIÇOAMENTO DOS INSTRUMENTOS DE CONTROLE E RESPONSABILIZAÇÃO DOS AGENTES PÚBLICOS – UM PARADIGMA POSSÍVEL?

DINORÁ ADELAIDE MUSETTI GROTTI

Doutora e Mestre pela PUC-SP – Professora de Direito Administrativo da PUC-SP – Ex-Procuradora do Município de São Paulo.

Introdução

Diante das tendências atuais do direito administrativo brasileiro se observam duas tendências opostas, de um lado a que propugna o alargamento do princípio da legalidade pela inserção explícita ou implícita dos princípios e valores na Constituição, trazendo como consequência a maior limitação à discricionariedade administrativa e a ampliação da ingerência do Poder Judiciário em assuntos tradicionalmente da alçada do administrador, e, de outro, a que, no contexto de disseminação da ideia de Administração gerencial, preconiza o alcance da eficiência por meio do reconhecimento de maior liberdade decisória aos dirigentes conjugada ao controle dos resultados e a ampliação da discricionariedade, fazendo renascer, inclusive, a ideia de discricionariedade técnica, para reduzir o controle judicial, tendo em conta o envolvimento de aspectos técnicos cuja definição compete à Administração Pública.[1]

1. Maria Sylvia Zanella Di Pietro, *Direito Administrativo*, 25ª ed., São Paulo, Atlas, 2012, pp. 29-30.

No cuidado de conter os abusos, a Constituição de 1988 inovou ao fazer expressa menção aos princípios a que se submete a Administração Pública Direta e Indireta. O art. 37, *caput*, reportou de modo expresso à Administração Pública os princípios da legalidade, da impessoalidade, da moralidade, da publicidade e da eficiência, esse último acrescentado pela EC 19/1998.

Não cabe aqui nos aprofundar para saber se a eficiência deveria ou não ser princípio constitucional de direito administrativo, pois, para tanto, seria necessário abordar as diferentes concepções de princípio, válidas para o sistema jurídico e para as teorias constitucionais, mas distantes do objetivo a que nos propusemos.

Logo, partindo da premissa de que a eficiência figura como princípio explícito no *caput* do art. 37 da Constituição Federal de 1988 a partir da EC 19/1998,[2] mas, desde antes passível de ser extraída do texto

2. Parece estar superada a distinção que antes se fazia entre norma e princípio. Para a dogmática moderna, as normas jurídicas podem consubstanciar duas espécies: as normas-princípio e as normas-disposição, também referidas como regras (Luís Roberto Barroso, *Interpretação e Aplicação da Constituição: Fundamentos de uma Dogmática Constitucional Transformadora*, São Paulo, Saraiva, 1996, p. 141). Eros Roberto Grau pontifica que o fato de tais preceitos carecerem de concretização através da edição de uma regra jurídica (tomada esta em sentido diverso daquele adotado por Kelsen) não elide sua existência e sua inserção no direito positivo, pois, além de constituírem a essência das regras, em última instância, o magistrado, ao apreciar um caso concreto, poderá conferir-lhes materialidade no mundo jurídico por meio de sentença. Isso significa que em cada ordenamento jurídico estão presentes, ao lado dos princípios e regras expressamente positivados, princípios gerais consentâneos com a ordem adotada por aquele Estado, e que, embora não enunciados expressamente, estão inseridos nesse mesmo ordenamento, em estado de latência, consubstanciando, apesar disso, proposições normativas (*Ensaio e Discurso sobre a Interpretação/Aplicação do Direito*, São Paulo, Malheiros Editores, 2002, p. 147). Em sentido contrário: José Afonso da Silva, *Curso de Direito Constitucional Positivo*, 30ª ed., São Paulo, Malheiros Editores, 2008, p. 92. Para Humberto Ávila, a eficiência seria um postulado, uma vez que não impõe "a realização de fins", mas estrutura a "realização dos fins cuja realização é imposta pelos princípios", apresentando-se como norma de segundo grau que cumpre o papel de estruturar a aplicação de normas jurídicas (princípios e regras). A eficiência estrutura o "modo como a Administração deve atingir os seus fins e qual deve ser a intensidade da relação entre as medidas que ela adota e os fins que ela persegue". O dever de eficiência seria a "exigência de promoção dos fins atribuídos à administração pública, considerando satisfatória, para esse propósito, a promoção minimamente intensa e certa do fim" ("Moralidade, razoabilidade e eficiência na atividade administrativa", *Revista Eletrônica de Direito do Estado*, Salvador, n. 4, pp. 1-24, out./dez. 2005, pp. 19-23, disponível em: <http://www.direitodoestado.com/revista/REDE-4-OUTUBRO-2005-HUMBERTO%20AVILA.pdf>, acesso em 22.3.2012).

constitucional e admitida como implícita no sistema, resta assinalar que a Lei Maior conferiu-lhe autonomia jurídica, com valiosas consequências hermenêuticas, com significativas repercussões. Assim considerado, isto é, como princípio jurídico autônomo, colabora, ao mesmo tempo, para o reforço dos demais.[3]

Reconhecemos que as dificuldades existentes no exame dos princípios são maiores quando a investigação tem por objeto o princípio da eficiência da Administração Pública, tendo em conta a imprecisão do conceito.

Apesar da vagueza, afirma-se que a Administração Pública deve perseguir a eficiência. Mas quando há eficiência?

O presente estudo pretende analisar, sob a ótica da eficiência administrativa, a existência de um paradigma possível: alargamento da discricionariedade acompanhado do aperfeiçoamento dos instrumentos de controle e responsabilização dos agentes públicos.

1. A eficiência e alguns conceitos afins

Em um sentido comum, eficiência é considerada sinônimo de eficácia, valorizando o aspecto dos fins. Significa uma ação "que produz o efeito desejado", "que dá bom resultado".[4]

Entre os doutrinadores, há aqueles que separam eficiência e eficácia, distinguindo os conceitos a partir da dicotomia entre meios e fins. Assim, para Antônio Carlos Cintra do Amaral a separação conceitual feita pela ciência da Administração entre eficiência e eficácia também está presente na ciência do Direito. "A eficiência refere-se aos meios, enquanto a eficácia está relacionada com os resultados".[5]

3. Destaque-se que o princípio da eficiência não constava do texto da PEC 173, de 1995 (do Poder Executivo), nem daquele aprovado pela Câmara dos Deputados (que previa o princípio da "qualidade do serviço prestado"), mas foi inserido somente quando ocorreu o debate no Senado Federal, através da Emenda de Plenário 8.

4. Cf. Aurélio Buarque de Holanda Ferreira, *Novo Dicionário Eletrônico Aurélio Versão 5.0*, Curitiba, Positivo, 2004.

5. Antônio Carlos Cintra do Amaral, "O princípio da eficiência no direito administrativo", *Revista Eletrônica sobre a Reforma do Estado*, Salvador, n. 5, pp. 1-6, mar./maio 2006, p. 4, disponível em: <http://www.direitodoestado.com/revista/RERE-5-MAR%C7O-2006-CARLOS%20CINTRA.pdf>, acesso em 11.2.2013.

Para Egon Bockmann Moreira, a "eficácia administrativa diz respeito à potencialidade de concreção dos fins preestabelecidos em lei", e "eficiência administrativa impõe que esse cumprimento da lei seja concretizado com um mínimo de ônus social, buscando o puro objetivo do atingimento do interesse público de forma ideal, sempre em benefício do cidadão".[6]

Luciano Parejo Alfonso, ao comentar a Constituição Espanhola, salienta que a eficiência está muito mais ligada à utilização dos meios otimamente adequados, enquanto a eficácia compreenderia a produção dos efeitos desejados de forma ótima e a efetividade estaria vinculada à exata produção do efeito, estando abarcada pela eficácia.[7]

Posicionamento distinto é albergado por Cecília Vescovi de Aragão, para quem as expressões têm conteúdo ontológico distinto. A eficiência consiste na relação entre custo real e custo padrão (meios), enquanto a eficácia é definida pela relação entre o produto real e o produto padrão (fim), sendo efetividade o corolário da comparação entre os resultados alcançados e os objetivos pretendidos.[8]

Segundo José dos Santos Carvalho Filho, eficiência, eficácia e efetividade são conceitos que não se confundem. A eficiência está relacionada ao modo pelo qual se exerce a atividade administrativa; diz respeito à conduta dos agentes. A eficácia refere-se aos meios e instrumentos empregados pelo agente. E a efetividade é voltada para os resultados de sua atuação; sobreleva a positividade dos objetivos nesse aspecto.[9]

Há autores que entendem que o princípio da eficiência deve compreender a eficácia. Para Alexandre de Moraes, a eficácia é uma das características da eficiência e diferencia entre a material (execução de

6. Egon Bockmann Moreira, "Processo administrativo e princípio da eficiência", in Carlos Ari Sundfeld e Guilhermo Andrés Munoz (coords.), *As Leis de Processo Administrativo: Lei Federal 9.784/99 e Lei Paulista 10.177/98*, São Paulo, Malheiros Editores, 2000, pp. 320-341, p. 330.

7. Luciano Parejo Alfonso, *Eficacia y Administración: Tres Estudios*, Madri, Instituto Nacional de Administración Pública, 1995, p. 93.

8. Cecília Vescovi de Aragão, "Burocracia, eficiência e modelos de gestão pública: um ensaio", *Revista do Serviço Público*, Brasília, ano 48, n. 3, pp. 104-132, set./dez. 1997, p. 108.

9. José dos Santos Carvalho Filho, *Manual de Direito Administrativo*, 25ª ed., São Paulo, Atlas, 2012, p. 31.

suas competências ordinárias e cumprimento de objetivos que lhe são próprios) e a formal (responder no curso do procedimento administrativo a uma resposta a uma petição formulada por um dos administrados).[10]

De acordo com Paulo Modesto, a pluridimensionalidade do princípio da eficiência evidencia que tal princípio não deve ser reduzido à simples exigência de economicidade no uso dos recursos públicos ou à eficácia no comportamento administrativo. A eficácia é a "aptidão do comportamento administrativo para desencadear os resultados pretendidos. A eficácia relaciona, de uma parte, resultados possíveis ou reais da atividade e, de outra, os objetivos pretendidos. A eficiência pressupõe a eficácia do agir administrativo, mas não se limita a isso. A eficácia é, juridicamente, um *prius* da eficiência".[11]

Do ponto de vista jurídico, a imposição de atuação eficiente se refere a duas dimensões básicas da atividade administrativa indissociáveis:

a) a dimensão da racionalidade e otimização no uso dos meios, aí se inserindo a exigência de economicidade, em oposição à ideia de desperdício: cuida-se da eficiência como qualidade da ação administrativa, que maximiza recursos na obtenção de resultados previstos;

b) a dimensão da satisfatoriedade dos resultados da atividade administrativa pública: trata-se da eficiência como qualidade da ação administrativa que obtém resultados satisfatórios ou excelentes, configurando a obtenção de resultados inúteis ou insatisfatórios uma das formas mais comuns de violação do princípio.[12]

Em suma, a obrigação de atuação eficiente impõe: a) ação idônea (eficaz); b) ação econômica (otimizada); e c) ação satisfatória (dotada de qualidade).

Em decorrência dessas observações, Paulo Modesto conceitua o princípio da eficiência como "a exigência jurídica, imposta aos exercentes de função administrativa, ou simplesmente aos que manipulam re-

10. Alexandre de Moraes, *Princípios Constitucionais da Administração Pública*, São Paulo, Atlas, 2002, p. 111.

11. Paulo Modesto, "Notas para um debate sobre o princípio constitucional da eficiência", *Revista Eletrônica de Direito Administrativo Econômico – REDAE*, Salvador, n. 10, pp. 1-11, maio/jul. 2007, pp. 8-9, disponível em: <http://www.direitodoestado.com.br/artigo/paulo-modesto/notas-para-um-debate-sobre-o-principio-constitucional-da-eficiencia->, acesso em 11.2.2013.

12. Idem, ibidem, p. 9.

cursos públicos vinculados de subvenção ou fomento, de atuação idônea, econômica e satisfatória na realização de finalidades públicas assinaladas por lei, ato ou contrato de direito público".[13]

É comum referir-se eficiência à racionalização e à produtividade. Emerson Gabardo anota que racionalização na Ciência da Administração é vista como um "processo de busca do modo ótimo" (sentido idealístico) ou "melhor modo possível" (sentido utilitarista) na realização do fim. E acrescenta a existência de uma forma de utilização alargada, na qual o termo é visto como sinônimo da própria eficiência, na medida em que a eficiência é tomada na qualidade de objetivo (racionalizar). A racionalização em um sentido econômico moderno tem como justificativa básica a melhoria do processo produtivo, sendo que produzir implica a criação de utilidades.[14]

Pontifica também que o sentido de produtividade varia em relação ao de eficiência, pois pode ser tomado como equivalente (relação entre o produto final e os fatores utilizados na produção – meios/custos); mais amplo (consequência da soma entre eficácia e eficiência); e mais restrito que o de eficiência (produtividade ou rendimento como o próprio produto).[15] Acresce, ainda, que algumas vezes a expressão "eficiência" é utilizada em um sentido muito restrito, como sinônimo de economicidade (aproveitamento racional dos meios humanos e materiais, minimizando os custos de produção)[16] e de celeridade (maior rapidez nas ações da Administração).[17]

Existem ainda autores que entendem a eficiência como uma faceta de um princípio mais amplo, o da boa administração. Celso Antônio Bandeira de Mello assinala, reportando-se às lições de Guido Falzone, que esse último significa "desenvolver a atividade administrativa 'do modo mais congruente, mais oportuno e mais adequado aos fins a serem

13. Idem, ibidem, p. 10.

14. Emerson Gabardo, *Princípio Constitucional da Eficiência Administrativa*, São Paulo, Dialética, 2002, p. 27.

15. Idem, ibidem, pp. 28-29.

16. Luís S. Cabral de Moncada, *Direito Econômico*, 2ª ed., Coimbra, Coimbra Editora, 1988, p. 206. Lúcia Valle Figueiredo associa a eficiência à economicidade e o faz em uma análise conjunta do art. 37, *caput*, com o art. 70 da Constituição Federal (*Curso de Direito Administrativo*, 9ª ed., São Paulo, Malheiros Editores, 2008, p. 65).

17. Emerson Gabardo, *Princípio Constitucional da Eficiência Administrativa*, cit., p. 29.

alcançados, graças à escolha dos meios e da ocasião de utilizá-los, concebíveis como os mais idôneos para tanto'. [*Guido Falzone,* Il Dovere di Buona Amministrazione, *Milão, Giuffrè, 1953, p. 64*]. Tal dever, como assinala Falzone 'não se põe simplesmente como um dever ético ou como mera aspiração deontológica, senão como um dever atual e estritamente jurídico' [*ob. cit., p. 87*]".[18]

Diante dessa variedade conceitual, diversos aspectos no princípio da eficiência têm sido apontados pelos doutrinadores.

Maria Sylvia Zanella Di Pietro enfatiza que o princípio da eficiência apresenta dois aspectos: o modo de atuação do agente público, do qual se espera o melhor desempenho possível de suas atribuições, para lograr os melhores resultados e o modo de organizar, estruturar, disciplinar a Administração Pública, também com o mesmo objetivo.[19]

Por sua vez, Floriano de Azevedo Marques Neto identifica

> três aspectos no princípio da eficiência: prestacional, organizacional e de gestão. A prestação da atividade administrativa segue o princípio da eficiência quando ela logra agir de modo rápido, eficaz, preciso e cordato, satisfazendo as necessidades da coletividade. No campo da organização administrativa, a eficiência estará alcançada se a estrutura da Administração for enxuta, racional, transparente e permeável à participação do administrado e à defesa dos seus direitos. Por fim, no campo da gestão, a eficiência interdita o desperdício de recursos públicos, seja impedindo gastos irrazoáveis ou inúteis, seja proscrevendo o desperdício de oportunidade de auferição de receitas públicas legalmente autorizadas.[20]

18. Celso Antônio Bandeira de Mello, *Curso de Direito Administrativo*, 31ª ed., São Paulo, Malheiros Editores, 2014, p. 125. Juarez Freitas afirma que o "direito fundamental à boa administração pública, (...) pode ser assim compreendido: trata-se do *direito fundamental à administração pública eficiente e eficaz, proporcional cumpridora de seus deveres, com transparência, sustentabilidade, motivação proporcional, imparcialidade e respeito à moralidade, à participação social e à plena responsabilidade por suas condutas omissivas e comissivas*. A tal direito corresponde o dever de observar, nas relações administrativas, a cogência da totalidade dos princípios constitucionais e correspondentes prioridades" (*Direito Fundamental à Boa Administração Pública*, 3ª ed., São Paulo, Malheiros Editores, 2014, p. 21).

19. Maria Sylvia Zanella Di Pietro, *Direito Administrativo*, cit., p. 84.

20. Floriano de Azevedo Marques Neto, *Bens Públicos: Função Social e Exploração Econômica: o Regime Jurídico das Utilidades Públicas*, Belo Horizonte, Fórum, 2009, p. 280.

Emerson Gabardo aponta ainda na doutrina o uso de especificações da eficiência, tais como: eficiência operativa (consecução de um bom planejamento ou boa formulação de metas); eficiência adaptativa (boa capacidade de reformulação de metas); eficiência técnica (mera relação entre recursos e resultados); eficiência econômica *stricto sensu* (relação entre custos e valor dos resultados); eficiência econômica produtiva (maior rendimento na utilização dos recursos ou minimização de custos); eficiência moral (decorrente de uma razão ética mista, na qual se busca uma eficiência temporal condicionada por valores morais); eficiência jurídica (sucesso da norma na obtenção dos resultados, nem só concretos e diretos, que se pretende alcançar com a sua edição).[21]

Da análise efetuada pela doutrina observa-se que, metodologicamente, é possível se concentrar somente nos fins públicos ou focar apenas nos meios. Porém, a realidade é que ambos – meio e resultado – compõem atualmente o núcleo da noção de eficiência no mundo jurídico. Nesse binômio evidencia-se que o princípio da eficiência merece ser revigorado.

Eficiência administrativa não é sinônimo de eficiência econômica. Como esclarece Alexandre Santos de Aragão, deve ser entendida "como um melhor exercício das missões de interesse coletivo que incumbe ao Estado, que deve obter a maior realização prática possível do ordenamento jurídico, com os menores ônus possíveis, tanto para o próprio Estado, especialmente de índole financeira, como para as liberdades dos cidadãos".[22] Quando houver incompatibilidade entre a eficiência econômica e certos valores fundamentais, deverá adotar-se a solução que preserve ao máximo todos os valores e finalidades consagrados pelo Estado Social Democrático de Direito, mesmo que isso implique a redução da eficiência econômica.

2. *A eficiência como princípio constitucional positivo*

A eficiência já se achava consagrada entre nós, antes da EC 19/1998, em uma série de diplomas legais.[23]

21. Emerson Gabardo, *Princípio Constitucional da Eficiência Administrativa*, cit., p. 30.

22. Alexandre Santos de Aragão, "O princípio da eficiência", *Revista de Direito Administrativo*, Rio de Janeiro, v. 237, pp. 1-20, jul./set. 2004, p. 3.

23. A Reforma Administrativa Federal do Decreto-lei 200/1967 submete toda atividade do Executivo ao controle de resultado (arts. 13 e 25, V), fortalece o sistema

Decisões do Superior Tribunal de Justiça,[24] do Supremo Tribunal Federal[25] e dos Tribunais de Justiça[26] fizeram referências ao princípio da eficiência antes mesmo da EC 19/1998.

Da mesma forma, havia menção ao princípio da eficiência na doutrina jurídica brasileira. Assim, Hely Lopes Meirelles já apontava entre os "poderes e deveres do administrador público" o chamado "dever de eficiência", o qual chegou a denominar "o mais moderno princípio da função administrativa, que já não se contenta em ser desempenhada apenas com legalidade, exigindo resultados positivos para o serviço público e

de mérito (art. 25, VIII), sujeita a Administração indireta a supervisão ministerial quanto à eficiência administrativa (art. 26, III) e recomenda a demissão ou dispensa de servidor comprovadamente ineficiente ou desidioso (art. 100); Lei 8.078/1990 – art. 6º, X, garante ao consumidor, como direito básico, a adequada e eficaz prestação dos serviços públicos em geral, e art. 22, *caput*, estabelece a obrigatoriedade de fornecimento de serviços eficientes pelos órgãos públicos; Lei 8.987/1995 – art. 6º, § 1º, menciona a eficiência como uma das condições para que o serviço seja considerado adequado; Lei Orgânica do Município de São Paulo – art. 123, parágrafo único, garante ao usuário serviço público prestado com eficiência; A Lei paulista 7.835/1992 (art. 17) refere-se à qualidade do serviço como uma das exigências para que o serviço seja considerado adequado.

24. O Superior Tribunal de Justiça reconheceu que ao Estado cabe o poder indeclinável de regulamentar e controlar os serviços públicos, exigindo sempre sua atualização e eficiência, de par com o exato cumprimento das condições impostas para sua prestação ao público (STJ, RMS 7.730-RS, T.1, rel. Min. José Delgado, v.u., j. 1º.9.1997, *DJ* 27.10.1997, p. 54.720). Afirmou ainda o STJ que, além dos princípios constitucionalmente previstos (legalidade, impessoalidade, moralidade e publicidade), outros se evidenciam na Carta política, entre eles o princípio da eficiência, o qual determina que a atividade administrativa deve se orientar no sentido de alcançar resultado de interesse público (STJ, ROMS 5.590-DF, T.6, rel. Min. Luiz Vicente Cernicchiaro, v.u., j. 16.4.1996, *DJ* 10.6.1996, p. 20.395).

25. Reconheceu o STF que "o controle administrativo do ensino público permite a interferência oficial na direção dos educandários particulares, para afastar os diretores sem eficiência. Não constitui diminuição moral esse afastamento, pois nem todo cidadão ilibado tem competência para dirigir e administrar" (STF, RMS 2.201-DF, Pleno, rel. Min. Abner de Vasconcelos, j. 7.1.1954, *DJ* 22.7.1954).

26. Ressaltou o Tribunal de Justiça do Espírito Santo: "atenta-se, ainda, para a circunstância de que, habilitado ao concurso público, o impetrante aceitou as condições impostas no edital. Desse modo, fica autorizada a Administração a prescrever requisitos, exigências e pontuações que entender conveniente, como condições de eficiência, moralidade e aperfeiçoamento do serviço público, ou seja, a bem do interesse público" (TJES, MS 950.001.014, rel. Des. Maurílio Almeida de Abreu, decisão 10.10.1996).

satisfatório atendimento das necessidades da comunidade e de seus membros". Assinala, ainda, que "o princípio da eficiência exige que a atividade administrativa seja exercida com presteza, perfeição e rendimento funcional",[27] e que do princípio da eficiência decorre o dever de eficiência.

A própria redação original da Lei fundamental de 1988 contemplava, de forma expressa, a exigência de eficiência na Administração Pública em diferentes disposições.[28]

O que parece é que, apesar de alguns aspectos da eficiência, como celeridade e economicidade,[29] já existirem no ordenamento, possibili-

27. Hely Lopes Meirelles, *Direito Administrativo Brasileiro*, 40ª ed, São Paulo, Malheiros Editores, 2014, p. 102.

28. Nos termos do art. 74 da CF/1988, "Os Poderes Legislativo, Executivo e Judiciário manterão, de forma integrada, sistema de controle interno com a finalidade de: (...) II – comprovar a legalidade e avaliar os resultados, quanto à eficácia e eficiência, da gestão orçamentária, financeira e patrimonial nos órgãos e entidades da administração federal, bem como da aplicação de recursos públicos por entidades de direito privado". Porém, mais do que isso, constatada alguma irregularidade nos aspectos controlados, devem os responsáveis comunicá-la imediatamente ao Tribunal de Contas da União, "sob pena de responsabilidade solidária" (art. 74, § 1º). A propósito, registra Paulo Modesto: "Ora, se a eficácia e a eficiência são qualidades do agir administrativo avaliadas obrigatoriamente no controle jurídico da atividade de todo órgão da administração direta e das entidades da administração indireta, em qualquer dos poderes e, em caso de irregularidade, sujeitam os responsáveis a sanções jurídicas, são obrigações jurídicas, imposições constitucionais, exigências gerais vinculantes para o administrador público (...).

Ademais, como entender, sem pressupor implícita a obrigação constitucional geral de assegurar a eficiência na gestão pública, a autorização constitucional dada ao Tribunal de Contas para avaliar a 'legitimidade e economicidade' da atuação administrativa em geral, ao lado do controle de 'legalidade', na cabeça do art. 70 da Constituição Federal. Reflita-se que os Tribunais de Contas estão constitucionalmente autorizados a realizar 'auditorias operacionais', distintas das auditorias contábil, financeira e patrimonial, pelo art. 71, inciso VII, da Constituição, perante os órgãos e entidades da administração pública, o que não teria sentido se o administrador fosse livre para ser eficiente e ineficiente, sem que a ineficiência importasse violação do direito" (Paulo Modesto, "Notas para um debate sobre o princípio da eficiência", cit., p. 4).

O § 7º do art. 144 estabelece que "A lei disciplinará a organização e o funcionamento dos órgãos responsáveis pela segurança pública, de maneira a garantir a *eficiência* de suas atividades".

29. A economicidade nada mais é do que a relação entre custos e benefícios, tendo em vista a possibilidade econômica daquele que faz as despesas, ou o empreendimento.

tando por si sós o controle da Administração,[30] o princípio da eficiência aplicado à Administração Pública ganhou maior relevo no momento histórico da chamada crise do Estado, quando teve seu conteúdo alargado e passou a ser de interesse o seu estudo sistemático dentro do ordenamento, representando peça essencial da reforma administrativa. "Uma Administração Pública Eficiente" é o título do sexto Caderno do Ministério da Administração Federal e Reforma do Estado, que expressamente destaca: "o objetivo da reforma é permitir que a administração pública se torne mais eficiente e ofereça ao cidadão mais serviços, com maior qualidade".[31] Observa Diogo de Figueiredo Moreira Neto que,

> com o desenvolvimento dos conceitos da administração pública gerencial, que revelam grande influência do pragmatismo do direito público anglo-saxônico, passou-se a reconhecer não ser o bastante a prática de atos que, simplesmente, estejam aptos a produzir os resultados juridicamente dele esperados, ou atendendo apenas ao conceito clássico de eficácia. Exigiu-se mais: que esses atos fossem praticados com tais qualidades intrínsecas de excelência, de modo a possibilitarem o melhor atendimento possível das finalidades para ele previstas em lei. (...)
>
> Entendida, assim, a eficiência administrativa, como a melhor realização possível da gestão dos interesses públicos, posta em termos de plena satisfação dos administrados com os menores custos para a sociedade, ela se apresenta, simultaneamente, como um atributo técnico da administração, como uma exigência ética a ser atendida, no sentido weberiano de resultados, e, coroando a relação, como uma característica jurídica exigível, de boa administração dos interesses públicos.[32]

30. O Tribunal de Contas da União tem decidido diversos processos cujo tema é o controle de eficiência de várias entidades submetidas ao seu controle, como se vê, exemplificativamente, do Processo TC 19.965, de 17.10.1991, publicado na *RDA* 186/286. No caso, tratava-se de conhecer o desempenho da Central de Medicamentos/CEME no atingimento dos seus propósitos, verificando sua atuação, os resultados produzidos e os seus custos. Após auditoria, avaliou-se o órgão tendo em consideração os aspectos de eficiência, eficácia e economicidade.

31. Brasil, Ministério da Administração Federal e Reforma do Estado, "A Reforma do aparelho do Estado e as mudanças constitucionais: síntese & respostas a dúvidas mais comuns", *Cadernos MARE*, Brasília, n. 6, p. 7, 1997.

32. Diogo de Figueiredo Moreira Neto, *Curso de Direito Administrativo*, 15ª ed., rev. ref. e atual., Rio de Janeiro, Forense, 2009, p. 117.

Longe de conceder palavra isolada à eficiência, a Constituição Federal atribui-lhe grande importância em vários dos seus dispositivos, preocupando-se com a exigência de eficiência de vários modos.

A própria Constituição, pela EC 19/1998, contemplou alguns mecanismos conducentes a incentivar o cumprimento do princípio da eficiência. Assim, o § 3º do art. 37 preceitua que

> a Lei disciplinará as formas de participação do usuário na administração pública direta e indireta, regulando especialmente: I – as reclamações relativas à prestação dos serviços públicos em geral, asseguradas a manutenção de serviços de atendimento ao usuário e a avaliação periódica, externa e interna, da qualidade dos serviços; II – o acesso dos usuários a registros administrativos e a informações sobre atos de governo, observado o disposto no art. 5º, X e XXXIII; III – a disciplina da representação contra o exercício negligente ou abusivo de cargo, emprego ou função na administração pública.

Buscando a eficiência no serviço público realizado, a EC 19/1998 deu novo conteúdo normativo ao art. 241 da Constituição, para estabelecer a parceria entre os diferentes níveis de governo, prevendo que "a União, os Estados, o Distrito Federal e os Municípios disciplinarão por meio de lei os consórcios públicos e os convênios de cooperação entre os entes federados, autorizando a gestão associada de serviços públicos, bem como a transferência total ou parcial de encargos, serviços, pessoal e bens essenciais à continuidade dos serviços transferidos".

Foi prevista a possibilidade de aumento da autonomia gerencial, orçamentária e financeira dos órgãos e entidades da Administração direta e indireta mediante contrato, no qual serão fixadas metas de desempenho e controles e critérios de avaliação de desempenho, direitos, obrigações e responsabilidade dos dirigentes (art. 37, § 8º).

No § 2º do art. 39, a EC 19/1998 passou a estabelecer a obrigatoriedade de manutenção, pela União, Estados e Distrito Federal, de escolas de governo para capacitação e aperfeiçoamento dos servidores públicos, passando a configurar requisito, para evolução funcional, a participação nos cursos por aquelas promovidos, observando-se que a ausência de previsão constitucional para os Municípios não afasta a obrigatoriedade de capacitação e profissionalização de seus servidores públicos, devendo, referidos entes federativos, valer-se, para tanto, das Escolas de Governo dos respectivos Estados ou, ainda, de outras escolas, mediante convênios a serem celebrados com as demais entidades da Federação; e no § 4º do art. 41, previu-se a obrigatoriedade, como condição para aquisição da estabilidade, de avaliação especial de desempenho, a ser efetivada por comissão instituída para essa finalidade (art. 41, § 4º, da CF/1988).

Ademais, o princípio da eficiência veio enfatizado pela possibilidade de perda do cargo pelo servidor público, mediante procedimento de avaliação periódica de desempenho, na forma de lei complementar, assegurada ampla defesa (art. 41, III, da CF/1988, com a redação da EC 19/1998).

> O princípio da eficiência, enquanto norma constitucional, apresenta-se como o contexto necessário para todas as leis, atos normativos e condutas positivas ou omissivas do Poder Público, servindo de fonte para a declaração de inconstitucionalidade de qualquer manifestação da Administração contrária a sua plena e total aplicabilidade.
>
> Importante salientar que a proclamação constitucional do princípio da eficiência pretende solucionar, principalmente, o clássico defeito da administração pública na prestação dos serviços públicos e do Poder Judiciário em analisar a eficiência da administração[33] (...).[34]

O princípio da eficiência vem reforçar a possibilidade do Ministério Público, com base em sua função constitucional, de zelar pelo efetivo respeito dos poderes públicos e dos serviços de relevância pública aos direitos assegurados na Constituição, promover as medidas necessárias, judicial e extrajudicialmente, a sua garantia (CF, art. 129, II).[35]

33. Tal dificuldade, que a nosso ver não mais se justifica em virtude da alteração constitucional, verifica-se na seguinte decisão do STJ: "Restrito ao exame da legalidade do ato, não é permitida a perquirição judicial sobre a conveniência, oportunidade, eficiência ou justiça do ato, nessas hipóteses, emitindo-se manifestação de administração e não de jurisdição reservada ao Poder Judiciário" (STJ, 1ª T., RMS 628-0-RS, rel. Min. Milton Luiz Pereira, *DJ*, Seção I, 18.10.1993).

34. Alexandre de Moraes, *Direito Constitucional*, 25ª ed., São Paulo, Atlas, 2010, pp. 338-339.

35. Idem, ibidem, pp. 338-339.

A Emenda Constitucional 45, de 8.12.2004, que tratou da Reforma do Judiciário, acrescentou o inciso LXXVIII ao art. 5º, assegurando a todos, no âmbito judicial e administrativo, a "*razoável duração do processo* e os meios que garantam a celeridade de sua tramitação".[36]

Merece aplausos a inserção de mais essa garantia no art. 5º da Constituição da República, uma vez que seu estabelecimento como direito fundamental do indivíduo dotou de maior concretude e força normativa essa exigência para que os particulares não sejam obrigados a aguardar indefinidamente uma decisão do poder público.

Ao tratar da promoção, por merecimento, do juiz e do membro do Ministério Público, essa mesma Emenda Constitucional 45 determina ao órgão competente a aferição da presteza no exercício da função e que não promova aquele que "retiver autos em seu poder além do prazo legal" (cf. art. 93, II, "c" e "e", e art. 129, § 4º), passando a eficiência a ser elemento objetivo de aferição de merecimento e impeditivo da promoção.

Por sua vez, ao prever a edição de súmula com efeito vinculante para a Administração Pública direta e indireta, nas esferas federal, estadual, distrital e municipal, no § 1º do art. 103-A, e dispor que ela tem por "objetivo a validade, a interpretação e a eficácia de normas determinadas, acerca das quais haja controvérsia atual entre órgãos judiciários ou entre esses e a Administração Pública que acarrete grave insegurança jurídica e relevante multiplicação de processos", possibilita que a atividade administrativa seja eficiente.[37]

Nota-se, portanto, dentro dessa nova ótica constitucional, "um reforço à plena possibilidade do Poder Judiciário (CF, art. 5º, XXXV), em defesa dos direitos fundamentais e serviços essenciais previstos pela Constituição da República, garantir a eficiência dos serviços prestados pela Administração Pública, inclusive responsabilizando as autoridades omissas".[38]

2.1 Críticas à positivação do princípio da eficiência na CF/1988

A inserção do princípio da eficiência no art. 37, *caput*, por meio da EC 19/1998, foi recepcionada com séria perplexidade (mais ainda, in-

36. STF, 2ª T., HC 89.751-7-RO, rel. Min. Gilmar Mendes, *DJ*, Seção I, 5.12.2006, p. 33.

37. Hely Lopes Meirelles, *Direito Administrativo Brasileiro*, cit., pp. 101-102.

38. Alexandre de Moraes, *Direito Constitucional*, cit., p. 339.

quietude), ceticismo e fortes (e a nosso ver injustificadas) críticas e grande dose de preconceito, o que levou a uma interpretação distorcida por parte da doutrina. As críticas, em regra, embasaram-se nos seguintes argumentos: (i) que ele seria um princípio inútil, desnecessário, por apresentar-se como uma faceta de um princípio mais amplo – o da "boa administração";[39] (ii) que ele seria um princípio por demais vago e de difícil controle jurídico; (iii) que ele seria um princípio potencialmente oposto ao princípio da legalidade; e (iv) que ele iria de encontro ao princípio implícito da supremacia do interesse público, por priorizar os interesses secundários em detrimento dos primários.[40] Tais posições são, contudo, insustentáveis.

A primeira observação mostra-se inconsistente, tendo em conta que a positivação do referido princípio reveste-se de importância na medida em que sinaliza de forma clara que a atuação e organização da Administração devem ser direcionadas para a plena satisfação das finalidades públicas, ao mesmo tempo em que serve como um parâmetro de controle de atendimento das necessidades dos administrados, e passa a constituir padrão de comportamento da Administração. Se há o direito público subjetivo de exigir a observância do princípio da eficiência, há um permanente compromisso do gestor público de atendê-la.

A segunda crítica também não procede, pois a textura normativa fluida, vaga, imprecisa do princípio não implica que lhe faleça densidade significativa.

Por sua vez, o princípio da eficiência não contrasta e não legitima a atenuação ou o sacrifício do princípio da legalidade, pois deve ele ser concebido de forma articulada com o referido princípio, buscando a Administração atuar com eficiência dentro da legalidade,[41] sob pena de sérios riscos à segurança jurídica e ao próprio Estado de Direito. A eficiência é princípio que se soma aos demais princípios impostos à Administração, não podendo sobrepor-se a nenhum deles.

39. Celso Antônio Bandeira de Mello, *Curso de Direito Administrativo*, cit., p. 125.

40. Floriano de Azevedo Marques Neto, *Bens Públicos: Função Social e Exploração Econômica: o Regime Jurídico das Utilidades Públicas*, cit., p. 277.

41. Adverte Celso Antônio Bandeira de Mello que o princípio da eficiência não pode ser concebido (entre nós nunca é demais fazer ressalvas óbvias) senão na intimidade do princípio da legalidade, pois jamais uma suposta busca de eficiência justificaria postergação daquele que é o dever administrativo por excelência (*Curso de Direito Administrativo*, cit., p. 125).

Acentua Paulo Modesto que o princípio da eficiência "pode ser percebido como componente da própria legalidade, percebida sob um *ângulo material* e não apenas formal".[42]

A última crítica também se revela descabida. A eficiência preconizada na Administração Pública distingue-se daquela buscada pelas empresas privadas na medida em que, nestas, espera-se a obtenção de uma maximização dos resultados, a redução de custos, a captura de mercados, enquanto a Administração Pública não busca a eficiência nessa lógica, mas, sim, um melhor exercício das missões de interesse coletivo que incumbe ao Estado, como o dever de agir prontamente para suprir as necessidades dos administrados, pautando sua atuação pelo bom exercício da função pública no interesse geral do administrado.[43]

Demonstrada, assim, a improcedência das críticas feitas, resta evidente que a positivação do princípio da eficiência representou a instituição de uma norma jurídica cogente para os Poderes Públicos e, portanto, capaz de invalidar os atos a ele contrários.

3. Discricionariedade

A discricionariedade administrativa já há muito não é mais vista como sinônimo de arbitrariedade do Estado, sofrendo evoluções no seu conceito que permitiram uma maior intervenção e controle judicial do poder discricionário.

O conceito de discricionariedade acompanhou a evolução do princípio da legalidade, que passou a ser entendida como conformidade ao direito, adquirindo então um sentido mais extenso.

Tem sido corrente entre os juristas a afirmação de que a discricionariedade é a margem de liberdade que remanesce ao administrador para, no caso concreto, eleger um dentre pelo menos dois comportamentos cabíveis, todos juridicamente admissíveis, com base em critérios de conveniência, oportunidade, razoabilidade, justiça etc. – tema concernente ao mérito do ato administrativo.[44] Mas aqui surge a questão de

42. Paulo Modesto, "Notas para um debate sobre o princípio da eficiência", cit., p. 6.

43. Floriano de Azevedo Marques Neto, *Bens Públicos: Função Social e Exploração Econômica: o Regime Jurídico das Utilidades Públicas*, cit., pp. 279-280.

44. Observa Maria Sylvia Zanella Di Pietro que, embora nem todos usem o vocábulo "mérito", este é aceitável desde que bem delimitado seu significado (*Discri-*

saber se a discricionariedade cinge-se apenas ao campo das opções administrativas efetuadas em função do tema do "mérito" do ato administrativo ou se há outros casos em que o administrador pode ter mais de uma conduta.

A resposta a essa indagação envolve o tema dos conceitos jurídicos indeterminados, vagos, fluidos ou imprecisos, onde diferentes tendências animam o dissídio doutrinal. Assim, destacam-se:

1) a dos que consideram que os conceitos vagos ou imprecisos não dão margem à discricionariedade, porque apreender-lhes o sentido é operação mental puramente interpretativa da lei, que leva a uma única solução válida possível;

2) a dos que entendem que os conceitos práticos são a única fonte de discrição, ou seja, a discricionariedade advém somente de tais conceitos;

3) a dos que sustentam que os conceitos fluidos podem conferir discricionariedade à Administração. Dentro dessa linha há os que afirmam a existência de discricionariedade desde que se trate de conceitos de valor, que envolvam a possibilidade de apreciação do interesse público, em cada caso concreto, afastada esta diante de certos conceitos de experiência ou de conceitos técnicos, que não admitem soluções alternativas.

No Direito alemão (Tezner,[45] Bühler[46]) e no Direito espanhol (Fernando Sainz Moreno,[47] Eduardo García de Enterría e Tomás-Ramón Fernández[48]), encontram-se posicionamentos tendentes a afastar qualquer discricionariedade diante de conceitos jurídicos indeterminados.

No Direito português encontramos a posição inicial de Afonso Rodrigues Queiró, que limita a existência da discricionariedade às hipóte-

cionariedade Administrativa na Constituição de 1988, 3ª ed., São Paulo, Atlas, 2012, p. 117).

45. Cf. Afonso Rodrigues Queiró, "A teoria do 'desvio de poder' em direito administrativo", *Revista de Direito Administrativo*, Rio de Janeiro, v. 6, pp. 41-78, out./dez. 1946, p. 72.

46. Cf. Antonio Francisco de Sousa, *A Discricionariedade Administrativa*, Lisboa, Danúbio, 1987, p. 78.

47. Fernando Sainz Moreno, *Conceptos Jurídicos, Interpretación y Discrecionalidad Administrativa*, Madri, Civitas, 1976, p. 234.

48. Eduardo García de Enterría e Tomás-Ramón Fernández, *Curso de Direito Administrativo*, trad. de Arnaldo Setti, São Paulo, Ed. RT, 1991, p. 395.

ses de utilização, pela lei, de conceitos práticos, para referir-se a fatos ou situações pertencentes "ao mundo do valor".[49]

No Direito italiano, e em parte no Direito alemão, há doutrinas que aceitam certa margem de discricionariedade quando a lei emprega noções fluidas ou elásticas, que comportam apreciação pela Administração Pública, consoante determinados critérios de valor.

No Direito brasileiro, a maior parte dos doutrinadores pende para essa última tendência, procurando estabelecer limites à discricionariedade, através de princípios como o do interesse público e o da razoabilidade ou proporcionalidade.[50] Mas há os que acompanham a tese de que os conceitos jurídicos indeterminados não geram discricionariedade, pois é possível chegar à única solução correta perante o direito pelo trabalho de interpretação jurídica que incumbe ao Judiciário.[51]

49. Afonso Rodrigues Queiró, "A teoria do 'desvio de poder' em direito administrativo", cit., *Revista de Direito Administrativo*, pp. 60-I, 77-8. Em um momento posterior, Queiró, em sentido oposto, conclui que: "O poder discricionário é concebido, entre nós, como uma certa margem de liberdade, concedida deliberadamente pelo legislador à Administração a fim de que esta escolha o comportamento mais adequado para a realização de um determinado fim público. O poder discricionário não se confunde, portanto, com toda e qualquer margem de precisão, ainda a mais ampla, na formulação dos comandos legais. Noutras palavras: não se confunde com os chamados conceitos vagos ou conceitos indeterminados, de que o legislador administrativo tão largamente lança mão para exprimir as suas previsões. Estes são, simplesmente, o produto da impossibilidade prática ou simples dificuldade técnica, em que o legislador frequentemente se encontra, de enunciar, com toda nitidez, com todo o rigor, quer as circunstâncias ou pressupostos de fato em que os órgãos da Administração hão de exercer a sua competência no futuro, quer as finalidades a realizar pelos órgãos da Administração – e originam, para estes órgãos, o dever de realizarem, antes de exercerem essa competência, a respectiva interpretação. Por muito que, no exercício desta tarefa interpretativa, intervenham necessariamente elementos subjetivos, por muito que a interpretação envolva elementos pessoais ou autônomos, esta liberdade interpretativa nunca poderá confundir-se com o poder discricionário da Administração. Estamos aí no domínio do poder vinculado. O poder discricionário, pelo contrário, consiste, por sua vez, numa outorga de liberdade, feita pelo legislador à Administração, numa intencional concessão do poder de escolha, ante o qual se legitima, como igualmente legais, igualmente corretas *de lege lata*, todas as decisões que couberem dentro da série, mais ou menos ampla, daquelas entre as quais a liberdade de ação administrativa foi pelo legislador confinada" ("Os limites do poder discricionário das autoridades administrativas", *RDA* 97/1-8, 1969, p. 2).

50. Cf. Maria Sylvia Zanella Di Pietro, *Discricionariedade Administrativa na Constituição de 1988*, cit., pp. 117-118.

51. Eros Roberto Grau afirma que a discricionariedade resulta de expressa atribuição normativa à autoridade administrativa e não da circunstância de serem ambí-

Ante tantos critérios, convém tecermos algumas ponderações a respeito da matéria, objetivando definir nossa posição.[52]

Preliminarmente, parece-nos que as posições extremadas, ou seja, tanto as que prelecionam que os conceitos indeterminados não confe-

guos, equívocos ou suscetíveis de receberem especificações diversas os vocábulos usados nos textos normativos, dos quais resultam, por interpretação, as normas jurídicas (*O Direito Posto e o Direito Pressuposto*, 7ª ed., São Paulo, Malheiros Editores, 2008, p. 222). Nessa linha, Rita Tourinho observa que nos conceitos jurídicos indeterminados emprega-se norma com conceitos de valor ou experiência, que embora possam variar de acordo com o tempo e o espaço, estão sempre voltados a atingir um entendimento comum, aceito pelo meio social. O intérprete chegará a uma única solução para o caso concreto, não lhe sendo possível adotar tal ou qual conceito, guiado por uma liberdade subjetiva ("A discricionariedade administrativa perante os conceitos jurídicos indeterminados", *Revista de Direito Administrativo*, Rio de Janeiro, v. 1, p. 325, 1991). Luis Manuel Fonseca Pires salienta que "todo e qualquer conceito jurídico – determinado ou indeterminado, e neste último caso, de experiência ou de valor – cuida-se, em última análise, de mera interpretação jurídica, pois, insistimos, o elemento subjetivo é, para nós, comum tanto na interpretação jurídica – em qualquer interpretação jurídica – quanto na discricionariedade administrativa" (*Controle Judicial da Discricionariedade Administrativa: dos Conceitos Jurídicos Indeterminados às Políticas Públicas*, Rio de Janeiro, Elsevier, 2009, p. 97). E Lúcia Valle Figueiredo afastou a possibilidade de a discricionariedade alojar-se nos conceitos indeterminados. *In verbis*: "todo conceito é finito, e, por assim ser, há nele núcleo de certeza positiva, como também, ao contrário, há núcleo de certeza negativa (isto é, determinada coisa não pode ser), e há, ainda, zona intermediária, faixa cinzenta, diante da qual vai se colocar o problema. No primeiro momento, após a interpretação, ter-se-á ainda de verificar a subsunção, e, portanto, só depois é que se vai colocar 'alguma' discricionariedade. Não se deveria dizer 'alguma', 'pouca', ou 'muita' discricionariedade, mas, só para que se tenha uma convenção de palavras, diria 'alguma' parcela de discricionariedade. Vimos que, diante de determinado conceito, há, inicialmente, problema de interpretação. Interpretado o conceito, teremos subsunção. Na subsunção verificar-se-á a premissa menor, o fato; a premissa maior, a norma geral ou o conjunto de normas. Esta a grande questão, pois pode acontecer de não ser a norma suficiente e se tenha de usar premissas maiores complementares ou adicionais, exatamente para que se consiga fazer a subsunção. Note-se e enfatize-se: é possível haver apenas subsunção, mesmo diante de conceitos imprecisos, onde *tertium non datur*, consoante afirma Enterría". E mais adiante sublinha: "não são os conceitos plurissignificativos hábeis a elidir o controle. De forma alguma. A existência de conceitos não unívocos não quer dizer, necessariamente, que haja competência 'discricionária' dentro das comportas angustas que a legalidade demarca" (*Curso de Direito Administrativo*, cit., pp. 217-218 e 227).

52. Essa matéria foi por nós anteriormente abordada no artigo "Conceitos jurídicos indeterminados e discricionariedade administrativa", *Atualidades Jurídicas*, São Paulo, v. 2, pp. 103-141, 2000.

rem discricionariedade à Administração como as que ensinam que tais conceitos sempre ensejam discricionariedade, oferecem soluções por demais simplistas à complexa questão da relação entre os conceitos jurídicos indeterminados e a discricionariedade. Todas essas posturas, cada qual a seu modo, postulam uma solução unívoca que, a nosso ver, se apresenta em descompasso com a realidade. Senão vejamos.

Para Fernando Sainz Moreno existe uma potestade discricionária do ponto de vista jurídico somente quando o critério de decisão é de natureza política. Em todos os demais casos, não existe autêntica discricionariedade, no sentido de livre eleição entre várias soluções indiferentes para o Direito. Segundo o autor, os conceitos jurídicos indeterminados são expressão de critérios jurídicos, que constituem a expressão de ideias regentes da decisão administrativa – não são em nenhum caso fonte de discricionariedade, pois não produzem um vazio na norma, expressando, ao contrário disso, com maior nitidez que os conceitos determinados, a ideia nuclear que estampam.[53]

Eduardo García de Enterría e Tomás-Ramón Fernández aceitam o pensamento da moderna Escola Alemã, asseverando que os conceitos indeterminados só apresentam tal característica considerados em abstrato e não diante dos casos concretos, isto é, por ocasião de sua aplicação, quando ganhariam consistência e univocidade. Nesse sentido, a questão suscitada por esses conceitos é meramente uma questão de interpretação, definível pelo Poder Judiciário como qualquer outra, e não de discricionariedade. Tais conceitos, ainda consoante os insignes juristas, são passíveis de ser conduzidos para a zona de certeza, onde *tertium non datur*, ou se dá ou não se dá o conceito.[54]

Cremos que tal raciocínio é válido apenas em parte: provavelmente será verdadeiro com relação a alguns casos. Mas acreditamos existirem inúmeras situações em que mais de uma intelecção será igualmente sustentável, não se podendo afirmar objetivamente que uma opinião divergente daquela que se tenha será errada ou incorreta ou que terá violado a lei, transgredido o direito. E se é incensurável perante o direito, o ad-

53. Fernando Sainz Moreno, *Conceptos Jurídicos, Interpretación y Discrecionalidad Administrativa*, cit., pp. 317 e 347.

54. Eduardo García de Enterría e Tomás-Ramón Fernández, *Curso de Direito Administrativo*, cit., p. 395.

ministrador terá agido dentro de uma liberdade intelectiva que o direito lhe possibilitava perante o caso concreto.

Com efeito, em muitas ocasiões, mesmo recorrendo a todos os meios para delimitar o âmbito de uma expressão vaga, exatamente porque o conceito é impreciso, a interpretação não será suficiente para afastar a indeterminação do conceito, e o administrador, como primeiro aplicador deste, poderá optar por uma entre várias condutas possíveis, desde que igualmente razoáveis.

A propósito, pode-se dizer, como Bernatzik, a respeito dos conceitos fluidos, que, na sua execução, existe "um limite além do qual nunca terceiros podem verificar a exatidão ou a não exatidão da conclusão atingida. Pode dar-se que terceiros sejam de outra opinião, mas não podem pretender que só eles estejam na verdade, e que os outros tenham uma opinião falsa".[55]

Nessa circunstância, verificado que a Administração se firmou em uma intelecção comportada pelo conceito no caso concreto – ainda que outra também pudesse sê-lo –, seu ato não poderia ser revisto por qualquer órgão controlador de legitimidade, ainda que fosse o Judiciário.

Não são outros, aliás, os ensinamentos de Celso Antônio Bandeira de Mello:

> Em despeito de fatores que concorrem para delimitar o âmbito de intelecção dos conceitos imprecisos – (...) seria excessivo considerar que as expressões legais que os designam, ao serem confrontados com o caso concreto, ganham, em todo e qualquer caso, densidade suficiente para autorizar a conclusão de que se dissipam por inteiro as dúvidas sobre a aplicabilidade ou não do conceito por elas recoberto. Algumas vezes isto ocorrerá. Outras não. Em inúmeras situações, mais de uma intelecção seria razoavelmente admissível, não se podendo afirmar, com vezos de senhoria da verdade, que um entendimento divergente do que se tenha será necessariamente errado, isto é, objetivamente reputável como incorreto.[56]

55. Edmund Bernatzik, *Rechtsprechung und Materielle Rechtskraft*, Viena, 1886, pp. 42 e ss., apud Afonso Rodrigues Queiró, "A teoria do 'desvio de poder' em direito administrativo", cit., *RDA* cit., p. 63.

56. Celso Antônio Bandeira de Mello, *Discricionariedade e Controle Jurisdicional*, 2ª ed., 11ª tir. São Paulo, Malheiros Editores, 2012, p. 22.

Da mesma forma, Maria Sylvia Zanella Di Pietro não afasta a discrição dos conceitos jurídicos indeterminados, asseverando que, na hipótese de conceitos de valor (excluídos, assim, os conceitos técnicos e de experiência ou empíricos), a discricionariedade pode existir ou não, dependendo do resultado da interpretação diante do caso concreto. Pode ocorrer que, terminado o trabalho de interpretação, não se chegue a uma zona de certeza, positiva ou negativa.[57]

Acentua Sérgio Guerra que somente no plano da filosofia pura é possível admitir uma única unidade de solução ou interpretação justa.[58]

Nessa trilha, também não se nos afigura correta a tese de que o tema dos conceitos indeterminados é estranho ao tema da discricionariedade sob argumentação de que a apreensão do significado dos conceitos imprecisos é um ato de intelecção e, pois, ato da alçada do Judiciário, e que as decisões de mérito são atos de volição, consistentes em uma opção administrativa, segundo critérios de conveniência e oportunidade, dentre dois ou mais comportamentos igualmente admissíveis pela norma aplicanda e, portanto, os únicos a ensejarem discricionariedade.

Com efeito, da circunstância de estarmos diante de duas realidades distintas – um ato de intelecção e um ato de volição – não deflui necessariamente que tenham repercussões jurídicas diversas. No caso, aliás, não o têm; os efeitos de direito são idênticos.

Ora, se o "fenômeno" jurídico é o mesmo, não haveria razão para atribuir designações diferentes a situações com igual caracterização jurídica.

Com propriedade leciona Celso Antônio Bandeira de Mello:

> Deveras, qual o préstimo jurídico, ou seja, para que serve a noção de discricionariedade, senão para referir as situações em que a Administração desfruta de uma certa liberdade, por força da qual o Judiciário não pode ir além de certos limites, tendo de reconhecer que no interior deles a atuação administrativa é incensurável e que inexiste direito subjetivo de

57. Maria Sylvia Zanella Di Pietro, *Discricionariedade Administrativa na Constituição de 1988*, cit., p. 119.

58. Sérgio Guerra, "Discricionariedade técnica e agências reguladoras: uma abordagem em sede doutrinária e pretoriana", in Fábio Medeiro Osório e Marcos Juruena Villela Souto (coords.), *Direito Administrativo: Estudos em Homenagem a Diogo de Figueiredo Moreira Neto*, Rio de Janeiro, Lumen Juris, 2006, p. 884.

> terceiro oponível procedentemente contra o comportamento administrativo adotado? (...) Vale dizer, tais operações mentais, intelectivas ou volitivas, repercutem indiferentemente para a composição dos mesmos efeitos jurídicos que integram o que se entende por discricionariedade. Pouco importa se a liberdade que a lei proporciona para a Administração é uma "liberdade intelectiva" ou uma "liberdade volitiva", porquanto, em razão de uma ou de outra, os efeitos de direito serão idênticos...[59]

E, mais adiante, acrescenta:

> Ressalte-se (...) que o Judiciário tanto interpreta a lei – para corrigir atos que desbordem das possibilidades abertas pela moldura normativa – nos casos em que se verifica se os conceitos vagos ou imprecisos foram apreendidos pela Administração dentro da significação contextual que comportavam, como quando, para os mesmos fins, verifica se a opção de conveniência e oportunidade se fez sem desvio de poder, isto é, obsequiosa às finalidades da lei. Não há diferença entre uma e outra situação no que concerne à correção judicial cabível.[60]

Parece-nos, pois, indisputável que a discricionariedade abrange o tema da intelecção dos conceitos vagos.

Destarte, a menção a conceitos indeterminados pela lei pode ou não conduzir à atribuição de liberdade discricionária à Administração Pública. Pensamos que a solução à questão – e aí reside a dificuldade maior – só pode ser fornecida casuisticamente.

A existência de conceitos não unívocos não quer dizer necessariamente que haja competência discricionária dentro das comportas que a legalidade demarca. Isso porque a discrição no nível da norma não é suficiente para dizer que há discrição no caso concreto. A "admissão" de discricionariedade no plano da norma é uma possibilidade, uma condição necessária, porém não suficiente para que ocorra *in concreto*. Sua previsão na "estática" do Direito não lhe garante presença na "dinâmi-

59. Celso Antônio Bandeira de Mello, *Discricionariedade e Controle Jurisdicional*, cit., p. 25.

60. Idem, ibidem, p. 27.

ca" do Direito. Ou seja, uma coisa é detectar discrição em uma norma abstrata, outra é verificar se a discrição não se dilui quando da aplicação da norma ao caso concreto.

O exame das circunstâncias de fato, a finalidade normativa, a causa do ato, os princípios e valores do ordenamento, as zonas de certeza positiva e negativa dos conceitos jurídicos indeterminados e a interpretação, feita contextualmente, em regra, afunilam o caminho a ser seguido pelo administrador, de tal maneira que este possa ver-se não mais diante de um leque de opções, mas diante de uma única escolha legítima ante o caso concreto.

Só reconhecemos a discricionariedade na aplicação pois a discrição é atribuída ao administrador para que este opte não por qualquer solução, mas, sempre, pela solução mais adequada para atender à finalidade legal, pela melhor solução para um caso concreto.

Dessa forma, o campo da discricionariedade é maior na norma de Direito, ficando reduzido quando da sua aplicação ao caso concreto, e a mais precisa forma de descobri-la ou verificar se ainda permanece, após o processo interpretativo, dá-se quando – trazendo novamente à colação Bernatzik – nos defrontamos com "um limite. além do qual nunca terceiros podem verificar a exatidão ou não exatidão da conclusão atingida", ou seja, quando duas ou mais opiniões são igualmente sustentáveis. Nesse caso temos uma dúvida que não é resolúvel em termos lógicos. E só aí é que se tem discrição, e, nessas hipóteses, a decisão do administrador haverá de ser tida como inatacável.[61]

61. Outra não é a lição de Celso Antônio Bandeira de Mello, quando declara: "Segue-se que a abstrata liberdade conferida ao nível da norma não define o campo da discricionariedade administrativa do agente, pois esta, se afinal for existente (ao ser confrontada a conduta devida com o caso concreto), terá sua dimensão delimitada por este mesmo confronto, já que a variedade de soluções abertas em tese pela norma traz consigo implícita a suposição de que algumas delas serão adequadas para certos casos, outras para outra ordem de casos e assim por diante. Então, o controlador da legitimidade do ato (muito especialmente o Poder Judiciário), para cumprir sua função própria, não se poderá lavar de averiguar, caso por caso, ao lume das situações concretas que ensejaram o ato, se, à vista de cada uma daquelas específicas situações, havia ou não discricionariedade e que extensão tinha, detendo-se apenas e tão somente onde e quando estiver perante opção administrativa entre alternativas igualmente razoáveis, por ser *in concreto* incognoscível a solução perfeita para o atendimento da finalidade, isto é, do interesse consagrado pela norma" (*Discricionariedade e Controle Jurisdicional*, cit., pp. 47-48).

A dificuldade está em estabelecer todas as hipóteses em que o uso de conceitos jurídicos indeterminados envolve a existência de discricionariedade para a Administração.

A matéria é importante porque se reporta à extensão do controle judicial sobre a Administração Pública.

A questão remete à indagação da existência, ou não, da chamada discricionariedade técnica, chamada por alguns de "discricionariedade imprópria", embasada em critérios técnicos.

Não há consenso sobre a utilização da expressão "discricionariedade técnica" na doutrina estrangeira e nacional. Nas palavras de Antonio Francisco de Sousa,

> a natureza e dimensão desta discricionariedade técnica varia, porém, de país para país, e mesmo dentro de cada país que a adota ela permanece obscura. Para uns, trata-se de um poder livre, para outros, de um poder vinculado mas que não é suscetível de ser controlado pelos tribunais administrativos, para outros, de um poder vinculado que deve ser, ainda que não integralmente, controlado judicialmente, para outros ainda, a sua natureza varia de caso para caso.[62]

A expressão "discricionariedade técnica" foi pela primeira vez usada por Bernatzik, em 1884, para designar aqueles casos em que, apesar de a Administração não decidir com discricionariedade, o elevado grau de complexidade técnica envolvido justificaria a isenção de controle judicial.[63]

Bernatzik sustenta que a Administração age como um técnico no exercício da atividade discricionária, a qual envolve livre apreciação na busca pelo atendimento do interesse público. Assim, o controle do juiz nas questões conferidas à livre apreciação técnica do administrador seria, na verdade, o mesmo que a admissão de um "outro juízo" técnico, materialmente administrativo, por parte do órgão judiciário, isto é, a substituição de um juízo administrativo por outro, e não a admissão de um

62. Antonio Francisco de Sousa, *A Discricionariedade Administrativa*, cit., p. 307.

63. Edmund Bernatzik, *Rechtsprechung und Materielle Rechtskraft*, cit., apud Antonio Francisco de Sousa, *A Discricionariedade Administrativa*, cit., p. 76.

controle de direito.[64] A visão inicial era a de utilizar a expressão "discricionariedade técnica" para designar uma decisão que, por estar livre de qualquer revisão judicial, tinha na vontade da Administração a última e irreversível palavra. Eva Desdentado Daroca destaca a evolução do conceito na Itália a partir do início do século XX para resolver questões que envolvem a aplicação de conceitos jurídicos indeterminados.[65]

De início a doutrina italiana, como em Cammeo, entende a discricionariedade administrativa propriamente dita como liberdade de decisão e capacidade de criação, enquanto na discricionariedade técnica o administrador procede conforme critérios técnico-administrativos.[66] Posteriormente, em outra obra,[67] a "discricionariedade técnica", para Cammeo, passa a abarcar a análise do interesse público e, portanto, não mais pode ser sindicada pelo Poder Judiciário. Quanto ao efeito jurídico, afirma que a "discricionariedade técnica" se equipara à discricionariedade pura em razão da apreciação do juízo de oportunidade.[68]

Para Presutti, a "discricionariedade técnica se identifica com os conceitos jurídicos indeterminados, com exceção da apreciação do interesse público que é elemento da discricionariedade pura".[69]

Para Massimo Severo Giannini, a discricionariedade técnica não advém da apreciação de qualquer tipo de conceito jurídico indeterminado, mas apenas daqueles conceitos cuja valoração requer critérios técnicos, que fogem da experiência comum.

Para Giannini, em última análise, a "discricionariedade técnica" é uma especial aplicação dos conceitos jurídicos indeterminados por exigir o emprego de critérios técnicos, o que o leva a criticar como inconci-

64. Edmund Bernatzik, *Rechtsprechung und Materielle Rechtskraft*, cit., pp. 1-46, apud Afonso Rodrigues Queiró, "O poder discricionário da administração", in *Estudos de Direito Público*, vol. I, Coimbra, Universidade de Coimbra, 1989, p. 311.

65. Eva Desdentado Daroca, *Los problemas del Control Judicial de la Discrecionalidad Técnica: un Estudio Crítico de la Jurisprudencia*, Madri, Civitas, 1997, pp. 28 e ss.

66. Frederico Cammeo, *Commentario delle Leggi sulla Gustizia Amministrativa*, vol. I, Milão, Dottor Francesco Vallardi, pp. 128-135.

67. Frederico Cammeo, *Corso di Diritto Amministrativo*, vol. I, Padova, La Litotipo, 1914, pp. 403-413.

68. Idem, ibidem, p. 410.

69. E. Presutti, *Discrezionalità Pura e Discrezionalità Técnica*, apud Eva Desdentado Daroca, *Los problemas del Control Judicial de la Discrecionalidad Técnica: un Estudio Crítico de la Jurisprudencia*, cit., pp. 32-35.

liáveis as palavras "discricionariedade" e "técnica". A aplicação da discricionariedade poderá ocorrer em um momento posterior à apreciação técnica a que se remete a norma.[70]

A verdade é que a expressão "discricionariedade técnica" foi sendo utilizada para abranger os mais variados conceitos, sendo certo que essa imprecisão contribuiu sobremaneira para caracterizá-la como um tema obscuro no Direito.

Entende Eva Desdentado Daroca que a discricionariedade técnica cuida de toda atividade da Administração regida por critérios técnicos, o que engloba a atividade de aplicação de conceitos jurídicos indeterminados apoiados em conhecimentos especializados ou em experiência técnica. As apreciações técnicas são para ela[71] as atividades de busca de soluções a problemas práticos utilizando-se critérios técnicos (conhecimentos especializados). Nesse foco de discricionariedade técnica, como sua principal característica, afasta-se a preferência do administrador, que se prenderá a critérios de natureza científica, qualificando-a como uma atividade objetiva.[72]

Sua proposta de sistematização baseia-se em três tipos de atividades nas quais os "critérios técnicos" têm relevância para a discricionariedade administrativa: a) na "discricionariedade técnico-administrativa" a norma faculta à Administração o poder de eleger o modo de buscar a realização do interesse público, e, para fazê-lo, o administrador necessita de suporte técnico para optar entre alternativas de ação igualmente eficazes; b) o mesmo ocorre quando as bases científicas não podem ser confirmadas porque a ciência encontra-se em estado pouco avançado ou porque se cuida de uma atividade de prognose; c) há o que a Autora denomina "discricionariedade instrumental", que ocorre quando, diante de conceitos jurídicos indeterminados que remetem a critérios técnicos, estes não são capazes de esgotar as dificuldades para indicar a solução correta em vista do interesse público em questão.[73]

70. Dessa opinião, compartilham Renato Alessi (*Principi di Diritto Ammnistrativo*, Milão, Giuffrè, 1966, p. 244), J. A. García-Trevijano Fos (*Tratado de Derecho Administrativo*, Madri, Revista de Derecho Privado, 1968, p. 423) e F. Sainz Moreno (*Conceptos Jurídicos, Interpretación y Discrecionalidad Administrativa*, cit., pp. 267 e ss.).

71. Eva Desdentado Daroca, *Los Problemas del Control Judicial de la Discrecionalidad Técnica: un Estudio Crítico de la Jurisprudencia*, cit., pp. 61 e ss.

72. Idem, ibidem, p. 22.

73. Idem, ibidem, pp. 63 e ss.

Nas hipóteses "a" e "b" está-se diante da "discricionariedade forte" conferida à Administração Pública na qual incidirá o controle judicial apenas para verificar se os limites do ordenamento jurídico foram observados (controle negativo).

Na hipótese "c", não há "discricionariedade forte", pois a norma não confere à Administração margem alguma de escolha frente ao que pareça atender, de modo mais conveniente, ao interesse público, pois este já foi estabelecido pela norma e consiste na consequência prevista com a ocorrência do suposto legalmente prescrito. Nesse caso, está-se diante do que a Autora denomina "discricionariedade instrumental jurídico-técnica" ou "discricionariedade de caráter puramente instrumental". Ressalta que, na discricionariedade instrumental jurídico-técnica, os critérios técnicos, uma vez que passem a integrar o ordenamento jurídico, tornam-se parâmetros de legalidade e, portanto, sujeitos ao pleno controle judicial.[74]

O Poder Judiciário, que não possui os conhecimentos técnicos necessários, poderá apoiar-se em prova pericial, cujo resultado será avaliado segundo as regras comuns a qualquer interpretação da atividade jurisdicional.[75]

Partindo da sistematização desenvolvida por Eva Desdentado Daroca[76] e complementando-a, Cesar Augusto Guimarães Pereira[77] identifica cinco distintos fenômenos usualmente recobertos pela designação "discricionariedade técnica", sem que, necessariamente, estejam submetidos ao mesmo regime jurídico, quais sejam:

a) como uma suposta liberdade conferida à Administração para realizar exames e apurações técnicas e formular juízos especializados, de modo a preencher um conceito técnico referido na lei. Exemplifica com a aposentadoria por invalidez, que depende apenas de critérios médicos ou psicológicos – os quais definirão univocamente se determinada pessoa é ou não inválida – para ser concedida. Porém, nem sempre os

74. Idem, ibidem, pp. 116 e ss.

75. Idem, ibidem, pp. 119 e 127.

76. Eva Desdentado Daroca, *Discrecionalidad Administrativa y Planeamiento Urbanístico: Construcción Teórica y Análisis Jurisprudencial*, 2ª ed., Pamplona, Aranzadi, 2000, pp. 137-148.

77. Cesar Augusto Guimarães Pereira, "Discricionariedade e apreciações técnicas da administração", *Revista de Direito Administrativo*, Rio de Janeiro, n. 231, pp. 217-267, jan./mar. 2003, pp. 254-256.

critérios técnicos são capazes de conferir certezas inquestionáveis, e, por isso, a complexidade da "discricionariedade técnica" é proporcional ao grau de dificuldade dos termos envolvidos;

b) como denotação de escolhas administrativas relacionadas com campos especializados de conhecimento, por exemplo a realização de um concurso público em que a comissão detém "discricionariedade técnica" para o exame das provas;

c) como escolhas administrativas realizadas com base em apreciações técnicas, que Eva Desdentado Daroca chama de "discricionariedade técnico-administrativa". Nesse caso, há dois momentos distintos, porém sequenciais e dependentes um do outro: um momento de cognição técnica e outro de decisão administrativa. Como exemplo podem ser citadas as decisões produzidas no âmbito do direito ambiental, em face dos resultados de um EIA/RIMA, na escolha da alternativa globalmente mais adequada;

d) a Administração é chamada a formular escolhas com base em hipóteses científicas que não tenham podido ser objeto de corroboração. Sobre essa hipótese, Eva Desdentado Daroca explicita os casos em que há atividade administrativa de prognóstico – apenas aferíveis segundo métodos de estatística – ou nos quais o conhecimento científico é insuficiente, mas sempre com base em uma previsão de um acontecimento futuro e, portanto, ainda não passível de aferição;[78]

e) sentido processual, correspondente à suposta liberdade da Administração na atividade instrutória do processo administrativo, nos casos em que a instrução é complexa. Haveria "discricionariedade técnica" na definição de padrões de instrução.

Após analisar os diferentes sentidos, Cesar A. Guimarães Pereira recusa a existência de "discricionariedade técnica" nos dois primeiros casos (*a* e *b*) porque são hipóteses de avaliações técnicas absolutamente controláveis pelo Judiciário; no terceiro caso (*c*), afirma que existem dois momentos diferentes, o primeiro é um juízo técnico; o segundo, um juízo administrativo discricionário que adota o primeiro como premissa; no quarto (*d*), há realmente discricionariedade em razão da indeterminação da informação técnica, mas admite que para o direito ambiental essa situação resulta, por conta da incerteza, em atividade vinculada;

78. Eva Desdentado Daroca, *Discrecionalidad Administrativa y Planeamiento Urbanístico: Construcción Teórica y Análisis Jurisprudencial*, cit., pp. 146-147.

no quinto (*e*), refuta a discricionariedade porque não existe liberdade de escolha na condução de um processo administrativo, na produção de provas e decisões que são adotadas, mas um dever segundo os critérios estipulados em lei. E conclui:

Os casos usualmente referidos como de "discricionariedade técnica" enquadram-se ou não na noção de apreciações técnicas da Administração – sem qualquer alusão a discricionariedade – ou são reconduzíveis a um conceito geral de discricionariedade... Não há um regime jurídico próprio da "discricionariedade técnica", e é o que basta para reconhecer que não tem existência para o Direito. Os problemas atinentes à chamada discricionariedade técnica são resolvidos mediante a disciplina própria da discricionariedade. E as apreciações técnicas, no que têm de peculiar – remissão a um conjunto de postulados científicos não jurídicos, mas vinculantes como critérios técnicos – não guardam qualquer relação específica com a discricionariedade que pudesse justificar a manutenção da expressão "discricionariedade técnica".[79]

Dessa forma, verificamos que a doutrina emprega o termo "discricionariedade técnica" em vários sentidos; de um lado, faz presumir que há uma espécie de discricionariedade que não se sujeita ao mesmo regime da discricionariedade administrativa, e, de outro, leva à suposição de que todas as atividades administrativas relacionadas com questões técnicas são vinculadas e excluem a discrição.

Diante da confusão gerada pela equivocidade da expressão "discricionariedade técnica", da falta de especificidade do seu objeto, bem como da inexistência de regime jurídico próprio, o termo deveria ser abandonado.[80]

79. Cesar Augusto Guimarães Pereira, "Discricionariedade e apreciações técnicas da administração", cit., *RDA* cit., p. 265. Na mesma trilha, em análise acerca da discricionariedade técnica e as agências reguladoras, Sérgio Guerra observa: "Não se identifica no ordenamento nenhum instituto juridicamente aplicável à discricionariedade técnica como uma pseudoespécie da discricionariedade administrativa. Dessa forma, conclui-se que as entidades reguladoras independentes não gozam de uma discricionariedade técnica na expedição de seus atos, e sim uma discricionariedade administrativa pura" ("Discricionariedade técnica e agências reguladoras: uma abordagem em sede doutrinária e pretoriana", in Fábio Medeiro Osório e Marcos Juruena Villela Souto (coords.), *Direito Administrativo: Estudos em Homenagem a Diogo de Figueiredo Moreira Neto*, cit., p. 900).

80. A crescente evolução tecnológica e consequente tecnicização dos órgãos administrativos para o atendimento especializado das questões que lhe são submetidas fizeram ressurgir a discussão acerca da chamada discricionariedade técnica.

O que existem, de fato, são conceitos jurídicos indeterminados que se reportam a elementos técnicos e científicos de outras áreas, e que geram vinculação ou discricionariedade, conforme o caso concreto. O controle pelo Poder Judiciário não pode ser afastado de qualquer atividade administrativa, ainda que se pretenda criar uma categoria insindicável denominando-a "discricionariedade técnica".

Forçoso, porém, é reconhecer que, nos casos em que a Administração Pública identifica mais de uma possibilidade técnica, igualmente satisfatória, adotando uma delas por meio dos critérios de conveniência e oportunidade, estará vedada ao Poder Judiciário a anulação do ato.[81]

4. Observações finais

1. Apesar de a ideia de eficiência não ser nova em nosso sistema jurídico, a sua inserção no rol de princípios expressos a orientar as ati-

81. Sérgio Guerra, "Discricionariedade técnica e agências reguladoras: uma abordagem em sede doutrinária e pretoriana", in Fábio Medeiro Osório e Marcos Juruena Villela Souto, (coords.), *Direito Administrativo: Estudos em Homenagem a Diogo de Figueiredo Moreira Neto*, cit., p. 54. Gustavo Binenbojm, ao examinar o controle judicial da atividade administrativa, sustenta que, ao invés de uma predefinição estática a respeito da controlabilidade judicial dos atos administrativos, como em categorias do tipo ato vinculado *versus* ato discricionário, devemos fixar critérios de uma dinâmica distributiva "funcionalmente adequada" de tarefas e responsabilidades entre a Administração e o Judiciário, que leve em conta não apenas a programação normativa do ato a ser praticado (estrutura dos enunciados normativos constitucionais, legais ou regulamentares incidentes ao caso), mas também a "específica idoneidade de cada um dos poderes em virtude da sua estrutura orgânica, legitimação democrática, meios e procedimentos de atuação, preparação técnica etc. para decidir sobre a propriedade e a intensidade da revisão jurisdicional de decisões administrativas, sobretudo das mais complexas e técnicas" (*Uma Teoria do Direito Administrativo*, Rio de Janeiro, Renovar, 2006, pp. 40-41).

Assim, nos campos em que, por sua alta complexidade técnica e dinâmica específica, falecem parâmetros objetivos para uma atuação segura do Poder Judiciário, a intensidade do controle deverá ser tendencialmente menor. Nesses casos, a experiência dos órgãos e entidades da Administração em determinada matéria poderá ser decisiva na definição da espessura do controle. Há ainda situações em que, pelas circunstâncias específicas de sua configuração, a decisão final deve ficar preferencialmente a cargo do Poder Executivo, seja por seu lastro de legitimação democrática, seja em deferência à legitimação alcançada após um procedimento amplo e efetivo de participação dos administrados na decisão. A luta contra a arbitrariedade e as imunidades do poder não se pode deixar converter em uma indesejável judicialização administrativa, meramente substitutiva da Administração, que não leva em conta a importante dimensão de especialização técnico-funcional do princípio da separação dos poderes, nem tampouco os influxos do princípio democrático sobre a atuação do Poder Executivo.

vidades da Administração Pública, com a nova redação dada ao *caput* do art. 37, pela EC 19/1998, veio imbuída do espírito que inspirou a Reforma do Estado, representando peça essencial da reforma administrativa para satisfazer as finalidades públicas, enfatizando-se o destinatário último da atividade administrativa, ou seja, o usuário-cidadão, e consagrando-se, no dizer de Diogo de Figueiredo Moreira Neto, como um "direito difuso da cidadania".[82]

2. Críticas surgiram à positivação do princípio, e debates foram travados sobre os seus contornos jurídicos, buscando cunhar o seu conteúdo e interpretá-lo dentro da dinâmica constitucional e em sintonia com os demais princípios, pois o princípio da eficiência não importa uma derrogação de qualquer outro princípio constitucional, especialmente o da legalidade.

3. O princípio da eficiência não deve ser considerado uma mera transposição de padrões próprios às empresas privadas, pois no setor público a eficiência deve ser considerada como o dever de agir prontamente para atender aos pleitos dos administrados, o dever de organização administrativa com vistas ao exercício da função pública no interesse geral da coletividade.

Como salienta Paulo Modesto, "no direito público, mudam a natureza dos resultados pretendidos e a forma de realização da atividade, mas a necessidade de otimização ou obtenção da excelência no desempenho da atividade continua a ser um valor fundamental e um requisito da validade jurídica da atuação administrativa".[83]

Daí dever a eficiência ser também entendida como norteadora de controle, de permanente avaliação "do atendimento das finalidades na atuação do poder público, refletindo um direito subjetivo ao recebimento da boa prestação administrativa".[84]

82. Diogo de Figueiredo Moreira Neto, Apontamentos sobre a Reforma Administrativa: EC 19, de 4 de Julho de 1998, Rio de Janeiro, Renovar, 1999, p. 38.

83. Paulo Modesto, "Notas para um debate sobre o princípio constitucional da eficiência", cit., *Revista Eletrônica de Direito Administrativo Econômico – REDAE*, pp. 10-11.

84. Floriano de Azevedo Marques Neto, "Os grandes desafios do controle da Administração Pública", in Paulo Modesto (coord.), *Nova Organização Administrativa Brasileira*, Belo Horizonte, Fórum, 2009, p. 202.

4. Mostra-se, pois, viável o controle jurisdicional dos atos administrativos a partir da análise de sua eficiência, de forma autônoma, embora interligada aos demais princípios constitucionais, em especial os da proporcionalidade, razoabilidade, finalidade, moralidade, bem como os princípios próprios ao serviço público (continuidade, generalidade, cordialidade, adequabilidade e modicidade). "Isso porque", no dizer de Floriano de Azevedo Marques Neto, "o agir administrativo que desborda os lindes da adequação, da necessidade e do equilíbrio não é eficiente; o agir administrativo que não segue parâmetros plausíveis, adequados, condizentes com suas finalidades tampouco é eficiente, pois implica, digamos, num 'desperdício de poder exorbitante'".[85]

5. De igual modo, os princípios pertinentes aos serviços públicos exigem um dever geral de eficiência, maximizando recursos, com resultados positivos e satisfatório atendimento das necessidades da comunidade e de seus membros. O princípio da eficiência também engloba o princípio da economicidade, positivado no art. 70, *caput*, da Constituição Federal, hipótese em que se pode entender "a eficiência mais aplicada como um princípio de gestão do que como propriamente um princípio de organização ou de atividade administrativas".[86]

6. Uma adequada delimitação do conteúdo prescritivo do princípio da eficiência permite um controle mais efetivo dos atos praticados no exercício de uma competência discricionária, aumentando o exercício da autotutela, a fiscalização social da atividade administrativa e a consequente responsabilização funcional dos agentes públicos. Dessa forma, alarga-se a possibilidade de acompanhamento da Administração por parte do Ministério Público, tendo em conta que a averiguação de ineficiência pode ser efetuada *a posteriori* ou *a priori*, reforçando, assim, o dever de sindicabilidade de quaisquer atos da Administração pelo Poder Judiciário. Este poderá controlar e anular o ato administrativo que ocasionou a ineficiente utilização dos recursos públicos ou a prestação de serviços inócuos, responsabilizando o agente político que desrespeitou o princípio da eficiência, no exercício de suas funções.[87]

85. Floriano de Azevedo Marques Neto, *Bens Públicos: Função Social e Exploração Econômica: o Regime Jurídico das Utilidades Públicas*, cit., pp. 280-281.

86. Idem, ibidem, p. 281.

87. Alexandre de Moraes, "Princípio da eficiência e controle jurisdicional dos atos administrativos discricionários", *Revista de Direito Administrativo*, São Paulo, n. 243, pp. 13-28, set./dez. 2006, p. 15.

7. Em um estágio inicial, sustentava a doutrina que os atos praticados no exercício dos poderes discricionários não podiam ser controlados pelo Poder Judiciário sob pena de violação da tripartição de Poderes. Atualmente, na medida inclusive em que aumentam as margens de discricionariedade conferidas à Administração, crescem também as hipóteses de controle. Via de consequência, os controles exercidos a partir da motivação do ato, da isonomia, da finalidade, da proporcionalidade e da razoabilidade apontam para a superação da barreira para a sindicabilidade do ato discricionário pelo Poder Judiciário.[88]

8. Sem desconhecer as posições doutrinárias em sentido contrário, entendemos que o tema dos conceitos legais indeterminados não é estranho ao tema da discricionariedade e que esta não se cinge aos conceitos não unívocos. Por sua vez, nem sempre a utilização desses conceitos pela lei conduz, necessariamente, à discricionariedade perante o caso concreto. A solução à questão – e aí reside a dificuldade maior – só pode ser fornecida casuisticamente.

9. As situações fáticas que permitem a discussão sobre o tema da discricionariedade técnica ou caracterizam simples "apreciação técnica", ou se trata de mera discricionariedade administrativa sem um regime jurídico próprio do que, via de regra, atribui-se à noção geral de competência discricionária, conforme assinalado por Cesar Augusto Guimarães Pereira.

10. Não podemos sustentar a ausência de controle judicial sobre a atividade administrativa, sob invocação da "discricionariedade técnica". Por sua vez, nos casos em que a Administração Pública identifica mais de uma possibilidade técnica, igualmente satisfatória, optando motivadamente por uma delas, estará vedada ao Poder Judiciário a anulação do ato.

Bibliografia

ALESSI, Renato. *Principi di Diritto Ammnistrativo*. Milão, Giuffrè, 1966.

ALFONSO, Luciano Parejo. *Eficacia y Administración: Tres Estudios*. Madri, Instituto Nacional de Administración Pública, 1995.

88. Floriano de Azevedo Marques Neto, "Poderes da Administração Pública", in Marcelo Figueiredo (coord.), *Novos Rumos para o Direito Público: Reflexões em Homenagem à Professora Lúcia Valle Figueiredo*, Belo Horizonte, Fórum, 2012, p. 230.

AMARAL, Antônio Carlos Cintra do. "O princípio da eficiência no direito administrativo". *Revista Eletrônica sobre a Reforma do Estado*. Salvador, n. 5, pp. 1-6, mar./maio 2006. Disponível em: <http://www.direitodoestado.com/revista/RERE-5-MAR%C7O-2006-CARLOS%20CINTRA.pdf>. Acesso em: 11.2.2013.

ARAGÃO, Alexandre Santos de. "O princípio da eficiência". *Revista de Direito Administrativo*. Rio de Janeiro, v. 237, pp. 1-20, jul./set. 2004.

ARAGÃO, Cecília Vescovi de. "Burocracia, eficiência e modelos de gestão pública: um ensaio". *Revista do Serviço Público*. Brasília, ano 48, n. 3, pp. 104-132, set./dez. 1997.

ÁVILA, Humberto. "Moralidade, razoabilidade e eficiência na atividade administrativa". *Revista Eletrônica de Direito do Estado*. Salvador, n. 4, pp. 1-24, out./dez. 2005. Disponível em: <http://www.direitodoestado.com/revista/REDE-4-OUTUBRO-2005-HUMBERTO%20AVILA.pdf>. Acesso em: 22.3.2012.

BANDEIRA DE MELLO, Celso Antônio. *Curso de Direito Administrativo*. 31ª ed. São Paulo, Malheiros Editores, 2014.

________. *Discricionariedade e Controle Jurisdicional*. São Paulo, Malheiros Editores, 1992.

BARROSO, Luís Roberto. *Interpretação e Aplicação da Constituição: Fundamentos de uma Dogmática Constitucional Transformadora*. São Paulo, Saraiva, 1996.

BINENBOJM, Gustavo. *Uma Teoria do Direito Administrativo*. Rio de Janeiro, Renovar, 2006.

BRASIL. Ministério da Administração Federal e Reforma do Estado. "A Reforma do aparelho do Estado e as mudanças constitucionais: síntese & respostas a dúvidas mais comuns". *Cadernos MARE*. Brasília, n. 6, 1997.

CAMMEO, Frederico. *Commentario delle Leggi sulla Gustizia Amministrativa*. vol. I. Milão, Dottor Francesco Vallardi.

________. *Corso di Diritto Amministrativo*. vol. I. Padova, La Litotipo, 1914.

CARVALHO FILHO, José dos Santos. *Manual de Direito Administrativo*. 25ª ed. São Paulo, Atlas, 2012.

DAROCA, Eva Desdentado. *Discrecionalidad Administrativa y Planeamiento Urbanístico: Construcción Teórica y Análisis Jurisprudencial*. 2ª ed. Pamplona, Aranzadi, 2000.

________. *Los Problemas del Control Judicial de la Discrecionalidad Técnica: un Estudio Crítico de la Jurisprudencia*. Madri, Civitas, 1997.

DI PIETRO, Maria Sylvia Zanella. *Direito Administrativo*. 25ª ed. São Paulo, Atlas, 2012.

________. *Discricionariedade Administrativa na Constituição de 1988*. 3ª ed. São Paulo, Atlas, 2012.

FALZONE, Guido. *Il Dovere di Buona Amministrazione*. Milão, Giuffrè, 1953.

FIGUEIREDO, Lúcia Valle. *Curso de Direito Administrativo*. 9ª ed. rev., ampl. e atual. São Paulo, Malheiros Editores, 2008.

FREITAS, Juarez. *Direito Fundamental à Boa Administração Pública*. 3ª ed. São Paulo, Malheiros Editores, 2014.

GABARDO, Emerson. *Princípio Constitucional da Eficiência Administrativa*. São Paulo, Dialética, 2002.

GARCÍA DE ENTERRÍA, Eduardo; FERNÁNDEZ, Tomás-Ramón. *Curso de Direito Administrativo*. Trad. de Arnaldo Setti. São Paulo, Ed. RT, 1991.

GARCÍA-TREVIJANO FOS, J. A. *Tratado de Derecho Administrativo*. Madri, Revista de Derecho Privado, 1968.

GRAU, Eros Roberto. *Ensaio e Discurso sobre a Interpretação/Aplicação do Direito*. São Paulo, Malheiros Editores, 2002.

________. *O Direito Posto e o Direito Pressuposto*. 7ª ed. São Paulo, Malheiros Editores, 2008.

GROTTI, Dinorá Adelaide Musetti. "Conceitos jurídicos indeterminados e discricionariedade administrativa". *Atualidades Jurídicas*. São Paulo, v. 2, pp. 103-141, 2000.

GUERRA, Sérgio. "Discricionariedade técnica e agências reguladoras: uma abordagem em sede doutrinária e pretoriana". In OSÓRIO, Fábio Medeiro; SOUTO, Marcos Juruena Villela (coords.). *Direito Administrativo: Estudos em Homenagem a Diogo de Figueiredo Moreira Neto*. Rio de Janeiro, Lumen Juris, 2006.

FERREIRA, Aurélio Buarque de Holanda. *Novo Dicionário Eletrônico Aurélio Versão 5.0*. Curitiba, Positivo, 2004.

MARQUES NETO, Floriano de Azevedo. *Bens Públicos: Função Social e Exploração Econômica: o Regime Jurídico das Utilidades Públicas*. Belo Horizonte, Fórum, 2009.

________. "Os grandes desafios do controle da Administração Pública". In MODESTO, Paulo (coord.). *Nova Organização Administrativa Brasileira*. Belo Horizonte, Fórum, 2009.

________. "Poderes da Administração Pública". In FIGUEIREDO, Marcelo (coord.). *Novos Rumos para o Direito Público: Reflexões em Homenagem à Professora Lúcia Valle Figueiredo*. Belo Horizonte, Fórum, 2012.

MEIRELLES, Hely Lopes. *Direito Administrativo Brasileiro*. 38ª ed. atualizada por Délcio Balestero Aleixo e José Emmanuel Burle Filho. São Paulo, Malheiros Editores, 2012.

MODESTO, Paulo. "Notas para um debate sobre o princípio constitucional da eficiência". *Revista Eletrônica de Direito Administrativo Econômico – REDAE*. Salvador, n. 10, pp. 1-11, maio/jul. 2007. Disponível em: <http://www.direitodoestado.com.br/artigo/paulo-modesto/notas-para-um-debate-sobre-o-principio-constitucional-da-eficiencia->. Acesso em: 11.2.2013.

MONCADA, Luís S. Cabral de. *Direito Econômico*. 2ª ed. Coimbra, Coimbra Editora, 1988.

MORAES, Alexandre de. *Direito Constitucional*. 25ª ed. São Paulo, Atlas, 2010.

________. *Princípios Constitucionais da Administração Pública*. São Paulo, Atlas, 2002.

________. "Princípio da eficiência e controle jurisdicional dos atos administrativos discricionários". *Revista de Direito Administrativo*. São Paulo, n. 243, pp. 13-28, set./dez. 2006.

MOREIRA, Egon Bockmann. "Processo administrativo e princípio da eficiência". In SUNDFELD, Carlos Ari; MUNOZ, Guilhermo Andrés (coords.). *As Leis de Processo Administrativo: Lei Federal 9.784/99 e Lei Paulista 10.177/98*. São Paulo, Malheiros Editores, 2000, pp. 320-341.

MOREIRA NETO, Diogo de Figueiredo. *Apontamentos sobre a Reforma Administrativa: EC 19, de 4 de Julho de 1998*. Rio de Janeiro, Renovar, 1999.

________. *Curso de Direito Administrativo*. 15ª ed. rev., ref. e atual. Rio de Janeiro, Forense, 2009.

MORENO, Fernando Sainz. *Conceptos Jurídicos, Interpretación y Discrecionalidad Administrativa*. Madri, Civitas, 1976.

PEREIRA, Cesar Augusto Guimarães. "Discricionariedade e apreciações técnicas da administração". *Revista de Direito Administrativo*. Rio de Janeiro, n. 231, pp. 217-267, jan./mar. 2003.

PIRES, Luis Manuel Fonseca. *Controle Judicial da Discricionariedade Administrativa: dos Conceitos Jurídicos Indeterminados às Políticas Públicas*. Rio de Janeiro, Elsevier, 2009.

QUEIRÓ, Afonso Rodrigues. "A teoria do desvio de poder em direito administrativo". *RDA* 6/41-78, out./dez. 1946.

________. "Os limites do poder discricionário das autoridades administrativas". *RDA*, 97/1-8. Rio de Janeiro, 1969.

SILVA, José Afonso da. *Curso de Direito Constitucional Positivo*. 30ª ed. São Paulo, Malheiros Editores, 2008.

SOUSA, Antonio Francisco de. *A Discricionariedade Administrativa*. Lisboa, Danúbio, 1987.

TOURINHO, Rita. "A discricionariedade administrativa perante os conceitos jurídicos indeterminados". *RDA*, v. 1. Rio de Janeiro, 1991.

O FUTURO DO DIREITO ADMINISTRATIVO NO POLICENTRISMO DE SUAS FONTES

O Direito Administrativo Global e os Rumos do Ordenamento Jurídico Pós-Moderno[1]

DIOGO DE FIGUEIREDO MOREIRA NETO

Doutor em Direito pela UFRJ – Especialização em Direito Político pela Universidad Maior de San Andrés (Argentina) – Especialização em Criminologia pela Universidad de Buenos Aires – Especialização em Direito Penal Militar pela UFR – Especialização em Direito Nuclear pela UERJ –Especialização em Aperfeiçoamento para a Magistratura pela OAB – Professor Titular da Universidade Cândido Mendes

La paradoja no constituye algo insólito en la actividad de razonar y definir, críticamente. La actitud paradójica debe suponer para un filósofo del derecho un esfuerzo para eludir los caminos trillados de la rutina y de las ideas preconcebidas y carentes de fundamento.

Antonio-Enrique Pérez-Luño[2]

Apresentação. Introdução. 1. A globalização. 2. A era dos direitos fundamentais. 3. As transformações do ordenamento jurídico: 3.1 Seis

1. O presente artigo presta uma sentida e sincera homenagem à ilustre jurista Lúcia Valle Figueiredo, ofertado para compor a coletânea *in memoriam*, em boa hora coordenada pelos Professores Sergio Ferraz, Celso Antônio Bandeira de Mello, Silvio Luis Ferreira da Rocha e Amauri Feres Saad, associando o autor à justíssima homenagem que lhe prestam seus colegas, admiradores e amigos.

2. Antonio-Enrique Pérez Luño, *Nuevos Retos del Estado Constitucional: Valores, Derechos, Garantías*, Alcalá de Henares (Madri), Universidad de Alcalá, 2010, p. 37.

características do ordenamento jurídico positivista: 3.1.1 A estatalidade do ordenamento jurídico – 3.1.2 A exclusividade do ordenamento jurídico – 3.1.3 A unidade do ordenamento jurídico – 3.1.4 A plenitude do ordenamento jurídico – 3.1.5 A suficiência do ordenamento jurídico. 3.2 As novas seis características do ordenamento jurídico pós-positivista: 3.2.1 A extraestatalidade do ordenamento jurídico – 3.2.2 O compartilhamento do ordenamento jurídico – 3.2.3 A pluralidade do ordenamento jurídico – 3.2.4 A abertura do ordenamento jurídico – 3.2.5 A integração do ordenamento jurídico. 4. As transformações do constitucionalismo: 4.1 As novas conquistas transformadoras do neoconstitucionalismo: 4.1.1 Supremacia constitucional – 4.1.2 Efetividade constitucional – 4.1.3 Abertura constitucional – 4.1.4. Democratização constitucional. 4.2 As consequências reformadoras: 4.2.1 O esvaziamento das razões de Estado – 4.2.2 Insuficiência das Constituições nacionais. 4.3 Reposicionamento do constitucionalismo no mundo globalizado. 5. as transformações do estado: 5.1 Algumas mudanças a serem consideradas: 5.1.1 Esvaziamento do Estado – 5.1.2 Enfraquecimento do Estado – 5.1.3 Reposicionamento do Estado. 5.2 As consequências reformadoras: 5.2.1 O Estado instrumental – 5.2.2 O Estado democrático – 5.2.3 O Estado do diálogo – 5.2.4 O Estado da argumentação – 5.2.5 O Estado consensual – 5.2.6 O Estado da motivação. 6. Transformação e expansão do direito administrativo: 6.1 Transformação do objetivo do controle – 6.2 Transformação do âmbito do controle – 6.3 Transformação da sujeição positiva ao controle – 6.4 Transformação do conteúdo normativo – 6.5 Os novos métodos de atuação do direito administrativo: 6.5.1 A regulação – 6.5.2 A negociação – 6.5.3 A motivação – 6.5.4 A exclusão. 7. a exploração prospectiva da nova dimensão global do direito administrativo, como condição de atuação eficiente ante o policentrismo das fontes normativas: 7.1 A dimensão prospectiva – 7.2 Um estudo de caso exemplificativo: o da autorregulação regulada para possibilidades de controle das crises financeiras globais – 7.3 Em conclusão.

Apresentação

A realização do *Primeiro Congresso do Instituto de Direito Administrativo do Estado do Rio de Janeiro*, abrilhantado pelo brilhante quadro de publicistas da jovem instituição acadêmica fluminense, levou avante a tradição científica e os ideais semeados por insignes administrativistas do renome de Augusto Olímpio Viveiros de Castro, Olavo Bilac Pereira Pinto, Miguel Seabra Fagundes e Caio Tácito Sá Viana Pereira de Vasconcelos.

Esse encontro ofereceu o foro adequado e oportuno para que a segunda década deste século inserisse na consideração e na agenda científica dos estudiosos da Disciplina o estudo do extraordinário fenômeno da *expansão policêntrica das fontes do direito administrativo*, cujos desdobramentos, referidos ao *espaço jurídico global*, às alternativas de *governança global* e ao *direito administrativo global*, tendem a ocupar, cada vez mais, os debates acadêmicos, políticos e midiáticos dos próximos anos.[3]

É sobre esse admirável tema emergente na pós-modernidade que se discorre vestibularmente neste breve ensaio, desenvolvida nos seguintes seis tópicos: (1) uma introdução sobre a Era dos direitos fundamentais; (2) as transformações do ordenamento jurídico; (3) as transformações do constitucionalismo; (4) as transformações do Estado; (5) as transformações do direito administrativo e (6) uma conclusão sobre a necessidade de considerar prospectivamente a expansão da dimensão extranacional e mundializada que ganha o direito administrativo contemporâneo.

Introdução

Uma apresentação do direito administrativo de hoje – e, em parte, o de amanhã – requer uma dupla introdução: a primeira, sobre o fenô-

3. Somente nesta primeira década deste século, entre diversos trabalhos versando esses temas, destacam-se as seguintes contribuições para aprofundamentos: no ano 2001 – M. Shapiro, "Symposium: globalization, accountability, and the future of administrative law: administrative law unbounded; reflections on government and governance", *Indiana Journal of Global Legal Studies*, 8, primavera 2001, 369; no ano 2003 – S. Cassese, *Lo Spazio Giuridico Globale*, Roma-Bari, Laterza; A. Alesina e E. Spolaore, *The Size of Nations*, Cambridge, The MIT Press; S. Battini, *Amministrazione Senza Stato*, Milano, Giuffrè; G. Della Cananea, "I pubblici poteri nello spazio giuridico globale", *Rivista Trimestrale di Diritto Pubblico*, Roma, v. 1, pp. 1-34; no ano 2005 – E. Riedel, "The development of international law alternatives to treaty-making? International organizations and non-state actors", in Rüdiger Wolfrum e Volker Röben (eds.), *Developments of International Law in Treaty Making*, Berlin, Springer; Kalypso A. Nicolaidis e Gregory Shaffer, "Managed mutual recognition regimes: governance without global government", *Working Paper* 2005/6, New York, University School of Law; B. Kingsbury, N. Krisch e R. Stewart, "The emergence of global administrative law", *Law and Contemporary Problems*, summer/autumn, 3-4, p. 15; S. Roberts, "After government? On representing law without the State", *The Modern Law Review*, 68, 2005, 1; no ano 2006 – S. Battini, "L'impatto della globalizzazione e sul diritto amministrativo: quatro percorsi", *Giornale di Diritto Amministrativo*, n. 3, pp. 339 e ss.; S. Cassese, *Oltre lo Stato*, cit.; no ano 2008 – L. F. Colaço Antunes, *O Direito Administrativo sem Estado – Crise ou Fim de um Paradigma?*, Coimbra, Coimbra Editora; e no ano 2009 – E. Bitencourt Neto, "Direito administrativo transnacional", Salvador, *REDAE*, IDP, n. 18, maio/jun./jul. 2009, disponível em: <http://www.direitodoestado.com/revistaREDAE-18-MAIO-2009-EURICO-BITTENCOURT.pdf>.

meno da *globalização*, e a segunda, sobre o percurso histórico que vai do amadurecimento do conceito de *direitos humanos* ao de *direitos fundamentais*, como molduras para o enquadramento e desenvolvimento dos tópicos acima indicados.

1. A globalização

Esse fenômeno relevante para as Ciências Sociais, para os efeitos deste ensaio, comportará duas linhas de compreensão: como *fato* e como *valor*. Enquanto *fato*, pode ser considerado historicamente uma *dilatação dos horizontes de interesses das sociedades humanas*, o que, afinal, não é algo novo, mas, em verdade, muito antigo, pois segue a lógica inexorável da *expansão dos interesses* e de sua consequente e inevitável instrumentação pelo *poder*.

Com esse sentido, a globalização se tem manifestado com grande nitidez em alguns períodos históricos marcados por intensa *difusão cultural* e *dinamismo do poder*; ora com a *ampliação de fronteiras políticas*, ora com o *desenvolvimento dos intercâmbios econômicos*, ora com a *propagação religiosa*. Por isso, a globalização foi, em distintas épocas, ou predominantemente *cultural*, pelo poder do exemplo, como se deu no mundo helênico, ou hegemonicamente *política*, pelo poder da espada, como na expansão do mundo romano; ora notadamente *econômica*, pelo poder das riquezas, como ocorreu na dilatação do mundo ibérico pelos descobrimentos, ora preponderantemente *religiosa*, pelo poder da fé, como sucedeu na propagação apostólica do cristianismo.

Outros movimentos globalizantes também apresentaram combinações entre esses interesses, como, exemplificativamente, os identificados nos fenômenos assemelhados da *expansão do Islã* após a hégira e do *imperialismo* moderno, esse último, desdobrado em submanifestações específicas, como as dos distintos caminhos do imperialismo inglês, do norte-americano e do soviético.

Ocorre, porém, que a *atual globalização* ultrapassa todas essas experiências, não só por ser mais *ampla* e mais *diversificada* que as anteriores, como, sobretudo, mais *profunda*, por ser consequência da *Revolução das Comunicações*, deflagrada no Segundo Pós-Guerra do século XX e ainda em curso; um movimento tão intenso que vem promovendo mudanças radicais nas características da civilização dominante no planeta, caracterizando a Era pós-moderna e marcando suas transformações sob o signo da permanência.

Sob seu influxo, com novos meios e novas mensagens, o mundo se vai encolhendo, e os indivíduos, os grupos, as sociedades e os Estados tornando-se cada vez mais próximos e interagentes em uma *comunidade global*, que o acelerado desenvolvimento científico e tecnológico sem precedentes integra em rede e que, notadamente nos últimos cem anos, disseminou ecumenicamente o conhecimento, inovou métodos de pesquisa e possibilitou a eclosão dessa nova etapa civilizatória, que o sociólogo espanhol Manuel Castells batizou de *Era da Informação*.[4]

Os *desdobramentos sociais* desse fenômeno são complexos e vertiginosos: as populações passam, sucessivamente, a ter um amplo *acesso ao conhecimento*, a tomar *consciência de seus interesses*, a *reivindicar participação* e, cada vez mais, a se *organizar* e a exigir *eficiência* no atendimento de suas necessidades. Fácil identificar, nessa sequência causal, a íntima conotação da *globalização* com a *democracia*, aqui tomada preferentemente em seu sentido material: enquanto *realização de valores convivenciais*, e não apenas em seu sentido formal, como mera *técnica de sufrágio* popular para a escolha periódica de governantes.

A este ponto, cabe considerar a segunda acepção da expressão *globalização* – tomada agora como *valor* –, o que remete à polêmica que a acompanha, tanto na mídia como na linguagem coloquial, uma vez que, conforme os ângulos de entendimento que o conceito possa comportar, compreenderá diferentes conteúdos valorativos e será vista ora com um bem, ora como um mal; ora como um anátema, ora como uma esperança para um mundo melhor.

Por isso é que, diante da irredutível ambivalência dessa voz, *globalização* – por ser inteligível simultaneamente como *fato* e como *valor* – necessita ser precisada e delimitada para os fins e limites do discurso que se pretenda desenvolver: ora como *fato* e, por isso, um dado objetivo, como será tratado, sem muita margem para dissenso, ora como *valor*, e, sob esse aspecto, de dado subjetivo, este sim passível de discussões que escapam a este estudo.

4. Manuel Castells, *A Era da Informação – Sociedade, Economia e Cultura*, 3 v., trad. do original em inglês, São Paulo, Paz e Terra, 1999.

2. *A era dos direitos fundamentais*

A *tradição humanista* que se havia firmado na sucessão de manifestações históricas, que culminaram com a positivação dos *direitos humanos*, partindo da célebre *Declaração dos Direitos do Homem e do Cidadão* pela Assembleia Constituinte da França revolucionária, em 1789, passando pelo amadurecimento promovido pela positivação das *liberdades e garantias individuais* e pelo surgimento do *constitucionalismo*, viria a receber um forte influxo no campo social com o reconhecimento das *dimensões socioeconômicas desses direitos*, ao integrarem as Declarações enunciadas a partir da Constituição mexicana, de 1917, e da importante consolidação, que se seguiu, com a Constituição alemã de Weimar, de 1919.

Até então, e perdurando ainda por mais algum tempo, essas positivações constitucionais, embora, indubitavelmente, marcos da evolução histórica dos *direitos humanos*, eram ainda meramente *enunciativas*, não indo além, em termos de efetividade, de uma solene indicação de *programas* a serem seguidos pelos governos, sem que tal enunciação gerasse direitos subjetivos públicos para as pessoas, salvo em casos expressamente previstos, limitados à instituição de algumas garantias contra suas violações, como, por exemplo, o *habeas corpus*.

Quanto aos *direitos fundamentais*, como síntese juspolítica desses processos, eles aparecem "como a fase mais avançada de positivação dos direitos naturais nos textos constitucionais do Estado de Direito",[5] desde logo indicando a inexistência de uma perfeita identidade entre os dois conceitos, de vez que quaisquer *direitos* só são considerados *fundamentais* em relação ao contexto sistemático de uma determinada *Constituição*.

Ganha, assim, importância prática a ideia de *sistema constitucional de direitos fundamentais*, pois com ela se define a *fonte jurídica primordial de sistematicidade de todo o ordenamento jurídico no âmbito de cada Estado*, um fenômeno seminal do jurismo, amplamente estudado desde Santi Romano, Hans Kelsen e Norberto Bobbio, com sua exposição contemporânea em Niklas Luhmann, que constrói uma rica ponte metodológica com sua *teoria dos sistemas*, embora mantendo seus respectivos enfoques doutrinários, porém convergentes no que toca

5. Antonio-Enrique Pérez Luño, *Los Derechos Fundamentales*, 9ª ed., reimp., Madri, Tecnos, 2005, pp. 43-44.

à sua *essencial articulação sistemática*, o que vale dizer: quanto à *interdependência, intercausalidade e recíproca implicação entre esses direitos* e à sua *repercussão sistêmica* sobre todo o *ordenamento jurídico*.

Destarte, após analisar o estado da arte do impacto tético dos *direitos fundamentais* sobre os *ordenamentos jurídicos*, este ensaio se volta a considerar algumas decorrências incidentes sobre duas macroinstituições juspolíticas: o *constitucionalismo* e o *Estado*.

3. As transformações do ordenamento jurídico

Quanto ao *ordenamento jurídico*, entendido como um *sistema*, as transformações nele ocorridas podem ser deduzidas de uma análise das diferenças entre a configuração alcançada no positivismo jurídico e a sua caracterização contemporânea, tal como aparece, renovada, no jurismo pós-positivista.

Todavia, essa evolução, popperianamente considerada,[6] não se faz destruindo as conquistas doutrinárias alcançadas, senão que as harmonizando com novos valores, novas referências etiológicas e com os respectivos instrumentos operativos, de modo que o pós-positivismo, construindo sobre a secular estabilidade trazida pelo conceito de *legalidade*, vem de enriquecer o Direito com as revividas e readquiridas dimensões éticas da *legitimidade* e da *licitude*, exigidas pela irresistível pressão dos fatos e pela própria evolução moral das sociedades humanas.

Um cotejo esquemático, de valia meramente didática, arrola, nos itens seguintes, o que seriam, de um lado, as seis características dominantes do *ordenamento jurídico positivista* – portanto, as marcas de sua modernidade – e, de outro lado, as seis características dominantes do *ordenamento jurídico pós-positivista* – as conquistas da pós-modernidade.

6. Karl Popper, possivelmente o mais importante filósofo do século XX, tanto no campo da epistemologia, pelo *falsificacionismo*, como critério da demarcação entre a ciência e a não ciência, pondo ênfase na eliminação em vez da verificação de hipóteses (v. em português, *Conjecturas e Refutações – o Progresso do Conhecimento Científico*, Brasília, Editora UnB, 1994), e, por uma consequência lógica desse pensamento, no campo político, por sua defesa da *sociedade aberta*, na qual o livre trânsito e confronto das ideias tornam possível a sua contínua crítica e, assim, seu permanente aperfeiçoamento (v. em português, *A Sociedade Aberta e seus Inimigos*, São Paulo, EDUSP, 1974).

3.1 Seis características do ordenamento jurídico positivista

O *ordenamento jurídico*, brilhante construção da modernidade e ganho permanente da Ciência do Direito, originalmente se assentou nas *normas legais* formalmente postas, segundo a compreensão positivista do Direito, como exponencialmente sustentado pelo normativismo kelseniano, com seu entendimento revisto mais recentemente como um *sistema de normas* na obra de Norberto Bobbio,[7] mantendo, todavia, como fundamentais à sua compreensão algumas de suas básicas características estruturais.

Assim, para descrever o *ordenamento jurídico positivista*, tal como se apresentou em seu fastígio, pelos meados do século XX, destacam-se algumas dessas características que, em síntese, lhe conferem *unidade*, *plenitude* e *coerência*, por isso tidas como os principais atributos, que o definem como um todo autocontido, sem lacunas e contradições.

Quanto à visão instrumental desse *sistema*, o *processo*, como seu conceito central, definia-se apenas como o *locus* no qual se formaliza o silogismo apofântico, supostamente o requisito necessário e suficiente para a aplicação da *lei*.

Assim, para os fins deste estudo, serão examinadas cinco características, selecionadas em ampla lista aberta: a *estatalidade*, a *exclusividade*, a *unidade*, a *plenitude* e a *suficiência*.[8]

7. Norberto Bobbio, *Teoria della Norma Giuridica*, Turim, G. Giappichelli, 1993, com tradução em português de Fernando Pavan Baptista e Ariani Bueno Sudatti, *Teoria da Norma Jurídica*, São Paulo, Edições Profissionais Ltda., 2001.

8. Norberto Bobbio, em obra clássica, *Teoria do Ordenamento Jurídico*, trad. de Maria Celeste Cordeiro Leite dos Santos, 10ª ed., Brasília, Ed. UnB, 1999, considera três características no Ordenamento Jurídico da modernidade: a unidade, a coerência e a completude. A unidade, tanto observada sob o aspecto estático, entendido como o substantivo e referido aos princípios, como sob o aspecto dinâmico, referido às regras positivadas; a coerência, tanto considerada a superação de antinomias sob o critério cronológico, caso em que, entre normas incompatíveis, terá validade a posterior, como sob o critério hierárquico, caso em que, entre normas incompatíveis, valerá a proveniente de fonte superior, e o da especialidade, caso em que, entre normas incompatíveis, em que uma é geral e a outra, especial, esta prevalece; e a completude, que tanto pode ser caracterizada pela desconsideração de um hipotético vazio jurídico quanto pela submissão ao sistema de qualquer situação análoga à especificamente legislada.

3.1.1 A estatalidade do ordenamento jurídico

O Estado moderno tomou a si a exclusividade da produção da *norma legal*, tendo passado, essa função legiferante, das *pessoas* dos reis e dos príncipes às *assembleias de representantes* do povo, sempre com a indispensável chancela estatal.

3.1.2 A exclusividade do ordenamento jurídico

Assim, como compete ao Estado definir com *exclusividade* o que deva ser uma *norma legal*, a validação de qualquer outra no ordenamento jurídico, ainda que produto consuetudinário, também dependerá de sua chancela.

3.1.3 A unidade do ordenamento jurídico

O *ordenamento jurídico*, ao cabo de sua evolução na modernidade, já não mais era considerado a simples *coleção de normas postas* pelo Estado, mas, graças a uma limitada aceitação interpretativa, incorporando os *princípios gerais do direito*, a *ordem pública* e os *bons costumes*, mas, mesmo com essa abertura, ainda continuava a ser definido como um sistema unitário, fechado, lógico e coeso: "um todo único, claramente delimitado e específico, cujas características informam e se manifestam em cada um dos elementos que o integram".[9]

3.1.4 A plenitude do ordenamento jurídico

Como deve conter, em teoria, todas as previsões legais para regrar quaisquer situações que apresentem relevância jurídica, o sistema deve ser *pleno*, ou seja: não admitir *lacunas* e *contradições*, pois que deveriam ser superadas por uma hermenêutica introspectiva, entendida como implícita no próprio ordenamento jurídico, tanto pelo recurso a analogias como por regras subsuntivas autorreferenciadas.

9. Antonio-Enrique Pérez Luño, *Nuevos Retos del Estado Constitucional: Valores, Derechos, Garantías*, cit., p. 10.

3.1.5 A suficiência do ordenamento jurídico

Por ser *pleno*, vale dizer, por conter hipoteticamente todas as normas aplicáveis, para tanto exclusivamente produzidas pelos órgãos legiferantes do Estado supostamente para tanto legitimados, em razão da natureza representativa de sua investidura política, para o desempenho de funções legislativas, o *ordenamento jurídico da modernidade* era considerado o *bastante* para assegurar, pela estrita *legalidade*, a satisfação da *justiça*, proscrevendo, por isso, quaisquer recursos hermenêuticos, com finalidade integrativa do sistema, que demandassem uma atuação criativa dos órgãos judiciários, pois, para tanto, não lhes bastaria a legitimidade de sua investidura pelo regime do mérito e, até mesmo, pelo fato de serem órgãos absolutamente *neutrais* – aplicadores e não declaradores de valor. Em suma: o que se afirmava então era a suficiência da *mens legis* instituída pelos legisladores e o repúdio de qualquer integração a cargo dos juízes.

3.2 As novas seis características do ordenamento jurídico pós-positivista

Na pós-modernidade, sob o renovador influxo axiológico aportado por uma combinação das teorias dos *direitos humanos* e da *democracia substantiva*, que, na visão de Peter Häberle,[10] passaram a conformar um "sistema de liberdades", os seus tradicionais atributos fundamentais sintetizados na trindade – *unidade*, *plenitude legislativa* e *coerência do sistema* – se deslocam, respectivamente, em direção a três novos paradigmas – *pluralidade*, *integração jurisdicional* e *reconstrução argumentativa do sistema*.

Quanto à visão instrumental nesse novo *sistema*, o *processo* já não mais se conceituaria apenas como o *locus* de onde meramente se retirará o silogismo apofântico definitório da aplicação da *lei*, mas passa a ser considerado o *instrumento fundamental da ordenação formal do discurso argumentativo* conducente a uma aplicação democrática do *Direito*.

10. Peter Häberle, *Pluralismo y Constitución. Estudios de Teoría Constitucional de la Sociedad Abierta*, Madri, Tecnos, 2002.

Consequentemente, este ensaio prossegue com o exame das cinco características resultantes dessa mutação operada: a *extraestatalidade*, o *compartilhamento*, a *pluralidade*, a *abertura* e a *integração*.

3.2.1 A extraestatalidade do ordenamento jurídico

O Estado pós-moderno, mantendo embora a produção da norma legal, já não mais deve chancelar, por seus órgãos legiferantes, todas as normas jurídicas aplicadas por seus órgãos judicantes, de modo que o ordenamento jurídico, com isso, se vem tornando *transestatal*, passando a incluir tanto *normas estatais* como *normas extraestatais*.

Por esse motivo, o emprego da qualificação *transestatal* referida ao *Direito* considera a possibilidade de sua *aplicação* além das bases territoriais das ordens jurídicas nacionais, extensiva a pessoas físicas e jurídicas, inclusive os próprios estatais, ainda que norteada por valores globalizados, evidenciando, em consequência, *três classes de ordenamentos jurídicos pós-modernos*:

1 – os tradicionais *ordenamentos jurídicos nacionais* (esfera do direito estatal nacional interno aplicável no âmbito de cada Estado independente);

2 – os já bastante desenvolvidos *ordenamentos jurídicos internacionais* (esfera do direito transestatal internacional, aplicável aos Estados que o instituam por acordo e às entidades públicas ou privadas por eles instituídas), incluída a modalidade mais avançada de associação de Estados, de que é exemplo mais adiantado a União Europeia; e

3 – os mais recentes *ordenamentos jurídicos globais* (esfera do direito extraestatal aplicável ao espaço global em que proliferam entidades privadas, cuja autoridade provém de pactos de autorregulação), como uma instituição transestatal consensual, em plena fase de edificação e de afirmação.

Essa nomenclatura – uma classificação recente, encontra variações, mas que não comprometem a essência do exposto – leva à identificação, na terceira classe de ordenamentos referidos, da emergência de um *direito administrativo global*, expressão preferida de quantos se debruçam sobre esse fenômeno.[11]

11. A expressão "direito administrativo global" é a adotada por seu mais conspícuo estudioso, Sabino Cassese, em "Il diritto amministrativo globale: una introduzio-

3.2.2 O compartilhamento do ordenamento jurídico

Não mais cabendo ao Estado definir com exclusividade o que se põe como *norma jurídica*, pois a aceitação de qualquer expressão de normatividade já não depende exclusivamente de definições abstratas emanadas dos órgãos da representação político-partidária, mas de uma atuação integrativa desenvolvida dialogicamente por um sistema paralelo e essencial de *órgãos político-partidariamente neutrais*, instituídos no corpo do próprio Estado, com seus membros para tanto investidos pelo sistema do mérito para o desempenho de funções indispensáveis para a realização procedimentalizada e concreta da *justiça*, em consequência se observa que os diversos ordenamentos jurídicos pós-modernos passam, pouco a pouco, a *compartilhar princípios e valores provenientes de outros ordenamentos*, com isso, a se beneficiar de um hibridismo estimulante e enriquecedor.

3.2.3 A pluralidade do ordenamento jurídico

A tradicional *unidade do ordenamento jurídico estatal*, que se afirma por sua delimitação e especificação *constitucional*, embora continue a existir, passa a coexistir com normas *transestatais*, tanto *internacionais* como *globais*, que se incorporam ao ordenamento jurídico de cada país.

Combinam-se, assim, as normas produzidas pelo Estado com normas *não estatais*, provenientes de diferentes origens, uma vez que o *pluralismo* que as produz vem expressamente garantido na própria preordenação dos *fundamentos constitucionais*,[12] com todas integradas, tanto por absorção de *normas internacionais*, nesse caso por força de acordos internacionais, como por *normas globais* harmonizadas com o regime e os princípios constitucionalmente adotados.[13]

ne", *Rivista Trimestrale di Diritto Pubblico*, Roma, v. 2, pp. 331-357, 2005, e divulgada em língua inglesa no artigo "Global administrative law: an introduction", *Journal of International Law and Politics* (verão, v. 37, n. 4, pp. 663-694, 2005), e, em vernáculo, a preferida por Eurico Bitencourt Neto em seu trabalho pioneiro: "Direito administrativo transnacional", *Revista Brasileira de Direito Público*, Belo Horizonte, Fórum, ano 7, n. 24, jan./mar. 2009.

12. *E.g.*, art. 1º, V, da Constituição da República Federativa do Brasil.

13. Art. 5º, § 2º, da Constituição da República Federativa do Brasil.

Assim, interna e externamente, prevalece a *pluralidade normativa*, enquanto valor fundamental, o que vale dizer que o fenômeno não toca apenas à *estrutura* de cada ordem jurídica estatal, mas a todo o seu *conteúdo*, pois se nutre da própria diversidade de ordens jurídicas – nacionais, internacionais e globais – emanadas das mais distintas fontes – estatais e extraestatais –, que, assim, se entrelaçam e se fertilizam reciprocamente.

Pérez Luño, entre os autores que têm captado em recentes estudos o fenômeno do *policentrismo das fontes* nos ordenamentos jurídicos, demonstra a necessidade de substituição da concepção teórica da imagem piramidal da construção kelseniana, "vale dizer, hierarquizada da ordem normativa, por um horizonte em que a totalidade do sistema se obterá pela intersecção de uma pluralidade de estruturas normativas, de procedência heterogênea",[14] por uma imagem reticular, contemporaneamente mais apropriada.

3.2.4 A abertura do ordenamento jurídico

A *plenitude*, entendida como situação em que cada ordem jurídica nacional se bastava hermeneuticamente a si mesma, cede passo à *abertura integrativa*, posta a cargo de uma nova concepção hermenêutica. Assim, lacunas e contradições continuam do mesmo modo inadmitidas, mas com a diferença de que passam a ser superadas não mais apenas pelo emprego de uma hermenêutica introspectiva, quando não redundante, que buscava as soluções exclusivamente na ordem jurídica estatal, mas, extensivamente, a qualquer delas, com um apelo ampliado a uma *hermenêutica aberta*, já que o próprio ordenamento jurídico, ao tornar-se pluralista,[15] *expressamente se abriu a novas fontes, não mais exclusivamente as da lei, mas do Direito*.

Ao combinar essas duas novas características – a do *pluralismo* e a da *abertura* – chega-se, necessariamente, à conclusão, com Häberle, de que o *processo hermenêutico constitucional* deve ser uma *instância crítica*, que ultrapasse o *monopólio metodológico*, com suas categorias

14. Antonio-Enrique Pérez Luño, *Nuevos Retos del Estado Constitucional: Valores, Derechos, Garantías*, cit., p. 33.

15. V. as duas notas anteriores para o sistema constitucional brasileiro.

fechadas e estáticas (kelseniano), para substituí-lo por um *pluralismo metódico*, com categorias abertas e dinâmicas, permanentemente franqueado ao pensamento de novas possibilidades interpretativas (*Möglichkeitsdenken*).[16]

3.2.5 A integração do ordenamento jurídico

Assim enriquecida e não mais fechada em si mesma, a ordem jurídica pós-moderna, com vistas a superar inevitáveis lacunas e contradições, passa a ter uma aplicação expandida e, por isso, enriquecida de possibilidades, pelo emprego da permanente e sempre renovada *reconstrução argumentativa*.

Esse é o ônus que a Constituição comete à *comunidade de intérpretes habilitados de direito*,[17] ao reservar a última palavra aos órgãos do judiciário, embora todos desempenhem, quer nas judicaturas, quer nas distintas procuraturas, as suas respectivas funções *neutrais* e *independentes*, ambas essas qualidades instituídas como requisitos constitucionais e garantias cidadãs.

Em suma: superam-se, simultaneamente, por um lado, a romântica, mas elitista suficiência da *mens legis* cameral, enquanto produto exclusivo de legisladores, que se supunham ungidos por uma representação assustadoramente elástica, sempre dependente do regime político, de lideranças nem sempre confiáveis e de forças partidárias eventualmente hegemônicas, e, por outro lado, o autocrático repúdio da *mens legis*, como resultado de uma interpretação de juízes, a tanto tecnicamente habilitados, em razão de lhes faltar uma seleção pela via eleitoral.

Como sói acontecer em tantas questões semelhantes, a solução adequada não deve seguir opções radicais, mas provir de uma sábia combinação das melhores qualidades de cada uma delas.

16. Peter Häberle, *Pluralismo y Constitución. Estudios de Teoría Constitucional de la Sociedad*, cit., *passim*.

17. A habilitação técnica é condição *sine qua non* para participar da comunidade intitulada à permanente recriação habermasiana do Direito, como se pode constatar, no caso brasileiro, tanto nas condições constitucionais de investidura nas judicaturas – arts. 93, I; 94; 101; 104, p. único; 107, I; 115, I; 119, II; 120, III; e 123, p. único, I – quanto nas condições constitucionais de investidura nas procuraturas – arts. 129, § 3º; 131, § 2º; 132; 133 e 134, § 1º.

4. As transformações do constitucionalismo

O percurso cratológico percorrido pelo constitucionalismo – partindo da modernidade, com o superado conceito de constitucionalidade reverente à *legalidade*, para chegar à pós-modernidade, invertido, com o conceito de legalidade reverente à *constitucionalidade* – veio acompanhado de profundas transformações, que atingiram o seu núcleo doutrinário e deram surgimento ao *neoconstitucionalismo.*

Enquanto fenômeno, o neoconstitucionalismo recebe da pena precisa de Luís Roberto Barroso uma análise compreensiva, que se reparte em três vertentes: a *histórica*, que apresenta como principal referência as mudanças introduzidas pela *Lei Fundamental* de Bonn; a *filosófica*, que aponta a devolução de valores ao conteúdo do Direito, em que sobressaem a legitimidade e a licitude, embora "sem recorrer a categorias metafísicas... mas inspiradas por uma teoria da justiça"; e a *teórica*, que resulta de um "conjunto de mudanças que incluem a força normativa da Constituição, a expansão da jurisdição constitucional e o desenvolvimento de uma nova dogmática da interpretação constitucional".[18]

A *vontade geral*, ideia-força do constitucionalismo tradicional, que vigorou durante a modernidade, como tal, exclusiva e soberanamente captada e interpretada pelas Assembleias de representantes populares para ser *conjunturalmente* expressada através de suas *leis* (uma prática que ainda hoje persiste, ao menos em teoria, no modelo inglês), perdeu vigência com o surgimento vitorioso do conceito de *vontade constitucional*, de natureza totalmente distinta, pois que se trata de um *consenso original* que institui e organiza politicamente os Estados em cada sociedade e disciplina as relações entre ambos protagonistas, expressada *transtemporalmente* em suas respectivas *constituições.*

Analise-se, a seguir, alguns aspectos desse conteúdo inovador introduzido no conceito revisto de *constitucionalidade*, com algumas de suas mais interessantes consequências.

18. Luís Roberto Barroso, "Neoconstitucionalismo e constitucionalização do Direito (o triunfo tardio do direito constitucional no Brasil)", *Revista Eletrônica sobre a Reforma do Estado*, Salvador, Instituto Brasileiro de Direito Público, n. 9, mar./abr./maio 2007, *passim*, disponível em: <http://www.direitodoestado.com.br/rere.asp>, acesso em 27.9.2010.

4.1 As novas conquistas transformadoras do neoconstitucionalismo

Em rol aberto e aqui resumido, tem-se a *supremacia constitucional*, a *efetividade constitucional*, a *abertura constitucional* e a *democracia constitucional*, entre tantas e tão importantes conquistas, como os tópicos selecionados por seu impacto a serem a seguir analisados. Não obstante, outros poderiam ser acrescentados, tais como, materialmente, a expansão do próprio *conceito de constitucionalidade* e, formalmente, uma consequente dilatação da *jurisdição constitucional*.

É perceptível, desde logo, ter ocorrido a *constitucionalização* de temas antes limitados aos debates específicos nas cortes civis, penais e administrativas, instrumentalmente, e que hoje são objeto de *cortes constitucionais* que se multiplicaram, inseridas ou não nos sistemas judiciários, e, ainda, como corolário, o desenvolvimento de uma *hermenêutica constitucional* própria e diferenciada, que acolhe as conquistas substantivas.

4.1.1 Supremacia constitucional

Esse conceito, que conta com uma história bissecular de evolução, muito mais do que uma lenta conquista da *racionalidade jurídica*, representa a superação do longevo primado do voluntarismo político nas relações humanas, que se deve à paulatina *juridicização* de um sistema articulado, voltado à limitação e ao condicionamento da *vontade política*, para submetê-la a um elenco de *valores constitucionalizados*, postos como indispensáveis *fundamentos* de um *Estado Democrático de Direito*.

4.1.2 Efetividade constitucional

A efetivação de tais limitações e condicionamentos só se tornou possível com a afirmação da *idêntica natureza normativa* dos *princípios* e das *regras* constitucionais, considerando-os, ambos, normas dotadas de *eficácia* jurídica.

Superava-se, assim, o velho conceito, preponderantemente *político*, que até então dominava, em relação às *Constituições*, para que se passasse a entendê-las como complexos *fenômenos juspolíticos*, ou seja:

como *diplomas políticos que gozam de eficácia jurídica normativa própria*: a fórmula apropriada para varrer o *arbítrio* da atuação do poder estatal, graças às limitações e aos condicionamentos por essas Cartas efetivamente impostos.

Com efeito, a afirmação capital de que *todo poder emana do povo*[19] *deve ser entendida como o inequívoco reconhecimento de que é este o único titular do poder político nas sociedades organizadas*, o que redimensiona, em consequência, todas as *funções do Estado*, para redefini-las, sem exceção, como atividades absolutamente reverentes ao Direito, pois que são todas, afinal, nada mais que *manifestações funcionais de um poder delegado pelo povo*, embora, na transição oitocentista do autoritarismo para o liberalismo, portanto, ainda com insuficiente inspiração democrática, essas manifestações funcionais houvessem sido pomposamente batizadas, por metonímia, de "poderes do Estado". Pomposa, mas errônea, pois que o poder é *uno* em sua origem popular e *uno* também é o que é delegado ao Estado; errônea, ainda, porque é do povo e não do Estado, e errônea, afinal, porque não mais se trata de *poderes*, mas de *funções* do Estado.

4.1.3 Abertura constitucional

Porém, essa feliz abertura do neoconstitucionalismo não se processou apenas internamente – pelo reconhecimento da suprema importância de *valores* transcendentais das pessoas, expressados como *princípios fundamentais nas Constituições* dos povos –, mas também externamente – pelo extensivo reconhecimento, ora explícito,[20] ora implícito, da existência e validade de todo um *sistema informal e aberto de princípios fundamentais metaconstitucionais e globalizados.*

4.1.4. Democratização constitucional

Ora, com a vigorosa *afirmação humanista* revisitada dos fundamentos constitucionais no contexto dos *Estados Democráticos de Direito* e também como corolário da expressada *titularidade popular do poder político*, tem-se que cada *sociedade* que se identifique singular-

19. Na Constituição brasileira, expressada no art. 1º, parágrafo único.

20. Como o faz a Constituição brasileira no seu art. 5º, § 2º.

mente pela combinação de uma cultura e de uma história comuns tem direito a *instituir* seu próprio *ordenamento constitucional*, do que decorre o de *atualizá-lo permanentemente*, desde que obedeça às formalidades nele consensualmente previstas, de modo a que nele se mantenha uma fiel correspondência aos *valores e aspirações* permanentes de suas respectivas cultura e história.

Assim, o conceito corolário de *Constituição permanente* não deve ser entendido como um produto *eventual e singularizado* da vontade momentânea e conjuntural de um determinado corpo eleitoral, ou seja, restritamente entendido como uma expressão plebiscitária da vontade de um povo – mas como *uma expressão constantemente sintonizada com o seu grau de desenvolvimento moral e cívico*, vale dizer, permanentemente aberta à renovação, que se alimenta da livre e estável expressão popular, com atualização assegurada não apenas *formalmente*, pelos instrumentos políticos de reforma admitidos, mas *materialmente*, pelo livre debate das ideias, através de todos os canais de manifestação da vontade nacional, sejam estes formais ou informais, políticos ou técnicos, regulares ou esporádicos.

Portanto, o cerne do *conteúdo material da Constituição* está sintetizado nos *valores fundamentais* que a inspiram, assim como na possibilidade atemporal de serem sempre nela reinterpretados e revisitados para espelhá-los fielmente, tanto pela sociedade, que retém todo o *poder remanescente* que não houver sido atribuído ao Estado, quanto pelo próprio Estado, este, na exata medida do exercício das *funções* que lhe forem cometidas.

Paralelamente, o *conteúdo formal da Constituição* está manifestado nas *competências* por ela definidas e outorgadas, que deverão proceder à discriminação ou à rediscriminação explícita da *quantidade ou qualidade do poder* atribuído ao Estado e a cada um de seus órgãos para desempenharem as *funções de guarda e promoção dos valores fundamentais*, que constituem o seu *conteúdo material*.

Em suma, a Constituição é muito mais e é muito maior do que um breve momento seminal de criação de um Estado-instrumento, mas a lídima expressão da aspiração de *permanência dos valores e da vontade livre de um povo*, que lhe conferem individualidade e continuidade históricas.

4.2 As consequências reformadoras

Cuida-se aqui, também sem preocupação de oferecer um rol acabado, nem de ilustrá-lo com exemplos, de examinar algumas consequências pontuais dessas reformas, o que se limitará a três, por bastante caracterizadoras desses tempos de globalização: o esvaziamento das *razões de Estado*, a *insuficiência das Constituições nacionais* e o seu *reposicionamento epistemológico* no mundo globalizado.

4.2.1 O esvaziamento das razões de Estado

Nas Constituições pós-modernas, democráticas e de direito, não há espaço para invocar as tão costumeiras e surradas *razões de Estado*, expressão que, na tradição voluntarista, remonta às próprias origens do Estado moderno, como registra *O Príncipe*, de Maquiavel, quem primeiro ministrou essa clássica, mas terrível lição absolutista de tão longa vigência: de como governar superando *arbitrariamente* quaisquer crises ou ameaças, internas ou externas, não importando de que monta ou se reais ou fictícias.

Essa panaceia política ganharia sua roupagem moderna com o racionalismo e alcançaria seu zênite entre a primeira metade do século XIX, com a elaboração que lhe deram os filósofos alemães, notadamente da vertente dos historiadores, como Hegel e Treitschke, e a segunda metade do século XX, já com o impulso que emprestaria a tradição pragmática norte-americana, em que pontificaram Morgenthau, Kiessinger, Kaplan e Raymond Aron, como fundadores de uma doutrina de *segurança nacional*, que gravitava em torno de um entendimento radical de *soberania* e de *supremacia do Estado*, comum às duas instituições típicas da Guerra Fria, que pioneiramente a difundiram: o *Imperial College of the Armed Forces*, do Reino Unido, e o *Instituto Voroshilov*, da extinta União Soviética.[21] Com efeito, em nome da *segurança do Estado* e, por extensão, das próprias matrizes de ordem da convivência política civilizada, centradas no monopólio da força, explica-se essa du-

21. A evolução do conceito se encontra historiada, com toda sua mestria, por Norberto Bobbio, no verbete *Ragion di Stato* de seu *Dicionario di Política* (Turim, UTET, 1993, pp. 944 e ss.). Note-se que a designação oficial do *Instituto Voroshilov* era *Academia Voroshilov – Academia Militar Superior do Estado-Maior Geral*, com sede em Moscou.

radoura e tolerada aceitação da prática do *arbítrio* como *ultima ratio* da política, mesmo com emprego de meios radicais, como se patenteia na desvirtuada tendência de homens de Estado a se valerem até mesmo da violência extrema e da mentira.

Assim, o previsível esvaziamento das razões de Estado, segundo Bobbio, finca, de um lado, as suas *raízes históricas* no surgimento do *federalismo norte-americano*, ao admitir que Estados independentes pudessem firmar entre si um pacto político de união, compreendendo a negociação política de uma *partilha de poder inerente à soberania*, e, de outro lado, o seu *fundamento teórico* em Kant,[22] que, partindo da observação de que a superação da anarquia e do arbítrio entre os homens só se havia tornado possível pela instituição de efetivos *centros de poder locais*, sustentou a possibilidade de obter o mesmo efeito – ou seja, de superar a anarquia e o arbítrio entre Estados – através da criação de um *centro de poder global*, como uma federação universal, que, dotada de autoridade supraestatal, poderia limitar e condicionar as soberanias nacionais de modo a todas atingirem, harmonicamente, os fins comuns às unidades nacionais pactuantes.

Tornaram-se, assim, patentes, na pós-modernidade, as duas causas, a externa e a interna, de um paulatino esvaziamento das razões de Estado: *internamente*, pois todas as razões que pudessem estar referidas à sua segurança institucional *já se encontrariam constitucionalizadas*, o que tornaria ou ociosas, ou inconstitucionais quaisquer outras que acaso viessem a ser invocadas;[23] e, *externamente*, pois a proliferação de inúmeros *centros de poder administrativos extraestatais*, regionais e globais, que atuam tanto com relativa autonomia como, em alguns casos, como polos independentes, prenuncia um caminho previsivelmente ainda longo, mas certamente trilhável e, quiçá, sem volta, de um federalismo universal da visão kantiana.

22. Norberto Bobbio, *Dicionario di Política*, cit., no verbete *Ragion di Stato*, p. 944.

23. Assim o expõe Paulo Ferreira da Cunha: "A alguns claramente parece que ela não mais pode ter lugar. O seu sentimento democrático, de apego à legalidade, ou de defesa da Constituição, impede-os de conceberem a possibilidade de algo que, precisamente, para falar com clareza, fere a democracia, atropela a legalidade e infringe a Constituição. Pelo menos, na sua concepção de razão de Estado. Pois se algo estivesse de acordo com esses três parâmetros, já não seria razão de Estado". E adiante, lança a indagação retórica: "(...) e se pensarmos com a Constituição espanhola, que os valores políticos superiores são (essencialmente) a Liberdade, a Igualdade e a Justiça, o que fica para a ação da razão de Estado?" (*Pensar o Estado*, Lisboa, Quid Juris – Sociedade Editora, 2009, p. 75).

4.2.2 Insuficiência das Constituições nacionais

A insuficiência das Constituições nacionais para estabelecer uma ordem jurídica transnacional, desde logo, porque historicamente não foram criadas para esse fim, mas para instituir as ordens jurídicas *internas* e individualizadas para cada uma das quase duas centenas de Estados existentes no mundo, tem como óbvia decorrência a própria dificuldade dos respectivos Estados nacionais, com uma *concertação política instituidora de centros de poder eficientes*, de dispor dos mecanismos jurídicos necessários e suficientes para regular e dirimir *todos* os inumeráveis aspectos conflitivos da convivência humana, em um mundo cada vez mais interligado e interdependente, em uma palavra, *globalizado*.

Ao abrir a sua mais recente monografia sobre o Estado, provocativamente intitulada *Além do Estado*,[24] editada quatro anos após a publicação de sua incitante *A Crise do Estado*, Sabino Cassese, o ilustre administrativista de *La Sapienza*, festejado discípulo do, ele próprio renovador, Massimo Severo Giannini, propõe uma indagação retórica: a globalização econômica, que é um fato, vem acompanhada de uma globalização jurídica, ou a primeira se estaria desenvolvendo fora do direito?[25]

Adiante, o mestre romano responde que a aparente assimetria entre ambas as globalizações setoriais, ou seja, de um lado, entre uma *economia que se desenvolveu sem limites* e, de outro, um *direito limitadamente desenvolvido*, porquanto se apresenta fragmentariamente restrito ao âmbito de cada uma das nações independentes, é, em verdade, ilusória, dissipando-se quando se toma conhecimento da existência de uma extensa *rede jurídica global* da qual não se detém uma clara percepção de seu tamanho e importância.

Essa rede está conformada por cerca de *duas mil organizações transnacionais* e por *outros tantos órgãos quase jurisdicionais* com a mesma natureza, produzindo e aplicando um imenso número de *normas* voltadas a disciplinar outras tantas atividades, sociais e econômicas, muitas atuando em setores coincidentes com o de contrapartes similares

24. Sabino Cassese, *Oltre lo Stato*, Roma-Bari, Laterza, 2006, que recebeu esse sugestivo título homenageando o trabalho homônimo de Santi Romano, que foi sua Aula Inaugural do ano acadêmico de 1917-18 do *Instituto Cesare Alfieri*, de Florença, em que o grande Mestre italiano prenunciou a Comunidade e, hoje, União Europeia.

25. Sabino Cassese, *La Crisi dello Stato*, Roma-Bari, Laterza, 2002, p. 3.

no âmbito das administrações dos Estados nacionais, notando-se que todas essas organizações, tanto públicas como privadas, valem-se de um direito administrativo transestatal: ou de um *direito administrativo internacional*, para as públicas, ou de um *direito administrativo global*, para as organizações privadas.[26]

Esses corpos e normas – que continuam a proliferar fora e além dos Estados-nações em que se reparte o planeta –, prossegue o autor, "se estendem aos setores mais diversos: da defesa à moeda, à polícia, às ferrovias, aos correios, ao transporte aéreo, à saúde, ao uso da plataforma marítima, do espaço e do mar, à meteorologia, às fontes de energia, ao trabalho e à política social, ao comércio de bens e serviços, à ciência, à energia nuclear, ao ambiente, à internet, ao terrorismo, às doenças epidêmicas, ao uso dos recursos escassos e aos contratos públicos," rol em constante aumento, ao qual se acrescentam outros setores importantes, como a amplíssima administração global sobre os esportes de todas as modalidades, inclusive olímpicas, a salvaguarda da vida no mar, a pesca de espécies ameaçadas, as migrações humanas, a proteção da infância, o escotismo e a assistência médica (tais como a *Cruz Vermelha Internacional* e os *Médicos sem Fronteiras*), para mencionar os mais conhecidos.[27]

Torna-se, portanto, cada vez mais evidente que os ordenamentos jurídicos nacionais, instituídos e mantidos pelas respectivas Constituições nacionais, serão inúteis para regular eficazmente essa crescente interconexão de relações, em inúmeros setores que demandam *juridicização centralizada* e que contem com instituições cuja eficácia transcenda as fronteiras políticas existentes. Essa constatação, da necessidade de *centros de poder global*, adequados e eficientes, para a disciplina desses setores, explica o insopitável desenvolvimento não apenas de um *direito administrativo estatal internacional*, como de um *direito administrativo extraestatal global*.

26. Sabino Cassese, *Oltre lo Stato*, cit., p. 3; dados numéricos de 2006.

27. Fonte permanente de várias modalidades de associações internacionais, com grande parte delas exercendo atividades administrativas extroversas, é a União de Associações Internacionais (*Union of International Associations*), em atuação desde 1907, responsável pela publicação do *Anuário das Organizações Internacionais* e do *Jornal das Associações Transnacionais*.

4.3 Reposicionamento do constitucionalismo no mundo globalizado

Ao considerar o desenvolvimento dessas três ordens de sistemas jurídicos existentes: *primo*, os *sistemas estatais nacionais constitucionalizados*; *secundo, os sistemas estatais internacionais*; e, *tertio*, os *sistemas extraestatais globalizados*, já é possível extrair algumas conclusões sobre tendências que apresentam.

Desde logo, *a convergência e o compartilhamento de valores e de instrumentos entre os três sistemas* apontam algo que, mesmo quem não seja estudioso do fenômeno jurídico, se não intui, pelo menos suspeita: a *universalidade do direito.*

Com efeito, expandem-se a circulação, a elaboração e a difusão universal de *institutos jurídicos assemelhados*, notadamente os produzidos pela cultura ocidental de raízes europeias, alcançando mesmo sistemas juspolíticos culturalmente distantes, graças a uma troca de experiências cada vez mais intensa em termos de *princípios substantivos*, de *organização*, de *funções*, de *métodos* e de *processos* oriundos do *direito científico*, que, como toda Ciência, é universal.

Não obstante, esse desenvolvimento, do que se apresenta como uma *"rule of law" globalizada*,[28] se produz com vários atrasos e sob inúmeras limitações, entre as quais, para ficar com o mais eloquente destaque exemplificativo, mencione-se a persistência da aplicação do tradicional conceito político de *soberania*, com vistas a dirimir o que hoje são, afinal, problemas técnicos, o que se constitui uma prática que ameaça e amesquinha a amplitude aplicativa dos direitos humanos.

E é ainda o próprio Sabino Cassese que, mesmo admitindo com otimismo uma "maturidade do Direito Administrativo Global",[29] nele reconhece o *déficit de legitimação* dos seus centros de poder, regionais e mundiais, *por serem ainda carentes de sistemas institucionalizados de participação*, que, ao revés, em muitos sistemas nacionais e internacionais, já se encontram bastante desenvolvidos na aplicação de desdobramentos do princípio do *due process*.

28. "Existe um 'Estado de Direito' além do Estado?" – Essa é outra indagação que lança Sabino Cassese e que ele próprio responde positivamente, observando que "alguns dos institutos característicos do 'Estado de Direito' estão presentes na ordem jurídica global". Ob. cit., Cap. VI, pp. 109 e 116.

29. Sabino Cassese, ob. cit., pp. 172 e 116.

Por certo, no estádio atual, essa maturidade, não obstante já existam promissores princípios e processos universalizados e em vias de universalização, deixa ainda muito a desejar em termos de *participação*, de modo que a *legitimação* dessa extensa *rede de gerenciamento administrativo público extraestatal global* acaba bastante, quando não completamente dependente de um *efetivo atingimento dos resultados* apresentados por seus centros de ação.

Em resumo, se, em sua origem renascentista, o *conceito de ordem jurídica* estava exclusivamente relacionado ao *primado do Estado*, orbitando o sistema em torno do conceito da *legalidade* por ele produzida, observa-se, com a mudança de paradigmas iniciada nos meados do século XX, que isso se alterou radicalmente a partir da afirmação do *primado da pessoa sobre o Estado*, passando a orbitar em torno do conceito de *constitucionalidade*.

Destarte, é previsível, com o prosseguimento das tendências observadas de *afirmação universal dos direitos humanos*, que esse auspicioso *primado do homem*, já cabalmente conquistado em ordenamentos jurídicos mais avançados, tenda a se estender, cada vez mais e com maior intensidade, sobre todas as manifestações das pessoas em sociedade – sejam políticas, econômicas ou sociais – não importando em que grau ou em que latitude se produzam, o que certamente levará todas as ordens jurídicas planetárias, estatais e transestatais a orbitar em torno de um *conceito* ainda mais complexo, eticamente enriquecido e consensualmente mundializado: o de *juridicidade*. A esta altura, que se espera não estar distante, todos os remanescentes de *supremacia* e de *arbítrio*, que caracterizaram o Estado absolutista e contaminaram os modelos que o sucederam, serão apenas vestigiais, quando não inócuos, e, auspiciosamente, estar-se-á no caminho da realização do *Estado de Justiça*.

5. *As transformações do estado*

Se o *ordenamento jurídico* e o *constitucionalismo* têm experimentado tantas e tão importantes transformações, aceleradas desde o desaparecimento das monarquias absolutas,[30] o que dizer da *instituição estatal*, com mais de meio milênio de existência, da qual tanto passaram a

30. Embora alguns Estados ainda mantenham, de direito ou de fato, anacrônicos regimes autoritários remanescentes.

depender as sociedades humanas ocidentais? Segue-se, assim, um exame conjuntural para identificar algumas mudanças importantes no Estado-nação para, sobre elas, adiantar, por sua vez, algumas consequências que afetarão, como se deduzirá adiante, o conceito contemporâneo do *direito administrativo.*

5.1 Algumas mudanças a serem consideradas

5.1.1 Esvaziamento do Estado

Considerem-se dois tipos de esvaziamento: o consentido e o suportado. *Consentido* é o esvaziamento produzido pela conveniência dos Estados em firmar pactos internacionais que lhes reduzam ou condicionem as competências e as opções imanentes ao conceito que a modernidade atribuiu à soberania política, como um apanágio do Estado independente. *Suportado*, distintamente, é o esvaziamento determinado por circunstâncias inelutáveis que levam às mesmas reduções e condicionamentos de competências e de opções soberanas.

Quanto ao *esvaziamento consentido*, a convivência internacional leva a enfrentamentos de interesses que podem ser civilizadamente compostos mediante concessões recíprocas negociadas, tratando-se, portanto, de uma demissão voluntária de poder entre Estados parceiros. Inevitavelmente, quanto mais integrado um Estado no processo de globalização e, assim, mais comprometido internacionalmente, mais esvaziado se vai tornando quanto ao exercício de sua própria soberania. É um processo que pode se desenvolver em sucessivas fases de assunção de obrigações e de perda de poderes, desde os simples pactos econômicos, como o são as uniões aduaneiras, até os pactos políticos federativos de todo tipo.

Quanto ao *esvaziamento suportado*, resulta das mesmas circunstâncias comuns à convivência globalizada, com a diferença de que há perdas indesejáveis do poder decisório, econômico e social e, ao cabo, do político; um esvaziamento camaleônico, que assume uma vasta gama de tipos, desde as perdas de fato de capacidade decisória na área econômica à submissão de direito, como Estados satélites ou anexados.

Há hipóteses de esvaziamento híbridas, em parte consentido e em parte suportado, como decorrência do *policentrismo de fontes do direito* em curso, pois esse fenômeno implica *abertura dos sistemas constitucionais dos Estados*,[31] que, conforme as circunstâncias em que ocorram, ora resultará de uma *negociação* oportuna, ora de uma *imposição* irresistível, pois o fenômeno da "supraestatalidade normativa", deslocando o centro de gravidade "no processo de determinação das fontes jurídicas",[32] aponta uma tendência de difícil reversão.

5.1.2 Enfraquecimento do Estado

Entre as consequências da globalização da economia e as da difusão de novos paradigmas na ciência e na tecnologia, parece pacífico apontar o *enfraquecimento* do Estado nacional. As fronteiras nacionais já não são barreiras para o capital anônimo, que inunda o mundo e influencia as decisões políticas em todas as latitudes.

É um quadro que, já no início da primeira década deste século, levou o sociólogo Manuel Castells a assentar com convicção: "A capacidade instrumental do Estado-Nação está comprometida de forma decisiva pela globalização das principais atividades econômicas, pela globalização da mídia e da comunicação eletrônica e pela globalização do crime".[33]

Entre os aspectos específicos mais problemáticos que levam a esse enfraquecimento, valem como exemplos os *mercados financeiros*, o *terrorismo*, a *pirataria* e, mais recentemente, a *guerra cambial*.

Os *mercados financeiros* abrem esse rol exemplificativo por já terem demonstrado, no deplorável quadro de anomia do setor, a capacidade destrutiva da especulação financeira. Andrea Rizzi, com sua autoridade de analista de um dos mais importantes jornais da Espanha e da Europa – *El País* –, afirma que "a luta de vida ou morte entre a política e os especuladores está no centro do debate político. (...) As fibrilações provocadas nos mercados de capitais – do Lehman Brothers a Atenas

31. Peter Häberle, *Pluralismo y Constitución. Estudios de Teoría Constitucional de la Sociedad Abierta*, cit., p. 103.

32. Antonio-Enrique Pérez Luño, *Nuevos Retos del Estado Constitucional: Valores, Derechos, Garantías*, cit., pp. 12 e 23.

33. Manuel Castells, *A Era da Informação – o Poder da Identidade*, 3ª ed., vol. 2, São Paulo, Paz e Terra, 2002.

– são a imagem mais atual da tremenda fragilidade dos Estados nacionais na era da globalização".[34]

Em outro depoimento, o ilustre filósofo e sociólogo da Universidade de Munique, Ulrich Beck, em artigo publicado no jornal *Le Monde*, intitulado "Pensar a sociedade do risco global", deixa consignado convergentemente com o que aqui se expõe: "Em outros termos: a globalização dos riscos financeiros poderá assim dar origem a 'Estados fracos', mesmo nos países ocidentais".[35]

Antes mesmo das crises financeiras globais, os Estados, até os mais poderosos, se revelaram impotentes diante do avanço do *terrorismo*, sob todas as formas em que se apresenta, notadamente o gerado por radicalismos étnicos e religiosos, a que agregam os financiados pelo narcotráfico.

Ante essa preocupante agressão, a força legalmente monopolizada pelo Estado se mostra insuficiente para garantir a segurança das populações, seja em uma superpotência nuclear ou em uma pequena e miserável nação subdesenvolvida, contra essa violência, de atentados em grandes capitais do planeta a conflitos tribais.[36]

Outro setor que também desafia ousadamente a eficiência dos Estados contemporâneos é a *pirataria*, que, já estimada em 36% do PIB Mundial, além de desastrosos efeitos econômicos, com a perda de bilhões de dólares em impostos que poderiam ser aplicados em benefício das populações, que perdem postos de trabalho com o fechamento de empresas por não suportarem a concorrência, estimula a irresponsabilidade social ao expor a impotência dos Estados para combatê-la.

34. Andrea Rizzi, "A impotência do Estado do século XXI", *O Globo*, Rio de Janeiro, edição de segunda-feira, dia 28.6.2010, 1º caderno, p. 6. Uma das chamadas, destacadas do texto pelo editor brasileiro, acrescenta: "A globalização torna a inovação financeira mais rápida que os reguladores", possibilitando o entendimento do fracasso dos reguladores estatais e da necessidade de encontrar alternativas de compromisso entre os complexos interesses em jogo, como bem poderia ser o instituto da autorregulação regulada, para a disciplina do setor.

35. Ulrich Beck, "Penser la société du risque global", *Le Monde*, edição de 23.10.2008 (n/tradução).

36. Diogo de Figueiredo Moreira Neto, *Sociedade, Estado e Administração Pública*, Rio de Janeiro, Topbooks, 1996, pp. 72 e 73 – em tópico que discorre sobre a ascensão da violência privada.

Dentre inúmeros exemplos que poderiam ser trazidos, a *guerra cambial* é modalidade atual e paradoxal, pois nela os próprios Estados são os predadores do comércio entre as nações e das respectivas economias ao desvalorizarem deliberadamente a própria moeda para obter ganhos imediatistas, especulativos e eleitoreiros com a exportação de seus produtos de preços aviltados a países que praticam o livre câmbio, desvirtuando o comércio mundial, distorcendo o seu próprio parque produtivo e abalando sua credibilidade institucional. Põe-se em evidência o enfraquecimento dos Estados sob agressão econômica, para enfrentá-la apenas com os argumentos de proteção da sua *soberania*,[37] como bem atesta o intenso acompanhamento pela imprensa desse novo risco à estabilidade econômica mundial.[38]

No centro do debate está uma nova onda protecionista, deflagrada pelos Estados Unidos com apoio de seu Congresso, desvalorizando, por sua vez, a sua moeda, o dólar, como resposta à política monetária chinesa, que vem mantendo artificialmente inalterado o valor de sua moeda, como política que serve de suporte para a invasão de seus produtos nos mercados de todo o mundo e a sustentação de suas espetaculares taxas de crescimento.

Nessa disputa, à já reconhecida inanidade das respostas nacionais, mesmo por parte de países com economia de grande porte, soma-se a dificuldade que encontram os órgãos internacionais especializados, co-

37. "No âmbito externo, o Estado enfrenta uma perda jurídica e real de soberania. A primeira deriva da cessão voluntária, por parte dos Estados, de parcelas de soberania a instituições e organizações supraestatais... A segunda se manifesta ao observar que as decisões de um Estado, com um poder limitado territorialmente, não podem fazer frente a desafios postos por uma economia globalizada, dominada por grandes corporações que operam em âmbito internacional. No âmbito interno, não se discute a soberania jurídica do Estado, mas se põe em relevo a falta de concordância entre seu reconhecimento formal e a capacidade real do Estado de impor suas decisões. O poder do Estado, os recursos que possui para realizar seus objetivos, notam-se apequenados em face dos novos poderes sociais. A capacidade e influências destes sobre o Estado, a dimensão de seu poder, é cada vez maior em comparação com o poder estatal" (Mª Mercè Darnaculleta i Gardella, *Autorregulación y Derecho Público: la Autorregulación Regulada*, Madri-Barcelona, Marcial Pons, 2005, p. 38, n/tradução).

38. Para uma informação mais completa, a edição dominical de 10.10.2010 do *O Globo* dedica três páginas de seu suplemento especializado *Economia* ao tema sob a manchete "Câmbio como arma protecionista", com artigo de fundo assinado por Martha Beck e Vivian Oswald, onde se encontram depoimentos colhidos de vários especialistas e políticos.

mo o *Fundo Monetário Internacional* e o *Banco Mundial*, de promoverem ações corretivas, remetendo ao nível político, como o *G-20* e a *ONU*, a difícil discussão dos termos de uma paz cambial, que poderia resultar de uma solução regulatória concertada, na linha dos esforços exitosos alcançados pela *Organização Mundial do Comércio* nas disputas protecionistas mercantis tradicionais.

Nessa questão cambial, como em tantas outras que apresentam dificuldades semelhantes, em que a invocação da soberania estatal a nada leva e as ações estatais, diretas ou por intermédio das organizações internacionais existentes, se mostram ineficientes, ainda resta o recurso a uma solução regulatória híbrida que se possa acrescentar aos esforços envidados.

5.1.3 Reposicionamento do Estado

Tudo indica que tanto o esvaziamento do *Estado* como o seu enfraquecimento, fenômenos paralelos, prenunciam um *reposicionamento*, antes que uma *obsolescência* da instituição; uma conclusão bastante difundida, que parece ter poucas divergências. Nesse sentido, e possivelmente, pela maioria dos analistas, prognostica-se a subsistência do Estado como um *centro de poder* territorial, em coexistência com outros centros de poder flexíveis, especializados e técnicos, tanto internos como externos, que continuarão a se desenvolver nos espaços anômicos deixados no recuo das estruturas de poder monolíticas, generalistas e predominantemente políticas herdadas da modernidade.

É uma conclusão bastante plausível, que aponta para interessantes *possibilidades reformadoras* da instituição estatal, que, certamente, mesmo mantendo suas bases territoriais e principais instituições, poderá se guiar por *novos valores*, que a aproximarão e a identificarão com as sociedades que organizam e dirigem.

Por outro lado, a possibilidade de multiplicação de *poderes públicos sem governos* emerge como outro fator conducente a um reposicionamento do Estado em nível global, pois, como observa Sabino Cassese, "a ordem jurídica global não se sobrepõe, assim, como outro estrato, à estatal", pois não há dois níveis de governo, senão que um único nível, em que *as relações horizontais se dão cruzadas reticularmente*, de modo que nenhuma dessas centrais deterá um monopólio absoluto dessas relações entre as partes que compõem essa rede.[39]

Esse reposicionamento do Estado o inserirá com mais flexibilidade e eficiência nessas complexas relações em rede, cada vez mais globais, complexas e intensas, de modo que, embora conservando suas prerrogativas públicas, ele estará ampliando, com grande proveito, a sua ação organizadora, reguladora e fomentadora sobre a sociedade, bem como a sua influência no diálogo mundial.

5.2 *As consequências reformadoras*

Como o Estado que emergirá dessas reformas por certo apresentará características distintas das que habitualmente lhe são conotadas, tudo indica que, entre outras, apresentará como suas marcas a *instrumentalidade*, a *abertura democrática substantiva*, o *diálogo*, a *argumentação*, a *consensualidade* e a *motivação*.

5.2.1 O Estado instrumental

A *instrumentalidade* do Estado contemporâneo se pôs em evidência como jamais historicamente havia logrado até o superior reposicionamento jurídico alcançado pelos *direitos fundamentais*, que, transcendendo sua *função limitativa* do exercício do poder político, impôs-se como um guia de valores a direcionar a ação dos poderes públicos, com uma inovadora *função diretiva*, assim na elegante expressão de Pérez Luño: "Na medida em que o Estado liberal de Direito evoluiu para as formas de Estado social de Direito, os direitos fundamentais dinamizaram sua própria significação ao acrescentar à sua função de garantia das liberdades existentes, a descrição antecipativa do horizonte emancipatório a alcançar".[40]

Nessa linha, os sistemas constitucionais de *direitos fundamentais* não mais podem ser considerados meras construções retóricas ou, na melhor das hipóteses, generosos catálogos de intenções, mas reais con-

39. Sabino Cassese, ob. cit., p. 10. A metáfora da horizontalidade é preferida pelo Autor, que se louva em artigo de P. Costa, mencionado na nota 19.

40. Antonio-Enrique Pérez luño, ob. cit., p. 21.

quistas do Direito, em benefício das sociedades avançadas, em que culminam alcançando uma *tríplice funcionalidade*: a função *declarativa*, como a mais antiga; a função *protetiva*, que caracterizou a fase intermédia efetivadora de sua garantia cidadã; e, prospectivamente, a função *proativa*, que orienta a sua mandatória e efetiva realização na sociedade.

5.2.2 O Estado democrático

Como superação prática das imensas dificuldades de conceituar a *democracia*, a definição mínima de Norberto Bobbio fornece a chave de seu entendimento, de modo que Gustavo Justino de Oliveira, em sua recente monografia sobre o direito administrativo democrático, acresce à sua síntese: "A democracia estaria, assim, essencialmente relacionada à *formação* e à *atuação* do governo".[41]

Portanto, com respeito à *formação* da autoridade governante, a democracia tem sido entendida, desde a modernidade, como a possibilidade da escolha popular de *quem* deve governar, ou seja, tomada em seu aspecto instrumental, do *acesso* das pessoas ao poder público: essa é a *democracia formal*, a que se realiza, fundamentalmente, pela periódica eleição de agentes políticos.

Essa democracia *formal*, uma vez satisfeitos os ritos prescritos, atende ao requisito jurídico da *legalidade* da investidura da autoridade pública.

Por outro lado, relativamente à *atuação* da autoridade governante, a democracia também passa a ser entendida, a partir da pós-modernidade, como a possibilidade da escolha popular do *como* governar, ou seja, da *participação* das pessoas no *exercício* do poder público: essa é a *democracia substancial*, a que se realiza, fundamentalmente, pela permanente instilação de valores, interesses, necessidades e aspirações na ação governamental, bem como pelo constante acompanhamento e controle exercido diretamente pela sociedade ou indiretamente por órgãos neutrais, constitucionalmente independentes, instituídos no Estado para esse fim.

41. Gustavo Justino de Oliveira, *Direito Administrativo Democrático*, Belo Horizonte, Fórum, 2010, p. 18, com nosso destaque em itálico, no qual transcreve a definição mínima de Bobbio, retirada de *O Futuro da Democracia: uma Defesa das Regras do Jogo*, 5ª ed., Rio de Janeiro, Paz e Terra, 1992.

Essa democracia *material*, em sua prática livre e contínua, atende ao requisito jurídico da *legitimidade* do exercício da autoridade pública.

5.2.3 O Estado do diálogo

Assim entendida a democracia, em sua faceta substantiva, como o *permanente diálogo da sociedade com o seu instrumento governante*, será pela *interação*, formal e informal, mantida entre todos os órgãos, públicos e privados, estendida a toda a cidadania, que as decisões estatais se tornarão não apenas *legais*, mas sobretudo *legítimas*, no sentido de que aplicam o poder estatal harmonicamente com a percepção dos valores, interesses, necessidades e aspirações do grupo nacional.

Como bem anota Gustavo Justino de Oliveira, em seu *Direito Administrativo Democrático*, valendo-se, de permeio, de citação de Nicole Belloubet-Frier e de Gérard Timsit, "Alude-se à figura de um Estado 'que conduz sua ação pública segundo outros princípios, favorecendo o diálogo da sociedade consigo mesma'. (...) aponta-se para o surgimento de uma Administração Pública dialógica, a qual contrastaria com uma Administração Pública monológica, refratária à instituição e ao desenvolvimento de processos comunicacionais com a sociedade".[42]

5.2.4 O Estado da argumentação

Para tanto, o devir do Estado democrático não apenas será cada vez mais guiado pelo permanente diálogo com a sociedade, como dependerá, sempre mais, do respeito recíproco de governantes e governados, o que exige, além da observância da legalidade e da legitimidade, a da *licitude*, ou seja: a edificação de um Estado moralmente respeitável e respeitado, que zela, em cada decisão que profira, indiferentemente de ser em abstrato ou em concreto, por uma assintótica aproximação da desejável certeza lógica, que se garante pelo livre exame e crítica das diferentes premissas que possam ser levantadas, sempre com vistas à aplicação justa do poder público. Esse é o Estado que valoriza a *argumentação* como caminho do acerto e da integridade de suas decisões, não apenas lógica, mas, sobretudo, moral.

42. Gustavo Justino de Oliveira, *Direito Administrativo Democrático*, cit., p. 217.

5.2.5 O Estado consensual

Essas posturas, sob outro ângulo e complementarmente, indicam o caminho da busca incessante de soluções *negociadas*, nas quais a consensualidade aplaina as dificuldades, maximiza os benefícios e minimiza as inconveniências para todas as partes, pois a aceitação de ideias e de propostas livremente postas sob argumentação e livremente discutidas é o melhor reforço que poderá existir para o cumprimento espontâneo e frutuoso das decisões tomadas.[43]

Assim, o Estado que substituir paulatinamente a *imperatividade* pela *consensualidade* na condução da sociedade será, indubitavelmente, o que mais facilmente garantirá a plena *eficiência* de sua governança pública e, como consequência, estenderá os benéficos efeitos de seu exemplo à governança privada, em seus respectivos setores.

5.2.6 O Estado da motivação

Finalmente, para encerrar, embora longe de esgotar essa relação de consequências reformadoras por que passa o Estado, tem-se que a *juridicidade*, enquanto valor compósito da legalidade, da legitimidade e da licitude no desempenho das atividades de governo, não importa se das mais importantes ou das mais comezinhas, se da formulação de uma importante política pública em âmbito nacional ou se da aplicação de uma pequena sanção administrativa em âmbito local, exige que qualquer decisão deva estar *justificada*.

A ausência ou falha na motivação pode violar comando essencial, como nas sentenças e decisões administrativas, notadamente as discricionárias, acarretando ilegalidades, bem como, se vulnerar valores democráticos, produzir ilegitimidades e, ainda, se desvirtuada de seus fins, revelar ilicitudes, todas elas levando a consequências desconstitutivas e até punitivas.

A *motivação* dos atos do Poder Público constitui-se em *direito fundamental* das pessoas, do qual dependem outros direitos fundamentais,

43. A respeito da excelência prática da vinculação consensual como um dos caminhos para lograr sua eficiência administrativa, já é clássico e sempre útil o estudo de Jean-Pierre Gaudin na obra *Gouverner par Contrat: l'action Publique en Question*, Paris, Presses de Sciences Po, 1999.

tais como o direito ao devido processo legal (art. 5º, LIV, da Constituição da República Federativa do Brasil) e o direito ao contraditório e à ampla defesa (art. 5º, LV, da Constituição da República Federativa do Brasil), assim como um correspondente *dever* do Estado, que em cada um reconheça e reverencie um cotitular do poder político do País (como inequivocamente se expressa o art. 1º, parágrafo único, da Constituição da República Federativa do Brasil).

6. Transformação e expansão do direito administrativo

Filho do Estado napoleônico, a bicentenária Disciplina da juridicização da aplicação do poder se aparelha para, depois de racionalizar, sucessivamente, o *ato* e o *processo* administrativo, enfrentar em grau maior a improvisação, o voluntarismo gerencial e o arbítrio no emprego do poder, assediando o último baluarte imune ao controle, pela *racionalização do complexo juspolítico procedimental constitucionalizado da formulação, planejamento, orçamentação e execução das políticas públicas*.

É certo que de há muito se sabe o que se tem a fazer para disciplinar e harmonizar eficientemente essas fases elaborativas e implementadoras dessas políticas, evitando custosas omissões, conflitos e desperdícios, mas sempre tem faltado dar o passo decisivo à frente, com a exigência de que os direitos e os deveres nas *políticas públicas* sejam explicitados, com suas respectivas consequências, pelos corpos legislativos, de modo a serem devidamente cristalizados, com precisão e clareza, em normas jurídicas. Eis a necessidade que se vai tornando evidente e imperiosa em todos os Estados de um planeta que chega à espantosa população próxima a sete bilhões de habitantes, mas ainda com um bilhão vivendo em penúria extrema, em meio a uma iníqua desigualdade.

Por isso, o humanismo praticado em nível estatal deve ceder *ao humanismo global*, e dotado de sua face jurídica – em que direitos e deveres são definidos com suas consequências. Assim, o direito administrativo se desdobra para se tornar tão complexo como o será o próprio mundo de amanhã, de modo a atender desde as exigências jusgerenciais das menores circunscrições político-administrativas – como um *direito administrativo municipal* –, passando pelas circunscrições político-administrativas intermédias – como um *direito administrativo estadual* ou *provincial* –, ascendendo às circunscrições territoriais político-administrativas dos Estados independentes – como um *direito administrativo nacional* –, para se estender às circunscrições territoriais político-administrativas plurinacionais – como um *direito administrativo internacional* –, e, em seu último estádio, abarcando todos os centros de poder administrativo extraestatais e mundiais – como um *direito administrativo global*, hoje ainda difuso e desagregado... porém, seguramente, em via de afirmação, pois a disciplina da gestão dos interesses públicos, quaisquer que sejam ou como quer que se definam, é uma necessidade imperiosa do processo civilizatório.

Nesse percurso, o direito administrativo acrescenta suas novas dimensões para este século XXI para o *controle* do exercício do poder público, a seu cargo: quanto ao seu *objeto*, quanto ao seu *âmbito* de atuação, quanto à sua *sujeição positiva* a esse controle e quanto ao seu *conteúdo* normativo, como se segue.

6.1 Transformação do objetivo do controle

Em sua origem, um ramo do Direito *específico* para o controle de *legalidade* do emprego do poder político-administrativo dos Estados, em sua missão gerencial dos interesses públicos cometidos ao Estado, aplicando as políticas públicas governamentais e, mais recentemente, as políticas públicas constitucionais, o direito administrativo evoluiu para se tornar um ramo jurídico que tem a seu cargo um controle *genérico* de *juridicidade* sobre quaisquer *relações assimétricas de poder*, políticas ou não, e onde quer que existam.

Ao escapar da órbita estatal, o direito administrativo torna-se *Global* sem perder as características e os atributos adquiridos em seu percurso histórico, como uma disciplina jurídica da gestão da *res publica*, mas adquire novos predicados, que são necessários para garantir um quadro jurídico suficientemente eficaz para harmonizar as complexas relações que enlaçam os antigos centros de poder estatais, os novos centros de poder extraestatais e os respectivos administrados.

6.2 Transformação do âmbito do controle

Especificamente quanto ao âmbito de atuação, altera-se a situação enciclopédica do direito administrativo, ao deixar de ser apenas um sistema de *direito interno nacional* para incorporar a nova dimensão de um *direito globalizado transnacional*, pois o administrador dos interesses públicos não é mais apenas o *Estado* e os seus desdobramentos personalizados, bem como as *organizações internacionais* por eles criadas, mas, sobretudo e além dessas entidades, quaisquer *organizações extraestatais* que disponham de suficiente *poder – consensualmente gerado* – para administrar quaisquer segmentos específicos de atividades humanas que necessitem de um centro de autoridade necessária e suficiente para impor normas de conduta com gerais benefícios para o respectivo setor.

6.3 Transformação da sujeição positiva ao controle

O direito administrativo, de um ramo de direito interno, exclusivamente *subordinado às Constituições dos respectivos Estados*, amplia-se com a disseminação sem fronteiras de seus institutos, tornando-se, em acréscimo, um ramo de direito transestatal, *sujeito a valores expressos como princípios globalizados*.

Sabino Cassese, que examina o fenômeno, sob o subtítulo "Uma administração sem base constitucional", comentando o tema, anota o prometedor aparecimento de um também ampliado aspecto da *cidadania* na seguinte passagem:

> O direito administrativo se põe, assim, fora de sua área natural, a estatal, em um espaço no qual se negava que se pudesse exercer a cidadania. Desenvolve-se rapidamente, logo perdendo o caráter embrionário inicial e assumindo de repente uma fisionomia peculiar que o distingue do direito administrativo estatal. Mas na ordem jurídica global, com diferença do que ocorre na interna, o direito administrativo não tem uma base constitucional.[44]

Assim é que, nesse novo espaço, embora defectivo da segura moldura constitucional, são os *princípios* – tais como os que derivam do reconhecimento universal dos direitos humanos, aos quais se acrescem outros, estabilizados de mais tempo no direito privado para relações não

44. Sabino Cassese, ob. cit., p. 62 (n/tradução).

estatais – que vão sugerindo aos estudiosos o desenvolvimento de um "quadro geral de direito privado" para essas instituições extraestatais, que, não obstante, são *públicas* no que se refere aos interesses a seus cuidados.[45]

6.4 Transformação do conteúdo normativo

Como quarta mudança a ser lembrada, não porque outras possam ser menos relevantes, mas por considerar que a exemplificação oferecida já seja suficiente para caracterizar esse fascinante percurso do direito administrativo no século XXI, cabe uma referência à variação do *conteúdo normativo* que se apresenta entre o ramo estatal e o extraestatal do direito administrativo.

Com efeito, se como ramo de direito interno, tradicionalmente um sistema *preceptivo de condutas*, dotado de normas que as definem de modo acabado e taxativo para a disciplina coativa do *comportamento* dos atores públicos e privados, distintamente, como ramo de direito extraestatal, vale-se de normas mais fluidas e flexíveis, privilegiando a negociação, a autorregulação e a *soft law*, como um sistema *preceptivo de valores* e de *métodos* predominantemente voltados à *orientação* de condutas.

6.5 Os novos métodos de atuação do direito administrativo

Em razão das transformações apontadas e, em certa parte, sob a influência das novas características que são desenvolvidas em seu ramo globalizado, o direito administrativo pós-moderno vem adotando com êxito novos *métodos operativos*, que, em parte, flexibilizam ou substituem os tradicionais, sabidamente de perfil fortemente imperativo.

Assim é que se percebe uma rápida ascensão às rotinas administrativas de *interesses públicos* certos institutos – novos ou renovados –, alguns deles até recentemente tidos como incompatíveis com a tradição de supremacia e de imperatividade do direito administrativo tradicional,

45. A respeito, Sabino Cassese lembra, de Möllers, no artigo "Transnational governance without a Public Law", a seguinte elucidativa passagem: "a espontânea constitucionalização privatística produz seu próprio direito público que vem integrá-la" (*apud* ob. cit., pp. 62-63, nota 49, n/tradução).

como, os adiante brevemente examinados, da *regulação*, da *negociação*, a *motivação* e, como exemplo de instituto sancionatório, a penalidade de *exclusão*.

6.5.1 A regulação

A regulação se apresenta como uma terceira opção, de compromisso entre a imposição de uma normatividade *vinculante*, de fonte exclusivamente legal, e uma normatividade com abertura de espaços regulamentares para permitir uma atuação *discricionária* do administrador, predominantemente nos setores econômicos e sociais que, em comum, apresentam alta complexidade e alta mutabilidade, para os quais ambas as opções se mostram insuficientes para uma atividade gerencial eficiente.

Com efeito, se por um lado o emprego exclusivo da *norma legal*, embora possa oferecer a segurança inerente à reserva de lei, acaba entorpecendo e prejudicando as atividades econômicas e sociais em inúmeros setores, em razão da impossibilidade de as casas legislativas acompanharem satisfatoriamente o seu dinamismo contemporâneo.

Por outro lado o emprego preferencial da *delegação legal*, abrindo escolhas discricionárias para a decisão de agentes executivos, embora possa solucionar melhor as dificuldades de acompanhamento do dinamismo dos setores, acaba abrindo um campo de ação regulamentar, no qual, ao serem substituídos os debates nos colegiados democráticos por deliberações administrativas tomadas com escasso ou nenhum diálogo, sem trabalho argumentativo e motivação satisfatória, possibilitando a imposição da unilateralidade decisória, quando não da prática do arbítrio.

A *regulação*, técnica decisional de origem anglo-saxônica, pode superar ambos os inconvenientes: tanto por prescindir de novos pronunciamentos do legislador, a cada novo aspecto que demande uma norma adequada, atendendo, assim, perfeitamente, aos requisitos de atualização e presteza; como por adotar a processualização aberta da decisão administrativa, reduz sensivelmente os costumeiros inconvenientes da unilateralidade e do arbítrio decisórios, satisfazendo os requisitos de juridicidade.

Assim é que a *regulação* – seja na modalidade de *heterorregulação* imposta ou na modalidade de *autorregulação* pactuada, ou, ainda, em sua mais nova e promissora modalidade, de regulação híbrida, por isso também denominada *autorregulação regulada*, parte imposta, parte negociada – apresenta-se como um método decisional ideal para setores nos quais se pretenda uma atuação administrativa, tanto a introversa como a extroversa, com a *máxima flexibilidade de regras* aliada à *máxima segurança de princípios*.

6.5.2 A negociação

Esse método, de extenso emprego, desde as decisões políticas de governo às decisões administrativas gerenciais, segue, preferentemente, a linha da busca do *consenso* entre os interessados, um dos quais é o ente administrativo competente.

A decisão a que se visa, uma vez tomada, por vir *consensualmente flexibilizada* pela discussão aberta e processualizada das alternativas disponíveis franqueada a todos os interessados, terá sempre a vantagem de poder ser mais fácil e rapidamente implementada, com uma reduzida contrariedade e possibilidade de descumprimento.

6.5.3 A motivação

Complementando o já exposto sobre o tema em referência ao Estado, a *motivação*, desdobramento amplamente aceito da cláusula geral do devido processo legal, envolve o direito fundamental à ampla defesa de quem se sinta agravado ou ameaçado, atendido pela *vinculação lógica* necessária das *decisões* administrativas a *razões* declinadas.

Qualquer órgão ou agente administrativo, estatal ou extraestatal, tem o dever de indicar os pressupostos de fato e de direito sobre os quais fundamenta a sua decisão, sob pena de nulidade de seu ato.

O longo caminho trilhado por essa, hoje quase intuitiva, obrigação de quem toma decisões públicas termina, internamente, com a constitucionalização do correspondente princípio nos Estados Democráticos de Direito, e, externamente, com o princípio explícita ou implicitamente adotado pelas agências extraestatais, assim como já o é na prática processual das arbitragens, como demonstra Sabino Cassese, examinando o que trata como uma "obrigação global de motivar decisões" e oferecendo, como importante exemplo, as regras baixadas pela *Organização Mundial do Comércio*.[46]

46. Sabino Cassese, ob. cit., p. 113 (*L'obbligo globale di motivare le decisone*).

6.5.4 A exclusão

No direito administrativo interno, sanções de variada natureza poderão ser legalmente prescritas para infrações e aplicáveis desde que observados os limites constitucionais para o exercício do poder punitivo estatal. Assim, a escolha dessa ou daquela punição administrativa para uma determinada espécie de infração é matéria de reserva legal, por uma extensão doutrinariamente pacífica do princípio homólogo penal.

Distintamente, no direito administrativo globalizado, como os centros de poder extraestatais não dispõem de poder suficiente para a imposição de sanções que seriam, hipoteticamente, mais adequadas para atingir efeitos repressivos mais rigorosos, as alternativas se apresentam bem mais restritas, embora não menos eficazes.

Assim, como um dos efeitos da globalização é a pluralização de *interdependências*, o isolamento acaba representando uma indesejável *limitação*, que, se de algum modo for imposta a países e a pessoas, poderá privá-las de benefícios políticos, econômicos ou sociais próprios da interação sinérgica com associados ou parceiros. Essa é a consequência indesejada, o efeito punitivo que faz da pena de *exclusão* uma medida sancionatória eficaz e extrema, se aplicada pelos centros de poder extraestatais para garantir a autoridade de suas decisões.

Mas mesmo sem que venha a ser efetivamente aplicada, bastará a simples possibilidade de impor uma *exclusão*, ainda que parcial ou temporária, como uma sanção intermédia, para reforçar a autoridade extraestatal para a aplicação de uma gama de penalidades menores, tais como, entre outras, dependendo da especificidade do setor: a *suspensão*, a *redução de direitos* e as *multas*. Em suma, no direito administrativo globalizado há também normas completas, dotadas de preceito e de sanção.

7. a exploração prospectiva da nova dimensão global do direito administrativo, como condição de atuação eficiente ante o policentrismo das fontes normativas

7.1 A dimensão prospectiva

A *globalização* é, ao mesmo tempo, causa e resultado da *intensificação dos processos econômicos e sociais*, notadamente os *financeiros*, em um mundo em que o volume de capital privado transacionado nos mercados mundiais já é muitas vezes superior ao volume somado de todos os orçamentos dos quase duzentos Estados nacionais.

Não obstante, em contraste, observa-se que os *instrumentos políticos e jurídicos que deveriam regrar esses processos globais mostram-se ineficientes* e perdidos na voragem dos fatos, tudo indicando a possibilidade de uma sucessão de *crises*, sem fronteiras e sem controles eficientes, como já as mais recentemente experimentadas, nominadamente a americana e a grega.

Esses exemplos recentes revelaram um mundo – países, organizações e populações – que foi praticamente tomado de surpresa pela falta de previsão e velocidade dos acontecimentos, de que resultaram essas crises globais. Tornaram-se patentes tanto a *deficiência do monitoramento* quanto a *deficiência regulatória no plano global*, ante a insuficiência dos sistemas nacionais e internacionais regulatórios existentes.

Como as ordens jurídicas estatais, nacionais e internacionais não dispõem de instrumentos de monitoramento e de controle, abre-se campo para aliar, nesse processo, a capacidade organizadora existente na imensa comunidade de entidades extraestatais, dotadas de parcelas de poder setorializado, como reforço de proveito geral.

Nesse cenário, conjugando os instrumentos desenvolvidos no *direito administrativo* interno dos Estados com o incipiente *direito administrativo* externo globalizado, estão dadas as oportunidades para adaptar e aplicar as *soluções técnicas imparciais e equidistantes* desenvolvidas pelo novo ramo aos confrontos entre os interesses políticos dos Estados nacionais e os interesses econômicos de atores globais, como ocorre, notadamente, no campo financeiro.

Para tanto, é preciso desenvolver, paralelamente e à semelhança dos avanços já registrados no direito das relações internacionais, um arsenal de técnicas apropriadas a esse emergente direito administrativo global, dotando-o de uma, até hoje pouco trabalhada, *dimensão prospectiva*, precipuamente *voltada à previsão, prevenção e solução de crises.*

7.2 Um estudo de caso exemplificativo: o da autorregulação regulada para possibilidades de controle das crises financeiras globais

Aceito o alvitre de empregar a via regulatória possibilitada pelo direito administrativo globalizado para a prevenção e o controle de crises financeiras mundiais, põe-se o problema de definir o modelo mais aceitável tanto pelos países (governos) como pelas megainstituições de crédito mundiais envolvidas (mercado).

Desde logo, no campo estatal internacional, ante a necessidade de dar um tratamento integrado ao problema, uma percepção política já renovada levou à recente transformação do G-7 em G-20 – ampliando o número e a qualidade dos *players* internacionais –, tornando-o, de um grupo socioeconômico homogêneo, um grupo socioeconômico heterogêneo.

Nesse novo cenário, observa o professor Dani Rodrik, da Universidade de Harvard, "a clarinada por um sistema global de regulação financeira pode ser escutada" e sem discrepâncias[47]... mas as diferenças logo se evidenciam quanto à forma de conduzir a ideia de uma *regulação financeira global*, destacando-se duas posições radicais: a que prefere a *regulação estatal* e a que prefere a *autorregulação*.

Ora, se a solução preferida for a regulação pela via estatal, surge como uma primeira opção levar adiante o *reforço das instituições internacionais já existentes* (tais como o FMI, a OMC e o Banco Mundial), para que assumam encargos reguladores, com supervisão, fiscalização e aplicação de sanções financeiras sobre países e instituições nacionais.

Como uma segunda opção, ainda na linha de preferência de uma via regulatória estatal, existe a alternativa, de acentuadas características de direito público e refletindo uma visão mundialista dos direitos humanos, que seria a *instituição de uma nova organização internacional específica para o setor financeiro*, atuando em escala global por força de tratados; por certo, uma solução muito ao gosto dos que propõem uma progressiva constitucionalização da vida internacional, na linha kantiana de um federalismo político universal.

Fora, porém, da solução estatal, para os que dão preferência à *autorregulação* a opção pura seria manter a autonomia dos mercados e confiar às próprias instituições financeiras privadas, no caso, associadas em um órgão mundial e baixo sua exclusiva responsabilidade, o encargo de se autorregularem.

Resumindo: a aceitação da conclusão de que os países *isoladamente* não têm como superar crises financeiras globais e ante a impossibilidade

47. Dani Rodrik, "A Plan B for global finance", *The Economist*, edição de 14.3.2009, p. 80. Para discussão sobre o excelente artigo, consulte-se economist.com/freeexchange.

de resolvê-las com soluções parciais, é quase unânime a aceitação da tese da necessidade de existir uma *regulação transnacional dos mercados financeiros globalizados*, mas apresentando duas básicas opções opostas: ou a regulação por uma agência internacional pública (*heterorregulação*), ou regulação por uma agência internacional privada (*autorregulação*) instituída pelas próprias entidades financeiras do mercado global.

É evidente que não se pode ignorar as dificuldades políticas para definir caminhos de consenso inerentes ao atual estado das relações internacionais, com suas comoções e desconfianças agravadas pela crise, fato que ficou patente nas últimas consultas realizadas em reuniões do G-20.[48]

Mas é relativamente ao ponto que aflora uma oportunidade particularmente importante para a contribuição dos administrativistas à solução do dilema que se põe entre um modelo de regulação puramente impositivo – a heterorregulação – e um modelo de regulação puramente consensual – a autorregulação.

Efetivamente, voltando ao momento político, tudo indica que as duas opções radicais aparentemente não lograriam progresso nas negociações, como já se pode deduzir pelo acompanhamento do noticiário e dos comentários especializados da imprensa internacional. Os agentes financeiros não estão dispostos a aceitar a pura tutela governamental, nem, tampouco, os agentes governamentais estão dispostos a confiar numa ação reguladora exclusiva dos agentes financeiros.

Os motivos alegados por ambas as partes são evidentes e bem conhecidos. Há, pois, que se buscar um meio termo, através de concessões recíprocas, e é esse justamente o ponto em que os sistemas de direito administrativo internos oferecem uma solução técnica, bastante conhecida e estudada, de um conceito híbrido – o da *autorregulação regulada* –, um instituto bem analisado e trabalhado, com bases bem assentadas em doutrina.[49]

48. O mesmo autor, Dani Rodrik, observa, com pessimismo, que "Um problema com a estratégia global é que presume que se possa levar os países líderes a abdicar significante parcela de soberania a agências internacionais. É difícil imaginar que o Congresso Americano aceite esse tipo de supervisão internacional interventiva nas práticas prestamistas, que poderia ter prevenido a liquefação dos mútuos hipotecários" ("A Plan B for global finance", cit., supra n. 47).

49. Sobre o tema da regulação se dispensa de mencionar a abundante bibliografia internacional sobre o tema, exemplificando-se, por todas as obras disponíveis, a de

A autorregulação regulada escapa ao velho dilema entre livre mercado e intervencionismo estatal.[50] Afirma-se isso porquanto persiste uma antiquada, mas ideológica visão do problema, que invariavelmente sugere um regresso à intervenção do Estado, como resposta ao que se aponta como fracasso neoliberal do livre mercado.

Apresenta-se, assim, um "confuso melodrama, onde o *Ogro filantrópico* de Octavio Paz renasce de suas cinzas",[51] quando, na verdade, o controle regulatório imposto por uma agência extraestatal, independente da política de cada um dos países – ainda que atue sob a supervisão de órgãos políticos internacionais –, separa adequadamente o que é essencial do que não o é; o que é permanente do que é ocasional e, sobretudo, o que é técnico do que é político.

Portanto, não há que se render à perspectiva de um regresso ao intervencionismo substitutivo da iniciativa e do labor das sociedades financeiras, ainda porque os muitos e retumbantes fracassos históricos das experiências dirigistas não podem ser esquecidos para servir de pretexto para amparar uma extemporânea ressurreição de mitos ideológicos de inclinações estatólatras.

Existem, por outro lado, elementos doutrinais que sustentam a possibilidade de confiar em que as excepcionais características híbridas da *autorregulação regulada*, que vem a ser nada mais que a regulação pública da autorregulação, permitam que se discrimine uma tríplice classificação de matérias: as que necessitem de se submeter a uma *heterorregulação* – legislada, impositiva e rígida –; as que estariam mais bem disciplinadas pelos próprios setores, a *autorregulação* – pactuada, con-

Santiago Muñoz Machado, por sua riqueza e atualidade. Especificamente sobre a autorregulação regulada, a monografia, já referida, de Mª Mercè Darnaculleta i Gardella (*Autorregulación y Derecho Público: la Autorregulación Regulada*, cit.) é obra que enfrenta um grande número de questões e de problemas conexos.

50. Ignés D'Argenio, "La intensidad de la regulación económica es ajena a la concentración de poder", *Blog Farlei Martins Riccio de Oliveira: Direito Administrativo em Debate*, disponível em: <http://direitoadministrativoemdebate.wordpress.com/2009/04/07/la-intensidad-de-la-regulacion-economica-es-ajena-a-la-concentracion-de-poder/>, edição de 7.4.2009.

51. Carlos Botassi, "Autorregulación o intervencionismo", *Blog Farlei Martins Riccio de Oliveira: Direito Administrativo em Debate*, disponível em: <http://direitoadministrativoemdebate.wordpress.com/page/87/?pages-list>, edição de 4.2.2009.

sensualmente adotada e com a máxima flexibilidade –, e, combinando--as em soluções híbridas, aquelas matérias que se beneficiariam da conjugação de *princípios* estáveis, portanto, impostos, com *regras* flexíveis que seriam permanentemente pactuadas entre os interessados diretos, características distintivas da *autorregulação regulada*.[52]

Resumindo, é possível enumerar as possíveis distinções teóricas que pesam em favor da autorregulação regulada, como um excelente exemplo da prestabilidade de um direito administrativo global e das oportunidades de aperfeiçoamento abertas pelo policentrismo de fontes:

a) a distinção entre o *essencial* e o *não essencial* da regulação, tanto sob critérios políticos como técnicos;

b) a distinção entre o que seria *permanente* e o que seria *mutável*;

c) a distinção entre a *fiscalização vertical*, própria da regulação impositiva, por isso mesmo aplicável sobre a agência de autorregulação, e a *fiscalização horizontal*, da regulação negociada, que é a aplicável sobre as entidades privadas que negociam a autorregulação;

d) a distinção entre os dois tipos de sanção possíveis: de um lado, as *sanções públicas*, impostas sobre a agência independente de autorregulação, no caso de transgressão das normas de heterorregulação impostas por um órgão político internacional, e, de outro lado, as *sanções privadas*, impostas pela agência independente sobre os agentes econômicos instituidores, quando sejam transgressores das normas de sua própria autorregulação.

Nesse caso e em tantos outros, os administrativistas de todos os países, afeitos a instituições centenariamente experimentadas e abertos a novos conceitos, podem dar um imenso contributo a esse novo campo, rico de possibilidades, de um direito administrativo de caráter policêntrico.

52. Na lição de Mª Mercè Darnaculleta i Gardella, cuidadosa monografista da matéria, com excelente contribuição ao estudo do instituto: "A consideração pública da autorregulação se manifesta por uma atividade reguladora do Estado tendente a instrumentalizar as normas e os controles privados, pondo-os a serviço de fins públicos. É por isso que a autorregulação é sempre, em maior ou menor medida, uma autorregulação regulada, uma autorregulação fomentada, dirigida e instrumentalizada através de imaginativas fórmulas de regulação estatal" (*Autorregulación y Derecho Público: la Autorregulación Regulada*, cit., p. 83) (nossa tradução).

7.3 Em conclusão

Ainda que o direito administrativo tenha tido seu nascimento no seio do Estado, como um direito público interno, o certo é que sua rica doutrina, suas instituições e sua imensa experiência na disciplina do *atendimento aos interesses públicos* se têm projetado externamente em numerosos setores da vida internacional, *tanto entre entidades estatais quanto não estatais*, no curso de seus duzentos anos de existência. Assim, não se estranhe que dele se esgalhem tantos novos ramos, em um mundo em que o fenômeno da globalização torna complexos e públicos os interesses, em multiplicadas relações transnacionais.

Aí estão, como eloquentes exemplos, o *direito administrativo internacional*, o *direito internacional administrativo*, o *direito administrativo comunitário*, o *direito administrativo da integração*, o *direito administrativo global* e, mesmo, um *direito administrativo sem Estado*, como proposto na interessante tese de Colaço Antunes.[53]

Para finalizar este ensaio, em que alguma ousadia pode haver surpreendido, nem tanto como desculpa, mas como explicação, cabe a lembrança do conhecido *motto* hegeliano – de que "a filosofia consiste na captação do tempo pelo pensamento" – para que dele se possa retirar, à guisa de conclusão, *uma orientação que se pode almejar para o direito administrativo*, de modo a superar os imensos desafios que lhe propõe o nosso tempo, com a permanente valorização de seus instrumentos científicos para aplicá-los homogeneamente tanto em seus tradicionais ramos nacionais como no globalizado.

Para tanto e nessa linha, que se vislumbra a *necessidade de dotá-lo de uma dimensão prospectiva*, para que seja possível, nestes tempos de policentrismo de suas fontes, pelo bom exercício do *planejamento racional e crítico da ação política*, bem como pela articulação, também racionalmente planejada, entre os *múltiplos instrumentos de controle que sobre ela recaem*, travejar com segurança, no curso deste século XXI, *a construção de uma rede mundial imbricada de ordenamentos nacionais, internacionais e globais*, com o necessário denominador comum de serem todos essencialmente *democráticos*.

Teresópolis, atualizado e revisto no outono de 2012.

53. Luís Filipe Colaço Antunes, *O Direito Administrativo sem Estado – Crise ou Fim de um Paradigma?*, cit.

Bibliografia

ALESINA, A.; SPOLAORE, E. *The Size of Nations*. Cambridge, The MIT Press, 2003.

ANTUNES, L. F. Colaço. *O Direito Administrativo sem Estado – Crise ou Fim de um Paradigma?* Coimbra, Coimbra Editora, 2008.

BARROSO, Luís Roberto. "Neoconstitucionalismo e constitucionalização do Direito (o triunfo tardio do direito constitucional no Brasil)". *Revista Eletrônica sobre a Reforma do Estado*. Salvador, Instituto Brasileiro de Direito Público, n. 9, mar./abr./maio 2007. Disponível em: <http://www.direitodoestado.com.br/rere.asp>. Acesso em: 27.9.2010.

BATTINI, S. *Amministrazione Senza Stato*. Milano, Giuffrè, 2003.

________. "L'impatto della globalizzazione e sul diritto amministrativo: quatro percorsi". *Giornale di Diritto Amministrativo*. n. 3, pp. 339 e ss., 2006.

BECK, Martha; OSWALD, Vivian. "Câmbio como arma protecionista". *O Globo*. Edição de 10.10.2010.

BECK, Ulrich. "Penser la société du risque global". *Le Monde*. Edição de 23.10.2008.

BITENCOURT NETO, Eurico. "Direito administrativo transnacional". *Revista Brasileira de Direito Público*. Belo Horizonte, Fórum, ano 7, n. 24, jan./mar. 2009.

________. "Direito administrativo transnacional". *REDAE*. IDP, Salvador, n. 18, maio/jun./jul. 2009. Disponível em: <http://www.direitodoestado.com/revistaREDAE-18-MAIO-2009-EURICO-BITTENCOURT.pdf>.

BOBBIO, Norberto. *Dicionario di Política*. Turim, UTET, 1993.

________. *O Futuro da Democracia: uma Defesa das Regras do Jogo*. 5ª ed. Rio de Janeiro, Paz e Terra, 1992.

________. *Teoria da Norma Jurídica*. Trad. em português de Fernando Pavan Baptista e Ariani Bueno Sudatti. São Paulo, Edições Profissionais Ltda., 2001.

________. *Teoria della Norma Giuridica*. Turim, G. Giappichelli, 1993.

________. *Teoria do Ordenamento Jurídico*. 10ª ed., trad. de Maria Celeste Cordeiro Leite dos Santos. Brasília, UnB, 1999.

BOTASSI, Carlos. "Autorregulación o intervencionismo". *Blog Farlei Martins Riccio de Oliveira*: *Direito Administrativo em Debate*. Disponível em: <http://direitoadministrativoemdebate.wordpress.com/page/87/?pages-list>. Edição de 4.2.2009.

CASSESE, Sabino. "Global administrative law: an introduction". *Journal of International Law and Politics*. Verão, v. 37, n. 4, pp. 663-694, 2005.

________. "Il diritto amministrativo globale: una introduzione". *Rivista Trimestrale di Diritto Pubblico*. Roma, v. 2, pp. 331-357, 2005.

________. *La Crisi dello Stato*. Roma-Bari, Laterza, 2002.

________. *Lo Spazio Giuridico Globale*. Roma-Bari, Laterza, 2003.

________. *Oltre lo Stato*. Roma-Bari, Laterza, 2006.

CASTELLS, Manuel. *A Era da Informação – o Poder da Identidade*. 3ª ed., vol. 2. São Paulo, Paz e Terra, 2002.

________. *A Era da Informação – Sociedade, Economia e Cultura*. 3 v., trad. do original em inglês. São Paulo, Paz e Terra, 1999.

CUNHA, Paulo Ferreira da. *Pensar o Estado*. Lisboa, Quid Juris – Sociedade Editora, 2009.

D'ARGENIO, Ignés. "La intensidad de la regulación económica es ajena a la concentración de poder". *Blog Farlei Martins Riccio de Oliveira: Direito Administrativo em Debate*. Disponível em: <http://direitoadministrativoemdebate.wordpress.com/2009/04/07/la-intensidad-de-la-regulacion-economica-es-ajena-a-la-concentracion-de-poder/>. Edição de 7.4.2009.

DARNACULLETA I GARDELLA, Mª Mercè. *Autorregulación y Derecho Público: la Autorregulación Regulada*. Madri-Barcelona, Marcial Pons, 2005.

DELLA CANANEA, G. "I pubblici poteri nello spazio giuridico globale". *Rivista Trimestrale di Diritto Pubblico*. Roma, v. 1, pp. 1-34.

GAUDIN, Jean-Pierre. *Gouverner par Contrat: l'action Publique en Question*. Paris, Presses de Sciences Po, 1999.

HÄBERLE, Peter. *Pluralismo y Constitución. Estudios de Teoría Constitucional de la Sociedad Abierta*. Madri, Tecnos, 2002.

JUSTINO DE OLIVEIRA, Gustavo. *Direito Administrativo Democrático*. Belo Horizonte, Fórum, 2010.

KINGSBURY, B.; KRISCH, N.; STEWART, R. "The emergence of global administrative law". *Law and Contemporary Problems*. Summer/autumn, 2005, 3-4, p. 15.

MOREIRA NETO, Diogo de Figueiredo. *Sociedade, Estado e Administração Pública*. Rio de Janeiro, Topbooks, 1996.

NICOLAIDIS, Kalypso A., e Shaffer, Gregory. "Managed mutual recognition regimes: governance without global government", *Working Paper* 2005/6, New York, University School of Law.

PÉREZ LUÑO, Antonio-Enrique. *Los Derechos Fundamentales*. 9ª ed., reimp. Madri, Tecnos, 2005.

________. *Nuevos Retos del Estado Constitucional: Valores, Derechos, Garantías*. Alcalá de Henares (Madri), Universidad de Alcalá, 2010.

POPPER, Karl. *A Sociedade Aberta e seus Inimigos*. São Paulo, Editora USP, 1974.

________. *Conjecturas e Refutações – o Progresso do Conhecimento Científico*. Brasília, Editora UnB, 1994.

RIEDEL, E. "The development of international law alternatives to treaty-making? International organizations and non-state actors". In WOLFRUM, Rüdiger; RÖBEN, Volker (eds.). *Developments of International Law in Treaty Making*. Berlin, Springer, 2005.

RIZZI, Andrea. "A impotência do Estado do século XXI". *O Globo*. Rio de Janeiro, edição de segunda-feira, dia 28.6.2010, 1º caderno, p. 6.

ROBERTS, S. "After government? On representing law without the State". *The Modern Law Review*, 68, 2005, 1.

RODRIK, Dani. "A Plan B for global finance". *The Economist*. Edição de 14.3.2009, p. 80.

SHAPIRO, M. "Symposium: globalization, accountability, and the future of administrative law: administrative law unbounded; reflections on government and governance". *Indiana Journal of Global Legal Studies*, 8, primavera 2001, 369.

AS VÁRIAS DIMENSÕES DO PROCESSO ADMINISTRATIVO BRASILEIRO
(Um direito-garantia fundamental do cidadão)

EGON BOCKMANN MOREIRA

Professor da Faculdade de Direito da UFPR (Graduação, Mestrado e Doutorado) – Professor visitante na Faculdade de Direito de Lisboa – Professor convidado no Centro de Estudos de Direito Público e Regulação-CEDIPRE, da Faculdade de Direito de Coimbra – Professor visitante nas Universidades de Nankai e JiLin, China – Advogado.

Introdução

Quando menos desde 1999, com a edição da Lei 9.784 (que regula o processo administrativo no âmbito da Administração Pública Federal), o processo administrativo brasileiro passou a assumir a dignidade que merece. A partir de então, instalou-se a positivação da relação processual administrativa como espécie de relação jurídica de direito público, definidora de certa gama de direitos e deveres públicos entre os cidadãos e a Administração Pública, o que permite a compreensão autônoma do regime jurídico desta espécie de vínculo posto entre o Estado e os cidadãos: não mais se trata de mero adjetivo à relação de direito material nem tampouco de singelo procedimento (um rito a ser cumprido). Nos dias presentes, o processo administrativo é muito mais do que o representado por tais visões acanhadas do fenômeno: é um direito-garantia fundamental, com foro constitucional.

Mas se trata de um direito-garantia cuja evolução histórica revela a existência de várias ordens de processos administrativos (tal como se dá quanto aos demais direitos fundamentais). Por meio da correlação entre as dimensões – ou gerações – dos direitos fundamentais e os respectivos processos que os garantem, este breve ensaio pretende propor uma tipologia dos processos administrativos no Direito brasileiro, com especial enfoque na visão do processo como relação jurídica diferenciada.

1. A tipologia dos processos administrativos

1. O estudo do processo administrativo – e respectiva tipologia – demanda a fixação de um par de premissas cognitivas quanto ao que se pode entender por "espécies de processo administrativo". Isso devido a vários motivos, entre eles o fato de que, até pouco tempo atrás, nem sequer se cogitava da existência de uma situação jurídica que pudesse ser denominada "processo administrativo" (falava-se em "mero procedimento" – ou expressões equivalentes, a depauperar a realidade jurídica em jogo).

Por outro lado, é nítido que, ao estudar o processo e as suas espécies, se está a tratar de realidades diferentes entre si, unidas normativamente devido às suas propriedades comuns. Como a lógica nos ensina, o que a evolução das normas fez foi o estabelecimento de uma definição conotativa, por gênero e diferença (*per genus et differentia*). As espécies (ou subclasses) de processos fazem parte de um gênero (ou classe) de relação jurídico-administrativa, a processual. O processo é, portanto, uma das espécies de relação jurídica posta entre a Administração e as pessoas privadas, que, ao seu tempo, admite as respectivas subespécies.

São feixes normativos diversos (material e processual), a instruir a compreensão de cada uma dessas realidades jurídicas. Ou seja, da mesma forma que os sujeitos de direito mantêm relações jurídico-materiais entre si, sejam pessoas públicas ou privadas (p. ex., contratos privados e/ou administrativos; relações de trabalho regidas pela CLT e pelos regimes estatutários), vínculos esses que podem ser espontâneos ou injuntivos (p. ex., doações *vs.* tributos), eles igualmente desenvolvem relações jurídico-processuais – as quais, no caso do processo administrativo, caracterizam-se pela presença do Estado em um de seus polos. Isto é, o Estado-Administração a integrar a relação jurídica processual, também na condição de parte.

2. Com efeito, muito embora a relação administrativa processual seja uma espécie em comparação ao gênero "relação jurídica", ela configura um gênero em consideração às diversas subespécies de processo administrativo. Logo, tão equivocada quanto a compreensão de que haveria um só processo é a ideia de que as "espécies" de processo administrativo nada teriam em comum (ou que porventura seriam antagônicas).

Ora, todas essas classes e subclasses de relações jurídicas envolvem direitos e deveres (materiais e/ou processuais), os quais precisam ser compreendidos segundo o respectivo *tipo* – ou *dimensão*, ou *geração*, a instalar as correspondentes *relações jurídico-materiais* e *relações jurídico-processuais* postas entre as autoridades administrativas e as pessoas privadas.[1]

Isto é, não foi apenas o direito material que evoluiu e passou a abranger novas dimensões de direitos fundamentais. O direito processual não ficou parado no tempo, mas também se adaptou aos desafios e instalou as correspondentes dimensões ampliativas de direitos fundamentais processuais.

3. Os órgãos e entidades da Administração Pública brasileira (Lei 9.784/1999, art. 11) detêm competência para instalar relações jurídicas com as pessoas privadas e nessas mesmas relações praticar atos administrativos materiais e processuais (os quais podem, inclusive, resultar na aplicação de sanções administrativas).

A depender do caso concreto, a Administração Pública praticará atos ampliativos de direitos ou aqueles pertinentes ao direito administrativo sancionador (as sanções oriundas dos respectivos ilícitos administrativos praticados por sujeitos privados) ou mesmo vinculados ao direito administrativo da ordenação social (as limitações e/ou homologações de atos privados lícitos). Mas serão sempre atos administrativos – com efeitos imediatos nas pessoas privadas, a impactar nas respectivas liberdades constitucionais.

1. As considerações objeto dessa premissa já foram esboçadas pelo autor quando menos em: *Processo Administrativo: Princípios Constitucionais e a Lei 9.784/1999*, 4ª ed., São Paulo, Malheiros Editores, 2010, pp. 70-75; "Agências administrativas, contratos de serviço público e mutabilidade regulatória", *RDPE* 25/101-117, Belo Horizonte, Fórum, jan./mar. 2008; "O princípio da legalidade, a lei e o Direito", in T. Marrara (org.), *Princípios de Direito Administrativo*, São Paulo, Atlas, 2012, pp. 45-61.

A atividade administrativa do Estado, portanto, instala relações jurídico-administrativas formais (materiais e processuais) com outros sujeitos de direito, regidas pela Constituição brasileira e respectiva legislação infraconstitucional – sobremodo a Lei 9.784/1999 –, o que autoriza a investigação a propósito das espécies de relações jurídico-administrativas e os direitos fundamentais a elas pertinentes.

2. *A relação administrativa e os direitos fundamentais (materiais e processuais)*

4. A Administração Pública e as pessoas privadas vinculam-se por meio de relações jurídicas (materiais e processuais). Contudo, nem todas as relações postas entre a Administração e as pessoas privadas possuem a mesma racionalidade, pois desenvolvidas em contextos diversos e sob premissas absolutamente distintas. Tal como as gerações – ou dimensões – dos direitos fundamentais materiais, também os *direitos fundamentais processuais* (devido processo legal, ampla defesa e contraditório) e a relação jurídica por eles disciplinada experimentaram evolução ao longo do tempo.[2]

Ou seja, é evidente que aos direitos materiais de primeira dimensão (direitos negativos, positivos e ativos) correspondia uma espécie de processo administrativo (e respectivos direitos processuais), enquanto, *v.g.*, aos direitos materiais de terceira dimensão (direito à participação) corresponde outra tipologia processual, com a respectiva ampliação e acumulação de direitos fundamentais. Isso implica dizer que os *direitos fundamentais* – materiais e processuais – devem sempre ser compreendidos numa perspectiva ampliativa, integradora e contextualizada. Por isso também se torna interessante falar em gerações de direitos fundamentais – quando menos para deixar marcado o historicismo de tal classificação (e sem que isso pretenda defender a simplista e equivocada

2. Sobre as "gerações" ou "dimensões" dos direitos fundamentais, v. Norberto Bobbio, *A Era dos Direitos*, trad. de C. N. Coutinho, São Paulo, Campus, 1992, passim; Ingo W. Sarlet, *A Eficácia dos Direitos Fundamentais*, 10ª ed., Porto Alegre, Livraria do Advogado, 2009, pp. 36-57; José Carlos Vieira de Andrade, *Os Direitos Fundamentais na Constituição Portuguesa de 1976*, 3ª ed., Coimbra, Almedina, 2007, pp. 50-71; Jorge Reis Novais, *As Restrições aos Direitos Fundamentais não Expressamente Autorizadas pela Constituição*, Coimbra, Coimbra Editora, 2003, pp. 126-133.

"sucessão/substituição" de uma geração pela seguinte: todas convivem, potencializando-se reciprocamente).

Dessa forma, seria por demais ingênuo, senão equivocado, pretender compreender o(s) processo(s) administrativo(s) dos dias de hoje valendo-se apenas da perspectiva do direito administrativo do final do século XVIII até o início do século XX – o que implicaria visão anacrônica do que se passa nos nossos dias: o Direito do passado a insistir em se fazer presente. Basta que sejam brevemente rememorados alguns momentos da História do direito administrativo para que se possa confirmar a tese.

5. O direito administrativo surgiu depois das Revoluções burguesas do século XVIII (máxime em França) como aquela classe de normas jurídicas destinada a reger a atividade administrativa do Estado – a qual se daria precipuamente mediante atos, concebidos como provimentos unilaterais praticados pela Administração para dar execução às leis ("manifestações de vontade administrativa", para os mais afeitos às premissas de direito privado).

Igualmente a respeito da origem do direito administrativo, merece ser destacada outra de suas peculiaridades: até pouco tempo atrás, ele era sobremaneira um direito não codificado. Por mais incrível que isso possa parecer frente ao sistema jurídico romano-germânico da Europa continental (que tanto influenciou o sistema brasileiro), o qual se caracterizou pelas grandes codificações e respectiva veneração ao direito escrito, o direito administrativo foi criado e construído pelos tribunais administrativos. Havia a Constituição e algumas poucas leis gerais, não sistematizadas nem codificadas, além de esparsos atos concretos. Não se cogitava de um "Código Administrativo" – nem mesmo em França e muito menos no Brasil (como se deu no direito privado, com o Código Comercial, de 1850, e o Código Civil, de 1916).

Assim, os principais institutos de direito administrativo e os seus mais relevantes conceitos não foram criados pelo legislador, mas sim pelo administrador – mais especificamente pelo Conselho de Estado francês (um órgão da Administração Pública), que julgava os recursos administrativos. O significado do princípio da legalidade era construído caso a caso pelos administradores públicos com assento no Conselho de Estado e posteriormente sistematizado: *remedies precede rights*, como se o modelo normativo inglês houvesse atravessado o Canal da Mancha.

6. Mas talvez o mais importante para a compreensão da evolução histórica do processo administrativo resida na seguinte constatação: no alvorecer do direito administrativo, se o ato pudesse causar gravame à pessoa privada, ela possuía legitimidade para, na singela condição de *interessado* (mero *colaborador da legalidade* e não como sujeito de direito), interpor recurso para ser submetido ao Conselho de Estado – o qual procedia ao controle objetivo do ato posto a exame, sem qualquer participação do indivíduo recorrente (e muito menos a cogitação a propósito de seus direitos, que simplesmente não existiam frente à Administração Pública).

Não foi por obra do acaso que se tornou célebre o substantivo "administrado" para designar o indivíduo que se relacionava com a Administração Pública: esta, o sujeito soberano da relação; aquele, o seu objeto (que se submetia a ser passivamente *administrado* pelo Estado).

Por isso que, nos séculos XVIII, XIX e parte do XX, toda a jurisdição administrativa europeia – e parte da jurisdição brasileira – dizia respeito ao controle objetivo dos atos administrativos. Afinal, quando do nascimento, desenvolvimento e consolidação do direito administrativo, o indivíduo não era tido como sujeito de direito frente à Administração Pública. Como não era *sujeito*, não poderia ter *direitos subjetivos* – muito menos aqueles de ordem processual, em especial se o assunto versasse sobre o exercício do antigamente assim denominado poder de polícia do Estado.[3] A pessoa privada, portanto, não detinha legitimidade subjetiva – processual ou material – frente à Administração, mas apenas se lhe reconhecia a legitimidade objetiva para *auxiliar as autoridades administrativas* em sua atividade superior, de interesse público. Algumas expressões típicas dessa época revelam o tom conferido ao direito administrativo: "razões de Estado", "*ius imperium*", "ordem pública" etc.

3. Como consignou o clássico autor alemão (que tanto influenciou os franceses) Otto Mayer: "Con relación a la administración no existen reglamentos que sean obligatorios para la autoridad frente al súbdito: *no hay derecho público*" (*Derecho Administrativo Alemán*, t. I, trad. de H. Heredia e E. Krotoschin, 2ª ed., Buenos Aires, Depalma, 1982, p. 56). Ou, como leciona Agustín Gordillo a propósito desse "primeiro momento" do direito administrativo: "En esos momentos el derecho administrativo se agota en un único precepto: un derecho ilimitado para administrar; no se reconocen derechos del individuo frente al soberano; el particular es un objeto del poder estatal, no un sujeto que se relaciona con él" (*Tratado de Derecho Administrativo*, 7ª ed., t. 1, Buenos Aires/ Belo Horizonte, Fundación de Derecho Administrativo/Del Rey, 2003, p. II-1).

Assim se pode compreender por que há quem apelide o Estado Liberal oitocentista, nascido do direito administrativo, *Estado de Polícia* ou *Estado Gendarme*. Constatação que traz consigo o dever de seccionar os respectivos direitos administrativos: não se afigura consistente o estudo do direito administrativo brasileiro contemporâneo com lastro na doutrina francesa do alvorecer do século XX – por mais célebre e valiosa que ela possa ser, está deslocada no tempo e no espaço. Seria como pretender manusear a Física Quântica com lastro nas Leis de Newton: não dá certo.

7. Essas características inaugurais do direito administrativo permitem, desde logo, alinhar duas conclusões – as quais representam o direito administrativo diante do espelho do tempo. Ambas são significativamente importantes para a construção – que se pretende democrática e humanista – do processo administrativo brasileiro, que não pode e não deve ser um direito processual despido de direitos subjetivos.

7.1 Em primeiro lugar, fácil é constatar quão excludente e restritiva era no passado a visão da relação jurídica posta entre Administração Pública e pessoas privadas (tanto no que respeita a direitos materiais como a direitos processuais). Em termos relativos ao que hoje se dá, esperava-se pouco do Estado-Administração, pois os seus deveres eram de pequena dimensão, modulados por um só vetor: o da aplicação formal e unilateral da lei, sem qualquer participação das pessoas a serem afetadas pelo ato. Tudo girava em torno do controle objetivo do ato administrativo.

Pode-se afirmar, portanto, que o princípio da legalidade do assim denominado Estado Liberal era de muito mais simples cognição, pois portador de desafios de menor intensidade. A complexidade se inicia no final do "longo século XIX", justo no alvorecer do "breve século XX", e se intensifica no início deste século XXI. Hoje, os desafios são bem mais intensos e plurifacetados, retrato da civilização pluralista e democrática em que vivemos. A Administração do ato persiste em ocupar largo espaço na experiência administrativa, mas com outras tonalidades: a participação popular na sua elaboração (e não só no controle); a dignidade da pessoa e seus direitos subjetivos; a transparência e publicidade como regra; os direitos difusos e coletivos; os direitos fundamentais como trunfos das minorias etc.

7.2 Por outro lado, a segunda conclusão que desde logo se põe é a de que o direito administrativo contemporâneo é significativamente diverso daquele do Estado Liberal – e mesmo daquele do início do Estado Social. Não se pode examinar a relação posta entre as pessoas privadas e a Administração Pública tal como se o direito administrativo oitocentista estivesse a reger o mundo (dos fatos e do Direito). Tampouco se pode compreender o processo administrativo como se direitos de segunda, terceira e quarta dimensões não existissem – e como se a pessoa privada fosse somente mero auxiliar da Administração, um paradoxal "sujeito sem direitos subjetivos". Não se pode interpretar a Lei 9.784/1999 como se inserida num Estado de Polícia, a excluir – ou desprezar, tanto faz – a dignidade das pessoas privadas e, assim, descartar a *efetiva participação* delas na formação dos atos administrativos.

A realidade é outra, iluminada por um Estado que se pretende democrático de Direito – e que, além de celebrar as liberdades como direitos declarados constitucionalmente, reconhece e garante a dignidade, tanto material quanto processual, das pessoas privadas.

8. Isso significa sustentar que, na mesma medida em que se reconhece às pessoas privadas direitos materiais de várias dimensões e características, o mesmo se dá quanto aos direitos subjetivos processuais.

3. As várias dimensões dos direitos fundamentais e processos administrativos

9. Daí a constatação de que o direito administrativo dos dias de hoje não se confunde – e nem pode ser confundido – com o modelo clássico do século XIX e meados do século XX. Em verdade, ele tem origem em mutações, humanistas e democráticas, que incidiram sobre o modelo original e nele instalaram novas constatações e concepções. Alguns dos institutos tradicionais de direito administrativo foram objeto de transformação ao longo do tempo, não mais refletindo a sua natureza originária.

A seguir, examinar-se-á, de forma breve mas cuidadosa, a *mutação* que acompanha o *processo administrativo* – e o que isso pode implicar para a compreensão da Lei 9.784/1999.

9.1 O ponto de partida está em que o processo administrativo surgiu como algo secundário, num tempo e lugar em que o sujeito privado era um objeto (o "administrado" como sucessor do "súdito"), singelo *auxiliar* ou *colaborador* da Administração Pública. Afinal de contas, reitere-se quando e onde nasceu o direito administrativo: no Estado burguês dos séculos XVIII e XIX, pós-Revolução Francesa. Prevalecia a concepção liberal e policialesca de Estado, em que as esferas pública e privada eram segmentadas, autoexcludentes e não participativas. De um lado estava a sociedade civil e o domínio econômico (liberdade de contratar, autonomia decisória, responsabilização); do outro, o Estado e o interesse público (princípio da legalidade e poder de polícia).

O Estado de então era o monopolista do interesse público – um *public interest maker*, não um *public interest taker*. Nesse contexto, ele se manifestava precipuamente nos atos administrativos (imperativos, com presunção de legitimidade e que não precisavam contar com qualquer participação daqueles que seriam por eles futuramente afetados). As leis que havia representavam os interesses dos empresários, comerciantes e proprietários, a configurar o Estado monoclasse, no qual apenas os burgueses votavam e poderiam ser votados. Um só interesse representado, um só direito legislado, ambos a se exteriorizar administrativamente por meio de um só fenômeno: o ato administrativo.

Com o passar do tempo, o ato se consolidou como a figura central do direito administrativo. Este girava em torno do ato concreto (a execução pontual da lei) e do ato regulamentar (a execução geral da lei). Nas duas hipóteses, prevalecia a Administração unilateral. Caso dessa intervenção resultassem danos ou agressões, aos indivíduos dava-se a oportunidade de defesa *a posteriori* do ato praticado – não como sujeito de direito, mas sim na condição de colaborador do sistema de controle objetivo. Poderia ele, a depender do caso, interpor recurso administrativo e instalar o controle do ato: meramente analítico, seco, sem gosto e sem cores. O que havia era um direito administrativo sem direitos subjetivos.

Demais disso, não era dada aos indivíduos a possibilidade de participar da formação do ato, que era *interna corporis*. Não havia publicidade do que se fazia dentro da Administração (decisões, provas etc.). Os particulares só tomavam conhecimento do ato depois de ele já ter sido editado, no exato momento de sua incidência. Prevalecia, portanto, a concepção unilateral e impositiva da atuação administrativa do Estado.

9.2 Nesse cenário, fácil é a constatação de que o processo – a relação jurídica dinâmica, de direito público, que se põe entre o Estado e as pessoas privadas – era algo secundário (ou mesmo inexistente: afinal, se não havia direitos subjetivos materiais, o que dizer dos direitos processuais?). Não é à toa, aliás, que era denominado "procedimento" ou "direito adjetivo". O processo administrativo seguia como acessório ao ato, limitando-se a tentar garantir a restauração da legalidade (tal como compreendida unilateralmente pela Administração).

Pois o mesmo se deu no Brasil: aqui, até pouco tempo atrás, o processo administrativo era "procedimento" acompanhado pelo adjetivo que qualificava a conduta do órgão público que praticou o ato agressivo questionado: fiscal, disciplinar, interventivo, expropriatório – e assim por diante. A Administração agia e o particular defendia-se através do processo, de modo extremamente limitado e não participativo. Compreensão típica daquele Estado que se pretende liberal (omisso, mas limitado objetivamente pelas pessoas privadas) e, por conseguinte, submetido apenas ao controle negativo de seus atos.

Porém, isso persiste? O atual direito administrativo brasileiro pode albergar apenas tais características? O processo administrativo permanece a ter só e somente essa configuração? Podem ser desenvolvidos processos administrativos válidos segundo essa racionalidade oitocentista? Evidentemente que não! Na atualidade isso não mais pode ocorrer. Nem o ato administrativo goza da mesma *centralidade* de outrora, nem o processo administrativo continua no papel de *coadjuvante* da atuação administrativa e muito menos a pessoa privada com o *status* de mero *colaborador*.

O direito administrativo mudou – sobremodo a partir de 1988, com a promulgação da Constituição brasileira. A questão que se coloca, portanto, é a de se saber como houve essa alteração de papéis e em que medida ela se deu.

10. Tal mutação é mais fácil de ser observada por meio do exame da natureza e regime jurídicos dos processos administrativos contemporâneos – todos eles respeitosos dos *direitos subjetivos públicos* titularizados pelas pessoas privadas em suas relações com os órgãos e entidades da Administração Pública[4] – direitos, esses, existentes em relações materiais e processuais instaladas entre a Administração Pública e os sujeitos de direito.

4. O autor já tratou do conceito contemporâneo de direito subjetivo público em *Direito das Concessões de Serviço Público*: *Inteligência da Lei 8.987/1995 (Parte Geral)*, São Paulo, Malheiros Editores, 2010, em especial nas pp. 285-298.

Ou melhor e *grosso modo*, a transformação democrática se torna nítida quando se leva em conta que de fato há *três espécies* de *processos administrativos* na atualidade, bem como a natureza de direitos fundamentais a que se referem e o que possuem em comum. Isto é, a classe "relação jurídico-processual" atualmente possui três subclasses, unidas por características comuns que serão mais abaixo descritas.

10.1 A *primeira espécie* envolve aqueles processos nos quais o particular defende os seus direitos subjetivos, com a pretensão de limitar a atividade administrativa do Estado. Vendo-se diante de uma agressão unilateral aos seus direitos, a pessoa recorre ao processo como medida de salvaguarda. É o tipo tradicional, em que a Administração o instala, a pedido da parte interessada ou *ex officio* (e notifica a pessoa que será afetada para que apresente defesa ou arque com as consequências do ato).

O ato administrativo – presente ou futuro, real ou potencial – sofre controle negativo (em seu processo de produção e quanto ao seu conteúdo), pois o indivíduo pretende garantir o exercício de suas liberdades constitucionais. Estão em jogo os direitos de primeira geração, os quais dizem respeito a direitos e liberdades fundamentais, declarados expressa e implicitamente na Constituição do Brasil (arts. 5º, 7º, 150, 170, 225 etc.). Logo, o sujeito opõe o seu direito subjetivo público ao agir do Estado, impedindo que a sua liberdade seja indevidamente restringida. Por isso, a legitimidade para atuar no processo é somente da pessoa que, mesmo em tese, poderá sofrer o prejuízo decorrente da ação estatal.

Exemplos desses processos são os fiscais e os expropriatórios, bem como aqueles que envolvam qualquer ordem de investigação contra empresas privadas que porventura possa resultar em gravames (materiais e/ ou processuais).

Aqui estão em primeiro plano os *direitos fundamentais materiais de primeira dimensão*. Logo, são muito relevantes os direitos subjetivos processuais, mais especificamente os *direitos-garantia fundamentais da publicidade, do devido processo legal, da ampla defesa e do contraditório*, a fim de que a pessoa privada conte com os meios necessários para participar da formação do ato e assim possa impedir ou limitar eventuais ações indevidas do Estado. Vigem também com especial intensidade os *princípios da impessoalidade* e da *presunção de inocência*. Com a licença pela analogia, essa espécie de relação processual, que muitas vezes pode culminar na aplicação de sanção administrativa (e a respectiva *privação da liberdade e/ou bens*), antes se aproxima do direito processual penal do que do direito processual civil.[5]

Nessa primeira dimensão o *direito ao processo* visa a *evitar um dano subjetivo, suprimindo a privação ou a agressão a direito fundamental de primeira dimensão* (propriedade e liberdades).

10.2 A *segunda espécie* de processo administrativo é relativa às situações em que o indivíduo pretende obter o reconhecimento de seus direitos ou interesses pela Administração Pública, numa perspectiva ampliativa. O particular pleiteia a instalação do processo e pede que a Administração profira decisão que o beneficie individualmente (ou a toda a coletividade).

Não há litígio nem acusação, nem tampouco preexistem investidas públicas contra a liberdade e/ou propriedade. A perspectiva da pessoa privada é ampliativa em relação ao Estado-Administração. O processo visa sim a criar determinada vantagem pública ou privada, de modo que não se cogita de conflitos propriamente ditos. O mesmo pode se dar naqueles casos da existência de determinadas condições ao exercício de direitos subjetivos (o Ordenamento Jurídico reconhece o direito subjetivo, mas condiciona a eficácia de seu exercício, podendo, se for o caso, limitá-lo). A legitimidade é daquele que detém ou um direito subjetivo, ou um interesse legítimo. Exemplos desses processos são os que visam à tutela de benefícios previdenciários ou de temas urbanísticos e ambientais.

5. A doutrina, nacional e estrangeira, é unânime nesse sentido. Confira-se em Rafael Munhoz de Mello, *Princípios Constitucionais de Processo Administrativo Sancionador*, São Paulo, Malheiros Editores, 2007, pp. 104-108 e 218-254; Fábio Medina Osório, *Direito Administrativo Sancionador*, 2ª ed., São Paulo, Ed. RT, 2005, pp. 119-177 e 475-541; Egon Bockmann Moreira, "Agências reguladoras independentes, poder econômico e sanções administrativas", in S. Guerra (coord.), *Temas de Direito Regulatório*, Rio de Janeiro, Freitas Bastos, 2005, pp. 160-199; Franck Moderne, *Sanctions Administratives et Justice Constitutionelle: Contribution à l'Etude du* Jus Puniendi *de l'Etat Dans les Démocraties Contemporaines*, Paris, Economica, 1993, pp. 43-55 e 295-326; Georges Dellis, *Droit Penal et Droit Administratif*, Paris, LGDJ, 1997, pp. 116-130 e 332-386; José María Quirós Lobo, *Principios de Derecho Sancionador*, Granada, Comares, 1996, pp. 25-28; José Garberí Llobregat e Guadalupe Buitrón Ramírez, *El Procedimiento Administrativo Sancionador*, 4ª ed., vol. I, Valencia, Tirant lo Blanch, 2001, pp. 30-45; Alejandro Nieto, *Derecho Administrativo Sancionador*, 3ª ed., Madri, Tecnos, 2002, pp. 165-177.

Por meio do *direito ao processo administrativo o particular busca o cumprimento de direitos fundamentais de segunda e terceira dimensões* (o exercício de liberdades ou o cumprimento a direito prestacional que prestigie os valores constitucionais – seja individual, seja coletivo). Quando muito, o ato final não implicará a aplicação de quaisquer sanções (afinal, não se está diante de ilicitudes), mas sim o exercício das limitações administrativas às liberdades privadas: o direito administrativo ordenador, na dicção de Carlos Ari Sundfeld.[6]

10.3 Já a *terceira espécie* de processo administrativo relaciona-se àqueles nos quais a Administração e o particular colaboram na elaboração normativa. A Administração é responsável pela instalação do processo, de ofício ou a pedido dos interessados, como requisito de validade ao futuro ato regulamentar a ser editado. Mas, quando o faz, pede a colaboração das pessoas privadas (pois muitas vezes *deve* instalar essa participação cooperativa). Os indivíduos interagem não só na busca de benefícios privados, mas também com vistas a vantagens coletivas e/ou difusas (*como se administradores públicos fossem*).

Nessa terceira dimensão de *direitos processuais*, por meio do processo administrativo *o particular busca o cumprimento de direito fundamental de terceira e/ou quarta dimensão* (informação, democracia e pluralismo democrático na formação das decisões públicas). Diante disso, a legitimidade é plural, de todos os cidadãos, de todas as pessoas – pouco importa se futuramente afetados ou não pela norma regulamentar a ser editada. Há várias ordens de direitos em jogo: individuais, coletivos e difusos.

O exemplo típico é o processo normativo no âmbito das agências reguladoras – as consultas públicas como requisito para a emanação de resoluções, bem como os processos de audiência pública para licitações (Lei 8.666/1993, art. 39) e as consultas públicas nos processos administrativos de interesse geral (Lei 9.784/1999, art. 31). A Administração Pública emana normas administrativas gerais e abstratas para regular alguns setores essenciais da economia, bem como celebra contratos de elevado valor e cuida de processos que podem despertar o interesse coletivo. Nesses casos, a atividade por si desenvolvida deve contar com a participação (e também com o controle) social.

6. Carlos Ari Sundfeld, *Direito Administrativo Ordenador*, 1ª ed., 3ª tir., São Paulo, Malheiros Editores, 2003, *passim*.

11. Dessa forma e na mesma medida em que há várias espécies de direitos subjetivos públicos materiais de configuração/estrutura diferenciadas, igualmente isso se dá quanto aos direitos subjetivos públicos processuais. Em decorrência, há relações jurídicas materiais que concretizam/efetivam direitos fundamentais de primeira, segunda, terceira e quarta dimensões; da mesma forma que as várias ordens de relações jurídicas processuais o fazem com direitos fundamentais do processo.

4. Considerações finais: o processo administrativo como direito-garantia à participação

12. Essa sucinta descrição da tipologia dos processos administrativos brasileiros presta-se a alinhavar a conclusão deste breve ensaio.

Isso porque a atual natureza jurídica do processo administrativo e o regime dessa relação jurídica posta entre sujeitos de direito não está em serem compreendidos como meio de impedir ataques a direitos individuais, nem como forma de obter benefícios e muito menos como instrumento de produção normativa. Não é só isso. Esses aspectos são sim muito importantes e merecem prestígio, mas revelam somente a superfície da relação jurídico-processual.

O que há de essencial no processo administrativo contemporâneo – comum às três espécies antes expostas – é a necessidade da *efetiva participação dos sujeitos de direito na formação dos atos estatais*. Pouco importa quem eles sejam ou quais direitos ou interesses articulem, pois o que a legislação põe em relevo é o *dever público* de *bem informar* e *respeitar a dignidade da participação privada* diretamente na formação da vontade estatal. Outrora caracterizados como unilaterais e impositivos, os atos administrativos hoje precisam ser consensuais, obtidos mediante cooperação público-privada. A antiga regra da produção *interna corporis* tornou-se exceção. Já não mais existe aquela clivagem do liberalismo oitocentista, que separava brutalmente o interesse público dos interesses privados.

Quando menos desde outubro de 1988, o sistema jurídico-administrativo brasileiro estrutura-se *a partir dos direitos fundamentais* e da *democracia* (não mais, como foi outrora, a partir do poder do Estado-Administração), direitos, esses, que incluem a efetiva participação na formação dos atos administrativos, máxime daqueles que porventura possam cercear liberdades declaradas na Constituição. Por esse motivo existem processos administrativos, como instrumento de garantia dos direitos fundamentais dos sujeitos frente à Administração Pública – e como instaladores de direitos subjetivos públicos processuais de diversas configurações.

Assim, o processo não é mais o mesmo que se conhecia nos idos do século retrasado, nem mesmo aquele que se estudava há cinquenta ou trinta anos. Não é apenas uma garantia – um meio de assegurar os direitos fundamentais declarados –, mas é também um direito ou, mais propriamente, um *direito-garantia* à efetiva participação das pessoas privadas na formação dos atos administrativos.

Curitiba, setembro de 2012.

Bibliografia

ANDRADE, José Carlos Vieira de. *Os Direitos Fundamentais na Constituição Portuguesa de 1976*. 3ª ed. Coimbra, Almedina, 2007.

BOBBIO, Norberto. *A Era dos Direitos*. Trad. de C. N. Coutinho. São Paulo, Campus, 1991.

DELLIS, Georges. *Droit Penal et Droit Administratif*. Paris, LGDJ, 1997.

GORDILLO, Agustín. *Tratado de Derecho Administrativo*. 7ª ed., t. 1. Buenos Aires/Belo Horizonte, Del Rey/Fundación de Derecho Administrativo, 2003.

LLOBREGAT, José Garberí; RAMÍREZ, Guadalupe Buitrón. *El Procedimiento Administrativo Sancionador*. 4ª ed., vol. I. Valencia, Tirant lo Blanch, 2001.

LOBO, José María Quirós. *Principios de Derecho Sancionador*. Granada, Comares, 1996.

MAYER, Otto. *Derecho Administrativo Alemán*. 2ª ed., t. I, trad. de H. Heredia e E. Krotoschin. Buenos Aires, Depalma, 1982.

MELLO, Rafael Munhoz de. *Princípios Constitucionais de Processo Administrativo Sancionador*. São Paulo, Malheiros Editores, 2007.

MODERNE, Franck. *Sanctions Administratives et Justice Constitutionelle: Contribution à l'Etude du* Jus Puniendi *de l'Etat Dans les Démocraties Contemporaines*. Paris, Economica, 1993.

MOREIRA, Egon Bockmann. "Agências administrativas, contratos de serviço público e mutabilidade regulatória". *RDPE* 25/101-117. Belo Horizonte, Fórum, jan./mar. 2008.

_______. "Agências reguladoras independentes, poder econômico e sanções administrativas". In GUERRA, S. (coord.). *Temas de Direito Regulatório*. Rio de Janeiro, Freitas Bastos, 2005.

_______. *Direito das Concessões de Serviço Público: Inteligência da Lei 8.987/1995 (Parte Geral)*. São Paulo, Malheiros Editores, 2010.

_______. "O princípio da legalidade, a lei e o Direito". In MARRARA, T. (org.). *Princípios de Direito Administrativo*. São Paulo, Atlas, 2012, pp. 45-61.

_______. *Processo Administrativo: Princípios Constitucionais e a Lei 9.784/1999*. 4ª ed. São Paulo, Malheiros Editores, 2010.

NIETO, Alejandro. *Derecho Administrativo Sancionador*. 3ª ed. Madri, Tecnos, 2002.

NOVAIS, Jorge Reis. *As Restrições aos Direitos Fundamentais não Expressamente Autorizadas pela Constituição*. Coimbra, Coimbra Editora, 2003.

OSÓRIO, Fábio Medina. *Direito Administrativo Sancionador*. 2ª ed. São Paulo, Ed. RT, 2005.

SARLET, Ingo W. *A Eficácia dos Direitos Fundamentais*. 10ª ed. Porto Alegre, Livraria do Advogado, 2009.

SUNDFELD, Carlos Ari. *Direito Administrativo Ordenador*. 1ª ed., 3ª tir. São Paulo, Malheiros Editores, 2003.

AS PARCERIAS PÚBLICO-PRIVADAS E A TEORIA DAS ATIVIDADES ESTATAIS INDELEGÁVEIS

FERNANDO VERNALHA GUIMARÃES

Doutor e Mestre em Direito do Estado pela UFPR – Professor de Direito Administrativo em diversas instituições – Advogado e Consultor em Direito Público.

> "Ao investir a Administração de prerrogativas especiais para tutela de determinados interesses, que houve por bem entender como prevalentes, a norma, em contrapartida, qualificou-os de inalienáveis. (...) mesmo ao delegar o exercício de determinadas funções públicas a outrem, a Administração delas não poderá dispor. Toda competência é, por lei, intransferível. É apenas delegável o seu exercício, continuando, en-

tretanto, como titular a mesma pessoa à qual a norma atribui competência."

(Lúcia Valle Figueiredo, *Curso de Direito Administrativo*, 9ª ed., São Paulo, Malheiros Editores, 2008, p. 68).

1. Introdução

É visível nas últimas décadas um crescente fenômeno de transferência de atividades estatais às mãos dos privados. A evolutiva remodelagem do papel do Estado vem dando lugar a ciclos de desestatização de serviços e atividades, que parecem consolidar um gradativo movimento de substituição do Estado *prestador* por um Estado *garantidor*. Essa tendência deriva da afirmação daquilo que se convencionou chamar de *Estado regulador*, quando o foco da ação estatal passa a projetar-se mais sobre o controle, a regulação e a fiscalização e menos sobre a prestação direta de bens e serviços. Cada vez mais desincumbidas de ações prestacionais – e conscientes de que *o esbelto é belo* –, as Administrações vêm recorrendo às mais variadas formas de parcerias com a iniciativa privada com vistas a trespassar-lhe uma grande fatia dos encargos estatais de natureza prestacional. Nesse contexto, convivem diversas ações como: (i) a ampliação do espectro das contratações ordinárias e convencionais; (ii) o estímulo às ações do chamado terceiro setor; e (iii) a renovação das técnicas concessionárias, com a criação de novos instrumentos contratuais, como as Parcerias Público-Privadas-PPPs.

Na esteira de todo esse processo, ergue-se uma importante discussão sobre os limites jurídicos à delegabilidade de atividades estatais. Trata-se de perseguir a difícil tarefa de delimitação do núcleo de atividades intransferíveis, o que pressupõe diversas análises associadas à natureza das funções estatais assim como às justificativas retóricas acerca de seu monopólio pelo Estado.

O presente texto pretende enfrentar alguns aspectos fundamentais dessa discussão, focalizados a partir da temática das PPPs – aplicáveis, como são, a uma grande diversidade de atividades. O objetivo aqui é procurar debater alguns limites teóricos ao trespasse de atividades pela via das PPPs, examinados à luz de uma hermenêutica jurídica e constitucional do nosso tempo. Tudo isso a partir de um desejado – mas muitas vezes não alcançado – desprendimento ideológico, uma vez que esses temas, sempre muito sensíveis, tendem a ser inevitavelmente permeados por leituras ideológicas.

2. *As Parcerias Público-Privadas e seu objeto: algumas noções iniciais*

"Parceria Público-Privada" é uma expressão plurissignificativa. Tem sido utilizada pela doutrina brasileira em acepções diversas, definindo-se historicamente como abrangente de uma pluralidade de ajustes de longo prazo entre o Poder Público e os particulares. Mais recentemente, contudo, a partir da edição da Lei. 11.079/2004 e a criação do modelo nacional da PPP, a expressão passou a ter conotação jurídica específica para referir as novas modalidades de concessão: *concessão patrocinada* e *concessão administrativa*. São essas as PPPs tratadas no presente estudo.[1]

Assim definidas, as Parcerias Público-Privadas configuram contratos administrativos de prestação de serviços, com ou sem delegação de serviço público, podendo envolver outras atividades integradas, cuja remuneração do parceiro privado esteja composta parcial ou integralmente por contraprestação pública (pecuniária ou não), a ser provida a partir da disponibilização do serviço em condições de fruição. Tais contratos serão sempre de longo prazo (com prazo mínimo de cinco anos para a prestação de serviços e máximo de 35 anos para a conclusão da PPP), terão valor mínimo de R$ 20 milhões e contarão com uma partilha de riscos entre parceiro público e parceiro privado.

Mais especificamente, a *concessão patrocinada* vem a ser a espécie de concessão de serviço ou obra públicos (regida pela Lei 8.987/1995) em que a remuneração do concessionário esteja necessariamente integrada por contraprestação pecuniária provida cronicamente pela Administração Pública. Trata-se de uma modalidade contratual vocacionada a permitir a integração de subsídios providos de forma crônica pelo Poder Público na remuneração do concessionário. A essa modalidade aplicam-se as disposições da Lei 11.079/2004 e, subsidiariamente, a disciplina da Lei 8.987/1995. Já a *concessão administrativa* configura um contrato administrativo de prestação de serviços (não necessariamente serviços públicos), podendo envolver outras prestações, como o forneci-

1. Para um aprofundamento da temática das PPPs, ver Fernando Vernalha Guimarães, *Parceria Público-Privada*, São Paulo, Saraiva, 2012.

mento de bens e/ou a execução de obra, em que a remuneração do parceiro privado seja provida exclusivamente pela Administração Pública, mediante contraprestação, que poderá proceder-se de diversas formas jurídicas admitidas pelo ordenamento. O serviço objeto dessa concessão poderá ser tomado diretamente pela Administração ou pelos usuários, hipótese em que a Administração figurará como usuária indireta. À concessão administrativa aplicam-se as disposições da Lei 11.079/2004, os arts. 21, 23, 25, 27 e 39 da Lei 8.987/1995 e o art. 31 da Lei 9.074/1995.

É relevante perceber que a PPP, especialmente a *concessão administrativa*, é um modelo contratual cujo objeto poderá abarcar uma enorme variedade de atividades das mais diversas naturezas. Não apenas *serviços públicos econômicos* serão objetos próprios da concessão administrativa, mas, sobretudo, aqueles chamados *serviços administrativos* e outros desempenhados diretamente ao Estado, o que abrange uma infinidade de serviços e atividades que podem ser acumulados em programas de PPP dessa natureza. Sob essa diversidade, é relevante perceber que há certas atividades intransferíveis aos privados, em vista de sua ligação com a manipulação de competências privativas estatais. Precisamente para evitar uma possível fuga dessas atividades à gestão pelo concessionário é que o legislador da PPP prescreveu como uma das diretrizes fundamentais a informar o desenvolvimento dos programas de PPP a "indelegabilidade das funções de regulação, jurisdicional, do exercício do poder de polícia e de outras atividades exclusivas do Estado" (inciso III do art. 4º da Lei 11.079/2004).

O enfrentamento dessa questão não é simples e envolve inúmeras abordagens relativas à teoria das atividades indelegáveis, a seguir explicitadas.[2]

3. A teoria das atividades indelegáveis: enquadramento do tema na atualidade

É sempre difícil o exame de temas principiológicos e dotados de grande abstração, como esse das atividades estatais indelegáveis. Há,

2. É preciso ressalvar que o cerne da problemática a ser analisada neste estudo não é propriamente a demarcação do conjunto de atividades de que o Estado não poderá se desincumbir plenamente (em face de sua missão constitucional), mas sim a identificação daquele núcleo de atividades *indelegáveis* aos privados.

aqui, uma temática impregnada de ideologia, eis que a discussão sobre as fronteiras das atividades privativas do Estado é inevitavelmente perpassada pelo ideário de cada um acerca do tamanho e papel do Estado no mundo moderno. De todo modo, é preciso, como se disse atrás, reconhecer uma tendência: a de que Estados estão cada vez mais desincumbidos da prestação direta de bens e serviços, voltando seus olhos para o controle e a regulação. Assim tem sido na história mais recente. E é certo que esse movimento acaba também por comprimir o núcleo de atividades privativas ou indelegáveis do Estado.

A racionalidade que envolve todo esse processo de emagrecimento do Estado é precipuamente *econômica*. A experiência histórica com o Estado Social revelou a sua inaptidão para a prestação generalizada de bens e serviços, inclusive sob o ângulo da eficiência. Consolidou-se o reconhecimento de que a iniciativa privada, com toda a sua ganância e desprendimento de objetivos sociais ou socializantes, é bastante mais eficiente do que o Estado para o desempenho desses misteres. Nessa troca de papéis, o Estado parece ter vislumbrado um interessante caminho para superar sua crise fiscal e otimizar a prestação de bens e serviços aos administrados.

Isso se retrata na alteração do *perfil jurídico* do Estado. As premissas e concepções jurídicas reitoras da atividade estatal evoluíram juntamente – e dialeticamente – com a alteração da realidade circundante. Esse movimento tem refletido a emergência de concepções jurídicas que com ele se harmonizem, influindo, em alguma medida, nos rumos dos debates sobre os limites das atividades privativas do Estado.

Não é adequado, por isso, pensar a teoria das atividades indelegáveis à luz de concepções vigentes no passado, que vigoraram em meados do último século, quando florescia com toda a sua força a noção do Estado prestador. De lá para cá – rumo ao Estado regulador –, as ditas atividades privativas passaram por um processo de redução de suas dimensões. Muitas tarefas que à época da recém-editada Constituição de 1988 eram tomadas como reservadas à manipulação pela autoridade pública passaram a merecer o reconhecimento de que podem (e, em muitos casos, devem) ser desempenhadas pelos privados sem que haja a frustração de valores ou direitos fundamentais. A própria revalorização da *eficiência* como um princípio de crucial observância em tempos de escassez de recursos públicos concorreu – e vem concorrendo – para a redução dos espaços privativos do Estado e, em contrapartida, para o fortalecimento dos vínculos de cooperação público-privada.

Lembre-se aqui do engajamento histórico mais recente do Estado brasileiro numa tendência de terceirização das atividades de apoio, quando se chegou a aludir a uma "crise do concurso público". A política da Reforma Gerencial (em seu segundo ciclo, produzida a partir do governo de Fernando Henrique Cardoso) teve como uma de suas metas a ampliação da relação de serviços eficientemente providos por prestadores especializados no setor privado. Explicou Luiz Carlos Bresser Pereira que "O objetivo é permitir que a administração direcione claramente as suas áreas de atuação, executando com competência apenas as atividades que são próprias ou exclusivas do Estado. Aquilo que representar atividade com similaridade no setor privado deve ser objeto de execução indireta, mediante contratação de prestadores de serviço nas condições que permitiam a maior economia de custos".[3] O Decreto 2.271/1997 proveu a regulamentação quanto à execução indireta de atividades da Administração Pública, prevendo-se que, entre outras, as tarefas de conservação, limpeza, segurança, vigilância, transportes, reprodução de documentos, telecomunicações e manutenção de prédios deverão ser preferencialmente contratadas.

A reorganização estrutural quanto ao desempenho de atividades administrativas vem retratada no ordenamento nacional a partir de inúmeras normativas (infraconstitucionais) surgidas no bojo do processo de *desestatização* (para usar uma acepção ampla do termo).[4]

Diversos outros países experimentaram movimentos semelhantes. Nos Estados Unidos, por exemplo, conduziu-se em 1998 uma ampla política de terceirização de atividades administrativas a partir da edição

3. Luiz Carlos Bresser Pereira, *Reforma do Estado para a Cidadania: a Reforma Gerencial Brasileira na Perspectiva Internacional*, São Paulo, Ed. 34; Brasília, ENAP – Escola Nacional de Administração Pública, 1998, p. 300.

4. O recurso à execução indireta era (e é), também, prescrito pelo Decreto-lei 200/1967 (art. 10, § 7º): "Art. 10. A execução das atividades da administração federal deverá ser amplamente descentralizada. (...) § 7º Para melhor desincumbir-se das tarefas de planejamento, coordenação, supervisão e controle e com o objetivo de impedir o crescimento desmesurado da máquina administrativa, a administração procurará desobrigar-se da realização material de tarefas executivas, recorrendo, sempre que possível, à execução indireta, mediante contrato, desde que exista, na área, iniciativa privada suficientemente desenvolvida e capacitada a desempenhar os encargos de execução".

do *Fair Act (Federal Activities Inventory Reform Act) of 1998*. Restaram excluídas desse processo apenas as *inherently governmental function*.[5] Talvez um dos exemplos mais radicais nesse país esteja na substituição de soldados efetivos por empregados de empresas especializadas na segurança recrutados mediante contrato (fenômeno que remonta a tempos idos, inclusive). Matéria veiculada na edição de 13.10.2002 do *The New York Times* é emblemática dessa prática:

> As empresas agora fornecem substitutos para soldados efetivos em todas as áreas, desde suporte logístico, até treinamento de combate (...) Algumas (empresas) estão ajudando a realizar exercícios de treinamento de tropas norte-americanas no Kuwait, usando munição real, sob o Código de Primavera no Deserto (...). Outras têm empregados que vestem seus velhos uniformes para trabalhar sob contrato como recrutas e instrutores militares em classes de ROTC (*Reserve Officers' Training Corps*), selecionando e treinando a próxima geração de soldados.[6]

O exame da teoria das atividades indelegáveis, enfim, não deve prescindir do reconhecimento dessa tendência de redução do núcleo de atividades exclusivas estatais. E cada vez mais estão restritas àquelas funções vocacionadas à manifestação imperativa e política do poder estatal. Afinal, e como já aludiu Diogo de Figueiredo Moreira Neto,

5. A noção remete a atividades ligadas a funções decisórias desempenhadas pelo Governo. Nos termos do documento, "The term 'inherently governmental function' means a function that is so intimately related to the public interest as to require performance by Federal Government employees".

Há países cujas políticas tendem a resistir a movimentos de terceirização de atividades. A França – como noticia Paul Lignières – é um desses casos. Nas palavras do autor, "La réforme de l'État en France devra nécessairement passer par un mouvement général d'outsourcing. Une telle réforme s'inscrit dans un contexte *a priori* défavorable en France dans la mesure où la culture administrative tend plutôt à privilégier la réalisation de toutes les fonctions en interne. Une administration qui possède en interne tous les métiers reste encore un modèle" (*Partenariats Public-Privé*, Paris, Litec, 2000, p. 58).

6. In John Kenneth Galbraith, *A Economia das Fraudes Inocentes – Verdades para o Nosso Tempo*, São Paulo, Companhia das Letras, 2004, pp. 55-56. O exemplo não se reconduz precisamente a uma hipótese de *outsourcing*, de terceirização de tarefas administrativas, mas revela a crescente e intensa participação de empresas privadas em funções típicas do Estado.

mesmo em seu próprio campo, que é o das questões políticas, o Estado deverá se reservar, cada vez mais, para as decisões em que apenas a ele caiba atuar, em razão de seu monopólio da imperatividade, passando a valer-se, paulatina e preferencialmente, da cooperação e da colaboração em tudo o que puder ser mais vantajosamente atendido pela consensualidade, notadamente com a ampliação do campo de debate aberto e de negociação de interesses metaindividuais, flexibilizando, assim, um outrora marmóreo e inexorável conceito de interesse público, que deixa de ser, cada vez mais claramente, aquele confundido com o seu próprio, para ser não mais que aquele que o Direito põe a seu cargo, um específico modo de atendimento.[7]

Todo esse quadro demonstra um evolutivo movimento em direção à redução da dimensão das atividades intransferíveis; e, em contrapartida, a ampliação do espaço de cooperação público-privada. Resta investigar qual a delimitação dessas atividades que devem permanecer interditadas aos privados.

4. Identificando as atividades indelegáveis e a sua fundamentação constitucional

O cometimento do exercício (mas não da titularidade) de certas atividades estatais a particulares pode ser enquadrado como uma *transferência* – para usar aqui uma expressão proposta por Diogo de Figueiredo Moreira Neto.[8] As transferências, num sentido mais abrangente, podem ser de natureza *legal* ou *administrativa*, para diferenciar as transferências feitas pelo legislador daquelas realizadas diretamente pela própria Administração.

Olhando para a Constituição, não há regras específicas e explícitas que vedem a transferência (legal ou administrativa) de certas atividades aos privados. Há, é certo, atividades que o texto constitucional reservou ao monopólio estatal, com interdição de prestação pela iniciati-

7. Diogo de Figueiredo Moreira Neto, “Globalização e o direito administrativo”, in *Uma Avaliação das Tendências Contemporâneas do Direito Administrativo*, Rio de Janeiro, Renovar, 2003, p. 559.

8. Diogo de Figueiredo Moreira Neto, *Mutações do Direito Administrativo*, 3ª ed., Rio de Janeiro, Renovar, 2007, p. 129.

va privada. Mas essas poderão ter sua gestão ou prestação transferidas aos privados sob meios jurídicos próprios, como a concessão e outras vias de contratação administrativa (transferências administrativas). A proibição de delegação de certas atividades não foi prescrita *explicitamente* pelo legislador constitucional.

O que se extrai implicitamente da Constituição, fruto do acolhimento do *princípio republicano* e do cariz democrático do Estado nacional, é a reserva estatal de certas competências envolvidas com o uso da violência e o poder de império, instrumentais à satisfação de valores prezados pelo Estado Democrático de Direito. O sistema republicano impõe a reserva de certos poderes nas mãos do Estado com vistas a dotá-lo de condições suficientes para promover os valores e objetivos fundamentais constitucionais, como a soberania, a cidadania, a dignidade da pessoa humana, o progresso, a erradicação de pobreza etc. Essas competências, de caráter sempre instrumental, podem retratar o uso legítimo da força. Ao Estado incumbe privativamente exercer a autoridade e a violência, mediante o desempenho de competências como a função de polícia, a função jurisdicional etc. Assim como se passa em outros países,[9] tais competências no Direito brasileiro são tomadas por inalienáveis e intransferíveis.

9. Na Espanha, o item 1 do art. 275 do Real Decreto Legislativo 3/2011, de 14 de novembro (Lei de Contratos do Setor Público) – Capítulo III, Seção I –, que trata da disciplina das contratações administrativas nesse país, dispondo acerca dos contratos de gestão de serviços públicos, estabeleceu que "Em nenhum caso poderão prestar-se por gestão indireta os serviços que impliquem exercício de autoridade inerente aos poderes públicos". Já no art. 301 da mesma Lei – Capítulo V, Seção I –, que trata dos contratos de serviços, dispôs-se que "não poderão ser objeto desses contratos os serviços que impliquem exercício da autoridade inerente aos poderes públicos".

Note-se ainda a observação de Gaspar Ariño Ortiz, anotando que "Una privatización de las funciones soberanas de policía, justicia y actividades similares está totalmente excluída por Ley. Las funciones de soberanía, esto es, los actos o materias en donde hay ejercicio de autoridad pública, constituyen el primero de los límites claros existentes para la operación privatizadora. Cuando, a veces, se dice que se privatizan las cárceles o los servicios de seguridad, se incurre en un equívoco, porque ambas funciones públicas son inalienables y pertenecen a la esencia del Estado" (*Economía y Estado – Crisis y Reforma del Sector Público*, Madri, Marcial Pons, 1993, p. 243). Apesar disso, mais recentemente vêm se proliferando, nesse país, experiências com as batizadas "entidades colaboradoras", prestadores privados promotores do desempenho de atividades técnicas e operativas no campo de funções públicas, como proteção ambiental, urbanismo, proteção industrial etc.

No campo das atividades administrativas essa limitação alcança, por exemplo, as competências decisórias vocacionadas à disciplina e manutenção da ordem pública, que se servem do uso da força para impor (dentro dos parâmetros normativamente estabelecidos) condicionamentos e restrições à propriedade e liberdade dos privados. São competências que decorrem da chamada "função de polícia". Ou melhor: da Administração Ordenadora, para usar uma expressão ainda mais abrangente e adequadamente proposta por Carlos Ari Sundfeld.[10]

Essas atividades de *polícia* (por assim dizer) estão livres da execução por particulares, em vista, inclusive, da relação que mantêm com o exercício da coação. Mas isso não significa que certas parcelas não possam ser transferidas aos privados. Como já aludiu Diogo de Figueiredo Moreira Neto, a função de polícia se expressa em diversas fases ou ciclos, o que permite identificar parcelas delegáveis e indelegáveis. Sua manifestação mais abrangente desdobra-se nas fases de (i) legislação, (ii) consentimento de polícia, (iii) fiscalização de polícia e (iv) sanção de polícia, sendo que o *consentimento* e a *fiscalização* são plenamente delegáveis e apenas a sanção de polícia constitui-se numa atividade administrativa indelegável, "reserva coercitiva do Estado que é".[11]

A jurisprudência tem acolhido esse enquadramento. O STJ já se manifestou sobre o tema, ao enfrentar o problema das entidades priva-

Na França, há entendimento semelhante sustentado pela doutrina e pela jurisprudência do Conselho de Estado. Citem-se os seguintes julgados: CE 1º avril 1994, *Comm. de Menton*, e CE 17 juin 1932, *Ville de Castelnaudary*. CE 8 mars 1985, *Assoc. Les amis de la Terre*. Segundo Paul Lignières, "L'État se recentre sur ses fonctions régaliennes (police, justice, défense...). Il ne saurait être question, pour la plupart des États, de privatiser ces fonctions. Les jurisprudences françaises et communautaires ont tracé la frontière entre les activités susceptibles d'être exercées par le secteur privé et les activités qui doivent impérativement être exercées par des autorités publiques" (*Partenariats Public-Privé*, cit., p. 29). Também René Chapus registra que "C'est ainsi que le fait pour une commune de concéder l'exploitation d'une plage ne peut avoir pour conséquence de transférer de la autorité communale de police au concessionnaire le pouvoir d'assurer l'ordre public sur la plage" (CE Sect. 23 mai, 1958, cons. Amoudruz, p. 301, AJ 1958, 2, p. 309, chron. J. Fournier et M. Combarnous) (*Droit Administratif Général*, 12ª ed., tome 1, Paris, Montchrestien, 1998, p. 644).

10. A opção terminológica, assim como o seu significado jurídico, são tratados na obra *Direito Administrativo Ordenador*, 1ª ed., 3ª tir., São Paulo, Malheiros Editores, 2003.

11. Diogo de Figueiredo Moreira Neto, *Mutações do Direito Administrativo*, cit., p. 133.

das da Administração indireta que desempenham certas atribuições típicas de autoridade. O caso versou acerca da prestação de atividades de trânsito por sociedade de economia mista. Segundo o STJ, a função de polícia envolve as diversas atividades (ou fases) mencionadas acima, sendo que apenas as ações de consentir e fiscalizar o trânsito são plenamente desempenháveis pelos privados a título de delegação do poder público. Legislar ou punir (aplicar sanções) são funções próprias e reservadas a entidades de direito público.[12]

Reconhecer, portanto, a indelegabilidade de tais atividades não importa inadmitir que certas parcelas (ou certos ciclos envolvidos na sua execução) possam ser desempenhadas por privados. É o que se tem chamado de delegabilidade das atividades de suporte.

5. *A viabilidade quanto ao desempenho de "atividades de suporte"*

A despeito de reconhecida a indelegabilidade de algumas competências decisórias imperativas e coercitivas da Administração Pública, hipóteses existem em que os particulares poderão desempenhar atividades instrumentais e acessórias ao exercício dessas competências.[13] A doutrina tem examinado a questão.[14] Nos casos em que houver atos me-

12. REsp 817.534-MG (2006/0025288-1), rel. Min. Mauro Campbell Marques, 2ª Turma, j. 10.11.2009. Também: EDcl no REsp 817.534/MG 2006/0025288-1, rel. Min. Mauro Campbell Marques, 2ª Turma, j. 25.5.2010.

13. Refira-se ao crescente fenômeno, na Espanha, das "entidades colaboradoras", atuantes campo de proteção ao meio ambiente, urbanismo, entre outros. A atividade que desenvolvem essas entidades é fundamentalmente técnica e operativa. Como esclarece José Bermejo Vera, "(...) más que delegación de funciones públicas de carácter administrativo, se trata de 'encomiendas de gestión', porque, por supuesto, la acción de estas entidades encuentra desprovista, al menos jurídicamente, del *imperium* característico del Poder público" ("Privatización y el nuevo ejercicio de función pública por particulares", in Diogo de Figueiredo Moreira Neto, *Uma Avaliação das Tendências Contemporâneas do Direito Administrativo*, cit., p. 423).

14. Adilson Abreu Dallari, "Credenciamento", in *Estudos em Homenagem a Geraldo Ataliba*, São Paulo, Malheiros Editores, 1997, pp. 51-52. Floriano de Azevedo Marques Neto, "A contratação de empresas para suporte da função reguladora e a 'indelegabilidade do poder de polícia'", *RTDP* 32/68-7, São Paulo, Malheiros Editores, 2000. Marçal Justen Filho, *Teoria Geral das Concessões de Serviço Público*, São Paulo, Dialética, 2003, p. 102. Celso Antônio Bandeira de Mello, "Serviço público e poder de polícia: concessão e delegação", *RTDP* 20/25-28, São Paulo, Malheiros Editores, 1997.

ramente materiais e instrumentais à manifestação jurídica de competências exclusivas ou típicas estatais (preparatórios ou sucessivos), não haverá atribuição de competência decisória acerca das razões que conduzem à interferência na propriedade e liberdade dos particulares. São atividades consideradas "serviços instrumentais" à manifestação jurídica do poder de polícia. Nessas condições, afirma-se a viabilidade da gestão privada. Excepcionalmente, mesmo a emissão por privado de ato jurídico (vinculado) manifestante do poder de polícia tem sido admitida.[15]

Assim, por exemplo, nada impedirá que a Administração, no propósito de aferição de metrologia de produtos, cometa a um particular a execução de serviços de avaliação técnico-pericial prévia para esse fim. Da mesma forma, nenhum óbice se põe à avaliação pericial-ambiental por *experts* privados com vistas à deliberação administrativa acerca da adequação e correção do uso do meio ambiente. Também possível será a prestação de alguns serviços gerais de suporte ao funcionamento de estabelecimento prisional por empresa privada. Enfim, a transferência de atividades meramente instrumentais, e geralmente de conteúdo técnico, ao desempenho de competências exclusivas do Estado é admitida em nosso direito.[16]

A delimitação do tratamento jurídico das hipóteses, portanto, haverá de passar por uma demarcação entre o *exercício decisório* que se verifica na atuação exclusiva da Administração Pública em promover a ação de polícia (não só no âmbito abstrato-normativo, mas, ainda, quanto a decisões concretas e específicas) e o *exercício de mera execução*, por particulares, acerca de tarefas (materiais) decorrentes (ou preparatórias) da manifestação decisória da Administração. Uma coisa é decidir acerca do conteúdo jurídico e político da manifestação da polícia administrativa, competência reservada indelegavelmente à Administração,

15. Sustenta-se, no entanto, que, na hipótese, não há "delegação" da atividade de polícia, afirmando-se a caracterização de mera "relação de administração" (sendo o próprio Poder Público que manifesta o ato de polícia, fazendo-o por via de equipamento sob a guarda e conservação de particulares). Celso Antônio Bandeira de Mello, "Serviço público e poder de polícia: concessão e delegação", *RTDP*, cit. pp. 27-28.

16. Cite-se também a Lei 9.472/1997, que estabeleceu, em seu art. 59, a possibilidade de a Agência Nacional de Telecomunicações-ANATEL utilizar-se, mediante contrato, de técnicos ou empresas especializadas para executar atividades de sua competência, vedada a contratação para atividades de fiscalização, salvo para as correspondentes atividades de apoio.

outra é promover a mera execução, preparatória ou sucessiva, acerca do que foi (ou será) deliberado pela autoridade pública. Apanha-se uma distinção quanto à natureza das atividades exercidas: uma, de origem decisória (envolvendo exame de mérito); a outra, de cunho (restritamente) executivo.

Mas em muitas situações será extremamente difícil na prática delimitar e distinguir, no bojo da manifestação estatal, as atividades de decisão daquelas de mera execução. Há por vezes uma dificuldade em se afirmar uma distinção rigorosa (e útil a possibilitar a delimitação de tratamentos jurídicos) entre uma ação de *decidir* e uma ação de *executar* materialmente o que fora decidido. O problema fica reconduzido a uma gradação da margem de interferência privada no desempenho das ações de polícia e daquelas de cunho imperativo e coativo. As soluções somente poderão ser buscadas nos casos concretos e a partir da modelagem dos arranjos negociais entre a Administração e os privados.

6. A viabilidade de transferir-se atividade-fim da Administração

Tratar das *transferências* de atividades estatais põe, inevitavelmente, a discussão sobre a (in)viabilidade de transferência de atividade-fim do ente público. Não tem sido incomum, em algumas instâncias de controle, opor à contratação administrativa óbice dessa ordem. Diz-se que as atividades-fim de Estado deveriam ser preferencialmente executadas por pessoas organicamente vinculadas à Administração, sob pena de infração ao princípio do concurso público (art. 37, II, da Constituição Federal).[17] Nesse sentido, colhem-se inúmeras manifestações do TCU.[18]

17. Ademais, aduz-se que mesmo o trespasse de atividades-meio deverá observar o plexo de atribuições de cargos integrantes dos planos de cargos ou salários dos órgãos ou entidades da Administração, como determina o Decreto federal 2.271/1997 (§ 2º do art. 1º). Referida normativa, ao disciplinar a terceirização de atividades acessórias, prescreveu a inviabilidade de execução indireta de "atividades inerentes às categorias funcionais abrangidas pelo plano de cargos do órgão ou entidade, salvo expressa disposição legal em contrário ou quando se tratar de cargo extinto, total ou parcialmente, no âmbito do quadro geral de pessoal" (§ 2º do art. 1º).

18. "(...) a contratação indireta de pessoal, por meio de empresa particular para o desempenho de atividade inerente à Categoria Funcional (...), abrangida pelo Plano de Classificação e Retribuição de Cargos do Serviço Civil da União, configura procedimento atentatório a preceito constitucional que impõe a aprovação prévia em concurso público para a investidura em cargo ou emprego público (...)" (TC-475.054/95-4; *DOU* 24.7.1995). Veja-se ainda o Acórdão 17/2004 (Plenário, TC, *DOU* 30.1.2004).

Com respeito àqueles que advogam a tese referida, tenho para mim que tal restrição é inaplicável à contratação administrativa (e, especialmente, às PPPs). Os limites que se projetam sobre a transferência de atividades aos privados são de outra ordem – como referido acima. Trata-se de reconhecer que as atividades desvinculadas diretamente com o manejo e o exercício do poder estatal são plenamente transferíveis aos privados por meios jurídicos diversos – inclusive, pela via das PPPs –, independentemente de se afigurarem atividade-fim do aparato administrativo.

A dicotomia atividade-meio/atividade-fim retrata taxonomia de nenhuma utilidade para o direito administrativo das contratações públicas. Em primeiro lugar, o uso desse critério não tem raiz no ordenamento jurídico brasileiro. Não há nada no texto constitucional ou no plano legal que imponha sua observância para a disciplina das transferências administrativas. Esse critério foi originariamente desenvolvido na esfera da Justiça do Trabalho com vistas a tratar da intermediação de mão de obra, nos termos do Enunciado 331 do TST (de 1994).[19] E como bem advertiu Flavio Amaral Garcia, a Justiça do Trabalho é evidentemente incompetente para legislar sobre terceirização, "o que é absolutamente incompatível com sua função precípua que é a de dirimir conflitos".[20] De todo modo, o critério foi concebido para outro propósito que não o estabelecimento de hipóteses de transferências administrativas – sua racionalidade esteve limitada a pautar o reconhecimento do vínculo do tomador do serviço relativamente ao seu terceirizado. Do conteúdo daquele Enunciado não se extrai qualquer censura para a terceirização de atividade-fim de empresas privadas ou entes administrativos.

Ademais disso, o uso dessa dicotomia tem se revelado de difícil aplicação prática em vista da dificuldade em muitos casos de bem demarcar o que seja atividade-meio ou atividade-fim. É bastante complexo, especialmente no universo das atividades estatais, exercer essa diferenciação. Inclusive porque se trata de uma simplificação incompatível com a estrutura de atuação estatal. As finalidades estatais são diversas e de variados

19. "Não forma vínculo de emprego com o tomador a contratação de serviços de vigilância (Lei n. 7.102, 20.06.1983) e de conservação e limpeza, bem como a de serviços especializados ligados à atividade-meio do tomador, desde que inexistente a pessoalidade e a subordinação direta."

20. Flavio Amaral Garcia, *Licitações e Contratos Administrativos*, 3ª ed., Rio de Janeiro, Lumen Juris, 2012, pp. 314-315.

graus de generalidade. Sob essa ótica, tudo pode ser reconduzido a uma atividade-meio ou a uma atividade-fim, a depender da referência que se adote. Isso acaba por gerar soluções arbitrárias quanto à demarcação das atividades transferíveis e intransferíveis à prestação pelos privados.

Por outro lado, não é correto reconhecer na transferência de atividade-fim uma espécie de frustração do princípio do concurso público – como já se alegou. A exigência de concurso público, acolhida no inciso II do art. 37 da Constituição, tem um pressuposto lógico bem-definido: a iniciativa pela contratação de pessoa apta a integrar a estrutura orgânica da Administração para o desempenho de função em regime de dependência e subordinação hierárquica. A compreensão de sua utilidade jurídica deve pressupor, pois, a necessidade administrativa que lhe dá existência. Só faz sentido falar em concurso público como um meio para a Administração contratar *alguém* para inserir em seu quadro funcional, preenchendo, dessa forma, cargo ou emprego público. Evidencia-se, no caso, uma relação institucional (e não contratual[21]).

Situação diversa é pressuposta pela norma do inciso XXI do art. 37 da Constituição. Aqui, prescreve-se autorização constitucional para que a Administração valha-se da figura do *contrato administrativo* (em regra precedido de licitação) com vistas a alcançar prestação temporária executada por ente alheio à estrutura administrativa, submetida a um regime contratual – e sem vínculo institucional. O pressuposto lógico à contratação administrativa está na necessidade ou conveniência do Estado na aquisição de certa prestação específica produzida por terceiro, sem vinculação orgânica e hierárquica com a Administração.

Não por acaso, então, a Constituição tratou das hipóteses em dispositivos distintos: os meios jurídicos acolhidos afiguram-se soluções constitucionalmente viáveis na persecução dos interesses da Administração, pressupondo escolhas estratégicas subjacentes. A decisão por uma ou por outra via configura uma opção *discricionária* da Administração, por traduzir escolha de natureza política.

Lembre-se, a esse respeito, orientação de Celso Antônio Bandeira de Mello, que, reconhecendo que a "locação civil de serviços" não se traduz na exclusão do princípio do concurso público, bem distinguiu as hipóteses, anotando que o concurso público

21. Ainda que no passado se tenha cogitado de imprimir ao vínculo jurídico entre Estado e funcionário a natureza de contrato.

> é exigido para ingresso em cargos e empregos da Administração direta, indireta ou fundacional; é dizer: para que alguém possa ser inserido no aparelho governamental, assumindo a qualidade de integrante deste organismo. Isto não se dá na locação civil de serviços. Quem por este meio é contratado não mantém com o contratante vínculos de dependência e subordinação típicos da relação de cargo ou emprego. Permanece estranho aos quadros do Poder Público. Apenas se compromete a prestar-lhe determinados serviços, alocando sua aptidão profissional em relação a certas atividades específicas no contrato.[22]

E, mesmo reconhecendo que o recurso à "locação de serviços" deve ter um caráter excepcional, anota ter cabimento naqueles casos "em que a atividade pretendida só poderá ser feita adequadamente por terceiros, estranhos ao organismo estatal, ou melhor se fará por meio deles, seja porque menores serão os custos, seja porque distintas circunstâncias desaconselham recorrer aos próprios servidores ou manter, em seus quadros, profissionais da área requerida".[23]

Daí que, na esteira de Celso Antônio (mas em posição não exatamente coincidente com a do jurista), posso afirmar que são aquelas hipóteses inconfundíveis, sendo que a escolha por uma ou outra via jurídica baseia-se em razões diversas, de economicidade, de "vantajosidade" etc.[24] Há uma opção discricionária do agente público a orientar essas escolhas.

22. Celso Antônio Bandeira de Mello, *Regime dos Servidores da Administração Direta e Indireta*, 3ª ed., São Paulo, Malheiros Editores, 1995, pp. 74-75.

23. Idem, ibidem, p. 75.

24. Como já aludiu Carlos Pinto Coelho Motta, "(...) sob o ângulo formal, considerem-se dois conjuntos de dados: primeiro, as especificações de cargos em uma estrutura orgânica; e segundo, as especificações dos 'pacotes' de serviços contratados. A rigor, não há como compará-los. Tais quadros expressam realidades radicalmente diferentes, em linguagens diferentes. No primeiro, citam-se designações funcionais que terão seu lugar em uma estrutura organizacional vigente, sob a ordem hierárquica. No segundo, descrevem-se unidades de gestão – que se referem, obviamente, a serviços em si, e não à locação de trabalhadores, prática esta ilegal segundo o art. 37, II, da Constituição Federal e reiterada jurisprudência (...)" ("Terceirização e funcionalização: conflito ou complementariedade", *Boletim de Direito Administrativo*, São Paulo, NDJ, p. 802, dez. 1997). Marcos Juruena Villela Souto tem entendimento semelhante: "(...) a exigência do art. 37, II, CF destina-se ao provimento de cargo público, busca-se uma relação individual e hierarquizada; no contrato, almeja-se a realização de uma atividade (o resultado e não a pessoa executante). Sequer há que se falar em quebra da isonomia ou de impessoalidade, já que, para a contratação de serviços, a seleção pelo mérito, a competitividade e a igualdade entre os competidores são obtidos pela via da licitação – CF, art. 37, XXI" (*Direito Administrativo das Concessões*, Rio de Janeiro, Lumen Juris, 2004, p. 356).

Observe-se que a Constituição Federal não vedou incondicionalmente o trespasse de *atividades-fim* da Administração à execução privada. Considere-se que o inciso XXI do art. 37 prescreve a possibilidade jurídica de contratação de serviços mediante processo de licitação sem que se tenha ressalvado vedação quanto à transferência de *atividades-fim* da Administração.[25] Infere-se do preceito um princípio geral de admissibilidade à forma do contrato administrativo (em sentido amplo) para regular o trespasse de atividades do Estado a terceiros. É verdade que admitir a possibilidade da forma do contrato administrativo não implica a aceitação de qualquer conteúdo que possa caracterizá-lo (nos casos concretos). Mas não houve pela norma constitucional vedação específica a que a Administração possa transferir determinadas atividades qualificáveis como atividade-fim. Não foi adotada pela norma uma disciplina restritiva quanto a isso.

O raciocínio pode ser reforçado, ademais, socorrendo-se de uma interpretação sistemática do texto constitucional. A interpretação do problema não deve olvidar que a Constituição da República explicitamente admitiu a possibilidade de prestação *indireta* dos *serviços públicos*, por meio dos instrumentos jurídicos de delegação de sua gestão, pressupondo, inclusive, a transferência dessa atividade-fim (um serviço público econômico) – art. 175. Mas o serviço público (econômico, inclusive) também pode ser executado *diretamente* pelo Estado, através de servidores concursados. É perceptível, portanto, que o texto constitucional não acolheu medida de concentração ou centralização da prestação do serviço público, admitindo sua prestação descentralizada mediante simples escolha discricionária da Administração.

Ao autorizar, para o campo dos serviços públicos econômicos, a delegação de atividade-fim alternativamente à sua prestação direta (pressupondo-se o concurso público), o legislador constitucional deixou claro que não desejou reservar as atividades-fim do Estado ao sistema do concurso público e à prestação direta. Parece-nos mais sintonizado com uma leitura inteligente da Constituição supor que tais possibilidades são meras alternativas de gestão administrativa, disponibilizadas ao administrador para que dela faça uso de acordo com critérios de eficiência e sob o postulado da boa administração.

25. Nesse sentido, Carlos Pinto Coelho Motta, "Terceirização e funcionalização: conflito ou complementariedade", cit., *Boletim de Direito Administrativo*, p. 806.

Daí que a inteligência do art. 175, no que tange à descentralização das atividades organicamente desempenhadas pela Administração, não pode ser desprezada no enfrentamento daquela questão.

É preciso, também, notar a equivalência dos valores prezados pelos instrumentos jurídicos do concurso público e da licitação, afastando a pressuposição de que o uso do contrato administrativo importaria em desviar-se dos valores garantidos pelo regime jurídico do concurso público no fim de aquisição de mão de obra para o desempenho de serviços finalísticos da Administração, constatando uma espécie de desvio de finalidade na adoção da via contratual. Tanto no concurso público como no processo licitatório (precedente lógico do contrato administrativo no Direito brasileiro) há a preservação da isonomia concorrencial e aferição da habilidade técnica dos licitantes como valores prezados pelo direito a pautar as escolhas do Poder Público. Sob esse ângulo, a via licitatória destina-se a salvaguardar os mesmos interesses subjacentes ao concurso. Diferem os institutos, como dito, no que se refere ao seu pressuposto lógico, à necessidade específica visada pela Administração. E quanto à definição dessa necessidade não se vê qualquer censura do ordenamento jurídico ao exercício discricionário da Administração.

Logo e por tudo isso, não há óbice a que atividades-fim possam ser objeto de delegação por meio de PPPs ou por outras vias de contratação administrativa. A restrição, como dito, alcança apenas as chamadas atividades indelegáveis, relacionadas ao exercício de poderes estatais.

7. As atividades indelegáveis e as PPPs

Repise-se que o tema das atividades indelegáveis mereceu atenção específica pelo legislador das PPPs. A matéria foi referida em algumas leis estaduais[26] e na Lei 11.079/2004 (art. 4º, III).

A dicção da norma do inciso III do art. 4º da Lei Geral de PPPs não adotou relação exaustiva das tipologias de atividades que poderiam considerar-se intransferíveis. Além de se referir às funções de *regulação*,

26. Lei de Minas Gerais 14.868/2003 (inciso II do art. 6º); Lei de São Paulo 11.688/2004 (inciso III do parágrafo único do art. 1º); Lei da Bahia 9.290/2004 (inciso V do art. 4º); Lei de Santa Catarina 12.930/2004 (inciso III do art. 2º); Lei do Estado do Rio Grande do Sul 12.234/2005 (inciso III do art. 2º); Lei do Ceará 13.557/2004 (inciso III do parágrafo único do art. 1º); e Lei de Goiás 14.910/2004 (inciso III do art. 2º).

jurisdicional e de *poder de polícia*, alude a *outras atividades exclusivas do Estado*. A ausência de fechamento tipológico quanto às atividades indelegáveis (e o caráter *numerus apertus* da relação) deve-se a uma dificuldade de se precisar abstratamente os grupos de atividades que devem ser obrigatoriamente reservadas ao Estado. Essa delimitação não é simples e depende da análise dos casos concretos. Todas as considerações feitas acima a propósito da identificação do núcleo das atividades intransferíveis devem ser emprestadas ao exame das PPPs.

De todo modo, já foi visto ser viável a transferência de serviços administrativos aos privados ainda que inseridos no bojo da manifestação de competências típicas de Estado. O tema ganha relevo com o surgimento das Parcerias Público-Privadas. Nesse campo, experiências dessa natureza são cada vez mais frequentes. O caso do sistema penitenciário é um exemplo marcante do problema. Inúmeros países vêm utilizando as PPPs para a construção, conservação e operação de presídios por particulares.[27] Os programas são variados, alcançando formatações que vão

27. Os Estados Unidos são o país com a experiência mais desenvolvida em gestão privada de atividades relacionadas com estabelecimentos prisionais. Além de contratos mais comuns de *leasing*, em que o parceiro privado financia, projeta e constrói o estabelecimento, arrendando-o posteriormente ao Estado, adotados frequentemente por estados como Missouri, Nova York, Ohio, Alaska e Louisiana, há nos Estados Unidos experiências com a administração direta de presídios por empresas privadas, especialmente para albergar criminosos juvenis e imigrantes ilegais. Citem-se a "unidade de tratamento intensivo" administrada pela *RCA Service Company*, desde 1975, em Weaverville, na Pensilvânia, em que a empresa abriga aproximadamente 20 jovens considerados de alta periculosidade, e os centros de detenção para abrigar imigrantes ilegais de Houston (350 vagas) e Laredo (200 vagas), administrados pela empresa *Corrections Corporation of América*. A empresa provê o pessoal interno do presídio, e sua remuneração baseia-se em critérios *per diem*, *per capita*, estipulados contratualmente. Inúmeros outros estabelecimentos já são utilizados a partir da gestão privada nesse país, inclusive para a custódia de adultos (Prisão de Saint Mary, localizada em Kentucky, administrada pela *Corrections Corporation* desde 1986). Ver Laurindo Dias Minhoto, *Privatização de Presídios e Criminalidade*, São Paulo, Max Limonad, 2000, pp. 69 e ss. Há estudos se referindo à maior eficiência econômica acerca da construção e operação de presídios pelo setor privado. Um comparativo entre a execução pelos setores público e privado foi realizado por John Hilke (*Cost Savings from Privatizations: A compilation of Study Findings*, Los Angeles, Reason Foundation, 1993), anotando-se que a construção privada de prisões representa uma economia de 45% (quarenta e cinco por cento) relativamente à construção pelo setor público; a operação retrata uma economia de custo da ordem de 35% (trinta e cinco por cento). Ver E. S. Savas, *Privatization and Public – Private Partnerships*, New York, Chatham House Publishers, 2000, p. 156.

desde a atribuição de serviços exclusivamente acessórios – como o fornecimento de alimentação e hotelaria – até a gestão propriamente de arranjos tipo *DCFM contracts* (*design*, construção, financiamento e administração), assim como a gestão de presídios ditos "industriais" (comportando o trabalho do preso como fator de remuneração).

Em vista da relevância da hipótese, cabe avançar para aprofundar o exame a propósito das PPPs aplicadas a estabelecimentos prisionais.

7.1 O caso das PPPs aplicadas a complexos penitenciários

No Brasil a discussão acerca da "privatização" dos presídios é motivada pela visível ausência de condições dignas de manutenção de presos na grande parte dos estabelecimentos penitenciários (administrados exclusivamente pelo Estado) brasileiros. Vale referir o documento E/CN 4/20001/66/Add-2, produzido pela Organização das Nações Unidas (ONU), em que se relataram visitas a prisões brasileiras nos Estados de Minas Gerais, Pernambuco e Pará e, ainda, no Distrito Federal, considerando-se aguda a crise do setor. Problemas relacionados com edificações inadequadas, má higienização, ausência de assistência médica aceitável, carência de recursos humanos adequados, utilização de métodos de tortura, entre outros, retratam o estado de precariedade que marca o sistema penitenciário nacional.

Algumas experiências com a gestão privada na execução de serviços prisionais já demonstraram a superação do modelo (exclusivamente) estatal.[28] Resultados satisfatórios foram colhidos, anunciando-se a in-

28. Lembre-se o estabelecimento prisional de Guarapuava, no Paraná. Por força do contrato de operacionalização do presídio (concluído em 2005), coube à empresa prestadora a realização de serviços administrativos, inclusive na área da segurança, envolvendo 115 (cento e quinze) pessoas no desempenho das atividades inerentes. Os cargos de direção do presídio eram ocupados por servidores administrativos (diretor-geral, chefe de segurança e agente penitenciário). Através de cargos com funções estratégicas, a Administração Pública responsabilizava-se pelas decisões de *direção* do presídio e da segurança, mantendo ainda a *fiscalização* sobre os serviços gestionados pelo parceiro privado. Cumpria à Administração Pública ainda a função de comunicação com o Juízo de Execução Penal. No relatório de visita à penitenciária de Guarapuava, no Paraná, em março de 2001, produzido pela Secretaria Nacional de Justiça do Ministério da Justiça, informou-se que, no período de dezesseis meses, entre a contratação da empresa prestadora e a finalização do relatório, não houve re-

trodução de gestão privada de serviços prisionais como uma possível alternativa para o aperfeiçoamento do sistema.

De um prisma jurídico, a questão envolve diversas abordagens, adiante explicitadas.

7.2 O mapeamento jurídico das atividades envolvidas no funcionamento do presídio

O exame do problema exige, primariamente, a identificação das atividades envolvidas no funcionamento de um presídio.

Há um amplo conjunto de atividades, jurídicas e materiais, que marcam o exercício da custódia do preso pelo Estado. Extrai-se da Lei de Execuções Penais o envolvimento de atividade *assistencial*, *disciplinar* e *judicial* na execução da pena.

A atividade *assistencial* abrange a assistência material (fornecimento de alimentação, vestuário e instalações higiênicas), assistência à saúde (atendimento médico, farmacêutico e odontológico), jurídica, educacional (instrução escolar e formação profissional), social (atribuições de amparo ao preso com vistas a preparar o seu retorno à liberdade), religiosa e assistência ao egresso. Já a *disciplinar* abarca o controle da disciplina, emanação de determinações para a manutenção da ordem e da disciplina, aplicação de sanções e concessão de recompensas; a *judicial*, o controle da execução da pena pelo juiz.

Há certas atribuições, inclusive, explicitamente reservadas pela LEP a autoridades determinadas, como é o caso da atividade disciplinar (arts. 44, 47 e 48), da atividade judicial (arts. 65 e 66), assim como o exercício de avaliação do condenado com vistas a orientar a execução da pena (esta, realizada privativamente pela Comissão Técnica de Classificação).

Evidencia-se daí a natureza complexa da atividade de execução da pena, envolvendo o desempenho de *função jurisdicional*, de *função administrativo-disciplinar* e de *função administrativa*. Diz-se, assim, que a execução da pena criminal que importar a custódia do preso pelo Estado será controlada pelo juiz, caracterizando desempenho de atividade

gistro de fuga ou rebelião. Acrescentou-se ainda que "a concepção dos serviços prestados, a arquitetura prisional, a manutenção dos ambientes e o respeito ao ser humano são facilmente atestáveis".

jurisdicional, relacionando, ainda, atividades administrativas concretizadoras de função disciplinar desempenhadas pelo servidor competente (atribuições de caráter disciplinar)[29] e atividades administrativas não jurisdicionais, como propriamente o exercício da custódia física, compreendendo o provimento de estrutura material adequada (fornecimento de alimentação, vestuário e instalações higiênicas) e a promoção assistencial à saúde, jurídica, religiosa, ao trabalho, à educação etc.[30]

Todas essas atividades, em alguma medida, estão relacionadas ao exercício e controle de aplicação da pena pelo Estado. Mas é certo que nem todas revelam vínculo imediato com a manifestação do poder coercitivo do Estado e com a individualização da pena, óbices oponíveis à delegação aos privados.

7.3 Atividades delegáveis e indelegáveis

Parece clara desde logo a impossibilidade de transferir a entidades privadas atribuições de natureza jurisdicional ou disciplinar, por serem, estas, funções exclusivas do Estado, que importam o manejo de autoridade pública. Assim, e como já referido, o ato que aplica sanções ou concede recompensas não poderá, em qualquer caso, ser delegado ao parceiro privado. Bem assim, as determinações atinentes à manutenção da ordem e da disciplina interna do presídio são privativas de autoridade ou agente público. Essas atividades compreendem-se num conceito de "polícia" dedicada a instrumentar a execução da pena criminal.[31] Além

29. Ver arts. 47 e 48 da Lei 7.210/1984.

30. O juiz, na esfera da execução da pena, além de desempenhar função jurisdicional, também tem atribuições de caráter administrativo. Exerce função administrativa quando zela pelo correto cumprimento da pena e da medida de segurança; inspeciona estabelecimentos prisionais, tomando providências para o adequado funcionamento e promovendo, quando for o caso, a apuração de responsabilidade; interdita estabelecimento penal; compõe e instala o Conselho da Comunidade etc. (art. 66, VI a IX, da Lei 7.210/1984).

31. Parcela majoritária da doutrina tende a enquadrar a relação entre o presidiário e o Estado como de *sujeição especial*, diferenciando-a da relação de sujeição geral, âmbito em que se enquadraria o poder de polícia. Ver Rafael Munhoz de Mello, *Princípios Constitucionais de Direito Administrador Sancionador*, São Paulo, Malheiros Editores, 2007. Há quem recuse, contudo, a classificação, adotando-se a expressão *polícia* para abranger as situações referidas. Nada obstante, essa distinção não apresenta maior interesse à questão objeto deste estudo. Considerada a distinção das hipó-

de imbuídas de autoridade, podem, em algumas situações, envolver o emprego de força física.

Mas há parcelas de atribuições não envolvidas com o exercício da coação (e com a individualização da pena) que implicam a realização material de algumas tarefas de apoio à custódia do preso.

Partindo dessa evidência, seria possível traçar uma classificação entre duas categorias de atividades que podem conter-se no escopo da gestão privada de atividades prisionais: (1) a transferência à gestão privada de *serviços acessórios* apenas *mediatamente* relacionados à manipulação de competências estatais típicas; e (2) a transferência de *serviços instrumentais imediatamente* comprometidos com as funções estatais.

Os primeiros são serviços acessórios, como hotelaria, fornecimento de alimentação, prestação de assistência médica,[32] limpeza, higienização, educação etc. São atividades que não servem imediatamente ao exercício de atividades comprometidas com funções típicas do Estado porquanto não se prestam a instrumentá-las. Prover e gerir a lavanderia ou o restaurante de presídios, por exemplo, sob a fiscalização da administração geral de agentes estatais, não toca imediatamente à manifestação de competências administrativas coativas (nem toca à atividade jurisdicional que caracteriza a execução da pena). Está-se, nessa hipótese, diante de serviços inquestionavelmente transferíveis à gestão privada, como quaisquer outros atos materiais da Administração Pública.

Noutro lado, há serviços imediatamente instrumentais à manifestação de competências dotadas de coação administrativa, como a atividade de suporte à segurança interna e vigilância, monitoramento eletrônico de pontos vulneráveis etc. Estes se traduzem em instrumentos para a realização da disciplina interna do presídio. Há gestão *diretamente* afetada a permitir o controle da segurança e a manutenção da ordem do presídio. Nessas hipóteses o risco de interferência dos privados na seara das competências estatais indelegáveis é mais visível.

Quanto aos primeiros, a Constituição Federal não impede sua transferência à gestão privada. Inserem-se no âmbito de projeção do princípio

teses, em ambos os casos o manejo da coerção importa as mesmas consequências relativamente à sua *delegabilidade*.

32. Exceção se apresenta relativamente aos médicos-psiquiatras. São profissionais que, no âmbito da atividade cometida, atuam influentemente acerca do cumprimento da pena pelo condenado.

geral do recurso ao contrato, que permite à Administração a terceirização de atividades gerais.

Pelas mesmas razões, seria possível afirmar, em princípio, que mesmo a transferência de *serviços instrumentais imediatamente* comprometidos com a coação se afigura constitucionalmente viável, dentro de certos parâmetros. Para estes hão de ser observados os limites da invasão, pela gestão privada, de parcelas finalisticamente envolvidas com a coerção e com a individualização da pena. Ou seja: admite-se a transferência de atribuições que importem a realização apenas material e acessória daquelas atividades.

7.3.1 O conteúdo do Plano Nacional de Política Penitenciária de 2007 e da Resolução 8/2002 do Conselho Nacional de Política Criminal e Penitenciária

Não seria possível opor ao raciocínio a indelegabilidade plena de certas atividades explicitamente referidas como tal por normativas editadas pelo Conselho Nacional de Política Criminal e Penitenciária. Há determinação veiculada pelo Plano Nacional de Política Penitenciária, editado pelo CNPCP, em 25.9.2007 (através do MEMO/MJ/CNPCP/N. 162/2007), a qual incorporou recomendação contida na Resolução 8, de 9.12.2002. A orientação consistiu em

> Repudiar as propostas de privatização plena dos estabelecimentos penais, esclarecendo que os serviços técnicos relacionados ao acompanhamento e à avaliação da individualização da execução penal, assim compreendidos os relativos à assistência jurídica, médica, psicológica e social, por se inserirem em atividades administrativas destinadas a instruir decisões judiciais, ressalvando-se que, sob nenhuma hipótese ou pretexto deverão ser realizadas por empresas privadas, de forma direta ou delegada, uma vez que compõem requisitos da avaliação do mérito dos condenados.

Além disso, a referida resolução já excepcionava as atividades de segurança, administração, gerenciamento de unidades, disciplina, assim como o efetivo acompanhamento e a avaliação da individualização da pena daquelas aptas a serem executadas por empresa privada.

Daí não se segue, porém, que toda e qualquer atividade que se concretize em assistência jurídica, médica, psicológica, social ou mesmo na execução da segurança do presídio seja indelegável a empresas privadas. Há manifestações de natureza diversa abrangidas na assistência médica, psicológica, social e assim por diante. Mesmo os serviços de segurança do presídio pressupõem uma multiplicidade de atribuições. Assim, há atividades que, finalisticamente ligadas à execução dessas atribuições, importam efeitos diretos no manejo de poder coativo e concorrem para a individualização da pena. Mas há diversas outras que não.

Logo, é necessário interpretar as normativas à luz de seu pressuposto finalístico. Isto é: serão intransferíveis aquelas atividades relacionadas diretamente ao acompanhamento e à avaliação da individualização da execução da pena. Já as atividades meramente instrumentais e de apoio serão, sempre, plenamente transferíveis. Todas as considerações tecidas acima a propósito da distinção entre atividade finalística e atividade de apoio poderiam ser invocadas para reforçar o raciocínio.

Bem por isso, a invocação dessas normativas não obsta a transferência de diversas atribuições que, envolvidas na assistência médica, psicológica, social e inclusive na execução da segurança do presídio, configurem-se como mera atividade de apoio.

7.3.2 A delegabilidade de atividades relacionadas à segurança do presídio

É necessário, nesse passo, aprofundar o exame a propósito das atividades de segurança, cuja amplitude abarca parcela expressiva dos serviços envolvidos no funcionamento de um presídio.

É verdade que o serviço de segurança do presídio poderá traduzir invasão da gestão privada em áreas comprometidas com o exercício imediato da coerção – o que acarretaria sua vedação. Até porque tais serviços colaboram diretamente com a manutenção da *disciplina*[33] do estabelecimento penal – o que envolve dificuldades particulares (eis que sua finalidade vai além da necessidade de convivência harmônica entre as pessoas na prisão, "devendo concorrer para melhor individualização da pena e proporcionar condições que estimulem

33. Arts. 44 e ss. da Lei 7.210/1984.

as funções éticas e utilitárias da pena para futura reinserção social do condenado"[34]).

Mas isso não se passa com todas as atividades que se poderiam qualificar como pertinentes à segurança do presídio. Certamente, há parcelas da segurança que poderão ser transferidas aos privados sem ofensa a qualquer norma constitucional ou infraconstitucional. São aquelas atividades de mero apoio (técnico) à prestação dos serviços de segurança e vigilância, que não importam a usurpação do poder de coerção ou da função de tutela do cumprimento da pena. Por exemplo: a execução de monitoramento eletrônico por captação de imagens internas do presídio é uma atividade que pode ser gerida pela empresa privada. É serviço automatizado, de cunho técnico, mero acessório ao exercício da vigilância e segurança propriamente ditas.

É notável que a evolução tecnológica vem acarretando a automatização de atividades relacionadas com segurança e vigilância, abrindo novas frentes para a participação dos privados. O desenvolvimento tecnológico tem produzido novas soluções na seara dos serviços de suporte às funções do Estado. Cada vez mais, sistemas de segurança utilizados em estabelecimentos prisionais vêm se socorrendo da técnica, reduzindo a interferência humana e transformando a metodologia de execução de tarefas. Já são comuns, por exemplo, programas de monitoramento eletrônico de infratores. Cite-se a prisão domiciliar eletronicamente monitorada (*electronic tagging*), utilizada em países como Estados Unidos, Inglaterra, Canadá, Nova Zelândia e Austrália. Na Inglaterra, o *Criminal Justice Act*, de 1991, dotou os juízes do poder de expedir ordens de recolher ao domicílio ou a local determinado dirigidas a detentos maiores de 16 anos em regime de monitoramento eletrônico: empresas de segurança privada encarregaram-se da supervisão do programa, que se servia de radiotransmissão por braceletes ou tornozeleiras usados pelos detentos.[35] Outro exemplo refere-se à proposição de sistema de vigilância eletrônica interna em presídios, operacionalizada por câmeras com captação sonora.[36]

34. Julio Fabbrini Mirabete, *Execução Penal*, 9ª ed., São Paulo, Atlas, 2000, p. 128.

35. Ver Laurindo Dias Minhoto, *Privatização de Presídios e Criminalidade*, cit., p. 156. Ver Edmundo Oliveira, *O Futuro Alternativo das Prisões*, Rio de Janeiro, Forense, 2002, p. 313. No Brasil, não há previsão legal acerca de monitoramento eletrônico para infratores.

36. Alternativa cogitada por Fábio Medina Osório em artigo publicado no Jornal *Zero Hora*, "Câmeras nos presídios", edição de 5.4.2001.

Logo, no domínio de atividades de apoio tecnológico ao controle da vigilância (e segurança) em estabelecimentos penitenciários (desde que provida sua regulamentação) parece possível valer-se da iniciativa privada para o provimento de serviços dessa natureza. A gestão e a determinação de diretrizes acerca do sistema de segurança interna caberão, indeclinavelmente, à Administração. Mas atividades conexas e de suporte poderão realizar-se por empresas especializadas.

7.4 A configuração da PPP prisional – alguns aspectos relevantes

Indo mais além, seria útil se referir a aspectos relevantes da modelagem de uma concessão administrativa dedicada à instalação ou recuperação de infraestrutura prisional, envolvendo a prestação de serviços associados.[37]

7.4.1 A composição do objeto da PPP prisional

No que se refere à complexidade estrutural do objeto da concessão administrativa prisional, há três hipóteses mais prováveis para sua configuração. Um ajuste dessa natureza poderá abarcar a construção do presídio, envolvendo o seu aparelhamento (mobiliário, equipamentos etc.) e o subsequente desempenho de um conjunto de serviços inerentes ao seu funcionamento. Poderá, em outra configuração, abranger apenas a recuperação de uma instalação prisional existente, com o seu aparelhamento e a decorrente prestação de serviços prisionais. Ou, ainda, poderá traduzir apenas a prestação de serviços, precedida ou não da instalação dos bens necessários (hipótese em que não haverá a construção ou recuperação do presídio).

Vale lembrar que, por força do previsto no art. 7º da Lei 11.079/2004, nas hipóteses em que houver a construção ou a recuperação de presídios (as mais prováveis e interessantes à Administração), a regra é que a remuneração do parceiro privado (ou a contraprestação pública) só será efetuada após a finalização da infraestrutura necessária, quando os ser-

37. A caracterização da concessão administrativa no Direito brasileiro pode ser aprofundada em Fernando Vernalha Guimarães, "Concessão administrativa: um novo modelo para os contratos administrativos", *Revista de Direito Público da Economia – RDPE*, Belo Horizonte, ano 8, n. 31, pp. 71-105, jul./set. 2010.

viços (ou pelo menos parcela destes) estiverem em plena condição de fruição (pela Administração) – ressalvando-se as exceções introduzidas pela Medida Provisória 575/2012 (convertida na Lei 12.766, de 27.12.2012) – que autorizou a transferência de recursos ao longo da fase de investimentos, com vistas à superação de ineficiências financeiras e tributárias.

Esse dispositivo tem uma função bastante relevante no contexto de uma PPP. Destina-se a evitar o financiamento da execução da infraestrutura pela Administração, reservando-o ao parceiro privado. Com isso, configura-se uma técnica de financiamento de obra diversa daquela inerente aos contratos administrativos gerais regidos pela Lei 8.666/1993; aqui, o preço da obra será pago diluidamente ao longo da execução dos serviços. Permite-se, assim, à Administração adimplir o preço da construção do presídio embutido e diluído no custo (preço) da prestação dos serviços associados.

7.4.2 A composição da remuneração do parceiro privado

Quanto à configuração da remuneração do parceiro privado, deve-se lembrar que tal será provida integralmente pela Administração (podendo envolver não apenas contraprestação pecuniária, como outras formas jurídicas de contraprestação – art. 6º da Lei 11.079/2004), com a possibilidade da integração de receitas alternativas e acessórias – o que, numa PPP prisional, poderia se configurar, por exemplo, pela comercialização do produto do trabalho do preso etc.

Além disso, a remuneração poderá orientar-se por parâmetros de *performance* do prestador, como é próprio da concessão administrativa.[38] Nos termos do §1º do art. 6º da Lei 11.079/2004 (antigo parágrafo

38. O mecanismo é usual e típico das *Private Finance Initiative*. Ao lado das PFIs sob *risco de utilização* (em que se transfere ao operador-contratado o risco de utilização da infraestrutura), conhece-se no Direito inglês as PFIs sob *risco de qualidade*, que envolvem variantes de qualidade subordinativas dos resultados do contratado. Os pagamentos providos pelo Poder Público relacionam-se com o cumprimento de certos indicadores de qualidade e de disponibilidade (ou indisponibilidade – *unavailability*) da infraestrutura. O contratado poderá ter sua remuneração reduzida em face das "penalidades" que decorrem do não atingimento de certos parâmetros de qualidade, assim como da não disponibilidade da infraestrutura (a infraestrutura ou o serviço indisponível não serão remunerados). Essa regra, ao lado das variantes de qualidade, é aplicada com extremo rigor nesses contratos, sendo que "cada área de

único, renumerado pela Lei 12.766/2012), o ajuste de PPP poderá prever o pagamento ao parceiro privado de remuneração variável vinculada ao seu desempenho, conforme metas e padrões de qualidade e disponibilidade definidos no contrato. Admitiu a Lei a possibilidade de atribuição dos riscos de qualidade e de disponibilidade ao concessionário das PPPs. Busca-se o estímulo a ganhos de produtividade à concessão a partir da vinculação de sua remuneração ao desempenho do parceiro privado.

Aplicada ao setor prisional, essa técnica acarreta a possibilidade de que fatores como a disponibilização de certo número de celas, o atingimento de certos parâmetros de excelência nas instalações físicas, o alcance de padrões satisfatórios de alimentação e higiene, a qualidade dos serviços médicos, a redução dos índices de rebelião e fuga sejam considerados para o fim de quantificação do valor de remuneração a ser pago ao parceiro privado.[39] A aferição-avaliação acerca do desempenho do parceiro privado para fins do controle da remuneração correspondente se pautará por critérios objetivos estipulados no Edital e no contrato de PPP, tal como prescrito pelo inciso VII do art. 5º da Lei 11.079/2004. A avaliação se fará, como regra, por entidade independente e admitida como tal pelas partes.

uma edificação que apresente unidade funcional própria se sujeita à aplicação da *unavailability*. Cada serviço é, ele mesmo, dividido em unidades. As sanções, quanto a elas, atingem cada elemento identificado no contrato. Assim, se uma sala de aula ou um escritório não são iluminados, sua área será excluída do total dos pagamentos. Cada lâmpada deverá ser substituída dentro de um prazo determinado, cujo transcurso acarreta a aplicação de uma sanção predeterminada. A soma dessas sanções pode representar uma importante redução dos pagamentos" (P. Cossalter, "A 'private finance initiative'", *Revista de Direito Público da Economia*, Belo Horizonte, Fórum, v. 6, p. 165, 2004).

39. Veja-se, como exemplo, o programa de parcerias público-privadas implementado pela Unidade de PPP do Estado de Minas Gerais, que envolveu a execução de projetos de concessão administrativa penitenciária. O projeto pioneiro de PPP prisional teve na composição da contraprestação da Administração ao parceiro privado uma (i) contraprestação pecuniária mensal (destinada a remunerar a construção, a disponibilização e a ocupação das celas), informada por um coeficiente de mensuração de desempenho e de qualidade de disponibilidade; (ii) uma parcela anual de desempenho (destinada a remunerar aspectos qualitativos do desempenho operacional do parceiro privado); e (iii) uma parcela referente ao parâmetro de excelência (destinada a remunerar a excelência da atuação do parceiro privado relativamente ao trabalho do sentenciado, especialmente também no que toca a aspectos de sua ressocialização).

É necessário ressalvar que todas as situações atinentes à remuneração do prestador – inclusive e especialmente os procedimentos de avaliação-aferição dos níveis de *performance* – deverão estar suficientemente delineadas e delimitadas no instrumento convocatório. Não só no que tange aos critérios e fatores de aferição do desempenho do parceiro privado, mas, também, no que se refere aos procedimentos de fiscalização e controle, é exigida previsão específica e minuciosa no Edital e no contrato, disponibilizando-se todas as informações pertinentes ao parceiro privado.[40] Além disso, os critérios devem ser configurados de modo objetivo (evitando-se avaliações baseadas em excessiva margem de discricionariedade) e os procedimentos de aferição e análise dotados de suficiente transparência.

Essa é uma questão de não pequena importância, pois se relaciona com o dimensionamento da margem de discricionariedade da Administração, o que produz efeitos diretos nos *custos de transação.* Quanto maior o nível informacional presente no contrato de PPP, e quanto menor a (ainda que previsível) interferência discricionária do Poder Público na execução da parceria, tanto menores serão os custos transacionais relacionados à celebração do ajuste.

7.4.3 O trabalho do preso como elemento integrante da configuração do ajuste

Há, ainda, um último aspecto a se considerar na esfera das PPPs prisionais: trata-se da exploração do trabalho remunerado dos presos.[41] O tema é recorrente no Direito norte-americano, onde se conhecem os presídios ditos "industriais".

A hipótese apresenta, primariamente, uma dificuldade de operacionalização, sob a evidência de que não é constitucionalmente possível obrigar o preso ao trabalho, visto que a Constituição Federal proíbe a pena de trabalho forçado (no inciso XLVII do art. 5º). Logo, apenas os trabalhos voluntários seriam considerados para tanto.[42] Pode decorrer

40. Vide incisos VII e XIII do art. 23 e art. 30 da Lei 8.987/1995.

41. Essa possibilidade já constou de Proposta de Privatização do Sistema Penitenciário, apresentada ao Conselho Nacional de Política Criminal e Penitenciária, Brasília, Ministério da Justiça, 1992.

42. Observe-se, contudo, que a LEP prevê, no inciso V do art. 39, o dever do condenado à "execução do trabalho, das tarefas e das ordens recebidas".

disso certa dificuldade de delimitar e precisar com segurança prévia os ajustes remuneratórios (ainda que isso não seja impraticável).

Mas não há, propriamente, óbice constitucional ou legal à hipótese.[43] Observe-se que a própria Lei de Execução Penal prevê na alínea "d" do § 1º do art. 29 que o produto da remuneração pelo trabalho deverá atender, além de outras destinações, "ao ressarcimento ao Estado das despesas realizadas com a manutenção do condenado (...)". Também o § 2º do art. 34 da mesma lei, introduzido pela Lei 10.792/2003, dispõe que: "Os Governos Federal, Estadual e Municipal poderão celebrar convênio com a iniciativa privada, para implantação de oficinas de trabalho referentes a setores de apoio dos presídios".

Parece possível, em face disso, e em princípio, admitir o uso de trabalho (remunerado) do preso como fator de composição da remuneração ao prestador-gestor de serviços gerais no sistema de cogestão de presídios. Contudo, a hipótese deverá conformar-se às demais previsões da Lei de Execução Penal (arts. 28 a 37 da LEP), inclusive no que toca ao caráter educativo do trabalho do preso (art. 28).

Bibliografia

ARAÚJO JUNIOR, João Marcello. *Privatização das Prisões*. São Paulo, Ed. RT, 1995.

BANDEIRA DE MELLO, Celso Antônio. *Regime dos Servidores da Administração Direta e Indireta*. 3ª ed. São Paulo, Malheiros Editores, 1995.

________. "Serviço público e poder de polícia: concessão e delegação". *RTDP* 20/25-28, São Paulo, Malheiros Editores,1997.

CHAPUS, René. *Droit Administratif Général*. 12ª ed., tome 1. Paris, Montchrestien, 1998.

COSSALTER, P. "A 'private finance initiative'". *Revista de Direito Público da Economia*. Belo Horizonte, Fórum, v. 6, p. 165, 2004.

DALLARI, Adilson Abreu. "Credenciamento". In *Estudos em Homenagem a Geraldo Ataliba*. São Paulo, Malheiros Editores, 1997, pp. 51-52.

FIGUEIREDO, Lúcia Valle. *Curso de Direito Administrativo*. 7ª ed. São Paulo, Malheiros Editores, 2004.

43. Contra a proposição, manifesta-se João Marcello de Araújo Junior, sustentando que, do ponto de vista ético, "será intolerável que um indivíduo, ademais de exercer domínio sobre outro, aufira vantagem econômica, do trabalho carcerário. (...) Somente ao Estado será moralmente lícito obter receita deste trabalho" (*Privatização das Prisões*, São Paulo, Ed. RT, 1995, p. 13).

GALBRAITH, John Kenneth. *A Economia das Fraudes Inocentes – Verdades para o Nosso Tempo*. São Paulo, Companhia das Letras, 2004.

GARCIA, Flavio Amaral. *Licitações e Contratos Administrativos*. 3ª ed. Rio de Janeiro, Lumen Juris, 2012.

GUIMARÃES, Fernando Vernalha. "Concessão administrativa: um novo modelo para os contratos administrativos". *Revista de Direito Público da Economia – RDPE*. Belo Horizonte, ano 8, n. 31, pp. 71-105, jul./set. 2010.

_______. *Parceria Público-Privada*. São Paulo, Saraiva, 2012.

HILKE, John. *Cost Savings from Privatizations: A compilation of Study Findings*. Los Angeles, Reason Foundation, 1993.

JUSTEN FILHO, Marçal. *Teoria Geral das Concessões de Serviço Público*. São Paulo, Dialética, 2003.

LIGNIÈRES, Paul. *Partenariats Public-Privé*. Paris, Litec, 2000.

MARQUES NETO, Floriano de Azevedo. "A contratação de empresas para suporte da função reguladora e a 'indelegabilidade do poder de polícia'". *RTDP* 32/68-71 São Paulo, Malheiros Editores, 2000.

MELLO, Rafael Munhoz de. *Princípios Constitucionais de Direito Administrador Sancionador*. São Paulo, Malheiros Editores, 2007.

MINHOTO, Laurindo Dias. *Privatização de Presídios e Criminalidade*. São Paulo, Max Limonad, 2000.

MIRABETE, Julio Fabbrini. *Execução Penal*. 9ª ed. São Paulo, Atlas, 2000.

MOREIRA NETO, Diogo de Figueiredo. "Globalização e o direito administrativo". In MOREIRA NETO, Diogo de Figueiredo. *Uma Avaliação das Tendências Contemporâneas do Direito Administrativo*. Rio de Janeiro, Renovar, 2003, p. 559.

_______. *Mutações do Direito Administrativo*. 3ª ed. Rio de Janeiro, Renovar, 2007.

MOTTA, Carlos Pinto Coelho. "Terceirização e funcionalização: conflito ou complementariedade". *Boletim de Direito Administrativo*. São Paulo, NDJ, p. 802, dez. 1997.

OLIVEIRA, Edmundo. *O Futuro Alternativo das Prisões*. Rio de Janeiro, Forense, 2002.

ORTIZ, Gaspar Ariño. *Economía y Estado – Crisis y Reforma del Sector Público*. Madri, Marcial Pons, 1993.

OSÓRIO, Fábio Medina. "Câmeras nos presídios". *Zero Hora*. Edição de 5.4.2001.

PEREIRA, Luiz Carlos Bresser. *Reforma do Estado para a Cidadania: a Reforma Gerencial Brasileira na Perspectiva Internacional*. São Paulo, Ed. 34; Brasília, ENAP – Escola Nacional de Administração Pública, 1998.

SAVAS, E. S. *Privatization and Public – Private Partnerships*. New York, Chatham House Publishers, 2000.

SOUTO, Marcos Juruena Villela. *Direito Administrativo das Concessões*. Rio de Janeiro, Lumen Juris, 2004.

VERA, José Bermejo. "Privatización y el nuevo ejercicio de función pública por particulares". In MOREIRA NETO, Diogo de Figueiredo. *Uma Avaliação das Tendências Contemporâneas do Direito Administrativo*. Rio de Janeiro, Renovar, 2003, p. 432.

TERCEIRIZAÇÃO NA ADMINISTRAÇÃO PÚBLICA: POSSIBILIDADES E LIMITES

José Roberto Pimenta Oliveira

Mestre e Doutor em Direito do Estado pela PUC-SP – Professor Assistente-Mestre de Direito Administrativo da PUC-SP – Procurador da República em São Paulo.

1. Introdução. 2. Terceirização e seus significados no direito administrativo brasileiro. 3. Terceirização na Administração Pública em sentido restrito: 3.1 Limites constitucionais – 3.2 Atendimento à finalidade pública. A contratação de mão de obra pela Administração Pública – 3.3 A caracterização do objeto contratual define a terceirização legítima no direito administrativo brasileiro: 3.3.1 A terceirização legítima mediante contrato administrativo de prestação de serviços, no regime geral de contratos administrativos: 3.3.1.1 A intervenção da Justiça do Trabalho para estabelecer os efeitos trabalhistas da terceirização na Administração Pública – 3.3.1.2 As exigências normativas criadas para descaracterização do contrato de prestação de serviços como intermediação de mão de obra – 3.3.1.3 As consequências da terceirização no âmbito da Lei de Responsabilidade Fiscal – 3.3.1.4 O contrato de eficiência criado pela Lei 12.462/2011 (RDC). 3.3.2 A terceirização legítima mediante contrato administrativo de concessão administrativa, em regime de PPP. 4. Conclusões.

1. Introdução

A execução de atividades por particulares no âmbito da Administração Pública tem sido apontada como uma característica do marco histórico atual que atravessa o exercício da função administrativa.

Sob a invocação de uma maior *eficiência*, aumenta-se o espectro de atividades que são repassadas para o setor privado e reduz-se a abrangência de atividades no aparelho administrativo que, em princípio, deveriam ser exercidas por agentes públicos dentro do espectro da Administração Direta e Indireta, através de vínculos funcionais. Esse processo também desponta pela aceitação geral do denominado princípio da *subsidiariedade*, que estaria a exigir execução de atividades pelo próprio Poder Público, tão somente em situações cuja demanda não possa ser satisfeita pela iniciativa e capacidade do setor privado da economia.

Em pleno século XXI, ainda vigoram *concepções ideológicas* que propugnam a redução do aparelho estatal, a retração da atividade estatal direta na economia, a desregulamentação de atividades econômicas, a privatização de empresas estatais etc. como forma inafastável de melhor estruturar a relação Estado e Sociedade, com vistas ao atingimento do bem comum.

Na esteira da *Reforma do Estado* do final do século XX, e na almejada tarefa de *redução do aparelho administrativo*, houve um significativo *desenvolvimento do fenômeno da terceirização na Administração Pública*. Estudado no campo do direito privado, em especial no *direito do trabalho*, a terceirização invadiu o direito público, em especial o *direito administrativo*, ramo que se dedica ao estudo sistemático do exercício da função administrativa do Estado, no atingimento dos objetivos constitucionais, o que inclui a forma pela qual se legitima o recurso ao setor privado na execução de atividades nela inseridas ou por ela abrangidas.

Estudos econômicos indicam que a despesa do Governo Federal com terceirização cresceu 82% entre 2005 e 2010.[1]

O presente estudo tem como escopo uma análise crítica das possibilidades e limites da "terceirização" no direito administrativo brasileiro, tal como estruturado pelos *princípios e regras constitucionais vigentes*. Busca-se uma compreensão científica sobre o assunto. Qualquer análise jurídica da matéria é necessária, considerando a imensa gama de atividades atribuídas ao aparelho administrativo, dentro do paradigma de *Estado Democrático e Social de Direito* em vigor.

É fundamental tentar descortinar, sob o ponto de vista científico, as situações em que é legítimo o trespasse de atividades para o setor privado pela Administração Direta e Indireta de todos os Poderes no

1. Marcos Mendes e Marcos Kohler, "Por que o governo gasta tanto com terceirização?", disponível em: <http://www.brasil-economia-governo.org.br/2011/09/26/por-que-o-governo-gasta-tanto-com-terceirizacao/>, acesso em 6.1.2013.

âmbito da União, Estados-Membros, Distrito Federal e Municípios. Apartar tais situações de outras contaminadas pelo estigma da ilegalidade é uma imperiosa necessidade, de elevado valor para a plena efetividade e consolidação da Administração Pública, tal como plasmada no atual Texto Constitucional.

Para tanto, o autor percorrerá o seguinte caminho. Estabelecerá os conceitos de terceirização em sentido amplo e terceirização em sentido restrito. A análise seguinte ficará centralizada nessa última, com o objetivo de examinar as possibilidades e limites constitucionais.

Nesse ensejo, a atenção se volta para o modelo constitucional ao qual a Administração Pública está sujeita na obtenção de mão de obra, bem como na contratação de prestação de serviços. São identificadas as condições da terceirização legítima, o que pressupõe apresentar a situação do problema nas normas constitucionais, legais, regulamentares e infrarregulamentares em vigor, bem como na jurisprudência trabalhista. O ensaio conta com uma abordagem da Lei de Responsabilidade Fiscal.

Com esse panorama, pontuam-se as *principais conclusões*, com as *referências bibliográficas* mais relevantes.

Este ensaio é dedicado à memória da Professora Lúcia Valle Figueiredo, cujo legado para a ciência do direito administrativo brasileiro é incomensurável. Essa saudosa e emérita Administrativista deixou lições valiosas para entender, em seus fundamentos, o direito público brasileiro. A profundidade e brilho científico dos seus estudos continuarão a iluminar os que, com seriedade, buscam compreender o direito administrativo no Brasil.

2. *Terceirização e seus significados no direito administrativo brasileiro*

A Constituição Federal é norma fundante e estruturante do Estado brasileiro (Preâmbulo), que se constitui como *República* sob os desígnios de uma *Federação*. Esta é composta pela *União Federal, Estados-Membros, Municípios e Distrito-Federal* (art. 1º), sob a égide do princípio da autonomia administrativa dos entes federativos (art. 18).

A *autonomia político-administrativa* dos entes federativos é outorgada e consequentemente balizada pela própria Constituição. Ou seja, deverá ser exercida nos moldes prescritos pelo Texto Constitucional. A Constituição estabelece um *sistema de distribuição de competências entre os entes federativos*, atribuindo-lhes competências públicas privativas e concorrentes, legislativas e materiais,[2] e assim a ordenação jurídica suprema estabelece os interesses públicos, aos quais se encontra submetido o Poder Público, a tutelar e promover, em seus diferentes níveis federativos.

Para a realização dos interesses públicos definidos ou agasalhados pela Constituição Federal (e pelas Constituições Estaduais, Leis Orgânicas Municipais e Lei Orgânica do Distrito Federal, em compatibilidade com a primeira), a Constituição regula o *exercício da função administrativa do Estado*. Dedica-se minuciosamente a tratar da *Administração Pública* (Capítulo VII), como tema essencial à *Organização do Estado* (Título III), com princípios e regras aplicáveis a todos os Poderes da União Federal, dos Estados-Membros, dos Municípios e do Distrito Federal.

Há uma *lógica* na construção constitucional. Assim como são detalhadamente tratados os *fins públicos* que legitimam a atividade estatal, também são preconizados os *meios necessários* para o atingimento da vontade constitucional. De um lado, *multiplicidade de âmbitos jurídico-materiais* da vida social em que o Estado Democrático está obrigado a intervir; de outro lado, exigência de uma Administração Pública, com *bases constitucionais comuns*, com o dever de realizar, na concretude da vida social, o programa constitucional atribuído ao Estado Democrático na configuração da ordem econômica e social.

Ao disciplinar os âmbitos jurídico-materiais em que interfere o exercício da função administrativa, pelo dever de atuação estatal, a Constituição também vai regular *as formas diferenciadas* (sob o *ponto de vista objetivo e formal*) de atuação da Administração Pública. Figuram os preceitos fundamentais da atividade de *serviço público*, de *polícia administrativa*, de *fomento administrativo* e de *intervenção administrativa* na ordem econômica.

Ao atribuir e regular o aparelho administrativo do Estado, a Constituição também estabelece as *formas institucionais* (sob o *ponto de vista*

2. Para aprofundamento do tema, cf. Lúcia Valle Figueiredo, "Competências administrativas dos Estados e Municípios", in Lúcia Valle Figueiredo, *Direito Público. Estudos*, Belo Horizonte, Fórum, 2007, pp. 65-91.

subjetivo ou orgânico) pelas quais deve a Administração Pública organizar-se, centralizada ou descentralizadamente, para dar cumprimento à função estatal a ela atribuída. Estabelece o que constitui tal aparelho administrativo: a *Administração Direta e Indireta*, de todos os Poderes do Estado (Executivo, Legislativo e Judicial), em todas as esferas federativas. E, ainda, esclarece as entidades dotadas de personalidade jurídica de direito público ou privado, que, juridicamente, estão organicamente integradas à Administração Indireta: autarquias, fundações públicas, empresas públicas (e subsidiárias), sociedades de economia mista (e subsidiárias), empresas sob controle estatal e fundações governamentais.

Como *princípio imanente ao Estado de Direito*, não há órgão ou entidade da Administração Pública que não tenha suas *finalidades públicas específicas* sem prévia *delimitação legal com amparo constitucional*. Órgãos e entes administrativos são constitucionalmente moldados para desincumbir-se da persecução e consecução dos interesses públicos que presidem sua existência no universo jurídico.

Como a disciplina instituída pela Constituição Federal no tocante à disciplina da Administração Pública, resta claro que existe uma *valoração fundamental do Texto Maior pelo desempenho da atividade administrativa por sujeitos administrativos* (leia-se, Administração Direta e Indireta). Essa valoração jurídica é reflexo da forma de tutela do interesse público, marcado pela indisponibilidade face ao administrador público, que, por tal razão, está submetido aos princípios constitucionais delineadores do direito administrativo brasileiro, com destaque à legalidade, finalidade, razoabilidade, proporcionalidade, moralidade, igualdade, impessoalidade, devido processo legal, motivação, publicidade, eficiência, controle e responsabilidade.

O que a Constituição estabelece como *diretriz de organização político-administrativa*, nos termos do art. 37, somente ela pode excepcionar. A revelação no Texto Maior da *participação de sujeitos privados no desempenho de atividades administrativas finalísticas* alinhavada em *dispositivos constitucionais específicos* demonstra a coerência da ordem constitucional. Assim ocorre em diversos regramentos relacionados com a *prestação de serviços públicos*, a começar pela regra do art. 175, pelo qual se atribui ao Estado a titularidade e o dever de promover a prestação de serviços públicos, de forma direta ou indireta, e nesse último caso com referência explícita aos institutos da concessão e permissão de serviços públicos, pelos quais sujeitos privados são titulados ao desempenho dessa categoria de atividade administrativa.

Nos últimos anos, assiste-se à propagação da *transferência do desempenho de atividades finalísticas e instrumentais do Poder Público para sujeitos privados*. Aqui poderíamos assentar o *significado amplo* de "terceirização na Administração Pública" para indicar todo e qualquer modelo institucional utilizado pelo Poder Público para promover esse deslocamento, e com ele reduzir a dimensão estrutural da sua Administração Pública.

Essa vertente do problema é consequência direta da difusão do ideário da mudança de paradigma de Estado, em cena desde a Reforma do Aparelho do Estado da década de 1990. Substituição do modelo de Administração Burocrática pelo de Administração Gerencial. Privatização de empresas estatais. Transferência e execução de atividades públicas seja para entes privados com fins lucrativos (concessões), seja para entes privados sem fins lucrativos. Redução substancial do aparelho administrativo executor de atividades estatais. Concentração da atuação deste na atividade de regulação, fiscalização e controle da execução da atividade administrativa. Menor intervenção direta do Estado no domínio econômico. Maior desenvolvimento de técnicas de fomento estatal para sujeitos privados no campo social, econômico e cultural. Crescente propagação da atuação administrativa em busca de parcerias com sujeitos privados.

De fato, desde a década de 1990, foram inúmeras as leis administrativas editadas para disciplinar *"parcerias" da Administração Pública com particulares.*

Em um *sentido amplo*, poderíamos equiparar *qualquer forma de parceria* à *terceirização*, no singelo mas vasto significado de que a atividade pública está sendo transferida para terceiros, particulares, que passam a exercê-la. Podem ser incluídos: os *convênios* com entes privados sem fins lucrativos (Lei 8.666/1993), a *concessão comum de serviços públicos* e a *permissão de serviços públicos* (Lei 8.987/1995), o *contrato de gestão* celebrado com organizações sociais (Lei 9.637/1998), o *termo de parceria* firmado com organizações da sociedade civil de interesse público (Lei 9.790/1999), a *parceria público-privada* (Lei 11.079/2004), a *franquia* postal (Lei 11.668/2008) etc.

Assim, em seu *sentido amplo*, terceirização abrange toda e qualquer forma institucionalizada de transferência de atividades finalísticas e instrumentais do Poder Público para desempenho pelo setor privado (com ou sem finalidade lucrativa).

Esse prisma geral implica uma análise da forma pela qual os entes estatais e governamentais exercem suas atribuições constitucionais e legais, e recorrem à iniciativa privada para realização de cometimentos relacionados com as mesmas. Exige o estudo da possibilidade jurídica de formas de transferência de execução de atividades finalísticas e instrumentais do Poder Público, à luz da Constituição e das leis.

Em seu *sentido amplo*, a indagação mais relevante está em circunscrever o limite de trespasse da execução de atividades-fim inerentes à função administrativa (serviços públicos, fomento público, polícia administrativa e intervenção no domínio econômico e social) para sujeitos privados, sem ofensa à Constituição Federal, e suas diretrizes político-administrativas regentes da Administração Pública.

Com essa abrangência geral, *terceirização em sentido amplo* pode mesmo corresponder ao *conceito amplo de "parcerias público-privadas"*[3] *– utilizando-se de uma terminologia em voga desde a promulgação da Lei 11.079/2004* –, constituindo-se nas *diversas formas contratuais* de formalização de vínculo da Administração Pública com o sujeito privado, apresentando-se como *regimes jurídicos específicos e instrumentais* de terceirizar a atividade administrativa.

Estas expressões – parcerias ou parcerias público-privadas – têm obtido sucesso na literatura jurídica. Credita-se o mesmo ao viés ideológico, pelo qual a ideia de parceria evoca *compartilhamento de esforços na realização de certa atividade, visando aos interesses das partes.*

3. Na anotação de Carlos Ari Sundfeld, "Em sentido amplo, PPPs são os múltiplos vínculos negociais de trato continuado estabelecidos entre a Administração Pública e particulares para viabilizar o desenvolvimento, sob a responsabilidade destes, de atividades com algum coeficiente de interesse geral (...). Seu regime jurídico está disciplinado nas várias leis específicas. (...)" (cf. "Guia jurídico das parcerias público-privadas", in Carlos Ari Sundfeld (coord.), *Parcerias Público-Privadas*, São Paulo, Malheiros Editores, 2005, p. 22). Para o saudoso Marcos Juruena Villela Souto, o termo "parcerias público-privadas" é impreciso, e em sua amplitude "poderia comportar, além das concessões e permissões comuns, outros tipos de terceirizações, acordos de programa, termos de parceria, contratos de gestão, sem falar nos convênios e consórcios" (cf. *Direito Administrativo de Parcerias*, Rio de Janeiro, Lumen Juris, 2005, p. 30).

Está mais próxima de um regime jurídico-administrativo pautado por menos unilateralidade, mais flexibilidade de gestão pública, menos autoridade, mais consensualidade. Parâmetros esses que se revelam mais consentâneos com as estruturas do Estado Democrático de Direito e uma Administração Pública que deve torná-lo realidade.

O conceito de terceirização, a seu turno, acentua o imanente – vez que ineliminável – aspecto conflituoso da relação jurídica, quando através dela se perfaz a convocação administrativa para que terceiro realize uma atividade sob encargo da Administração, além de manter o foco no essencial aspecto do trespasse subjacente à sua ocorrência.

Ao nosso parecer, cabe utilizar, pois, o conceito de terceirização, porque *não há como serem assimilados interesses públicos com interesses privados* em qualquer relação contratual jurídico-administrativa. Nesses vínculos com sujeitos privados, está presente essa dicotomia, estando a Administração Pública constitucionalmente atrelada à cura do interesse público. A parceria com particulares sempre será instrumento, e não fim. Havendo o natural confronto de interesses, o interesse público tem uma dimensão própria cuja tutela cabe ao administrador.

Maior que seja a consensualidade e a colaboração de sujeitos privados no exercício da atividade administrativa, não tem a Administração Pública como despojar-se de sua prerrogativa de zelar pela realização de interesses públicos. Isso não elimina a importância da referida colaboração, mas especifica os seus lineamentos jurídicos.

De outro lado, a expressão "terceirização" direciona adequadamente o estudo do fenômeno relativamente às condições de validade dos atos jurídicos pelos quais se opera o trespasse de atividade a cargo de órgãos e entes da Administração Pública.

O conceito amplo de terceirização se fortaleceu com a institucionalização de modelos normativos diversificados na matéria. O rápido desenvolvimento de legislações específicas – acima citadas – para instrumentalizar a execução de atividades administrativas por sujeitos privados acabou por atribuir enorme relevância ao conceito amplo de terceirização.

Ao mesmo tempo, como consequência natural da expansão do fenômeno pelo qual o Poder Público recorre ao setor privado, um *significado restrito da terceirização* na Administração Pública também ganhou força. Mas não eliminou a funcionalidade do primeiro. Restou para o segundo servir de conceito expressivo do uso do modelo contratual geral de contrato de prestação de serviços no âmbito da Administração Pública.

Sob o *aspecto restrito*, a expressão alcança tão somente a transferência de execução de atividades de órgãos e entes da Administração Pública para terceiros (sujeitos privados), sob a forma de *contrato de prestação de serviços*, tal como está previsto no art. 37, XXI, da Constituição Federal.

Vale acentuar que é a própria Constituição que, desenhando a estrutura político-administrativa sob os conceitos de Administração Direta e Indireta, estabelece a possibilidade de contratos de prestação de serviços no âmbito administrativo, no mesmo capítulo vocacionado a expressar as bases constitucionais da Administração Pública.

Não seria diferente, a não ser que o Texto estivesse assentado na suposição de que órgãos e entes administrativos seriam capazes de produzir todos os bens, obras e serviços com recursos institucionais próprios, o que não se coadunaria radicalmente com os fundamentos do Estado Democrático, atinente aos "valores sociais do trabalho e da livre-iniciativa" (art. 1º, IV), e da Ordem Econômica do Estado, atinente à "propriedade privada" e "livre concorrência" (art. 170, II e IV), que fundam uma ordem econômica capitalista.

A *contratação administrativa* é uma via jurídico-formal posta pela Constituição à disposição do Poder Público para a satisfação de necessidades emergentes da atividade de órgãos e entes da Administração Pública. Encontrando-se institucionalmente estruturada, essa via jurídico-formal é indispensável para a execução da atividade administrativa. Está o Poder Público autorizado a explorar tal contratação nos limites das possibilidades fáticas e jurídicas no atendimento do interesse público.

Essa contratação, em todas as suas modalidades, é regida por *normas gerais, de competência legislativa privativa da União Federal* (art. 22, XXVII, conjugado com art. 37, XXI, e art. 173, § 1º, III, todos da CF). Atualmente, o regime geral da contratação administrativa de prestação de serviços encontra-se na Lei 8.666/1993 (com inúmeras alterações posteriores) – denominada Lei Geral de Licitações e Contratos Administrativos/LGLCA, Lei 10.520/2002 – Lei do Pregão, Lei 11.079/2004 (Lei de Parcerias Público-Privadas) e Lei 12.462/2011 (Regime Diferenciado de Contratação-RDC).

Ao nível da Lei 8.666/1993, a prestação de serviços deve ocorrer, em sua modalidade de execução indireta, sob o regime da *empreitada* (art. 10 da LGLCA). A lei oferece um *conceito de* "serviço" como "toda atividade destinada a obter determinada utilidade de interesse para a Administração, tais como: demolição, conserto, instalação, montagem, operação, conservação, reparação, adaptação, manutenção, transporte, locação de bens, publicidade, seguro ou trabalhos técnico-profissionais" (art. 6º, II). E arrola um rol exemplificativo de "serviços técnicos profissionais especializados" (art. 13).

Ao nível da Lei 10.520/2002, como é pressuposto de utilização da modalidade licitatória Pregão, a lei oferece o conceito de "bens e serviços comuns" passíveis de contratação: "aqueles cujos padrões de desempenho e qualidade possam ser objetivamente definidos pelo edital, por meio de especificações usuais no mercado" (art. 1º, parágrafo único).

Ao nível da Lei 12.462/2011, há regulamentação diferenciada do regime de licitação e contratação, mas se deve aplicar o conceito de "serviços" referido na Lei 8.666/1993, nos termos do art. 39 do RDC.

Nesse panorama de definições legais, que oferecem as possibilidades jurídicas de celebração de *contratos de prestação de serviços* pela Administração Pública, deve ser incluída a denominada *concessão administrativa*, regida pela Lei 11.079/2004, como forma de parceria público-privada.

Ao nível da Lei 11.079/2004, "concessão administrativa é o contrato de prestação de serviços de que a Administração Pública seja a usuária direta ou indireta, ainda que envolva execução de obra ou fornecimento e instalação de bens" (art. 2º, § 2º). A contratação resta delimitada pela vedação de contratos com valor inferior a R$ 20 milhões, com período de vigência contratual inferior a cinco anos, e com objeto único restrito a fornecimento de mão de obra, fornecimento e instalação de equipamentos e execução de obra pública.

Sob o aspecto da *terceirização em sentido amplo*, a Lei das PPPs é o ponto culminante do processo de expansão da sua adoção generalizada na Administração Pública. A tipologia da concessão administrativa admite, na sua literalidade, um amplo processo de transpasse de atividades administrativas para o setor privado.

Sob o aspecto da contratação de prestação de serviços (*terceirização em sentido estrito*), a Lei 11.079/2004 redundou na criação de novo regime contratual.

A Lei 11.079/2004 expressa seu comando tornando incontestável que uma das modalidades de parceria público-privada pode representar uma *terceirização em sentido restrito*, quando utilizada a concessão administrativa que não verse sobre serviço público. Caso agasalhe essa atividade administrativa, a concessão administrativa deverá ser qualificada como forma de *terceirização em sentido amplo*, porque afetará diretamente forma de transferência de execução de *serviço público* para sujeitos privados. Em não versando sobre serviço público, a concessão administrativa revelar-se-á como modalidade diferenciada de contrato de prestação de serviço.

Talvez a norma mais relevante da Lei 11.079/2004, certamente estabelecida para contrapor-se à generalidade e indeterminação do objeto da concessão administrativa, seja o art. 4º, III, pelo qual se tornou diretriz legal a "indelegabilidade das funções de regulação, jurisdicional, do exercício do poder de polícia e de outras atividades exclusivas do Estado".

No âmbito do RDC, vale acentuar o novo tipo contratual denominado "contrato de eficiência", que é legalmente caracterizado como *contrato de prestação de serviços*, para redução de *despesas correntes* (art. 23 da Lei 12.462/2011). É a mais recente inovação legal na matéria, e certamente propiciará novo alento para a transferência de atividades de órgãos e entes da Administração Pública para o setor privado.

A *terceirização em sentido restrito* no direito administrativo brasileiro, portanto, envolve o questionamento sobre o limite de aplicabilidade do *contrato de prestação de serviço* pelos órgãos e entidades da Administração Pública, seja no seu formato clássico de empreitada (Lei 8.666/1993, Lei 10.520/2002), incluindo o "contrato de eficiência" da Lei 12.462/2011 (RDC), seja no seu formato de concessão administrativa (Lei 11.079/2004), revelador de complexidade superior à da mera empreitada.

Não há menor dúvida de que, na sua vertente restrita, a preocupação do cientista do direito também está focada nas possibilidades e limites de transferência de atividades-fim e atividades-meio de órgãos e entes da Administração Pública, através de contratos de prestação de serviços.

Nessa acepção restrita, analisa-se a proibição constitucional implícita de que contratos de prestação de serviços sejam instrumentos de obtenção de mão de obra para o Poder Público, com violação do regime constitucional dos agentes públicos, especialmente as normas que regulam a criação e o amplo acesso a cargos, empregos e funções públicos, no âmbito da Administração Direta e Indireta de todos os Poderes da União, dos Estados-Membros, dos Municípios e do Distrito Federal.

Esse exame estará centrado na *impossibilidade de a via contratual ser* manejada indiretamente como *instrumento de obtenção de fornecimento de mão de obra para o Poder Público*, ao arrepio das normas constitucionais vigentes, ou como *instrumento de trespasse de atividades finalísticas do ente administrativo*, ao arrepio de formas institucionais disciplinadas por lei com amparo da ordenação constitucional.

3. Terceirização na Administração Pública em sentido restrito

3.1 Limites constitucionais

A contratação de prestação de serviços de sujeitos privados pela Administração Pública somente é legítima se observados os condicionamentos constitucionais,[4] fundamentalmente impostos como corolários dos princípios estruturantes do direito administrativo.

Para ser válida, a contratação de terceiros deve observar a *finalidade pública* ou categorial a que serve na condição de obtenção adequada da prestação satisfatória de certo serviço em favor da Administração. É uma decorrência do *princípio da finalidade*,[5] inerente à compreensão adequada da *legalidade administrativa*, a impedir que o contrato de prestação de serviço esteja inconstitucionalmente moldado para fornecimento de pessoal para órgãos e entes da Administração Pública.

Para ser válida, a contratação de prestação de serviços deve observar a *isonomia*, de modo que, em regra, exige a *prévia realização de certame licitatório*, admitida a contratação direta em situações excepcionais, autorizadoras de dispensa de licitação ou inexigibilidade de licitação. É uma imposição do *princípio da igualdade perante a lei* (e,

4. Dora Maria de Oliveira Ramos, após delimitar o objeto da terceirização, aponta como limites a ela, na Administração Pública, os princípios da legalidade, eficiência e economicidade (cf. *Terceirização na Administração Pública*, São Paulo, LTr, 2001, pp. 130-145).

5. Como anotou Lúcia Valle Figueiredo, "(...) o princípio da legalidade é bem mais amplo do que a mera sujeição do administrador à lei, pois aquele, necessariamente, deve estar submetido também ao Direito, ao ordenamento jurídico, às normas e princípios constitucionais. (...)" (cf. *Curso de Direito Administrativo*, 9ª ed., São Paulo, Malheiros Editores, 2008, p. 42).

logo, perante a Administração Pública),[6] a exigir na medida do possível a maior competitividade no processo de seleção do contratado, mediante critérios de julgamentos objetivos previamente estabelecidos em ato convocatório.

Para ser válida, a contratação de prestação de serviços deve atender objetivamente a uma *necessidade administrativa*, tendo por objeto a prestação de serviço a ser caracterizado na medida adequada, necessária e proporcional às circunstâncias. Contratos de prestação de serviços cujo objeto seja inadequado, desnecessário ou desproporcional às circunstâncias subjacentes à sua celebração violam a Constituição. É uma projeção normativa dos *princípios da impessoalidade*[7] *e da razoabilidade (em sua vertente de proporcionalidade)*[8] no exercício da margem de autonomia de decisão atribuída a órgãos e entes da Administração Pública.

Para ser válida, a contratação de prestação de serviços deve observar rigorosamente as *exigências ético-jurídicas*. Não poderá servir de instrumento de patrimonialismo ou nepotismo no âmbito administrativo, muito menos servir de meio de enriquecimento ilícito de agentes públicos e de agressão ao Erário Público. Também não poderá isentar a Administração Pública do dever de melhor estruturar-se para cumprir os seus deveres constitucionais. É uma determinação derivada do *princípio da moralidade administrativa*,[9] que deve balizar não apenas o processo de definição das cláusulas contratuais, como também o processo de execução contratual.

6. Na lição de Lúcia Valle Figueiredo, "(...) o princípio da igualdade deve nortear, de ponta a ponta, toda a atividade da Administração e os provimentos emanados por esta só serão válidos na medida em que estejam atendendo ao princípio. (...)" (cf. *Curso de Direito Administrativo*, cit., p. 48).

7. No ensinamento de Lúcia Valle Figueiredo, "(...) a impessoalidade caracteriza-se, pois, na atividade administrativa, pela valoração objetiva dos interesses públicos e privados envolvidos na relação jurídica a se formar, independentemente de qualquer interesse político. (...)" (cf. *Curso de Direito Administrativo*, cit., p. 63).

8. Para aprofundamento do tema, cf. José Roberto Pimenta Oliveira, *Os Princípios da Razoabilidade e da Proporcionalidade no Direito Administrativo Brasileiro*, São Paulo, Malheiros Editores, 2006.

9. Para Lúcia Valle Figueiredo, "(...) o princípio da moralidade deverá corresponder ao conjunto de regras de conduta da administração que, em determinado ordenamento jurídico, são considerados os 'standards' comportamentais que a sociedade deseja e espera. (...)" (cf. "O princípio da moralidade administrativa e o direito tributário", in Lúcia Valle Figueiredo, *Direito Público. Estudos*, pp. 173-174).

Para ser válida, a contratação de prestação de serviços deve atentar para a *eficiência administrativa*. Cumpre à Administração Pública observar na definição das condições contratuais o dever de *otimizar meios (eficiência) e resultados (eficácia)*, em face dos recursos orçamentários e financeiros aplicados, que não podem desconsiderar o mandamento constitucional da economicidade. Eis o que o conteúdo normativo do *princípio da eficiência*[10] impõe na terceirização para sustentá-la sob o prisma da relação custos-benefícios, relativamente à execução do serviço.

Para ser válida, por fim, a contratação da prestação de serviços pela Administração Pública deve ser orientada pela *máxima transparência* dos atos e fatos jurídicos pertinentes à sua celebração e execução, sendo excepcionalíssimos os casos de sigilo, admitido somente quando razões afetas à segurança do Estado e da Sociedade estiverem presentes, conforme o Texto Constitucional e atual marco legal do acesso à informação pública (Lei 12.527/2011). É uma imposição extraída do *princípio da publicidade*,[11] que impõe contínua e pública prestação de contas pela Administração Pública ao povo, fonte e destinatário do exercício do poder público.

3.2 Atendimento à finalidade pública. A contratação de mão de obra pela Administração Pública

Para tratar do tema da terceirização na Administração Pública, deve-se, em princípio, recordar a forma como o Poder Público realiza a contratação de mão de obra para o desempenho de atividades incumbidas ao aparelho administrativo.

10. Prelecionou Lúcia Valle Figueiredo que, com a introdução do princípio da eficiência no rol do art. 37 da CF, o controle dos Tribunais de Contas previsto no art. 70 deve ser exercido "(...) não apenas sobre a legalidade, mas também sobre a legitimidade e economicidade; portanto, praticamente chegando-se ao cerne, ao núcleo, dos atos praticados pela Administração Pública, para verificação se foram úteis o suficiente ao fim a que se preordenavam, se foram eficientes. (...)" (cf. *Curso de Direito Administrativo*, cit., p. 65).

11. Conforme Lúcia Valle Figueiredo, "(...) decisões secretas, editais ocultos, mesmo a publicidade restrita ao mínimo exigido por lei (e conhecida de pouquíssimos), não atendem, de forma alguma, aos princípios constitucionais e, sobretudo, à transparência da Administração. (...)" (cf. *Curso de Direito Administrativo*, cit., pp. 62-63).

Em termos de relações jurídico-funcionais, essa contratação ora se formaliza através de *relações estatutárias*, no caso de *cargos públicos e funções públicas*; ora se manifesta através de *relações de trabalho*, contratuais (ou celetistas, na denominação utilizada no direito do trabalho no Brasil em razão da vigência da CLT), para os *empregos públicos*.

Entende-se que o *regime jurídico único* na Administração Direta e Autárquica de todos os Poderes da União, Estados, Distrito Federal e Municípios – portanto, nas *pessoas jurídicas de direito público* – é, em caráter preponderante, o *regime estatutário*, nos termos do art. 39 da CF. Em sentido diverso, o regime celetista se dissemina na Administração Indireta, relativamente às *pessoas jurídicas de direito privado*, como aponta o art. 173, § 1º, II, da CF, relativamente às empresas estatais exercentes de atividade econômica.

A regra é que cargos, funções e empregos públicos sejam criados por lei. Na Constituição da República, está fixada a competência e o ato formal pelo qual os cargos públicos podem ser criados: no Poder Executivo – *por lei*, *ex vi* art. 37, I, c/c art. 48, X; no Poder Judiciário – *por lei*, *ex vi* art. 96, II-b c/c art. 48, X; no Poder Legislativo – *por Resolução* da Câmara dos Deputados (art. 51, IV) ou do Senado Federal (art. 52, XIII), merecendo destacar que foi reservada iniciativa de *lei* para fixação da remuneração, observada a lei de diretrizes orçamentárias, conforme EC 19/1998; no Ministério Público – *por lei*, *ex vi* art. 127, § 2º; nos Tribunais de Contas – *por lei*, *ex vi* art. 73 c/c art. 96, II, "b". A única exceção, como se observa, está no Poder Legislativo, para preservar a sua independência frente ao Poder Executivo.

Para titulação de cargos públicos e empregos públicos, a regra geral do art. 37, II, é fundamental para a validade dos vínculos funcionais estabelecidos. Em termos, exige-se *concurso público*, sob pena de *nulidade e punição da autoridade responsável*, conforme art. 37, § 2º, da CF. A *exceção ao concurso público* também vem no próprio Texto Constitucional, com destaque para a função pública, relativa à *contratação por tempo determinado para atender a necessidade temporária de excepcional interesse público*, conforme art. 37, IX.

Esse delineamento mantém relação direta com a axiologia insculpida no Texto Maior. Inúmeras são as atribuições constitucionalmente impostas aos entes federativos e, por conseguinte, à sua Administração. Para assegurar a continuidade, eficiência e o atendimento aos interesses públicos, a Constituição cuidadosamente dedicou diversos dispositivos para disciplinar o modo pelo qual o Poder Público deve organizar e obter a mão de obra necessária para o desempenho de atividades públicas.

Nas *pessoas jurídicas de direito público*, elege-se o regime estatutário; dentro deste, estabelece-se a centralidade dos cargos de provimento efetivo – que exigem prévio concurso público – e assegura-se aos respectivos titulares a possibilidade de aquisição da estabilidade. Com a estabilidade, garante-se a permanência dos vínculos funcionais indispensáveis para o contínuo funcionamento do aparelho administrativo. Nas *pessoas administrativas de direito privado*, também impõe a impessoalidade na admissão e no desligamento, com a mesma finalidade de proteger os fins públicos que, de forma especializada, buscam tais entidades criadas pelo Estado.

É intolerável que o Estado utilize na obtenção de mão de obra a contratação de terceiros, via contratos de prestação de serviços, que a própria Constituição faz menção ao positivar o princípio da licitação pública, para *as obras, serviços, compras e alienações*, conforme art. 37, XXI.

Constitui *desvio de finalidade* o uso de competência pública para atingir finalidade pública diversa daquela que a preside. A competência derivada da autorização da contratação de prestação de serviços de terceiros não abrange a intermediação de mão de obra, porque, para essa última finalidade, deverá processar-se pela via procedimental adequada, qual seja a criação regular de cargos, funções e empregos públicos e realização do competente concurso público. Apartando-se da finalidade, eis um típico *desvio de procedimento*, que administradores praticam em desacordo com a *moralidade administrativa* plasmada na Constituição (art. 37, *caput*).

Assim, não é de estranhar que a terceirização – como forma de contratação de mão de obra por interposta pessoa – encontre uma gigantesca barreira constitucional para ser admitida como válida no âmbito da Administração Pública, seja a Direta, seja a Indireta.

O enredo constitucional é pedagógico. Na Administração Direta, exigência de estruturação adequada do regime estatutário para o desempenho regular de cargos e funções públicos, como medida legal. Na Administração Indireta, autárquica (nela incluídas as fundações públicas), idêntica exigência, constitucionalmente balizada pela necessidade de adoção de único regime jurídico estatutário no âmbito de cada entidade federativa. Em ambas, criação de empregos públicos, para atividades materiais ou executivas, em que não há produção jurídica a exigir regime normativo protetivo do interesse público em jogo. Na Administração Indireta, para o conjunto de entes governamentais com personalidade de direito privado, criação legal estruturada da entidade e dos empregos públicos necessários ao seu regular funcionamento e organização. Terreno de relações funcionais contratuais, sendo que apenas a União Federal, detentora da competência legislativa privativa em matéria do direito do trabalho, pode dispor sobre matéria trabalhista.

Em ambos os arranjos institucionais citados – Administração Direta e Autárquica e entidades privadas da Administração Indireta –, o contrato de prestação de serviços, via empreitada ou concessão administrativa, encontrará limitações jurídicas como mero fornecimento de mão de obra, fundadas no próprio Texto Constitucional. De um lado, como proteção da organização político-administrativa desenhada como adequada e necessária para tutela e consecução de interesses públicos. De outro lado, como proteção dos direitos constitucionais, estatutários e trabalhistas dos servidores públicos.

Sob esse último aspecto, é importante recordar que está assegurado pela Constituição, nos termos do art. 39, § 3º, o disposto no art. 7º, IV, VII, VIII, IX, XII, XIII, XV, XVI, XVII, XVIII, XIX, XX, XXII e XXX, relativamente aos ocupantes de cargos públicos. Aos empregados públicos (Administração Direta e Indireta), não há restrição ou derrogação de direitos constitucionais sociais (art. 7º), havendo apenas algumas disposições especiais aplicáveis tão somente aos empregados públicos federais, por força da Lei Federal 9.962, de 22.2.2000.

O terreno das relações funcionais engloba o exercício de função pública destinada ao atendimento de necessidades temporárias para atender a excepcional interesse público, nos termos do art. 37, IX. Logo, não é possível que a contratação de prestação de serviços acabe por abastecer a Administração Pública de mão de obra para atender a essas situações, já que afrontaria diretamente o Texto Maior, que exige regulamentação da matéria por lei e contratação de pessoas físicas para o exercício de função pública. Mesmo para atender a demanda extraordinária em atividade inerente a cargos e empregos públicos, não é lícito terceirizar para obter mão de obra. Caberá utilizar-se da contratação pessoal regida pelo art. 37, IX, da Constituição.

3.3 A caracterização do objeto contratual define a terceirização legítima no direito administrativo brasileiro

A contratação de serviços de terceiros é válida desde que observados os condicionamentos constitucionais gerais acima explicitados e outros deles derivados e já desdobrados na legislação administrativa em vigor.

Na Lei 8.666/1993, a contratação de *serviços* do setor privado subordina-se aos seguintes regimes (art. 6º, VIII): a) empreitada por preço global; b) empreitada por preço unitário; d) tarefa; e) empreitada integral.[12] A Lei do RDC estabeleceu o sexto regime: o da contratação integrada (art. 8º da Lei 12.462/2011), e criou o denominado contrato de eficiência (art. 23, § 1º) como forma especial de empreitada.

Na Lei 11.079/2004, apesar de nominada como "concessão", a denominada concessão administrativa avulta como possível contrato de prestação de serviços do setor privado, já que definiu sua aplicabilidade em situação de prestação de serviços em que a Administração avulta como usuária direta, e nessa exata medida pode ser elencada como forma de terceirização em sentido restrito.

3.3.1 A terceirização legítima mediante contrato administrativo de prestação de serviços, no regime geral de contratos administrativos

O direito administrativo brasileiro traz disposições normativas de longa data, que buscam fundamentar e limitar a atividade de terceirização. Trata-se do Decreto-lei 200/1967. O marco temporal é significativo. Demonstra que a contratação de terceiros – e, assim, o recurso ao setor privado – pela Administração Pública mereceu ao longo do tempo um tratamento jurídico.

Independentemente da sua origem autoritária, é certo que o Decreto-lei 200/1967 constitui referência normativa obrigatória. A finalidade era estabelecer diretrizes para a denominada Reforma Administrativa. Entre tais diretrizes, elencou os seguintes princípios fundamentais da atividade afeta à Administração Pública Federal: *planejamento, coordenação, descentralização, delegação de competências e controle* (art. 6º).

12. A alínea "c" foi vetada.

Disciplinando pontualmente a descentralização, estabeleceu-a em três planos obrigatórios, que ora são traduzíveis como plano *intra-administrativo*, com a distinção clara de níveis de direção e níveis de execução; *plano interadministrativo*, com a transferência de atividades da União Federal para entes federativos mediante convênio; e *plano externo*, designando a descentralização "da Administração Federal para a órbita privada, mediante contratos ou concessões" (art. 10, § 1º, "c").

O mesmo artigo estabelece que para melhor desincumbir-se das tarefas de *planejamento, coordenação, supervisão e controle* e com o objetivo de impedir o crescimento desmesurado da máquina administrativa, a Administração procurará desobrigar-se da *realização material de tarefas executivas*, recorrendo, sempre que possível, à execução indireta, mediante contrato, desde que exista, na área, iniciativa privada suficientemente desenvolvida e capacitada a desempenhar os encargos de execução. É o que dispõe o § 7º do art. 10. A aplicação desse critério está condicionada, em qualquer caso, aos ditames do interesse público e às conveniências da segurança nacional, estabelece o parágrafo posterior.

O conceito de *realização material de tarefas executivas* está demarcado em sua contraposição às *atividades de planejamento, coordenação, supervisão e controle*, no sistema preconizado pelo Decreto-lei 200/1967. Apesar da ausência de rigor técnico no uso da expressão "descentralização", certo é que houve indicação legal da *atividade administrativa terceirizável*. Também é válido pontuar que essa definição está balizada pela existência de "iniciativa privada suficientemente desenvolvida e capacitada a desempenhar os encargos de execução".

Com esse último condicionamento, a lei sinaliza que a contratação de terceiros não depende apenas do caráter da atividade e de decisão de mérito (interesse público), mas da possibilidade material de que a transferência da atividade para o setor privado é factível e representa a melhor solução na sua execução.

Realização material de tarefas executivas se afasta claramente não apenas da atividade administrativa de planejamento, coordenação, supervisão e controle, mas também da atividade que encerra a *produção de atos jurídicos* no âmbito de órgãos e entes da Administração Pública.

Iniciativa privada suficientemente desenvolvida e capacitada a desempenhar os encargos de execução. Existência de setor privado com capacidade de atendimento da demanda introduz no conceito de atividade terceirizável uma flexibilidade adequada – e deveras ineliminável –, já que as utilidades de interesse da Administração encontram-se irremediavelmente balizadas pela disponibilidade criada pela livre--iniciativa na ordem econômica.

Em 1970, a Lei 5.645, de 10.12.1970, estabelecendo diretrizes para a classificação de cargos do serviço civil da União e Autarquias Federais, seguiu a abordagem do Decreto-lei 200/1967. Após alinhavar as atividades compreendidas pelo desempenho de cargos públicos, estabeleceu que "as atividades relacionadas com transporte, conservação, custódia, operação de elevadores, limpeza e outras assemelhadas serão, de preferência, objeto de execução indireta, mediante contrato, de acordo com o artigo 10, § 7º, do Decreto-lei n. 200, de 25 de fevereiro de 1967". O dispositivo foi revogado pela Lei 9.527/1997.

Entre o Decreto-lei 200/1967 e a atual Lei 8.666/1993 cumpre sublinhar o regramento do Decreto-lei 2.300/1986. Em verdade, em termos de delimitação ou caracterização de serviços como objeto de contratação administrativa, a Lei 8.666/1993 herdou a normatização contida originariamente no Decreto-lei 2.300/1986, que, a seu turno, representou aperfeiçoamento do regramento instituído no Decreto-lei 200/1967, em seus arts. 125 a 136, dedicados às normas relativas a licitações para compras, obras, serviços e alienações.

Em todas essas normas, há disciplina legal para *contratação de serviços*, em regime de *empreitada* (e *tarefa*, em situações restritas), com o dever de especificação clara e suficiente do objeto contratado. Vale o registro de que, em termos de definição legal do escopo do contrato de prestação de serviços, as normas da Lei 8.666/1993 aplicam-se aos contratos celebrados sob a égide da Lei 12.462/2011 – Regime Diferenciado de Contratação (RDC).

Assim, cumpre tratar da matéria na disciplina geral em vigor.

Atualmente está disciplinada na Lei Geral de Licitações e Contratos Administrativos – Lei 8.666/1993, que autoriza o Poder Público a celebrar contratos de prestação de serviços (art. 1º).

A lei define o conceito de *serviços*, no art. 6º, II, como "toda atividade destinada a obter determinada utilidade de interesse para a Administração", e exemplifica espécies de utilidades passíveis de terceirização, tais como "demolição, conserto, instalação, montagem, operação, conservação, reparação, adaptação, manutenção, transporte, locação de bens, publicidade, seguro ou trabalhos técnico-profissionais". A contratação representa uma forma de *execução indireta*, que ocorrerá sob o regime da empreitada (art. 6º, VIII), sujeitando-se a exigência de *projeto básico e projeto executivo*, conforme o caso (art. 7º). Em momento algum, na Lei 8.666/1993, a contratação de terceiros assume a compostura de contratação de mão de obra, o que está compatível com o regramento do art. 37, XXI, da CF.

Em continuidade ao art. 61 do Decreto-lei 2.300/1986, não é por outra razão que o art. 71 da Lei 8.666/1993 assim dispõe: "O contratado é responsável pelos *encargos trabalhistas*, previdenciários, fiscais e comerciais resultantes da execução do contrato". No § 1º (redação dada pela Lei 9.032/1995), acrescenta que "*a inadimplência do contratado, com referência aos encargos trabalhistas*, fiscais e comerciais *não transfere à Administração Pública a responsabilidade por seu pagamento*, nem poderá onerar o objeto do contrato ou restringir a regularização e o uso das obras e edificações, inclusive perante o Registro de Imóveis".

Em sendo legítima a contratação de terceiros, a contratada – como sujeito de direito distinto da Administração contratante – deverá cumprir com suas obrigações trabalhistas, já que a execução do contrato administrativo está a seu cargo, e, para tanto, utilizará a mão de obra por ela contratada. Na *modelagem válida de contratação de terceiros*, não há como estabelecer vínculos empregatícios entre os empregados da contratada e o Poder Público, já que os caracteres do vínculo empregatício são postos nas relações entre empregador (contratada) e empregado.

E, para ser legítima, os elementos essenciais a serem investigados são a natureza da atividade a ser exercida à luz das finalidades públicas institucionais, a forma de caracterização do objeto contratado, as condições contratuais de execução dos serviços e as atividades inseridas nas atribuições de cargos e empregos do quadro de pessoal do órgão ou ente da Administração Pública.

Na caracterização do objeto contratado, realizada por órgãos e entidades da Administração Pública, impõe-se o cuidadoso exame da atividade administrativa a cargo do contratante. A distinção categorial entre *atividades-fim* e *atividades-meio*, seja relativamente à *Administração Direta* da União, dos Estados, do Distrito Federal e dos Municípios, seja relativamente às suas respectivas *Administrações Indiretas*, assume relevância dogmática.

As *atividades-fim* que orientam o agir da Administração Direta estão todas estabelecidas em lei, que cria e delimita as competências administrativas. Somente um exame pleno e minucioso em cada vertente material de atuação do Poder Público poderá apontar com razoável detalhamento referidas atividades-fim, exame que deverá partir do estudo adequado do direito positivo, em todos os seus escalões normativos, a nível constitucional, legal, infralegal ou regulamentar e infrarregulamentar.

De outro lado, no domínio das entidades da *Administração Indireta*, estas se sujeitam *ao princípio da especialização funcional*, ou seja, são personificações jurídicas que estão obrigatoriamente atreladas a perseguir os interesses públicos legalmente fixados no ato de sua criação. Constituirão *atividades-fim* todas aquelas diretamente relacionadas com a busca e realização dos interesses públicos que delimitam a constituição do ente como integrante da Administração Pública e exercente de função administrativa.

As denominadas atividades-fim de órgãos e entes administrativos estão irremediavelmente catalogadas na Constituição, lei, em regimento ou estatuto social, cujo desenho normativo será referência obrigatória para o exame detalhado de cada terceirização e detecção das fronteiras da sua licitude.

As atividades-fim não são passíveis de transferência para particulares, através de contratos de prestação de serviços, em regime de empreitada. São conduzidas pelo exercício de função pública, que deve ser exercida por agentes públicos, regularmente investidos na função pública, através do desempenho de cargos, empregos e funções públicos. Logo, não há como inseri-las na caracterização de objeto de contrato de prestação de serviços a ser celebrado com terceiros.

Observa-se, todavia, que a desestruturação de órgãos e entes da Administração Pública para o desempenho de atividades ligadas às finalidades institucionais tem-se revelado situação cotidiana, com reflexos no direito positivo.

Uma análise minuciosa da multifacetada legislação administrativa facilmente comprova a existência de disposições legislativas que autorizam a contratação de terceiros no âmbito nuclear das atribuições de órgãos e entes administrativos. Quando isso não ocorre de forma expressa, constata-se que essa terceirização se realiza, no plano da ação administrativa, através da celebração de contratos de prestação de serviços, com diversidade de escopos, a exemplo de contratos de serviços de consultoria em geral.

Frente a esse último desenvolvimento da terceirização – sua incursão nas atividades-fim –, questiona-se mesmo a relevância da manutenção dos conceitos *atividade-fim v. atividade-meio* no balizamento da ação administrativa na matéria.

Entende-se que o legislador (e o administrador igualmente) está limitado pela Constituição, na criação da disciplina legislativa da terceirização, quando a pretensão estatal é de transferência de atividade administrativa vinculada aos fins públicos que justificam a existência de órgãos e entes da Administração Pública.

O princípio da eficiência, não raro invocado na fundamentação dessa vertente de terceirização, introduzido pela Emenda Constitucional 19/1998, não pode ser amparo constitucional para o enfraquecimento voluntário das instituições administrativas, tal como moldadas pela Constituição. A ideia de obtenção de melhores resultados na atividade finalística também não justifica o atingimento desse grau máximo de terceirização.

Frente à ausência de quadros técnicos, à ineficiência, ao descaso, à inércia, à lentidão da atuação administrativa, a solução constitucional é o *cumprimento direto e total do regime jurídico-administrativo* cujas bases estão na Constituição. Esse é o caminho que o *interesse público primário* impõe. A terceirização, mesmo que contemplada por obra legislativa, é solução que visa a *interesse público secundário* do Poder Público. E não há como sustentá-la no direito positivo.[13]

O domínio legítimo da terceirização é o campo material das atividades instrumentais da produção jurídica atribuída a órgãos e entes da Administração Pública.[14]

13. Para aprofundar o conceito de interesse público e interesse secundário, cf. Celso Antônio Bandeira de Mello, *Curso de Direito Administrativo*, 31ª ed., São Paulo, Malheiros Editores, 2014, pp. 59-70.

14. Para José dos Santos Carvalho Filho, tratando da contratação na Lei 8.666/1993, terceirização legítima e real é "aquela que se formaliza pela celebração de contrato administrativo de serviços, sendo estes representados por atividades-meio da Administração, e sem simular a contratação ilegítima de locação de mão de obra. (...)" (cf. "Terceirização no setor público: encontros e desencontros", in Cristiana Fortini, *Terceirização na Administração*, Belo Horizonte, Fórum, 2012, p. 61).

É interessante que, na topografia constitucional, o art. 37 somente se dedica à atividade administrativa contratual (inciso XXI), por excelência instrumental, após estabelecer os comandos fundamentais relativos à estrutura da função pública (incisos I a V) e à estrutura da Administração Indireta (incisos XIX e XX). Isso corrobora a valoração constitucional conferida à participação de terceiros pela via contratual na atividade administrativa. Esta é considerada necessária, mas com claríssimas limitações de escopo. As denominadas "atividades-meio" são, pois, propícias para a utilização da capacidade empresarial do setor privado, já que em tese não interferentes na produção jurídica atinente ao cumprimento da atividade administrativa legalmente assinalada a órgãos e entes da Administração Pública.

As denominadas *atividades-meio* designam atividades administrativas cuja organização e funcionamento são instrumentos indispensáveis para a realização das atividades-fim, que os órgãos da Administração Direta e entes da Administração Indireta estão legalmente obrigados a promover, realizar, curar, tutelar, enfim, perseguir no exercício da função administrativa.

Constituem atividades cuja realização material enseja a possibilidade de o órgão ou ente da Administração cumprir os seus objetivos constitucionais e legais. Atividades organizacionais ou institucionais que viabilizam a movimentação do aparelho administrativo na produção jurídica requerida pelo ordenamento legal para promover os interesses públicos que o norteiam.

O conceito "atividade-meio" é espécie de conceito indeterminado. Do exame cuidadoso das normas administrativas que gizam as competências públicas manejadas pelo órgão ou ente da Administração, bem como das atribuições delineadas para o exercício de cargos, funções e empregos públicos do quadro de pessoal, dessas avaliações será juridicamente possível avançar para alocar tal ou qual atividade com pretensão de terceirizar-se, nas zonas conceituais de *certeza positiva* ou *certeza negativa*. Considera-se que do referido contraste normativo haverá substancial redução da *zona de incerteza*, que se reputa ineliminável. Outro aporte significativo na *delimitação concreta* das zonas conceituais residirá na *apreciação circunstanciada de cada situação*, com o contraste entre os elementos normativos supraindicados e a atividade foco da terceirização.

Na interpretação do conceito, o adjetivo *instrumental* é o melhor norte para a definição. Qualificar atividades-meio como *atividades acessórias, secundárias ou complementares* pode induzir a erro, o de reduzir sua relevância institucional conforme as circunstâncias estruturais do quadro de pessoal do órgão ou entidade da Administração Pública. Nesse sentido, não se pode olvidar que é possível que o desempenho de atividades instrumentais seja objeto de atribuições organizadas em cargos, funções ou empregos nos órgãos e entes administrativos.

Atividades-meio fornecem "utilidades de interesse da Administração" que, no concerto geral de atividades exercidas, auxiliam, propiciam, promovem ou *instrumentalizam* o atingimento da razão de ser jurídica de determinado órgão ou ente da Administração Pública. Não substituem as atividades que representam a própria existência jurídica do órgão ou entidade. Encontram-se na linha indeterminada de atividades que impulsionam o órgão ou entidade ao cumprimento adequado do seu desiderato legal.

A concentração da terceirização nas atividades-meio libera o aparelho administrativo de execução de atividades que não são próprias da Administração Pública. A redução de custos e o aumento da eficiência operacional são os efeitos pretendidos, tendo em vista que a atividade passa a ser desempenhada por estrutura empresarial especializada que disputa a contratação com concorrentes no mercado. A Administração Pública obtém maior flexibilidade na gestão das atividades-meio, retirando-se o foco da execução para o controle do contrato, na busca de maior produtividade. Essa lógica da terceirização, quando violada, conduz a disfunções que, em última instância, retiram sua legitimação.

Esse conceito de *atividade-meio* como *atividade instrumental* supera o conceito de *atividade executiva*, do Decreto-lei 200/1967, porque não exclui *a priori* o amplo campo de atividades de planejamento, coordenação, supervisão e controle da possibilidade de terceirização.

Os anos posteriores à promulgação da Lei 8.666 foram anos de crescente controvérsia sobre as possibilidades e limites da terceirização pela Administração Pública. O Egrégio Tribunal Superior do Trabalho editou a Súmula 331, em 1993, alterando substancialmente o entendimento jurisprudencial em vigor, adotando fórmula mais favorável à terceirização. Em 1995, o Plano Diretor da Reforma do Aparelho do Estado, formulado pelo Governo Fernando Henrique Cardoso, serviu de marco histórico de alteração de paradigma administrativo, que enfatizava a participação do setor privado (com ou sem fins lucrativos) na atividade administrativa.

As possibilidades e os limites da terceirização, à luz da Lei 8.666/1993, foram na ocasião objeto de regulamentação específica na Administração Pública Federal, através do Decreto 2.271, de 7.7.1997.

Através do Decreto 2.271, de 7.7.1997, dispondo sobre a contratação de serviços na Administração Pública Federal Direta e Autárquica, estabelece-se que "poderão ser objeto de execução indireta as *atividades materiais acessórias, instrumentais ou complementares aos assuntos* que constituem área de competência legal do órgão ou entidade" (art. 1º). Logo a seguir, o Decreto enumerou exemplificativamente atividades que podem ser contratadas. *As atividades de conservação, limpeza, segurança, vigilância, transportes, informática, copeiragem, recepção, reprografia, telecomunicações e manutenção de prédios, equipamentos e instalações foram*, de preferência, arroladas como objeto de execução indireta.

Reconhecendo que por via de contratos de serviços é ilegal pretender recrutar mão de obra, o Decreto fixa que o objeto da contratação deverá ser definido de forma expressa no edital de licitação e no contrato exclusivamente como *prestação de serviços*. Na mesma linha, nos termos do art. 4º é vedada a inclusão de disposições nos instrumentos contratuais que permitam: I – indexação de preços por índices gerais, setoriais ou que reflitam a variação de custos; II – *caracterização exclusiva do objeto como fornecimento de mão de obra*; III – previsão de reembolso de salários pela contratante; IV – subordinação dos empregados da contratada à administração da contratante. São todas elas situações que sinalizam o desvirtuamento finalístico da contratação, nos termos da Lei 8.666/1993.

A regulamentação da matéria no Decreto 2.271/1997 passa ainda pela exclusão expressa: (i) da transferência de atividade na qual se produzem *atos jurídicos* em nome do ente estatal, daí o acentuado qualificativo de *atividade material*; (ii) da transferência de atividade que esteja abrangida por cargos ou empregos públicos. Nos termos do § 2º do art. 1º, "não poderão ser objeto de execução indireta as *atividades inerentes às categorias funcionais abrangidas pelo plano de cargos do órgão ou entidade*, salvo expressa disposição legal em contrário ou quando se tratar de cargo extinto, total ou parcialmente, no âmbito do quadro geral de pessoal".

Cumpre assinalar que no plano legal não é possível admitir lei institutiva de certo cargo público (isolado ou de carreira) e lei dispondo sobre autorização de prestação de serviços por terceiros que sejam inerentes às atribuições do cargo.

A única hipótese concebível seria em contexto de inexistência de cargos vagos e necessidade de suplemento da atividade material desempenhada pelos cargos ou empregos existentes e ocupados. Mesmo assim, nesses casos entende-se que, *havendo cargos ou empregos, deverá a Administração trilhar o caminho de criação de novas vagas e posterior realização de concurso público.*

A segunda ressalva, que permite a contratação de serviços no caso de atividades inerentes a cargos extintos, total ou parcialmente, no âmbito do quadro geral de pessoal, é diversa da anterior, porque houve deliberação pela extinção do cargo.

Atualmente, no âmbito da Administração Direta e Autárquica, referida extinção deverá ocorrer por meio de lei. Segue-se o paralelismo das formas. *Criados por lei formal, cargos e empregos públicos devem ser extintos por lei formal.* Todavia, após a EC 32/2001, o Chefe do Poder Executivo pode, mediante *decreto*, extinguir funções ou cargos públicos, quando vagos (art. 84, VI, "b"). Embora não explicitada, a extinção abrange os empregos públicos na Administração Direta e Autárquica. Referida competência impõe o exercício fundamentado da prerrogativa, tendo em vista que o ato administrativo afetará comando superior constante de lei. A extinção por decreto é medida que exige motivação clara, suficiente, congruente e tempestiva do Chefe do Poder Executivo.

Essa extinção excepcional por ato de hierarquia normativa inferior de certo modo *facilitará a adoção de terceirização válida* na Administração Pública, nas *atividades-meio*, para a prestação de serviços inerentes às atividades instrumentais desempenhadas no seio de órgãos da Administração Direta e entes autárquicos.

O Decreto 2.271/1997 autovinculou a Administração Pública Federal, na prática da terceirização. Em consonância com a política governamental expressa no Plano Diretor da Reforma do Aparelho do Estado, inúmeros cargos públicos foram extintos por força de lei, como prova a

Lei 9.632, de 7.5.1998, conversão da MP 1.606-20, de 28.4.1998, autorizando que as atividades compreendidas pelos mesmos fossem objeto de execução indireta (art. 2º).

Relativamente à Administração Indireta, o Decreto 2.271/1997 atribuía competência ao Conselho de Coordenação das Empresas Estatais (CCE) para disciplinar as contratações de empresas públicas, sociedades de economia mista e demais empresas controladas pela União (art. 9º). O CCE foi extinto, e atualmente integra o Ministério do Planejamento, Orçamento e Gestão o Departamento de Coordenação e Governança das Empresas Estatais (DEST), com estrutura regimental prevista no Decreto 7.063, de 13.1.2010. Inexiste até o presente a norma administrativa prevista no art. 9º do Decreto 2.271/1997. Assim, reputa-se aplicável às empresas estatais (e demais pessoas jurídicas de direito privado integrantes da Administração Indireta) a normatização aprovada pela Chefia do Poder Executivo, com as devidas adaptações.

Finalizando a análise do quadro de normas administrativas incidentes sobre a terceirização na Administração Pública, importa considerar o disposto na Instrução Normativa 2, de 30.4.2008 (com alterações posteriores), que dispõe sobre regras e diretrizes para a contratação de serviços, continuados ou não, pela Administração Pública Federal, editada pelo *Ministério do Planejamento, Orçamento e Gestão/Secretaria de Logística e Tecnologia de Informação*; e Instrução Normativa 3, de 1º.9.1997, editada pelo *Ministério do Trabalho e Emprego*, dispondo sobre a fiscalização nas empresas de prestação de serviços a terceiros e empresas de trabalho temporário.

Relativamente à IN MPOG 2/2008, houve o estabelecimento de regras e diretrizes infrarregulamentares, em desenvolvimento às normas do Decreto 2.271/1997. Vale sublinhar o que não é pura reiteração da norma advinda do Chefe do Poder Executivo.

Estipulam-se os serviços terceirizáveis como "aqueles que apoiam a realização das atividades essenciais ao cumprimento da missão institucional do órgão ou entidade" (art. 6º).

A contratação de serviços deve ser precedida e instruída com plano de trabalho, que conterá, no mínimo: I – justificativa da necessidade dos serviços; II – relação entre a demanda prevista e a quantidade de serviço a ser contratada; III – demonstrativo de resultados a serem alcançados em termos de economicidade e de melhor aproveitamento dos recursos humanos, materiais ou financeiros disponíveis.

Nas contratações de prestação de serviços, não se admite a previsão de funções que lhes sejam incompatíveis ou impertinentes (art. 7º, § 1º). As funções deverão observar a nomenclatura estabelecida no Código Brasileiro de Ocupações – CBO, do Ministério do Trabalho e Emprego (art. 7º, § 3º).

A IN 2/2008 traz previsão da alocação de denominada "função de apoio administrativo", desde que todas as tarefas a serem executadas estejam previamente descritas no contrato de prestação de serviços para a função específica, admitindo-se pela administração, em relação à pessoa encarregada da função, a notificação direta para a execução das tarefas previamente definidas. Está no art. 8º. O perfil genérico dessa previsão poderá ensejar arbitrariedade e transferência ilegal de atividades para terceiros exercentes da referida "função de apoio administrativo".

A norma torna explícito que a contratação de atividades não deve implicar limitação do exercício dos direitos individuais em benefício do interesse público, exercício do poder de polícia ou manifestação da vontade do Estado pela emanação de atos administrativos. E exemplifica atos que não podem ser atribuídos a terceiros: "*a*) aplicação de multas ou outras sanções administrativas; *b*) a concessão de autorizações, licenças, certidões ou declarações; *c*) atos de inscrição, registro ou certificação; e *d*) atos de decisão ou homologação em processos administrativos" (art. 9º).

O art. 10 detalha condutas administrativas ilícitas, por revelar formas de ingerência na administração da contratada, tais como: exercer o poder de mando sobre os empregados da contratada,[15] direcionar a contratação de pessoas para trabalhar nas empresas contratadas; promover ou aceitar o desvio de funções dos trabalhadores da contratada, considerar os trabalhadores da contratada como colaboradores eventuais do próprio órgão ou entidade, concedendo diárias e passagens.

15. Como anota Dinorá Grotti, "a terceirização lícita é, pois, aquela em que não haja elementos da relação de emprego entre o contratante e o trabalhador, principalmente a inexistência da pessoalidade e da subordinação hierárquica (art. 3º da CLT); é aquela em que o contratante quer o resultado, o produto, na forma e no tempo contratados" (cf. "Parcerias na Administração Pública", disponível em: <www.tce.sp.gov.br>, acesso em 4.1.2013, pp. 52-53).

Outro importante dispositivo é o que disciplina a forma de pagamento da contratada. Exige-se adoção de unidade de medida que permita a mensuração dos resultados e elimine a possibilidade de remunerar as empresas com base na quantidade de horas de serviço ou por postos de trabalho, critério esse utilizável em caráter excepcional (art. 11). A própria Instrução Normativa vincula os critérios de aferição de resultados a "Acordos de Nível de Serviços", nos quais deverão ser explicitados os resultados contratados, sob ponto de vista de quantidade e qualidade exigidas.

Além do Decreto 2.271/1997, nesse mesmo ano o Ministério do Trabalho editou a Instrução Normativa 3, de 1º.9.1997, dispondo sobre a fiscalização nas empresas de prestação de serviços a terceiros e empresas de trabalho temporário.

Nos termos da IN MTE 3/1997, a empresa de prestação de serviços a terceiros é aquela destinada "a realizar determinado e específico serviço a outra empresa fora do âmbito das atividades-fim e normais para que se constitui essa última" (art. 2º). Cabe à Fiscalização do Trabalho, quando da inspeção na empresa de prestação de serviços a terceiros ou na contratante, examinar a "atividade do trabalhador", no sentido de que "o agente de inspeção do trabalho deve observar as tarefas executadas pelo trabalhador da empresa prestadora de serviços, a fim de constatar se estas não estão ligadas às atividades-fim e essenciais da contratante" (art. 5º, "c"). A norma é aplicável aos contratantes "pessoa física ou jurídica de direito público ou privado que celebrar contrato com empresas de prestação de serviços a terceiros com a finalidade de contratar serviços" (art. 3º).

A norma administrativa regente da *polícia administrativa de relações de trabalho* na matéria está consonante com a jurisprudência trabalhista (Súmula TST 331, de 1993) e com a norma de organização administrativa veiculada no Decreto 2.271/1997.

As normas citadas – legais, regulamentares e infrarregulamentares – buscam delimitar as possibilidades e limites da terceirização por órgãos e entes da Administração Pública. A sujeição administrativa à legalidade atribui a tais parâmetros normativos caráter obrigatório.

Com essas observações, pode-se concluir que o conceito constitucional (para efeito do art. 37, XXI) e legal (para efeito das Leis 8.666/1993, 10.520/2002 e 12.462/2011) de serviço – *toda atividade destinada a obter determinada utilidade de interesse para a Administração* – não tem a ampla dimensão que se pode outorgar ao seu significado.

Primeiro, porque estão excluídas contratações de atividades-fim, que devem ser desempenhadas por agentes no exercício da função pública, mediante vínculos funcionais (desempenho dos cargos, funções e empregos do quadro de pessoal), ora porque a diretriz instituída da Lei 11.079/2004, em seu art. 3º, III, é aplicável a qualquer contrato de prestação de serviço e não apenas a concessão administrativa; ou seja, vigora a indelegabilidade das funções de regulação, jurisdicional, do exercício do poder de polícia e de outras atividades exclusivas do Estado como diretriz de terceirizações legítimas. *Segundo*, porque o fornecimento de mão de obra não se inclui entre as utilidades juridicamente possíveis de se obter via contrato administrativo. *Terceiro*, porque os serviços prestados por particulares somente são passíveis de configuração no terreno próprio de atividades instrumentais. *Quarto*, porque, mesmo constituindo atividades instrumentais de órgão ou entidade da Administração Pública, devem ser resguardadas as atribuições inerentes a cargos e empregos legalmente previstos e ativos no quadro de pessoal. Não há margem de decisão administrativa entre realizar o competente concurso público (e prover cargos ou preencher empregos) e deflagrar a terceirização.

3.3.1.1 A intervenção da Justiça do Trabalho para estabelecer os efeitos trabalhistas da terceirização na Administração Pública

A celebração sucessiva de contratos de prestação de serviços pela Administração Pública que implicava terceirização ilegítima justificou a intervenção do Poder Judiciário Trabalhista no tema, com o fim de delimitar as situações de tutela dos direitos trabalhistas de trabalhadores prejudicados.

A terceirização na Administração Pública surge como problema jurídico-administrativo, no direito administrativo brasileiro, quando a mesma se submete à política de redução do tamanho do aparelho administrativo, sob a alegação de imprimir racionalização na organização administrativa e alcançar maior eficiência e eficácia na atividade administrativa, em um ambiente de crise fiscal generalizada. Semelhante crise se observou no setor privado desde pelo menos a segunda metade do século XX, a partir do qual se assistiu à expansão do fenômeno da terceirização nas empresas privadas na economia, com reflexos no direito do trabalho.

Com a terceirização, as empresas buscam a redução de custos de mão de obra, concentração de esforços institucionais nas atividades-fim da empresa, transferência de atividades-meio para empresas especializadas, visando, ao fim e ao cabo, a uma maior produtividade e acumulação de capital, indispensável para o crescimento e sobrevivência das empresas em um ambiente de crescente internacionalização da economia. Enfim, maior racionalização da atividade empresarial, com vistas a elevar a eficiência e eficácia da atuação empresarial no mercado.

No setor privado, fala-se em terceirização, desverticalização, exteriorização, subcontratação, filialiação, reconcentração, focalização, parceirização, colocação de mão de obra, intermediação de mão de obra, contratação de serviços ou contratação de trabalho por interposta pessoa.[16]

Em matéria de direito do trabalho, a Consolidação das Leis do Trabalho, de 1943, é categórica em preceituar que "serão nulos de pleno direito os atos praticados com o objetivo de desvirtuar, impedir ou fraudar a aplicação dos preceitos contidos na presente Consolidação" (art. 9º). A intermediação de mão de obra visando ao mascaramento da relação de emprego (arts. 2º e 3º) frauda a tutela conferida ao trabalhador. A única hipótese tratada na CLT diz respeito à subempreitada (art. 455), estipulando a responsabilidade subsidiária do empreiteiro.

A legislação trabalhista é restritiva na normatização do tema. São citadas as Leis 6.019, de 3.1.74, e 7.102, de 20.6.1983 – respectivamente, leis sobre o denominado trabalho temporário e sobre a prestação de serviços de vigilância –, como leis trabalhistas que tocam na regulamentação da terceirização.

Em termos de jurisprudência, representativa do entendimento restritivo da Justiça do Trabalho antes da Constituição de 1988 está a Súmula TST 256, de 22.9.1986, nos seguintes termos: "Salvo os casos de trabalho temporário e de serviços de vigilância previstos nas Leis n. 6.019, de 03.01.1974, e n. 7.102, de 20.06.1983, é ilegal a contratação de trabalhadores por empresa interposta, formando-se o vínculo empregatício diretamente com o tomador de serviços".

No âmbito do TST, após a promulgação da Constituição de 1988 e novo regime constitucional aplicável à função pública, restou explicitada a mesma reprovação à terceirização na Administração Pública, no

16. Volia Bonfim Cassar, *Direito do Trabalho*, 2ª ed., Niterói, Impetus, 2008, p. 491.

período anterior, conforme os termos da Orientação Jurisprudencial da Seção de Dissídios Individuais I (SDI I) 321.

Na redação original (*DJ* 11.8.2003): "É aplicável a Súmula n. 256 para as hipóteses de vínculo empregatício com a Administração Pública, em relação ao período anterior à vigência da CF/1988". Na redação alterada (*DJ* 20.4.2005): "Salvo os casos de trabalho temporário e de serviço de vigilância, previstos nas Leis ns. 6.019, de 03.01.1974, e 7.102, de 20.06.1983, é ilegal a contratação de trabalhadores por empresa interposta, formando-se o vínculo empregatício diretamente com o tomador dos serviços, inclusive ente público, em relação ao período anterior à vigência da CF/1988". Nessa parte final, observa-se que se admite o reconhecimento de vínculo entre tomador de serviço (ente público) e trabalhador, mas apenas em relação a períodos anteriores à promulgação da atual Constituição.

Após 1988, as consequências da terceirização no âmbito da atividade privada e na atividade pública (Administração Direta e Indireta) são fundamentalmente tratadas pela Súmula TST 331, de 17.12.1993. A redação original foi posteriormente alterada pela Resolução TST 96/2000. A última alteração deve-se à Resolução TST 174/2011 (*DEJT* 27, 30 e 31.5.2011).

Em atenção à situação fática enfrentada, a Súmula TST 331 acabou por reconhecer a possibilidade de terceirização no direito do trabalho, e buscou alinhavar suas possibilidades e limites.

A Súmula TST 331, na sua atual redação, assim dispõe:

> CONTRATO DE PRESTAÇÃO DE SERVIÇOS. LEGALIDADE (nova redação do item IV e inseridos os itens V e VI à redação) – Res. 174/2011, *DEJT* divulgado em 27, 30 e 31.05.2011.
>
> I – A contratação de trabalhadores por empresa interposta é ilegal, formando-se o vínculo diretamente com o tomador dos serviços, salvo no caso de trabalho temporário (Lei n. 6.019, de 03.01.1974).
>
> II – A contratação irregular de trabalhador, mediante empresa interposta, não gera vínculo de emprego com os órgãos da Administração Pública direta, indireta ou fundacional (art. 37, II, da CF/1988).
>
> III – Não forma vínculo de emprego com o tomador a contratação de serviços de vigilância (Lei n. 7.102, de 20.06.1983) e de conservação e

limpeza, bem como a de serviços especializados ligados à atividade-meio do tomador, desde que inexistente a pessoalidade e a subordinação direta.

IV – O inadimplemento das obrigações trabalhistas, por parte do empregador, implica a responsabilidade subsidiária do tomador dos serviços quanto àquelas obrigações, desde que haja participado da relação processual e conste também do título executivo judicial.

V – Os entes integrantes da Administração Pública direta e indireta respondem subsidiariamente, nas mesmas condições do item IV, caso evidenciada a sua conduta culposa no cumprimento das obrigações da Lei n. 8.666, de 21.06.1993, especialmente na fiscalização do cumprimento das obrigações contratuais e legais da prestadora de serviço como empregadora. A aludida responsabilidade não decorre de mero inadimplemento das obrigações trabalhistas assumidas pela empresa regularmente contratada.

VI – A responsabilidade subsidiária do tomador de serviços abrange todas as verbas decorrentes da condenação referentes ao período da prestação laboral.

Em seu inciso I, a Súmula TST 331 reitera, parcialmente, a Súmula TST 256, de edição anterior à Constituição em vigor. Estipula-se, como regra, a vedação à contratação de trabalhadores por empresa interposta. *Em havendo quebra da legalidade, o vínculo empregatício surgirá entre o efetivo empregador (tomador dos serviços) e o empregado da firma terceirizada*.

A primeira exceção está na Lei 6.019/1974, regente do trabalho temporário, que é aquele prestado por pessoa física a uma empresa, para atender à necessidade transitória de substituição de seu pessoal regular e permanente ou a acréscimo extraordinário de serviços, nos termos do art. 2º. É importante sublinhar que na Administração Pública a única forma de contratação temporária é a prevista no art. 37, IX, da Constituição, que revela regime estatutário especial, formalizado no exercício de função pública (e não cargo ou emprego público).

Em seu inciso II, a Súmula TST 331 pretende dar cumprimento ao art. 37, § 2º, da Constituição, que estabelece nulidade e punição da autoridade responsável para contratação de mão de obra em desacordo com o art. 37, II e III. De fato, *contratar pessoal através de interposta empresa implica não realizar o devido concurso público*, seja para cargo público, seja para emprego público. O dispositivo sumular não faz distinção entre a *terceirização lícita* (quando atendidos os pressupostos impostos pela ordem jurídica) e *terceirização ilícita* (quando mediante contratos de prestação de serviços busca-se, em verdade, mão de obra, por via indireta). *Nas duas situações, não há formação válida de vínculo empregatício.*

Registre-se a interpretação do art. 37, § 2º, da Constituição preconizada pelo dispositivo sumular. A Constituição determina a nulidade dos atos ofensivos aos incisos II e III do art. 37. O inciso II impõe a realização de concurso público para cargos e empregos públicos, no âmbito da Administração Direta e Indireta de todos os Poderes da União, dos Estados-Membros, dos Municípios e do Distrito Federal. O inciso III trata do prazo máximo de validade dos concursos públicos. A Súmula TST 331, portanto, reconhece a nulidade da intermediação de mão de obra mediante contratos de prestação de serviços celebrados pelo Poder Público com o setor privado, mas assegura os direitos trabalhistas através da responsabilidade subsidiária.

É a mesma nulidade decorrente de contratação direta de trabalhadores sem o prévio concurso público. Todavia, nessas situações, tem-se a Súmula TST 363,[17] que, em matéria de "Contratação de Servidor Público sem Concurso – Efeitos e Direitos", estabelece que "A contratação de servidor público, após a CF/1988, sem prévia aprovação em concurso público, encontra óbice no respectivo art. 37, II e § 2º, somente lhe conferindo direito ao pagamento da contraprestação pactuada, em relação ao número de horas trabalhadas, respeitado o valor da hora do salário mínimo, e dos valores referentes aos depósitos do FGTS".

A solução dada pela Súmula TST 331 aparentemente é mais benéfica ao trabalhador (responsabilidade trabalhista indireta, subsidiária, mas integral) do que a consignada na Súmula TST 363 (responsabilidade trabalhista direta, sem integralidade dos direitos trabalhistas, e assim limitada). Em nosso parecer, os direitos trabalhistas deveriam ser os mesmos em ambas as situações, pois não há elementos que justifiquem diferen-

17. Nos termos da Res. 97/2000, *DJU* 18.9.2000, republicação *DJU* 13.10.2000, republicação *DJU* 10.11.2000; Res. 111/2002, *DJU* 11.4.2002; e Res. 121/2003, *DJU* 21.11.2003.

ciação em relação ao trabalhador. Tanto o empregado diretamente contratado como o indiretamente contratado não podem ser penalizados pela ilegalidade, considerando o fato objetivo da prestação de atividade laboral em favor do Poder Público, e tal circunstância autoriza a condenação do Poder Público ao cumprimento de todas as obrigações trabalhistas previstas em lei, ressalvado o reconhecimento de vínculo empregatício, a única consequência afastada pelo art. 37, § 2º, da Constituição.[18]

Em seu inciso III, a Súmula TST 331 reitera parcialmente a Súmula TST 256, para o fim de admitir terceirizações na contratação de serviços de vigilância (Lei 7.102, de 20.6.1983). Acrescenta os serviços de conservação e limpeza, encerrando com uma *cláusula geral permissiva*: a terceirização somente é admissível para *serviços especializados ligados à atividade-meio do tomador*. E, dentro desse âmbito material, exige como condição de legalidade da terceirização *a inexistência de pessoalidade e subordinação direta*. Traços esses que levam à explicitação de verdadeiros vínculos empregatícios.

No inciso III, o conceito de *atividade-meio* torna-se essencial para a solução de cada caso concreto. A jurisprudência trabalhista não aceita como válida transferência de *atividade-fim*. Esse caminho é considerado violador de obrigações trabalhistas da empresa tomadora de serviço. Somente uma investigação cuidadosa do objeto social da pessoa jurídica e da atividade realizada gera condições de verificar a natureza da atividade terceirizável (fim ou meio) e a licitude do ajuste sob o império do direito do trabalho.

No inciso IV, na redação anterior à Resolução TST 174/2011, o dispositivo estendia, *de forma generalizada ou incondicionada*, a *responsabilidade subsidiária* do tomador de serviços para órgãos da administração direta, das autarquias, das fundações públicas, das empresas públicas e das sociedades de economia mista, desde que houvessem participado da relação processual e constassem também do título executivo judicial.[19]

18. Apontando a incompatibilidade entre as Súmulas 331 e 363 do Egrégio Tribunal Superior do Trabalho, cf. Rita Tourinho, "A responsabilidade subsidiária da Administração Pública por débitos trabalhistas do contratado: a legalidade frente ao ideal de justiça", in Cristiana Fortini (coord.), *Terceirização na Administração*, Belo Horizonte, Fórum, 2012, pp.104-106.

19. Em face da redação anterior da Súmula TST 331, Marçal Justen Filho anotava que "a única solução para a Administração consiste em adotar todas as medidas

Sobre esse aspecto sumular, apontou-se eventual conflito entre o conteúdo do inciso IV da Súmula TST 331 e o art. 71, § 1º, da Lei 8.666/1993, que conforme acima visto estabelece a não transferência de encargos trabalhistas da contratada para a Administração Pública, no caso de inadimplemento de obrigações trabalhistas. A doutrina se dividia quanto à aludida contraditoriedade, havendo quem preconizasse a ausência de fundamento jurídico para a responsabilidade subsidiária integrada ao inciso IV da Súmula TST 331 e quem fosse favorável à valida estipulação dessa consequência jurídica e apontasse medidas administrativas para afastá-la *in concreto*.[20]

Na Ação Declaratória de Constitucionalidade 16/DF,[21] o Supremo Tribunal Federal decidiu a matéria, em acórdão assim definido:

> (...) EMENTA: Responsabilidade contratual – Subsidiária – Contrato com a administração pública – Inadimplência negocial do outro contraente – Transferência consequente e automática dos seus encargos trabalhistas, fiscais e comerciais, resultantes da execução do contrato, à administração – Impossibilidade jurídica – Consequência proibida pelo art. 71, § 1º, da Lei federal n. 8.666/93 – Constitucionalidade reconhecida dessa norma – Ação direta de constitucionalidade julgada, nesse sentido, procedente – Voto vencido. É constitucional a norma inscrita no art. 71, § 1º, da Lei federal n. 8.666, de 26 de junho de 1993, com a redação dada pela Lei n. 9.032, de 1995.

preventivas possíveis. Isso envolve a desclassificação de propostas que não comportem o cumprimento adequado e satisfatório dos encargos trabalhistas, a fiscalização exata e precisa sobre o cumprimento das obrigações laborais e a identificação antecipada de riscos nesse setor. Caberá exigir que o contratado comprove a absoluta regularidade no pagamento da remuneração devida aos próprios empregados e o cumprimento de outras obrigações acessórias eventualmente incidentes. (...)" (cf. *Comentários à Lei de Licitações e Contratos Administrativos*, São Paulo, Dialética, 2009, p. 787). No mesmo sentido, Lucas Rocha Furtado sublinha a exigência de comprovação do cumprimento dos encargos trabalhistas como condição para o pagamento de faturas do contratado (cf. *Curso de Licitações e Contratos Administrativos*, Belo Horizonte, Fórum, 2010, p. 477).

20. Cf. Carlos Pinto Coelho Motta, *Eficácia nas Licitações e Contratos*, Belo Horizonte, Del Rey, 2005, p. 508.

21. Rel. Min. Cezar Peluso, Pleno, j. 24.11.2010, *DJe*-173 div. 8.9.2011, pub. 9.9.2011.

Decisão: O Tribunal, por maioria e nos termos do voto do Relator, Ministro Cezar Peluso (Presidente), julgou procedente a ação, contra o voto do Senhor Ministro Ayres Britto. Impedido o Senhor Ministro Dias Toffoli. Plenário, 24.11.2010. (...)

O Supremo Tribunal Federal só declarou a constitucionalidade do art. 71, § 1º, da Lei 8.666/1993. Todavia, mesmo assim, fez uma modulação no julgamento, rejeitando a *transferência consequente e automática de encargos trabalhistas, resultantes da execução de contrato administrativo*, em desfavor da Administração. Do referido julgamento resultou uma revisão parcial da Súmula TST 331, realizada pela Resolução 174/2011.

Firmou-se o comando pelo qual, nos termos do Inciso V, "os entes integrantes da Administração Pública direta e indireta respondem subsidiariamente, nas mesmas condições do item IV, *caso evidenciada a sua conduta culposa no cumprimento das obrigações da Lei n. 8.666, de 21.06.1993*, especialmente na fiscalização do cumprimento das obrigações contratuais e legais da prestadora de serviço como empregadora. A aludida responsabilidade *não decorre de mero inadimplemento das obrigações trabalhistas* assumidas pela empresa regularmente contratada".

Nos termos do inciso V, impõe-se o comando geral do art. 71 da Lei 8.666/1993, ressalvadas as situações de conduta administrativa culposa, relativamente à fiscalização do cumprimento das obrigações trabalhistas pelo contratado da Administração.

Ao nosso parecer, julgada procedente a ADC 16/DF, impõe-se o comando do art. 71 da Lei 8.666/1993. Ocorre que o mesmo diz respeito a *contratos administrativos de prestação de serviços à Administração* que pressupõem *legalidade na caracterização do respectivo objeto*, de modo que a norma não se dirigia – e continua a não disciplinar – a obrigações trabalhistas decorrentes de contratação ilegal de mão de obra pela Administração Pública. Nesse sentido, a declaração de constitucionalidade da norma não seria solução para problemas criados por contratações que, valendo-se do figurino do contrato de prestação de serviço, visam frustrar as normas constitucionais regentes dos servidores públicos.

Considerando o entendimento jurisprudencial do TST em vigor, tem-se:

(1) Havendo *contratação válida de prestação de serviços*, não há transferência de responsabilidade para Administração Pública quanto ao inadimplemento de obrigações trabalhistas. Incide o comando do art. 71 da Lei 8.666/1993. Todavia, agora, mesmo nessas relações contratuais válidas de prestação de serviços, com o novo inciso V da Súmula TST 331, havendo conduta culposa na fiscalização das obrigações trabalhistas da contratada, caberá responsabilidade subsidiária, que continua a ter fundamento exclusivo em entendimento jurisprudencial, construído para a proteção dos direitos dos trabalhadores, da empresa contratada pela Administração Pública.

Ao nosso parecer, essa *responsabilidade trabalhista subsidiária condicionada* da Administração Pública encontra *fundamento constitucional* na medida em que o contrato de prestação de serviços é meio de execução indireta de atividade de órgão ou ente da Administração Pública. O Estado Social, tal como plasmado pela Constituição, impõe a tutela estatal dos direitos dos trabalhadores. Essa tutela pode se dar através da movimentação do competente aparelho administrativo incumbido da polícia administrativa das relações de trabalho.

Entretanto, também se revela nessa forma especial de responsabilização quando obrigações trabalhistas estão atreladas diretamente a contratos de prestação de serviços celebrados no âmbito de órgãos e entes da Administração Pública. Não sendo cabível suscitar uma *responsabilidade trabalhista direta*, sob pena de ofensa à ordem econômica, remanesce a possibilidade jurídica da *responsabilidade trabalhista subsidiária*, que será acionada somente após o esgotamento dos meios de cobrança de obrigações trabalhistas em face do devedor principal, que, nesse caso, será um empregador que atuou em colaboração com o Poder Público, executando atividade de interesse público.

(2) Havendo *contratação inválida de mão de obra* através de terceirização ilegítima, impõe-se a responsabilidade subsidiária da Administração Pública. A prática da ilegalidade na violação do regime constitucional dos servidores públicos já seria o suficiente para a responsabilização da Administração Pública. Aqui se trata de responsabilidade trabalhista.

Com o novo inciso V da Súmula TST 331, é necessário comprovar ou evidenciar "conduta culposa no cumprimento das obrigações" da Lei 8.666/1993" para deflagrar a responsabilidade subsidiária. Não bastará afirmar a ilegalidade da terceirização de mão de obra. Será necessário apontar o vício administrativo na fiscalização contratual. Em outros termos, também será uma *responsabilidade trabalhista subsidiária condicionada* da Administração Pública.[22]

Como a Súmula faz referência à "conduta culposa" de "entes integrantes da Administração Pública direta e indireta" e expressamente diz que não decorre de "mero inadimplemento das obrigações trabalhistas assumidas pela empresa regularmente contratada", a única conclusão possível é que se trata de verificação de *culpa anônima* e não individualizada. Em outros termos, estende-se ao direito do trabalho, para efeito de responsabilidade trabalhista subsidiária, a *culpa do serviço* como fundamento da responsabilização.

Trata-se, portanto, da necessidade de verificação objetiva da conduta imputada ao ente administrativo ao longo da execução contratual, de sorte que a atuação comissiva ou omissiva contrária ao dever de fiscalização contratual regular e contínua ensejará a responsabilização.

A doutrina faz alusão à *culpa in eligendo* e *culpa in vigilando*. A primeira corresponde à má escolha do contratado para execução do contrato e devida satisfação de suas obrigações trabalhistas. A segunda corresponde à inexistência ou deficiência na atividade de sentinela da execução contratual, sob o ponto de vista laboral. A responsabilidade subsidiária decorre da caracterização da segunda forma, a deficiente vigilância do contratante sobre o adimplemento regular dos encargos trabalhistas do contratado. Em termos de processo judicial, a toda evidência, deve-se adotar a inversão do ônus da prova contra a Administração Pública, porque esta é o sujeito que possui plena condição de levar ao Poder Judiciário Trabalhista as informações e documentos indispensáveis à apuração dos fatos, passíveis de subsunção no conceito de "conduta culposa". A contratação de prestação de serviços de tercei-

22. Para Cristiana Fortini e Flávia Cristina Mendonça Faria da Pieve, em face da nova redação da Súmula TST 331, "(...) a responsabilidade subsidiária não será, portanto, aplicada indistintamente pela Justiça do Trabalho, como acontecia no passado recente, mas tão somente se comprovada à sociedade a conduta culposa da Administração Pública, livrando-se o ente político da condição de segurador universal. (...)" (cf. "As terceirizações e as contratações temporárias realizadas pela Administração Pública: distinções entre as duas figuras e o impacto na LRF", in Cristiana Fortini (coord.), *Terceirização na Administração*, Belo Horizonte, Fórum, 2012, p. 20).

ros é objeto de processo administrativo específico, o qual deve ser continuadamente instruído com a documentação relativa aos fatos e atos jurídicos pertinentes ao cumprimento do ajuste. Assim, não ofende o princípio da isonomia, nem mesmo a tutela dispensada ao interesse público, a referida inversão de ônus processual. Ao contrário, exsurge como consequência direta da tutela dispensada aos direitos dos trabalhadores envolvidos na execução do contrato.

A inexistência do registro adequado e regular da verificação do atendimento às exigências trabalhistas no curso da execução contratual, conforme demonstração dos autos do processo administrativo, é suficiente para firmar a culpa da Administração e provocar sua responsabilidade.

Essa formalização processual administrativa é imposta pela Constituição e pela lei e está axiologicamente atrelada ao dever de submissão à publicidade, à motivação, à impessoalidade e ao controle a que está sujeita a atividade administrativa contratual, seja o interno, seja o externo.

Em face do inciso V, deve o ente contratante dar plena execução ao seu dever-poder de fiscalização relativamente às obrigações trabalhistas decorrentes da execução contratual, sob pena de haver pagamento regular dos serviços à contratada e pagamento de verbas trabalhistas devidas aos empregados da contratada, quando acionada sua reponsabilidade subsidiária.[23]

Mesmo que refutada a responsabilidade subsidiária automática, serão de difícil caracterização situações administrativas isentas de sanção, quando constatado o inadimplemento de verbas trabalhistas.[24]

Caberá ao Poder Judiciário *motivar adequadamente a condenação da Administração Pública* na reclamação trabalhista, conforme impõe a Constituição Federal, à luz do princípio constitucional do devido processo legal (art. 5º, LV) e da regra impositiva da fundamentação das decisões do Poder Judiciário (art. 93, IX).[25]

23. Antonieta Pereira Vieira e Madeline Rocha Furtado, *Gestão de Contratos de Terceirização*, Belo Horizonte, Fórum, 2010, p. 36.

24. Veranici Aparecida Ferreira, "Tema contemporâneo do direito: terceirização", *Revista da Escola Judicial do TRT da 1ª Região*, n. 2, pp. 138-151, ago. 2012.

25. Luiz Carlos Lima da Cruz, "Responsabilidade subsidiária da Administração Pública pelos encargos trabalhistas nos contratos de terceirização", disponível em: <http://portal2.tcu.gov.br/portal/pls/portal/docs/2499248.PDF>, acesso em 6.1.2013, p. 52.

Para afastar a responsabilidade trabalhista subsidiária, acerta a melhor doutrina quanto às possíveis medidas administrativas: previsão editalícia da norma do art. 71 da Lei 8.666/1993; previsão editalícia de aplicação de penalidades à contratada em caso de descumprimento das obrigações trabalhistas; rigorosa fiscalização contratual; e determinação de renovação da certidão negativa de débito trabalhista, instituída pela Lei 12.440, de 7.7.2011, como condição de habilitação.[26]

Em seu inciso VI, estabelece-se que a responsabilidade subsidiária do tomador de serviços está demarcada em função do "período da prestação laboral".

Para a Administração Pública, isso significa respeito às consequências trabalhistas decorrentes do período de vigência efetiva do contrato administrativo de prestação de serviços, em cujo bojo se apurou o inadimplemento das obrigações trabalhistas do empregado pela Justiça do Trabalho.

Não é legítimo condenar o ente administrativo relativamente a direitos trabalhistas adquiridos em período do vínculo empregatício que antecedeu ou ultrapassou o vínculo contratual da Administração com a empresa contratada interposta.

Assim, o inciso VI cumpre a finalidade de demarcar adequadamente o inadimplemento na linha do tempo, tomando como referência a relação de trabalho ou vínculo empregatício e a relação entre o tomador de serviço (Administração) e a empresa interposta.

3.3.1.2 As exigências normativas criadas para descaracterização do contrato de prestação de serviços como intermediação de mão de obra

Como resultado do entendimento jurisprudencial, evocativo da responsabilidade administrativa trabalhista subsidiária incondicionada proclamada na Súmula TST 331, no período antecedente à decisão da ADC 16, a Administração Pública Federal aprovou diversas normas infrarregulamentares, buscando disciplinar os contratos de prestação de serviço e evitar a imputação da referida responsabilidade.

26. Cf. Maria Sylvia Zanella Di Pietro, *Direito Administrativo*, 25ª ed., São Paulo, Atlas, 2012, p. 359.

A Instrução Normativa 2/2008 do Ministério do Planejamento, Gestão e Orçamento é exemplar. Esse normativo foi, posteriormente, alterado pela Instrução Normativa 3, de 15.10.2009. A IN assume caráter regulamentar, integra o ordenamento normativo e não poderá ser descumprida em casos concretos pela própria Administração Pública. As normas aprovadas podem ser aplicadas por Estados, Municípios e Distrito Federal, a título de analogia, considerando que um dos seus objetivos é o detalhamento do conteúdo do regramento existente em normas gerais nacionais, atinentes à licitação e contratação administrativa.

Mesmo com o julgamento da ADC 16, a Instrução Normativa continua em pleno vigor, já que o Supremo Tribunal Federal não eliminou a responsabilidade trabalhista da Administração Pública, como aparentemente o fez a Lei 8.666/1993, mas apenas a condicionou à comprovação de certas circunstâncias fáticas e jurídicas.

Para assegurar o não pagamento de verbas trabalhistas relativas à execução de contratos de prestação de serviços, continuados ou não, com ou sem dedicação exclusiva de mão de obra, a Instrução Normativa estipula:

a) condutas administrativas proibidas como atos de ingerência na administração da contratada (art. 10);

b) contratação de serviços continuados com pagamento atrelado preferencialmente à mensuração de resultados, fixados em Acordo de Nível de Serviço – ANS (art. 11);

c) exigências de projeto básico ou termo de referência, com detalhamento cuidadoso de deveres administrativos, direcionados para a modelagem da contratação como indubitável prestação de serviços (art. 15);

d) diretrizes específicas para a elaboração do ANS (art. 17);

e) exigências editalícias em licitações, específicas e direcionadas ao objetivo referido na alínea "c" (art. 19), destacadamente, entre outros, vinculação da execução completa do contrato ao pagamento de todas as obrigações trabalhistas referentes à mão de obra utilizada (inciso XVIII), garantia de execução do contrato com validade de até 3 (três) meses após o término de vigência contratual (inciso XIX), fixação de requisitos de habilitação próprios para cooperativas (art. 19, § 1º, I), abertura de conta vinculada específica para valores provisionados relativos ao pagamento de férias, 13º salário e rescisão contratual dos trabalhadores da contratada (art. 19-A), possibilidade de retenção na fatura e depósito direto de valores e FGTS pela Administração em contas vinculadas dos trabalhadores (art. 19-A, II), desconto de fatura e pagamento direto pela Administração em caso de falha no cumprimento de obrigações trabalhistas da contratada (art. 19-A, IV);

f) detalhamento das exigências e procedimentos aplicáveis no julgamento das propostas (art. 25), destacadamente hipóteses de desclassificação (art. 29) e regramento da verificação administrativa da inexequibilidade de preços (arts. 29, §§ 1º ao 5º, e 29-A);

g) especificação das condições de acompanhamento e fiscalização da execução dos contratos (arts. 31 a 35), que, após a ADC 16, ganharam redobrada importância para afastar a responsabilidade administrativa subsidiária.

Entende-se que as estipulações infrarregulamentares são válidas e constituem desdobramento normativo da Lei 8.666/1993 e sua interpretação sistemática no ordenamento brasileiro, tendo como referência fundamental a Constituição Federal. Tal conclusão é embasada no fato de que o Supremo Tribunal Federal consagrou a interpretação de que o art. 71 desse diploma legal não exclui a *responsabilidade administrativa trabalhista*, cuja verificação e apreciação *in concreto* está a cargo da Justiça do Trabalho.

Assim, não há ofensa ao princípio da legalidade, já que em nenhum dos deveres assinalados à Administração Pública houve ofensa a comando legal.

3.3.1.3 As consequências da terceirização no âmbito da Lei de Responsabilidade Fiscal

Nos termos do art. 169 da Constituição Federal, a despesa com pessoal ativo e inativo da União, dos Estados, do Distrito Federal e dos Municípios não poderá exceder os limites estabelecidos em lei complementar. A Lei Complementar 101/2000 – Lei de Responsabilidade Fiscal – disciplinou a matéria no art. 20, impondo percentuais sobre a receita corrente líquida como limites para despesa com pessoal: (i) União – 50%; (ii) Estados/Municípios – 60%.

Surpreendeu o legislador complementar ao disciplinar os efeitos financeiros da *terceirização de mão de obra* no âmbito da Administração

Pública, visando assegurar os limites aplicáveis às despesas com pessoal. Assim, o art. 18 da Lei de Responsabilidade Fiscal estabelece:

> Art. 18. Para os efeitos desta Lei Complementar, entende-se como despesa total com pessoal: o somatório dos gastos do ente da Federação com os ativos, os inativos e os pensionistas, relativos a mandatos eletivos, cargos, funções ou empregos, civis, militares e de membros de Poder, com quaisquer espécies remuneratórias, tais como vencimentos e vantagens, fixas e variáveis, subsídios, proventos da aposentadoria, reformas e pensões, inclusive adicionais, gratificações, horas extras e vantagens pessoais de qualquer natureza, bem como encargos sociais e contribuições recolhidas pelo ente às entidades de previdência.
>
> *§ 1º Os valores dos contratos de terceirização de mão de obra que se referem à substituição de servidores e empregados públicos serão contabilizados como "Outras Despesas de Pessoal".*
>
> § 2º A despesa total com pessoal será apurada somando-se a realizada no mês em referência com as dos onze imediatamente anteriores, adotando-se o regime de competência.

Pela sua literalidade, é o § 1º que faz referência a "contratos de terceirização de mão de obra". Talvez seja a única norma de direito público que faz alusão expressa à *terceirização*. Como tal aprovada, o âmbito material da norma resta controverso. Poderia abranger situações legítimas de contratação de serviços do setor privado, tendo por objeto a prestação de serviços relacionados com as atividades instrumentais de órgãos e entes da Administração Pública, inclusive em situações de prévia extinção de cargos e empregos públicos. No entanto, também a redação pode agasalhar somente as situações ilegítimas de contratação de terceiros que se qualificam como mera e inconstitucional intermediação de mão de obra, com exclusão do grupo antecedente.

A primeira compreensão não é prontamente afastável porque a Lei de Responsabilidade Fiscal persegue, de forma explícita, em sua integralidade, o controle das despesas públicas, impondo uma ação administrativa planejada e transparente na gestão fiscal, nos termos do art. 1º, § 1º. Assim, medidas administrativas que impliquem extinção de cargos e empregos, em atividades terceirizáveis, devem se submeter ao crivo do dever de equilíbrio das contas públicas, de modo que não podem representar uma alternativa de aumento injustificado de despesas públicas. A redução das despesas de pessoal – nessas situações, redução de índole quantitativa ou nominal –, mostrando-se consequência direta da terceirização, não seria suficiente para legitimar por si só o gasto público. O dispositivo, por conseguinte, abrangeria as "terceirizações legítimas", porque nele se veicularia, em verdade, o dever de manter o mesmo nível real ou qualitativo de despesas que se referem ao desempenho das atividades instrumentais de órgãos e entes da Administração Pública.

A interpretação sistemática do dispositivo aponta, inobstante, para a segunda intelecção. O conceito de "despesas com pessoal", previsto no art. 18 da LRF, é formal e remete-se ao controle contábil, orçamentário e financeiro do Poder Público. Assim, sua abrangência estende-se à cobertura dos gastos públicos com o exercício de função pública, através da admissão ou contratação de pessoal "ativo".

Assim, o § 1º do art. 18 não é uma incitação à prática de ilegalidades no domínio do exercício da função pública. Trata-se, apenas e exclusivamente, de disciplinar o efeito financeiro dos contratos ilegais de terceirização de mão de obra, para fins de enquadramento das despesas com pessoal "ativo" dentro dos limites do sistema instituído pela lei complementar, com fulcro na Constituição. Não se pode excluir o gasto com empregados contratados ilegalmente via interposta empresa da limitação constitucional e legal, sob pena de ensejar a ocorrência da ilegalidade.[27]

De forma acertada, a lei qualifica os valores contratuais, nas hipóteses de intermediação ilícita de mão de obra, como *outras despesas de pessoal*. Não poderia ser diferente, porque os contratos ilegais, além de violarem os dispositivos constitucionais atinentes ao exercício da função pública, ainda ensejariam afronta aos limites constitucionais de despesas públicas com pessoal.[28]

27. No mesmo sentido, cf. Cristiana Fortini, "A terceirização e a lei de responsabilidade fiscal", in Rodrigo Pironti Aguirre de Castro, *Lei de Responsabilidade Fiscal. Ensaios em Comemoração aos 10 Anos da Lei Complementar n. 101/00*, Belo Horizonte, Fórum, 2010, pp. 71-86.

28. Para Maria Sylvia Zanella Di Pietro, "(...) a expressão substituição de servidores e empregados foi posta na Lei de Responsabilidade Fiscal exatamente para evitar a burla que estava havendo, ao contratar-se empregados por interposta pessoa. Penso que foi isso especificamente que a lei quis impedir, apesar da redação da lei dar

Pontue-se que o cumprimento da Lei de Responsabilidade Fiscal, por força de seu art. 73, está explicitamente ao abrigo do sistema de responsabilização pela prática de atos de improbidade administrativa, previsto no art. 37, § 4º, da CF e regulamentado pela Lei 8.429/1992.[29] A não qualificação legal da terceirização ilícita é punível como ato de improbidade, a depender da tipificação formal e material de cada caso, em vista das singularidades fáticas.[30]

As hipóteses de substituição de servidores e empregados públicos têm recebido tratamento no âmbito da Lei de Diretrizes Orçamentárias (LDO), embora esse conteúdo normativo não figure entre as finalidades constitucionais previstas como próprias da LDO no art. 165, § 2º, da Constituição.

A atual Lei de Diretrizes Orçamentárias (LDO), Lei 12.708, de 17.8.2012, repete regulamentação já contida em LDOs anteriores, em seu art. 82, *verbis*:

> Art. 82. Para fins de apuração da despesa com pessoal, prevista no art. 18 da Lei de Responsabilidade Fiscal, deverão ser incluídas as despesas relativas à contratação de pessoal por tempo determinado para atender a necessidade temporária de excepcional interesse público, nos termos da Lei nº 8.745, de 1993, bem como as despesas com serviços de terceiros quando caracterizarem substituição de servidores e empregados públicos, observado o disposto no § 3º deste artigo.
>
> § 1º As despesas relativas à contratação de pessoal por tempo determinado a que se refere o *caput*, quando caracterizarem substituição de

a impressão de um alcance maior. Em resumo, acho que o contrato de fornecimento de mão de obra é sempre ilegal na Administração Pública. Se for firmado, entrará no limite de despesa com pessoal. (...)" (cf. "Terceirização municipal em face da Lei de Responsabilidade Fiscal", in Cristiana Fortini (coord.), *Terceirização na Administração*, Belo Horizonte, Fórum, 2012, p. 81).

29. Para aprofundamento do tema, cf. José Roberto Pimenta Oliveira, *Improbidade Administrativa e sua Autonomia Constitucional*, Belo Horizonte, Fórum, 2009.

30. "(...) o que é nulo não pode subsistir no ordenamento normativo. Logo, passível será de invalidação ato que simplesmente terceiriza determinados serviços para evitar que as despesas atinjam seus limites máximos. Objetivando não o atingimento dos interesses públicos, mas contornar os ditames legais, age o servidor com manifesto desvio de poder. (...)" (cf. Régis Fernandes de Oliveira, *Responsabilidade Fiscal*, 2ª ed., São Paulo, Ed. RT, 2002, p. 53).

servidores e empregados públicos, deverão ser classificadas no GND 1, salvo disposição em contrário constante de legislação vigente.

§ 2º O disposto no § 1º do art. 18 da Lei de Responsabilidade Fiscal aplica-se exclusivamente para fins de cálculo do limite da despesa total com pessoal, não se constituindo em despesas classificáveis no GND 1.

§ 3º Não se consideram como substituição de servidores e empregados públicos, para efeito do *caput*, os contratos de serviços de terceiros relativos a atividades que, simultaneamente:

I – sejam acessórias, instrumentais ou complementares às atribuições legais do órgão ou entidade, na forma prevista em regulamento;

II – não sejam inerentes a categorias funcionais abrangidas pelo quadro de pessoal do órgão ou entidade, salvo expressa disposição legal em contrário, ou sejam relativas a cargo ou categoria extintos, total ou parcialmente; e

III – não caracterizem relação direta de emprego.

A disciplina da LDO segue a disciplina já adotada por ato do Poder Executivo, desde a edição do Decreto 2.271/1997, IN MTE 3/1997 e IN MPOG 2/2008, bem como pelo Poder Judiciário Trabalhista, cristalizada na Súmula TST 331.

Caracterizada a ilicitude na contratação de pessoal através de terceirização ilegítima no regime de empreitada, referida *ilicitude gerará consequências*: (i) no *plano do direito do trabalho*, com o reconhecimento de direitos em favor do trabalhador em face da Administração Pública; (ii) no *plano do direito financeiro*, com o reconhecimento da despesa realizada como efetiva despesa com pessoal, para os efeitos de limites previstos em lei complementar; e (iii) no *plano do direito administrativo*, com o reconhecimento da nulidade do contrato administrativo e instauração dos processos cabíveis para apuração do ilícito funcional praticado.

3.3.1.4 O contrato de eficiência criado pela Lei 12.462/2011 (RDC)

O denominado Regime Diferenciado de Contratação (RDC), concebido originalmente para licitações e contratações necessárias à realização dos megaeventos esportivos que o Brasil sediou e sediará entre

2013 e 2016, inovou na matéria de terceirização com a adoção de contratos de prestação de serviços em que a *remuneração do contratado pode ser variável*, o que estava expressamente consagrado no regime da Lei 8.666/1993.

A matéria está disciplinada nos arts. 10 e 23 da Lei 12.462/2011. Em ambos exsurge a lógica dos *contratos de riscos*, com diferenciações.[31] O primeiro está relacionado com contratos de obras e serviços, em regime de empreitada, autorizando a lei o estabelecimento de remuneração variável vinculada ao desempenho da contratada, com base em metas, padrões de qualidade, critérios de sustentabilidade ambiental e prazo de entrega definidos no instrumento convocatório e no contrato. O segundo diz respeito aos denominados "contratos de eficiência", que terão por objeto a prestação de serviços, que pode incluir a realização de obras e o fornecimento de bens, com o objetivo de proporcionar economia ao contratante, na forma de redução de despesas correntes, sendo o contratado remunerado com base em percentual da economia gerada.

Em rigor, o contrato de prestação de serviços em que há utilização de Acordos de Níveis de Serviço (ANS), tal como regulamentado na Instrução Normativa MP/SLTI 2/2008, aparenta ser o antecedente normativo mais próximo do denominado "contrato de eficiência". Nos termos da IN, ANS "é um ajuste escrito, anexo ao contrato, entre o provedor de serviços e o órgão contratante, que define, em bases compreensíveis, tangíveis objetivamente observáveis e comprováveis, os níveis esperados de qualidade da prestação do serviço e respectivas adequações de pagamento" (Anexo I, inciso XXII).

O "contrato de eficiência" está legalmente atrelado ao campo de redução de *despesas correntes*, cujo conceito encontra-se nos arts. 12 e 13 da Lei 4.320/1964. São despesas correntes as *despesas de custeio* e as transferências correntes. Em nosso parecer, a nova figura contratual incide no campo das despesas correntes apenas, que compreendem as dotações orçamentárias destinadas à *manutenção de serviços anteriormente criados pela Administração Pública*, englobando despesas

31. Rafael Wallbach Schwind, "Remuneração variável e contratos de eficiência no regime diferenciado de contratações públicas (Lei 12.462/2011)", *Informativo Justen, Pereira, Oliveira e Talamini*, Curitiba, n. 56, out. 2011, disponível em: <http://www.justen.com.br/pdfs/IE56/IE56-rafael_rdc.pdf>, acesso em 11.1.2013, pp. 5-8.

com pessoal, material de consumo e serviços de terceiros, incluindo obras de conservação e adaptação de bens imóveis. Não há sentido lógico tratar do tema do "contrato de eficiência" no âmbito das transferências correntes.

A lei constrói a lógica do contrato de eficiência, atrelando remuneração do contratado com base no *maior retorno econômico* gerado pelo contrato, aferido em *percentual correspondente à redução das despesas correntes* obtida com o desempenho da contratada, conforme estabelecido em Edital.

No caso de não atendimento efetivo da economia prevista no contrato de eficiência, a Administração Pública poderá promover *desconto na remuneração*, aplicar *multa contratual* e outras sanções cabíveis, o que inclui a *rescisão unilateral* do contrato administrativo por inadimplemento.

Somente a prática administrativa demonstrará a oportunidade da inovação de modelo contratual. Certamente poderá ser uma das soluções legais ao grave problema de estímulo para redução de despesas administrativas com as atuais terceirizações, em cujos contratos as empresas são remuneradas, na realidade econômica, por percentuais incidentes sobre o custo total da prestação do serviço. A lógica do risco levará empresas contratadas a buscar maior eficiência na execução dos serviços, o que será vantajoso para contratante e contratada.

Como visto, o âmbito material do seu cabimento é o campo das despesas de custeio, exatamente onde florescem as terceirizações. Esse objetivo é demonstrado quando o art. 37 do Regulamento do RDC esclarece que o maior retorno econômico, inclusive, será aferido pela análise de "proposta de trabalho" e "proposta de preço". Assim, é importante afirmar que o contrato de eficiência também deverá observar os limites constitucionais e legais da terceirização na Administração Pública. Nesse aspecto, em nada se diferencia dos contratos administrativos regidos pela Lei 8.666/1993.

Em outros termos, não poderá ensejar a mera intermediação de mão de obra e deverá incidir sobre atividades instrumentais, observando o terreno das atribuições de cargos e empregos previstos no quadro de pessoal e a proibição de trespasse de atividades finalistas para o setor privado.

3.3.2 A terceirização legítima mediante contrato administrativo de concessão administrativa, em regime de PPP

A Lei 11.079, de 30.12.2004, instituiu as normas gerais para licitação e contratação de *parcerias público-privadas* no Direito brasileiro e inovou em matéria de contratação de prestação de serviços do setor privado pela Administração Pública, relativamente ao regime da empreitada da Lei 8.666/1993.

A inovação se deve à criação de nova espécie contratual, denominada "concessão administrativa", definida legalmente como "contrato de prestação de serviços de que a Administração Pública seja a usuária direta ou indireta, ainda que envolva execução de obra ou fornecimento e instalação de bens", nos termos do art. 2º, § 2º. Em rigor, a definição é complementada pelas seguintes condicionantes legais: valor do contrato igual ou superior a R$ 20 milhões, prazo de vigência contratual igual ou superior a 5 (cinco) anos e objeto complexo, a saber não ostentar como objeto único o fornecimento de mão de obra, o fornecimento ou instalação de equipamentos ou a execução de obra pública, tal como preconizado no art. 2º, § 4º.

É a própria lei que reconhece a *natureza jurídica do contrato* como "contrato de prestação de serviços", em qualquer hipótese. Logo, embora nominado concessão, não constitui a tipologia contratual uma espécie de concessão, tal como concebida pelo ordenamento pátrio, nos termos da Constituição (mormente em seu art. 175) e da Lei (destacadamente a Lei Geral de Concessões, Lei 8.987/1995).

Reconhecida legalmente como "prestação de serviços", a concessão administrativa possui, todavia, *regime jurídico diferenciado*, relativamente aos contratos regidos pela Lei 8.666/1993. A própria Lei 11.079/2004 prescreve que os contratos administrativos – excluindo-se a concessão comum, a concessão patrocinada e a concessão administrativa – continuam sob a regência da Lei 8.666/1993 (art. 3º, § 3º).

É possível destacar, entre outros, os seguintes elementos do regime jurídico diferenciado da concessão administrativa:

1. A concessão administrativa somente pode ser celebrada para contratos com valor igual ou superior a R$ 20 milhões (art. 2º, § 4º, I).

2. A concessão administrativa deve ter prazo de vigência contratual igual ou superior a 5 (cinco) anos (art. 2º, § 4º, II).

3. A concessão administrativa admite o pagamento ao parceiro privado de remuneração variável vinculada ao seu desempenho, conforme metas e padrões de qualidade e de disponibilidade definidos no contrato (art. 6º, §1º).

4. A concessão administrativa admite a concessão de garantia pela Administração Pública para o cumprimento de suas obrigações contratuais pecuniárias (art. 8º).

5. A concessão administrativa somente poderá ser licitada quando observados os condicionamentos legais específicos estabelecidos na Lei 11.079/2004, notadamente (i) autorização da autoridade competente fundada em abalizado estudo técnico (art. 10, I); (ii) estimativa do impacto orçamentário e financeiro nos exercícios em que deve vigorar o contrato (art. 10, II); (iii) estimativa do fluxo de recursos públicos suficientes para o cumprimento das obrigações pecuniárias do parceiro público durante o período de vigência contratual (art. 10, IV); (iv) realização de consulta pública (art. 10, VI).

6. A concessão administrativa está sujeita a limite de despesa específico com contratos de parcerias público-privadas estabelecidos no art. 22 (constitucionalmente), para a União Federal, e no art. 28 (inconstitucionalmente), para os Estados-Membros, Municípios e Distrito Federal.

7. A concessão administrativa está subordinada à repartição objetiva de riscos entre as partes definida no contrato de parceria público-privada (art. 4º, VI).

8. A concessão administrativa é regida pelos arts. 21, 23, 25 e 27 a 39 da Lei 8.987/1995 e art. 31 da Lei 9.074/1995.

9. A concessão administrativa encontra limitação, em sua formulação e execução, na indelegabilidade das funções de regulação, jurisdicional, do exercício do poder de polícia e de outras atividades exclusivas do Estado (art. 4º, III).

Essa última diferença tem relevância no estudo da terceirização. A Lei 8.666/1993 estabelece um conceito legal de serviços, como visto acima. A Lei 11.079/2004 não seguiu a mesma metodologia. Estabeleceu que a contratação de parcerias público-privadas deverá respeitar a indelegabilidade de "atividades exclusivas do Estado" (art. 4º, III) e já suscita certas atividades.

Serviços que não resultem em delegação de atividades exclusivas do Estado, eis a diretriz que comanda a concessão administrativa, o que deixa, portanto, *vastíssimo campo material de atividades administrativas passíveis de terceirização.* Nele estão incluídas atividades passíveis de serem qualificadas como serviços públicos, quando desempenhadas pelo próprio aparelho administrativo junto ao administrado, e não podem ser remuneradas por este através de tarifas ou pela exploração do serviço, nos termos do art. 175 da Constituição.

Na concessão administrativa, estão presentes indeterminação e complexidade do objeto e da estrutura contratual. Demais disso, elevado valor do contrato pertinente ao investimento pretendido com a parceria público-privada, prazo elevado de vigência contratual, financiamento privado relevante e contraprestação exclusiva do parceiro público.

A dimensão objetiva dos "serviços" na Lei 11.079/2004 é qualitativamente diversa daquela requerida pela Lei 8.666/1993.

Chega-se a essa conclusão na medida em que se reputa indispensável a elaboração de estudo técnico apurado sobre a PPP, para alinhavar a legitimidade do contrato, que deverá contar com relevante parcela de financiamento privado, contando os financiadores com medidas legais de proteção da sua situação jurídica (art. 5º, § 2º). Daí que não é admissível concessão administrativa unicamente para fornecimento de mão de obra, fornecimento e instalação de equipamentos e execução de obra pública.

A lei expressamente rejeita o fornecimento de mão de obra como "objeto único" da concessão administrativa. Mesmo quando não for "único", não pode ser o essencialmente pretendido com sua celebração. A prestação de serviços deverá abranger a integralidade ou cumulatividade significativa das utilidades legalmente perfilhadas, para justificar a utilização da nova tipologia contratual. A flexibilidade na definição dos serviços no modelo criado não é absoluta.

A concessão administrativa abrange o *financiamento, projeto, construção, gestão, operação e execução dos serviços*, nas mãos do parceiro privado. E, ao mesmo tempo, não poderá implicar trespasse de atividade exclusiva do Estado, a ser desempenhada por agentes públicos no exercício de função pública, regularmente inseridos no âmbito da Administração Pública.

Isso implica considerar que os serviços passíveis de *parceirização* não são os mesmos passíveis de *terceirização*, tratados na Lei 8.666/1993.

Quando a concessão administrativa concentrar o objeto em serviço público, haverá forma especial de delegação da sua prestação, e o Poder Público reputar-se-á usuário indireto porque a coletividade será a usuária direta da prestação. Quando não versar sobre serviço público, independentemente da modalidade, não haverá especial delegação, mas somente contratualização da forma de prestação da atividade administrativa. O Poder Público é considerado "usuário" apenas porque a lei utilizou o modelo estrutural da concessão. Em rigor técnico, a Administração é parte contratante, não "usuária" da concessão administrativa.

Fica patenteado que, no regime da Lei 11.079/2004, a concessão administrativa pode abranger atividades-meio e atividades-fim, sendo certo que no regime da Lei 8.666/1993 a terceirização está limitada às atividades instrumentais.

Interessante notar que se aplica ao "contrato de prestação de serviços" da Lei 11.079/2004 o art. 25 da Lei 8.987/1995, que admite expressamente "contratação de terceiros" em "atividades inerentes, acessórias ou complementares ao serviço concedido". O mesmo dispositivo exclui qualquer relação jurídica entre o terceiro contratado pelo parceiro privado e o parceiro público, na parceria público-privada.

O parceiro privado está subordinado às normas e aos princípios do direito do trabalho. Os limites de terceirização aplicáveis ao parceiro privado são os mesmos aplicáveis a qualquer sujeito privado na atividade econômica. A permissão de terceirização em "atividades inerentes" – consequentemente, atividades-fim – viola os preceitos constitucionais se dela resultar terceirização em atividade-fim. Merece esse dispositivo interpretação conforme a Constituição para preservá-lo no sistema jurídico, autorizando trespasse de atividades executivas não integradas às finalidades da concessionária. Aplica-se ao parceiro privado *in totum* o entendimento cristalizado na Súmula TST 331.

O parceiro público na concessão administrativa não está sujeito à responsabilidade subsidiária condicional prevista na Súmula TST 331 porque não se trata de mera execução de atividade instrumental de órgão ou ente da Administração Pública, sob pena de ilegalidade (art. 2º, § 4º). O risco de inadimplemento de obrigações trabalhistas pelo parceiro privado não poderá ser alocado ao parceiro público, sob pena de ilegalidade (art. 4º, VI, da Lei 11.079/2004), já que inexistirá critério objetivo a respaldar essa solução contratual. A *gestão global do serviço* objeto da concessão administrativa, subordinada apenas ao cumprimento das condições contratuais fixadas, é o suficiente para o tratamento jurídico diverso.

Relativamente à responsabilidade trabalhista do Poder Público, observam-se situações díspares: contratos administrativos regidos pela Lei 8.666/1993 visando à prestação de serviços podem ensejar a responsabilidade subsidiária condicionada, nos exatos termos da Súmula TST 331; concessões administrativas, respeitado o perfil legal da Lei 11.079/2004, não autorizam a responsabilidade subsidiária. Tal diferença resulta, fundamentalmente, dos riscos assumidos pelo parceiro privado na segunda forma contratual, que, por sua vez, reflete a singularidade da gestão e da dimensão própria da atividade contratada.

4. Conclusões

i) A Constituição é a norma fundamental que preside e disciplina a organização político-administrativa do Estado brasileiro. O legislador e o administrador público não podem ignorar as normas de estrutura e de organização da Administração Pública, estabelecidas para que esta cumpra regularmente o dever de perseguir, promover, zelar e realizar os interesses públicos.

ii) Encontram-se delineadas na ordenação constitucional as vias jurídico-formais pelas quais a Administração Pública está autorizada a recrutar mão de obra para colocar em movimento o aparelho administrativo, exercitando função pública.

iii) A terceirização na Administração Pública está sujeita às limitações constitucionais e legais, quer no seu significado amplo, quer no seu significado restrito.

iv) A contratação de prestação de serviços pela Administração Pública, Direta e Indireta, de todos os Poderes da União, dos Estados-Membros, dos Municípios e do Distrito Federal encontra limitações constitucionais, legais, regulamentares e infrarregulamentares.

v) Lei e ato administrativo não podem autorizar a transferência de atividades finalísticas de órgãos e entes da Administração Pública através do singelo contrato administrativo de prestação de serviços.

vi) Lei e ato administrativo somente podem autorizar a celebração de contratos de prestação de serviços no campo de atividades instrumentais de órgãos e entes da Administração Pública, observando-se o terreno próprio das atribuições de cargos e empregos públicos.

vii) A Súmula TST 331, em sua última versão, não conflita com a Constituição Federal.

viii) A proteção constitucional dos direitos dos trabalhadores no Estado Democrático e Social de Direito autoriza a responsabilidade trabalhista subsidiária da Administração Pública, seja na terceirização legítima, seja na terceirização ilegítima.

ix) A terceirização ilegítima promovida pela Administração Pública gera consequências normativas no plano do direito administrativo (invalidade do contrato e responsabilização de agentes públicos e terceiros), do direito financeiro (limites de despesa com pessoal ativo), do direito do trabalho (responsabilidade trabalhista do Poder Público e da contratada) e do direito civil (responsabilidade civil do Poder Público).

Bibliografia

BANDEIRA DE MELLO, Celso Antônio. *Curso de Direito Administrativo*. 31ª ed. São Paulo, Malheiros Editores, 2014.

CARVALHO FILHO, José dos Santos. "Terceirização no setor público: encontros e desencontros". In FORTINI, Cristiana. *Terceirização na Administração*. Belo Horizonte, Fórum, 2012, pp. 47-70.

CASSAR, Volia Bonfim. *Direito do Trabalho*. 2ª ed. Niterói, Impetus, 2008.

CRUZ, Luiz Carlos Lima da. "Responsabilidade subsidiária da Administração Pública pelos encargos trabalhistas nos contratos de terceirização". Disponível em: <www.tcu.gov.br>. Acesso em: 6.1.2013.

DI PIETRO, Maria Sylvia Zanella. *Direito Administrativo*. 25ª ed. São Paulo, Atlas, 2012.

________. "Terceirização municipal em face da Lei de Responsabilidade Fiscal". In FORTINI, Cristiana (coord.). *Terceirização na Administração*. Belo Horizonte, Fórum, 2012, pp. 71-88.

FERREIRA, Veranici Aparecida. "Tema contemporâneo do direito: terceirização". *Revista da Escola Judicial do TRT da 1ª Região*. n. 2, pp. 138-151, ago. 2012.

FIGUEIREDO, Lúcia Valle. *Curso de Direito Administrativo*. 8ª ed. São Paulo, Malheiros Editores, 2006.

_______. "Competências administrativas dos Estados e Municípios". In FIGUEIREDO, Lúcia Valle. *Direito Público. Estudos*. Belo Horizonte, Fórum, 2007, pp. 65-91.

_______. "O princípio da moralidade administrativa e o direito tributário". In FIGUEIREDO, Lúcia Valle. *Direito Público. Estudos*. Belo Horizonte, Fórum, 2007, pp. 173-174.

FORTINI, Cristiana. "A terceirização e a Lei de Responsabilidade Fiscal". In CASTRO, Rodrigo Pironti Aguirre de. *Lei de Responsabilidade Fiscal. Ensaios em Comemoração aos 10 Anos da Lei Complementar n. 101/00*. Belo Horizonte, Fórum, 2010, pp. 71-86.

_______; PIEVE, Flávia Cristina Mendonça Faria da. "As terceirizações e as contratações temporárias realizadas pela Administração Pública: distinções entre as duas figuras e o impacto na LRF". In FORTINI, Cristiana (coord.). *Terceirização na Administração*. Belo Horizonte, Fórum, 2012, pp. 11-30.

FURTADO, Lucas Rocha. *Curso de Licitações e Contratos Administrativos*. Belo Horizonte, Fórum, 2010.

GROTTI, Dinorá. "Parcerias na Administração Pública". Disponível em: <www.tce.sp.gov.br>. Acesso em: 4.1.2013.

JUSTEN FILHO, Marçal. *Comentários à Lei de Licitações e Contratos Administrativos*. São Paulo, Dialética, 2009.

LANCELLOTTI, Marlos Roberto. "Os limites da terceirização para prestação de serviços na Administração Pública". Disponível em: <http://repositorio.uniceub.br/bitstream/123456789/196/3/20504129.pdf>. Acesso em: 15.12.2012.

MENDES, Marcos; KOHLER, Marcos. "Por que o governo gasta tanto com terceirização?". Disponível em: <www.brasil-economia-governo.org.br>. Acesso em: 6.1.2013.

MOTTA, Carlos Pinto Coelho. *Eficácia nas Licitações e Contratos*. Belo Horizonte, Del Rey, 2005.

OLIVEIRA, José Roberto Pimenta. *Improbidade Administrativa e sua Autonomia Constitucional*. Belo Horizonte, Fórum, 2009.

_______. *Os Princípios da Razoabilidade e da Proporcionalidade no Direito Administrativo Brasileiro*. São Paulo, Malheiros Editores, 2006.

OLIVEIRA, Régis Fernandes de. *Responsabilidade Fiscal*. 2ª ed. São Paulo, Ed. RT, 2002.

RAMOS, Dora Maria de Oliveira. *Terceirização na Administração Pública*. São Paulo, LTr, 2001.

SCHWIND, Rafael Wallbach. "Remuneração variável e contratos de eficiência no regime diferenciado de contratações públicas (Lei 12.462/2011)". *Informativo Justen, Pereira, Oliveira e Talamini*. Curitiba, n. 56, out. 2011. Disponível em: <www.justen.com.br/informativo>. Acesso em: 11.1.2013.

SOUTO, Marcos Juruena Villela. *Direito Administrativo de Parcerias*. Rio de Janeiro, Lumen Juris, 2005.

SUNDFELD, Carlos Ari. "Guia jurídico das parcerias público-privadas". In SUNDFELD, Carlos Ari (coord.). *Parcerias Público-Privadas*. São Paulo, Malheiros Editores, 2005, pp. 15-44.

TOURINHO, Rita. "A responsabilidade subsidiária da Administração Pública por débitos trabalhistas do contratado: a legalidade frente ao ideal de justiça". In FORTINI, Cristiana (coord.). *Terceirização na Administração*. Belo Horizonte, Fórum, 2012, pp. 89-110.

VIEIRA, Antonieta Pereira; FURTADO, Madeline Rocha. *Gestão de Contratos de Terceirização*. Belo Horizonte, Fórum, 2010.

BREVES APONTAMENTOS SOBRE A IMPETRAÇÃO DO MANDADO DE SEGURANÇA SEM ESGOTAMENTO DA VIA ADMINISTRATIVA

LETÍCIA ZUCCOLO PASCHOAL DA COSTA

Mestranda em Direito Processual Civil pela PUC-SP – Extensão Universitária em Recursos e em Tutela de Urgência e Procedimentos Especiais pela COGEAE/PUC-SP – Advogada em São Paulo.

1. A natureza jurídica da limitação legislativa e a questão do recurso administrativo que atribui efeito suspensivo ao ato coator. 2. A questão da constitucionalidade da limitação da via mandamental. 3. A questão dos atos administrativos omissivos e a Súmula 429 do Supremo Tribunal Federal. 4. Conclusões.

A iniciativa de homenagear a Professora Lúcia Valle Figueiredo é de ser aplaudida. A honra de poder participar de uma coletânea de artigos em sua homenagem é indescritível. Tudo isso em razão de sua importância para o direito público e, em especial, para a cadeira de Direito Administrativo da Pontifícia Universidade Católica de São Paulo e, ainda, reconhecidamente, pelo papel que seus ensinamentos e obras publicadas tiveram em âmbito nacional e internacional. E mais honroso ainda é poder escrever nesta coletânea sobre mandado de segurança, um dos temas caros da Professora Lúcia, que publicou livro sobre o tema editado pela sexta vez em 2009.

O objetivo deste breve estudo é tratar da hipótese do mandado de segurança impetrado sem o esgotamento da via administrativa, principalmente em relação a seu cabimento e no que tange à interpretação que os Tribunais Superiores têm dado mais recentemente ao tema.

Há que se dizer, inicialmente, que qualquer limitação ao mandado de segurança é totalmente indesejável. Trata-se de direito fundamental que, inclusive, é meio de proteção de outros direitos fundamentais; é *clausula petrea* da Constituição Federal, nos termos de seu art. 60, § 4º; e, assim, nem por Emenda Constitucional pode ser abolido. As leis que procurem regulamentá-lo devem evitar, ao máximo, sua limitação, dada a natureza jurídica de garantia fundamental.[1]

Contudo, e como é cediço, leis que trataram do instituto em comento, especificamente a Lei 12.016, de 7.8.2009, lei que hoje regula o mandado de segurança, limitaram a utilização desse "remédio" constitucional a algumas hipóteses, entre as quais está a aqui estudada: a impetração do mandado de segurança sem o prévio esgotamento da via administrativa. É interessante iniciar o presente trabalho com citação de breve trecho da obra de Themistocles Brandão Cavalcanti sobre o tema:

> Outro ponto que a regulamentação atingiu, e que constitui, sem dúvida, uma inovação em nosso direito, é o recurso à autoridade judiciária nos atos administrativos sujeitos a recurso para a instância administrativa superior.
>
> O art. 5º da lei n. 191 [*de 16.1.1936*] referindo-se aos casos em que não cabe o mandado de segurança, declarava: "II – de ato que caiba recurso administrativo com efeito suspensivo, independente de caução, fiança ou depósito".
>
> Admitiu, assim, o uso do mandado de segurança: 1º) quando não tivesse recurso efeito suspensivo; 2º) quando fosse exigida caução, fiança ou depósito.
>
> Nestes casos, a lei dá força definitiva às decisões administrativas. (...)

1. É a lição de Carlos Alberto Menezes Direito ao afirmar que "a natureza mesma do *mandamus*, que nasceu de uma ampliação do *habeas corpus*, o que foi benfazejo, é de tal modo predominante que não se pode restringir o seu uso ao ponto de deixar-se ao desamparo quem vier a ser atingido no seu direito líquido e certo" (*Manual do Mandado de Segurança*, 2ª ed., Rio de Janeiro, Renovar, 1994, p. 50). No mesmo sentido Cassio Scarpinella Bueno afirma que "toda e qualquer restrição ao mandado de segurança ou à sua eficácia não pode ser prestigiada pelo intérprete e pelo aplicador do direito. É flagrante a inconstitucionalidade de qualquer norma que procure, valendo-se de qualquer pretexto, minimizar, obstaculizar ou dificultar o acesso ao Judiciário (CF, art. 5º, XXXV). Mormente quando a hipótese é de mandado de segurança, direito e garantia fundamental expressamente previstos no art. 5º, LXIX, da Constituição Federal de 1988" (*Mandado de Segurança: Comentários às Leis n. 1.533/51, 4.348/64 e 5.021/66*, 4ª ed., São Paulo, Saraiva, 2008, p. 61).

A lei n. 1.533 [*de 31.5.1951*], em seu art. 5º conservou o texto, suprimindo apenas fiança ou depósito.

A teoria que nos afigura acertada e salutar é aquela encontrada na primeira parte do dispositivo, e que faz depender o mandado de segurança do julgamento do recurso hierárquico quando este tenha efeito suspensivo, sem qualquer outra referência. É a orientação da jurisprudência.[2]

Vê-se, de início, que o entendimento desse estudioso sobre o tema do mandado de segurança era do acerto de sua restrição na pendência do julgamento de recurso administrativo e, portanto, sem o esgotamento da via administrativa. De todo modo, antes da análise de alguns outros pormenores, é interessante estabelecer qual é a natureza jurídica dessa limitação.

1. A natureza jurídica da limitação legislativa e a questão do recurso administrativo que atribui efeito suspensivo ao ato coator

A doutrina entende a limitação legislativa imposta ao mandado de segurança – especificamente no que tange à impossibilidade de impetração do *writ* constitucional sem o prévio esgotamento da via administrativa – como falta de interesse de agir. A lição de Sergio Ferraz a esse respeito é enfática: "Trata-se, a toda evidência, de decretação legal de caso de inexistência de interesse de agir pela via do mandado de segurança".[3]

De fato, pensando-se no trinômio da utilidade, necessidade e adequação do provimento jurisdicional como forma de definição do que é interesse de agir,[4] algumas das hipóteses de vedação ao mandado de

2. Themistocles Brandão Cavalcanti, *Do Mandado de Segurança*, 5ª ed., Rio de Janeiro, Livraria Freitas Bastos S.A., 1966, pp. 106-107.

3. Sergio Ferraz, *Mandado de Segurança*, São Paulo, Malheiros Editores, 2006, p. 159.

4. Confira-se sobre o tema a conceituação de Cândido Rangel Dinamarco: "Como conceito geral, interesse é utilidade. Consiste em uma relação de complementaridade entre um bem e uma pessoa, a saber, entre um bem portador da capacidade de satisfazer uma necessidade e uma pessoa portadora de uma necessidade que pode ser satisfeita por esse bem (Carnelutti). Há o interesse de agir quando o provimento jurisdicional postulado for capaz de efetivamente ser útil ao demandante, operando uma melhora em sua situação na vida comum – ou seja, quando for capaz de trazer-lhe uma

segurança são admitidas exatamente porque o administrado não possui necessidade da intervenção do Poder Judiciário.

E mais. Sob aspectos processuais, a ação é condicionada à presença de três pontos fundamentais: a possibilidade jurídica do pedido, a legitimidade das partes e o interesse de agir. Em relação ao último, ora tratado, pode-se afirmar que só terá ação aquele que preencher a condição interesse de agir. Leia-se, só tem ação quem possui necessidade do provimento jurisdicional. Cassio Scarpinella Bueno, tratando do instituto em relação ao mandado de segurança, assevera que:

> Relevante para a adequada compreensão do inciso I do art. 5º da Lei n. 1.533/51 é o requisito da *necessidade*, isto é, ser o ingresso no Judiciário o único mecanismo apto a afastar a lesão ou a ameaça à afirmação de direito do impetrante, e, nessas condições, única forma de persecução eficaz do bem da vida que ele vê lesionado ou ameaçado.[5]

E, de fato, é a questão da necessidade da interferência do Poder Judiciário para garantia de direitos pela via do mandado de segurança que determina a possibilidade de a lei limitar a utilização do *writ* constitucional, limitação essa que se dá em razão da suposta desnecessidade momentânea do provimento jurisdicional. É exatamente por essa questão que Celso Agrícola Barbi, em sua clássica obra sobre o tema do mandado de segurança, abre tópico específico para tratar da "terceira condição da ação", o interesse de agir ou necessidade de agir.[6]

Realmente, as revogadas leis sobre o mandado de segurança já tratavam do tema da impossibilidade de impetração do mandado de segurança sem esgotamento da via administrativa,[7] sendo importante desta-

verdadeira tutela, a tutela jurisdicional (...). O interesse de agir constitui o núcleo fundamental do direito de ação, por isso que só se legitima o acesso ao processo e só é lícito exigir do Estado o provimento pedido, na medida em que ele tenha essa utilidade e aptidão" (*Instituições de Direito Processual Civil*, 6ª ed., vol. 2, São Paulo, Malheiros Editores, 2009, p. 309).

5. Cassio Scarpinella Bueno, *Mandado de Segurança: Comentários às Leis n. 1.533/51, 4.348/64 e 5.021/66*, cit., p. 62.

6. "Para o estudo do mandado de segurança é importante a fixação do conceito de interesse de agir, pois a Lei n. 1.533 especifica casos em que se reputa inexistir essa 'necessidade' da sentença e, portanto, de falta de interesse de agir" (Celso Agrícola Barbi, *Do Mandado de Segurança*, 7ª ed., Rio de Janeiro, Forense, 1993, p. 73).

7. Lei 191/1936: "Art. 4º Não se dará mandado de segurança quando se tratar: (...) II – de ato de que caiba recurso administrativo com efeito suspensivo, independente de caução, fiança ou depósito; (...)".

car que os dispositivos de lei vêm se repetindo – quase igualmente – ao longo dos anos, até a mais recente Lei 12.016/2009.[8] De acordo com os dispositivos praticamente idênticos, não há mandado de segurança contra atos administrativos recorríveis *se* – e a ressalva é fundamental para o presente estudo – for possível a atribuição de efeito suspensivo ao ato administrativo durante o trâmite recursal, e, ainda, *se* a concessão do referido efeito independer de caução.

Nesse sentido é a lição da homenageada Lúcia Valle Figueiredo já na primeira edição de seu livro sobre o Mandado de Segurança:

> Na pendência de recursos administrativos com efeito suspensivo, sem que se exija caução – aliás, a caução não pode ser exigida, a lume da Constituição de 1988, por força do texto constitucional (art. 5º, LV) do devido processo legal –, não há possibilidade da impetração de mandado de segurança. Não porque a lei proíba, mas pelo estado do ato. É só examinarmos o ato para verificar que, submetido a recurso administrativo com efeito suspensivo, não haveria condições de o ato constranger alguém.
>
> Não constrange, não pode constranger, porque o efeito é suspensivo. Vale dizer, a eficácia do ato deixa de existir. Deveras, se o ato tem efeito suspensivo, a parte não pode buscar a proteção do Judiciário, a não ser que desista do recurso, pois não existe qualquer ato a constrangê-la indevidamente. Destarte, não haveria interesse processual.[9]

Lei 1.533/1951: "Art. 5º Não se dará mandado de segurança quando se tratar: I – de ato de que caiba recurso administrativo com efeito suspensivo, independente de caução (...)".

8. "Art. 5º Não se concederá mandado de segurança quando se tratar: I – de ato do qual caiba recurso administrativo com efeito suspensivo, independentemente de caução (...)."

9. Lúcia Valle Figueiredo, *Mandado de Segurança*, São Paulo, Malheiros Editores, 1996, p. 16. Na sexta edição da obra, publicada em 2009, a autora colaciona para exemplificar seu entendimento os seguintes julgados: (i) Mandado de Segurança 24.511, no Supremo Tribunal Federal, assim ementado: "Mandado de segurança – Pendência de recurso administrativo com efeito suspensivo – Carência da ação. Uma vez pendente recurso administrativo dotado de efeito suspensivo, como é o caso dos embargos declaratórios contra decisão do Tribunal de Contas da União – artigo 32, II e 34, § 2º, da Lei n. 8.443/92, mostra-se inadequada a impetração, a teor do disposto no artigo 5º, inciso I, da Lei n. 1.535/51" (MS 24.511-DF, rel. Min. Marco Aurélio,

Nota-se, assim, que a homenageada entende – e frise-se que desde a primeira até a mais recente edição de sua obra sobre o tema – que não caberá mandado de segurança contra ato que se encontra suspenso em razão de recurso administrativo, a não ser que o administrado desista do recurso que interpôs, para optar pela via judicial do *writ* constitucional.

Em realidade, estando suspenso o ato administrativo coator, não há necessidade do provimento jurisdicional, razão pela qual partilhamos do entendimento da homenageada, de que o administrado não terá interesse no mandado de segurança momentaneamente. Trata-se, à luz do que se explicou anteriormente, da carência da *ação* do mandado de segurança nessa hipótese, pela ausência de uma de suas condições.

Nota-se, inclusive, ser essa a orientação mais recente dos julgados do Supremo Tribunal Federal, consoante se observa do julgado citado abaixo. Trata-se de hipótese em que foi apresentado recurso administrativo pela Universidade Federal de Mato Grosso do Sul, por meio do qual o Tribunal de Contas da União atribuiu efeito suspensivo ao ato coator (acórdão do próprio Tribunal de Contas). O Supremo Tribunal Federal decidiu ao final que "a existência de recurso administrativo com efeito suspensivo constitui obstáculo à impetração de mandado de segurança".[10] Confira-se a ementa:

Tribunal Pleno, j. 30.10.2003, *DJU* 2.4.2004, p. 11; Ement. 2146-03/622 e *RTJ* 196-01/176); (ii) Mandado de Segurança 24.280, também no Supremo Tribunal Federal, assim ementado: "Agravo regimental em mandado de segurança – Pendência de recurso administrativo com efeito suspensivo – Ato omissivo: inocorrência – Silêncio da autoridade coatora acerca da impugnação à perícia de engenharia realizada pela Caixa Econômica Federal – Irregularidades verificadas em períodos de responsabilidade de outras gestões administrativas – Direito de ampla defesa. 1. Incabível mandado de segurança contra ato administrativo pendente de recurso com efeito suspensivo. 2. Não ocorrência de violação ao direito de ampla defesa se ao impetrante é dado oportunidade de apresentar suas alegações de defesa e os recursos administrativos previstos na Lei 8.443, de 16 de julho de 1992 (LOTCU). 3. Inaplicabilidade da Súmula 429-STF, visto inexistir ato omissivo da autoridade impetrada. Segurança denegada" (MS 24.280 AgR, rel. Min. Maurício Corrêa, Tribunal Pleno, j. 7.4.2003, *DJU* 25.4.2003, p. 33; Ement. 2107-02/234); e (iii) Mandado de Segurança 3.824-9 no Superior Tribunal de Justiça, com a seguinte ementa: "Mandado de segurança – Cumprimento de ato administrativo pendente de recurso suspensivo – Descabimento. I – Não cabe mandado de segurança, objetivando o cumprimento de ato administrativo, pendente de recurso suspensivo (Lei n. 1.533, de 31.12.51, art. 5º, I). II – Processo que se julga extinto (CPC, art. 267, VI)" (MS 3.824-DF, rel. Min. Antônio de Pádua Ribeiro, Primeira Seção, j. 13.6.1995, *DJU* 7.8.1995, p. 23.002).

10. Trecho do inteiro teor do acórdão, disponível em: <http://redir.stf.jus.br/paginadorpub/paginador.jsp?docTP=TP&docID=1925973>, acesso em 14.2.2013.

Agravo regimental em mandado de segurança – *1. Impetração contra acórdão do Tribunal de Contas da União com efeitos suspensos. Falta de interesse de agir: art. 5º, inc. I, da Lei n. 12.016/2009* – 2. Possibilidade de o relator negar seguimento a mandado de segurança quando a matéria for objeto de jurisprudência consolidada do Supremo Tribunal Federal ou a ação for de improcedência manifesta. Precedentes. Agravo Regimental ao qual se nega provimento (MS 28.855 AgR, rel. Min. Cármen Lúcia, 1ª Turma, j. 27.3.2012, *DJe*-076, 18.4.2012 – grifo aditado).

No mesmo sentido é o que entende Cassio Scarpinella Bueno quando trabalha com o conceito de não cabimento temporário do mandado de segurança pela pendência de recurso administrativo por meio do qual se atribuiu efeito suspensivo ao ato coator;[11] e Hely Lopes Meirelles, ao inadmitir a concomitância entre o recurso administrativo e o mandado de segurança.[12] Nesse sentido, interessante notar que em julgado recen-

11. "A interpretação do inciso I do artigo em comento que mais se afina com a Constituição é a do não cabimento 'temporário' do mandado de segurança quando o impetrante ainda não tem, em sede administrativa, os contornos definitivos do ato que reputa ilegal ou abusivo. Desde que possa recorrer administrativamente impugnando *eficazmente* o ato ou o fato que entende ilegal ou abusivo, não há *interesse jurídico* na impetração do mandado de segurança. (...) Desde que o impetrante possa recorrer administrativamente sem qualquer espécie de ônus ou gravame e desde que seu recurso administrativo seja processado com *efeito suspensivo*, a necessidade da impetração fica sistematicamente afastada, porque não existe, mercê daquele efeito recursal, qualquer eficácia no ato impugnado e, consequentemente, qualquer possibilidade de lesão ou ameaça a direito seu. Nessas condições não há *interesse jurídico* na impetração" (Cassio Scarpinella Bueno, *Mandado de Segurança: Comentários às Leis n. 1.533/51, 4.348/64 e 5.021/66*, cit., p. 62. A lição se repete na obra *A Nova Lei do Mandado de Segurança*, São Paulo, Saraiva, 2009, p. 18).

12. "Quando a lei veda que se impetre mandado de segurança contra 'ato de que caiba recurso administrativo com efeito suspensivo, independente de caução' (art. 5º, I), não está obrigando o particular a exaurir a via administrativa para, após, utilizar-se da via judiciária. Está, apenas, condicionando a impetração à operatividade ou exequibilidade do ato a ser impugnado perante o Judiciário. Se o *recurso suspensivo* for utilizado, ter-se-á que aguardar seu julgamento, para atacar-se o ato final; se transcorre o prazo para o recurso, ou se a parte renuncia à sua interposição, o ato se torna operante e exequível pela Administração, ensejando desde logo a impetração. O que não se admite é a concomitância do recurso administrativo (com efeito suspensivo) com o mandado de segurança, porque, se os efeitos do ato já estão sobrestados pelo recurso hierárquico, nenhuma lesão produzirá enquanto não se tornar exequível e

tíssimo o Supremo Tribunal Federal considerou que não seria possível a utilização concomitante da via administrativa e judicial, muito bem tratada por Hely Lopes Meirelles. Confira-se a ementa do julgado:

> Mandado de segurança – Conselho Nacional do Ministério Público – Controle de legalidade de ato praticado pelo Ministério Público de Rondônia – Concurso público – Exame psicotécnico – Previsão em lei – Critérios objetivos – Ordem denegada. I – O art. 5º, I, da Lei 12.016/2009 não configura uma condição de procedibilidade, mas tão somente uma causa impeditiva de que se utilize simultaneamente o recurso administrativo com efeito suspensivo e o *mandamus*. (...) (MS 30.822, rel. Min. Ricardo Lewandowski, 2ª Turma, j. 5.6.2012, *DJe*-124, 25.6.2012).

Na hipótese relativa à aprovação em concurso público de candidatos rejeitados em exame psicotécnico, a questão do esgotamento da via administrativa surge em razão da não utilização de embargos de declaração com efeito suspensivo pelos impetrantes contra a decisão do Conselho Nacional do Ministério Público. O que entendeu o relator é que não poderiam os impetrantes utilizar, simultaneamente, os embargos declaratórios na seara administrativa e o mandado de segurança. Contudo, e optando-se pela via judicial, não há qualquer óbice ao mandado de segurança que, com efeito, foi processado e julgado pelo Tribunal em questão.

Além da questão da pendência do recurso administrativo que suspendeu os efeitos do ato administrativo, o cabimento do mandado de segurança também se justifica caso o administrado desista do recurso administrativo que interpôs para optar pela via judicial, desistência essa que pode se dar de forma explícita ou implícita, pelo simples decurso do

operante. Só então poderá o prejudicado pedir o amparo judicial contra a lesão ou a ameaça a seu direito. O que se exige sempre – em qualquer caso – é a *exequibilidade* ou a *operatividade* do ato a ser atacado pela segurança: a *exequibilidade* surge no momento em que cessam as oportunidades para os recursos suspensivos; a *operatividade* começa no momento em que o ato pode ser executado pela Administração ou pelo seu beneficiário" (Hely Lopes Meirelles, Arnoldo Wald e Gilmar Ferreira Mendes, *Mandado de Segurança e Ações Constitucionais*, 35ª ed., São Paulo, Malheiros Editores, 2013, pp. 42-43).

prazo recursal.[13] A questão da desistência do recurso é também tratada por Cassio Scarpinella Bueno:

> A hipótese descrita no inciso I do art. 5º da Lei n. 1.533/51 não pode, entretanto, conduzir ao afastamento da impetração toda vez que o impetrante desistir da esfera administrativa por liberalidade sua ou quando a esfera administrativa, por imposições legais, tornar-se onerosa, seja do ponto de vista temporal (demora indeterminada para apreciação do pleito do particular), seja do ponto de vista econômico (caucionamento para interpor recursos ou medidas equivalentes). Da mesma forma, quando a apresentação do recurso na esfera administrativa não for mecanismo apto para evitar a consumação da lesão ou da ameaça que fundamenta o questionamento do ato ou fato ainda em sede da Administração Pública.[14]

13. Celso Agrícola Barbi trata de duas hipóteses nas quais entende cabível o mandado de segurança ainda que pendente o recurso administrativo. Fala especificamente do caso dos atos omissivos, que será tratado a seguir, e, ainda, do caso do recurso administrativo com o qual não se pode obter resultado. Confira-se: "outra hipótese em que surge exceção à regra em exame é aquela em que o recurso administrativo é incapaz de obter resultado, como no exemplo lembrado por Seabra Fagundes, em que o fundamento da reclamação é a inconstitucionalidade de lei, pois só o Poder Judiciário pode deixar de aplicar um texto legal sob esse fundamento. Como bem nota esse ilustre jurista (...) o recurso administrativo é inútil, não poderia alcançar o resultado pretendido pelo impetrante. Daí justificar-se o imediato ingresso em juízo, sem dependência da exaustão da instância administrativa e mesmo que o recurso perante esta tivesse efeito suspensivo" (*Do Mandado de Segurança*, cit., p. 77). No mesmo sentido é o que menciona Sálvio de Figueiredo Teixeira citando Milton Flaks (*Mandado de Segurança: Pressupostos da Impetração*, Rio de Janeiro, Forense, 1980), ao tratar de hipóteses em que o princípio da exaustão administrativa pode ser mitigado: "é de convir-se, contudo, que o princípio da exaustão da via administrativa cede passo em pelo menos três hipóteses, como lembra Milton Flaks, evocando o verb. 429 da Súmula do STF e a doutrina que se formou a respeito: a) se o ato é denegatório; b) ocorrendo a omissão da autoridade; c) se o interessado questiona a constitucionalidade da lei ou decreto em que se apoiou o ato" ("Mandado de segurança – apontamentos", *RT* 624, São Paulo, 1987, disponível em: <http://www.revistadostribunais.com.br/maf/app/resultList/document?&src=rl&srguid=i0ad818160000013c216ee93ac857f3be&docguid=Ib1c5a920f25411dfab6f010000000000&hitguid=Ib1c5a920f25411dfab6f010000000000&spos=13&epos=13&td=19&context=&startChunk=1&endChunk=1>, acesso em 14.2.2013).

14. Cassio Scarpinella Bueno, *Mandado de Segurança: Comentários às Leis n. 1.533/51, 4.348/64 e 5.021/66*, cit., pp. 62-63.

O ponto é, assim, a necessidade de que o administrado *não seja prejudicado pelo prolongamento de efeitos de qualquer ato coator*, sendo incontestável, no sentido do que já foi citado no presente estudo, que o mandado de segurança só pode ser limitado em situações totalmente excepcionais e, principalmente, se *não há qualquer prejuízo ao indivíduo, mormente em razão de sua natureza de direito fundamental*. É nesse sentido também a orientação jurisprudencial mais recente sobre o tema, consoante se observa das ementas abaixo de julgados do Superior Tribunal de Justiça:

> Administrativo – Processual civil – Mandado de segurança – Interposição prévia de recurso administrativo – Inexigível – Processos perante o Tribunal de Contas – Ofensa aos princípios do contraditório e da ampla defesa – Inexistência – Aplicação da Súmula Vinculante n. 03 do Supremo Tribunal Federal – Aposentadoria – Ato complexo – Confirmação pelo Tribunal de Contas da União – Decadência administrativa que se conta a partir desse último ato – Não configuração. 1. Não se pode exigir, salvo na hipótese de pendência de exame de recurso dotado de efeito suspensivo, o prévio esgotamento das instâncias administrativas para a busca da tutela de interesses diretamente perante o Judiciário, sob pena de ofensa ao direito fundamental de amplo acesso ao Poder Judiciário, insculpido no inciso XXXV do art. 5º da Constituição Federal. 2. Não subsiste a alegação de ofensa aos princípios do contraditório e da ampla defesa, ante o teor da Súmula Vinculante n. 03 do Supremo Tribunal Federal. (...) 5. Recurso ordinário em mandado de segurança conhecido e desprovido (RMS 23.194/MG, rel. Min. Laurita Vaz, 5ª Turma, j. 22.2.2011, *DJe* 14.3.2011).
>
> Processual civil e administrativo – Competência da Justiça Federal para julgar o feito – Sentença de mérito anterior à EC 45/2004 – Inexigibilidade de recurso administrativo prévio à impetração de mandado de segurança – Ofensa ao art. 535 do CPC não configurada – Ato de interdição de estabelecimento – Competência do delegado regional do trabalho – Possibilidade de delegação aos auditores-fiscais do trabalho – Regularidade do ato de infração – Responsabilidade da empresa tomadora de serviços pelos empregados terceirizados. (...) 3. O art. 5º, I, da Lei 1.533/1951 somente veda a impetração de Mandado de Segurança quando ainda se encontrar pendente recurso administrativo com efeito

suspensivo. A regra legal não impõe prévio recurso administrativo como condição para ajuizamento de Mandado de Segurança. (...) (REsp 916.334/RS, rel. Min. Herman Benjamin, 2ª Turma, j. 25.8.2009, *DJe* 31.8.2009).

É por tais razões, sem sombra de dúvidas, que alguns doutrinadores interpretam ainda mais restritivamente a limitação legislativa. É o caso, por exemplo, de Heraldo Garcia Vitta, que, após analisar o dispositivo legal e a questão do efeito suspensivo relacionado ao recurso administrativo, assim conclui:

> Podemos, desse modo, concluir:
>
> a) caso o particular ingresse com recurso administrativo de efeito suspensivo, independente de caução, poderá impetrar mandado de segurança se, de algum modo, remanescer ameaça a seu direito líquido e certo; tudo dependendo do caso concreto – não se pode *a priori* considerar a ação de mandado de segurança indevida, por falta de interesse de agir;
>
> b) se eleita *também* a via administrativa (em que pese a propositura da ação de mandado de segurança), nem por isso aquela será extinta, por desistência (tácita?), na medida em que as instâncias são, em princípio, independentes.[15]

As conclusões do autor são confessadamente baseadas no que já concluía Sergio Ferraz, pela inadmissão de qualquer limitação ao "remédio" constitucional ora estudado. Confira-se:

> Aliás, pela soma de todas as considerações até aqui deduzidas, temos por perfeitamente cabível a utilização simultânea ou sucessiva de ambas as vias (...). Até porque, se bem que a decisão judicial afete a administrativa, a recíproca não é verdadeira. E, por isso mesmo, não vemos em que o ingresso em juízo, com mandado de segurança, deva ser tido como desistência do recurso administrativo ou renúncia à sua utilização (...).

15. Heraldo Garcia Vitta, *Mandado de Segurança*, 3ª ed., São Paulo, Saraiva, 2010, p. 68.

> Ao titular do direito, ameaçado ou lesado, deve ser sempre aberta a utilização de todos os meios de defesa aptos à produção do afastamento, definitivo e total, da constrição ou ameaça. Nessa perspectiva, o simples congelamento da executoriedade, produzido pelo recurso administrativo com efeito suspensivo, pode revelar-se altamente insatisfatório. O franqueamento das vias judiciárias tão apenas após a exaustão das administrativas é potencialmente ensejador, pelo próprio decurso temporal que envolve, até da exaustão, ou redução da expressão efetiva do direito ameaçado ou lesado. Ora, como antes já ponderamos, o que a Constituição quer assegurar, com o mandado de segurança, é a integridade do direito em si, não se conformando com o sucedâneo pecuniário das perdas e danos.[16]

Faz também parte do coro Celso Ribeiro Bastos, que, apesar de admitir que na pendência de recurso administrativo com efeito suspensivo não subsistiria o mandado de segurança, deixa clara a impossibilidade de restringir a utilização do *writ*:

> Dúvida poderá surgir relativamente a saber-se da persistência do mandado de segurança, com o seu regime tradicional, em face do requisito da prévia exaustão da instância administrativa. Em outros termos: sujeita-se a impetração de segurança à obtenção de decisão do contencioso administrativo, ou ao transcurso do prazo de 180 dias a partir do direito lesado ou ameaçado?
>
> Pelas razões que serão a seguir aduzidas, a tese da mantença incólume do mandado de segurança se afigura àquela de inequívoca juridicidade.[17]

De todo modo, definido que a limitação ao mandado de segurança antes do esgotamento da via administrativa é questão de ausência de interesse de agir, é a partir de uma das considerações também de Sergio Ferraz que passaremos ao próximo ponto: "Há, portanto, no preceito em tela, uma exigência de prévia exaustão da via administrativa. E surge, daí, a indagação fundamental: é constitucional tal exigência?".[18]

16. Sergio Ferraz, *Mandado de Segurança*, cit., pp. 160-161.

17. Celso Ribeiro Bastos, *Do Mandado de Segurança*, 2ª ed., São Paulo, Saraiva, 1982, pp. 56-57.

18. Sergio Ferraz, *Mandado de Segurança*, cit., p. 159.

2. *A questão da constitucionalidade da limitação da via mandamental*

Inequivocamente – por se tratar de limitação feita por lei a direito fundamental constitucional –, a análise do art. 5º, I, da Lei do Mandado de Segurança, e da impossibilidade de impetração do *writ* sem o esgotamento da via administrativa, passa pelo estudo da constitucionalidade do dispositivo.

Por certo, aqueles que aceitam a limitação consideram constitucional o dispositivo. É o caso da homenageada Lúcia Valle Figueiredo, Celso Agrícola Barbi, entre outros. Há, contudo, quem a entenda inconstitucional. É o caso de Sergio Ferraz:

> Todos os parâmetros básicos, que desde os capítulos iniciais erigimos, norteadores da interpretação e utilização do mandado de segurança apontam, inequivocamente, a nosso ver, para a incompatibilidade entre o disposto no art. 5º, I, da Lei 1.533 e a garantia constitucional do acesso livre ao Judiciário, tal como insculpida no inciso XXXV do art. 5º da Lei Maior.[19]

E continua, em trecho bastante interessante:

> É imperioso a esse ponto que, esmagadoramente, a doutrina e a jurisprudência revelam-se acordes quanto à validade do inciso I do art. 5º da Lei 1.533 [*repetido, como já mencionado pela nova lei do mandado de segurança*] (...). Se ainda assim abordamos a questão, isso se fez em razão da nova redação da regra constitucional de acesso ao Judiciário, a qual, quem sabe, poderá vir a sugerir a revisão, pelos estudiosos, de sua opinião sobre a matéria.[20]

O ponto trazido pelo autor é de suma importância. O autor ponderava à época da terceira edição de sua obra que, por ter a Constituição Federal de 1988 alterado sobremaneira o dispositivo referente ao acesso

19. Idem, ibidem, p. 159.

20. Sergio Ferraz, *Mandado de Segurança (Individual e Coletivo): Aspectos Polêmicos*, 2ª ed., São Paulo, Malheiros Editores, 1993, p. 71. A lição se repete também na edição de 2006 da obra *Mandado de Segurança* do autor, na p. 161.

à justiça, não haveria razão para a prevalência do antigo art. 5º, I, da Lei 1.533/1951.

Isso porque antes da Constituição promulgada em 1988 a questão do acesso à justiça era disposta constitucionalmente de outra maneira. A Emenda Constitucional 7, de 1977, alterou o § 4º do art. 153 da Constituição Federal de 1967/1969, limitando o acesso à justiça do seguinte modo:

> Art. 153. A Constituição assegura aos brasileiros e aos estrangeiros residentes no País a inviolabilidade dos direitos concernentes à vida, à liberdade, à segurança e à propriedade, nos termos seguintes:
>
> (...)
>
> 4º A lei não poderá excluir da apreciação do Poder Judiciário qualquer lesão de direito individual. O ingresso em juízo poderá ser condicionado a que se exauram previamente as vias administrativas, desde que não exigida garantia de instância, nem ultrapassado o prazo de cento e oitenta dias para a decisão sobre o pedido.

Havia, pois, uma condicionante constitucional ao acesso à justiça equivalente e equiparável àquela que era praticada pela Lei 1.533/1951. Com o advento da Constituição cidadã de 1988 a "condicionante" deixa de existir, e, como é cediço, o acesso à justiça é disposto no inciso XXXV do art. 5º ampla e irrestritamente.[21]

Daí por que Sergio Ferraz, com muita propriedade, apostou na alteração do entendimento doutrinário e jurisprudencial sobre a constitucionalidade e aplicabilidade do art. 5º da Lei do Mandado de Segurança. Contudo, a mudança esperada não aconteceu,[22] e a Lei 12.016/2009

21. "XXXV – a lei não excluirá da apreciação do Poder Judiciário lesão ou ameaça a direito;"

22. Não aconteceu *completamente* como esperava o autor porque há que se mencionar que o Superior Tribunal de Justiça, por exemplo, em diversas oportunidades opinou pelo cabimento do mandado de segurança sem o prévio esgotamento da via administrativa, exatamente pela alteração efetivada pela Constituição Federal. É ler as seguintes ementas: (i) "Recurso especial – Administrativo e processual civil – Mandado de segurança – Reajustamento de benefício – Desnecessidade de esgotamento da via administrativa. Nos termos dos precedentes jurisprudenciais desta Corte de Justiça, não se faz necessário o esgotamento da via administrativa para se ingressar na via judicial. Recurso desprovido" (REsp 664.682-RS, rel. Min. José Arnaldo da Fonseca,

manteve integralmente a limitação ao mandado de segurança. A manutenção da limitação é, todavia, de cunho muito mais processual do que constitucional, mas parece, de fato, atender aos preceitos da Constituição Federal de 1988.

Em realidade, não se pretende com a limitação furtar ao Judiciário a apreciação de lesão ou ameaça. O descabimento do mandado de segurança se dá apenas porque o administrado não se prejudica com a utilização da via administrativa, quando seu recurso é recebido dando efeito suspensivo ao ato coator. E, se houver qualquer prejuízo, o administrado terá garantido seu direito ao mandado de segurança.

Trata-se, na terminologia de Cassio Scarpinella Bueno já citada, de "não cabimento temporário" do *writ* constitucional. Qualquer prejuízo em desfavor daquele que busca a tutela de lesão ou ameaça exterminará a "temporariedade" do não cabimento, tornando perfeitamente possível a impetração de mandado de segurança. Entre as hipóteses de prejuízo que podem advir ao administrado estão as já citadas exigência de prestação pecuniária durante o trâmite do recurso administrativo ou demora excessiva na resolução desse recurso. Além dos prejuízos, caso se opte pela via judicial, apresentando-se desistência do recurso administrativo, ou com o simples transcurso do prazo para sua apresentação, também se afasta o não cabimento, devendo o Judiciário prestar a tutela jurisdicional pretendida. Nesse sentido, é interessante o que explica Celso Agrícola Barbi:

> A nosso ver não há nenhuma ofensa à Constituição, porque a finalidade de seus artigos é garantir os direitos individuais, e estes não são, nem de leve, atingidos pela Lei n. 1.533. Esta não subtrai à apreciação do Poder Judiciário a possível lesão de direito. Apenas estabelece a exigência de prévia exaustão da via administrativa; e só o faz quanto esta

5ª Turma, j. 18.10.2005, *DJU* 21.11.2005, p. 282); (ii) "RMS – Constitucional – Administrativo – Processual civil – Preliminar – Carência do direito de ação quanto ao segundo impetrante – Esgotamento das vias administrativas – Desnecessidade – Gratificação de representação – Extensão aos inativos – Natureza *pro labore faciendo* – Inexistência de linearidade e generalidade. I – Após a proclamação da Constituição Federal de 1988, o exaurimento da via administrativa é mera faculdade da parte interessada, não consubstanciando condição *sine qua non* para impetrar-se mandado de segurança. (...) IV – Recurso conhecido e parcialmente provido, tão somente para afastar a preliminar de carência de ação quanto ao segundo impetrante" (RMS 4.289-MS, rel. Min. Gilson Dipp, 5ª Turma, j. 3.5.2001, *DJU* 4.6.2001, p. 185).

via não impõe restrições ao exercício do direito discutido, nem cria ônus que agravem a posição do interessado. A circunstância de a Constituição ter criado o mandado de segurança em termos amplos não é decisiva, pois a instituição de um remédio judicial em texto constitucional só pode ser mesmo feita em termos genéricos. A regulamentação é que irá determinar as formas do exercício da ação; e desde que não retire do interessado a possibilidade do uso do mandado nem crie exigências que impossibilitem seu exercício, não se pode falar em inconstitucionalidade. A solução das controvérsias pelo Judiciário não deve ser a regra, e sim a exceção.[23]

É exatamente neste ponto que em uma interpretação conforme a Constituição se pode falar da constitucionalidade do dispositivo. Não há na Lei do Mandado de Segurança critério que impossibilite seu exercício. A limitação proposta pode ser afastada a qualquer tempo, demonstrado prejuízo ao administrado ou seu desinteresse na manutenção da via administrativa, havendo razão para a defesa de sua compatibilidade constitucional.

3. A questão dos atos administrativos omissivos e a Súmula 429 do Supremo Tribunal Federal

Analisadas a natureza jurídica da limitação do mandado de segurança sem esgotamento da via administrativa, sua possibilidade, condições e constitucionalidade, é interessante rever, ainda que brevemente, a questão dos atos omissivos de autoridade coatora.

Até o momento, estudou-se a limitação temporária da utilização do mandado de segurança enquanto pende de julgamento recurso administrativo no qual, sem oneração ao administrado, foi atribuído efeito suspensivo ao ato coator. Situação totalmente diversa é aquela em que o ato deixou de ser praticado, leia-se: quando a omissão da autoridade traz prejuízos ao administrado.

O caso é distinto porque na hipótese não há falar em suspensão dos efeitos do ato pelo recurso administrativo eventualmente interposto pela parte prejudicada. Se ato não há, também inexistem efeitos seus a sus-

23. Celso Agrícola Barbi, *Do Mandado de Segurança*, cit., pp. 74-75.

pender. E, sendo assim, aguardar a solução administrativa – que já é omissa – pode trazer prejuízos ainda maiores ao administrado. Nesses casos, a omissão deve ser sanada de imediato, sendo facultada a utilização do mandado de segurança mesmo que não esgotada a esfera administrativa. Nesse sentido, é o que admitem diversos pesquisadores sobre o tema, como Seabra Fagundes,[24] Heraldo Garcia Vitta,[25] Celso Agrícola Barbi,[26] entre outros.

Como se nota, a situação é oposta à anteriormente estudada. Nos casos de omissão, a necessidade da tutela jurisdicional pelo mandado de segurança é premente, justificando-se assim a desnecessidade do esgotamento da via administrativa.

Tanto assim é que a hipótese de omissão ou recusa, inclusive, já fora sumulada pelo Supremo Tribunal Federal em 1964 e, portanto, ainda na vigência da Lei 1.533/1951. É ler o enunciado da Súmula 429: "A existência de recurso administrativo com efeito suspensivo não impede o uso do mandado de segurança contra omissão da autoridade".[27]

24. "Cumpre advertir que, em se tratando de ato omissivo, isto é, de ato pelo qual se negue proteção ao indivíduo, exigência da prévia interposição de recurso administrativo perde a razão de ser" (Seabra Fagundes, *O Controle dos Atos Administrativos pelo Poder Judiciário*, 6ª ed., São Paulo, Saraiva, 1984, p. 241).

25. "Quando a autoridade indefere pedido do interessado, ou se omite na prática de ato, a interposição de recurso administrativo, de efeito suspensivo, independente de garantia, nada o beneficia, porque não atinge o resultado pretendido por meio dele; remanesce o mandado de segurança, como instrumento eficaz para proteger o direito do interessado" (Heraldo Garcia Vitta, *Mandado de Segurança*, cit., p. 69).

26. "Não se justifica, porém, a restrição, quando interferirem outros princípios, que tornem necessário o ingresso imediato em juízo. Isto acontece quando o ato impugnado constitui omissão ou recusa, como, por exemplo, quando a autoridade recusa o registro de um diploma, o arquivamento de um contrato social, ou a inscrição de um advogado nos quadros da respectiva Ordem. Nesses casos, a natureza do ato não permite efeito suspensivo ao recurso, e o prejuízo é atual desde logo. Dispensa-se, pois, o esgotamento da via administrativa, porque a 'necessidade' do recurso ao Poder Judiciário é evidente" (Celso Agrícola Barbi, *Do Mandado de Segurança*, cit., p. 76).

27. A esse respeito é interessante mencionar que, de acordo com informações obtidas no sítio eletrônico do STF, os julgados que levaram à edição da Súmula 429 seriam os seguintes: (i) "Mandado de segurança – Inadmissível contra ato de que caiba recurso administrativo, com efeito suspensivo" (RMS 9.359, rel. Min. Ribeiro da Costa, Tribunal Pleno, j. 9.5.1962, *DJU* 8.6.1962, p. 1315; Ement. 502-01/331); (ii) "Mandado de segurança – Prazo para requerê-lo – O prazo é de decadência e se conta da data do impugnado – Não o interrompe o pedido de reconsideração" (RMS 10.871, rel. Min. Ribeiro da Costa, Tribunal Pleno, j. 21.11.1962, *DJ* 6.12.1962, p.

Por tais razões é que quando se apresentou o projeto para uma nova lei do mandado de segurança havia se inserido um parágrafo único no art. 5º aqui comentado, com a seguinte redação: "O mandado de segurança poderá ser impetrado, independentemente de recurso hierárquico, contra omissões da autoridade, no prazo de 120 (cento e vinte) dias, após sua notificação judicial ou extrajudicial". O parágrafo único, contudo, acabou vetado, sendo que a razão do veto, de acordo com a Mensagem n. 642, de 7.8.2009,[28] vem assim expressada: "A exigência de notificação prévia como condição para a propositura do Mandado de Segurança pode gerar questionamentos quanto ao início da contagem do prazo de 120 dias em vista da ausência de período razoável para a prática do ato pela autoridade e, em especial, pela possibilidade da autoridade notificada não ser competente para suprir a omissão".

Em razão do veto, parece razoável afirmar ter-se mantido o entendimento anterior de que nos casos de omissão da autoridade na prática de determinado ato não terá o administrado a obrigação de exaurir a via administrativa para a utilização do mandado de segurança. É exatamente porque lhe falta um ato de autoridade competente ou, ainda, em razão do atraso da administração na prática do ato que se pode e justifica buscar diretamente no Judiciário a tutela necessária pela via do mandado de segurança. Nesse sentido, confira-se o que sustenta Cassio Scarpinella Bueno:

> O parágrafo único do art. 5º da Lei n. 12.016/2009 inovava em relação ao direito anterior e complementava a regra do inciso I. Em se tratando de ato *omissivo*, o dispositivo garantia a viabilidade da impetração para contrastá-lo jurisdicionalmente, independentemente da interposição

3735; Ement. 525-02/573); (iii) "Em caso de omissão da autoridade, a existência de recurso administrativo, com efeito suspensivo, não elide o pedido de segurança (L. 1.533, de 1951, art. 5º, I)" (RE 52.588, rel. Min. Victor Nunes, 2ª Turma, j. 9.7.1963, *ADJ* 29.8.1963, p. 793; *DJU* 1º.8.1963, p. 2423; Ement. 547-02/605). Note-se que dos três julgados apresentados como fundamento para a edição da súmula, apenas o último realmente se relaciona com a questão dos atos omissivos. Frise-se, por oportuno, que mesmo com a leitura do inteiro teor dos acórdãos, não se altera o fato de que dos três citados apenas um se relaciona realmente com o enunciado da súmula.

28. A mensagem pode ser lida na íntegra no sítio eletrônico do Planalto. <http://www.planalto.gov.br/ccivil_03/_ato2007-2010/2009/Msg/VEP-642-09.htm>, acesso em 14.2.2013.

de recurso hierárquico, desde que se observasse o prazo de cento e vinte dias da notificação judicial ou extrajudicial da autoridade coatora.

Uma tal notificação tinha como finalidade impor à autoridade responsável o *dever* de decidir para viabilizar o controle jurisdicional do ato *comissivo*. Até porque, sem a fixação de prazo legal para que a autoridade agisse ou decidisse, seria inconcebível entender iniciado o prazo para impetração do mandado de segurança. Se, notificada, como queria a lei, a autoridade permanecesse inerte, o mandado de segurança seria cabível para controlar a sua *omissão*, respeitando-se, como deixava claro o dispositivo, o prazo decadencial do art. 23 da mesma lei.

Com o veto ao dispositivo, a melhor interpretação é a de que o ato *omissivo* continuará a ser objeto de contraste direto pelo mandado de segurança, independentemente de qualquer providência a cargo do impetrante na esfera administrativa ou prazo.[29]

Nota-se, então, que nos casos de atos omissivos não há falar no prévio exaurimento da via administrativa, ao contrário do que ocorre, segundo nos parece, com os atos coatores comissivos.

4. Conclusões

Com base nas premissas e pequenas conclusões já lançadas no presente estudo, há que se concluir que não há falar em impossibilidade da impetração do mandado de segurança sem o prévio esgotamento da via administrativa. Em realidade, o que há e é legalmente autorizado é a limitação ao mandado de segurança na pendência de recurso administrativo que atribuiu efeito suspensivo ao ato coator. Situação que é, inclusive, salutar na medida em que, como mencionado, obstáculos ao mandado de segurança não devem ser aplaudidos. Trata-se, como se sabe, de empecilhos ao exercício amplo e irrestrito de direito fundamental.

De todo modo, conclui-se de início que a limitação trazida pelo art. 5º, I, da Lei 12.016/2009 é verdadeira condição da "ação de mandado de segurança", na medida em que, enquanto suspensos os efeitos do ato administrativo, não poderá o administrado optar simultaneamente pela via judicial por verdadeira ausência de interesse processual.

29. Cassio Scarpinella Bueno, *A Nova Lei do Mandado de Segurança*, cit., p. 19.

Por outro lado, conclui-se também pela constitucionalidade da limitação imposta pelo art. 5º, I, da Lei 12.016/2009, já que quando se interpreta o dispositivo com base nas disposições constitucionais – como se procurou fazer no presente estudo – nota-se que não há – já que não pode verdadeiramente haver – prejuízo ao acesso à justiça ou a dispositivo constitucional outro.

Ademais, em que pese possa haver discussão sobre a matéria quando se analisa um ato coator comissivo, nos casos de omissão não há como exigir o prévio esgotamento da via administrativa. Caberá, desde logo, o mandado de segurança.

Por fim, conclui-se que caso o administrado desista da via administrativa não restará qualquer empecilho à impetração do mandado de segurança. Essa desistência sendo explícita – leia-se com apresentação de pedido de desistência voluntária de recurso administrativo – ou implícita – findo o prazo para apresentação de recurso administrativo – possibilitará, sem qualquer resistência, o *writ* constitucional.

Bibliografia

BARBI, Celso agrícola. *Do Mandado de Segurança*. 7ª ed. Rio de Janeiro, Forense, 1993.

BASTOS, Celso Ribeiro. *Do Mandado de Segurança*. 2ª ed. São Paulo, Saraiva, 1982.

BRASIL. Mensagem n. 642, de 7.8.2009. Disponível em: <http://www.planalto.gov.br/ccivil_03/_ato2007-2010/2009/Msg/VEP-642-09.htm>. Acesso em: 14.2.2013.

BUENO, Cassio Scarpinella. *A Nova Lei do Mandado de Segurança*. São Paulo, Saraiva, 2009.

________. *Mandado de Segurança: Comentários às Leis n. 1.533/51, 4.348/64 e 5.021/66*. 4ª ed. São Paulo, Saraiva, 2008.

CAVALCANTI, Themistocles Brandão. *Do Mandado de Segurança*. 5ª ed. Rio de Janeiro, Livraria Freitas Bastos S.A., 1966.

DINAMARCO, Cândido Rangel. *Instituições de Direito Processual Civil*. 6ª ed., vol. 2. São Paulo, Malheiros Editores, 2009.

DIREITO, Carlos Alberto Menezes. *Manual do Mandado de Segurança*. 2ª ed. Rio de Janeiro, Renovar, 1994.

FAGUNDES, Seabra. *O Controle dos Atos Administrativos pelo Poder Judiciário*. 6ª ed. São Paulo, Saraiva, 1984.

FERRAZ, Sergio. *Mandado de Segurança*. São Paulo, Malheiros Editores, 2006.

________. *Mandado de Segurança (Individual e Coletivo): Aspectos Polêmicos*. 2ª ed. São Paulo, Malheiros Editores, 1993.

FIGUEIREDO, Lúcia Valle *Mandado de Segurança*. São Paulo, Malheiros Editores, 1996.

MEIRELLES, Hely Lopes, WALD, Arnoldo, e MENDES, Gilmar Ferreira. *Mandado de Segurança e Ações Constitucionais*. 35ª ed. São Paulo, Malheiros Editores, 2013.

TEIXEIRA, Sálvio de Figueiredo. "Mandado de segurança – apontamentos". *RT* 624. São Paulo, 1987. Disponível em: <http://www.revistadostribunais.com.br/maf/app/resultList/document?&src=rl&srguid=i0ad818160000013c216ee93ac857f3be&docguid=Ib1c5a920f25411dfab6f010000000000&hitguid=Ib1c5a920f25411dfab6f010000000000&spos=13&epos=13&td=19&context=&startChunk=1&endChunk=1>. Acesso em: 14.2.2013.

VITTA, Heraldo Garcia. *Mandado de Segurança*. 3ª ed. São Paulo, Saraiva, 2010.

A DISCRICIONARIEDADE ADMINISTRATIVA E O INTERESSE PÚBLICO LÍQUIDO

LUIS MANUEL FONSECA PIRES

Doutor e Mestre em Direito Administrativo pela PUC-SP – Professor de Direito Administrativo na Graduação e na Pós-graduação *lato sensu* da PUC-SP – Associado ao Instituto de Direito Administrativo Paulista-IDAP – Membro fundador do Instituto Brasileiro de Estudos da Função Pública-IBEFP – Juiz de Direito no Estado de São Paulo

Introdução

Conheci a profa. Lúcia Valle Figueiredo no curso de mestrado da Faculdade de Direito da Pontifícia Universidade Católica de São Paulo. Fui aluno em sua disciplina, *Direito Urbanístico I*. O seu rigor científico, a seriedade com a qual vivia a docência, a sua vasta experiência na magistratura que era compartilhada por seus relatos em classe levaram-me ainda a ser seu aluno, embora já tivesse concluído todos os créditos necessários, em *Direito Urbanístico II*. Aproximei-me da profa. Lúcia por admiração. Duas das minhas publicações, *Loteamentos Urbanos* e *Regime Jurídico das Licenças*, ambas pela editora Quartier Latin, são fruto, respectivamente, dos créditos aos quais me referi. Contei com a oportunidade de sua participação em minha banca de defesa de tese de doutoramento sobre tema que lhe era muito caro, o controle judicial da discricionariedade administrativa. Posteriormente, fui seu assistente em crédito no doutorado da mesma Faculdade.

O tempo, ainda breve, que pude conviver com ela – enquanto aluno, depois como assistente –, as não poucas palestras que presenciei – na Escola Paulista da Magistratura e no curso de pós-graduação *lato sensu* da PUC-SP, no qual fui por alguns anos professor-assistente – foram um privilégio. Pude acompanhar uma acadêmica dedicada e coerente, alguém digno de reconhecimento como se faz neste livro, jurista e magistrada que merecidamente inscreveu seu nome na história do direito administrativo brasileiro.

Em sua homenagem, proponho tratar do *interesse público* e da *discricionariedade administrativa*; o primeiro tema representa pedra fundamental da Escola de Direito Administrativo da Pontifícia Universidade Católica de São Paulo, por elaboração pioneira do nome que a simboliza, prof. Celso Antônio Bandeira de Mello, tema encampado e igualmente defendido pela profa. Lúcia Valle Figueiredo; e o segundo, a discricionariedade administrativa, do mesmo modo de empenhados estudos por essa mesma escola, foi ainda objeto do qual pude aprofundar-me em meu doutoramento.[1] A escolha desse temário decorre ainda do conhecido embate, presente há alguns anos, entre as orientações doutrinárias que persistem em defender o interesse público como elemento nuclear à compreensão do direito administrativo – adianto: posição à qual me filio – e as que defendem a sua superação. Acredito que a denominada pós-modernidade é o foco catalisador desses conflitos, e por isso acredito adequado enfrentar novamente o assunto, mas por essa perspectiva, o que resulta, sem dúvida, em reflexos importantes à noção da competência discricionária e os seus desafios contemporâneos em qualquer Estado que se anuncie social e democrático.

1. O interesse público na pós-modernidade

Maio de 1968. O movimento estudantil protagoniza o anseio por uma revolução social, a efetiva transformação das estruturas econômicas, mudança das tradições culturais enraizadas nos costumes e nas relações dos cidadãos com o Estado.

1. Publicado pela Campus-Elsevier sob o título *Controle Judicial da Discricionariedade Administrativa. Dos Conceitos Jurídicos Indeterminados às Políticas Públicas*, Rio de Janeiro, 2008.

Um dos pensadores a servir de luminar às manifestações públicas foi Herbert Marcuse. Filósofo nascido na Alemanha e radicado nos Estados Unidos a partir da 2ª Guerra Mundial, celebrizou-se pela publicação, em 1955, de *Eros e Civilização*. Se Freud entendia a modernidade como a superação do *princípio do prazer*, de parte da felicidade e da liberdade, para o predomínio do *princípio de realidade*, no qual a causa e o escopo são o prestígio à segurança – com as consequentes privações dos nossos "impulsos naturais" que resultam nas doenças da alma –, Herbert Marcuse divergiu dessa refutação para defender a possibilidade de uma sociedade não repressiva. A abolição da repressão – marco da modernidade – é possível. Os dois planos de Freud – ontogenético: a evolução do indivíduo reprimido; filogenético: a evolução da civilização repressiva – desenvolvem-se sob implicações mútuas, o que leva ao abandono da felicidade e à geração do sentimento de culpa. Mas para Herbert Marcuse o princípio de realidade deve ser compreendido como o *princípio de desempenho* que se formata pela dominação e a alienação que se encontram na organização social do trabalho, o que é possível reformulá-lo de modo a ser "(...) qualitativamente diferente e não repressivo".[2] A redução quantitativa da energia de trabalho e a superação dos controles repressivos impostos pela civilização (moderna) à sensualidade são alguns dos caminhos necessários[3] em busca de uma "cultura não repressiva", pensada por Schiller, conforme anota Herbert Marcuse.[4]

Por esse pensador e outros tantos, contemporâneos à formação da Escola de Frankfurt ou de outras gerações que se seguiram, mas todos em comum a postular – em suas diversas áreas – uma *razão crítica*, inicia-se a tentativa – ainda intensamente fragmentada – de entender o mundo que se desfaz das certezas e das convicções absolutas da modernidade tão bem representadas pelo positivismo, geral de Auguste Comte, particular, no Direito, de Hans Kelsen. Aspira-se a uma transformação das práticas políticas, à liberdade sexual, à redefinição da democracia, a um novo papel à mulher na sociedade, à superação efetiva das discriminações de qualquer ordem, a uma reformulação da ética e da moral, a

2. Herbert Marcuse, *Eros e Civilização. Uma Interpretação Filosófica do Pensamento de Freud*, 8ª ed., trad. de Álvaro Cabral, Rio de Janeiro, LTC, 2010, p. 123.

3. Idem, ibidem, p. 169.

4. Idem, ibidem, p. 174.

reformulações das relações particulares, mas ainda – e ao que nos interessa neste artigo – dos vínculos dos cidadãos com os Estados.

Fim dos anos 1960, início da década de 1970, contra esse movimento social, como lembra Eduardo C. B. Bittar, as alas mais conservadoras invocam a "ordem" ou a "lei" a justificarem o uso da força para a contenção dos rebeldes.[5]

Nesse particular período o "interesse público" qualifica-se, pela perspectiva do opressor – dos Estados que suprimem o diálogo, dos Estados militarizados –, como fundamento primordial à intenção de legitimação da coação e do consequente cerceamento das liberdades. Não é de admirar-se, portanto, que nessas últimas quatro décadas, em permanente esforço por se entender o mundo em que vivemos, diante de reformulações sentidas em tantas áreas do conhecimento humano – psicologia, sociologia, pedagogia –, pudesse o Direito passar ileso. De tal sorte, junto ao direito administrativo essa insegurança fez-se presente – até porque é a área do Direito que se destina a disciplinar as práticas das relações entre a administração e os administrados –, e parcela da doutrina passou a apregoar a morte do interesse público enquanto seu eixo temático.

De modo geral, escorados em uma suposta origem totalitária do direito administrativo junto ao termo "interesse público", pois, de fato, em larga medida serviu aos particulares objetivos da burguesia no início do século XX, logo após a Revolução Francesa, apregoam os opositores a permanência dessa noção pela necessidade de uma democratização dessa área do Direito.

O que se parece olvidar, no entanto, é que a gênese do interesse público deve ser contextualizada à realidade histórica da época, como o faz Daniel Wunder Hachem:

> A percepção do que seria esse interesse público, na perspectiva do Estado Liberal burguês, já estava estreitamente vinculada com os direitos fundamentais, que nesse período eram vistos como proteções individuais dos particulares contra as arbitrariedades da Administração. O respeito ao interesse público estava na inexistência de obstáculos impostos pelo Poder Público ao exercício das liberdades, notadamente na esfera econômica. Como já dito, a concepção liberal do "interesse público" refletia-se

5. Eduardo Carlos Bianca Bittar, *O Direito na Pós-modernidade*, 2ª ed., Rio de Janeiro, Forense, 2009, pp. 101-102.

> pela garantia dos "interesses privados", ideia largamente difundida pela classe dominante. O interesse privado se colocava diante do interesse público, eis que o bem comum não era algo materialmente definido pelo Estado ou pela coletividade: ele estaria no livre desenvolvimento das vontades individuais, limitadas às fronteiras estabelecidas pela lei.[6]

Por isso, não se pode simplesmente negar que, apesar de suas vicissitudes, ainda assim o Estado de Direito Liberal conta com o mérito, por inaugurar uma nova era, de superação do Estado de Polícia e o seu despotismo esclarecido. Tal como asseveram Emerson Gabardo e Daniel Wunder Hachem, o Estado de Direito é ainda o "contraponto axiológico" ao regime anterior.[7]

Em vez de reformular a noção de "interesse público", alguns querem deixá-la para trás, como se o fato de ter servido a interesses egoísticos da nova classe social que se firmaria junto ao Estado de Direito, a burguesia, ou de ter-se prestado a franquear a força em repressão aos movimentos sociais a partir do final da década de 1960 do século passado, se por essas situações fosse o "interesse público" inegável causador das mazelas humanas, estigmatizado argumento à opressão.

Acredito, no entanto, que as sistematizações críticas à noção de interesse público menos se encontram – apesar de esse ser o modo de a maioria das críticas apresentar-se – numa súbita reflexão sobre a evolução histórica dos modelos de Estado de Direito e mais na crise de compreensão dos nossos tempos, o que justifica, sem dúvida, a necessidade de constantes reformulações do interesse público em uma sociedade plural, mas não o incoerente abandono de um fundamento indispensável ao direito público, de modo a servir de instrumental dogmático a impedir o aprofundamento das diferenças sociais, a dominação das estruturas de poder por (poucos) grupos econômicos, a sobrevalorização das práticas especulativas do capitalismo – por natureza, individualista, em nada sob uma dimensão pública.

6. Daniel Wunder Hachem, *Princípio Constitucional da Supremacia do Interesse Público*, Belo Horizonte, Fórum, 2011, p. 94.

7. Emerson Gabardo e Daniel Wunder Hachem, "O suposto caráter autoritário da supremacia do interesse público e das origens do direito administrativo", in Maria Sylvia Zanella Di Pietro e Carlos Vinícius Alves Ribeiro, *Supremacia do Interesse Público e Outros Temas Relevantes do Direito Administrativo*, São Paulo, Atlas, 2010, pp. 29-31.

Zygmunt Bauman, outro expoente entre os pensadores que se lançam a procurar entender a pós-modernidade, denomina nossa época um *tempo líquido*, uma *modernidade líquida*. A provisoriedade de nossas certezas, a indeterminação de nossas afirmações, tudo a valer enquanto efêmero. Diz ele que, se o "fundir para solidificar" representava o paradigma da modernidade, então a "perpétua conversão em líquido" ("estado permanente de liquidez") marca os nossos tempos.[8] A modernidade, prossegue o intelectual, caracterizava-se pela imagem da "cultura-jardim" e a consequente imagem do "jardineiro": a ideia de que seria possível o controle social do tempo e do espaço. O Estado era o seu protagonista. O Estado moderno dominava. Mas a sociedade contemporânea quer livrar-se dessas amarras.

Nesse contexto, o abandono de toda e qualquer construção semântica que prime pelo coletivo – como se pode ter pelo "interesse público" – longe passa da realização de aspirações democráticas. Ao inverso, em absoluta imersão na pós-modernidade em suas características as mais deletérias ao convívio social o que se faz é apenas prestigiar a *lógica do individualismo* de que trata Gilles Lipovetsky.[9] Enfraquecidos os princípios sociais reguladores, potencializa-se a esfera da autonomia subjetiva. Prevalece a "ideologia individualista hedonista",[10] vive-se a *era do vazio*. Como afirma ele:

> É evidente que a sociedade hipermoderna, ao exacerbar o individualismo e dar cada vez menos importância aos discursos tradicionais, caracteriza-se pela indiferença para com o bem público; pela prioridade frequentemente conferida ao presente e não ao futuro; pela escalada dos particularismos e dos interesses corporativistas; pela desagregação do sentido de dever ou de dívida para com a coletividade.[11]

A crise do interesse público não se dá então por seu próprio signo, mas especificamente pelo uso que dele se fez em alguns isolados pontos

8. Zygmunt Bauman, *Legisladores e Intérpretes*, trad. de Renato Aguiar, Rio de Janeiro, Zahar, 2010, pp. 12-13 e ss.

9. Gilles Lipovetsky e Sébastien Charles, *Os Tempos Hipermodernos*, trad. de Mário Vilela, São Paulo, Barcarolla, 2004.

10. Idem, ibidem, pp. 18-24.

11. Idem, ibidem, p. 43.

no curso da história da humanidade. Por certo, dessas práticas – o início do Estado de Direito Liberal e principalmente as reações aos movimentos sociais de maio de 1968 – não faltariam exemplos do quanto as distorções servem a buscar o oposto do que o potencial semântico do signo poderia comportar – lembre-se dos não poucos discursos humanistas dos revolucionários franceses e o período de Terror nos dez anos que se seguiram à Revolução, das proclamações políticas dos Estados Unidos da América, expoente da democracia para o mundo ocidental, e a reificação do ser humano com as práticas escravocratas e posteriormente segregacionistas durante os séculos XIX e XX, ou, ainda, contemporaneamente, dos Estados Unidos da América, a arrogante assunção e defesa da tortura em interrogatórios na prisão de Guantánamo.

Decerto, sem reassumir o interesse público, compreendê-lo em relação às demandas sociais hodiernas, o que se pode esperar é a gradual – a continuação – privatização do patrimônio público (bens públicos, serviços públicos), o pertencimento do que a todos deveria pertencer ao domínio privado de poucos grupos econômicos, e tal como a mídia potencialmente tem servido à manipulação e à alienação de nossas necessidades pessoais, igualmente nos chancela a legitimação desse *espetáculo* de supostas melhorias sociais condicionadas ao estiolamento do interesse público. As lições de Guy Debord, a esta altura, devem ser rememoradas:

> A alienação do espectador em favor do objeto contemplado (o que resulta de sua própria atividade inconsciente) se expressa assim: quanto mais ele contempla, menos vive; quanto mais aceita reconhecer-se nas imagens dominantes da necessidade, menos compreende sua própria existência e seu próprio desejo. Em relação ao homem que age, a exterioridade do espetáculo aparece no fato de seus próprios gestos já não serem seus, mas de um outro que os representa por ele. É por isso que o espectador não se sente em casa em lugar algum, pois o espetáculo está em toda parte.[12]

A alienação do cidadão frente ao esgarçamento da noção do interesse público sujeita-o à condição de mero espectador passivo, desinte-

12. Guy Debord, *A Sociedade do Espetáculo*, 4ª ed., trad. de Estela dos Santos Abreu, Rio de Janeiro, Contraponto, 1997, p. 24.

ressado politicamente, sem esperança, contemplador acrítico da apropriação privada do patrimônio do qual é um dos titulares.

O que é preciso, portanto, é permanentemente descobrir o *interesse público*, pois a clássica lição de Celso Antônio Bandeira de Mello é simultaneamente pós-moderna – alguns *paradoxos* da hipermodernidade (Gilles Lipovetsky), o clássico que se renova na contemporaneidade:

> É que, na verdade, o interesse público, o interesse do todo, do conjunto social, nada mais é que a dimensão pública dos interesses individuais, ou seja, dos interesses de cada indivíduo enquanto partícipe da Sociedade ("entificada juridicamente no Estado"), nisto se abrigando também o "depósito intertemporal destes mesmos interesses", vale dizer, já agora, encarados eles em sua continuidade histórica, tendo em vista a sucessividade das gerações de seus nacionais.[13]

O *interesse público*, portanto, subsiste, mesmo que em nossos tempos apresente-se *líquido*.

2. *Competência discricionária e interesse público*

Se o interesse público (líquido) persiste enquanto fundamento e eixo metodológico do direito administrativo, então, a par do envido em compreendê-lo e interpretá-lo em suas múltiplas e concretas facetas diante de uma infinidade de situações que demandam sua aplicação, a competência discricionária revela-se um dos seus principais desafios. Pois é por meio da *margem de livre apreciação* conferida à Administração Pública que o interesse público é comumente invocado a legitimar as ações administrativas.

De início, e enquanto premissa dogmática, consigno a definição de discricionariedade administrativa com a qual laboro em estudo monográfico a respeito do tema:

> A discricionariedade administrativa é a competência prevista em lei para o exercício da função administrativa que outorga ao agente público

13. Celso Antônio Bandeira de Mello, *Curso de Direito Administrativo*, 31ª ed., São Paulo, Malheiros Editores, 2014, p. 60.

> uma pluralidade de decisões legítimas, e que por isso não se confunde com a interpretação jurídica de conceitos jurídicos indeterminados, e igualmente não pode ser outorgada para o âmbito da Administração Sancionadora, e a escolha deve ser exercida, diante do caso concreto, pela melhor opção possível à realização do interesse público.[14]

Vale destacar que a discricionariedade administrativa não se confunde com a interpretação jurídica, pois se deve primeiro compreender e interpretar para depois se exercer a discricionariedade administrativa, tal como ensina Lúcia Valle Figueiredo.[15] Cuida-se então, a discricionariedade administrativa, de uma competência pública a conferir ao administrador, desde que observe o balizamento que lhe é traçado, e uma vez que faça realizar o regime jurídico-administrativo, uma liberdade de agir. Um agir para a performance do interesse público.

3. Desafios da discricionariedade administrativa frente ao interesse público líquido

Nessa ordem de ideias, o que pretendo a seguir é encarecer o *dever de motivar* no exercício da competência discricionária. Não pelo tradicional prisma – sem dúvida alguma, relevante – do regime democrático ou do princípio republicano, mas sim, tal como anunciei ser o objeto central deste artigo, em razão da realidade dúctil do interesse público contemporâneo.[16]

Ao invés de equivocadamente proclamar-se a morte do interesse público entendo que a sua compreensão por esse peso da pós-modernidade, diante de sua definição rarefeita em relação ao que foi no passado, exige intensificar o dever de motivar. Por intermédio da fundamentação séria – clara, coerente, circunstanciada com os fatos, comprometida com os precedentes administrativos (para reafirmá-los em continuidade ou para superá-los, mas desde que se assuma o ônus de esclarecer a sua

14. Luis Manuel Fonseca Pires, *Controle Judicial da Discricionariedade Administrativa. Dos Conceitos Jurídicos Indeterminados às Políticas Públicas*, cit., p. 220.

15. Lúcia Valle Figueiredo, *Curso de Direito Administrativo*, 9ª ed., São Paulo, Malheiros Editores, 2008, pp. 218, 222, 223 e 232.

16. Sobre o "direito dúctil", leia-se Gustavo Zagrebelsky em *El Derecho Dúctil. Ley, Derechos, Justicia*, 10ª ed., trad. de Marina Gáscon, Madri, Trotta, 2011.

superação) – o interesse público renova-se, explicita-se, confere oportunidade à realização da dignidade humana.

3.1 O dever de motivar em uma sociedade de intérpretes

Lúcia Valle Figueiredo diz que a motivação é "(...) a pedra de toque para o controle da discricionariedade (...)".[17] Se a lição servia à modernidade, à própria formação do direito administrativo, quanto mais se torna importante diante da ausência da "cultura-jardim" e da figura do "jardineiro" (Bauman), em face de um interesse público não mais sólido e de contornos precisos, mas sim rarefeito.

Lembre-se de que a motivação não se confunde com o motivo do ato administrativo, pois enquanto este é a causa a deflagrar a declaração jurídica da Administração Pública, a motivação é a *fundamentação* para a sua prática. Integra, em lição de Celso Antônio Bandeira de Mello,[18] a "formalização" do ato; é a sua "exposição de motivos" que deve relacionar os *fatos*, a *norma jurídica* aplicável e a "(...) 'relação de pertinência lógica' (...)"[19] entre os fatos e a norma. Florivaldo Dutra de Araújo destaca que a motivação não se confunde com o ato em si, pois a motivação é a *justificação* do ato pela demonstração argumentada de que os motivos e a finalidade são idôneos e de que há relação de causalidade entre estes. Em suas palavras: "(...) a motivação não pode ser o ato em si (conteúdo e forma), por ser-lhe algo externo, qual seja, a demonstração de sua validade".[20]

A motivação não se reduz à discricionariedade administrativa, claro; faz-se indispensável à concretização do processo de interpretação jurídica, torna-se, portanto, indispensável à densificação semântica do *interesse público*.

Em tempos de *interesse público líquido* a motivação torna-se essencial a servir, como afirma Tomás-Ramón Fernández,[21] de critério

17. *Direito Público. Estudos*, Belo Horizonte, Fórum, 2007, p. 305.

18. *Curso de Direito Administrativo*, cit., pp. 372-373.

19. Idem, ibidem, pp. 372-373.

20. Florivaldo Dutra de Araújo, *Motivação e Controle do Ato Administrativo*, 2ª ed., Belo Horizonte, Del Rey, 2005, pp. 93-94.

21. Tomás-Ramón Fernández, *De la Arbitrariedad de la Administración*, 4ª ed., Madri, Civitas, 2002, pp. 89-90.

diferenciador entre o discricionário e o arbitrário. Apenas a fundamentação adequada revela que a Administração age nos limites de sua competência. Em última análise, é a motivação do ato administrativo que permite ao controle judicial, quando provocado, avaliar se houve atuação fora dos limites legais – o que se qualifica como ato arbitrário, passível de invalidação. Tomás-Ramón Fernández[22] enfatiza a importância da motivação como instrumento apto a aferir a legitimidade da discricionariedade. Por meio da motivação, diz ele, é que se apura se há coerência lógica entre o exercício da competência discricionária e os fatos, a realidade fenomênica a qual se dirige.

Pertinente, nesse contexto, a lição de Robert Alexy ao dizer: "Quanto mais intensiva é uma intervenção em um direito fundamental, tanto mais graves devem pesar os fundamentos que a justificam". A *ponderação*, elemento fundamental para a sua teoria dos princípios, realiza-se, entre outros meios, pela análise da "(...) importância dos fundamentos que justificam a intervenção",[23] o que apenas é possível fazer, acrescento, ao se debruçar sobre a *motivação* do ato ou da atividade do Poder Público.

Há uma clara equação a reger a *motivação* e as práticas administrativas fundadas na competência discricionária. Como assevera Mariano Bacigalupo,[24] quanto menor a densidade normativa com a qual o legislador programou a atividade da Administração, maior será a carga de argumentação jurídica exigível para justificar a redução da intensidade do controle jurisdicional, principalmente se se tratar de direitos fundamentais.

Se o interesse público na atualidade é por natureza indiscutivelmente poroso, difuso, muito mais do que em qualquer outra época faz-se indispensável não apenas exigir a motivação, mas dela esperar a efetiva contextualização dos fatos e dos valores sopesados.

Pois o mundo contemporâneo não comporta mais a imprópria figura do intelectual – acrescento: do administrador público – como "legislador", diz Zygmunt Bauman, uma vez que se deve assumir o "papel de intérprete",[25] de quem não mais dita, mas busca compreender a vida que

22. Idem, ibidem, p. 94.

23. Robert Alexy, *Constitucionalismo Discursivo*, trad. de Luís Afonso Heck, Porto Alegre, Livraria do Advogado, 2007, p. 68.

24. Mariano Bacigalupo, *La Discrecionalidad Administrativa (Estructura Normativa, Control Judicial y Límites Constitucionales de su Atribución)*, Madri, Marcial Pons, 1997, p. 249.

25. Zygmunt Bauman, *Legisladores e Intérpretes*, cit., p. 196.

o cerca. O pluralismo é irreversível, há uma escalada mundial sobre as múltiplas e diversificadas "visões de mundo", e a comunicação entre as diversas tradições torna-se um dos maiores desafios de nossos tempos.[26] Há necessidade premente de "(...) especialistas em tradução entre tradições culturais".[27]

Diante dessa fragorosa realidade a atuação do administrador público deixa de ser a de "legislador" do interesse público, de anunciar, bruta e secamente, o suposto fundamento de sua ação – ou de sua omissão – pela singela invocação do termo "interesse público". Não se mostra suficiente às práticas administrativas a simples invocação da expressão "interesse público", não apenas porque o regime democrático e o princípio republicano já exigem a motivação, mas ainda porque vivemos numa sociedade que mais do que nunca exige do agente público uma postura de *intérprete*, um mediador das diferenças culturais, da diversidade de costumes e tradições, um ator social que deve representar e justificar-se em relação às plurais formações que compõem o mosaico social.

Ser agente público em exercício de uma função administrativa na pós-modernidade significa assumir o compromisso menos de prescrever e deitar unilateralmente os conteúdos possíveis do interesse público (sempre reduzidos, por essa formatação), e mais de ser interlocutor comprometido em traduzir e realizar as aspirações e as necessidades tão díspares, paradoxais e fundamentais, das múltiplas comunidades e os seus cenários (crianças e idosos, ricos e pobres, empresários formais e informais, em espaços públicos os mais variados, em circulação no trânsito, por veículos próprios ou no transporte coletivo etc.), frente a tão diversas políticas públicas (cultura, educação, saúde, segurança pública, obras etc.) que devem servir à liberdade, justiça e solidariedade sociais (art. 3º, I, da Constituição Federal).

Sem dúvida, por tudo isso, persiste atual a doutrina de Lúcia Valle Figueiredo ao dizer: "(...) a discricionariedade consiste na competência-dever de o administrador, no caso concreto, após a interpretação, valorar, dentro de critérios gerais de razoabilidade e proporcionalidade, e afastado de seus próprios 'standards' ou ideologias, dos princípios e valores do ordenamento, qual a melhor maneira de concretizar a utilidade pública postulada pela norma".[28]

26. Idem, ibidem, p. 170.
27. Idem, ibidem, p. 197.
28. Lúcia Valle Figueiredo, *Curso de Direito Administrativo*, cit., p. 223.

Portanto, a melhor forma de realizar o interesse público na contemporaneidade é assumi-lo *líquido*, e não por uma noção ultrapassada. Enfrentá-lo então em sua incerteza, com toda a sua indeterminação, o que longe de relegá-lo exige da Administração Pública o dever, primeiro, de assumir seu papel de *intérprete* da sociedade, e por essa perspectiva entender que as plurais aspirações sociais que tornam o interesse público tão esboroado apenas confirmam ser indispensável redobrar o ônus de motivar as práticas administrativas.

3.2 O poder sob uma razão crítica

A insuficiência da razão instrumental, constatação feita no curso do século XX, exige uma mudança de postura, de paradigmas a respeito do exercício do poder. De longa data Karl Loewenstein alerta para o cuidado a ter-se com alguns detentores do poder que são "invisíveis, não oficiais e não legítimos", e normalmente sua influência sobre os detentores oficiais do poder ocorre no "anonimato irresponsável".[29]

A razão crítica, a perfazer-se junto ao interesse público com a sua revalorização, ao assumi-lo por outra forma, distinta da que antes – sob a razão instrumental – acreditava-se suficiente, *sólida*, essa razão crítica em busca de compreender o atual interesse público (fluido, incerto, *líquido*) alinha-se aos novos patamares de exigência do *dever de motivar*.

Só por meio da *motivação* séria, consciente da ductilidade do interesse público contemporâneo, e por isso do dever de intumescer a legitimação das escolhas feitas sob a competência discricionária, é que o agente público pode substituir as vestes de "legislador" para assumir o papel de "intérprete" da sociedade.

Semelhante a Karl Loewenstein, Agustín Gordillo preocupa-se com as motivações ocultas que rondam o poder do Estado. Diz o jurista argentino que a Administração Pública apresenta dupla moral, uma do *sistema formal*, outra do *parassistema*, o que significa que "A dupla moral implica que o sistema não deve ser cumprido fiel nem integralmente, que ele carece de sentido; é o parassistema que dá então realidade e sentido obrigacional às condutas individuais".[30]

29. Karl Loewenstein, *Teoría de la Constitución*, trad. de Alfredo Gallego Anabitarte, Barcelona, Ariel, 1976, p. 37.

30. Gordillo, *La Administración Paralela*, Madri, Civitas, 1997, Cap. II, p. 19.

Por conseguinte, prossegue Agustín Gordillo, "(...) o sistema está presente como a ameaça de coação para quem transgrida o parassistema, caso no qual se aplicam as sanções não pela violação do que importa (do parassistema), mas por violação do que não importa (o sistema)".[31]

As advertências desses juristas a respeito das práticas ocultas do poder servem-nos a confirmar a importância de novos paradigmas do dever de motivar a serem construídos, pois o interesse público, não superado, mas percebido enquanto líquido, subsistente e caro ao direito administrativo, por certo reclama – como em tudo na vida contemporânea – maior empenho em sua definição, o que para tal depende de novas exigências do dever de motivar.

Apenas por intermédio da motivação contextual – a que aponta os fatos, sopesa valores e argumentos, enfrenta o seu histórico (precedentes administrativos) – é que se pode controlar as ingerências ocultas, "invisíveis, não oficiais", de grupos e pessoas estranhos ao poder. A fluidez do interesse público contemporâneo, apta a servir de máscara a interesses particulares, escusos, contrapostos aos da sociedade, reclama a motivação, mais ampla e articulada, como mecanismo de desnudamento das práticas do poder, das reais intenções que animam, aninham-se e movimentam a máquina pública. O dever de motivar, ainda mais distendido e articulado, é condição primeira a entender, no terceiro milênio, o que se quer dizer ao se fundamentar uma ação administrativa no interesse público; o dever de seriamente motivar os atos administrativos representa instrumental de primeira ordem ao controle dos abusos do poder.

O interesse público, por esse prisma, não apenas se renova e inova as práticas administrativas, mas pode ser fundamental recurso no combate às corrupções que se infiltram por mecanismos ocultos de poder, que se instalam e acomodam-se num parassistema perverso de manipulação de interesses obscuros sob rótulos e discursos enaltecedores de direitos fundamentais.

Bibliografia

ALEXY, Robert. *Constitucionalismo Discursivo*. Trad. de Luís Afonso Heck. Porto Alegre, Livraria do Advogado, 2007.

31. Idem, ibidem, Cap. III, p. 8.

ARAÚJO, Florivaldo Dutra de. *Motivação e Controle do Ato Administrativo*. 2ª ed. Belo Horizonte, Del Rey, 2005.

BACIGALUPO, Mariano. *La Discrecionalidad Administrativa (Estructura Normativa, Control Judicial y Límites Constitucionales de su Atribución)*. Madri, Marcial Pons, 1997.

BAUMAN, Zygmunt. *Legisladores e Intérpretes*. Trad. de Renato Aguiar. Rio de Janeiro, Zahar, 2010.

BITTAR, Eduardo Carlos Bianca. *O Direito na Pós-modernidade*. 2ª ed. Rio de Janeiro, Forense, 2009.

DEBORD, Guy. *A Sociedade do Espetáculo*. 4ª ed., trad. de Estela dos Santos Abreu. Rio de Janeiro, Contraponto, 1997.

DI PIETRO, Maria Sylvia Zanella; RIBEIRO, Carlos Vinícius Alves. *Supremacia do Interesse Público e Outros Temas Relevantes do Direito Administrativo*. São Paulo, Atlas, 2010.

FERNÁNDEZ, Tomás-Ramón. *De la Arbitrariedad de la Administración*. 4ª ed. Madri, Civitas, 2002.

FIGUEIREDO, Lúcia Valle. *Curso de Direito Administrativo*. 9ª ed. São Paulo, Malheiros Editores, 2008.

________. *Direito Público. Estudos*. Belo Horizonte, Fórum, 2007.

GORDILLO, Agustín. *La Administración Paralela*. Madri, Civitas, 1997.

HACHEM, Daniel Wunder. *Princípio Constitucional da Supremacia do Interesse Público*. Belo Horizonte, Fórum, 2011.

LIPOVETSKY, Gilles; CHARLES, Sébastien. *Os Tempos Hipermodernos*. Trad. de Mário Vilela. São Paulo, Barcarolla, 2004.

LOEWENSTEIN, Karl. *Teoría de la Constitución*. Trad. de Alfredo Gallego Anabitarte. Barcelona, Ariel, 1976.

MARCUSE, Herbert. *Eros e Civilização. Uma Interpretação Filosófica do Pensamento de Freud*. 8ª ed., trad. de Álvaro Cabral. Rio de Janeiro, LTC, 2010.

MELLO, Celso Antônio Bandeira de. *Curso de Direito Administrativo*. 29ª ed. São Paulo, Malheiros Editores, 2012.

PIRES, Luis Manuel Fonseca. *Controle Judicial da Discricionariedade Administrativa. Dos conceitos jurídicos indeterminados às políticas públicas*. Rio de Janeiro, Campus-Elsevier, 2008.

ZAGREBELSKY, Gustavo. *El Derecho Dúctil. Ley, Derechos, Justicia*. 10ª ed. Trad. de Marina Gáscon. Madri, Trotta, 2011.

CONCESSÕES DE GERAÇÃO DO SETOR ELÉTRICO BRASILEIRO. REFORMULAÇÃO DO SETOR PELA LEI 9.074/1995. REGIME DE TRANSIÇÃO, PRAZOS E PODER/DEVER DE AUTOTUTELA DA ADMINISTRAÇÃO PÚBLICA

LUÍS ROBERTO BARROSO[1]

Ministro do STF – Professor Titular de Direito Constitucional da UERJ – Mestre em Direito pela *Yale Law School* – Doutor e Livre-docente pela UERJ – Professor Visitante da Universidade de Brasília (UnB), da Universidade de Poitiers, França, e da Universidade de Wroclaw, Polônia – *Visiting Scholar, Harvard Law School*

1. Nota prévia

É um grande prazer participar desta homenagem a Lúcia Valle Figueiredo, grande expoente do direito administrativo brasileiro. Autora de diversos livros e artigos que considero de leitura obrigatória, a jurista ocupou diversas posições de destaque, seja no meio acadêmico, seja no meio profissional. Essa celebração de sua memória, sempre viva no debate contemporâneo, constitui merecido reconhecimento que a comu-

1. Sou grato a Julia Ryfer por ter feito as adaptações necessárias para publicação deste estudo na presente obra.

nidade jurídica lhe rende. Para homenageá-la, escolhi tratar das prorrogações de concessões no setor elétrico, que se relaciona com diversos temas enfrentados por sua obra.

2. Introdução

O presente estudo trata da possibilidade de prorrogação de concessões de geração de energia elétrica. A compreensão das questões analisadas exige breve nota sobre o contexto no qual ela se insere.

Desde a sua criação e por longo período, as empresas que compõem o sistema Eletrobrás funcionaram como agentes diretas da União Federal na implantação e desenvolvimento do sistema elétrico nacional, e não propriamente como concessionárias, na forma que a figura tem hoje no direito brasileiro. A configuração institucional do setor elétrico era bastante diversa, e as empresas em questão operaram mediante atos de outorga gerais, e não contratos. Esses atos de outorga, muito diversamente do que se passa hoje, atribuíam à empresa a missão de promover o aproveitamento da energia hidráulica de determinada região, incluíam a verticalização de todas as etapas do serviço (geração, transmissão e distribuição)[2] e, em geral, delimitavam a atuação da empresa apenas geograficamente, pela identificação de trechos de rios.[3] As empresas, então, faziam os estudos próprios e levavam a cabo os empreendimentos na região.

2. V., *e.g.*, Decreto 19.706/1945: "Art. 1º Respeitados os direitos de terceiros, anteriormente adquiridos, ficam outorgadas à Companhia Hidro Elétrica do São Francisco (CHESF): I. Autorização para funcionar como empresa de energia hidráulica de acordo com o Decreto-lei n. 938, de 8 de dezembro de 1938. II. Concessão para o aproveitamento progressivo da energia hidráulica do rio São Francisco, no trecho compreendido entre Juazeiro e Piranhas".

"Art. 11. Fica a Companhia Hidro Elétrica do São Francisco autorizada, dentro da zona de operação a que se refere o artigo anterior a: (...) II – Explorar diretamente a distribuição de energia elétrica."

3. Um outro exemplo ajuda a ilustrar o ponto. Veja-se o Decreto 50.798/1961, art. 1º: "É outorgada à Companhia Hidrelétrica do Vale do Paraíba – CHEVAP – concessão para o aproveitamento da energia hidráulica de um trecho do rio Paraíba, compreendido entra (*sic*) a região dos Salto, nos limites dos Estados do Rio de Janeiro e São Paulo, e as corredeiras do Funil, situadas no Distrito de Itatiaia, Município de Resende, Estado do Rio de Janeiro". A CHEVAP foi posteriormente incorporada pela consulente, atual titular da concessão relativa à UHE Funil, construída a partir do Decreto transcrito.

Posteriormente, esse modelo de exploração foi alterado com a reformulação do marco regulatório do setor, levada a cabo pela Lei 9.074, de 7.7.1995. A nova legislação estabeleceu normas para outorga e prorrogações das concessões e permissões relativas ao setor elétrico, segmentou as atividades de geração, transmissão e distribuição de energia elétrica e determinou que as concessões para geração deveriam se vincular a empreendimentos específicos, e não mais ao aproveitamento do potencial hídrico de determinada região, como no passado.

De forma específica, a Lei 9.074/1995 previu um regime de transição para as concessões de geração elétrica então em vigor, possibilitando sua prorrogação. De fato, o art. 19 da Lei prevê que as concessões de geração elétrica ali identificadas poderiam ter seus prazos prorrogados por até 20 (vinte) anos.[4] O sistema de transição foi completado com a

4. O dispositivo faz referência às concessões alcançadas pelo art. 42 da Lei 8.987/1995, que tem a seguinte redação: "Art. 42. As concessões de serviço público outorgadas anteriormente à entrada em vigor desta Lei consideram-se válidas pelo prazo fixado no contrato ou no ato de outorga, observado o disposto no art. 43 desta Lei. § 1º Vencido o prazo mencionado no contrato ou ato de outorga, o serviço poderá ser prestado por órgão ou entidade do poder concedente, ou delegado a terceiros, mediante novo contrato. § 2º As concessões em caráter precário, as que estiverem com prazo vencido e as que estiverem em vigor por prazo indeterminado, inclusive por força de legislação anterior, permanecerão válidas pelo prazo necessário à realização dos levantamentos e avaliações indispensáveis à organização das licitações que precederão a outorga das concessões que as substituirão, prazo esse que não será inferior a 24 (vinte e quatro) meses. § 3º As concessões a que se refere o § 2º deste artigo, inclusive as que não possuam instrumento que as formalize ou que possuam cláusula que preveja prorrogação, terão validade máxima até o dia 31 de dezembro de 2010, desde que, até o dia 30 de junho de 2009, tenham sido cumpridas, cumulativamente, as seguintes condições: I – levantamento mais amplo e retroativo possível dos elementos físicos constituintes da infraestrutura de bens reversíveis e dos dados financeiros, contábeis e comerciais relativos à prestação dos serviços, em dimensão necessária e suficiente para a realização do cálculo de eventual indenização relativa aos investimentos ainda não amortizados pelas receitas emergentes da concessão, observadas as disposições legais e contratuais que regulavam a prestação do serviço ou a ela aplicáveis nos 20 (vinte) anos anteriores ao da publicação desta Lei; II – celebração de acordo entre o poder concedente e o concessionário sobre os critérios e a forma de indenização de eventuais créditos remanescentes de investimentos ainda não amortizados ou depreciados, apurados a partir dos levantamentos referidos no inciso I deste parágrafo e auditados por instituição especializada escolhida de comum acordo pelas partes; e III – publicação na imprensa oficial de ato formal de autoridade do poder concedente, autorizando a prestação precária dos serviços por prazo de até 6 (seis) meses, renovável até 31 de dezembro de 2008, mediante comprovação do cumprimento do disposto nos incisos I e II deste parágrafo. § 4º Não ocorrendo o acordo previsto no inciso II do

expedição do Decreto 1.717/1995, que, regulamentando a Lei 9.074/1995, e tendo em conta a realidade própria do setor, dispõe sobre os critérios com base nos quais se deveria aferir o prazo de vigência original das concessões de energia elétrica, findo o qual a prorrogação autorizada pelo art. 19 da Lei 9.074/1995 seria aplicada.

Determinada concessionária, no entanto, considerou que a regra de transição própria para o setor não lhe foi aplicada da forma adequada e legalmente prevista. Embora a Lei 9.074 seja de 1995, apenas em 2004 duas diferentes portarias do Ministério de Minas e Energia – Portarias 226 e 290 – decidiram prorrogar por 20 (vinte) anos, com fundamento no art. 19 da Lei 9.074/1995, determinadas concessões. Na ocasião, adotou-se para a quase totalidade dessas prorrogações um termo *a quo* fixado aleatoriamente e incompatível com as regras contidas no Decreto 1.717/1995, a saber: 8.7.1995, data de entrada em vigor da Lei 9.074. Por conta dessa circunstância, praticamente todos os contratos de geração que vieram a ser firmados para prorrogação das concessões oriundas do regime anterior – como determinava o art. 25 da Lei 9.074/1995[5] – encerram-se no mesmo ano de 2015.[6]

§ 3º deste artigo, o cálculo da indenização de investimentos será feito com base nos critérios previstos no instrumento de concessão antes celebrado ou, na omissão deste, por avaliação de seu valor econômico ou reavaliação patrimonial, depreciação e amortização de ativos imobilizados definidos pelas legislações fiscal e das sociedades por ações, efetuada por empresa de auditoria independente escolhida de comum acordo pelas partes. § 5º No caso do § 4º deste artigo, o pagamento de eventual indenização será realizado, mediante garantia real, por meio de 4 (quatro) parcelas anuais, iguais e sucessivas, da parte ainda não amortizada de investimentos e de outras indenizações relacionadas à prestação dos serviços, realizados com capital próprio do concessionário ou de seu controlador, ou originários de operações de financiamento, ou obtidos mediante emissão de ações, debêntures e outros títulos mobiliários, com a primeira parcela paga até o último dia útil do exercício financeiro em que ocorrer a reversão. § 6º Ocorrendo acordo, poderá a indenização de que trata o § 5º deste artigo ser paga mediante receitas de novo contrato que venha a disciplinar a prestação do serviço". O ponto será melhor examinado adiante.

5. A consulente reporta que, em obediência ao dispositivo e à nova formatação do setor, os novos contratos assinados previram que as concessões agora se restringiam à geração e às instalações de transmissão de interesse restrito. Os contratos também particularizaram os empreendimentos (usinas hidroelétricas e/ou termoelétricas) por eles abrangidos, esclarecendo que os mesmos deveriam ser considerados de forma individualizada para todos os efeitos contratuais e legais. V., *e.g.*, Contrato de Concessão 006/2004 – ANEEL – CHESF.

6. No caso da consulente, a Portaria MME 226/2004 utiliza como termo *a quo*, em seu art. 1º, a data de entrada em vigor da Lei 9.074/1995, qual seja: 8.7.1995. Já no art.

Do cenário descrito, no entanto, decorreria uma série de problemas à concessionária. *Primeiro*, a fixação uniforme dos prazos de vigência acabou por fazer com que várias das usinas do grupo tivessem sua concessão garantida por prazo claramente insuficiente para a amortização dos investimentos correspondentes a cada unidade geradora de energia. Isso porque, como se viu, as concessões no regime anterior estavam associadas a áreas geográficas e abrangiam também o estudo de seu potencial de aproveitamento hidroelétrico, até então desconhecido. Não era incomum que um mesmo ato de outorga abrangesse diferentes usinas hidroelétricas, construídas ao longo de diversos anos conforme se revelava progressivamente viável, econômica e tecnicamente, a exploração de um trecho determinado. Ou seja: o início da operação de cada unidade geradora é bastante variado e não guarda relação necessária com a data original do ato de outorga nem com a entrada em vigor da Lei 9.074/1995.

Um *segundo* problema visualizado diz respeito à própria infraestrutura elétrica nacional de curto prazo, na medida em que o termo final das concessões, previsto para o ano de 2015, afetaria um considerável acervo instalado. Segundo apurado, no setor de geração seriam abrangidos empreendimentos responsáveis por cerca de 20% (vinte por cento) da atual potência instalada nacional, o que corresponde a 22.000 MW. Em termos comparativos, esses números seriam equivalentes a toda a potência instalada da Venezuela.[7] Assim, temeu-se que uma alteração tão significativa no sistema elétrico brasileiro pudesse ter impactos desastrosos sobre a prestação ininterrupta do serviço.

Em *terceiro* lugar, observou-se – embora essa, a rigor, seja uma preocupação que caiba à União, poder concedente – que o Plano Decenal de Expansão de Energia 2008/2017[8] (PDE) prevê a necessidade de

2º, fixa datas diferenciadas para três usinas hidroelétricas, aparentemente tomando por base o prazo de vigência da concessão fixado no ato legal de outorga. O mesmo ocorre na Portaria MME 290/2004, que em seu art. 1º adota a mesma data de 8.7.1995 para algumas usinas, ao passo que nos arts. 2º e 3º adota datas diferenciadas, também aparentemente relacionadas aos prazos de vigência fixados nos atos de outorga. Note-se que duas dessas datas diferenciadas, que abrangem um total de 8 (oito) usinas hidroelétricas, estão contidas no mesmo ano de 1995, quais sejam: 9.10.1995 e 19.10.1995.

7. Ainda segundo a consulente, em toda a América Latina uma potência instalada de 22000 KW só seria superada pela Argentina.

8. Aprovado pelo Ministério de Minas e Energia – MME através da Portaria 287, publicada no *DOU* em 3.8.2009.

que nos próximos anos sejam agregados quase 53.000 MW de potência instalada, o que representa uma expectativa de crescimento superior a 50% (cinquenta por cento) para o período. Nesse cenário, criou-se o temor de que a licitação simultânea de um percentual considerável do sistema elétrico já instalado atraísse o interesse dos investidores para os empreendimentos já em operação, em prejuízo dos investimentos necessários para a expansão da geração de energia, nos termos das metas de expansão referidas acima.

Tendo em conta todos esses elementos indagou-se, primeiro, se a Administração Pública, no exercício de seu poder de autotutela, poderia rever os contratos que formalizaram as prorrogações das concessões de geração, de modo a adequá-los aos prazos fixados pelo Decreto 1.717/1995 ao regulamentar o art. 19 da Lei 9.074/1995. Já se pode adiantar que a conclusão apurada é a de ser juridicamente viável a revisão das prorrogações anteriores. As razões que conduziram a essa conclusão serão expostas na sequência de acordo com o roteiro inicialmente proposto.

3. As recentes transformações do setor elétrico

3.1 Histórico legislativo

As primeiras geradoras de energia elétrica no Brasil datam do final do século XIX e foram instaladas pela iniciativa privada.[9] Durante muitos anos, sua expansão e seu desenvolvimento foram fruto de investimentos estrangeiros no setor.[10] Apenas no início do século XX (mais precisamente em 1903), o Congresso Nacional aprovou a primeira lei regulamentando o uso da energia elétrica no País.[11] A edição do Código de Águas, em 1934, marcou o início de uma nova fase para o setor. Nos

9. Para conhecer a história do setor de energia elétrica no Brasil, confira-se a cronologia elaborada pelo Centro da Memória da Eletricidade no Brasil, disponível em: <www.memoria.eletrobras.com>, acesso em 27.11.2008.

10. Elena Landau e Patrícia Sampaio, "O setor elétrico em uma visão introdutória", in Elena Landau (coord.), *Regulação Jurídica do Setor Elétrico*, Rio de Janeiro, Lumen Juris, 2006, p. 3.

11. Para conhecer a história do setor de energia elétrica no Brasil, confira-se a cronologia elaborada pelo Centro da Memória da Eletricidade no Brasil, disponível em: <www.memoria.eletrobras.com>, acesso em 27.11.2008.

termos do novo Código, o Poder Público Federal passou a controlar o aproveitamento industrial das águas, condicionando-o ao regime de autorização ou concessão,[12] bem como os serviços de transmissão e de distribuição de energia elétrica, também submetidos ao regime de concessão.[13] Embora a delegação a particulares fosse possível, foi o Estado, diretamente ou por meio de paraestatais, constituídas a partir da década de 1940, o grande protagonista na prestação dos serviços referidos.

Nesse modelo de exploração, a Eletrobrás desempenhou papel fundamental, participando do planejamento setorial e coordenando a própria operação do sistema elétrico nacional. De fato, como destaca a doutrina, a Eletrobrás foi criada com a

> tarefa de aplicar os recursos do Fundo Federal de Eletrificação, bem como de exercer atividade direta do Estado como produtor e distribuidor de energia elétrica, cumprindo-lhe, nos termos da lei, embora sem caráter de monopólio, a realização de estudos, projetos, construção e operação de usinas produtoras e linhas de transmissão e distribuição de energia elétrica, bem como a celebração dos atos do comércio decorrentes dessas atividades.[14]

Nos termos da Lei 3.890-A/1961, cabia também à Eletrobrás "(...) executar empreendimentos com o objetivo de reduzir a falta de energia elétrica nas regiões em que a demanda efetiva ultrapasse as disponibilidades da capacidade firme dos sistemas existentes (...)" (art. 2º, § 2º). Como já referido, a Eletrobrás, assim como as demais empresas por ela controladas, funcionava como verdadeiro instrumento da Administração Pública na implantação e desenvolvimento do sistema elétrico nacional.

12. Decreto 24.643/1934, art. 139: "O aproveitamento industrial das quedas de águas e outras fontes de energia hidráulica, quer do domínio público, quer do domínio particular, far-se-á pelo regime de autorizações e concessões instituído neste Código".

13. Decreto 24.643/1934, art. 157: "As concessões, para produção, transmissão e distribuição da energia hidroelétrica, para quaisquer fins, serão dadas pelo prazo normal de 30 anos".

14. Alberto Venâncio Filho, *A Intervenção do Estado no Domínio Econômico: o Direito Público Econômico no Brasil*, Rio de Janeiro, Renovar, 1998, p. 194. V. Lei 3.890-A/1961, art. 2º: "A Eletrobrás terá por objeto a realização de estudos, projetos, construção e operação de usinas produtoras e linhas de transmissão e distribuição de energia elétrica, bem como a (VETADO) celebração dos atos de comércio decorrentes dessas atividades".

O quadro que se acaba de descrever permaneceu inalterado até meados da década de 1990. A Constituição de 1988[15] continuou a atribuir à União a competência para explorar, diretamente ou mediante autorização, concessão ou permissão, os serviços e instalações de energia elétrica. É certo, porém, que a Administração Pública – por meio da Eletrobrás e suas controladas – permaneceu ainda por vários anos praticamente como a única responsável pela exploração de todas as atividades relacionadas com a geração, transmissão e distribuição de energia elétrica.

Por volta de 1995, um novo contexto econômico e jurídico levou à ampliação do espaço da iniciativa privada e à redução da atuação do Estado na qualidade de empresário, com seu correlato aparelhamento para a atividade regulatória.[16] As primeiras distribuidoras de energia – federais e estaduais – começaram a ser privatizadas e teve início um processo de ampla reformulação do marco legal do setor elétrico, que passou por várias fases e diversas alterações legislativas.[17] A Lei 9.074/1995, que regulamentou de forma específica a concessão, permissão e autorização de serviços e instalações de energia elétrica e aproveitamento energético dos cursos de água, é o marco inicial desse novo modelo de exploração do setor elétrico.[18] A ela seguiu-se a Lei

15. CF/1988: "Art. 21. Compete à União: (...) XII – explorar, diretamente ou mediante autorização, concessão ou permissão: (...) *b*) os serviços e instalações de energia elétrica e o aproveitamento energético dos cursos de água, em articulação com os Estados onde se situam os potenciais hidroenergéticos".

16. Marcos Juruena Villela Souto, "Breve apresentação do novo marco regulatório do setor elétrico brasileiro", in Elena Landau (coord.), *Regulação Jurídica do Setor Elétrico*, cit., p. 239.

17. A primeira distribuidora privatizada foi a ESCELSA, do Espírito Santo, em 1995; no mesmo ano teve início a reformulação do marco legal do setor. V. Elena Landau e Patrícia Sampaio, "O setor elétrico em uma visão introdutória", in Elena Landau (coord.), *Regulação Jurídica do Setor Elétrico*, cit., pp. 8-9.

18. Fabiano Fuga, Karin Luchesi e Paula M. Binelli, *Monitoramento do Mercado Atacadista de Energia Elétrica – ASMAE*, XVI SNPTEE – Seminário Nacional de Produção e Transmissão de Energia Elétrica, 21 a 26 de outubro de 2001: "A desregulamentação fez com que as atividades de geração, transmissão, distribuição e comercialização fossem desvinculadas, adquirindo a eficiência das atividades reguladas pelo mercado, regidas pela lei de oferta e da demanda e não mais pelas leis de concessão e de licitação. Ademais, a privatização além de modernizar o setor como um todo, desverticalizou as pesadas estatais, dividindo as empresas por suas atividades, permitindo a entrada de um grande número de Agentes no Mercado".

9.427, de 27.12.1996,[19] que instituiu a ANEEL: a agência destinada à regulamentação das atividades relacionadas com o novo setor elétrico que se organizava.[20]

Se é possível identificar um objetivo principal ao qual as diversas iniciativas legislativas e regulatórias levadas a cabo por esse novo modelo se reconduzem, esse objetivo principal é o estímulo à expansão da *geração* de energia elétrica, a fim de atender às necessidades de prestação adequada do serviço em seus diferentes níveis. Considerando a notória limitação de investimento do setor público, o que se tentou, de variadas formas, foi atrair o investimento privado.[21] Procurou-se, também, organizar um mercado para a comercialização dessa nova energia a ser produzida que, ao mesmo tempo, atraísse os agentes privados e garantisse a prestação adequada do serviço público, tendo em conta os diferentes usuários, suas particularidades e necessidades.[22]

Nesse novo cenário, o destino imaginado para a Eletrobrás e suas controladas foi a privatização, e, nessa linha, a Lei 9.648/1998, entre outras previsões, autorizou a reestruturação da Eletrobrás a fim de prepará-la para a posterior alienação de seu controle.[23] Talvez por esse mo-

19. A Lei 9.427/1996 "Institui a Agência Nacional de Energia Elétrica – ANEEL, disciplina o regime das concessões de serviços públicos de energia elétrica e dá outras providências".

20. Como ressalta Marcos Juruena Villela Souto, "Breve apresentação do novo marco regulatório do setor elétrico brasileiro", in Elena Landau (coord.), *Regulação Jurídica do Setor Elétrico*, cit., p. 239, a ANEEL foi "encarregada de acompanhar e de fazer surgir um mercado onde não necessariamente existia um cenário de livre entrada e permanência e de troca de bens e serviços".

21. Estimulou-se também a atuação dos Produtores Independentes de Energia (PIEs), já regulamentada pelo Decreto 2.003, de 10.9.1996.

22. Um aspecto central desse esforço legislativo envolveu a criação do Mercado Atacadista de Energia Elétrica – MAE (Lei 9.648/1998, art. 12), bem como a classificação, já pela Lei 9.074/1995, dos consumidores de energia em duas categorias: livres e cativos. Os consumidores em geral estão obrigados a contratar o fornecimento de energia com as concessionárias de distribuição – são consumidores "cativos" das concessionárias – e os ajustes por eles firmados são objeto de regulação específica, com tarifas estabelecidas pelo poder concedente. Os grandes consumidores, por seu turno, têm a opção de contratar direta e livremente com os produtores de energia.

23. Lei 9.648/1998, art. 5º: "O Poder Executivo promoverá, com vistas à privatização, a reestruturação da Centrais Elétricas Brasileiras S/A – Eletrobrás e de suas subsidiárias Centrais Elétricas Sul do Brasil S/A – Eletrosul, Centrais Elétricas Norte do Brasil S/A – Eletronorte, Cia. Hidroelétrica do São Francisco – CHESF e Furnas

tivo, deixou-se de aplicar às concessões de geração detidas pela Eletrobrás, na ocasião, as regras de transição referidas no início deste estudo, que constavam da Lei 9.074/1995 e do Decreto 1.717/1995, que a regulamentou. Aparentemente, planejava-se alienar, em licitação conjunta, o controle das empresas que compunham o grupo Eletrobrás e suas respectivas concessões de geração, tal qual veio a ocorrer em outras áreas, como a de telecomunicações. A verdade é que, independentemente do destino para elas delineado, as empresas do grupo Eletrobrás continuaram a desempenhar suas atividades, atendendo inclusive a novos investimentos, sempre que assim solicitadas a fazê-lo pelo Governo Federal, seu controlador final.

A eleição presidencial de 2002 acabou por alterar o plano que se visualizava nos atos normativos editados até então. A orientação do novo governo, como é notório, era essencialmente divergente no que se refere à política de privatizações, e, portanto, a situação da Eletrobrás e de suas controladas foi revista: as empresas do grupo Eletrobrás foram expressamente excluídas do Programa Nacional de Desestatização (PND) pelo art. 31 da Lei 10.848/2004.[24] Apenas a partir daí é que se

Centrais Elétricas S/A, mediante operações de cisão, fusão, incorporação, redução de capital, ou constituição de subsidiárias integrais, ficando autorizada a criação das seguintes sociedades: I – até seis sociedades por ações, a partir da reestruturação da Eletrobrás, que terão por objeto principal deter participação acionária nas companhias de geração criadas conforme os incisos II, III e V, e na de geração relativa à usina hidrelétrica de Tucuruí, de que trata o inciso IV; II – duas sociedades por ações, a partir da reestruturação da Eletrosul, tendo uma como objeto social a geração e outra como objeto a transmissão de energia elétrica; III – até três sociedades por ações, a partir da reestruturação de Furnas Centrais Elétricas S/A, tendo até duas como objeto social a geração e outra como objeto a transmissão de energia elétrica; IV – seis sociedades por ações, a partir da reestruturação da Eletronorte, sendo duas para a geração, transmissão e distribuição de energia elétrica, relativamente aos sistemas elétricos isolados de Manaus e Boa Vista, uma para a geração pela usina hidrelétrica de Tucuruí, uma para a geração nos sistemas elétricos dos Estados do Acre e Rondônia, uma para geração no Estado do Amapá e outra para transmissão de energia elétrica; V – até três sociedades por ações, a partir da reestruturação da CHESF, tendo até duas como objeto social a geração e outra como objeto a transmissão de energia elétrica. § 1º As operações de reestruturação societária deverão ser previamente autorizadas pelo Conselho Nacional de Desestatização – CND, na forma da Le n. 9.491, de 9 de setembro de 1997, e submetidas à respectiva assembleia-geral pelo acionista controlador. § 2º As sociedades serão formadas mediante versão de moeda corrente, valores mobiliários, bens, direitos e obrigações integrantes do patrimônio das companhias envolvidas na operação".

24. Lei 10.848/2004, art. 31: "Fica revogado o art. 5º da Lei n 9.648, de 27 de maio de 1998, assegurados os direitos constituídos durante sua vigência, em especial

começou a cogitar da aplicação, às concessões de geração de titularidade do grupo Eletrobrás, das regras de transição contidas na Lei 9.074/1995, a fim de adequar essas concessões ao novo modelo de exploração do setor elétrico. Foi precisamente nesse momento que se celebraram os contratos prevendo a prorrogação das concessões de geração do grupo Eletrobrás por 20 (vinte) anos, contados, de maneira uniforme e retroativa, a partir de 8.7.1995. Como referido, a concessionária entende que as regras de transição previstas na legislação não foram aplicadas às concessões do grupo de maneira adequada. Cabe agora examinar de forma mais detida as regras para melhor compreensão da questão.

3.2 As regras de transição para as concessões de geração anteriores à Lei 9.074/1995

O sistema de transição das concessões de geração do setor elétrico anteriores ao novo marco regulatório teve início, na realidade, com a Lei 8.987/1995, que dispõe sobre o regime de concessão e permissão da prestação de serviços públicos em geral, de que trata o art. 175 da Constituição Federal.[25] A Lei 8.987/1995, como se sabe, além de estabelecer regras gerais para o futuro, procurou adequar as antigas concessões de serviço público às exigências constitucionais na matéria, em especial aquelas relativas à prévia licitação e existência de contrato específico.

as atividades autorizadas em seus incisos II e IV. § 1º Ficam excluídas do Programa Nacional de Desestatização – PND a empresa Centrais Elétricas Brasileiras S/A – Eletrobrás e suas controladas: Furnas Centrais Elétricas S/A, Companhia Hidro Elétrica do São Francisco – CHESF, Centrais Elétricas do Norte do Brasil S/A – Eletronorte e Empresa Transmissora de Energia Elétrica do Sul do Brasil S/A – Eletrosul e a Companhia de Geração Térmica de Energia Elétrica – CGTEE. § 2º Fica a Empresa Transmissora de Energia Elétrica do Sul do Brasil S/A – Eletrosul autorizada a prestar os serviços públicos de geração e de transmissão de energia elétrica, mediante concessão ou autorização, na forma da lei, podendo adaptar seus estatutos e sua razão social a essas atividades".

25. CF/1988, art. 175: "Incumbe ao Poder Público, na forma da lei, diretamente ou sob regime de concessão ou permissão, sempre através de licitação, a prestação de serviços públicos. Parágrafo único. A lei disporá sobre: I – o regime das empresas concessionárias e permissionárias de serviços públicos, o caráter especial de seu contrato e de sua prorrogação, bem como as condições de caducidade, fiscalização e rescisão da concessão ou permissão; II – os direitos dos usuários; III – política tarifária; IV – a obrigação de manter serviço adequado".

A regra de transição geral contida em seu art. 42 reflete o princípio da irretroatividade das leis, resguardando as concessões anteriores à sua entrada em vigor da incidência de suas próprias disposições.[26] Na realidade, o art. 42 da Lei 8.987/1995 trata de quatro diferentes situações de concessões anteriores à sua entrada em vigor, a saber: (*i*) aquelas de prazo determinado e vigentes no momento da edição da lei; (*ii*) aquelas de caráter precário[27] e igualmente vigentes quando da edição da lei; (*iii*) as de prazo indeterminado; e (*iv*) as concessões já vencidas no momento da edição da lei. Segundo apurado, as diversas concessões de geração do grupo analisadas no presente estudo se enquadrariam nas hipóteses (i), (iii) e/ou (iv). Confira-se o teor do dispositivo:[28]

26. Segundo Marçal Justen Filho, *Concessões de Serviços Públicos: Comentários às Leis ns. 8.987 e 9.074, de 1995*, São Paulo, Dialética, 1997, p. 369, essa disposição se justifica na medida em que "a outorga da concessão constitui ato jurídico perfeito, cujos efeitos se prolongam no tempo, mesmo que uma nova lei venha a ser adotada", sendo certo que "seria impossível submeter uma concessão a regras diversas daquelas previstas na licitação que lhe deu origem".

27. Seriam essas, segundo Helli Alves de Oliveira, as dos tipos previstos no Código de Águas, as concessões transitórias (Decreto 13/1935) e a concessão condicional (Decreto-lei 1.202/1939). V. Helli Alves de Oliveira, "Os serviços de energia elétrica e a nova legislação sobre concessões", in Odete Medauar (org.), *Concessão de Serviço Público*, São Paulo, Ed. RT, 1995, p. 53.

28. A Lei 8.987/1995 continha na verdade mais dois dispositivos que cuidam do regime de transição dos contratos que lhe são anteriores: os arts. 43 e 44. Esses dispositivos, porém, não são relevantes para o exame da questão aqui tratada. De toda sorte, faz-se aqui sua transcrição:

"Art. 43. Ficam extintas todas as concessões de serviços públicos outorgadas sem licitação na vigência da Constituição de 1988. Parágrafo único. Ficam também extintas todas as concessões outorgadas sem licitação anteriormente à Constituição de 1988, cujas obras ou serviços não tenham sido iniciados ou que se encontrem paralisados quando da entrada em vigor desta Lei.

Art. 44. As concessionárias que tiverem obras que se encontrem atrasadas, na data da publicação desta Lei, apresentarão ao poder concedente, dentro de cento e oitenta dias, plano efetivo de conclusão das obras. Parágrafo único. Caso a concessionária não apresente o plano a que se refere este artigo ou se este plano não oferecer condições efetivas para o término da obra, o poder concedente poderá declarar extinta a concessão, relativa a essa obra".

Convém o registro, porém, de que por força do supratranscrito parágrafo único do art. 43 "foram extintas dezenas de concessões de serviço público para aproveitamento de potenciais hidráulicos referentes às usinas hidrelétricas, em virtude de não terem sido iniciadas as respectivas obras" (Arnoldo Wald, *O Direito de Parceria e a Lei de Concessões: Análise das Leis 8.987/95 e 9.074/95 e Legislação Subsequente*, São Paulo, Saraiva, 1996, p. 170).

Art. 42. As concessões de serviço público outorgadas anteriormente à entrada em vigor desta Lei consideram-se válidas pelo prazo fixado no contrato ou no ato de outorga, observado o disposto no art. 43 desta Lei.

§ 1º. Vencido o prazo mencionado no contrato ou ato de outorga, o serviço poderá ser prestado por órgão ou entidade do poder concedente, ou delegado a terceiros, mediante novo contrato.

§ 2º. As concessões em caráter precário, as que estiverem com prazo vencido e as que estiverem em vigor por prazo indeterminado, inclusive por força de legislação anterior, permanecerão válidas pelo prazo necessário à realização dos levantamentos e avaliações indispensáveis à organização das licitações que precederão a outorga das concessões que as substituirão, prazo esse que não será inferior a 24 (vinte e quatro) meses.

§ 3º. As concessões a que se refere o § 2º deste artigo, inclusive as que não possuam instrumento que as formalize ou que possuam cláusula que preveja prorrogação, terão validade máxima até o dia 31 de dezembro de 2010, desde que, até o dia 30 de junho de 2009, tenham sido cumpridas, cumulativamente, as seguintes condições:

I – levantamento mais amplo e retroativo possível dos elementos físicos constituintes da infraestrutura de bens reversíveis e dos dados financeiros, contábeis e comerciais relativos à prestação dos serviços, em dimensão necessária e suficiente para a realização do cálculo de eventual indenização relativa aos investimentos ainda não amortizados pelas receitas emergentes da concessão, observadas as disposições legais e contratuais que regulavam a prestação do serviço ou a ela aplicáveis nos 20 (vinte) anos anteriores ao da publicação desta Lei;

II – celebração de acordo entre o poder concedente e o concessionário sobre os critérios e a forma de indenização de eventuais créditos remanescentes de investimentos ainda não amortizados ou depreciados, apurados a partir dos levantamentos referidos no inciso I deste parágrafo e auditados por instituição especializada escolhida de comum acordo pelas partes; e

III – publicação na imprensa oficial de ato formal de autoridade do poder concedente, autorizando a prestação precária dos serviços por prazo de até 6 (seis) meses, renovável até 31 de dezembro de 2008, mediante comprovação do cumprimento do disposto nos incisos I e II deste parágrafo.

> § 4º. Não ocorrendo o acordo previsto no inciso II do § 3º deste artigo, o cálculo da indenização de investimentos será feito com base nos critérios previstos no instrumento de concessão antes celebrado ou, na omissão deste, por avaliação de seu valor econômico ou reavaliação patrimonial, depreciação e amortização de ativos imobilizados definidos pelas legislações fiscal e das sociedades por ações, efetuada por empresa de auditoria independente escolhida de comum acordo pelas partes.
>
> § 5º. No caso do § 4º deste artigo, o pagamento de eventual indenização será realizado, mediante garantia real, por meio de 4 (quatro) parcelas anuais, iguais e sucessivas, da parte ainda não amortizada de investimentos e de outras indenizações relacionadas à prestação dos serviços, realizados com capital próprio do concessionário ou de seu controlador, ou originários de operações de financiamento, ou obtidos mediante emissão de ações, debêntures e outros títulos mobiliários, com a primeira parcela paga até o último dia útil do exercício financeiro em que ocorrer a reversão.
>
> § 6º. Ocorrendo acordo, poderá a indenização de que trata o § 5º deste artigo ser paga mediante receitas de novo contrato que venha a disciplinar a prestação do serviço.[29]

Como se observa da transcrição, o *caput* do art. 42 determinava, para as concessões vigentes em 1995, que elas deveriam ser consideradas *válidas pelo prazo fixado no contrato ou no ato de outorga* e que, findo esse prazo, poderia o serviço ser delegado a terceiros mediante novo contrato – respeitadas nessa nova celebração, por óbvio, as regras legais pertinentes. Já as concessões em caráter precário, as de prazo vencido e as de prazo indeterminado deveriam permanecer válidas *pelo prazo necessário à realização dos levantamentos e avaliações indispensáveis à organização das licitações* (art. 42, § 2º).

Paralelamente a essas regras gerais, e tendo em vista as particularidades do serviço, a Lei 9.074/1995 previu regras específicas para a transição relativa às concessões do setor elétrico. Essa lei previu, ainda, diretrizes adicionais na aplicação das regras de transição da Lei 8.987/1995, em face da necessidade de prestação continuada e progressivamente abrangente do serviço de energia elétrica. Isto é o que dispõe o art. 3º da Lei 9.074/1995:

29. Lei 8.987/1995, art. 42, com redação dada pela Lei 11.445/2007.

Art. 3º. Na aplicação dos arts. 42, 43 e 44 da Lei n. 8.987, de 1995, serão observadas pelo poder concedente as seguintes determinações:

I – garantia da continuidade na prestação dos serviços públicos;

II – prioridade para conclusão de obras paralisadas ou em atraso;

III – aumento da eficiência das empresas concessionárias, visando à elevação da competitividade global da economia nacional;

IV – atendimento abrangente ao mercado, sem exclusão das populações de baixa renda e das áreas de baixa densidade populacional inclusive as rurais;

V – uso racional dos bens coletivos, inclusive os recursos naturais.

No que diz respeito às regras especiais de transição, e especificamente para as concessões de geração alcançadas pelo art. 42 da Lei 8.987/1995, o art. 19 da Lei 9.074/1995[30] permitiu sua prorrogação pelo prazo de até 20 (vinte) anos.[31] O objetivo do dispositivo era, e ainda é, *garantir a qua-*

30. O sistema de transição para as concessões de geração se completa com o art. 20 da Lei 9.074/1995, que abarca as hipóteses dos arts. 43 e 44 da Lei 8.987/1995. Veja-se: "Art. 20. As concessões e autorizações de geração de energia elétrica alcançadas pelo parágrafo único do art. 43 e pelo art. 44 da Le n. 8.987, de 1995, exceto aquelas cujos empreendimentos não tenham sido iniciados até a edição dessa mesma Lei, poderão ser prorrogadas pelo prazo necessário à amortização do investimento, limitado a trinta e cinco anos, observado o disposto no art. 24 desta Lei e desde que apresentado pelo interessado: I – plano de conclusão aprovado pelo poder concedente; II – compromisso de participação superior a um terço de investimentos privados nos recursos necessários à conclusão da obra e à colocação das unidades em operação. Parágrafo único. Os titulares de concessão que não procederem de conformidade com os termos deste artigo terão suas concessões declaradas extintas, por ato do poder concedente, de acordo com o autorizado no parágrafo único do art. 44 da Le n. 8.987, de 1995". Sobre essa regra, vale conferir o comentário de Marçal Justen Filho, *Concessões de Serviços Públicos: Comentários às Leis ns. 8.987 e 9.074, de 1995*, cit., p. 436: "O art. 20 não faculta prorrogações ao livre arbítrio do Estado. Subordina a prorrogação à necessidade de amortização dos investimentos. Logo, não caberá prorrogar quando não existir investimento algum a ser amortizado. O prazo de trinta e cinco anos não é garantido ao particular, mas é o limite máximo em função de conveniência e necessidade para amortização do investimento. Caberá ao concessionário evidenciar os investimentos realizados e demonstrar as perspectivas de sua amortização".

31. Marcos Juruena Villela Souto, *Direito Administrativo das Concessões*, 5ª ed., Rio de Janeiro, Lumen Juris, 2004, p. 62, ressalta a importância das regras de transição da Lei 9.074/1995, que permitem a prorrogação de concessões anteriores,

lidade do atendimento aos consumidores a custos adequados.[32] Esta a redação do referido art. 19:

> Art. 19. A União poderá, visando garantir a qualidade do atendimento aos consumidores a custos adequados, prorrogar, pelo prazo de até vinte anos, as concessões de geração de energia elétrica, alcançadas pelo art. 42 da Lei n. 8.987, de 1995, desde que requerida a prorrogação, pelo concessionário, permissionário ou titular de manifesto ou de declaração de usina termelétrica, observado o disposto no art. 25 desta Lei.
>
> § 1º. Os pedidos de prorrogação deverão ser apresentados, em até um ano, contado da data da publicação desta Lei.
>
> § 2º. Nos casos em que o prazo remanescente da concessão for superior a um ano, o pedido de prorrogação deverá ser apresentado em até seis meses do advento do termo final respectivo.

em face da alteração da forma de exploração do setor elétrico, que passou a privilegiar a participação do capital privado. Em suas palavras, as regras de transição procuraram minimizar duas dificuldades verificadas para essa transição: "(...) a concessão de novos potenciais, a exigir vultosas quantias para implantar novas obras ou indenizar as existentes, elevaria, em muito as tarifas; a privatização de empresas estatais com concessões vencidas e/ou caducas, por sua vez, representaria uma receita irrisória para os respectivos controladores".

Deve-se registrar, porém, que alguns autores questionam a constitucionalidade do dispositivo, por não atentar à exigência de licitação. V., *e.g.*, Maria Sylvia Zanella Di Pietro, *Parcerias na Administração Pública: Concessão, Permissão, Franquia, Terceirização e Outras Formas*, São Paulo, Atlas, 2002, p. 113: "(...) se existem contratos anteriores à vigência da lei que não previam a prorrogação, não se pode autorizá-la por meio de lei, pois, desse modo, também está-se passando por cima da exigência de licitação". Na mesma linha, v. Marçal Justen Filho, *Concessões de Serviços Públicos: Comentários às Leis ns. 8.987 e 9.074, de 1995*, cit., p. 431: "Os arts. 19 a 25 da Le n. 9.074/95 institucionalizam a prorrogação das concessões (permissões, autorizações, manifesto e declaração de usina termelétrica) de geração de energia elétrica. São, por isso, inconstitucionais".

32. Arnoldo Wald, *O Direito de Parceria e a Lei de Concessões: Análise das Leis 8.987/95 e 9.074/95 e Legislação Subsequente*, cit., p. 202: "Considerando a realidade atual, em que a grande maioria das concessões outorgadas para geração de energia elétrica, sob a égide de sistemas constitucionais anteriores, estão com prazos já terminados ou em vias de terminar, ou, ainda, vigorando por tempo indeterminado, a Lei 9.074/95, em seu art. 19, prevê a possibilidade de prorrogação dos respectivos prazos, por até vinte anos, visando, com esta medida, complementar o art. 42 da Lei 8.987/95, para garantir a qualidade de atendimento aos consumidores a custo adequado".

§ 3º. Ao requerimento de prorrogação deverão ser anexados os elementos comprobatórios de qualificação jurídica, técnica, financeira e administrativa do interessado, bem como comprovação de regularidade e adimplemento de seus encargos junto a órgãos públicos, obrigações fiscais e previdenciárias e compromissos contratuais, firmados junto a órgãos e entidades da Administração Pública Federal, referentes aos serviços de energia elétrica, inclusive ao pagamento de que trata o § 1º do art. 20 da Constituição Federal.

§ 4º. Em caso de não apresentação do requerimento, no prazo fixado nos §§ 1º e 2º deste artigo, ou havendo pronunciamento do poder concedente contrário ao pleito, as concessões, manifestos ou declarações de usina termelétrica serão revertidas para a União, no vencimento do prazo da concessão, e licitadas.

§ 5º (VETADO).

Note-se um fato relevante: a regra de transição do art. 19 da Lei 9.074/1995 engloba todas as hipóteses de concessões previstas no art. 42 da Lei 8.987/1995. Isto é: por força da regra contida na Lei 9.074/1995, poderiam ser prorrogadas as concessões de geração anteriores à vigência da Lei 8.987/1995 que estivessem em vigor, em caráter precário, com prazo vencido e/ou vigorando por prazo indeterminado. Diante da diversidade de hipóteses abrangidas pela regra de transição do art. 19 da Lei 9.074/1995, o Decreto 1.717/1995, que o regulamentou, previu, em seu art. 1º, parágrafo único, critérios para a fixação do termo inicial a ser considerado para efeito de aplicação do prazo da prorrogação.[33] Confira-se:

33. Em realidade, o termo inicial da prorrogação foi originalmente proposto pelo § 5º do art. 19 da Lei 9.074/1995, que tinha a seguinte redação: "Será considerado termo inicial aquele fixado no contrato de concessão ou, na ausência deste, a do ato de outorga ou, se omissos ambos, trinta anos contados a partir do início efetivo da amortização do investimento". O dispositivo, porém, foi vetado, por entender-se que sua redação continha uma ambiguidade indesejável, apta a estender as concessões por período trinta anos superior ao efetivamente desejado. Confiram-se as razões de veto: "A redação deste parágrafo contém ambiguidades, associadas principalmente ao uso da expressão 'termo inicial'. Se entendida a palavra 'termo' como 'data', ou 'limite', o parágrafo traz o início de vigência da concessão, não para o início da depreciação contábil, como deveria, mas para trinta anos mais tarde. O efeito obtido é sumariamente indesejável: concedem-se, no mínimo, trinta anos a mais do que caberia conceder. (...) De outra parte, a aparente lacuna decorrente do veto ora aposto, seria facilmente suprível pela edição de regulamento, em que estabelecido que será mantido o

Art. 1º. As atuais concessões ou direitos reconhecidos de exploração de serviço público de geração, transmissão e distribuição de energia elétrica, desde que não alcançados pelo art. 43 da Lei n. 8.987, de 13 de fevereiro de 1995, poderão ter seus prazos prorrogados, de acordo com a Le n. 9.074, de 7 de julho de 1995, mediante requerimento, nos termos deste Decreto.

Parágrafo único. Para fins da prorrogação a que se refere este Decreto, considerar-se-á como prazo da concessão ou do direito reconhecido de exploração de serviço público de energia elétrica, sucessivamente:

a) o prazo constante do contrato de concessão;

b) o prazo fixado no ato de outorga ou no instrumento de reconhecimento do direito;

c) trinta anos, contados a partir da publicação do ato de outorga no Diário Oficial da União ou da data do reconhecimento do direito;

d) trinta anos, a partir do início da operação comercial ou, na ausência de comprovação dessa data, do início da depreciação contábil do investimento.

O dispositivo, como se vê, admite três diferentes possibilidades de "termos iniciais" para a aplicação da prorrogação prevista pelo art. 19 da Lei 9.074/1995. A *primeira* possibilidade (alíneas "a" e "b") seria a data final de vigência dos contratos de concessão, atos de outorga e/ou instrumentos de reconhecimento de direito. Esse termo, parece evidente, só poderia ser aplicado às concessões por prazo determinado. A *segunda* possibilidade (alínea "c") seria a seguinte: 30 (trinta) anos após a publicação do ato de outorga e/ou da data de reconhecimento do direito. Por fim, e esta é a *terceira* possibilidade (alínea "d"), o termo inicial para a prorrogação poderia ser 30 (trinta) anos após o início da operação comercial ou, na ausência de comprovação desta, do início da depreciação contábil do empreendimento. A opção por cada um desses três diferentes termos deveria ser, nos termos do decreto, sucessiva.

prazo de trinta anos, contados a partir do início das amortizações, preservando-se, pois, a intenção original no trato da matéria". Íntegra das razões do veto disponível em: <http://www.planalto.gov.br/ccivil_03/leis/Mensagem_Veto/anterior_98/Vep-750-L9074-95.pdf>, acesso em 11.3.2010.

Antes de concluir este ponto, uma nota parece importante. O art. 25 da Lei 9.074/1995 condicionava a eficácia das prorrogações à "assinatura de contratos de concessão que contenham cláusula de renúncia a eventuais direitos preexistentes que contrariem a Le n. 8.987, de 1995".[34] O objetivo da exigência de novos contratos, e também da cláusula de renúncia, era garantir a adequação da forma de exploração do serviço ao novo marco regulatório do setor. Confira-se sobre o ponto o comentário de Arnoldo Wald: "Não se cogita, na essência, de renúncia propriamente dita. Tratando-se, na verdade, de um novo contrato de concessão, os direitos e deveres da concessionária devem estar adstritos ao novo ordenamento jurídico, expurgadas as vantagens deferidas pelo ordenamento anterior".[35]

Essa observação é pertinente na medida em que os contratos assinados pelo Grupo em 2004 de fato adaptaram a realidade anterior ao novo regime jurídico vigente. Como apurado, os contratos passaram a prever que as concessões agora se restringiam à geração e às instalações de transmissão de interesse restrito, e particularizaram os empreendimentos (usinas hidroelétricas e/ou termoelétricas) por eles abrangidos, esclarecendo que os mesmos deveriam ser considerados de forma individualizada para todos os efeitos contratuais e legais.

Feita a nota, é possível resumir o sistema de transição para as concessões de geração de energia elétrica descrito neste tópico nos seguintes termos: o art. 19 da Lei 9.074/1995 autorizou a prorrogação das concessões de geração de energia elétrica alcançadas pelo art. 42 da Lei 8.987/1995, estivessem elas em vigor, em caráter precário, com prazo vencido e/ou vigorando por prazo indeterminado. E diante da diversidade de hipóteses abrangidas por essa regra de transição coube ao Decreto

34. Confira-se a íntegra do dispositivo: "Art. 25. As prorrogações de prazo, de que trata esta Lei, somente terão eficácia com assinatura de contratos de concessão que contenham cláusula de renúncia a eventuais direitos preexistentes que contrariem a Le n. 8.987, de 1995. § 1º Os contratos de concessão e permissão conterão, além do estabelecido na legislação em vigor, cláusulas relativas a requisitos mínimos de desempenho técnico do concessionário ou permissionário, bem assim, sua aferição pela fiscalização através de índices apropriados. § 2º No contrato de concessão ou permissão, as cláusulas relativas à qualidade técnica, referidas no parágrafo anterior, serão vinculadas a penalidades progressivas, que guardarão proporcionalidade com o prejuízo efetivo ou potencial causado ao mercado".

35. Arnoldo Wald, *O Direito de Parceria e a Lei de Concessões: Análise das Leis 8.987/95 e 9.074/95 e Legislação Subsequente*, cit., p. 203.

1.717/1995 (art. 1º, parágrafo único) a definição de qual deveria ser o termo inicial dessa prorrogação. Como já mencionado, a titular das concessões aqui analisadas entende que esse sistema de transição não foi aplicado às empresas do grupo de forma adequada – razão pela qual se pretende estudar a possibilidade de revisão dos correspondentes contratos. Cabe então, antes de enfrentar a questão específica, fazer um breve registro teórico acerca da possibilidade de a Administração Pública rever seus atos no exercício de seu poder de autotutela.

4. Nota teórica: o exercício da autotutela pela Administração Pública

O chamado poder/dever de autotutela da Administração descreve a possibilidade (e eventualmente o dever) de os agentes administrativos promoverem a revisão, e mesmo a ocasional anulação,[36] de seus próprios atos quando ilegítimos ou ilegais.[37] De forma simples, o poder/dever de autotutela decorre do próprio princípio da legalidade, que vincula toda a atuação dos órgãos e entidades públicos. A vinculação, no caso, não é meramente formal, já que os agentes administrativos estão obrigados a agir em prol do interesse coletivo ou público que os fins previstos pela ordem jurídica visaram a promover.[38] Sobre o tema, vale conferir o registro de Maria Sylvia Zanella Di Pietro:

36. Lei 9.784/1999, art. 53: "A Administração deve anular seus próprios atos, quando eivados de vício de legalidade, e pode revogá-los por motivo de conveniência ou oportunidade, respeitados os direitos adquiridos".

37. V. Toshio Mukai, *Direito Administrativo Sistematizado*, São Paulo, Quartier Latin, 1999, p. 218; e Diogo de Figueiredo Moreira Neto, *Curso de Direito Administrativo*, Rio de Janeiro, Forense, 2002, p. 104: "Este princípio exprime o duplo dever da Administração Pública de controlar seus próprios atos quanto à juridicidade e à adequação ao interesse público, o que corresponde aos controles, a seu cargo, de legalidade, de legitimidade e de licitude, que são vinculados, e ao controle de mérito, que é discricionário".

38. Já não é mais possível compreender interesse público ou interesse coletivo como um conceito abstrato, sem titulares, difusamente associado à ideia de razões de Estado e desvinculado dos indivíduos e de seus direitos. Nem por isso o conceito deixou de existir ou perdeu sua importância. Sobre o tema, v. coletânea organizada por Daniel Sarmento e prefaciada pelo autor do presente parecer, *Interesses Públicos* versus *Interesses Privados: Desconstruindo o Princípio de Supremacia do Interesse Público*, Rio de Janeiro, Lumen Juris, 2005.

O poder de autotutela encontra fundamento nos princípios a que se submete a Administração Pública, em especial o da legalidade e o da predominância do interesse público, dos quais decorrem todos os demais. Com efeito, se a Administração está sujeita à observância da lei e à consecução do interesse público, não há por que negar-lhe o controle sobre seus próprios atos para assegurar a observância daqueles princípios, mesmo porque, não o fazendo, sujeita-se ao controle pelos demais Poderes, aumentando o ônus do Estado na missão suprema de tutela do direito. Esse controle sobre os próprios atos pode ser exercido *ex officio*, quando a autoridade competente constatar a ilegalidade de seu próprio ato ou de ato de seus subordinados; e pode ser provocado pelos administrados por meio dos recursos administrativos.[39]

O poder de autotutela da Administração Pública é amplamente reconhecido pelo Poder Judiciário, como se observa respectivamente das Súmulas 346 e 473 do Supremo Tribunal Federal:

A Administração Pública pode declarar a nulidade dos seus próprios atos.

A Administração pode anular seus próprios atos, quando eivados de vícios que os tornam ilegais, porque deles não se originam direitos; ou revogá-los, por motivo de conveniência ou oportunidade, respeitados os direitos adquiridos, e ressalvada, em todos os casos, a apreciação judicial.

A autotutela pode ser levada a cabo, a rigor, por meio de duas modalidades de controle dos atos administrativos: a fiscalização e a correção. A atuação fiscalizadora envolve a rotina de exame e reexame dos atos já praticados.[40] O controle administrativo de correção é levado a

39. Maria Sylvia Zanella Di Pietro, *Direito Administrativo*, São Paulo, Atlas, 2002, p. 601.

40. Hely Lopes Meirelles, *Direito Administrativo Brasileiro*, 40ª ed., São Paulo, Malheiros Editores, 2014, p. 760: "O controle administrativo deriva do poder-dever de autotutela que a Administração tem sobre seus próprios atos e agentes. Esse controle é normalmente exercido pelos órgãos superiores sobre os inferiores (controle hierárquico próprio das chefias e corregedorias), com o auxílio de órgãos incumbidos do julgamento de recursos (controle hierárquico impróprio) ou, ainda, de órgãos especializados em determinadas verificações (controle técnico de auditorias etc.), mas in-

efeito por vias diversas, entre as quais se apresentam a anulação, a sanação, a revogação, a modificação, a suspensão e a confirmação.[41] O exercício da autotutela pela Administração Pública, porém, tem seu limitador no princípio da segurança jurídica.[42] Nesse sentido, o art. 54 da Lei 9.784/1999 limita em 5 (cinco) anos o prazo para que a Administração Federal anule atos administrativos eivados de ilegalidade,[43] quando de-

tegrantes da mesma Administração, pelo quê se caracteriza como *controle interno*, pois que o *externo* é sempre atribuído a órgão estranho ao Executivo".

41. Para uma análise mais apurada do tema, veja-se Diogo de Figueiredo Moreira Neto, *Curso de Direito Administrativo*, cit., 2002, pp. 556 e ss. Quanto ao elenco de instrumentos utilizados para a atuação do controle administrativo, os autores divergem; pode-se, todavia, reunir, entre eles, o direito de petição, a reclamação relativa à prestação dos serviços públicos e os recursos em processos administrativos. Sobre o tema, ver Celso Antônio Bandeira de Mello, *Curso de Direito Administrativo*, São Paulo, Malheiros Editores, 2003, pp. 806 e ss.

42. A jurisprudência reconhece, em certos casos, a necessidade de resguardar os efeitos já produzidos pelo ato administrativo ilegal, como forma de privilegiar o princípio da segurança jurídica. V., a propósito: STF, MS 22.357/DF, rel. Min. Gilmar Mendes, *DJ* 27.5.2004: "Mandado de Segurança. 2. Acórdão do Tribunal de Contas da União. Prestação de Contas da Empresa Brasileira de Infraestrutura Aeroportuária – Infraero. Emprego Público. Regularização de admissões. 3. Contratações realizadas em conformidade com a legislação vigente à época. Admissões realizadas por processo seletivo sem concurso público, validadas por decisão administrativa e acórdão anterior do TCU. 4. Transcurso de mais de dez anos desde a concessão da liminar no mandado de segurança. 5. Obrigatoriedade da observância do princípio da segurança jurídica enquanto subprincípio do Estado de Direito. Necessidade de estabilidade das situações criadas administrativamente. 6. Princípio da confiança como elemento do princípio da segurança jurídica. Presença de um componente de ética jurídica e sua aplicação nas relações jurídicas de direito público. 7. Concurso de circunstâncias específicas e excepcionais que revelam: a boa-fé dos impetrantes; a realização de processo seletivo rigoroso; a observância do regulamento da Infraero, vigente à época da realização do processo seletivo; a existência de controvérsia, à época das contratações, quanto à exigência, nos termos do art. 37 da Constituição, de concurso público no âmbito das empresas públicas e sociedades de economia mista. 8. Circunstâncias que, aliadas ao longo período de tempo transcorrido, afastam a alegada nulidade das contratações dos impetrantes. 9. Mandado de Segurança deferido". No mesmo sentido: STF, MS 24.268/MG, rel. p/ acórdão Min. Gilmar Mendes, *DJ* 27.5.2004; STF, MC no MS 26.200/DF, rel. Min. Celso de Mello, *DJ* 27.10.2006; STF, AI 544.486/RS, rel. Min. Gilmar Mendes, *DJ* 29.11.2005; e STF, RE 434.222/AM, rel. Min. Carlos Velloso, *DJ* 1º.7.2005.

43. Note-se que muito embora o dispositivo faça referência expressa aos casos de anulação, parece correto afirmar que a norma engloba igualmente as hipóteses de revisão ou modificação essencial dos termos de determinado ato administrativo motivada por vício de ilegalidade.

les decorram efeitos favoráveis aos destinatários,[44] salvo comprovada má-fé. Esta a dicção do dispositivo: "Art. 54. O direito da Administração de anular os atos administrativos de que decorram efeitos favoráveis para os destinatários decai em cinco anos, contados da data em que foram praticados, salvo comprovada má-fé".

Note-se que o prazo previsto pelo dispositivo procura resguardar a boa-fé do Administrado, que confiou nos efeitos favoráveis de determinado ato administrativo. O dispositivo, a rigor, não limita a revisão de ato administrativo na hipótese em que dele não tenham decorrido efeitos *favoráveis* para o administrado.[45] Confira-se a ressalva de José dos Santos Carvalho Filho sobre o ponto: "Entretanto, se do ato viciado nenhum efeito decorre para qualquer destinatário, a Administração não estará impedida de efetivar a correção. Desde que esta seja compatível com o interesse público, é juridicamente viável que o ato seja anulado e substituído por outro, desta vez expungido de vício".[46]

O raciocínio exposto pelo autor parece válido também para os casos em que os efeitos produzidos pelo ato administrativo ilegal existem, mas são desfavoráveis ao destinatário. Se o destinatário, fiado na presunção de validade dos atos administrativos, sofreu consequências

44. José dos Santos Carvalho Filho, *Processo Administrativo Federal: Comentários à Lei 9.784, de 29.1.1999*, São Paulo, Atlas, 2007, p. 272: "O legislador, sem dúvida, teve o escopo de consagrar o princípio da estabilidade das relações jurídicas através do subprincípio da segurança jurídica. A aplicação deste decorre de certas situações jurídicas que devem ser convalidadas em virtude da incidência dos fatores tempo e boa-fé dos administrados. Reflete a proteção à confiança, princípio sobre o qual incide o aspecto subjetivo 'e neste se sublinha o sentimento do indivíduo em relação a atos, inclusive e principalmente do Estado, dotados de presunção de legitimidade e com a aparência de legalidade'".

45. Hipóteses de anulação de atos administrativos após a decorrência do prazo quinquenal encontram reflexos em outros diplomas normativos, não se podendo classificá-las, por isso, como teratológicas de *per se*. Veja-se, nessa linha, o art. 91 do Regimento Interno do CNJ: "Art. 91. O controle dos atos administrativos praticados por membros ou órgãos do Poder Judiciário será exercido pelo Plenário do CNJ, de ofício ou mediante provocação, sempre que restarem contrariados os princípios estabelecidos no art. 37 da Constituição, especialmente os de legalidade, impessoalidade, moralidade, publicidade e eficiência, sem prejuízo da competência do Tribunal de Contas da União e dos Tribunais de Contas dos Estados. Parágrafo único. Não será admitido o controle de atos administrativos praticados há mais de cinco (5) anos, salvo quando houver afronta direta à Constituição".

46. José dos Santos Carvalho Filho, *Processo Administrativo Federal: Comentários à Lei 9.784, de 29.1.1999*, cit., p. 273.

negativas desse mesmo ato, nada impede que a Administração possa rever esse ato e seus efeitos. Em suma: cabe à Administração Pública, no exercício de seu poder/dever de autotutela, anular e/ou rever atos administrativos que tenham sido praticados com vícios de ilegitimidade ou ilegalidade. O prazo de cinco anos previsto pelo art. 54 da Lei 9.784/1999 para o controle de correção dos atos administrativos aplica-se aos casos em que os efeitos decorrentes dos atos sejam favoráveis ao destinatário, não sendo, a rigor, pertinente nas hipóteses em que tais efeitos sejam desfavoráveis.

5. *Possibilidade de revisão dos contratos celebrados para prorrogação das concessões anteriores para adequação aos parâmetros legais*

Feitas as notas teóricas pertinentes, já é possível passar ao exame da questão central do presente estudo, acerca da correta aplicação das normas de transição descritas nos tópicos anteriores às concessões de geração grupo aqui analisadas. A Lei 9.074/1995, como se viu, alterou o marco regulatório do setor elétrico e reestruturou a forma de exploração do serviço de geração de energia elétrica. A reestruturação envolveu, como já descrito, tanto a separação das atividades de geração, transmissão e distribuição quanto a forma de concessão, originalmente afeta à exploração do potencial hidroelétrico de determinada região ou trecho de rio, hoje específica para cada empreendimento determinado. É certo que o legislador pode, legitimamente, implementar as alterações que considerar próprias na regulação do setor elétrico, mas é igualmente certo que, ao fazê-lo, não poderá ignorar a existência de um conjunto de relações anteriores, sob pena de impactar negativamente a segurança jurídica em geral e a situação daqueles que vinham desenvolvendo suas atividades à luz da disciplina anterior. Aprofunde-se rapidamente a questão.

No seu desenvolvimento doutrinário e jurisprudencial, a expressão "segurança jurídica" passou a designar um conjunto abrangente de ideias e conteúdos, que incluem a confiança nos atos do Poder Público, a previsibilidade dos comportamentos e a estabilidade das relações jurídicas. É nesse último domínio que se insere a conservação de direitos em face das mudanças normativas, que alimenta o chamado princípio da *não retroatividade* das leis[47] (CF, art. 5º, XXXVI).[48] A rigor, o princípio da não retroatividade só não condiciona o exercício do poder constituinte *originário*, já que, como ato de criação ou de reconstrução do Estado,[49] a Constituição faz a travessia entre o poder político soberano e a nova ordem jurídica, não sofrendo limitação por parte do ordenamento constitucional anterior.[50] Como regra, todavia, a supressão de um direito adquirido somente deverá ocorrer por força de disposição expressa da nova Constituição.[51]

A controvérsia na matéria, como é corrente, surge a propósito do tratamento jurídico a ser dado aos efeitos de um ato praticado sob a vigência da lei anterior, que só venham a se produzir após a edição da lei nova.[52] No Direito brasileiro, prevalesceu a teoria de Gabba – segun-

47. Paul Roubier, *Le Droit Transitoire: Conflits des Lois Dans le Temps*, Paris, Dalloz, 1960, p. 223. Sobre o tema, no Direito brasileiro, v. R. Limongi França, *A Irretroatividade das Leis e o Direito Adquirido*, São Paulo, Ed. RT, 1982.

48. CF/1988, art. 5º, XXXVI: "a lei não prejudicará o direito adquirido, o ato jurídico perfeito e a coisa julgada".

49. M. Seabra Fagundes, *O Controle dos Atos Administrativos pelo Poder Judiciário*, Rio de Janeiro, Forense, 1979, p. 3.

50. V. *RTJ* 67/327, RE 895, rel. Min. Djaci Falcão, *RTJ* 71/461, RE 75.418, rel. Min. Thompson Flores, e *RTJ* 140/1.008, AI 134.271, rel. Min. Moreira Alves, *RDA* 196/107, 1994, ADIn 248-1/RJ, rel. Min. Celso de Mello, onde se lavrou: "A supremacia jurídica das normas inscritas na Carta Federal não permite, ressalvadas as eventuais exceções proclamadas no próprio texto constitucional, que contra elas seja invocado o direito adquirido". A jurisprudência da Corte, todavia, ressalvou a proteção da coisa julgada: "A cláusula temporária e extravagante do art. 17 do Ato das Disposições Constitucionais Transitórias da Carta de 1988 não alcança situações jurídicas cobertas pela preclusão maior, ou seja, pelo manto da coisa julgada" (STF, *RTJ* 167/656, 1999, RE 146.331/SP, rel. Min. Marco Aurélio).

51. V. Luís Roberto Barroso, *Interpretação e Aplicação da Constituição*, São Paulo, Saraiva, 2003, p. 56. Na Constituição brasileira de 1988, há exemplo de retroatividade expressa, como o consignado no art. 17 do Ato das Disposições Constitucionais Transitórias: "Os vencimentos, a remuneração, as vantagens e os adicionais, bem como os proventos de aposentadoria que estejam sendo percebidos em desacordo com a Constituição serão imediatamente reduzidos aos limites dela decorrentes, *não se admitindo, neste caso, invocação de direito adquirido* ou percepção de excesso a qualquer título".

52. Foi precisamente em torno dessa questão que se dividiu a doutrina, contrapondo dois dos principais autores que se dedicaram ao tema: o italiano Gabba e o francês Paul Roubier. Para Roubier, a lei nova aplicava-se desde logo a esses efeitos, circunstância que denominou *eficácia imediata* da lei, e não retroatividade. V. Carlos Francesco Gabba, *Teoria della Retroattività delle Leggi*, Pisa, Tipografia Nistri, 1868;

do a qual os efeitos futuros desses atos deveriam continuar a ser regidos pela lei que disciplinou sua causa, isto é, a lei velha –, com a chancela reiterada da jurisprudência do Supremo Tribunal Federal.[53] É claro que a teoria não prevalece em face de alterações constitucionais: não se pode reconhecer direito adquirido que não tenha sido recepcionado pela nova Constituição.

Pois bem. No caso das concessões de geração de energia elétrica é necessário distinguir dois diferentes contextos normativos: o primeiro constitucional e o segundo infraconstitucional. Considerando o contexto constitucional, o art. 175 da CF[54] determina que a exploração de serviço público, quando levada a cabo por particulares, seja precedida de licitação e disciplinada em contrato.[55] No caso dos serviços e instalações de energia elétrica e do aproveitamento dos cursos d'água, o art. 21, XII, "b", também da Constituição, registra que a União poderá explorá-lo diretamente ou mediante autorização, concessão ou permissão.[56] A Constituição continua a prever a possibilidade de prestação direta do serviço público pelo ente competente, e não veda que, como forma de descentralização administrativa, ele seja prestado diretamente por em-

e Paul Roubier, *Le Droit Transitoire: Conflits des Lois Dans le Temps*, cit., 1960. Uma síntese da disputa pode ser encontrada em Caio Mário da Silva Pereira, "Direito constitucional intertemporal", *RF* 304/31, 1988.

53. A retroatividade pode assumir três formas: máxima, média e mínima, todas inválidas. Sobre o tema, v. STF, *RTJ* 143/744-5, 1993, ADIn 493/DF, rel. Min. Moreira Alves; e ADIn-MC 1.931, *DJ* 28.5.2004, rel. Min. Marco Aurélio.

54. CF/1988, art. 175: "Incumbe ao Poder Público, na forma da lei, diretamente ou sob regime de concessão ou permissão, sempre através de licitação, a prestação de serviços públicos. Parágrafo único. A lei disporá sobre: I – o regime das empresas concessionárias e permissionárias de serviços públicos, o caráter especial de seu contrato e de sua prorrogação, bem como as condições de caducidade, fiscalização e rescisão da concessão ou permissão; II – os direitos dos usuários; III – política tarifária; IV – a obrigação de manter serviço adequado".

55. Nesse sentido, v. Lúcia Valle Figueiredo, "A concessão de serviço público: questões tópicas e formas de extinção", *Boletim de Direito Administrativo* 1/4, 2001: "Deverá o contrato de concessão conter necessariamente todos os requisitos indispensáveis a sua validade, como declinados na específica Lei das Concessões e Permissões, Le n. 8.987/95, com suas modificações e, ainda, supletivamente, podemos dizer, também, com a própria Le n. 8.666/93, por força de seu art. 124".

56. CF/1988, art. 21: "Compete à União: (...) XII – explorar, diretamente ou mediante autorização, concessão ou permissão: (...) *b*) os serviços e instalações de energia elétrica e o aproveitamento energético dos cursos de água, em articulação com os Estados onde se situam os potenciais hidroenergéticos;".

presas integrantes da Administração Indireta.[57] O registro é importante porque, segundo apurado, as concessões do sistema Eletrobrás anteriores à Constituição Federal têm respaldo justamente em atos de outorga expedidos em período durante o qual a exploração do serviço de energia encontrava-se essencialmente sob o domínio público, como se viu, e no qual a disciplina jurídica não cogitava de uma estrutura concorrencial.[58]

57. O argumento aqui é simples. Se o Poder Público poderia explorar diretamente o serviço, nada impede que, como forma de descentralização administrativa, constitua uma empresa com o objeto específico de prestar esse mesmo serviço. V. Marçal Justen Filho, *Comentários à Lei de Licitações e Contratos Administrativos*, São Paulo, Dialética, 2008, p. 303: "As entidades que desempenham atividade econômica estão subordinadas, por força do art. 173 da CF/88, a regime jurídico idêntico ao reservado para a iniciativa privada. Atuam no mercado e não podem merecer qualquer privilégio ou benefício. Já as prestadoras de serviço público retratam mera alternativa organizacional da Administração Pública. Em vez de optar por atribuir certas competências a seus próprios órgãos, a pessoa política institui sujeitos autônomos".

Esse é o caso, por exemplo, da Infraero, empresa pública vinculada ao Ministério da Defesa, criada pela Lei 5.862/1972 com o expresso objetivo de explorar diretamente a prestação do serviço público de infraestrutura aeroportuária. O fato foi reconhecido pelo STF, que, ao determinar a aplicação do instituto da imunidade tributária recíproca para efeitos de isenção da cobrança de ISS, expressou precisamente o caráter instrumental da empresa: "criação da Infraero como instrumentalidade administrativa da União Federal, incumbida, nessa condição institucional, de executar típico serviço público (Lei n. 5.862/1972) – consequente extensão, a essa empresa pública, em matéria de impostos, da proteção constitucional fundada na garantia da imunidade tributária recíproca (CF, art. 150, VI, 'a')" (RE-AgR 363.412/BA, rel. Min. Celso de Mello, *DJ* 18.9.2008).

58. É certo que a questão teórica acerca da natureza jurídica das atividades próprias ao setor elétrico – se atividades econômicas reguladas ou serviços públicos – é atualmente controvertida na doutrina, sobretudo no que diz respeito à geração de energia. Essa é uma controvérsia, porém, que tem origem no atual regime de exploração do setor, que é quase inteiramente concorrencial. Sobre o tema, v., na doutrina, Alexandre dos Santos Aragão, *Direito dos Serviços Públicos*, Rio de Janeiro, Forense, 2007, pp. 274-284; Elena Landau (coord.), *Regulação Jurídica do Setor Elétrico*, cit.; Maria Aparecida de Almeida Pinto S. Fagundes, "Os novos rumos do direito da eletricidade", *RDA* 224/1, 2001; Geraldo Pereira Caldas, *Concessões de Serviços Públicos de Energia Elétrica: em Face da Constituição Federal de 1988 e o Interesse Público*, Curitiba, Juruá, 2001; Maria João Pereira Rolim, *Direito Econômico da Energia Elétrica*, Rio de Janeiro, Forense, 2002; Marcos Juruena Villela Souto, *Desestatização, Privatização, Concessões e Terceirizações*, Rio de Janeiro, Lumen Juris, 2000, p. 109; Marcos Juruena Villela Souto, "Breve apresentação do novo marco regulatório do setor elétrico brasileiro", in Elena Landau (coord.), *Regulação Jurídica do Setor Elétrico*, cit., p. 240; e Clóvis Volpe Filho, Maria Amália Figueiredo Pereira, *Setor Elétrico: Aspectos Jurídicos Relevantes*, Curitiba, Juruá, 2004, p. 59.

Não há aqui propriamente, portanto, um problema de direitos não recepcionados pela Carta de 1988.

O segundo contexto normativo a que se referiu envolve o plano infraconstitucional, e diz respeito à alteração do marco regulatório do setor elétrico. A Lei 9.074/1995 representou uma modificação essencial no modelo de exploração desse serviço: seja pelo incentivo à participação do capital privado, em regime amplamente concorrencial, seja pela própria forma de concessão, que passou a ser, repita-se, segmentada e adstrita a empreendimentos determinados. E, embora não se possa reconhecer, como é corrente, a existência de um direito adquirido a determinado regime jurídico de exploração de um serviço público, parece plausível sustentar que o Poder Público, em nome da própria segurança jurídica e, também, do princípio da boa-fé, não pode ser indiferente às expectativas de direito decorrentes do regime anterior.[59] Em outros termos: é possível cogitar do direito a uma transição razoável, que deverá considerar as mudanças que ocorreram no setor.

Feita a digressão teórica sobre a segurança jurídica, cabe agora enfrentar a questão concreta em análise no presente estudo, a saber: considerando o art. 19 da Lei 9.074/1995 e o regime de transição por ele consagrado, como ele deve ser aplicado no caso? A resposta não é complexa. No novo modelo de exploração do setor elétrico, como se viu, as concessões para geração se referem a empreendimentos determinados. Assim, já não é viável considerar, para fins da prorrogação de que cuida o art. 19 da Lei 9.074/1995, o prazo de concessão previsto nos atos de outorga originais, que identificavam e disciplinavam uma realidade totalmente distinta de exploração. Se os atos de outorga originais se referiam a determinada região ou trecho de rio, não faria sentido considerar seus prazos para a aplicação da regra de transição. A transição deverá ter em conta, individualmente, cada hidroelétrica ou termoelétrica abrangida por essas outorgas.

Não há aqui maiores dificuldades, pois a regra do art. 1º, parágrafo único, "d", do Decreto 1.717/1995 já incorpora essas preocupações, determinando que, inexistente ato de outorga ou contrato específico, se

59. Para um aprofundamento dessa perspectiva, v. Luís Roberto Barroso, "Discricionariedade administrativa, realização adequada dos fins legais e observância dos princípios constitucionais", in Luís Roberto Barroso, *Temas de Direito Constitucional*, t. II, 2003.

considere prazo da concessão "trinta anos, a partir do início da operação comercial ou, na ausência de comprovação dessa data, do início da depreciação contábil do investimento". Ou seja: uma regra de transição razoável deve considerar a data de início de operação de cada usina de forma isolada, para então determinar 30 (trinta) anos dessa data como o prazo final da concessão anterior à Lei 8.987/1995. A partir desse termo é que deveria ter sido aplicada a prorrogação a que se refere o art. 19 da Lei 9.074/1995.

A solução que se acaba de enunciar, além de melhor harmonizar as regras de transição à nova estrutura regulatória do setor elétrico, atende também à necessidade de garantir ao concessionário um mínimo de equilíbrio econômico-financeiro na exploração do serviço. Como se sabe, o equilíbrio econômico-financeiro do contrato administrativo "é a *relação de igualdade* formada, de um lado, pelas obrigações assumidas pelo contratante no momento do ajuste e, de outro lado, pela compensação econômica que lhe corresponderá".[60] Afora outros princípios que informam a exigência, a garantia de equilíbrio econômico-financeiro decorre da necessidade de haver uma correspondência entre os custos e benefícios de cada parte para a consecução de um determinado benefício em favor de toda a sociedade.[61] A respeito do tema, confira-se a seguinte passagem de Lúcia Valle Figueiredo:

> A manutenção da equação econômico-financeira do contrato, que se traduz no equilíbrio entre as obrigações e a remuneração do concessionário, é vital no contrato de concessão. Até mesmo para o asseguramento da continuidade do serviço público, como também de sua boa prestação. A justa remuneração do concessionário é, por conseguinte, imperiosa.[62]

60. Celso Antônio Bandeira de Mello, *Curso de Direito Administrativo*, cit., p. 655. Ver, também, Marçal Justen Filho, *Teoria Geral das Concessões de Serviço Público*, São Paulo, Dialética, 2003, p. 165; e Arnoldo Wald, "Do equilíbrio econômico-financeiro do contrato de concessão. Direito da concessionária à recomposição tarifária em virtude de aumento do custo de insumo", *RT* 785/121, 2001.

61. Floriano Azevedo Marques Neto, "Equilíbrio econômico-financeiro em contrato de concessão", *Boletim de Licitações e Contratos* 7/418, 2002. V. tb. Celso Antônio Bandeira de Mello, "Contrato administrativo", *RT* 734/104-105, 1996.

62. Lúcia Valle Figueiredo, *Curso de Direito Administrativo*, São Paulo, Malheiros Editores, 9ª ed., 2008, 2001, p. 101.

Nessa linha, a aplicação de uma regra de transição não deve impor prejuízos evidentes ao anterior concessionário, em detrimento do equilíbrio econômico-financeiro de um conjunto de relações que, por sua própria natureza, se prolongam no tempo.[63] O caso da hidrelétrica de

63. V. Marçal Justen Filho, *Teoria Geral das Concessões de Serviço Público*, cit., pp. 405-406: "O autor sempre manifestou certa oposição à prorrogação do prazo de concessões, ainda que a propósito de recomposição da equação econômico-financeira, especificamente em publicação anterior a esta obra. Verberações mais contundentes foram dirigidas ao art. 4º da Lei n. 9.074, que generalizou prorrogações no âmbito de serviços públicos de energia elétrica. Sob certo ângulo, as críticas são mantidas. Mas é caso de considerar o problema da restauração do equilíbrio econômico-financeiro. Em tal hipótese, incide uma garantia constitucional, assegurando ao particular o direito à integridade patrimonial. A isso se contrapõe o interesse público de modificação de cláusulas de serviço da concessão. Adiciona-se a impossibilidade de solucionar o problema com elevação de tarifas ou pagamento de indenização com recursos provenientes de cofres públicos. Surge, então, uma contraposição de valores e princípios jurídico-constitucionais. Há o art. 175, que subordina a outorga da concessão a uma prévia licitação. Há o art. 5º, inc. I, que consagra o princípio da isonomia, o que tanto assegura a todos os particulares disputarem a outorga de uma concessão quanto veda a possibilidade de agravar-se a situação de um determinado particular para beneficiar a coletividade. Há o art. 5º, incs. XXII e XXIV, assegurando o direito de propriedade e vedando o confisco. Há o art. 37, inc. XXI, consagrando o direito à manutenção das condições propostas. A opção exclusiva por um dos aludidos princípios conduziria ao risco de sacrifício dos demais. A situação conduz à aplicação do princípio da proporcionalidade, o que significa 'o dever de realizar, do modo mais intenso possível, todos os valores consagrados pelo Ordenamento *Jurídico*'. Além disso, a proporcionalidade impõe subordinar a aplicação do Direito à consideração acerca do resultado que se pretende atingir. O princípio da proporcionalidade impede que se imponha ao concessionário o dever de sofrer perda patrimonial tal como exclui a elevação de tarifas que possam colocar em risco a estabilidade econômica da Nação. Também exclui a possibilidade de que se constranja o poder público a desembolsar vultosos recursos para indenizar o contratado e realizar licitação. Soluções extremadas, que ignoram as consequências secundárias da preponderância de um único valor, não são conformes ao Direito. Não se cumpre a vontade da Constituição quando se desmerece um valor nela consagrado, ainda que a pretexto de dar aplicação às próprias normas constitucionais. Uma alternativa consistiria na ampliação dos prazos de concessão, de modo a assegurar que o prazo mais longo permita a realização dos resultados assegurados ao interessado. A prorrogação é compatível com a Constituição especialmente quando todas as outras alternativas para produzir a recomposição acarretariam sacrifícios ou lesões irreparáveis às finanças públicas ou aos interesses dos usuários. Essa é a alternativa que realiza, do modo mais intenso possível, todos os valores e princípios constitucionais. Compõem-se os diferentes princípios e obtém-se a realização harmônica de todos eles. Por isso, alterou-se o entendimento para aceitar a solução da prorrogação do prazo da concessão como instrumento para produzir a recomposição da equação econômico-financeira original".

Xingó, por exemplo, ilustra como o equilíbrio econômico-financeiro de um determinado empreendimento seria atingido pela aplicação equivocada que se fez das regras de transição. Com efeito, a referida hidroelétrica iniciou suas operações em 22.8.1997 e teria sua exploração garantida ao concessionário por menos de 18 (dezoito) anos, ao passo que a legislação reconhece 35 (trinta e cinco) anos como prazo razoável para a amortização dos investimentos no setor de geração.[64]

Assim, também sob a perspectiva do equilíbrio econômico-financeiro, parece consistente considerar a data do início da operação comercial marco para determinar os prazos de concessões anteriores à Lei 8.987/1995 e ao modelo de exploração inaugurado pela Lei 9.074/1995. Repita-se que os 30 (trinta) anos eleitos pela regra de transição do Decreto 1.717/1995 são compatíveis com o período de tempo que a própria legislação atual entende como adequado à amortização dos investimentos. Em suma: por tudo o que se expôs até aqui, é possível concluir que a compreensão das normas de transição do setor elétrico, tendo em conta também o sistema no qual se inserem, define como aplicável à situação aqui analisada a regra contida no art. 1º, parágrafo único, "d", do Decreto 1.717/1995. Isto é: deve-se considerar a data de início de operação de cada usina de forma isolada como termo inicial do prazo de 30 (trinta) anos relativo à concessão iniciada antes da Lei 8.987/1995. Encerrados os 30 (trinta) anos, poderá então ser aplicada a prorrogação a que se refere o art. 19 da Lei 9.074/1995.

Como apurado, nada disso ocorreu com as concessões de geração aqui analisadas, que foram prorrogadas em bloco a partir de uma data fixada aleatoriamente, e sem qualquer consideração da realidade subjacente aos contratos firmados. Nesse contexto, cabe à Administração Pública, no emprego do seu poder/dever de autotutela, promover a revisão de seus atos de modo a adequar as prorrogações ao que dispõem as

64. Lei 9.074/1995, art. 4º: "§ 2º As concessões de geração de energia elétrica anteriores a 11 de dezembro de 2003 terão o prazo necessário à amortização dos investimentos, limitado a 35 (trinta e cinco) anos, contado da data de assinatura do imprescindível contrato, podendo ser prorrogado por até 20 (vinte) anos, a critério do Poder Concedente, observadas as condições estabelecidas nos contratos. (...) § 9º As concessões de geração de energia elétrica, contratadas a partir da Medida Provisória nº 144, de 11 de dezembro de 2003, terão o prazo necessário à amortização dos investimentos, limitado a 35 (trinta e cinco) anos, contado da data de assinatura do imprescindível contrato".

normas do sistema de transição do setor elétrico descritas acima.[65] Veja-se, como também referido, que o prazo de 5 (cinco) anos de que cuida o art. 54 da Lei 9.784/1999 não representa, a rigor, um óbice ao exercício da autotutela na hipótese. Embora os contratos firmados pelas empresas do grupo para prorrogação das concessões anteriores à Lei n. 8.987/1995 datem de 2004, o prazo contido na referida norma, como se viu, não é pertinente quando os efeitos decorrentes do ato administrativo a ser revisto forem prejudiciais ao beneficiário. Junte-se a isso, ademais, que não seria viável supor que as empresas do grupo poderiam questionar um ato administrativo praticado por sua própria controladora, a União Federal – ainda que ele tenha sido desfavorável a seus interesses como pessoa jurídica autônoma –, sendo certo que apenas a própria União ou a concessionária teriam interesse jurídico em questionar e/ou buscar uma revisão do ato.

6. Conclusão

Tendo por baliza as questões formuladas no início do presente estudo, é possível compendiar as principais ideias aqui desenvolvidas nas seguintes proposições objetivas:

A) O art. 19 da Lei 9.074/1995 autorizou a prorrogação das concessões de geração de energia elétrica alcançadas pelo art. 42 da Lei 8.987/1995, estivessem elas em vigor, em caráter precário, com prazo vencido e/ou vigorando por prazo indeterminado. A interpretação das normas de transição do setor elétrico, e do sistema no qual elas se inserem, define como aplicável à hipótese a regra contida no art. 1º, parágrafo único, "d", do Decreto 1.717/1995.

B) Assim, deve-se considerar a data de início de operação de cada usina de forma isolada, para então determinar 30 (trinta) anos dessa data como o prazo final da concessão anterior à Lei 8.987/1995. A partir desse termo é que deve ser aplicada a prorrogação a que se refere o art.

65. Note-se que a aplicação adequada das regras de transição não garantiria, por si só, uma situação mais favorável às empresas do grupo Eletrobrás: em alguns casos, de hidroelétricas que entraram em operação na década de 1960, o resultado seria a extinção das concessões antes de 2015, mesmo quando aplicada a prorrogação prevista pelo art. 19 da Lei 9.074/1995. Uma consequência favorável a todo o sistema, porém, seria imediata: a extinção das concessões do setor elétrico não mais se concentraria em uma única data, afastando-se os riscos sistêmicos indesejados.

19 da Lei 9.074/1995. Essa solução, que melhor harmoniza as regras de transição à nova estrutura regulatória do setor elétrico, atende também à necessidade de garantir ao concessionário um mínimo de equilíbrio econômico-financeiro na exploração do serviço. Nesse contexto, cabe à Administração Pública, no exercício de seu poder/dever de autotutela, promover a revisão dos contratos de geração analisados no presente estudo a fim de compatibilizar as prorrogações realizadas à interpretação adequada do sistema de transição do setor elétrico.

Bibliografia

ARAGÃO, Alexandre dos Santos. *Direito dos Serviços Públicos*. Rio de Janeiro, Forense, 2007.

BANDEIRA DE MELLO, Celso Antônio. *Curso de Direito Administrativo*. 31ª ed. São Paulo, Malheiros Editores, 2014.

________. "Contrato administrativo". *RT* 734/104-105, 1996.

BARROSO, Luís Roberto. "Discricionariedade administrativa, realização adequada dos fins legais e observância dos princípios constitucionais". In BARROSO, Luís Roberto. *Temas de Direito Constitucional*. t. II. Rio de Janeiro, Renovar, 2003.

________. *Interpretação e Aplicação da Constituição*. São Paulo, Saraiva, 2003.

CALDAS, Geraldo Pereira. *Concessões de Serviços Públicos de Energia Elétrica: em Face da Constituição Federal de 1988 e o Interesse Público*. Curitiba, Juruá, 2001.

CARVALHO FILHO, José dos Santos. *Processo Administrativo Federal: Comentários à Lei 9.784, de 29.1.1999*. São Paulo, Atlas, 2007.

DI PIETRO, Maria Sylvia Zanella. *Direito Administrativo*. São Paulo, Atlas, 2002.

________. *Parcerias na Administração Pública: Concessão, Permissão, Franquia, Terceirização e Outras Formas*. São Paulo, Atlas, 2002.

FAGUNDES, Maria Aparecida de Almeida Pinto S. "Os novos rumos do direito da eletricidade". *Revista de Direito Administrativo* 224/14, 2001.

FIGUEIREDO, Lúcia Valle. "A concessão de serviço público: questões tópicas e formas de extinção". *Boletim de Direito Administrativo* 1/4, 2001.

________. *Curso de Direito Administrativo*. 9ª ed. São Paulo, Malheiros Editores, 2008.

FUGA, Fabiano; LUCHESI, Karin; BINELLI, Paula M. *Monitoramento do Mercado Atacadista de Energia Elétrica – ASMAE*, XVI SNPTEE – Seminário Nacional de Produção e Transmissão de Energia Elétrica, 21 a 26 de outubro de 2001.

GABBA, Carlos Francesco. *Teoria della Retroattività delle Leggi*. Pisa, Tipografia Nisi, 1868.

JUSTEN FILHO, Marçal. *Comentários à Lei de Licitações e Contratos Administrativos*. São Paulo, Dialética, 2008.

________. *Concessões de Serviços Públicos: Comentários às Leis ns. 8.987 e 9.074, de 1995*. São Paulo, Dialética, 1997.

________. *Teoria Geral das Concessões de Serviço Público*. São Paulo, Dialética, 2003.

LANDAU, Elena; SAMPAIO, Patrícia. "O setor elétrico em uma visão introdutória". In LANDAU, Elena (coord.). *Regulação Jurídica do Setor Elétrico*. Rio de Janeiro, Lumen Juris, 2006.

________ (coord.). *Regulação Jurídica do Setor Elétrico*. Rio de Janeiro, Lumen Juris, 2006.

LIMONGI FRANÇA, R. *A Irretroatividade das Leis e o Direito Adquirido*. São Paulo, Ed. RT, 1982.

MARQUES NETO, Floriano Azevedo. "Equilíbrio econômico-financeiro em contrato de concessão". *Boletim de Licitações e Contratos* 7/418, 2002.

MEIRELLES, Hely Lopes. *Direito Administrativo Brasileiro*. São Paulo, Malheiros Editores, 1993.

MEMÓRIA DA ELETRICIDADE. Disponível em: <www.memoria.eletrobras.com>. Acesso em: 27.11.2008.

MOREIRA NETO, Diogo de Figueiredo. *Curso de Direito Administrativo*. Rio de Janeiro, Forense, 2002.

MUKAI, Toshio. *Direito Administrativo Sistematizado*. São Paulo, Quartier Latin, 1999.

OLIVEIRA, Helli Alves de. "Os serviços de energia elétrica e a nova legislação sobre concessões". In MEDAUAR, Odete (org.). *Concessão de Serviço Público*. São Paulo, Ed. RT, 1995.

PEREIRA, Caio Mário da Silva. "Direito constitucional intertemporal". *RF* 304/31, 1988.

ROLIM, Maria João Pereira. *Direito Econômico da Energia Elétrica*. Rio de Janeiro, Forense, 2002.

ROUBIER, Paul. *Le Droit Transitoire: Conflits des Lois Dans le Temps*. Paris, Dalloz, 1960.

SARMENTO, Daniel (org.). *Interesses Públicos* versus *Interesses Privados: Desconstruindo o Princípio de Supremacia do Interesse Público*. Prefácio de Luís Roberto Barroso. Rio de Janeiro, Lumen Juris, 2005.

SEABRA FAGUNDES, M. *O Controle dos Atos Administrativos pelo Poder Judiciário*. Rio de Janeiro, Forense, 1979.

SOUTO, Marcos Juruena Villela. "Breve apresentação do novo marco regulatório do setor elétrico brasileiro". In LANDAU, Elena (coord.). *Regulação Jurídica do Setor Elétrico*. Rio de Janeiro, Lumen Juris, 2006.

________. *Desestatização, Privatização, Concessões e Terceirizações*. Rio de Janeiro, Lumen Juris, 2000.

________. *Direito Administrativo das Concessões*. 5ª ed. Rio de Janeiro, Lumen Juris, 2004.

VENÂNCIO FILHO, Alberto. *A Intervenção do Estado no Domínio Econômico: o Direito Público Econômico no Brasil*. Rio de Janeiro, Renovar, 1998.

VOLPE FILHO, Clóvis; PEREIRA, Maria Amália Figueiredo. *Setor Elétrico: Aspectos Jurídicos Relevantes*. Curitiba, Juruá, 2004.

WALD, Arnoldo. "Do equilíbrio econômico-financeiro do contrato de concessão. Direito da concessionária à recomposição tarifária em virtude de aumento do custo de insumo". *RT* 785/121, 2001.

________. *O Direito de Parceria e a Lei de Concessões: Análise das Leis 8.987/95 e 9.074/95 e Legislação Subsequente*. São Paulo, Saraiva, 1996.

CONTORNOS DA ATIVIDADE ADMINISTRATIVA DE FOMENTO NO DIREITO ADMINISTRATIVO BRASILEIRO: NOVAS TENDÊNCIAS

MARÇAL JUSTEN FILHO

Professor Titular da UFPR entre 1986 a 2006 – Mestre e Doutor em Direito Público pela PUC-SP

1. Introdução. 2. A intervenção direta do Estado no domínio econômico: 2.1 As propostas de intervenção direta: 2.1.1 A atuação estatal direta – 2.1.2 A atuação direta reservada ao Estado – 2.1.3 A atuação direta facultada ao Estado. 2.2 A inadequação da atuação direta do Estado – 2.3 Ainda a relevância da atuação estatal. 3. A atuação indireta: a regulação estatal: 3.1 Breves considerações sobre a atividade regulatória – 3.2 As soluções regulatórias – 3.3 A indispensabilidade da atuação estatal regulatória. 4. A conjugação de concepções: 4.1 A modelagem em aberto – 4.2 A necessidade da intervenção estatal eficiente. 5. A relevância do fomento e novas alternativas de sua promoção: 5.1 A delimitação do conceito de fomento: 5.1.1 O fomento e a ampliação dos encargos públicos – 5.1.2 O fomento e a assunção de obrigações pelos particulares – 5.1.3 Os benefícios resultantes para a coletividade. 5.2 A função promocional do direito – 5.3 As manifestações concretas da função promocional – 5.4 A função estatal promocional ou de fomento: 5.4.1 A distinção entre o fomento e outras atividades estatais – 5.4.2 O fomento como uma modalidade de atuação regulatória. 5.5 Os mecanismos clássicos de fomento – 5.6 A eventual insuficiência de medidas de fomento: 5.6.1 A dimensão de riscos da atividade empresarial – 5.6.2 A necessidade de participação estatal mais intensa – 5.6.3 A partilha dos resultados obtidos. 5.7 O aperfeiçoamento dos mecanismos de fomento. 6. A solução da participação estatal minoritária: 6.1 A atuação estatal ativa – 6.2 A utilização de mecanismos de direito privado: 6.2.1 A conjugação de recursos públicos e privados – 6.2.2 A eventual inadequação do modelo publicístico – 6.2.3 A legitimidade da solução. 6.3 A questão da aplicação de recursos públicos: 6.3.1 A tese anteriormente adotada

– 6.3.2 A ausência de oposição à aplicação de recursos públicos – 6.3.3 O cabimento do fomento com recursos públicos – 6.3.4 A solução equivalente à cessão de recursos – 6.3.5 A expressa disciplina da Lei 4.320. 6.4 A utilização da Sociedade de Propósito Específico privada: 6.4.1 A SPE como instrumento de delimitação de riscos – 6.4.2 A decisão de participar de uma SPE – 6.4.3 A autorização legislativa – 6.4.4 A justificativa da solução – 6.4.5 O requisito de pertinência objetiva – 6.4.6 O requisito da necessidade do investimento – 6.4.7 A questão da relevância do investimento – 6.4.8 A avaliação dos riscos do empreendimento – 6.4.9 A identificação do parceiro e a avaliação das condições subjetivas – 6.4.10 A desnecessidade de licitação – 6.4.11 A pluralidade de alternativas – 6.4.12 A gestão da SPE – 6.4.13 A SPE e a estrutura administrativa do Estado – 6.4.14 O empreendimento privado – 6.4.15 A possibilidade de competição em face do poder público – 6.4.16 A SPE e o controle externo – 6.4.17 A SPE e o controle jurisdicional da atividade administrativa. 7. Conclusão.

1. Introdução

Um dos dispositivos fundamentais da CF/1988 é o art. 3º, que sintetiza o compromisso do Estado com a Nação brasileira. Ali está determinado que:

> Constituem objetivos fundamentais da República Federativa do Brasil:
>
> I – construir uma sociedade livre, justa e solidária;
>
> II – garantir o desenvolvimento nacional;
>
> III – erradicar a pobreza e a marginalização e reduzir as desigualdades sociais e regionais;
>
> IV – promover o bem de todos, sem preconceitos de origem, raça, sexo, cor, idade e quaisquer outras formas de discriminação.

As determinações desse dispositivo não se constituem num enunciado puramente retórico, mas representam uma imposição ao Estado brasileiro de que todos os recursos e todos os esforços estatais devem ser aplicados para o atingimento desses fins.

Portanto, a promoção dos objetivos fundamentais constantes do art. 3º da CF/1988 impõe uma intervenção ativa do Estado no domínio econômico.[1] A obtenção do desenvolvimento social e econômico, a satisfação dos direitos fundamentais (o "bem de todos"), a eliminação da pobreza e das desigualdades sociais e regionais somente podem ser obtidas mediante a interferência estatal.[2]

As formas por meio das quais se desenvolve esse aspecto político-interventivo da atuação estatal são variadas e podem dar-se tanto de modo direto como indireto.[3] A intervenção direta coincide com a aplicação dos recursos estatais para desempenho pelo próprio Estado da prestação de serviços públicos e da exploração de atividades econômicas. Já a intervenção indireta envolve mecanismos relacionados à concepção de regulação estatal. Trata-se, sobretudo, de editar normas e outros provimentos estatais para definir a conduta de agentes públicos e privados.

Nesse contexto, o poder público poderá inclusive realizar contratações com o objetivo precípuo de fomentar *atividades de interesse coletivo* e induzir *comportamentos socialmente benéficos*. Em muitas hipóteses, essas contratações apresentarão uma relevante dimensão político-regula-

1. Lúcia Valle Figueiredo definia o domínio econômico como "a extensão na qual se compreendem as ações que envolvam a atividade privada no seu mister de fazer riquezas". Acrescentava que "Domínio econômico opõe-se a domínio público, área de abrangência da atividade estatal, enquanto o primeiro refere-se à esfera privada" ("Intervenção do Estado no domínio econômico e breves considerações sobre as agências reguladoras", *Revista de Direito Público da Economia – RDPE*, Belo Horizonte, ano 1, n. 2, p. 258, abr./jun. 2003).

2. De todo modo, isso não equivale a reconhecer a absorção pelo Estado de toda e qualquer atividade econômica. A experiência do passado evidencia a impossibilidade de afirmação de modelos extremados relativamente à intervenção do Estado no domínio econômico. Ou seja, é evidente e inquestionável a impossibilidade de propugnar pela omissão do Estado. Mas também não é satisfatório o Estado assumir amplas e ilimitadas atividades no setor econômico. Por isso, Lúcia Valle Figueiredo asseverava que "As balizas da intervenção deverão ser, sempre e sempre, ditadas pela principiologia constitucional, pela declaração expressa dos fundamentos do Estado Democrático de Direito, dentre eles a cidadania, a dignidade da pessoa humana, os valores sociais do trabalho e da livre-iniciativa" ("Intervenção do Estado no domínio econômico e breves considerações sobre as agências reguladoras", cit., *Revista de Direito Público da Economia – RDPE*, p. 263).

3. O tema já foi examinado pela doutrina. Nesse sentido e inclusive para exame de outras classificações, confiram-se as lições de Pierre Delvolvé, *Droit Public de L'économie*, Paris, Dalloz, 1998, p. 18. Entre nós, consulte-se Eros Roberto Grau, *A Ordem Econômica na Constituição de 1988 (Interpretação e Crítica)*, 16ª ed., São Paulo, Malheiros Editores, 2014.

tória, aspecto que imporá a sua distinção em face da contratação administrativa tradicional.[4]

2. *A intervenção direta do Estado no domínio econômico*

A relevância da intervenção estatal no domínio econômico aconselha algumas considerações mais detalhadas sobre o tema.

2.1 *As propostas de intervenção direta*

Seria desnecessário discorrer sobre a crescente intervenção do Estado no domínio econômico, uma característica que acompanhou a evolução histórica da Civilização Ocidental a partir do final do século XIX. Nem seria relevante acentuar os problemas propiciados pelas crises iniciadas no final da década de 1980, cujos desdobramentos ainda não se podem reputar como encerrados.

2.1.1 A atuação estatal direta

Na tradição desenvolvida ao longo do século XX, admite-se a intervenção direta do Estado no domínio econômico. Nesse caso, o Estado aplica seus recursos e esforços para assumir em nome próprio a organização dos fatores de produção.

Existe uma atuação direta exercitada pelo Estado, que pode ser desenvolvida sob regime de direito público, mediante a prestação de serviços públicos. E existe uma atuação direta exercitada através da exploração de atividades econômicas em sentido próprio, sob a forma preponderante de direito privado.

Isso significa a dissociação do conjunto das atividades de exploração de bens econômicos em duas grandes áreas. Há a atividade econômica propriamente dita, que é reservada preferencialmente aos particulares mas que admite interferência estatal. E existem os serviços públicos, atribuídos à titularidade do Estado.[5]

4. O tema foi objeto de análise conjunta pelo ora autor e Eduardo Ferreira Jordão em "A contratação administrativa destinada ao fomento de atividades privadas de interesse coletivo", *Revista Brasileira de Direito Público – RBDP*, Belo Horizonte, ano 9, n. 34, pp. 47-72, jul./set. 2011.

5. Embora a distinção se afigure indiscutível, reputa-se que o regime jurídico a disciplinar concretamente as atividades será influenciado pela existência ou não de

2.1.2 A atuação direta reservada ao Estado

A CF/1988 reserva determinadas atividades ao Estado, ainda que admita a sua delegação, em certos casos, aos particulares. Assim, cabe ao Estado brasileiro, diretamente ou mediante concessão ou permissão, prestar os serviços públicos (art. 175).

Pode-se afirmar que os serviços públicos se configuram nas situações de necessidades relevantes e essenciais, cujo atendimento não pode ser promovido satisfatoriamente mediante os mecanismos próprios da livre-iniciativa privada. A prestação de serviço público faz-se sob regime distinto daquele previsto para a atividade econômica propriamente dita. Não incide a livre-iniciativa, e os serviços públicos são prestados sob os princípios da continuidade, da universalidade, da isonomia, da modicidade tarifária e outros similares.

Mas também cabe à União explorar determinadas atividades econômicas, reservadas ao monopólio estatal, tal como previsto no art. 177. Nesses casos, a Constituição exclui a atuação privada, ainda que não exista serviço público e as atividades se submetam ao regime de direito privado.[6]

2.1.3 A atuação direta facultada ao Estado

Por outro lado, faculta-se ao Estado promover a exploração de atividades econômicas, atuando em igualdade de condições com a iniciativa privada. Segundo o art. 173 da CF/1988, tal se passará nos casos previstos na própria Constituição, naqueles de relevante interesse coletivo e em situações de imperativo de segurança nacional, como definido em lei.

atuação competitiva no mercado. Mas essa é uma questão em aberto, a ser examinada com mais profundidade em outra oportunidade.

6. A figura do monopólio estatal foi extremamente relevante no passado e se constituía num instrumento de controle político do Estado sobre a autonomia privada ou num meio de ampliação da arrecadação pública. Assim, por exemplo, o monopólio do sal se constituiu num meio de capturar a riqueza privada. Na realidade contemporânea, o monopólio é reservado para certas atividades econômicas dotadas de especial importância para os fins do Estado. Configura-se, por isso mesmo, em hipóteses muito excepcionais.

2.2 A inadequação da atuação direta do Estado

A experiência concreta evidenciou que a atuação direta do Estado nem sempre se revela como a solução mais satisfatória. Há limitações de diversa ordem, envolvendo a escassez de recursos públicos, a ausência de pessoal qualificado para o desenvolvimento de atividades especializadas, a influência de fatores políticos na tomada de decisões empresariais e assim por diante.

Existem certas atividades em que a atuação estatal direta é satisfatória. Há outras em que os resultados são insuficientes. Isso tem conduzido à necessidade de aperfeiçoamento das práticas adotadas.

2.3 Ainda a relevância da atuação estatal

A existência de limitações à atuação estatal direta não exclui o reconhecimento da necessidade de uma participação ativa nas operações econômicas. A participação estatal consiste em fator relevante para a promoção do desenvolvimento econômico, especialmente em países com limitações históricas. É impossível ignorar, por exemplo, a atuação da economia chinesa e seus reflexos sobre todos os sistemas econômicos locais. A modelagem chinesa envolve a ampla e intensa participação estatal na condução da atividade econômica, sem dispensar a participação da iniciativa privada.[7]

Isso não significa qualquer proposta de retorno a um modelo econômico dirigista de feição soviética. A isso se opõe a garantia insuprimível dos direitos assegurados aos particulares. Ademais, a exaustão do modelo soviético decorreu diretamente da ausência de compromisso com a eficiência, o que pressupõe a disseminação de mecanismos próprios da iniciativa privada.

7. É evidente que a referência ao modelo chinês não significa proposta de sua consagração no Brasil. Nem se trata de eleger essa solução a um modelo desejável ou ideal. As práticas chinesas comportam discordância pela ausência de compromisso com valores reputados essenciais à Nação brasileira e consagrados na nossa Constituição. Portanto, apenas se afirma a impossibilidade de ignorar a proposta chinesa de uma espécie de "capitalismo estatal" – expressão que indica, na própria contradição entre seus termos, os paradoxos envolvidos.

3. *A atuação indireta: a regulação estatal*

A intervenção estatal no domínio econômico também pode se dar de maneira indireta. Uma categoria de competências estatais de extraordinária relevância para a afirmação das finalidades prezadas pela sociedade no domínio econômico é a regulação. O Estado é titular de um poder jurídico de orientação do desenvolvimento das atividades privadas (seja no âmbito dos serviços públicos, seja no tocante à exploração econômica em sentido próprio).

3.1 Breves considerações sobre a atividade regulatória

A regulação consiste nessa função estatal de conformação da exploração dos recursos econômicos e da prestação dos serviços públicos pelos particulares ou pelo próprio Estado. A teorização desse modelo ocorreu no âmbito anglo-saxão. O tema exige um aprofundamento antes de ir avante.

Na concepção anglo-saxã, o conceito de "regulação" é muito mais amplo do que aquele utilizado no presente estudo, que se desenvolve na tradição continental. Para os anglo-saxões, não seria exagero afirmar que "regulação" é um sinônimo de "direito". Indica toda a produção normativa estatal orientada a influir sobre as condutas privadas. Nesse cenário, as normas penais são uma manifestação regulatória estatal.

Entre nós, a expressão "regulação" apresenta uma dimensão mais restrita e é utilizada para indicar um modelo de intervenção estatal sobre o domínio econômico, em que o Estado busca influir sobre o modo de exploração dos recursos econômicos. Então, pode haver um "direito penal regulatório", mas a expressão indicará as normas penais relacionadas à intervenção do Estado no domínio econômico.[8]

3.2 As soluções regulatórias

A regulação se traduz em um conjunto de providências qualitativamente diferenciadas. Tal como ensina um especialista, "as estratégias

8. A diferença de concepções acerca da regulação é examinada por Fernando Dias Menezes de Almeida em "Considerações sobre a 'regulação' no direito positivo brasileiro", *Revista de Direito Público da Economia – RDPE*, Belo Horizonte, ano 3, n. 12, pp. 69-94, out./dez. 2005.

regulatórias consideradas a seguir são a) comando e controle, b) competição, c) consenso, d) incentivo. Mesmo com algumas variações de nomenclatura, essas categorias são amplamente aceitas na literatura".[9]

A solução de comando e controle significa a edição de um modelo de conduta eleito como obrigatório ou proibido e a adoção de sanções para a violação do modelo.[10] Trata-se da solução normativa tradicional e clássica.

Em outros casos, a regulação é orientada a promover, fomentar ou simular a competição. Os resultados mais convenientes e satisfatórios serão alcançados mediante a manutenção da disputa pelo mercado. A solução procedimental (livre competição) propicia o atingimento da solução mais satisfatória em termos práticos.[11]

Há hipóteses em que a regulação é orientada a obter o consenso entre os sujeitos interessados, integrantes ou não do aparato estatal. Os fins a serem atingidos e (ou) os meios a serem adotados são objeto de uma adesão voluntária dos envolvidos.

Enfim, cabe aludir às providências de incentivo, em que o Estado interfere indiretamente sobre o processo decisório das partes envolvidas por meio da vinculação entre objetivos desejáveis e benefícios diferenciados.[12]

9. Marçal Justen Neto, *Assessing Regulatory Strategies to Implement Social Tariffs in the British Energy Market*, dissertação apresentada na London School of Economics, 2009, p. 21, original em inglês. O autor acrescenta que "é importante destacar que (...) esses mecanismos tendem a se fundir, gerando espécies de estratégias híbridas ou misturas regulatórias" (idem, ibidem).

10. Ou seja, trata-se da solução jurídica mais difundida e não envolve qualquer peculiaridade relativamente à intervenção do Estado no domínio econômico. É o modo mais clássico de disciplina jurídica sobre as condutas intersubjetivas.

11. O que não significa a obtenção do resultado mais satisfatório sob o ponto de vista teórico. A questão fundamental reside numa não pequena distinção entre o mundo das soluções ideais e o mundo da vida real.

12. Seria um equívoco imperdoável imaginar que as diversas providências regulatórias acima descritas são excludentes entre si. Como visto, é usual que essas diversas soluções se conjuguem na vida real. Assim se passa, de modo específico, porque as soluções referidas apresentam diverso grau de adequação e destinação. A advertência mais evidente se relaciona com a competição. Há casos em que essa é uma solução desejável e adequada. Mas há situações em que a competição não é possível ou pode gerar efeitos negativos.

3.3 A indispensabilidade da atuação estatal regulatória

A restrição à atuação estatal direta não significa a omissão da atuação estatal regulatória. Em muitos casos, o Estado deve abrir oportunidade para a exploração privada de empreendimentos, ainda quando vinculados ao interesse coletivo. Mas isso não autoriza o Estado a abster-se de disciplinar a atuação dos particulares, inclusive no tocante a atividades que não configuram serviço público.

As crises durante a primeira década do século XXI deixaram evidente que a ausência da intervenção estatal pode dar oportunidade a uma série de desvios lamentáveis no desenvolvimento das atividades econômicas.

Por um lado, a ausência da intervenção estatal abre a oportunidade para práticas abusivas. A demonstração mais recente dessa proposta envolve o escândalo pertinente à fixação da LIBOR ("The London inter-bank offered rate").[13]

Os mecanismos da livre-iniciativa e da livre concorrência necessitam disciplina por uma autoridade externa, destinada a assegurar a operação equilibrada dos processos econômicos e a preservação de valores fundamentais.

4. A conjugação de concepções

A evolução histórica conduziu à superação de certas concepções. Mas isso não significa uma sucessão estanque de propostas. Cada país desenvolve um modelo próprio de intervenção do Estado no domínio econômico. E cada um desses modelos é um amálgama de concepções ideológicas distintas.

13. A LIBOR é uma taxa utilizada para determinar o custo de empréstimos bancários em todo o mundo. É determinada pela média das estimativas ofertadas por dezoito bancos para empréstimos interbancários na cidade de Londres. As quatro ofertas mais elevadas e as quatro mais reduzidas são desconsideradas. Calcula-se a média das outras dez ofertas e o resultado é utilizado como parâmetro para operações em todo o mundo. Não existia regulação estatal para essa prática e se presumia que as leis de mercado se encarregariam de assegurar o resultado mais próximo da realidade. No entanto, investigações dos governos dos EUA e da Grã-Bretanha revelaram a existência de atuação concertada de muitos bancos para distorcer a taxa, assegurando benefícios indevidos e acarretando danos a um grupo indeterminado de pessoas ao redor do globo. A exposição dos desvios pode ser examinada em "The rotten heart of finance", *The Economist*, July 7-13/2012, pp. 25-27.

4.1 A modelagem em aberto

A modelagem da intervenção do Estado na economia encontra-se em aberto, num processo ativo de evolução. A dinâmica da vida social, da exploração dos recursos econômicos, da produção da riqueza, do atendimento às necessidades coletivas impõe ao Estado promover uma permanente (re)criação de instrumentos e soluções.

4.2 A necessidade da intervenção estatal eficiente

As controvérsias sobre a ineficiência estatal evoluíram para um estágio distinto. No âmbito dos EUA, produziu-se uma crise econômica sem precedentes provocada pela conjugação da ganância privada com o absenteísmo estatal. No cenário europeu, a proliferação de gastos estatais descontrolados coloca em risco as economias da Grécia, da Irlanda, da Espanha e da Itália.

Portanto, o debate orienta-se não para a eliminação das atividades governamentais, mas se encaminha para o reconhecimento de que, sendo a intervenção estatal indispensável, sua atuação deve propiciar a utilização mais racional possível dos recursos disponíveis.

Em suma, a exigência da intervenção estatal eficiente se encontra no centro dos debates sobre o relacionamento entre o Estado e a iniciativa privada.

5. A relevância do fomento e novas alternativas de sua promoção

Como se pode verificar da exposição acima, a intervenção do Estado no domínio econômico tem constantemente se modificado e dado espaço a diferenciadas formas de atuação, sejam diretas ou indiretas.

5.1 A delimitação do conceito de fomento

Um instrumento de grande relevância consiste no fomento estatal, que pode ser delineado como uma forma de intervenção estatal no domínio econômico, orientada a *influenciar* as decisões e condutas dos sujeitos privados mediante a outorga de benefícios diferenciados, inclusive por meio da aplicação de recursos financeiros, visando a promover o desenvolvimento econômico e social. Nesse sentido, Lúcia Valle Figueiredo afirmava que, "Quando falamos em atividade de fomento, tem esta por finalidade os planos incitativos ou estimulativos, em que o governo visa a implementar determinadas atividades com a participação da iniciativa privada".[14]

5.1.1 O fomento e a ampliação dos encargos públicos

Perceba-se que a finalidade do Estado, ao promover o incentivo, não consiste na obtenção de benefícios econômicos diretos. O Estado não visa a ampliar a receita pública – aliás, as providências de fomento tendem a produzir resultado oposto, ao menos no primeiro momento. Mas isso não se confunde com uma pura e simples liberalidade. Não se trata de abrir mão de bens e interesses públicos com a finalidade de beneficiar um particular – ainda que, num primeiro momento, isso possa ocorrer.

5.1.2 O fomento e a assunção de obrigações pelos particulares

Como regra, a atividade de fomento envolve contrapartida do particular envolvido. O sujeito privado é beneficiário de uma atuação favorável do Estado, que está condicionada a uma série de contrapartidas. Cabe ao particular realizar investimentos em montante mínimo e em locais específicos, desenvolver certo tipo de benefícios para a comunidade, produzir riqueza e assegurar vantagens a populações carentes e assim por diante.

5.1.3 Os benefícios resultantes para a coletividade

Ou seja, o eventual benefício inerente ao fomento é um fator de convencimento e financiamento para que a iniciativa privada desenvolva atividades socialmente indispensáveis. Em suma, os ganhos sociais, econômicos e culturais inerentes ao fomento compensam a redução da arrecadação ou a transferência de benefícios promovida pelo Estado.

14. Lúcia Valle Figueiredo, *Curso de Direito Administrativo*, 9ª ed., São Paulo, Malheiros Editores, 2008, p. 92.

5.2 A função promocional do direito

Uma teorização jurídica bastante útil permite compreender e delinear o tema ora exposto. Norberto Bobbio evidenciou que, no modelo jurídico tradicional do século XIX, somente é juridicamente relevante a conduta indesejável. O comportamento compatível com os valores fundamentais é juridicamente neutro, na acepção de que não desencadeia qualquer consequência jurídica. A sanção é cominada à prática do ilícito. Isso corresponde a uma proposta de atuação estatal conservadora: o Estado pretende evitar que a situação existente seja alterada por meio de condutas eticamente reprováveis.[15]

Já no modelo promocional, a conduta desejável é juridicamente relevante. Essa conduta é socialmente desejável, e sua concretização acarreta um efeito consistente num prêmio. A ordem jurídica comina sanções "positivas" ou "premiais", que se constituem em vantagens e benefícios para os sujeitos que praticarem as condutas desejáveis. Torna-se juridicamente neutra a conduta que não realiza valores prestigiados pelo ordenamento jurídico. Essa concepção é vinculada a uma proposta de atuação estatal inovadora e reformadora da realidade.

A característica da sociedade contemporânea passa a ser, então, um direito que é não apenas repressivo, mas também promocional. É inviável eliminar o cunho repressivo do direito, mas é indispensável agregar os instrumentos promocionais.

5.3 As manifestações concretas da função promocional

Essas novas propostas vêm sendo incorporadas à experiência concreta. A manifestação mais evidente desse modelo de atuação estatal compreende providências de cunho tributário em benefício de sujeitos, atividades, regiões cujo desenvolvimento necessite ser favorecido.

Mas há uma série de providências estatais, de natureza não tributária, adequadas a incentivar a atuação privada. Assim, por exemplo, há a outorga de financiamento em condições favorecidas para as empresas

15. Confira-se o pensamento de Bobbio em *Dalla Struttura alla Funzione: Nuovi Studi di Teoria del Diritto*, Milano, Edizione di Comunità, 1977. Uma tradução disponível é a de Daniela Beccaccia Versiani em Bobbio, *Da Estrutura à Função: Novos Estudos de Teoria do Direito*, Barueri, Manole, 2007.

que assumam o desempenho de atividades relevantes. Existem medidas de transferência direta de recursos públicos para subvencionar setores carentes. Admite-se a doação de bens públicos móveis ou imóveis, condicionada ao atingimento de certos resultados predeterminados.

Também é perfeitamente possível que o Estado adote medidas para o desenvolvimento de um certo setor que contribuam para o aumento do desenvolvimento econômico e social do país.

5.4 A função estatal promocional ou de fomento

A ampliação da relevância do fomento e a complexidade crescente dos mecanismos adotados permitem aludir a uma função estatal promocional ou de fomento, autônoma e diferenciada em face de outras modalidades de atuação do Estado.

5.4.1 A distinção entre o fomento e outras atividades estatais

Ao desenvolver essa atividade de fomento, o Estado não interfere diretamente no domínio econômico. Não existe exploração direta pelo Estado de recursos econômicos. Portanto, o fomento não se traduz numa atuação estatal que configure serviço público ou atividade econômica em sentido próprio.

Por outro lado, o fomento não exterioriza limitações e restrições a condutas e poderes jurídicos privados. As medidas de fomento não se traduzem diretamente em comandos destinados a proibir ou a tornar obrigatórias condutas dos agentes econômicos. As providências de fomento contemplam benefícios e vantagens para certas escolhas realizadas pelo particular, sem eliminar a livre-iniciativa, a livre concorrência e as demais características da atividade privada.

É evidente que isso não exclui a possibilidade de que as providências de fomento sejam vinculadas a regras restritivas ou proibitivas. Assim, não se desnatura a noção de fomento quando se estabelece que o benefício será outorgado à empresa que mantenha um número mínimo de empregados durante um período de tempo. Nesse caso, a manutenção dos empregados se configura juridicamente como um ônus. A providência de fomento pode ser acompanhada de deveres positivos ou negativos, os quais apenas incidem se houver a opção espontânea do particular em desenvolver a atividade fomentada.

Por outro lado, o fomento não se confunde com a produção de normas jurídicas abstratas. O fomento envolve a edição de normas jurídicas, mas o que lhe dá identidade é a produção de regimes jurídicos diferenciados e favorecidos em vista do atingimento de certos fins. O fomento consiste na atribuição de benefícios aos particulares que realizarem atividades reputadas como desejáveis sob o prisma político, social ou econômico.

A atuação desenvolvida pelo Estado, no caso do fomento, não é suficiente nem apta a satisfazer algum interesse estatal de modo direto. O benefício assegurado ao particular é um meio para incentivá-lo a desempenhar a atividade que satisfará os interesses coletivos.[16]

5.4.2 O fomento como uma modalidade de atuação regulatória

Portanto, a satisfação dos interesses públicos, no caso do fomento, é produzida de modo indireto, por meio da atuação da iniciativa privada.

O fomento se materializa predominantemente em providências normativas, com a peculiaridade de que essa atuação normativa não consiste na emissão de normas compulsórias de cunho proibitivo ou mandatório. A finalidade buscada pelo Estado é obtida de modo indireto, por via da atuação dos particulares.

5.5 Os mecanismos clássicos de fomento

Há uma grande variedade de mecanismos para promover o fomento de atividades relevantes. Lúcia Valle Figueiredo sintetiza o entendimento de diversos autores clássicos e destaca os *meios honoríficos*, as *recompensas* e as *vantagens de caráter real e financeiro*.[17]

Os meios honoríficos e as recompensas traduzem mais propriamente a concepção de sanção premial. Através desses mecanismos o

16. Nesse sentido, Gaspar Ariño Ortiz leciona que "la actividad de fomento constituye una actividad de estímulo por la que el Estado no impone sino que ofrece a los particulares una ayuda para que éstos realicen actividades de interés público" (*Principios de Derecho Público Económico: Modelo de Estado, Gestión Pública, Regulación Económica*, 3ª ed., Comares, Granada, 2004, p. 343).

17. Lúcia Valle Figueiredo, *Curso de Direito Administrativo*, cit., p. 93.

poder público outorga títulos, condecorações e outros prêmios aos agentes privados que desenvolvem as atividades objeto de incentivo.

Já as vantagens de caráter real e financeiro são concedidas aos agentes na forma de benefícios tributários, empréstimos a juros privilegiados, utilização de estruturas públicas, entre outros mecanismos.

Reconhece-se, todavia, a intensa mutabilidade das medidas de fomento, que dependem sempre da conformação de cada ordenamento jurídico e da conjuntura social e econômica vigente.[18]

5.6 *A eventual insuficiência de medidas de fomento*

Ainda assim, a atuação estatal clássica de fomento nem sempre será a solução mais satisfatória. Em muitos casos, a outorga de benefícios em favor dos particulares não conduzirá ao atingimento dos resultados desejados. As limitações da atuação estatal de fomento envolvem diferentes circunstâncias, que podem ser referidas genericamente adiante.

5.6.1 A dimensão de riscos da atividade empresarial

A primeira ordem de fatores envolve casos em que os riscos da atividade empresarial são muito intensos. A providência tradicional de fomento pode ser insuficiente para conduzir a iniciativa privada a assumir certas atividades. Quando assim se passa, a providência tradicional de fomento tende a ser insuficiente para atingir os resultados pretendidos.

5.6.2 A necessidade de participação estatal mais intensa

Em outros casos, o Estado reputa relevante intervir sobre o conteúdo da atuação privada. Mas a autonomia do particular impede que o Estado interfira sobre as decisões empresariais adotadas. Existem difi-

18. Célia Cunha Mello assinala que "A transitoriedade e a heterogeneidade são notas caracterizadoras da administração fomentadora. A maioria dos autores que se dedicam ao tema 'fomento público' sustenta que as medidas de estímulo devem revestir-se de um caráter transitório, para evitar um protecionismo indefinido. No tocante à heterogeneidade das medidas de fomento, cumpre assinalar que a diversidade de formas que podem revestir a ação de fomento é tamanha, que é praticamente impossível estabelecer um catálogo completo das medidas de fomento" (*O Fomento da Administração Pública*, Belo Horizonte, Del Rey, 2003, p. 38).

culdades de controle sobre o desempenho do particular. Não há forma adequada de eliminar o risco de que o particular se beneficie do incentivo sem adotar as providências reputadas pelo Estado como mais apropriadas (inclusive sob o prisma empresarial) para alcançar os resultados pretendidos. Isso acaba conduzindo à proliferação de mecanismos externos de controle da atividade do particular, o que tende a ampliar a burocratização e a gerar custos elevados – sem que tal signifique a eliminação das distorções.

5.6.3 A partilha dos resultados obtidos

Em outros casos, os resultados propiciados pela atividade fomentada podem ser extraordinariamente vantajosos. A providência de fomento poderá atingir os resultados pretendidos, mas gerando uma situação de desequilíbrio socioeconômico em favor do particular beneficiado. Ou seja, o Estado assegurará um benefício para o particular, mas a exploração empresarial propiciará lucros magníficos.

Em tais casos, a providência tradicional de fomento é eficaz, mas desequilibrada, porque propicia uma acumulação de riqueza desproporcional em favor do beneficiário do incentivo.

5.7 O aperfeiçoamento dos mecanismos de fomento

Isso não significa a imprestabilidade dos mecanismos de fomento. As medidas tradicionais continuam a ser utilizadas e, em muitos casos, configuram-se como a solução mais satisfatória. Cabe reconhecer, no entanto, que a providência clássica de fomento nem sempre é a solução mais apropriada e que existem outras providências passíveis de adoção.

O cenário antes descrito vem propiciando o surgimento de novos mecanismos de fomento, que elevam o nível de participação estatal sem afastar integralmente a concepção do fomento. Uma das alternativas que se difundiram no Direito brasileiro é a participação estatal minoritária em sociedades privadas.

6. A solução da participação estatal minoritária

As limitações do fomento acima referidas conduziram à proposta de associação entre poder público e iniciativa privada, cabendo a esta a primazia dos investimentos e desembolsos.

6.1 A atuação estatal ativa

A solução pode ser enquadrada no conceito de fomento, eis que se trata essencialmente de induzir a iniciativa privada ao desenvolvimento de atividades socialmente desejáveis. Mas há uma característica diferencial em vista dos mecanismos tradicionais. O Estado desempenha não apenas uma função passiva, consistente em editar regras ou prever benefícios. A vantagem essencial ofertada pelo Estado consiste no aporte de parcela dos recursos necessários ao empreendimento. Portanto, o particular não assumirá a integralidade dos investimentos nem necessitará recorrer às fontes tradicionais de financiamento. O Estado será o sócio do particular, o que produz inclusive efeitos positivos indiretos (tal como o reconhecimento formal da relevância e da seriedade do empreendimento).

Através da participação estatal minoritária, torna-se viável a realização de atividades socialmente desejáveis. Existe o compartilhamento dos riscos de insucesso entre a iniciativa privada e o Estado. O empreendimento objeto do fomento será desenvolvido por meio de uma sociedade privada. Tal sociedade será constituída a partir da conjugação de recursos públicos e privados, que adotará usualmente a forma de companhia (sociedade por ações), com objeto específico e delimitado.

6.2 A utilização de mecanismos de direito privado

Uma parcela relevante das atribuições do Estado depende da utilização de mecanismos próprios do direito público. Essas soluções são necessárias, mas não suficientes. Existem limites para que o Estado, valendo-se dos mecanismos de direito público, atinja os resultados pretendidos.

6.2.1 A conjugação de recursos públicos e privados

A dimensão dos investimentos necessários para assegurar o progresso brasileiro ultrapassa os limites do capital privado e do capital público. Nesses termos, somente a conjugação dos esforços dos setores público e privado é que poderá propiciar a realização dos investimentos pertinentes.

6.2.2 A eventual inadequação do modelo publicístico

Existem algumas necessidades que demandam a atuação estatal, mas seu êxito pressupõe a adoção de institutos e mecanismos de direito privado. Isso significa não apenas constituir empresas privadas para atuação segundo o regime próprio de sociedades de economia mista, sujeitando-se indiretamente às restrições de direito público.

Em muitos casos, será cabível e adequado promover investimentos de capitais públicos e privados sob controle próprio do Estado. Mas não é cabível restringir as propostas a apenas essa modelagem. Haverá casos em que a solução mais satisfatória será a aplicação do regime de direito privado, com a participação estatal minoritária a título de fomento.[19]

6.2.3 A legitimidade da solução

Essa solução está implicitamente autorizada pelo ordenamento e pode configurar-se como a mais razoável e satisfatória à realização dos fins últimos do Estado brasileiro. Ademais, há o reconhecimento explícito da legitimidade da solução para muitos casos, tais como os referidos no art. 5º da Lei 10.973/2004, que dispõe sobre incentivos à inovação e à pesquisa;[20] no art. 2º da Lei 11.908/2009, que autoriza a criação de subsidiárias pelo Banco do Brasil e pela Caixa Econômica Federal;[21]

19. Carlos Ari Sundfeld, Rodrigo Pagani de Souza e Henrique Motta Pinto utilizam a expressão "empresa semiestatal" para designar essa entidade jurídica ("Empresas semiestatais", *Revista de Direito Público da Economia – RDPE*, ano 9, n. 36, pp. 75-99, out./dez. 2011). Alexandre Santos de Aragão opta por tratar do fenômeno como "empresa público-privada" (*Curso de Direito Administrativo*, Rio de Janeiro, Forense, 2012, pp. 134 e ss.). Já o ora autor, por ocasião de obra doutrinária, designou tais empresas como "sociedades com participação estatal minoritária" (*Curso de Direito Administrativo*, 8ª ed., Belo Horizonte, Fórum, 2012, pp. 275 e ss.).

20. "Art. 5º. Ficam a União e suas entidades autorizadas a participar minoritariamente do capital de empresa privada de propósito específico que vise ao desenvolvimento de projetos científicos ou tecnológicos para obtenção de produto ou processo inovadores."

21. "Art. 2º. O Banco do Brasil S.A. e a Caixa Econômica Federal, diretamente ou por intermédio de suas subsidiárias, poderão adquirir participação em instituições financeiras, públicas ou privadas, sediadas no Brasil, incluindo empresas dos ramos securitário, previdenciário, de capitalização e demais ramos descritos nos arts. 17 e 18 da Lei n. 4.595, de 31 de dezembro de 1964, além dos ramos de atividades complementares às do setor financeiro, com ou sem o controle do capital social, observado o disposto no inciso X do *caput* do art. 10 daquela Lei."

e no art. 64 da Lei 9.478/1997, que dispõe sobre a política energética nacional.[22]

Por outro lado, não existe impedimento constitucional a que tal solução seja adotada.

6.3 A questão da aplicação de recursos públicos

Uma questão que mereceu especial atenção do ora autor no passado se relacionou à destinação da aplicação de recursos públicos para participações minoritárias em empreendimentos de direito privado.

6.3.1 A tese anteriormente adotada

O ora autor centrou seu enfoque, no passado, na carência de recursos públicos para o atendimento de necessidades essenciais. Afirmou, então, que somente em situações anômalas e excepcionais poderia cogitar-se de destinar recursos públicos para empreendimentos privados, em que um particular assumiria a posição de protagonista.

Esse entendimento pode ter apresentado justificativas em momentos anteriores, mas deve ser afastado em vista das novas circunstâncias vigentes.

6.3.2 A ausência de oposição à aplicação de recursos públicos

O ora autor não reputava existir impedimento jurídico à aplicação de verbas públicas para a aquisição de participações minoritárias em empreendimentos privados. O signatário sempre entendeu que o direito brasileiro não veda que o Estado aplique recursos para a aquisição de títulos e participações societárias (minoritárias) em empresas privadas. Essa orientação manteve-se inalterada. O que se modificou foi a orientação de que a inversão de recursos públicos em empreendimentos privados não necessita configurar-se como uma excepcionalidade, mas pode ser um instrumento permanente e sistêmico de intervenção no domínio econômico.

22. "Art. 64. Para o estrito cumprimento de atividades de seu objeto social que integrem a indústria do petróleo, fica a PETROBRÁS autorizada a constituir subsidiárias, as quais poderão associar-se, majoritária ou minoritariamente, a outras empresas."

6.3.3 O cabimento do fomento com recursos públicos

O Estado é titular de recursos financeiros e econômicos. É inquestionável que a gestão de tais bens deve ser orientada à promoção dos interesses coletivos. A destinação de verbas estatais para satisfazer interesses egoísticos de particulares infringe a Constituição e configura, usualmente, ato de improbidade e conduta criminosa.

Mas essa hipótese não se confunde com a destinação de recursos públicos ou de benefícios diferenciados visando a assegurar o desenvolvimento de atividades econômicas por particulares que se configurem como necessárias à promoção do bem comum, à satisfação de necessidades coletivas e à realização dos valores protegidos pela ordem jurídica.[23]

Aliás e justamente por isso, a própria CF/1988 legitima, em diversas passagens, o tratamento diferenciado para os menos favorecidos, inclusive com a transferência de recursos estatais com vistas a reduzir as diferenças e a incentivar o desenvolvimento. Apenas para exemplificar, lembre-se da regra de que "Os incentivos regionais compreenderão, além de outros, na forma da lei: (...) II – juros favorecidos para financiamento de atividades prioritárias; III – isenções, reduções ou diferimento temporário de tributos federais devidos por pessoas físicas ou jurídicas" (CF/1988, art. 43, § 2º).

Ou seja, é vedada a aplicação dos recursos públicos ou a outorga de vantagens em favor da iniciativa privada como uma prática desconectada da realização de valores protegidos constitucionalmente. Mas é perfeitamente cabível a transferência de recursos públicos à iniciativa privada quando for meio eficaz de fomentar atividades benéficas ao desenvolvimento nacional.

6.3.4 A solução equivalente à cessão de recursos

Ressalte-se que a participação societária da Administração Pública numa entidade privada é um equivalente funcional ao financiamento com recursos públicos, o que não desperta qualquer embaraço jurídico.

23. Nas palavras de Lúcia Valle Figueiredo, "Devemos enfatizar que importâncias recebidas pelas empresas, a título de empréstimos, com juros privilegiados, constituem não ato de liberalidade da Administração Pública, que isso não pode fazer, mas cumprimento de metas perseguidas – como é, por exemplo, o desenvolvimento de alguma região do país, com a finalidade de reduzir as desigualdades regionais (arts. 3º, III, e 170, VII, da Constituição Federal)" (*Curso de Direito Administrativo*, cit., p. 95).

Assim, reconhece-se a legitimidade da existência de agências de fomento e de instituições financeiras públicas, encarregadas de assegurar financiamento para empreendimentos de interesse coletivo. Essa é uma tradição na experiência estrangeira e nacional, sem que alguém repute que tal solução seria incompatível com a natureza puramente privada dos empreendimentos financiados.

O financiamento com recursos públicos de atividades privadas pode ser produzido sob diversas modelagens. A solução mais óbvia é o contrato de mútuo. O aumento dos valores disponíveis para empréstimos por instituições estatais demonstra a preocupação com essa linha de incentivo, bem como sua importância estratégica para o aumento dos investimentos nacionais.[24] Mas o mútuo envolve custos financeiros para o mutuário e não assegura ao mutuante uma participação efetiva e permanente na condução do empreendimento.

Ora, é perfeitamente cabível reputar que a participação societária é uma prática equivalente ao financiamento por meio de mútuo. Afinal, os recursos públicos são carreados para um empreendimento privado. No entanto, não se trata de um empréstimo – o Estado adquire a titularidade de uma participação societária. Isso lhe assegura atuar continuamente no âmbito da sociedade e fiscalizar de modo direto a regularidade do empreendimento. Permite que o Estado organize a estrutura empresarial e administrativa de modo a promover o aumento de produtividade. Enfim, o sucesso do empreendimento reverterá em dividendos.

Lembre-se de que o financiamento mediante a aquisição da participação societária apresenta vantagens de cunho econômico inquestionáveis. Assim se passa especialmente porque os custos do empreendimento não são onerados com juros, o que imporia repasse para os preços praticados e redução da competitividade.

6.3.5 A expressa disciplina da Lei 4.320

Outra comprovação do cabimento do mecanismo examinado se encontra na disciplina da Lei 4.320, que veiculou normas gerais de direito

24. Comprova-se a constatação no crescente papel do Banco Nacional de Desenvolvimento Econômico e Social (BNDES). O montante de desembolsos do banco cresceu de R$ 20 bilhões em 1999 para cerca de R$ 170 bilhões em 2010. Disponível em: <http://www.bndes.gov.br/ SiteBNDES/bndes/bndes_pt/Institucional/Relacao_Com_Investidores/Desempenho/>, acesso em 28.8.2012.

financeiro (aplicáveis precipuamente ao âmbito da Administração direta). Esse diploma, editado há quase cinquenta anos, já previa a possibilidade de destinação de recursos públicos para a participação do Estado em empresas privadas. O § 5º do art. 12 tem a seguinte redação:

> Classificam-se como Inversões Financeiras as dotações destinadas a:
>
> I – aquisição de imóveis, ou de bens de capital já em utilização;
>
> II – aquisição de títulos representativos do capital de empresas ou entidades de qualquer espécie, já constituídas, quando a operação não importe aumento do capital;
>
> III – constituição ou aumento do capital de entidades ou empresas que visem a objetivos comerciais ou financeiros, inclusive operações bancárias ou de seguros.

O diploma determina, no entanto, que "A Lei de Orçamento não consignará ajuda financeira, a qualquer título, a empresa de fins lucrativos, salvo quando se tratar de subvenções cuja concessão tenha sido expressamente autorizada em lei especial" (art. 19). Ademais, fixa que "A Lei de Orçamento não consignará auxílio para investimentos que se devam incorporar ao patrimônio das empresas privadas de fins lucrativos" (art. 21).

Ou seja, há hipóteses claramente distintas entre si. Admite-se a inversão financeira, em que o Estado adquire a titularidade de um bem (que pode consistir inclusive em uma participação societária). Proscreve-se, no entanto, a pura e simples outorga de um benefício financeiro para empresas privadas com fim lucrativo. Não se admite que tais benefícios sejam destinados ao custeio de despesas correntes (art. 19) ou a transferências de capital (art. 21).

Em suma, o Estado pode canalizar recursos para a aquisição de participações societárias em empresas privadas, desde que essa solução seja necessária e adequada para atingir resultados de interesse coletivo. Mais ainda, essa solução pode (senão, deve) ser integrada num conjunto ordenado de práticas que configurem uma política econômica. Isso significa identificar os setores carentes, as áreas geográficas apropriadas e todas as circunstâncias necessárias a que as inversões estatais produzam resultados apropriados e satisfatórios.

6.4 A utilização da Sociedade de Propósito Específico privada

O instrumento jurídico adequado para formalizar essa solução é a Sociedade de Propósito Específico (SPE), usualmente constituída sob a forma de sociedade por ações.[25] Trata-se de uma sociedade de direito privado, subordinada ao regime correspondente. As características diferenciais da SPE decorrem da adoção de um objeto social limitado e específico, a que se agrega uma função empresarial determinada.

6.4.1 A SPE como instrumento de delimitação de riscos

A constituição da SPE acarreta a delimitação das responsabilidades da entidade estatal. Os riscos das partes são restritos à extensão de sua participação na SPE e à atividade específica do objeto social. Como regra, o capital investido é preponderantemente de origem privada. Os particulares assumem a maior parcela dos investimentos, o que significa a titularidade de participações societárias majoritárias. Portanto, existe capital estatal, que não se constitui na maioria dos valores investidos.

Dessa forma, o Estado incentiva, prestigia e respalda a iniciativa privada, mas sempre sob uma modelagem de direito privado.

6.4.2 A decisão de participar de uma SPE

Contudo, essa possibilidade de incentivo da iniciativa privada por meio da participação do Estado em uma SPE deve ser acompanhada da observância de requisitos indispensáveis.

6.4.3 A autorização legislativa

Em primeiro lugar, é indispensável a autorização legislativa para que a entidade administrativa participe do capital de empresas privadas, especificamente como titular de participações minoritárias.

25. Lembre-se de que a SPE não se constitui em uma modalidade societária autônoma.

6.4.4 A justificativa da solução

Mas a mera autorização legislativa não é suficiente para legitimar a criação da SPE. É indispensável evidenciar a pertinência da solução em vista de objetivos e estratégias assumidos pelo ente administrativo em questão. Deverá haver um processo administrativo destinado ao exame de todas as circunstâncias, culminando com uma decisão aprobatória do investimento e delimitadora das condições para a sua efetivação.

A decisão de participar de uma SPE traduz uma competência discricionária. Isso significa a existência de uma margem de autonomia para o agente estatal adotar a melhor solução possível, o que deverá ser minuciosamente motivado em autos de processo administrativo.

Isso significa, inclusive, a necessidade de exaurimento prévio das diligências destinadas a apurar os elementos de fato indispensáveis à realização da escolha e a determinar o conteúdo da decisão concreta a ser adotada.

Enfim, a mera autorização legislativa para participar em SPEs não significa uma espécie de "cheque em branco" para os agentes estatais. Não legitima escolhas sem suporte na análise dos fatos, no conhecimento técnico-científico e na experiência concreta. E, acima de tudo, não valida decisões imotivadas.

6.4.5 O requisito de pertinência objetiva

No âmbito desse processo administrativo, caberá verificar, primeiramente, a pertinência da atividade a ser desenvolvida pela SPE relativamente às competências atribuídas ao sócio integrante da Administração Pública. Isso significa a vedação à aplicação de recursos públicos em SPE cujo objeto não se insira no âmbito de atuação do sujeito estatal. Não seria válido alocar recursos estatais fora da esfera de "competência" interventiva do sócio público.

6.4.6 O requisito da necessidade do investimento

Ademais, caberá examinar se a atividade a ser desenvolvida pela SPE exige os investimentos em questão. É indispensável demonstrar que a iniciativa privada não dispõe de recursos ou de interesse em realizar o empreendimento sem a participação estatal.

Em última análise, trata-se de reconhecer um princípio de subsidiariedade na implantação de SPEs com participação estatal. Se os recursos estatais são escassos e devem ser destinados aos setores mais carentes, não há sentido de participar de um empreendimento que poderia ser satisfatoriamente executado por meio exclusivamente da iniciativa privada.

6.4.7 A questão da relevância do investimento

No entanto, também é válida a utilização da SPE com participação minoritária estatal nos casos em que o empreendimento apresente um grau de relevância diferenciado. Há casos em que o Estado pretende acompanhar diretamente o desempenho dos particulares em certos setores específicos.

Até se pode admitir que a iniciativa privada dispusesse de interesse ou condição para promover o investimento sem a necessidade da participação estatal. A aplicação de recursos públicos será uma via para assegurar, nesses casos, que a relevância do empreendimento seja protegida e preservada, eis que a empresa privada terá o seu controle compartilhado entre sócio privado e público.

6.4.8 A avaliação dos riscos do empreendimento

A decisão de investir deve ser precedida, por outro lado, das informações sobre a concepção do empreendimento e uma estimativa sobre custos, prazos e todas as demais projeções relevantes. É indispensável a existência de um plano de investimentos que permita a determinação da viabilidade econômica e das perspectivas de recuperação dos valores a serem investidos. Não se trata de um projeto básico ou executivo relativamente ao objeto da atividade da futura SPE, mas de uma concepção quanto ao próprio investimento.

É evidente que cada caso concreto envolverá diversas características. Mas o fundamental é a existência de informações suficientes para que um sujeito – público ou privado – possa formar a sua convicção relativamente à viabilidade de um futuro empreendimento.

6.4.9 A identificação do parceiro e a avaliação das condições subjetivas

Outro aspecto relevante se relaciona com a identificação do(s) parceiro(s) que integrará(ão) o corpo societário da SPE. É indispensável obter informações que permitam um nível mínimo de tranquilidade quanto ao pretendido "sócio".

O pretendido parceiro deve evidenciar a titularidade de recursos econômicos, financeiros e técnicos indispensáveis à obtenção do sucesso no futuro empreendimento. Não se autoriza que a Administração Pública invista num empreendimento acompanhando um particular destituído de condições para obter sucesso.

6.4.10 A desnecessidade de licitação

Ressalte-se que a escolha do particular para compor o empreendimento não envolve um procedimento licitatório. O empreendimento a ser explorado pela futura SPE não é um "contrato administrativo" em sentido próprio, que esteja sujeito à regra da prévia licitação prevista no art. 37, XXI, da CF/1988.

Tal como exposto, participar de uma sociedade privada é uma decisão administrativa sobre investimentos a serem realizados que envolve uma margem de discricionariedade. Não se admitem decisões arbitrárias, inclusive no tocante à escolha dos sócios. Mas não existirá uma solução determinada por critérios objetivos, a partir de uma competição de propostas aberta ao público em geral nos moldes de uma licitação.

Isso significa que a decisão do sujeito estatal, inclusive no tocante à seleção do parceiro, deverá ser devidamente motivada. Deverá haver a indicação dos elementos que fundamentam a convicção de que o(s) sujeito(s) escolhido(s) era(ão) o(s) mais adequado(s) parceiro(s) para aquele empreendimento.

6.4.11 A pluralidade de alternativas

Em algumas circunstâncias, poderá haver uma pluralidade de alternativas para a entidade administrativa. Poderá ocorrer a necessidade de negociações prévias com os potenciais interessados. Ao final, haverá a opção por um dentre eles. Essa decisão será discricionária, nos termos acima referidos. Ou seja, será necessário indicar o fundamento da opção realizada, apresentando justificativa satisfatória para a decisão.

6.4.12 A gestão da SPE

Uma vez adquirida a participação na SPE, caberá ao sócio público exercitar todos os deveres e poderes jurídicos correspondentes. Isso envolverá a integralização do preço de emissão das ações subscritas ou adquiridas, a indicação de membro(s) para participar em órgãos de administração e assim por diante.

Por outro lado, serão assegurados ao sócio estatal diversos mecanismos de garantia para a realização de seus interesses (que são uma manifestação dos interesses coletivos). A relevância da participação do sócio estatal no empreendimento pode exigir, por exemplo, o compartilhamento do poder de controle. Devem ser adotados mecanismos para assegurar ao sócio estatal o poder jurídico de, por exemplo, vetar deliberações relativamente a certos temas, indicar alguns dos administradores, participar do conselho de administração e submeter determinadas decisões a quórum especial.

A formalização de pactos dessa ordem faz-se por via de acordos de acionistas, que acarretam o surgimento de um "grupo de controle". Logo, o sócio estatal pode ser reconhecido como cotitular do poder de controle sobre a SPE. Mas, como regra, o sócio estatal não será cotitular do poder de controle, o qual caberá ao parceiro privado.

Mas isso não significa que a pessoa política a que essa sociedade se vincula controle indiretamente a SPE. Ainda que o sócio estatal seja cotitular do poder de controle, não lhe serão asseguradas faculdades destinadas a orientar a SPE para o desempenho de função administrativa. Suas faculdades são estrita e unicamente relacionadas com a exploração privada do empreendimento e a garantia de proteção do investimento realizado com recursos públicos.

Como decorrência, a configuração da cotitularidade do poder de controle não significa que a União, os Estados, o Distrito Federal ou o Município controlem indiretamente a SPE. Ela continua a ser uma pessoa de direito privado, configurada e vocacionada para desempenho da exploração de atividades econômicas. As faculdades asseguradas ao sócio estatal destinam-se a impedir que seus investimentos sejam mal geridos, que os seus interesses sejam ignorados ou que o sócio privado possa impor de modo inadequado os seus exclusivos interesses.

6.4.13 A SPE e a estrutura administrativa do Estado

Sem dúvidas, pode-se afirmar que a SPE não integra a Administração Pública, muito embora disponha de capitais de origem pública e não obstante se verifique a existência de poderes e garantias ao sócio estatal. Disso decorre uma característica fundamental da SPE, que reside na inexistência de desempenho de função estatal de qualquer natureza e na não incidência dos princípios próprios do direito público.

6.4.14 O empreendimento privado

A SPE não pode gozar de qualquer privilégio fiscal ou de outra natureza não extensível ao setor privado. Portanto, poderá usufruir de regimes tributários mais vantajosos e de outros benefícios, mas apenas se tal também for acessível a qualquer empresa privada.

Ademais, a SPE sujeita-se ao regime falimentar, e os seus débitos e créditos serão satisfeitos de acordo com as regras de direito comum.

6.4.15 A possibilidade de competição em face do poder público

Nada impede que a SPE dispute contratações em face do próprio poder público. Deve-se ignorar, para esse fim, a qualidade do sócio público. Mas não se admitirá que a SPE seja beneficiária de qualquer vantagem decorrente da qualidade do sócio estatal. Ou seja, a participação do sócio estatal não produz qualquer efeito jurídico relativamente às relações jurídicas de que participa a SPE. Essa asserção se aplica tanto em face de encargos e restrições quanto de vantagens e benefícios.

Então e para afastar desde logo qualquer dúvida, não será possível a contratação direta da SPE, sem licitação, mediante invocação do art. 24, XXIII, da Lei 8.666.[26] Apenas para complementar, essa solução se-

26. Em sentido diverso, consulte-se Carlos Ari Sundfeld, Rodrigo Pagani de Souza e Henrique Motta Pinto ("Empresas semiestatais", cit., *Revista de Direito Pú-*

ria incompatível com a natureza essencialmente privada da SPE, que não se subordina a qualquer das características próprias das entidades administrativas. Produz-se uma imunização em face da SPE dos atributos dos sócios, o que alcança necessariamente a realização de contratos com a Administração Pública.

6.4.16 A SPE e o controle externo

Uma consequência da natureza essencialmente privada da SPE é a não submissão ao controle externo. Os recursos públicos aportados na SPE como integralização da participação societária adquirem natureza puramente privada. Os recursos se integram ao patrimônio da SPE.

Logo, a SPE não está sujeita ao regime de controle externo correspondente (nem mesmo à prestação de contas aos tribunais de contas). Não se aplica o art. 70, parágrafo único, da CF/1988. A SPE não integra a Administração Pública, e, por isso, a sua gestão e os eventos ocorridos no seu âmbito não se subordinam aos mecanismos de controle externo próprios da função pública.

O que poderá ocorrer é o exercício de controle externo *sobre a empresa estatal detentora das participações sociais minoritárias*, no sentido de verificação da regularidade dos resultados obtidos e do exercício apropriado de todas as prerrogativas previstas em lei e no acordo de acionistas.

6.4.17 A SPE e o controle jurisdicional da atividade administrativa

Os atos praticados pela SPE não são juridicamente imputáveis à Administração Pública. São atos jurídicos praticados por um sujeito puramente privado. Logo, esses atos jurídicos não se subordinam aos mecanismos de controle jurisdicional da atividade administrativa. Portanto, os atos jurídicos praticados pela SPE não estão subordinados à ação

blico da Economia – RDPE, p. 84), para quem "No art. 24, XXIII – acrescentado à Lei de Licitações cinco anos após a sua edição – a norma se refere às semiestatais, apanhando novas situações em que a empresa estatal tenha um vínculo societário relevante com a contratada, suscitando interesses legítimos em firmar com ela uma contratação administrativa".

civil pública, à ação popular, à ação de improbidade. Nem se pode imputar à SPE a prática de "atos de autoridade", para questionar a sua atuação mediante mandado de segurança.

7. *Conclusão*

O processo de modelação da intervenção do Estado na economia é dinâmico, envolvendo constantes alterações para permitir a adequada exploração dos recursos econômicos, a produção da riqueza e o atendimento às necessidades coletivas.

A intervenção do Estado vale-se inclusive de mecanismos indiretos, tais como o fomento e o incentivo à iniciativa privada. O fomento passivo, em que o Estado se mantém como um mero expectador das atividades de interesse coletivo dos particulares, pode resultar insuficiente e inadequado. Esse é o fundamento constitucional essencial para o reconhecimento da legitimidade de soluções jurídicas em que recursos públicos são aplicados ativamente para a instituição de empresas não subordinadas ao regime de direito público, que atuem como agentes econômicos privados, mas que, concomitantemente, configurem-se como instrumento da realização de políticas públicas essenciais e indispensáveis.

A criação de SPEs com capital partilhado entre sócios privados e integrantes da Administração Pública se enquadra nesse cenário.

Bibliografia

ALMEIDA, Fernando Dias Menezes de. "Considerações sobre a regulação no direito positivo brasileiro". *Revista de Direito Público da Economia – RDPE*. Belo Horizonte, ano 3, n. 12, pp. 69-94, out./dez. 2005.

ARAGÃO, Alexandre Santos de. *Curso de Direito Administrativo*. Rio de Janeiro, Forense, 2012.

BANCO NACIONAL DE DESENVOLVIMENTO ECONÔMICO E SOCIAL (BNDES). Disponível em: <http://www.bndes.gov.br/SiteBNDES/bndes/bndes_pt/Institucional/Relacao_Com_Investidores/Desempenho/>. Acesso em: 28.8.2012.

BOBBIO, Norberto. *Da Estrutura à Função: Novos Estudos de Teoria do Direito*. Trad. de Daniela Beccaccia Versiani. Barueri, Manole, 2007.

________. *Dalla Struttura alla Funzione: Nuovi Studi di Teoria del Diritto*. Milano, Edizione di Comunità, 1977.

DELVOLVÉ, Pierre. *Droit Public de l'économie*. Paris, Dalloz, 1998.

FIGUEIREDO, Lúcia Valle. *Curso de Direito Administrativo*. 9ª ed. São Paulo, Malheiros Editores, 2008.

________. "Intervenção do Estado no domínio econômico e breves considerações sobre as agências reguladoras". *Revista de Direito Público da Economia – RDPE*. Belo Horizonte, ano 1, n. 2, pp. 257-271, abr./jun. 2003.

GRAU, Eros Roberto. *A Ordem Econômica na Constituição de 1988 (Interpretação e Crítica)*. 16ª ed. São Paulo, Malheiros Editores, 2014.

JUSTEN FILHO, Marçal. *Curso de Direito Administrativo*. 8ª ed. Belo Horizonte, Fórum, 2012.

________; JORDÃO, Eduardo Ferreira. "A contratação administrativa destinada ao fomento de atividades privadas de interesse coletivo". *Revista Brasileira de Direito Público – RBDP*. Belo Horizonte, ano 9, n. 34, pp. 47-72, jul./set. 2011.

JUSTEN NETO, Marçal. *Assessing Regulatory Strategies to Implement Social Tariffs in the British Energy Market*. Dissertação apresentada na London School of Economics, 2009.

MELLO, Célia Cunha. *O Fomento da Administração Pública*. Belo Horizonte, Del Rey, 2003.

ORTIZ, Gaspar Ariño. *Principios de Derecho Público Económico: Modelo de Estado, Gestión Pública, Regulación Económica*. 3ª ed. Comares, Granada, 2004.

SUNDFELD, Carlos Ari; SOUZA, Rodrigo Pagani de; MOTTA PINTO, Henrique. "Empresas semiestatais". *Revista de Direito Público da Economia – RDPE*. Ano 9, n. 36, pp. 75-99, out./dez. 2011.

THE ECONOMIST. "The rotten heart of finance". July 7th-13th 2012, pp. 25-27.

A PROTEÇÃO DOS VALORES, NECESSIDADES E INTERESSES DO HOMEM, DA SOCIEDADE E DA NATUREZA CONTRA A VIOLÊNCIA CONTEMPORÂNEA, SEGUINDO O ITINERÁRIO DA SUSTENTABILIDADE E EM FAVOR DA PAZ MUNDIAL[1]

REGINA VERA VILLAS BÔAS

Doutora e Mestre em Direito Civil e Doutora em Direitos Difusos e Coletivos pela PUC-SP – Professora e Pesquisadora nos Programas de Graduação e de Pós-Graduação *lato* e *stricto sensu* na PUC-SP e no Programa de Mestrado em Concretização dos Direitos Sociais, Difusos e Coletivos no Centro Universitário Salesiano-SP – Avaliadora do Instituto Nacional de Estudos e Pesquisas Educacionais.

1. Notas introdutórias sobre o tema. 2. As dignidades do Homem e da Terra e a luta contra a propagação da violência na sociedade contemporânea. 3. A postura reflexiva do homem como contribuição ao exercício da cidadania, realizando interesses e necessidades humanas e concretizando o "Estado de direito democrático". 4. Notas finais sobre a temática.

> Chamamos de Ética, o conjunto de coisas que as pessoas fazem quando todos estão olhando. O conjunto de coisas que as pessoas fazem quando ninguém está olhando, chamamos de Caráter.
>
> (OSCAR WILDE)

1. O nascimento de uma Nação – Homenagem ao STF – "*O resgate da nossa cidadania*".

1. Notas introdutórias sobre o tema

Desejada por todos, a realização do "Estado democrático de direito" impõe luta constante contra as violências contemporâneas. O horizonte almejado pelo homem da pós-Modernidade mostra, de um lado, uma linha reta, clara e contínua e, de outro lado, uma linha tortuosa, descontínua e difusa, *todas* revelando que a violência se propaga, continuamente, contra o homem, a sociedade e a natureza, perpetrando danos irreversíveis. Operando contra essa violência globalizada, renascem dos recôncavos da natureza humana valores da sua essência, imaginados por cada homem (individualmente) e por todos os homens (conjuntamente), objetivando efetivar a dignidade humana, concretizar a justiça e salvaguardar o meio ambiente sadio e ecologicamente equilibrado, em favor da vida digna de cada ser e de todos os seres.

Valores como a compaixão, a doçura do coração, a solidariedade, o cuidado para com todos os seres vivos, a benevolência, a bondade e a caridade continuam compondo a essência humana, solidificando, entre outros valores, os que compõem a equidade, contemplada pelo direito na realização do justo, do fraterno, do igualitário, afastando escravagistas e escravidões em favor da alforria da paz universal.

A compaixão, para o filósofo Lin Yutang, é argumento que ultrapassa os mais fortes e elaborados arrazoados utilizados pelo homem, até mesmo aqueles, os quais, inicialmente, não conseguiriam ser contrapostos, ou seja, não teriam nenhuma defesa, ao menos em tese.[2]

O filósofo Leonardo Boff afirma que a observação da unidade do todo e respectiva integração dos seres brada pela compaixão dos que sofrem e pelo senso fraterno universal. Alerta para a enfermidade da Terra e de seus moradores, compadecendo-se dos egoístas que quebram a unidade do todo, preocupando-se somente consigo, com a sua parte.[3] Lembra, ainda, que todos são responsáveis pela harmonia e dinâmica universal, tendo direito à vida solidária que inclui cada um na totalidade.

Ainda amparado na filosofia de Boff, pode-se afirmar que na essência de cada ser está o conhecimento sobre a importância do cuidado, que deve ser pensado como um *dever* que obriga a todos e se relaciona

2. Lin Yutang, *A Importância de Viver*, 6ª ed., trad. de Mário Quintana, Porto Alegre, Ed. Globo, 1950.

3. Leonardo Boff, "Refundação da dignidade humana a partir da nova cosmologia", *Cadernos Fé e Política*, Petrópolis, v. 7, p. 52, 1992.

com todos – semelhantes e não semelhantes – que se encontram sintonizados, humanitariamente, pelas necessidades constantes de cuidados.[4]

Distinguindo entre o mal e o bem, o Papa Bento XVI dirigiu discurso de paz ao Parlamento Alemão, lembrando que é um coração dócil que o administrador da justiça necessita ter quando realiza o seu ofício.[5]

Ter coração dócil é fato que reside na essência humana? Conceber o coração dócil como sinônimo de coração suave, tenro, afável, temperamento manso, dedicado a outrem ou a algo, desprovido de embaraços, *impõe* a consideração de que todos o possuem na sua essência, e de que a brandura e a hostilidade são manifestações que pertencem à essência humana, altercando-se em tempos distintos da sua existência.

De um lado, resgatando valores da essência humana, caminha-se em direção ao horizonte da paz. De outro, lutando incessantemente pela conquista de novos direitos fundamentais, combate-se a violência socioambiental, buscando-se, também, a paz humanitária. A propagação da violência, que é veloz, flui com facilidade e espalha-se por todas as direções, mostra que a violência não possui raízes, consterna a sociedade contemporânea, abalando a dignidade da condição humana, as relações socioambientais, trazendo à baila questionamentos sobre a justiça, a fraternidade e a liberdade, pondo em evidência questionamentos sobre a essência humana e a existência de um conteúdo essencial dos direitos fundamentais.

Virgílio Afonso da Silva afirma que "a ideia de que os direitos fundamentais têm um conteúdo essencial é algo que vem sendo sustentado pela doutrina e pela jurisprudência brasileiras com frequência cada vez maior".[6]

Ao afirmar que o conteúdo essencial dos direitos fundamentais deve ser respeitado pelo legislador, Silva transcreve o pensamento de Constantino Mortati,[7] que considera um contrassenso "a proclamação da inviolabilidade de um conteúdo essencial dos direitos fundamentais em face da lei ordinária, por ser a Constituição, por sua própria natureza, inatingível pelo legislador ordinário".[8]

4. Leonardo Boff, ob. cit.

5. Bento XVI, "Discurso proferido no Parlamento da Alemanha, no Palácio Reichstag de Berlim", em 22.9.2011, *Jornal L'Osservatore Romano*, 23.9.2011.

6. Virgílio Afonso da Silva, *Direitos Fundamentais: Conteúdo Essencial, Restrições e Eficácia*, 2ª ed., São Paulo, Malheiros Editores, 2010, p. 23.

7. Constantino Mortati, *Istituzioni di Diritto Pubblico*, 8ª ed., vol. II, Padova, Cedam, 1969, p. 1.127, nota 1.

8. Virgílio Afonso da Silva, *Direitos Fundamentais: Conteúdo Essencial, Restrições e Eficácia*, cit., pp. 23-34.

No mesmo sentido, observa a ideia do Ministro Gilmar Mendes,[9] que prevê tal conteúdo essencial, conforme as constituições alemã e portuguesa, como "preocupação exagerada do constituinte, pois é fácil ver que a projeção do núcleo essencial dos direitos fundamentais deriva da supremacia da Constituição e do significado dos direitos fundamentais na estrutura constitucional dos países dotados de Constituições rígidas".[10]

Conclui que "a declaração de um conteúdo essencial destina-se, sim, ao legislador ordinário, que ao realizar sua tarefa principal, concretizando direitos fundamentais, deve atentar àquilo que a Constituição chama de "conteúdo essencial".[11] Discute-se, na pesquisa, a problemática da convivência simbiótica entre o homem, a sociedade, a natureza e os valores considerados como pertencentes à essência humana e à essência dos direitos sociopolítico-jurídicos e biológico-antropológico-ambientais, *todos* considerados a partir dos valores culturais e das consagradas premissas sobre a finitude dos recursos naturais: verdadeiros axiomas a serem respeitados pela sociedade pós-moderna.

O homem necessita intensamente da natureza, a qual, degradada por ele mesmo (*homo sapiens sapiens demens*[12]), carece cada vez mais de seus cuidados, objetivando a continuidade da sociedade humana e a garantia do respeito à dignidade de cada ser. A conceber-se a existência humana perpetrada conforme sobrevivência do meio ambiente sadio e ecologicamente equilibrado, *é* imperioso refletir *sobre* a cumplicidade natural estabelecida entre o homem consciente, as comunidades sociais e as autoridades fiscais responsáveis pela proteção e conservação ambiental *com* aqueles que direta ou indiretamente praticam a depredação ambiental, já que, mantendo olhos fechados aos delitos e aos causadores dos danos socioambientais, de fato, todos se tornam partícipes da conduta lesiva e responsáveis pelos danos produzidos.

9. Gilmar Ferreira Mendes, *Direitos Fundamentais e Controle de Constitucionalidade*, 2ª ed., São Paulo, Celso Bastos Editor, 1999, p. 3.

10. Virgílio Afonso da Silva, *Direitos Fundamentais: Conteúdo Essencial, Restrições e Eficácia*, cit., p. 24.

11. Idem, ibidem, p. 24.

12. É com essa expressão que Edgar Morin se dirige ao homem pleno, racional, em sua obra *Introdução ao Pensamento Complexo*, 3ª ed., trad. de Eliane Lisboa, Porto Alegre, Sulina, 2007.

Afirma Emmanuel Kant que "Numa criatura, a razão é o poder de entender além dos instintos naturais as normas e os fins de uso de todas as suas atividades; ela não conhece limites para os seus desígnios".[13]

Manter cegueira à degradação ambiental é reforçar a escassez dos recursos naturais renováveis, fragilizando o ecossistema e corroborando o aumento do contingente de pobreza, que se liga diretamente à maior ou menor distribuição de recursos à comunidade. Tal situação se vincula diretamente à diminuição ou ao aumento dos investimentos nas políticas públicas de desenvolvimento sustentável: quanto maior a escassez dos recursos naturais e do incremento nos investimentos socioambientais, mais exacerbadas se exibem as manifestações de instabilidades e de conflitos sociais.

E a atuação intervencionista de um Estado que se diz social deve ser exercida de maneira ampla, ou seja, "(...) até onde houver interesse da sociedade, tendo por limites os direitos naturais imprescritíveis da pessoa humana. Entre os direitos sociais e os direitos individuais, o Estado social-democrático é um aparelhamento de equilíbrio, um fator de harmonia, um órgão coordenador das atividades essenciais e promotor da justiça social".[14]

Pois é, a matéria apreciada é atual, complexa e de repercussão social, desafiadora de estudos inter, multi e transdisciplinares, abrangentes de variadas áreas do conhecimento, as quais integradas e alicerçadas em princípios éticos, combatentes das violências cotidianas e protetores dos valores essenciais contidos nos direitos fundamentais, resguardam a dignidade do homem, os valores da sua essência e o ambiente sadio, necessário à sua sobrevivência e à de todos os seres vivos.

2. *As dignidades do Homem e da Terra e a luta contra a propagação da violência na sociedade contemporânea*

O homem contemporâneo deve exercer constantes reflexões sobre os problemas socioambientais e antropológicos, observando a condição

13. Emmanuel Kant, *Fundamentos da Metafísica dos Costumes*, Lisboa, Didáctica Ed., 1999, pp. 83-83, §§ 1, 2, 3 e pp. 169 e ss.

14. Sahid Maluf, *Teoria Geral do Estado*, 25ª ed. atual. pelo prof. Miguel Alfredo Malufe Neto, São Paulo, Saraiva, 1999, p. 25.

de sua existência humana e a essência desta; o lugar que ocupa na relação "homem – sociedade – natureza"; e o direito e sua função social exercida na sociedade, entre outros. As reflexões constantes devem levar em conta o bem-estar social de todos e o respeito às dignidades do Homem e da Terra. Isso implica realizar ponderações a respeito da localização do homem no contexto social pós-moderno e as violências cotidianas que enfrenta, observando-se, também, o dever de respeito de todos à ecologia. Tudo envolvendo a lembrança da luta dos direitos humanos pela salvaguarda dos interesses privados, públicos, coletivos e difusos, desbravadores dos direitos fundamentais. A luta pelos direitos humanos é que tem garantido ao homem, à natureza e à sociedade a conquista, a salvaguarda, a preservação, a renovação e a proteção jurídico-social dos valores, interesses, necessidades e direitos de todos.

O bem-estar social deve revelar um estado de plena satisfação das necessidades e interesses do homem, abraçando suas aspirações – materiais e espirituais – de segurança, tranquilidade, prosperidade, provocando-o a sentir-se, de modo constante, agradavelmente confortável, aconchegado, alegre e feliz.

Existindo parceria entre o exercício do direito e o homem, ele (direito) passa a funcionar de maneira a propiciar a satisfação das necessidades e dos interesses do homem, que, integrado ao seu grupo, à coletividade e à natureza, inicia a sua participação nas transformações sociais. O direito intervém nas ordens normativas da sociedade, valorando as condutas humanas para protegê-las e, posteriormente, positivá-las, consoante aspirações sócio-humanitárias. O mundo jurídico registra o comportamento do homem na sociedade em determinado tempo e momento da sua história, revelando suas necessidades, interesses e direitos.

Discutindo sobre valores e direitos considerados pelo Estado social, recorda-se que sua transição tem origem no Estado liberal, que mostra a passagem do exercício dos direitos individuais para os direitos sociais e cuja transformação acontece conforme valoração feita pelo homem, iluminado pelas relações sociais. Todos os valores humanos são agregados aos direitos conquistados seja qual for a dimensão a que pertencem.

O habitante da sociedade contemporânea convive com variados sentimentos: de ansiedade, medo, ira e desejo de exterminar a violência que desafia o seu cotidiano. Ele conhece as dificuldades e limitações enfrentadas no combate às turbulências cotidianas, marcadas pela difícil erradicação da violência, que se dá pela sua rápida proliferação pela ausência de suas raízes.

A questão que surge se liga à impossibilidade de se extrair a raiz de algo que já não a tem no seu interior? Ou seja: não havendo mais o embrião que dá origem à violência, ainda há possibilidade de travar alguma luta contra ela, eliminando-a da sociedade? Como se pode dar cabo de algo que, difusamente, dilui-se no tempo e espaço socioambiental? Estudiosos de variadas áreas do conhecimento investigam a violência e os resultados da sua propagação.

Manifestações de violências desolam o homem, a natureza e a sociedade. Elas se revelam de variadas maneiras, entre outras: pela falta de efetividade da justiça; pelo cerceamento de defesa de direitos dos cidadãos; pelo desrespeito e depredação ambiental que torna o ambiente desequilibrado e insalubre aos seres vivos; pela desproteção e descaso ao idoso, à criança, ao adolescente e ao portador de necessidades especiais; pelo hiperconsumismo global que se apresenta veloz e intenso através dos veículos de informação e comunicação; pelo superendividamento alarmante que desassossega o devedor de empréstimos, iludido pela engrenagem do consumismo; pela falta de respeito e proteção das minorias; e, enfim, pela eterna opressão exercida do mais forte sobre o mais fraco.

Interpretando o fenômeno "violência" pelo viés da multi e transversalidade, recorda o economista e filósofo Eduardo Giannetti a notícia veiculada na revista americana *Forbes* que "ironiza os preços exorbitantes que os consumidores brasileiros pagam por carros importados", concluindo que não há *status* em um Toyota Corolla, Honra Civic ou Dodge Durango e que os brasileiros estão sendo furtados. Giannetti lembra que os brasileiros estão dispostos a pagar preços desatinados pelos carros importados porque tais bens lhes atribuem *status*, mesmo que somente nos seus ideais. Esses bens são intitulados "posicionais" porque expressam hierarquia social, traduzida pela ideia de que "quanto mais caro, mais exclusivo; quanto mais exclusivo, mais *status*". Sustenta que os objetos de desejo do homem se transformam em bens de consumo, ilimitadamente: "primeiro é um tênis de marca, depois um carro importado, um iate, um jatinho, uma viagem para Marte. (...) vivemos uma corrida armamentista do consumo, pois o bem posicional sempre se renova"; e que somente continuam a ser desejados enquanto considerados fora do alcance de muitos e privilégio de poucos, observado que a democratização ao seu acesso impõe, consequentemente, a invenção de diferenciados e novos bens posicionais.[15]

A violência se manifesta nos diversos ambientes e sob diversas formas, alcançando situações de consumo que envolvem os homens que sonham ser diferentes a partir da aquisição de bens posicionais, acreditando que estes lhes garantem *status* que lhes traga prestígio social. Mas se, de um lado, essa violência macula os que vivem para manter *status* na sociedade, garantidos pelos bens posicionais, de outro lado, humilha os que *não* podem adquiri-los, provocando-lhes suma sensação de insatisfação e de impotência.

É sempre importante relembrar doutrinadores que já investigaram o assunto, de Aristóteles e Platão a Kant e Jacques Maritan; de Gilles Lipovetsky e Anthony Giddens a Hannah Arendt; de Ulrich Beck e Zygmunt Bauman a Edgar Morin e Boaventura de Sousa Santos; de Leonardo Boff e Henrique Cláudio de Lima Vaz a Lin Yutang e Bento XVI, entre outros. Aliás, um método hermenêutico de estudos colocado à disposição dos pensadores do direito é a interpretação doutrinária que facilita e influencia as realidades jurídicas e não jurídicas, inspirando dinâmicas da vida. Além dos métodos de estudo, existem disciplinas como a economia, a sociologia, a bioecologia, a teologia, a psicologia, a antropologia, a história, a geologia, entre outras, que corroboram as investigações dos pesquisadores, facilitando o aprendizado sobre a violência e as causas de suas manifestações, favorecendo reflexões sobre a sua propagação e as consequências sociais delas advindas.

A crise concernente à violência é fenômeno da sociedade contemporânea – pós-moderna – que atravessa a família e a educação, espelhando instabilidades, desarranjos, despautérios, desvarios que encaminham outras crises, como as ambientais, as do hiperconsumismo, do superendividamento e as que provocam questionamentos do homem quanto ao sentido da sua existência, fé, origem, entre outras relacionadas à sua humanidade.

Das violências praticadas na sociedade contemporânea traz-se à lembrança o *bullying*, manifestado por comportamentos abusivos e

15. Eduardo Giannetti, "A aceleração consumista", *O Estado de São Paulo*, J1 e J4, Aliás, Domingo, 19.8.2012.

agressivos que se realizam repetitiva e intencionalmente, utilizando palavras, gestos ou qualquer meio (inclusive virtual) que atente contra a dignidade e integridade física e psíquica de uma pessoa. Trata-se de conduta violenta porque causa sofrimento, medo, insegurança, angústia e doenças psíquicas e físicas às vítimas de sua prática, que ocorre nas escolas, tendo origem no ambiente familiar e social em que a vítima da violência vive. O *bullying* é fruto da violência diária vivida pelas suas vítimas: desestruturação e desagregação familiar; pobreza e fome; enfrentamento de desigualdades sociais; preconceitos, desemprego, prática de jogos eletrônicos simuladores de guerras sangrentas e lutas opressoras; cenas de fúria reveladas nos filmes e novelas projetadas pela rede televisiva, eletrônica e por outros meios de transmissão de informações, entre outros.

Lembrando-se de que a violência não para por aí, citam-se outras situações de violência social enfrentadas pela criança e pelo adolescente, como: os maus-tratos que vão desde o aborto praticado contra eles e do abandono a que são submetidos *até* as surras dos pais ou guardiões; os vícios cultivados nas ruas, escondedouros e abrigos, que comprometem a saúde, a vida e a dignidade desses seres, como é o caso das variadas drogas consumidas. A criança e o adolescente, quando afastados dos lares, da escola e da convivência sociofraternal, sofrem violências que os levam à indignidade.

O sistema jurídico-legal posto pelo direito nacional e pela ordem jurídica internacional da proteção específica e integral da criança e do adolescente guarda fundamentos de ordem cultural, moral, biológica, psicológica, entre outros que, igualmente, protegem e salvaguardam a dignidade da pessoa humana, conforme se extrai do pensamento a seguir: "(...) deixa-se claro que os direitos da criança são considerados como um *ius singulare* com relação a um *ius commune*; o destaque se dá a essa especificidade, através do genérico, no qual se realiza o respeito à máxima *sum couidque tribuere*. Logo, cuida dos direitos da criança como uma especificação da solução dada ao problema dos direitos do homem".[16]

O sentido ofertado à "proteção" da dignidade do homem está vinculado às variadas situações de violência que ele enfrenta, entre as quais a de ser vulnerável. A proteção de todo ser vulnerável é fortalecida por

16. Norberto Bobbio, *A Era dos Direitos*, trad. de Carlos Nelson Coutinho, apresentação de Celso Lafer, Rio de Janeiro, Elsevier, 2004, p. 34.

atitudes de atenção, desvelo, carinho e cuidado especial praticadas por um ser humano em relação ao ser mais vulnerável na relação, que do primeiro necessita. Leonardo Boff corrobora o pensamento, lembrando que o "cuidado se encontra na raiz primeira do ser humano, antes que ele faça qualquer coisa".[17]

A Doutrina da Proteção Integral da criança e do adolescente se mostra pelos direitos infantojuvenis integrados à ordem jurídica nacional e internacional, que se manifestam por normas especiais de proteção dessas criaturas humanas, garantindo-lhes desenvolvimento mental, moral, físico, místico e social, de maneira sadia, igualitária e em prol da sua liberdade e dignidade. A criança e o adolescente ocupam lugar especial no plano sociojurídico nacional e internacional, já que são seres humanos considerados em "condição especial de desenvolvimento". Seus direitos são especialíssimos e deles origina-se o sistema jurídico-legislativo de proteção especial e integral da criança e do adolescente, impondo participação ativa, efetiva e conjunta da família, da sociedade, da coletividade e do Estado. Tudo no combate à violência desafiadora e agressiva que devassa e arruína a vida e o desenvolvimento da criança e do adolescente.

Por outro ângulo, traz-se à memória inúmeras manifestações de violência que são praticadas constantemente contra o ambiente. A constatação de que a grande alimentante de vidas no planeta – a majestade Terra – padece de violências que o homem pratica, diuturnamente, *é* o melhor exemplo a ser lembrado sobre a matéria. A sua importância é aclamada por centenas de pensadores, entre os quais Leonardo Boff, que aponta o legado deixado ao homem pelos astronautas, afirmando que

> vista de fora da Terra, Terra e Humanidade fundam uma única entidade; não podem ser separadas. A Terra é um momento da evolução do cosmos, a vida é um momento da evolução da Terra e a vida humana, um momento posterior da evolução da vida. Por isso podemos, com razão dizer, o ser humano é aquele momento em que a Terra começou a ter consciência, a sentir, a pensar e a amar. Somos a parte consciente e inteligente da Terra.

17. Leonardo Boff, *Saber Cuidar: Ética do Humano – Compaixão pela Terra*, 8ª ed., Petrópolis, Vozes, 2002, p. 34.

> Se os seres humanos possuem dignidade e direitos, como é consenso dos povos, e se Terra e seres humanos constituem uma unidade indivisível, então podemos dizer que a Terra participa da dignidade e dos direitos dos seres humanos. (...) a Terra possui dignidade e por isso é portadora de direitos e de nossa parte de deveres de cuidá-la, amá-la e mantê-la saudável para continuar a nos gerar e nos oferecer os bens e serviços que nos presta.[18]

Cora Coralina homenageia a Terra afirmando em seu poema "Cântico da Terra" ser Ela "fonte original da vida, telha da coberta do lar, mina constante do poço, espiga generosa do gado, razão da vida e local de descanso e paz".[19]

Exaltar a magnitude da Terra significa resvalar os inúmeros temas e contendas ambientais, a partir de ampla compreensão e de visão inter, multi e transdisciplinar, pensando a Terra como aquela que tudo ou quase tudo reúne para a formação de uma unidade ambiental viva, produtora e transformadora de elementos necessários às vidas. Todas as violências praticadas contra Ela repercutem, diretamente ou indiretamente, nos seres com vida, seja por meio da devastação das matas e florestas; da poluição das águas; da poluição sonora; do sofisticado e exagerado consumismo; dos maus-tratos aos animais; da utilização de agrotóxicos e pesticidas nas lavouras e em outras espécies de plantações; das queimadas propositais e delituosas realizadas nas florestas e em plantações específicas, como no caso da cana-de-açúcar. Tudo indica que a destruição ambiental desenfreada é caminho do esgotamento dos produtos da natureza, salvo se o homem e os grupos de homens passarem a realizar ampla reflexão e conscientização humanitária, que envolva a problemática ambiental.

Outra manifestação de violência contemporânea é bem retratada por Lipovetsky[20] quando recorda a "sociedade espetacular" que esquadrinha imagens horríveis e bruscas do dia a dia das pessoas. As ima-

18. Leonardo Boff, "A Terra sujeito de dignidade e de direitos", texto produzido para homenagear o dia Internacional da Mãe Terra em 22.4.2010.

19. Cora Coralina, *Melhores Poemas/Cora Coralina*, seleção de Darcy França Denófrio, São Paulo, Global, 2004.

20. Gilles Lipovetsky, *A Era do Vazio: Ensaios sobre o Individualismo Contemporâneo*, trad. de Therezinha Monteiro Deutsch, Barueri, Manole, 2005, pp. 161-165.

gens trazidas pelas televisões, rádios, jornais, revistas, computadores e pelos potentes meios de transmissão de informações são avivadas pela moderna tecnologia, mostrando, com maior intensidade, trágicas e sangrentas cenas do cotidiano, como é o caso dos noticiários apelativos e mirabolantes, praticados pelo jornalismo sensacionalista, que, ao exacerbarem a divulgação de cenas de violência, acabam por estimulá-la. Essa espécie de violência provoca, muitas vezes, idolatrias irremediáveis de seguidores de cultos de horror que são acompanhados de sofrimento e humilhação à dignidade humana. Explica o autor que a atual era vivida pelo homem – "era do vazio" – distancia valores humanitários, consentindo condutas egoístas do homem no palco do *nonsense*, e instiga a investigação da sua natureza dupla: a de ser bom e ser mau.

Nesse sentido, reforça-se a lembrança de que múltiplas manifestações de violência embebem as sociedades contemporâneas, exibindo-se como reflexos extemporâneos da crise de sentido da "modernidade tardia", conforme afirma Giddens,[21] que apresenta à baila efeitos dos riscos globais enfrentados pelo homem e pelas coletividades.

Investigando a "sociedade de risco", Beck[22] chama em auxílio posturas reflexivas a respeito das dúvidas e incertezas dos rumos tomados pela tecnologia e da escassez e precariedade dos controles ambientais que marcam a referida sociedade.

Bauman[23] narra as perturbações do homem da "modernidade líquida" – insegura, instável, insólita – e medita sobre o vocábulo "liberdade" e sobre o significado da "vontade" ampla e ilimitada que compõe o sentido dessa liberdade.

Questionando-se a violência e a liberdade do homem, lembra-se do pensamento de Arendt[24] sobre o mal que se banaliza na sociedade, diante da ausência de raízes profundas, e se propaga, de maneira veloz e intensa, arruinando o mundo, tal qual um parasita.

21. Anthony Giddens, *Modernidade e Identidade*, trad. de Pinto Dentzien, Rio de Janeiro, Jorge Zahar, 2002, p. 9.

22. Ulrich Beck, *World Risk Society*, Cambridge, Polity Press, 1999, pp. 10-13.

23. Zygmunt Bauman, *O Mal-estar da Pós-Modernidade*, trad. de Claudia Gama Martinelli e Mauro Gama, Rio de Janeiro, Jorge Zahar, 1997, pp. 43-45.

24. Hannah Arendt, *A Condição Humana*, 10ª ed., trad. de Roberto Raposo, posfácio de Celso Lafer, Rio de Janeiro, Forense Universitária, 2007, p. 471.

No mesmo sentido, recorda-se o discurso que Bento XVI proferiu no Parlamento alemão, referindo-se à natureza e à "ecologia do homem", alertando para o fato de que a verdadeira liberdade do homem está relacionada à aquiescência de que ele é ao mesmo tempo vontade, espírito e natureza, sendo justa a sua vontade somente quando ele (homem) compreende, aceita e pratica essa relação. É do Papa Bento XVI a afirmação a seguir:

> (...) devemos ouvir a linguagem da natureza e responder-lhe coerentemente (...) existe também uma ecologia do homem. Também o homem possui uma natureza, que deve respeitar e não pode manipular como lhe apetece. O homem não é apenas uma liberdade que se cria por si própria. O homem não se cria a si mesmo. Ele é espírito e vontade, mas é também natureza, e a sua vontade é justa quando respeita a natureza e a escuta e quando se aceita a si mesmo por aquilo que é e que não se criou por si mesmo. Assim mesmo, e só assim, é que se realiza a verdadeira liberdade humana.[25]

3. A postura reflexiva do homem como contribuição ao exercício da cidadania, realizando interesses e necessidades humanas e concretizando o "Estado de direito democrático"

Importante enfocar, na presente pesquisa, a necessidade da ampliação da visão do homem contemporâneo, considerados os profissionais de variadas áreas, inclusive, e especialmente, o operador do direito, que é desafiado a trabalhar com variadas realidades humanas, a todo momento, o que lhe impõe estudos constantes, divulgação de doutrinas consistentes e preparação e aprovação de textos normativos adequados à contemporaneidade, que melhorem a distribuição da Justiça e corrobore a construção do "Estado de direito democrático", tornando-o melhor.

O homem deve exercitar a sua cidadania, concretizando o "Estado de direito democrático", para sentir-se efetivamente digno e ter respeitados os valores da sua essência, motivo pelo qual o operador do direito deve elaborar doutrinas e disposições normativas compatíveis com os

25. Bento XVI, "Discurso proferido no Parlamento da Alemanha, no Palácio Reichstag de Berlim", cit., *Jornal L'Osservatore Romano*.

interesses e as necessidades do homem, e a busca pela melhoria da aplicação e distribuição da Justiça deve ser vigilante e constante.

A efetivação dos interesses e das necessidades do homem, do seu grupo e da coletividade a que pertence se impõe a partir de postura firme, vigilante e consciente dos seus timoneiros, que devem conduzi-los à liberdade, à igualdade e à fraternidade de maneira sábia, respeitando as reivindicações dos variados segmentos sociais que almejam: viver em um país melhor; fortalecer suas comunidades; amparar o homem e o ambiente dos efeitos das tribulações globais; usufruir o ambiente sadio e ecologicamente equilibrado, protegido para a presente e para as futuras gerações; resgatar os valores da essência humana; e exercitar a cidadania, concretizando o Estado de direito democrático.

A carência do homem que vive na sociedade pós-moderna se dá em diversos níveis e ocupa variados assentos. O homem se apresenta ansioso, sem rumos definidos, carente de crenças e perdido na solidão estressante da sociedade contemporânea. Seus interesses estão conectados com os interesses da coletividade, todos buscando garantir a existência de uma sociedade solidária, saudável e fraterna, que garanta a marcha histórica e as conquistas da luta dos direitos humanos, protegendo as dignidades do Homem e da Terra.

Todo aquele que nasce, cresce e se desenvolve dentro de uma sociedade, bem ou mal, é educado para a cidadania, recebendo conceitos básicos sobre ela, os quais podem ganhar outros contornos, dependendo da cultura política da sociedade em que se está inserido. Quem conhece conceitos básicos de cidadania respeita direitos e liberdades dos outros e reivindica aqueles que lhes são garantidos. Uma sociedade solidária e um Estado democrático preparam o cidadão para o exercício dos direitos individuais, sociais, coletivos e difusos, incluindo-se os direitos de igualdade, solidariedade, fraternidade, cooperação e justiça, assegurando-os. A dignidade da pessoa humana constitui fundamento do Estado, que, sendo democrático, é destinado a garanti-la.

A construção de uma sociedade justa e solidária constitui fundamento da República Federativa do Brasil, sendo auxiliada pela educação, que é direito de todos e dever do Estado, da família e da coletividade, que buscam incentivo ao desenvolvimento e à proteção da pessoa humana, salvaguardando o exercício da cidadania.

Juntamente com a educação, a saúde, o trabalho, a moradia, a alimentação, o lazer, a segurança, a previdência social, a proteção à maternidade e à infância e a assistência aos desamparados *são* direitos sociais que pretendem reduzir as desigualdades, afastando a pobreza, a fome e a marginalização dos homens. A proteção dos direitos sociais corrobora o retorno à família das funções de criar e cuidar dos filhos, garantindo-lhes o desenvolvimento moral e educacional, *e* da função de ser considerada base da produção social e cultural de valores, transmitidos entre as gerações.

Com a terceira dimensão dos direitos humanos apresentam-se os interesses e direitos coletivos e difusos, cuja expressão maior é o direito ambiental, que carrega em sua base a problemática global ambiental contemporânea. No Brasil, desenvolveu-se a política nacional do meio ambiente, e foram criadas inúmeras disposições normativas de proteção ambiental, todas elas consideradas de extrema relevância à política ambiental nacional e à proteção do meio ambiente, exigindo-se para a sua efetividade o exercício constante de fiscalização pelo cidadão, órgãos competentes, sociedade e coletividade. Todos os personagens participantes do cenário social estão comprometidos com a qualidade, defesa, conservação e preservação socioambiental, devendo, portanto, *todos eles*, promoverem a sustentabilidade, o sadio desenvolvimento socioeconômico da nação e o regramento das atividades ambientais, principalmente as que apresentam grande potencial lesivo ao ambiente.

Apesar da necessária proteção, prevenção, precaução e controle ambiental dispostos nas legislações nacional e internacional, os interesses e as necessidades ambientais não conseguem ser atingidos de maneira cabal em razão da carência de políticas públicas adequadas; de projetos e financiamentos públicos e/ou privados sustentáveis e que mantenham comprometimento com o desenvolvimento, a proteção e educação ambiental adequados; da ausência de benefícios privados, públicos e coletivos que promovam investimentos em favor da harmonia do "homem, sociedade e natureza", realizando as dignidades do Homem e da Terra, em homenagem à vida.

O tema "violência e liberdade" insere-se nas discussões sobre a dignidade da pessoa humana e vem sendo debatido por juristas e por estudiosos de outras áreas do conhecimento, os quais corroboram os debates e propõem soluções às problemáticas relacionadas ao direito à vida, à saúde, à convivência, à paz e à realização do homem, entre outros.

Dignidade é maneira de se proceder, é qualidade que impõe respeito, admiração e amor-próprio, além de servir como fonte inspiradora do homem. Ela pode plenificar-se quando o respeito à dignidade da Terra concretiza-se, concluindo a simbiose existente entre elas (dignidades), que forma um todo harmônico e glorioso das vidas.

O Papa Bento XVI coloca a Justiça além das normativas jurídicas, lembrando a importância da memória do processo da história política recente, anotando que "(...) Pessoas jovens deram-se conta de que, nas nossas relações com a natureza, há algo que não está bem; que a matéria não é apenas um material para nossa feitura, mas a própria terra traz em si a sua dignidade e devemos seguir as suas indicações".[26]

Importante o questionamento sobre a primordialidade e a imprescindibilidade do respeito de todos pela Terra e seus atributos naturais, porque significam sustentáculos da vida de todos que nela habitam. O contexto harmonioso de vidas saudáveis, no futuro, implica a possibilidade da existência contemporânea, sadia e equilibrada da Terra. Com sabedoria, o Papa destacou a dignidade da Terra, dando-lhe a importância devida, no conjunto orquestral "homem, natureza, sociedade".

Afinal, se é possível expressar-se a dignidade como qualidade do que é majestoso, augusto, magnânimo, nobre, generoso, *pode-se* entender que a Terra também a possui, ou seja, possui uma dignidade projetada na majestade que ocupa no plano cósmico; na generosidade da oferta que faz para todos do alimento de cada dia; na grandeza que ostenta ao garantir a continuidade da trajetória humana. A nobreza da Terra busca sua sustentação na magnitude do Criador.

Aclamando a dignidade da pessoa humana pelo viés constitucional e a partir de estudos à Constituição Portuguesa, J. J. Gomes Canotilho e Vital Moreira discutem sobre a fundamental importância do princípio da dignidade da pessoa humana, lembrando que ela sustenta e legitima a República, corroborando a compreensão da organização do poder político. Recordam que

> Ao basear a República na dignidade da pessoa humana, a Constituição explicita de forma inequívoca que o "poder" ou "domínio" da República

26. Bento XVI, "Discurso proferido no Parlamento da Alemanha, no Palácio Reichstag de Berlim", cit., *Jornal L'Osservatore Romano*.

terá de assentar em dois pressupostos ou precondições: (1) primeiro está a pessoa humana e depois a organização política; (2) a pessoa é sujeito e não objeto, é fim e não meio de relações jurídico-sociais. Nestes pressupostos radica a elevação da *dignidade da pessoa humana* a trave mestra de sustentação e legitimação da República e da respectiva compreensão da organização do poder político. Com este sentido, a dignidade da pessoa humana ergue-se como linha decisiva de fronteira ("valor-limite") contra totalitarismos (políticos, sociais, religiosos) e contra experiências históricas de aniquilação existencial do ser humano e negadoras da dignidade da pessoa humana (escravatura, inquisição, nazismo, estalinismo, polpotismo, genocídios étnicos).[27]

Na mesma linha, afirmam que

> A *dignidade da pessoa humana* não é jurídico-constitucionalmente apenas um princípio-limite. Ele tem um valor próprio e uma dimensão normativa específicos. Desde logo, está na base de concretização do *princípio antrópico ou personicêntrico* inerente a muitos direitos fundamentais (direito à vida, direito ao desenvolvimento da personalidade, direito à integridade física e psíquica, direito à identidade pessoal, direito à identidade genética). Por outro lado, alimenta materialmente o princípio da igualdade proibindo qualquer diferenciação ou desvantagem de dignidades: os "deficientes", os "criminosos", os "desviantes" têm a mesma dignidade da chamada "pessoa" normal.[28]

Os autores portugueses recordam que a abrangência do sentido da dignidade da pessoa ultrapassa o de "princípio-limite", tendo ela dimensão normativa determinada e valor próprio, ocupando lugar na base da concretização do princípio relacionado à ação específica do homem e que é inerente aos direitos fundamentais, como é o caso do direito à vida. A dignidade da pessoa humana sustenta materialmente o princípio da igualdade, já que coíbe diferenciações entre dignidades.

27. J. J. Gomes Canotilho e Vital Moreira, *Constituição da República Portuguesa Anotada*, 3ª ed., Coimbra, Coimbra Editora, 1993, p. 198.

28. Idem, ibidem, p. 198.

O Papa Bento XVI retoma os alicerces dos direitos humanos, invocando a ideia de igualdade de todos perante a lei à consideração da inviolabilidade da dignidade e ao discernimento do homem quanto à responsabilidade por suas ações, e confirma que esses saberes são construtores da memória cultural da humanidade, escrevendo que

> (...) foi na base da convicção sobre a existência de um Deus criador que se desenvolveram a ideia dos direitos humanos, a ideia da igualdade de todos os homens perante a lei, o conhecimento da inviolabilidade da dignidade humana em cada pessoa e a consciência da responsabilidade dos homens pelo seu agir. Estes conhecimentos da razão constituem a nossa memória cultural. Ignorá-la ou considerá-la como mero passado seria uma amputação da nossa cultura no seu todo e privá-la-ia da sua integridade. (...).[29]

Nesse passo, *após* lembrar violências cotidianas, manifestadas nos variados espaços e de distintas maneiras; passando-se pela consideração da importância da dignidade humana e da sua proteção jurídico-constitucional, recordando-se a liberdade e a igualdade de todos; e reflexionando-se sobre a simbiose das dignidades do Homem e da Terra, *passa-se* à reflexão sobre a importância do valor, interesse e necessidade da luta dos direitos humanos para a construção de uma sociedade solidária, que preserve a liberdade, a igualdade, a fraternidade, incentivando a atitude cooperativa, salvaguardando as vidas, as dignidades e os valores da essência do "homem-ecológico", que devem conclamar o respeito, a proteção e a exaltação das vidas e das dignidades do Homem e da Terra.

Maria Celina Bodin de Moraes, escrevendo sobre a construção da sociedade solidária e a distribuição de justiça social, imputa ao Estado e aos cidadãos a responsabilidade pela construção dessa sociedade solidária, recordando que valores humanos novos são acrescentados aos antigos compondo-se, ambos, com a finalidade de garantir a distribuição da justiça social, corroborando a proteção e construção da sociedade solidária, e lembrando

29. Bento XVI, "Discurso proferido no Parlamento da Alemanha, no Palácio Reichstag de Berlim", cit., *Jornal L'Osservatore Romano*.

> que o projeto de uma sociedade livre, justa e solidária contraria a lógica da competição desmedida e do lucro desenfreado, presentes em situações jurídicas subjetivas de cunho patrimonial (o ambiente do ter) – situações próprias, aliás, de um sistema capitalista sem qualquer moderação, sem valores sociais a proteger (...). Esta lógica foi, por determinação constitucional, substituída pela perspectiva solidarista, em que a cooperação, a igualdade substancial e a justiça social se tornam valores precípuos do ordenamento, que está contido na cláusula de tutela da dignidade da pessoa humana. (...). Não se trata, como já se advertiu em outra oportunidade, somente de impor limites à liberdade individual, atribuindo inteira relevância à solidariedade social ou vice-versa: o princípio cardeal do ordenamento é o da dignidade humana, que se busca atingir através de uma medida de ponderação que oscila entre os dois valores, ora propendendo para a liberdade, ora para a solidariedade.[30]

A construção da sociedade solidária está em permanente sintonia com o exercício da cidadania, devendo andar em parelha com os direitos humanos e fundamentais, já conquistados e a serem granjeados. A luta vigilante e contínua travada pelos direitos humanos é marcada por violências, como massacres, exclusões, discriminações, intolerâncias e preconceitos, entre outras, e registra episódios paradigmáticos da sociedade. Percebe-se a necessidade de se percorrer, ainda, um longo caminho na busca da efetivação da sociedade solidária, consolidando-se a cidadania e o respeito aos direitos fundamentais.

Participar da construção dos destinos de sua própria Nação *é* sentir-se cidadão responsável pelo bom funcionamento das instituições, interessando-se e integrando-se às atividades sociais realizadas pelo Estado e pela coletividade a que pertence, o que lhe permite impor postura firme e altaneira de cidadão e participar da construção contínua da sociedade solidária. A sociedade solidária realiza a dignidade humana, fortalece o exercício da cidadania e desenvolve a consciência do "homem-ecológico".

Ser cidadão é ser sujeito de direitos, consciente. É ser digno perante os seus semelhantes, tendo respeitados: a vida, a liberdade, a igualdade

30. Maria Celina Bodin de Moraes, "O princípio da solidariedade", disponível em: <http://www.idcivil.com.br/pdf/biblioteca9.pdf>, acesso em 20.2.2012.

de direitos, a moradia, o meio ambiente sadio e ecologicamente equilibrado, entre outros direitos civis, políticos, sociais e coletivos. A cidadania oferta direitos ao homem e lhe impõe deveres. Pertencer à Nação, à sociedade solidária, à comunidade, à família *é* ter responsabilidades perante estas e perante o Estado, que auxilia o funcionamento da marcha social. Ter os direitos concretizados e cumprir os deveres e as responsabilidades impostas justificam a cidadania, podendo efetivar o bem comum.

A cidadania é direito conquistado pela luta dos direitos humanos que vem combatendo violências sofridas pela humanidade. Todas as gerações (ou dimensões) dos direitos humanos, ao realizarem as necessidades e interesses dos homens e dos grupos de homens, afastam as violências cotidianas que se manifestam por sofrimentos, destruições, maus-tratos, desrespeitos e abandonos, entre outros.

Os direitos humanos de primeira dimensão – os civis e os políticos – compreendem as liberdades clássicas, negativas ou formais, que fortalecem o princípio da liberdade; os direitos de segunda dimensão se reportam aos direitos sociais, econômicos e culturais, abrangendo as liberdades positivas ou concretas, que fortalecem o princípio da igualdade; os direitos de terceira dimensão concretizam os direitos de titularidade coletiva e/ou difusa, que se referem às coletividades sociais que consagram o princípio da solidariedade, buscando a união fraterna dos homens. Atualmente, estão sendo apresentadas ao cenário social dos direitos outras dimensões dos direitos humanos, abrangentes dos direitos relativos à informação e à genética, entre outros.

A continuidade da luta pelos direitos humanos, os quais são efetivados pelos direitos fundamentais, releva as dignidades do Homem e da Terra, ao salvaguardar o direito ao ambiente sadio e ecologicamente equilibrado e garantir o respeito ao postulado da condição humana, realizando a dignidade de cada um e a de todos os seres – das presentes e futuras gerações; inserindo os excluídos na sociedade; ensinando a todos a educação socioambiental; e tutelando a liberdade, a igualdade, a fraternidade e incentivando o comportamento cooperativo.

Nesse sentido, já se manifestou a autora do presente texto:

> Os postulados da dignidade da condição humana e do dever de respeito à ecologia estão protegidos constitucionalmente e podem e devem

ser efetivados, praticando-se a solidariedade. Aliás, a concretização desses postulados é meta jurídica a ser eticamente alcançada por todos e para todos, observada a missão do direito de promover a efetividade da justiça e da paz social, que são desdobramentos desses postulados.[31]

Lembra-se de que parte da doutrina contemporânea prefere a aclamação da paz, realçando ideais humanitários, promotores da vida e da liberdade de todos os seres, ao invés da exaltação contra a violência, entre os quais se situa Luc Ferry, que invoca o amor para tratar das tendências contemporâneas, afirmando que a nova revolução social será feita pelo amor, o que envolve a consideração da família contemporânea.[32]

Hannah Arendt, nos estudos que realiza sobre "*Polis* e da Família", se dirige aos interesses das esferas social e política para reportar-se aos interesses social e coletivo, afirmando que neste mundo moderno há menos diferença entre as esferas social e política do que no passado. Diz que o fato de que "a política é apenas uma função da sociedade – de que a ação, o discurso e o pensamento são, fundamentalmente, superestruturas, assentadas no interesse social (...)", significou para Marx premissa incontestável, recebida dos economistas e políticos da era moderna. Alega que "esta funcionalização torna impossível perceber qualquer grande abismo entre as duas esferas", *não* se tratando de questão teórica ou ideológica, porque a ascensão social, ou seja, sendo elevados ao nível público, o lar doméstico ou as atividades econômicas "a administração doméstica e todas as questões antes pertinentes à esfera privada da família transformaram-se em interesse coletivo (...)". Lembra, ainda, que "No mundo moderno, as duas esferas constantemente recaem uma sobre a outra, como ondas no perene fluir do próprio processo da vida".[33]

A mesma autora, ao referir-se à ascensão da esfera da família à esfera pública, ocorrida na Idade Média, e invocar a Igreja Católica para localizar a cidadania, afirma que o desaparecimento dos empecilhos diários que os antigos transpunham "para transcender a estreita esfera da família e 'ascender' à esfera política é fenômeno essencialmente mo-

31. Regina Vera Villas Bôas, "Concretização dos postulados da dignidade da condição humana e da justiça", *Revista de Direito Privado*, Ed. RT, ano 12, n. 47, jul./set. 2011, pp. 209-241.

32. Luc Ferry, 2012.

33. Hannah Arendt, *A Condição Humana*, cit., pp. 42-43.

derno". Lembra que os empecilhos, considerados perfeitos abismos "entre o privado e o público ainda existia[*m*] de certa forma na Idade Média", muito embora tivessem perdido a importância e mudado de localização. Afirma que "após a queda do Império Romano, foi a Igreja Católica que ofereceu ao homem um substituto para a cidadania antes outorgada exclusivamente pelo governo municipal".[34]

Traz à baila características medievais como a tensão existente entre a treva cotidiana e o esplendor do sagrado, lembrando a elevação do secular ao plano religioso, que correspondia à elevação do plano privado ao público, ocorrido na Antiguidade, assim lecionando: "A tensão medieval entre a treva da vida diária e o grandioso esplendor de tudo o que era sagrado, com a concomitante elevação do secular para o plano religioso, corresponde em muitos aspectos à ascensão do privado ao plano público da antiguidade". Recorda que a Igreja, mesmo tornando-se secular, antiga, mundana, ainda agrupava a comunidade de crentes, apesar da preocupação extraterrena. Diz que só com dificuldade se podia equacionar o público com o religioso, e que a esfera secular, no feudalismo, era aquilo que a esfera pública havia sido na Antiguidade, relatando a autora, com base em E. Levasseur, que "Sua principal característica foi a absorção de todas as atividades para a esfera do lar (onde a importância dessas atividades era apenas privada) e, consequentemente, a própria existência de uma esfera pública".[35]

> Anota, por derradeiro, que no trajeto histórico da humanidade a *cidade-estado e a esfera pública podem ter surgido às custas da esfera privada da família e do lar*, afirmando que em Atenas se pode ver o ponto de transição na legislação de Solon, e concorda com Fustel de Coulanges[36] que vê na lei ateniense que tornou o dever filial de sustento dos pais, a prova da perda do poder paterno, ficando *o poder paterno limitado, somente quando entrava em conflito com os interesses da cidade*, nunca em prol de um indivíduo da família.[37]

34. R. H. Barrow, The Romans, 1953, p. 194. *apud* Arendt, 2007, p. 43.
35. Idem, ibidem, p. 43, nota de rodapé n. 25.
36. Fustel de Coulanges, *A Cidade Antiga*, Rio de Janeiro, Ediouro, 2004, pp. 315-316.
37. Hannah Arendt, *A Condição Humana*, cit., p. 38, nota de rodapé n. 25.

Hannah Arendt traz em suas lições momentos em que os interesses privados, públicos e coletivos se aproximaram, alertando para a formação e para importância das esferas da família e do lar que apresentavam funções sociais, e para a esfera política, que equivalia a uma função social, reportando-se aos interesses social e coletivo.

Se, *de um lado*, o texto de Arendt (2007) se refere à Idade Média e à Antiguidade, argumentando sobre as esferas pública e privada, social e política; sobre os planos religioso, do lar e público; sobre os interesses público, social e coletivo; *de outro lado*, Faria ensina sobre a crise atual do Estado, cujos mecanismos sociais, econômicos e jurídicos de regulação não mais funcionam. Diz que o Estado Nacional não é capaz de solucionar "*seja de modo autoritário ou em negociação* com os principais atores sócio-políticos nacionais, os problemas sociais e econômicos atuais", sendo causa principal o fenômeno da globalização.[38] Alerta para o fato de que, atualmente, não há interesse dos subsistemas particular, político, jurídico, econômico ou moral pela direção da sociedade, devido à grande complexidade do sistema social.[39]

Finaliza o autor lembrando que "o direito reflexivo contribui para a legitimação *ex post* da 'volta' dada pelo Estado Moderno à sua origem e pelo direito, por causa do desenvolvimento da sociedade capitalista". Diz ele que a emergência de inúmeras instâncias – de instituições parciais e particulares de regulação de sociedade, que são capazes de se transfigurar em lugares e momentos de emancipação e de participação popular ou em feudos – de decisões, aliada à interpretação entre o público e o privado, concorrem com o Estado, crescendo o intervalo entre a realidade dos fatos e a lei estatal.[40]

4. Notas finais sobre a temática

Novas doutrinas e atitudes surgem, exaltando os valores humanos, combatentes das atitudes irreflexivas e desprovidas de fundamentos hu-

38. André-Noël Roth, "O direito em crise: Fim do Estado Moderno?", in José Eduardo Faria (org.), *Direito e Globalização Econômica – Implicações e Perspectivas*, 1ª ed., 3ª tir., São Paulo, Malheiros Editores, 2010, pp. 17-18.

39. José Eduardo Faria, *Direito e Globalização Econômica: Implicações e Perspectivas*, 1ª ed., 3ª tir., São Paulo, Malheiros Editores, 2010, p. 22.

40. Idem, ibidem, pp. 26-27.

manitários. As novas doutrinas reforçam caminhos que concretizam direitos fundamentais, manifestados conforme os anseios do homem contemporâneo, que guarda nos seus ideários valores que realizam a paz e o amor, que segundo Luc Ferry promovem um novo humanismo.[41]

A violência produz vítimas que são pessoas que sofrem danos – materiais e/ou morais – sozinhas, em grupo, coletivamente ou difusamente, sendo agredidas de tal maneira que passam a sentir que a essência de seus direitos foi violada.

Lembra-se de que a dignidade como valor-atributo da pessoa humana guarda similitude com o princípio da dignidade da pessoa humana, passando a valer como regra ao compor o texto da Declaração Universal dos Direitos do Homem de 1948 (ONU) e da Convenção sobre os Direitos da Criança, que incorporou a dignidade humana como princípio-regra e fundamento da ordem jurídica constitucional (art. 1º, III, da CF/1988).

A dignidade é valor inerente a toda pessoa humana. É reconhecida pelas Constituições dos Estados democráticos que se inspiraram na Declaração Universal dos Direitos do Homem de 1948, reconhecimento esse que, em si só, não se basta, tendo em vista que a concretização da dignidade humana necessita ser positivada pelo mundo jurídico, que a transforma em direito fundamental, impondo-lhe o respeito devido.

A dignidade da pessoa humana se origina da sua própria essência e não do ordenamento jurídico, que deve protegê-la, tutelá-la e mantê-la. Da essência da pessoa humana emergem os seus direitos naturais, que são reconhecidos pela Declaração Universal dos Direitos do Homem (ONU, 1948), sendo todos elementares à concretização do postulado da dignidade. São direitos inerentes à pessoa humana e, também, considerados universais.[42]

Em uma sociedade solidária e justa é elementar a efetivação da dignidade, que se manifesta pelo respeito ao direito do homem, do idoso, do consumidor, do portador de necessidades especiais, das minorias, da criança e do adolescente, dos animais e do meio ambiente, entre outros; e que exalta as dignidades do "homem-ecológico" e da Terra, que acolhe a todos os seres vivos e exalta o respeito ao meio ambiente sadio e

41. Luc Ferry, 2012.

42. Ingo Wolfgang Sarlet, *Dignidade da Pessoa Humanos e Direitos Fundamentais na Constituição Federal de 1988*, 3ª ed., Porto Alegre, Livraria do Advogado, 2004, p. 126.

ecologicamente equilibrado, na esteira da lição de Casalta, que afirma: "o ambiente para além de constituir o suporte de um diversificado conjunto de tarefas estaduais se assume como um indiscutível direito fundamental";[43] e dos ensinamentos de Aragão, que afirma que o ambiente "deve ser considerado em primeiro plano como o direito à vida, à propriedade e à saúde".[44]

Um dos caminhos que concretiza o postulado da dignidade da pessoa humana e também o da proteção integral da criança e do adolescente é aquele que destina a todos – crianças, adolescentes, adultos – uma educação construtiva e preventiva, que se fundamenta nos direitos da cidadania e na sociedade solidária, que busca eliminar a violência, construindo a paz mundial. Essa educação ensina o exercício da cidadania com base no conhecimento dos direitos humanos e fundamentais, mostrando a necessidade de respeitar o próximo, de preservar a natureza e entender as questões ambientais em favor da vida e das dignidades presente e futura.

Recorda-se, ainda, o pensamento do Ministro Carlos Ayres Britto, que conclama o constitucionalismo contemporâneo não para ultrapassar a efetivação dos valores liberdade e igualdade, mas para mostrar a necessidade de se consolidar um Estado Fraternal.

> Efetivamente, se considerarmos a evolução histórica do Constitucionalismo, podemos facilmente ajuizar que ele foi liberal, inicialmente, e depois social. Chegando, nos dias presentes, à etapa fraternal da sua existência. Desde que entendamos por Constitucionalismo Fraternal esta fase em que as Constituições incorporam às franquias liberais e sociais de cada povo soberano a dimensão da Fraternidade; isto é, a dimensão das ações estatais afirmativas, que são atividades assecuratórias da abertura de oportunidades para os segmentos sociais historicamente desfavorecidos, como, por exemplo, os negros, os deficientes físicos e as mulheres (para além, portanto, da mera proibição de preconceitos). De

43. Nabais Casalta, "Direito tributário ambiental", in Heleno Taveira Torres (coord.), *Direito Tributário Ambiental*, São Paulo, Malheiros Editores, 2005, pp. 412-443.

44. Maria Alexandra de Sousa Aragão, José Eduardo de Oliveira Figueiredo Dias e Cláudia Maria Cruz Santos, in José Joaquim Gomes Canotilho (coord.), *Introdução ao Direito do Ambiente*, Lisboa, Universidade Aberta, 1998.

> par com isso, o constitucionalismo fraternal alcança a dimensão da luta pela afirmação do valor do desenvolvimento, do meio ambiente ecologicamente equilibrado, da democracia e até certos aspectos do urbanismo como direitos fundamentais. Tudo na perspectiva de se fazer da interação humana uma verdadeira comunidade; isto é, uma comunhão de vida, pela consciência de que, estando todos em um mesmo barco, não têm como escapar da mesma sorte ou destino histórico.[45]

Dentro da estrutura e conjuntura do constitucionalismo fraterno, defendido pelo Ministro Britto, o "Estado social democrático de direito" ganha força sem afastar as conquistas já consolidadas pelos direitos humanos e direitos fundamentais, garantindo-lhes a dimensão da solidariedade e das justiças social e distributiva, que realizam o bem comum da coletividade, a partir de uma melhor distribuição dos bens.

As atitudes de não violência e de respeito às dignidades do Homem e da Terra podem possibilitar à sociedade contemporânea a concretização da solidariedade, realizando-se o "Estado de direito democrático", ou o "Estado social democrático de direito", invocado pelo Ministro Britto, incentivando atitudes de cooperação entre todos, em busca da sonhada harmonia social que resolva as necessidades, interesses e direitos de todos.

No contexto internacional, a influenciar o nacional, desperta o pensamento de Luc Ferry, que lança duas questões interessantes para realizar reflexões a respeito do significado cultural da Europa, no contexto contemporâneo: "a) o que pode ser comum entre as velhas nações europeias a não ser as separações culturais pertencentes às identificações nacionais particulares?; b) superando as suas diferenças, como se pode considerar conjuntamente, questões que apresentam dimensão transnacional, como é caso das ambientais?"[46]

Diz o autor que são lançadas duas ideias básicas de nação para refletir-se sobre as questões colocadas, ideias essas que colocam em confronto os pensadores tradicionais com os adeptos da modernidade e,

45. Carlos Ayres Britto, *Teoria da Constituição*, Rio de Janeiro, Forense, 2006, p. 216.

46. Luc Ferry, *A Nova Ordem Ecológica: a Árvore, o Animal e o Homem*, trad. de Rejane Janowitzer, Rio de Janeiro, Difel, 2009, pp. 245-246.

também, os cosmopolitas com os nacionalistas. Assim, o primeiro pensamento tem apoio na concepção étnica originária do romantismo germânico, que compreende a cidadania conforme "o pertencimento a uma língua, uma raça, a uma cultura", ou seja, "a tudo o que não se escolhe". A outra ideia tem início na Revolução de 1789, determinando o "reagrupamento voluntário dos indivíduos, conforme os princípios universais", como é o caso da grande Declaração Universal, e "baseia-se na visão voluntarista que se dirige ao nascimento do individualismo moderno, conforme ensinado por Louis Dumont".[47]

Conclui o autor que, escondido de maneira insensata na ideia exposta, está

> o que o pensamento alemão trouxe ao ideal democrático e o que, na França, contribuiu para a formação das doutrinas fascistas e paternalismos coloniais, estando presentes na concepção republicana tanto a referência a princípios abstratos como a da identidade comunitária, e fazendo a diferença do conceito moderno de nação, que designa ao mesmo tempo uma identidade cultural específica e uma pretensão à universalidade.[48]

Afirma, nessa linha, que não há necessidade de se optar entre o nacionalismo romântico e o cosmopolitismo desencarnado.[49]

E, por fim, diz que existem questões que não podem mais ser discutidas somente nacionalmente, como é o caso da bioética, da ecologia e da defesa militar, fato que pode (ou não) significar estarem obsoletas de conteúdos a política nacional e a forma do Estado-nação, na visão dos ecologistas ou dos ultraliberais. Afirma que não é a melhor opção renunciar ao nacional em prol de uma bipolaridade do local e do internacional, sendo mais prudente articular os três níveis, razão pela qual é imperiosa a realização de reflexões verticalizadas sobre o papel exercido pelas instituições europeias e sobre o modo como elas podem reputar as exigências legítimas das políticas nacionais, o que deve ser mostrado com transparência aos cidadãos.[50]

47. Idem, ibidem, pp. 245-246.
48. Idem, ibidem, pp. 245-246.
49. Idem, ibidem, pp. 245-246.
50. Idem, ibidem, pp. 245-246.

O pensamento exposto por Ferry pode servir de reflexão para todos, europeus e não europeus, tendo em vista que o respeito à dignidade do Homem e da Terra, discutida no âmbito da presente pesquisa, significa uma realidade universal. A concretização da solidariedade, da cidadania e do "Estado de direito democrático", que desejam a harmonia social, a vida, a paz e a sustentabilidade, passa pela reflexão sobre os níveis expostos por Ferry e sobre os destinos que lhes serão traçados.

Bibliografia

ALKIMIN, Maria Aparecida (org.). *Bullying: Visão Interdisciplinar*. Campinas, Alínea, 2011.

ARAGÃO, Maria Alexandra de Sousa; DIAS, José Eduardo de Oliveira Figueiredo; SANTOS, Cláudia Maria Cruz. In CANOTILHO, José Joaquim Gomes (coord.). *Introdução ao Direito do Ambiente*. Lisboa, Universidade Aberta, 1998.

ARENDT, Hannah. *A Condição Humana*. 10ª ed., trad. de Roberto Raposo, posfácio de Celso Lafer. Rio de Janeiro, Forense Universitária, 2007.

________. *Da Violência*. Trad. de Maria Claudia Drummond Trindade. Brasília, Editora Universidade de Brasília, 1985.

________. *The Jewish as Pariah: Jewish Identity and Politic in the Modern Age*. New York, Grover Press, 1978.

BECK, Ulrich. *World Risk Society*. Cambridge, Polity Press, 1999.

BENTO XVI. "Discurso proferido no Parlamento da Alemanha, no Palácio Reichstag de Berlim", em 22.9.2011. *Jornal L'Osservatore Romano*. 23.9.2011.

BOBBIO, Norberto. *A Era dos Direitos*. trad. de Carlos Nelson Coutinho. Apresentação de Celso Lafer. Rio de Janeiro, Elsevier, 2004.

BOFF, Leonardo. "A Terra sujeito de dignidade e de direitos". Texto produzido para homenagear o dia Internacional da Mãe Terra, em 22.4.2010.

________. "Refundação da dignidade humana a partir da nova cosmologia". *Cadernos Fé e Política*. Petrópolis, v. 7, 1992.

________. *Saber Cuidar: Ética do Humano – Compaixão pela Terra*. 8ª ed. Petrópolis, Vozes, 2002.

BRITTO, Carlos Ayres. *Teoria da Constituição*. Rio de Janeiro, Forense, 2006.

CANOTILHO, J. J. Gomes; MOREIRA, Vital. *Constituição da República Portuguesa Anotada*. 3ª ed. Coimbra, Coimbra Editora, 1993.

CASALTA, Nabais. "Direito tributário ambiental". In TORRES, Heleno Taveira (coord.). *Direito Tributário Ambiental*. São Paulo, Malheiros Editores, 2005, pp. 412-443.

COMPARATO, Fábio Konder. *A Afirmação Histórica dos Direitos Humanos*. 7ª ed. rev. e atual. São Paulo, Saraiva, 2010.

CORALINA, Cora. *Melhores Poemas/Cora Coralina*. Seleção de Darcy França Denófrio. São Paulo, Global, 2004.

COULANGES, Fustel de. *A Cidade Antiga*. Rio de Janeiro, Ediouro, 2004.

DE MASI, Domênico (org.). *A Sociedade Pós-industrial*. 3ª ed., trad. de Luiz Sérgio N. Henriques, Marco A. Nogueira, Renato Ambrósio, Anna M. Capovilla e Maria C. G. Cupertino. São Paulo, Senac, 2003.

FARIA, José Eduardo. *Direito e Globalização Econômica: Implicações e Perspectivas*. 1ª ed., 3ª tir. São Paulo, Malheiros Editores, 1998.

FERRY, Luc. *A Nova Ordem Ecológica: a Árvore, o Animal e o Homem*. Trad. de Rejane Janowitzer. Rio de Janeiro, Difel, 2009.

________. "Revolução do amor". *O Estado de São Paulo*. Ano III, n. 116, S4, 8.6.2012.

GIANNETTI, Eduardo. "A aceleração consumista". *O Estado de São Paulo*. J1 e J4, Aliás, Domingo, 19.8.2012.

GIDDENS, Anthony. *Modernidade e Identidade*. Trad. de Pinto Dentzien. Rio de Janeiro, Jorge Zahar, 2002.

KANT, Emmanuel. *Fundamentos da Metafísica dos Costumes*. Lisboa, Didáctica Ed., 1999.

LAFER, Celso. *A Reconstrução dos Direitos Humanos: um Diálogo com o Pensamento de Hannah Arendt*. São Paulo, Companhia das Letras, 1988.

LIPOVETSKY, Gilles. *A Era do Vazio: Ensaios sobre o Individualismo Contemporâneo*. Trad. de Therezinha Monteiro Deutsch. Barueri, Manole, 2005.

MALUF, Sahid. *Teoria Geral do Estado*. 25ª ed. atual. pelo prof. Miguel Alfredo Malufe Neto. São Paulo, Saraiva, 1999.

MENDES, Gilmar Ferreira. *Direitos Fundamentais e Controle de Constitucionalidade*. 2ª ed. São Paulo, Celso Bastos Editor, 1999.

MORAES, Maria Celina Bodin de. "O princípio da solidariedade". Disponível em: <http://www.idcivil.com.br/pdf/biblioteca9.pdf>. Acesso em: 20.2.2012.

MORIN, Edgar. *Ciência com Consciência*. Trad. de Maria D. Alexandre e Maria Alice Sampaio Dória. 14ª ed. rev. e modif. pelo autor. Rio de Janeiro, Bertrand Brasil, 2010.

________. *Introdução ao Pensamento Complexo*. 3ª ed., trad. de Eliane Lisboa. Porto Alegre, Sulina, 2007.

MORTATI, Constantino. *Istituzioni di Diritto Pubblico*. 8ª ed., vol. II. Padova, Cedam, 1969.

PIERUCCI, Flávio Antônio. *O Desencantamento do Mundo: Todos os Passos do Conceito em Max Weber*. São Paulo, Ed. 34, 2003.

SANTOS, Boaventura de Sousa. *Um Discurso sobre as Ciências*. 4ª ed. São Paulo, Cortez, 2006.

SARLET, Ingo Wolfgang. *A Eficácia dos Direitos Fundamentais*. 4ª ed. Porto Alegre, Livraria do Advogado, 2004.

_______. *Dignidade da Pessoa Humana e Direitos Fundamentais na Constituição Federal de 1988*. 3ª ed. Porto Alegre, Livraria do Advogado, 2004.

_______. "Os direitos fundamentais sociais na Constituição de 1988". *Diálogo Jurídico*. Salvador, CAJ, ano I, v. I, n. 1, abr. 2001. Disponível em: <http://www.direitopublico.com.br/pdf_seguro/revista-dialogo-juridico-01-2001-ingo-sarlet.pdf>.

SILVA, Virgílio Afonso da. *Direitos Fundamentais: Conteúdo Essencial, Restrições e Eficácia*. 2ª ed. São Paulo, Malheiros Editores, 2010.

TIBURI, Márcia. "Humilhação". Disponível em: <http://revistacult.uol.com.br/home/2012/03/humilhacao/>. Acesso em: 11.9.2012.

VILLAS BÔAS, Regina Vera. "Concretização dos postulados da dignidade da condição humana e da justiça". *Revista de Direito Privado*. São Paulo, Ed. RT, coord. Nelson Nery Jr. e Rosa Maria Nery, ano 12, n. 47, jul./set. 2011.

_______. "Perfis dos conceitos de bens jurídicos". In MENDES, Gilmar Ferreira; STOCO, Rui (orgs.). *Doutrinas Essenciais: Responsabilidade Civil, Penal, Empresarial, Tributário, Ambiental, Consumidor, Constitucional, Obrigações e Contratos, Direito Penal Econômico, Família e Sucessões e Direitos Humanos*. vol. IV, 1ª tir., Cap. 4. São Paulo, Ed. RT, 2011. Edições Especiais. 100 anos. Ano 100, junho de 2011.

_______. "Perfis dos conceitos de bens jurídicos". *Rev. de Direito Privado*. Coord. Nelson Nery Jr. e Rosa Maria de Andrade Nery. São Paulo, Ed. RT, ano 10, n. 37, pp. 209-241, jan./mar. 2009.

_______. *Visão Difusa do Direito: Vieses da sua Complexidade Através de um Olhar Sistêmico*. Tese de 2º Doutorado defendida na PUC-SP, em 2009.

YUTANG, Lin. *A Importância de Viver*. 6ª ed., trad. de Mário Quintana. Porto Alegre, Ed. Globo, 1950.

ZYGMUNT, Bauman. *O Mal-estar da Pós-Modernidade*. Trad. de Claudia Gama Martinelli e Mauro Gama. Rio de Janeiro, Jorge Zahar, 1997.

DISCRICIONARIEDADE ADMINISTRATIVA E DESCUMPRIMENTO DA LEI ORÇAMENTÁRIA PELA DECISÃO DE NÃO GASTAR

Régis Fernandes de Oliveira

Mestre e Doutor em Direito pela PUC-SP – Professor Titular da USP.

Introdução

Este artigo analisa o poder discricionário da Administração Pública em matéria orçamentária, focando, em especial, a questão da limitação de empenho ou contingenciamento.

Pode o chefe do Poder Executivo decidir quando exerce a suspensão das despesas previstas na Lei orçamentária? O orçamento é lei que obriga? Qual a relação entre discricionariedade administrativa e orçamento?

São questões que ainda estão em aberto na doutrina e na jurisprudência. Partindo da análise do conceito de orçamento e sua evolução no tempo, aliadas a conceitos e teorias multidisciplinares clássicas e contemporâneas, é possível sinalizar os rumos a serem perseguidos para se estabelecer novos contornos do direito orçamentário baseado em novos paradigmas.

É importante refletir sobre o orçamento a partir da concepção de um Estado Social que encontra na Constituição Federal o seu alicerce.

É certo que o orçamento público é influenciado pelo contexto histórico. Penso ser o momento de repensarmos a função do Estado à luz do constitucionalismo contemporâneo, que prega maior integração dos direitos fundamentais do cidadão.

1. Orçamento público. Evolução conceitual

Falar sobre orçamento exige estudo prévio de alguns conceitos para que possamos extrair conclusões mais acertadas sobre o tema da discricionariedade administrativa e o descumprimento da lei orçamentária.

Comecemos pela definição de orçamento na doutrina estrangeira.

O orçamento público, em sua acepção mais elementar, é compreendido como a ação do Estado de estimar, orçar, de avaliar. Deriva do verbo orçar, que provém do italiano *orzare*.

Paul Leroy-Beaulieu, com base na sua experiência teórica e prática sobre impostos e orçamentos, editou, em 1876, a clássica obra *Traité de la Science des Finances*,[1] na qual define o orçamento – *budget* – como sendo um rol de previsão das receitas e das despesas durante um período determinado; é um quadro estimativo e comparativo das receitas a realizar e das despesas a efetuar.

Em 1889, René Stourm publicou sua obra *Le Budget, son Histoire et son Mécanisme*, na qual ponderou que o orçamento não é um rol nem um quadro. Contrariando a definição de orçamento adotada pelo Dicionário da Academia Francesa, Stourm sustentou que o orçamento do Estado é um ato contendo a aprovação prévia das receitas e das despesas públicas.[2]

1. Paul Leroy-Beaulieu, *Traité de la Science des Finances*, Paris, Lib. Guillaumin, 1876.

2. René Stourm, *Le Budget, son Histoire et son Mécanisme*, Paris, Lib. Guillaumin, 1889.

Louis Trotabas e Jean-Marie Cotteret esclarecem que "le droit budgétaire a pour objet de permettre aux collectivités publiques de remplir toutes leurs attributions par des moyens financiers".[3] Trata-se, pois, de estabelecer regras que assegurem a gestão financeira dos órgãos, determinando-lhes e encarregando-os da gestão financeira e dando os procedimentos para sua execução. Efetuam a análise de um decreto de 1862 que define o orçamento como "o ato pelo qual são previstas e autorizadas as receitas e as despesas anuais do Estado ou de outros serviços que as leis assujeitam às mesmas regras".[4]

Léon Duguit afirma que se designa orçamento "un acte très complexe, et qui, depuis quelques années surtout, contient des dispositions de nature et d'ordre très divers".[5] A palavra vem da língua política da Inglaterra, mas emprestada do velho francês – *boudgette* – significando "pequena bolsa". "Il prit en Angleterre le sens spécial de bourse du roi, de trésor royal".[6]

O economista W. F. Willoughby entende que

> o orçamento é algo mais que uma simples previsão da receita ou estimativa de despesa. É – ou deve ser –, ao mesmo tempo, um relatório, uma estimativa e uma proposta. É – ou deve ser – um documento por cujo intermédio o chefe do Executivo, como autoridade responsável pela conduta dos negócios do governo, apresenta-se à autoridade a quem compete criar fontes de renda e conceder créditos e faz perante ela uma exposição completa sobre a maneira por que ele e seus subordinados administraram os negócios públicos no último exercício; é – ou deve ser – o documento em que expõe a situação do tesouro público no momento.[7]

O orçamento, conforme elucidam Bouvier, Esclassan e Lassale, tornou-se um instrumento conjuntural.[8]

3. Louis Trotabas e Jean-Marie Cotteret, *Droit Budgétaire et Comptabilité Publique*, 5ª ed., Paris, Dalloz, 1995, p. 5.

4. Idem, ibidem, p. 66.

5. Léon Duguit, *Droit Constitutionnel*, 2ª ed., t. 4º, Paris, De Boccard, 1927, p. 432.

6. Idem, ibidem.

7. W. F. Willoughby apud Guilherme Moojen, *Orçamento Público*, Rio de Janeiro, Edições financeiras, 1959, pp. 24-25.

8. Michel Bouvier, Marie-Christine Esclassan e Jean-Pierre Lassale, *Finances Publiques*, Paris, Générale de Droit et Jurisprudence, 2000.

Fernand Baudhuin evidencia as diferenças entre os orçamentos particulares e os públicos. Na sua visão, os particulares ajustam suas despesas às suas receitas, enquanto o Estado ajusta suas receitas às suas despesas.[9]

Nessa esteira, Paul Laband explica que "estudar o orçamento é penetrar, pois, no fundo dos problemas constitucionais e, particularmente, nos regimes democráticos com separação de poderes, é expor o estudo das relações entre o Poder Legislativo e o Poder Executivo com relação ao ciclo orçamentário (elaboração, aprovação, execução e controle)".[10] Passemos para os posicionamentos da doutrina nacional.

Para Alberto Deodato, "todo orçamento é um estado de previsão. Orçar é prever receita e fixar despesa". Amparado pela doutrina italiana de Francesco Nitti, segue afirmando que "os métodos de previsão e avaliação inspiram-se todos nas ideias seguintes: para bem prever e avaliar, é indispensável apoiar-se em fatos já realizados".[11]

James Giacomoni leciona que

> o orçamento público é caracterizado por possuir uma multiplicidade de aspectos: político, jurídico, contábil, econômico, financeiro, administrativo, etc. Seu conceito tem sofrido significativas mudanças ao longo do tempo, em decorrência da evolução de suas funções, hoje, marcadamente diversas daquelas que o distinguiam no passado. Assim, o entendimento de sua conceituação atual fica facilitado a partir da análise que caracterizou a transformação de seus papéis principais, que, por sua vez, determinaram alterações na importância relativa de cada um dos aspectos citados. Uma classificação bastante simples é a que divide a história da evolução conceitual do orçamento público em duas fases: o orçamento tradicional e o orçamento moderno.[12]

9. Fernand Baudhuin, *Précis de Finances Publiques*, 12ª ed., Bruxelas, Estab. Emile Bruylant, 1951.

10. Paul Laband, *Derecho Presupuestario*, por Álvaro Rodrigues Bereijo, Madri, Instituto de Estudios Fiscales, 1979, p. XI.

11. Alberto Deodato, *Manual de Ciência das Finanças*, 3ª ed., São Paulo, Saraiva, 1949, pp. 215-216.

12. James Giacomoni, *Orçamento Público*, 15ª ed., São Paulo, Atlas, 2010, p. 54.

No magistério de Aliomar Baleeiro, "a origem do orçamento não se prende a elucidações de técnicas nem à preocupação de racionalizar a máquina financeira. Uma pequena e multissecular cadeia de lutas políticas tornou a elaboração orçamentária indispensável ao equilíbrio dos interesses antagônicos em volta do poder".[13]

O orçamento clássico limitava-se a uma planilha com projeção de receitas e despesas a serem executadas no exercício. Havia previsão do gasto, somente. Não previa planejamento de ações visando a minimizar problemas do Estado com educação, saúde, entre outras necessidades públicas, nem mesmo objetivando propósitos, programas ou custos de maneira eficiente. Era apenas um documento formal, indicando o que o governo iria adquirir durante o exercício, sem qualquer ação de planejamento das atividades que o Estado deveria desempenhar. Limitava-se a dotar os órgãos de recursos para pagamentos de material ou pessoal, sem se importar com os objetivos econômicos ou sociais.

Celso Bastos destaca o caráter político do orçamento. Para o jurista, "a finalidade do orçamento é de se tornar um instrumento de exercício da democracia pelo qual os particulares exercem o direito, por intermédio de seus mandatários, de só verem efetivadas as despesas e permitidas as arrecadações tributárias que estiverem autorizadas na lei orçamentária".[14]

Dentro de um contexto político-econômico, conceitua Harada: "O orçamento como veiculador de determinada política financeira do Estado acaba direcionando a política econômica global do Estado. Realmente, por meio do orçamento é possível ao Estado estimular ou desestimular a produção, o consumo e o investimento, ora incrementando a política de gastos públicos (déficit sistemático), ora contendo as despesas, adiando obras e serviços e, ao mesmo tempo, aumentando a carga tributária para absorver o poder aquisitivo dos particulares (superávit orçamentário)".[15]

13. Aliomar Baleeiro, *Uma Introdução à Ciência das Finanças*, 15ª ed., Rio de Janeiro, Forense, 2002, p. 412.

14. Celso Ribeiro Bastos, *Curso de Direito Financeiro e de Direito Tributário*, 2ª ed., São Paulo, Saraiva, 1992, p. 48.

15. Kiyoshi Harada, *Direito Financeiro e Tributário*, 19ª ed., São Paulo, Atlas, 2010, p. 76.

Para Cid Heráclito de Queiroz, "o orçamento, no Estado de Direito, é o ato jurídico, de natureza legislativa, pelo qual, num determinado período de tempo, a receita é estimada e a despesa é autorizada em função dos objetivos da política econômico-financeira e social do governo, observados os preceitos constitucionais pertinentes e os princípios fundamentais da ciência das Finanças".[16]

Nas palavras de Rui Barbosa, "o orçamento é uma instituição inviolável e soberana, havendo a necessidade urgente de fazer dessa Lei das Leis uma força de nação".[17]

Como anota Bilac Pinto, "a Guerra de Independência dos Estados Unidos foi empreendida para a conquista do direito orçamentário, ao preço de imensos sacrifícios...".[18] Na França, a instituição do orçamento ocorreu em 1789.[19]

A instituição orçamentária está vinculada ao governo representativo. No caso do governo autoritário não há falar na responsabilidade que incumbe ao governante de prestar contas. Com o surgimento da representação que limita a autoridade real, há a obrigação de sujeição de planos à população através de seus representantes que os examinam.

Partindo da análise conceitual, e inserindo-nos na discussão, basta a afirmação de que "se cuida de lei em sentido formal, que estabelece a previsão de receitas e despesas, consolidando posição ideológica governamental, que lhe imprime caráter programático. Ao lado de ser lei, é o orçamento plano de governo, mas que deve possuir previsões efetivas de ingressos públicos e previsões reais de despesa, equilibradas com aqueles".[20]

A polêmica, em verdade, afigura-se ociosa. Indisputável que, no Direito brasileiro, trata-se de lei (art. 165 da Constituição Federal) em sentido formal, tal como disciplinado nos arts. 165-169). A iniciativa é

16. Cid Heráclito de Queiroz, "O orçamento público", *Revista Justiça e Cidadania*, São Paulo, n. 96, 2008.

17. Eurico Barbosa, *Rui Barbosa e o Ideal do Tribunal de Contas*, Goiânia, Kelps, 2001, p. 59.

18. Bilac Pinto, *Estudos de Direito Público*, Rio de Janeiro, Revista Forense, 1953, p. 185.

19. Idem, ibidem.

20. Régis Fernandes de Oliveira, *Curso de Direito Financeiro*, 4ª ed., São Paulo, Ed. RT, 2011, p. 305.

do Chefe do Executivo, devendo os demais poderes encaminhar suas propostas para projeto único.

Cuida-se, no entanto, de lei, diferente das demais, porque não tem a tramitação dos demais projetos, tudo se passando na Comissão Especial de Orçamento, sendo temporária (o Projeto de Lei Anual tem duração de quatro exercícios; a Lei de Diretrizes Orçamentárias se projeta por um ano; e a Lei Orçamentária anual tem a mesma vigência).

É, pois: a) lei temporária; cuja b) tramitação se restringe ao âmbito da Comissão Mista; sendo que desta c) não podem participar os mesmos senadores e deputados que a integraram no exercício anterior; cujo d) projeto é de iniciativa exclusiva do chefe do Executivo; e tem e) conteúdo limitado à previsão da receita e à previsão da despesa, salvo créditos suplementares (§ 8º do art. 165 da Constituição Federal).

Diante de tais características podemos avançar no estudo da natureza jurídica do orçamento.

2. *Natureza jurídica do orçamento público*

2.1 A controvérsia – breves considerações. Caráter autorizativo ou vinculante?

Essa talvez seja uma das grandes controvérsias ainda existentes na doutrina e na jurisprudência em matéria de direito financeiro e orçamentário.

Analisemos a ideia central que permeia as principais linhas de orientação sobre a natureza jurídica do orçamento público.

Em primeiro lugar, deve-se assentar que se cuida de lei, porque a Constituição Federal assim determina. No direito positivo não há como tê-lo como mero ato autorizativo, mas como instrumento de programação e planejamento do Estado.

À luz de um Estado Democrático de Direito, o orçamento deixa de ser mera peça de ficção jurídica e passa a ser instrumento fundamental ao exercício da cidadania por ser capaz de garantir a efetivação dos direitos sociais.

É o Estado agindo em nome dos reais anseios da sociedade. A lei orçamentária deve expressar essa vontade.

Caberia discussão sobre o que são os *reais anseios da sociedade*. Fiquemos na afirmativa de que no orçamento o Executivo deve verificar quais são as necessidades públicas estampadas na Constituição e nas leis e trazer para seu conteúdo a alocação adequada de recursos para atendê-las.

Assim entende Luís Roberto Barroso, que afirma: "em um Estado Democrático de Direito, não subsiste a dualidade cunhada pelo liberalismo, contrapondo Estado e sociedade. O Estado é formado pela sociedade e deve perseguir os valores que ela aponta".[21]

Embora seja afirmação que necessita de aprofundamento, em verdade a dicotomia Estado-sociedade é uma constante na Filosofia política. Os interesses *não podem ser contrapostos*, mas quem domina o Estado? Há conveniência na manipulação dos recursos para manutenção da sociedade sob controle? Quem na sociedade enfrenta o governante? A oposição? Quais são os interesses desta?

Realmente, tais indagações ainda embasbacam os estudiosos.

Relembrando os ensinamentos do italiano Renato Alessi,

> o interesse público, coletivo, cuja satisfação deve ser perseguida pela Administração, não se perfaz simplesmente no interesse da Administração enquanto aparato organizacional autônomo, porém aquele que é chamado interesse coletivo primário, sendo este resultante do complexo dos interesses individuais prevalentes em determinada organização jurídica da coletividade, ao passo que o interesse do aparato organizacional que é a Administração se resumirá simplesmente em interesses secundários que se fazem sentir no seio da coletividade e que podem ser realizados somente na medida em que coincidam, e nos limites dessa coincidência, com o interesse coletivo primário.[22]

A análise do autor italiano é exaustivamente compreensiva. No orçamento destaca-se, ou pelo menos deveria ser assim, a satisfação do que se rotula de interesses primários. Os interesses secundários são os

21. Luís Roberto Barroso, *Curso de Direito Constitucional Contemporâneo*, 2ª ed., São Paulo, Saraiva, 2010, p. 70.

22. Renato Alessi, *Principi di Diritto Amministrativo*, 4ª ed., Milão, Giuffrè, 1978, pp. 232-233.

de arrecadação, cujo resultado se destina a perseguir os objetivos primários fixados no ordenamento jurídico.

Ainda que a doutrina majoritária defenda o caráter meramente autorizativo do atual modelo orçamentário, parcela relevante da doutrina e da jurisprudência sinaliza para o surgimento de um novo referencial no qual a lei orçamentária deixa de ser considerada mera peça de ficção, passando a gozar do *status* de lei no sentido material e, portanto, passível de ser exigido o seu efetivo cumprimento.

Nesse sentido, crescem as vozes daqueles que defendem a necessidade de se implantar um modelo impositivo de orçamento, o qual vincule a ação do Estado aos ditames constitucionais, ainda que se permita certa margem de flexibilidade, para garantir o equilíbrio do sistema financeiro.

Como já retratei, o que "era uma atividade discricionária, que ensejava opções ao político na escolha e destinação das verbas, passa a ser vinculada".[23] A questão foi ali desenvolvida. Acrescentei que "é pouco comum ver nos comentaristas de direito público que se preocuparam com o orçamento a afirmação de que o gasto previsto deve ser efetuado. Em verdade, chegamos à clara impressão de que o administrador público não tem opção para inserir ou não na lei orçamentária anual e, pois, nas precedentes leis orçamentárias (plano plurianual e lei de diretrizes orçamentárias) débitos já vencidos".[24]

Evidente está que o legislador tem a *previsão* das receitas e a *fixação das despesas*, tal como reza o § 8º do art. 165 da Constituição Federal. Se, portanto, as receitas se realizam na forma prevista, não há como sofrerem qualquer contingenciamento, porque, tendo ingressado nos cofres públicos, devem sair na forma *fixada*. Não há escolha nem alternativa. Cuida-se de ato vinculado no interior da lei orçamentária.

Não posso imaginar como se discutiu tanto sobre a natureza meramente *dispositiva* do orçamento. Em primeiro lugar, porque é *lei* e como tal deve ser cumprida. Em segundo, porque descabe ao Executivo decidir se gasta ou não os recursos, porque, como atividade subalterna da lei, descabe discutir seu cumprimento. Tem que cumprir o que o Legislativo dispôs. Terceiro aspecto é a realização do gasto, à luz da receita

23. Régis Fernandes de Oliveira, *Curso de Direito Financeiro*, cit., p. 372.
24. Idem, ibidem, p. 374.

disponível. Daí em diante o legislador não pode autorizar qualquer crédito adicional sem que a receita destinada às despesas previstas tenha sido realizada.

Inimaginável, pois, pensar em orçamento meramente autorizativo diante da obrigatoriedade do gasto. Indisputável se afigura que o orçamento, hoje, é vinculativo para o Executivo.

A partir de tal premissa, necessário analisar a natureza jurídica do orçamento.

2.2 Correntes doutrinárias de pensamento

A controvérsia se instaura quando afirmam alguns que se cuida de simples ato administrativo, sem caráter de lei. Para outros, é lei em sentido formal; lei em sentido material; lei material e formal. Terceiros sustentam que é lei em relação à receita e ato administrativo no tocante à despesa. E, por fim, a última classificação que surgiu coloca-o como ato-condição.

Laband entendia que o orçamento não tem qualquer caráter jurídico. Mero expediente de ordem prática. Afirma que "de même que tout chef de famille prévoyant, avant de se lancer dans uns entreprise qui demande de grandes dépenses, doit s'efforcer d'évaluer ces dépenses, de même longtemps avant l'adoption de La forma constitutionnelle de l'État, reconu que l'établissement d'un budget d'État, comme évaluation préalable des frais de l'Administration, de même que l'apurement et la vérification des comptes, constituaient des nécessités indispensables d'une administration d'État bien conduit".[25] De tal forma, o orçamento não seria ato de legislação, considerada como atividade criadora.

Ainda que à luz do Direito alemão se estabelecesse que o orçamento adviesse por lei, o autor entendeu que tal dado era irrelevante. Trata-se de mero plano de gestão financeira. Daí redundaria que eventual agressão a seus ditames não importaria qualquer infração jurídica. Tratar-se-ia à luz do entendimento do autor alemão de "simples ato de administração".[26]

25. Paul Laband, *Le Droit Public de l'Empire Allemand*, vol. 6, p. 267.
26. Ob. cit., p. 327.

A votação parlamentar significaria apenas que se deu autorização para que o governo despenda os recursos.

A matéria vem discutida de forma primorosa por Francisco Campos no artigo "Orçamento – natureza jurídica – anualidade – discriminação de rendas – imposto de indústrias e profissões – movimento econômico – imposto sobre vendas e consignações".[27] O autor desfere duríssimas críticas ao afirmar que: "A doutrina de Laband sobre o orçamento não tem fundamento lógico, nem jurídico".[28]

Gaston Jèze considera o orçamento ato-condição. "A autorização, orçamentária é, assim, condição para que o Governo possa efetuar os gastos constantes da lei de despesa, como para arrecadar os impostos criados em leis anteriores."[29]

As despesas necessitam, realmente, de uma autorização legislativa para que possam ser efetuadas. Em tal sentido, pode-se falar em ato-condição à maneira de Jèze. Mas isso não resolve o problema da dogmática.

Outra corrente, nascida do pensamento do economista alemão Hoennel, classifica a lei de acordo com o seu conteúdo jurídico. Para ele, "o orçamento é sempre uma lei", porque emana de um órgão legiferante (Poder Legislativo). Afirma que tudo aquilo que é revestido sob a forma de lei constitui um preceito jurídico.

Essa orientação encontrou resistência nos argumentos de Laband:

> "É verdade que a forma de lei não poderia fazer do orçamento uma lei, tomando esta palavra em seu sentido material, porque a utilização desta forma em nada altera o conteúdo do orçamento e não supre a ausência do preceito jurídico: porém, não obstante, disso não se infere que o emprego da forma legislativa careça em absoluto de efeito jurídico.
>
> "(...)
>
> "Na verdade, as leis na acepção puramente formal seriam atos administrativos com roupagem de lei, de que o exemplo mais eminente, sus-

27. Francisco Campos, "Orçamento – natureza jurídica – anualidade – discriminação de rendas – imposto de indústrias e profissões – movimento econômico – imposto sobre vendas e consignações", *Revista de Direito Administrativo*, Fundação Getulio Vargas, v. 71, pp. 324-344, 1963.

28. Idem, ibidem, p. 331.

29. Gaston Jèze, *Théorie Générale du Budget*, Paris, Giard, 1922, p. 333.

citador da distinção, era o orçamento. Natureza de leis, na acepção material, teriam, em contraposição, todos os atos do Estado, dotados de normatividade jurídica, proviessem de onde proviessem."[30]

Já a corrente liderada pelo francês Léon Duguit considera o orçamento lei formal, ressalvando que seu conteúdo divide-se em duas partes distintas.

Algumas partes contêm meras autorizações concedidas pelo Poder Legislativo ao Poder Executivo para que este as efetue; em outras, trata-se de lei. Assim, a parte do orçamento relativa às despesas e às receitas originárias seria ato administrativo, enquanto a parte relativa à autorização para cobrança de receitas derivadas deveria ser considerada lei.

Gaston Jèze na obra *Théorie Générale du Budget* defende que o propósito de um orçamento é prever, enumerar, avaliar e confrontar despesas e receitas para o período futuro. Assim, embora tenha o aspecto formal e a aparência de lei, não é lei, não pelo fato de ter vigência por um período determinado, pois isso não lhe tira o caráter de lei, eis que existem leis de vigência transitória, mas, sim, em razão de substância.[31]

Essas foram as correntes de pensamento que mais influenciaram a doutrina jurídica ocidental.

Também merece destaque a orientação de Sainz de Bujanda. Para o jurista espanhol, o orçamento teria efetivamente natureza material, criadora de direitos e inovadora da ordem jurídica. Argumenta, nesse ponto, que o orçamento seria lei em sentido pleno, de conteúdo normativo, com eficácia material constitutiva e inovadora, possuindo mesmo força de lei.[32]

A meu ver, não se trata de mera recomendação. O orçamento é lei.

Já escrevi que:

"Não se pode negar que o orçamento opera alterações na realidade jurídica, permitindo que sejam os tributos exigidos, colocando em posi-

30. Laband apud Dietrich Jesch, *Ley y Administración*, Madri, Instituto de Estudios Administrativos, 1978, p. 17.

31. Gaston Jèze, *Théorie Générale du Budget*, cit., 1922.

32. Fernando Sainz de Bujanda, *Sistema de Derecho financiero*, vol. I, t., I, Madri, Facultad de Derecho de la Universidad Complutense, 1975.

ção de sujeição aqueles que praticarem fatos geradores, dando nascimento à obrigação tributária. Ademais, permite à Administração efetuar a cobrança, lançar, impor restrições e obrigações.

"Outro motivo pelo qual o orçamento deixa de ser mera peça financeira para ser plano de governo é que os fins têm de serem buscados tal como previstos pelo legislador. A posição da Administração Pública é, pois, ancilar das determinações constantes da lei específica."[33]

Nas sábias palavras de Rui Barbosa:

"O primeiro dos requisitos para a estabilidade de qualquer forma de governo constitucional consiste em que o orçamento deixe de ser uma simples combinação formal, como mais ou menos tem sido, sempre, entre nós, e revista o caráter de uma realidade segura, solene, inacessível a transgressões impunes.

"Referimo-nos à necessidade de tornar o Orçamento uma instituição inviolável e soberana, em sua missão de prover às necessidades públicas mediante o menor sacrifício dos contribuintes, a necessidade urgente de fazer dessa lei das leis uma força da nação, um sistema sábio, econômico, escudado contra todos os desvios, todas as vontades, todos os poderes que ousem perturbar-lhe o curso traçado".[34]

Francisco Campos faz exaustiva análise de todos os argumentos. Destrincha-os. Estuda-os. Critica-os e tira suas conclusões.

Reconheço que se trata de uma lei peculiar. E peculiar porque segue ritos muito próprios, com prazos e limitações próprios. E mais, porque da sua inobservância resulta a responsabilidade do chefe do Executivo.

Aliás, o descumprimento das normas orçamentárias é de tal grave ofensiva à integridade do Estado que é crime de responsabilidade do Presidente da República a prática de atos que atentem contra a lei orçamentária (art. 85, VI, da Constituição Federal).

No contexto de um Estado Social, garantidor de direitos fundamentais, não se pode mais admitir a redução do orçamento público ao aspec-

33. Régis Fernandes de Oliveira, *Curso de Direito Financeiro*, cit., p. 310.
34. Eurico Barbosa, *Rui Barbosa e o Ideal do Tribunal de Contas*, cit., p. 59.

to instrumental, de cunho meramente financeiro, que contém previsão de receitas e autorização de despesas para um determinado período, sem atender aos interesses efetivos da população.

Daí concluirmos que o orçamento é o instrumento jurídico, por excelência, e de concretização dos direitos fundamentais. Através dele se pode nortear a sociedade, modificando-a com a liberação dirigida de recursos destinados à execução das políticas públicas encampadas pela ação governamental.

Trata-se de lei, sem dúvida, e de acatamento obrigatório. O orçamento é lei impositiva, que vincula o administrador a seu rigoroso cumprimento. Em tal aspecto não há opções, não há escolhas, não há discricionariedade. Esta existe em dois momentos: a) quando da destinação das verbas, cujo conteúdo é eminentemente político; e b) na oportunidade do gasto, em que se elegem as prioridades para despesa imediata. Em tal campo se restringe a discrição do agente público.

Em sendo lei, caberia o controle judicial?

2.3 Discussão levada à Suprema Corte. Alteração de entendimento

Quanto à natureza jurídica do orçamento público, o Supremo Tribunal Federal tem demonstrado rever sua posição tradicional de considerar o orçamento lei formal e, portanto, não passível de controle de constitucionalidade.

Em relação à lei orçamentária, prevalecia o entendimento de que "a ausência de densidade normativa no conteúdo do preceito legal impugnado desqualifica-o, enquanto objeto juridicamente inidôneo, para o controle normativo abstrato".[35] Outros acórdãos seguiram a mesma orientação (ADIn 647, rel. Min. Moreira Alves, *DJ* 27.3.1992, p. 3.801; ADIn 2.484-MC, Tribunal Pleno, j. 19.12.2001, rel. Min. Carlos Velloso, *DJ* 14.11.2003; e ADIn 2.100, Tribunal Pleno, j, 17.12.1999, rel. Min. Néri da Silveira).

Para o Ministro Gilmar Mendes,

> A extensão da jurisprudência sobre o ato de efeito concreto – desenvolvida para afastar do controle abstrato e normas os atos administrati-

35. STF, ADI 842, Tribunal Pleno, rel. Min. Celso de Mello, *DJ* 14.5.1993, p. 9.002.

vos de efeito concreto, às chamadas leis formais suscita, sem dúvida, alguma insegurança, porque coloca a salvo do controle de constitucionalidade um sem-número de leis. Não se discute que os atos do Poder Público sem caráter e generalidade não se prestam ao controle abstrato de normas, porquanto a própria Constituição elegeu como objeto desse processo os atos tipicamente normativos, entendidos como aqueles dotados de um mínimo de generalidade e abstração. Ademais, não fosse assim, haveria uma superposição entre a típica jurisdição constitucional e a jurisdição ordinária.[36]

Conclui asseverando "que a jurisprudência do Supremo Tribunal Federal não andou bem ao considerar as leis de efeito concreto inidôneas para o controle abstrato de normas".[37]

Recente modificação de entendimento do Supremo Tribunal Federal no sentido de admitir a possibilidade de controle de constitucionalidade de lei orçamentária reflete a evolução conceitual voltada para consolidar o caráter material, ou substantivo, da lei orçamentária.

Essa revisão da orientação da corte fica evidente na ADIn 4.048/DF. A Corte Maior decidiu que "o Supremo Tribunal Federal deve exercer sua função precípua de fiscalização da constitucionalidade das leis e dos atos normativos quando houver um tema ou uma controvérsia constitucional suscitada em abstrato, independente do caráter geral ou específico, concreto ou abstrato de seu objeto. Possibilidade de submissão das normas orçamentárias ao controle abstrato de constitucionalidade. (...)".[38]

Posteriormente, em decisões semelhantes o STF reafirmou seu atual posicionamento de submeter as normas orçamentárias ao controle abstrato de constitucionalidade (ADIn 4.048/DF. Nesse sentido, podemos conferir o julgamento das ADIn 4.049, Tribunal Pleno, j. 5.11.2008, rel. Min. Carlos Britto, *DJe* 7.5.2009, e ADIn 3.949, Tribunal Pleno, j. 14.8.2008, rel. Min. Gilmar Mendes, *DJe* 6.8.2009).

É importante lembrar que

36. Gilmar Ferreira Mendes, Inocêncio Mártires Coelho e Paulo Gustavo Gonet Branco, *Curso de Direito Constitucional*, 3ª ed., São Paulo, Saraiva, 2008, p. 1.117.

37. Idem, ibidem, p. 1.118.

38. ADI 4.048-MC/DF, rel. Min. Gilmar Mendes, j. 14.5.2008.

> o Estado Constitucional de Direito tem por característica central a subordinação da legalidade a uma Constituição. A validade das leis já não depende apenas da forma de sua produção, mas também da efetiva compatibilidade de seu conteúdo com as normas constitucionais, às quais se reconhece a imperatividade típica do Direito. Mais que isso, a Constituição não apenas impõe limites ao legislador e ao administrador, mas lhes determina, também, deveres de atuação.[39]

No contexto do direito constitucional pós-moderno, o orçamento ganha força como um importante instrumento jurídico em prol da efetivação dos direitos sociais.

Daí a importância de efetuar uma leitura vertical do orçamento a fim de consolidar seu aspecto jurídico e delinear os limites a serem observados pelo Poder Executivo na elaboração e execução orçamentária.

Trata-se de lei temporária. Mas o que isso implica?

3. *Periodicidade e temporalidade do orçamento público*

O orçamento é lei anual e temporária.

É o que a doutrina chama de "princípio da anualidade".

Na definição de Torres, "o princípio da anualidade do orçamento público se refere ao controle político realizado pelo Poder Legislativo sobre o Poder Executivo mediante a renovação anual da permissão para a realização de gastos".[40]

No Brasil, a vigência das autorizações legislativas orçamentárias abrange somente um ano, coincidindo com o ano civil (de 1º de janeiro a 31 de dezembro), e, em regra, os saldos de dotações orçamentárias e de recursos financeiros não podem ser transferidos para o exercício seguinte. Sendo assim, se o gestor não utilizar as dotações orçamentárias ou os recursos financeiros em um determinado exercício, ele perde a prerrogativa de atuar administrativamente sobre eles.

39. Luís Roberto Barroso, *Curso de Direito Constitucional Contemporâneo*, cit., pp. 244-245.

40. Ricardo Lobo Torres, *Tratado de Direito Constitucional Financeiro e Tributário*, 2ª ed., vol. V, "O Orçamento na Constituição", Rio de Janeiro, Renovar, 2008, p. 329.

Submetida rigorosamente a esse princípio, a administração pública fica limitada a um horizonte temporal para realizar despesas públicas, o que, para alguns doutrinadores, pode prejudicar a eficiência da atuação estatal na execução do orçamento.

Stourm entende que um ano seria o "máximo de tempo durante o qual os parlamentares concordariam em delegar os seus poderes e o período mínimo necessário para que os governos pusessem o orçamento em execução". Segue afirmando que "esta inequação temporal evidencia um conflito de interesses entre o Poder Legislativo, preocupado com o controle político, e o Poder Executivo, empenhado em executar o orçamento autorizado, independente de limites temporais".[41]

Vale ressaltar que Montesquieu relaciona a perpetuidade das autorizações de gastos públicos – caso não sejam aprovadas de ano para ano – com a perda de liberdade do Poder Legislativo para o Poder Executivo.

Para o filósofo francês o período anual seria mais conveniente do ponto de vista político, permitindo a aprovação e o controle político em períodos curtos. Sob o aspecto financeiro, assevera que um período mais longo proporcionaria excessiva discricionariedade ao governo na formação e execução do orçamento, embora um período inferior a um ano não fosse suficiente para o comprometimento e pagamento das despesas. Por fim, prevaleceu a tese da anualidade do orçamento como tempo razoável para o controle e a execução do orçamento.[42]

Ainda sobre essa necessidade de controle, a maioria dos autores sustenta que o princípio da anualidade reflete positivamente na segurança jurídica das relações entre o Poder Público e o cidadão. Para essa linha de orientação, a liberdade das pessoas estaria associada à previsibilidade da ação estatal, tornando inaceitável a perpetuidade das autorizações para a gestão financeira orçamentária.

No dizer de Baleeiro, "quanto mais um regime se afasta do ideal de Estado de Direito, tanto menos o Parlamento decide do conteúdo do orçamento público, da tributação e das despesas".[43]

41. Stourm apud Sebastião de Sant'Anna e Silva, *Os Princípios Orçamentários*, Rio de Janeiro, Fundação Getulio Vargas, 1962, p. 37.

42. Charles de Montesquieu, *Do Espírito das Leis*, São Paulo, Martin Claret, 2007, p. 229.

43. Aliomar Baleeiro, *Uma Introdução à Ciência das Finanças*, 17ª ed., Rio de Janeiro, Forense, 2010, p. 530.

Cumpre salientar que a Constituição Federal menciona em diversos dispositivos o caráter anual da lei (ex. art. 165, III, § 5º).

Para José Afonso da Silva,

> "o princípio da anualidade supõe, claro está, o período de tempo de um ano para a execução do orçamento; mas não quer dizer que ele coincida com o ano civil. No Brasil, como se vê do art. 165, § 9º, I, cabe à lei complementar dispor sobre o exercício financeiro, que atualmente, de acordo com a Lei 4.320/1964, vai de 1º de janeiro a 31 de dezembro – ano civil, portanto".[44]

Essa também é a orientação que prevalece no Supremo Tribunal Federal. No julgamento da ADI 612-MC, decidiu-se que "o prazo para apreciar o projeto orçamentário, opera, pelas gravíssimas consequências que derivam desse comportamento omissivo, efeitos jurídicos acentuados pelo caráter essencialmente temporário da lei orçamentária, que se rege, dentre outros postulados de índole constitucional, pelo princípio da anualidade". Esse princípio, ao acentuar a nota da temporalidade da lei orçamentária, traduz-se na circunstância de que, consoante acentua Celso Ribeiro Bastos (*Curso de Direito Financeiro e Tributário*) – por ser anual – é somente válido para o exercício sujeito ao seu domínio temporal. Significa, desse modo – para lembrar a lição do saudoso Nelson de Souza Sampaio (*O Processo Legislativo*, Saraiva, 1968, p. 115) –, "que as disposições e créditos constantes do orçamento perdem automaticamente a sua vigência no último dia do exercício financeiro, que, no Brasil, é 31 de dezembro".[45]

A única exceção se dirige aos créditos especiais e extraordinários, conforme disposto no art. 167, § 2º, da CF/1988. Os créditos especiais e extraordinários terão vigência no exercício financeiro em que forem autorizados, salvo se o ato de autorização for promulgado nos últimos quatro meses daquele exercício, caso em que, reabertos nos limites de seus saldos, serão incorporados ao orçamento do exercício financeiro subsequente.

44. José Afonso da Silva, *Comentário Contextual à Constituição*, 8ª ed., São Paulo, Malheiros Editores, 2012, p. 704.

45. STF, ADI 612-6/RJ, rel. Min. Celso de Mello, Tribunal Pleno, j. 21.11.1991.

Torres acentua o aspecto jurídico e relaciona o princípio da anualidade com a segurança jurídica, associada à garantia dos direitos fundamentais dos cidadãos no Estado de Direito. Dessa forma, "a liberdade das pessoas estaria associada à previsibilidade da ação Estatal, tornando inconcebível a perpetuidade ou a permanência das autorizações para a gestão financeira".[46]

Para Burkhead, "o ciclo orçamentário e o processo orçamentário devem ser capazes de resolver os problemas governamentais que surgirem. Isto significa que se deve dar ênfase à flexibilidade e à adaptabilidade, e não a um ideal que se pretenda seja imutável excedente ao ano financeiro".[47]

Cumpre destacar a argumentação de José Afonso da Silva sobre o caráter temporal do orçamento público:

> "Já vimos, no entanto, que a Constituição determina a elaboração do *plano plurianual*, que estabelecerá as diretrizes, objetivos e metas da Administração Pública Federal para as despesas de capital e outras delas decorrentes e para as relativas aos programas de duração continuada – que é, como se nota, um plano de investimentos públicos, cujo prazo de vigência vai depender do que dispuser a lei complementar referida no art. 165, § 9º, mas que, por certo, será de três anos para cima. Há mesmo um preceito constitucional segundo o qual 'nenhum investimento cuja execução ultrapasse um exercício financeiro poderá ser iniciado sem prévia inclusão no plano plurianual, ou sem lei que autorize a inclusão, sob pena de crime de responsabilidade' (art. 167, § 1º). Pode-se até, a partir daí, reconhecer um novo princípio orçamentário, próprio da técnica de orçamento-programa, qual seja: o princípio da pluralidade das despesas de investimento. Isso, contudo, não fura o princípio da anualidade, porque as metas e programas e, portanto, as despesas de capital, constantes do plano plurianual, serão executadas ano a ano pelo orçamento anual. Significa isso que o princípio da anualidade sobrevive e revive no sistema, com caráter dinâmico-operativo, porquanto o plano plurianual

46. Ricardo Lobo Torres, *Tratado de Direito Constitucional Financeiro e Tributário*, cit., p. 310.

47. Jesse Burkhead, *Orçamento Público*, Rio de Janeiro, Fundação Getulio Vargas, 1971, p. 140.

constitui regra sobre a realização das despesas de capital e das relativas aos programas de duração continuada, mas não é operativo por si, e sim por meio do orçamento anual".[48]

Tenho entendido que "tal princípio hoje está ultrapassado, porque ao lado do orçamento anual, há o plurianual, denominado plano, na Constituição Federal (art. 165, inciso I). Inclusive dentro do orçamento anual há diversos orçamentos (fiscal, de investimento, da seguridade social)". Concluí afirmando que "já não mais se pode tratar a anualidade como princípio".[49]

O princípio é suavizado, porque há o Plano Plurianual que tem duração de quatro anos. Dentro do orçamento há diversos outros. Inclusive há planos que podem durar mais de um exercício, e as verbas são alocadas para atender a determinados objetivos.

Trata-se da hipótese do que se denomina *orçamento de resultado ou de desempenho*. O que é isso? Ocorre na hipótese de utilização de recursos para atingir determinados resultados. Encarta-se no planejamento orçamentário. O foco é o resultado. Pode-se identificá-lo como: a) unificação das despesas em torno de um objetivo; b) definição de resultados; c) verificação do desempenho; e d) *accountability*, ou seja, responsabilidade do executor assegurando sanções punitivas.

Em verdade, o orçamento de desempenho ou de resultado não se limita a apenas um exercício financeiro. Nem pode(ria). Se há um objetivo a perseguir e este está delineado como programa que ultrapasse mais de um exercício, ele perpassa o orçamento anual, projetando seus efeitos no tempo, protraindo no ano fiscal alcançando outro ou outros.

4. Discricionariedade administrativa e orçamento público. Conceito

Na lição de Celso Antônio Bandeira de Mello:

> Fala-se em discricionariedade quando a disciplina legal faz remanescer em proveito e a cargo do administrador uma certa esfera de liberda-

48. José Afonso da Silva, *Comentário Contextual à Constituição*, cit., pp. 704-705.

49. Régis Fernandes de Oliveira, *Curso de Direito Financeiro*, cit., p. 326.

de, perante o quê caber-lhe-á preencher com seu juízo subjetivo, pessoal, o campo de indeterminação normativa, a fim de satisfazer no caso concreto a finalidade da lei.[50]

E, adiante:

Com efeito, discricionariedade só existe nas hipóteses em que, perante a situação vertente, seja impossível reconhecer de maneira pacífica e incontrovertível qual a solução idônea para cumprir excelentemente a finalidade legal. Ou seja: naquelas em que mais de uma opinião for razoavelmente admissível sobre a medida apropriada para dar a melhor satisfação ao objetivo da lei. Em suma, está-se aqui a dizer que a discricionariedade é pura e simplesmente o fruto da finitude, isto é, da limitação da mente humana. À inteligência dos homens falece o poder de identificar sempre, em toda e qualquer situação, de maneira segura, objetiva e inobjetável, a medida idônea para preencher de modo ótimo o escopo legal.[51]

Para Agustín Gordillo,

las facultades del órgano serán en cambio discrecionales cuando el orden jurídico le otorgue cierta libertad para elegir entre uno y otro curso de acción, para hacer una u otra cosa, o hacerla de una u otra manera. Dicho de otro modo, la actividad administrativa debe ser eficaz en la realización del interés público, pero esa eficacia o conveniencia u oportunidad es en algunos casos contemplada por el legislador o por los reglamentos y en otros es dejada a la apreciación del órgano que dicta e lacto; en ello estriba la diferencia de las facultades regladas y discrecionales de la administración. En un caso es la ley – en sentido lato: Constitución, ley, reglamento – y en otro es el órgano actuante, el que aprecia la oportunidad o conveniencia de la medida a tomar-se.[52]

50. Celso Antônio Bandeira de Mello, *Curso de Direito Administrativo*, 31ª ed., São Paulo, Malheiros Editores, 2014, p. 980.

51. Idem, ibidem, p. 982.

52. Agustín Gordillo, *Tratado de Derecho Administrativo*, *Parte General*, 7ª ed., t. 1, Belo Horizonte, Del Rey, 2003, pp. X-11.

Para André Gonçalves Pereira,

> "o poder discricionário não resulta da ausência e regulamentação legal de certa matéria, mas sim de uma forma possível da sua regulamentação".[53]
>
> "A ação dos órgãos administrativos, pois, há de se pautar exclusivamente dentro dos limites traçados pela lei. E a submissão dos atos administrativos à legislação há de ser não apenas como regra de compatibilidade (correspondente à concepção restritiva), mas também sujeita à conformidade (concepção ampliativa), ou seja, só é legal a ação da Administração que encontrar nas prescrições legais a sua própria razão de ser, a definição do seu conteúdo e do fim a prosseguir."[54]

Como já tive oportunidade de afirmar, "o limite natural da discricionariedade é a lei, à qual a Administração está sujeita. Assim, tudo que for realizado fora dos lindes da lei, será arbitrário. Não há qualquer antinomia entre a discricionariedade e a legalidade".[55]

Remanesce por vezes, e em verdade na maioria, aos agentes político e administrativo uma margem de opções dentro do gabarito legal. A hipótese da norma que apanha fatos da realidade empírica traz para o mundo normativo um fato qualquer e conecta-o com o comportamento das pessoas. Comanda-se um comportamento. Prevê-se uma sanção na hipótese do descumprimento da conduta prevista como obrigatória ou proibida. No caso de comportamento contrário ao comportamento devido, incide a repulsa da norma, que é a sanção (premial ou punitiva, nos conceitos kelsenianos). Não há norma sem sanção.

Nesse sentido é a lição do francês André Laubadere: "le pouvoir discrétionnaire permet e concilier de principe de la légalité avec la nécessité d'une certaine liberté d'action au profit de l'administration".[56]

53. André Gonçalves Pereira, *Erro e Ilegalidade no Ato Administrativo*, Lisboa, Ática, 1962, p. 222.

54. Idem, ibidem, p. 38.

55. Régis Fernandes de Oliveira, *Ato Administrativo*, 5ª ed., São Paulo, Ed. RT, 2007, p. 88.

56. André Laubadere, *Manuel de Droit Administratif*, 10ª ed., Paris, Librairie Générale de Droit et Jurisprudence, 1976, p. 88.

Há sempre uma margem de escolha por parte do aplicador do direito. Do contrário as normas conteriam conceitos denominados teoréticos ou precisos, isto é, que inadmitem qualquer opção por parte do agente público. Utilizando-se de conceitos vagos ou imprecisos, o agente busca a melhor solução à luz do caso concreto.

Daí a razão pela qual a tendência atual é a de editar normas jurídicas que diminuam a margem de atuação discricionária do Poder Executivo em relação ao orçamento público. O mecanismo de vinculação de receitas exemplifica bem essa questão.

Esse é o novo papel do Estado na sociedade.

Assim, a relação entre discricionariedade administrativa e orçamento público deve refletir na realização dos direitos sociais tidos como essenciais pela população.

Em relação às normas orçamentárias, importante é ter os recursos e destiná-los aos bens da vida designados no corpo da lei.

Conforme assevera Fernando Scaff: "de nada adianta falarmos de direitos se não olharmos quanto de recursos financeiros o Estado estabeleceu para a realização daqueles direitos. Assim, qualquer análise sensata sobre o papel do Estado na efetivação dos direitos fundamentais não pode deixar de considerar os recursos públicos que haverão de subsidiá-los".[57]

O Poder Executivo possui grande margem de liberdade para atuar em matéria orçamentária; é ele quem diz onde, como e quando serão aplicados os recursos públicos. Essa ampla discricionariedade é que permitirá ao Executivo interpretar o interesse público e adotar os meios necessários para atingi-los.

Mais do que estabelecer o destino das receitas públicas que deverão custear a atuação administrativa, o orçamento público evidencia o planejamento estatal, as escolhas do governo e os meios de concretização dos direitos fundamentais que constituem pilares de sustentação do regime democrático.

Vale ressaltar que por mais ampla que possa ser a margem de liberdade concedida ao administrador, essa faculdade encontra os seus limites nos princípios e normas da Constituição Federal e do ordenamento jurídico brasileiro.

57. Fernando Facury Scaff, *A Efetivação dos Direitos Sociais no Brasil*, São Paulo, Quartier Latin, 2010, p. 26.

4.1 Discricionariedade do Poder Executivo. Impositividade orçamentária

O Poder Executivo é quem exercita a discricionariedade em matéria de orçamento público. Pode ocorrer nas fases de elaboração e execução. Na primeira hipótese surge o que se rotula de discricionariedade política, cabendo ao agente político a escolha de opções que lhe são inerentes na busca de soluções tipicamente destinadas ao atendimento de interesses da população. Na segunda, é a discricionariedade em si, ou seja, nasce para o administrador toda sorte de escolha que pode realizar. No entanto, seus lindes estão estabelecidos no orçamento.

É razoável atribuir certa margem de liberdade à atuação do administrador. Afinal, a atividade administrativa está sujeita a diversas variáveis que vão exigir uma conduta mais flexível e eficaz por parte do Poder Público.

A promoção do interesse público, que se dá através da prestação de serviços e utilidades públicas fruíveis pelos cidadãos, também exigirá do Poder Público receita para custear sua atividade.

Outro ponto que justifica a discricionariedade orçamentária do Poder Executivo está atrelado ao seu papel de *arrecadador*.

Nota-se que o problema não está na necessária margem de liberdade concedida ao Executivo para conduzir os gastos públicos, mas na forma elevada e abusiva como essa faculdade vem sendo utilizada na elaboração e execução orçamentária. Sem contar o desvio de realização dos direitos fundamentais e do bem comum, afastando-se, cada vez mais, do modelo constitucional.

Daí ser importante ressaltar que o orçamento público é lei tanto do ponto de vista formal quanto material. Somente assim a lei orçamentária tornar-se-ia instrumento impositivo a vincular o Poder Executivo à sua fiel observância, devendo as previsões relativas à realização das receitas e despesas serem obrigatoriamente cumpridas pelo Poder Executivo.

Ao contrário, possuindo natureza somente de lei formal, mas com conteúdo substancialmente administrativo, o orçamento, como é hoje considerado pela maioria da doutrina, goza apenas de caráter autorizativo, tornando-se mera previsão e sugestão de aplicação dos recursos, sem que haja o dever legal de sua efetiva implementação.

Embora o orçamento seja peça fundamental para o destino da nação, no plano formal, as disposições orçamentárias convertem-se em mera promessa, expectativas que, quase sempre, não se realizam.

Nesse cenário, o debate acerca do modelo orçamentário impositivo passa a ganhar força. Nota-se uma crescente tendência à limitação da margem de discricionariedade administrativa concedida ao Executivo para gerir os recursos públicos, o que pode ser notado, inclusive, pelo aumento gradativo da criação de vinculações orçamentárias, hoje expostas em vários dispositivos do próprio texto constitucional.

> Ora, se a gênese do orçamento guarda relação com a autorização dada pelo povo aos seus governantes para a utilização dos recursos públicos, não é errado concluir que, ao fim e ao cabo, quando não se efetiva a aplicação conforme consentido, estar-se-á agindo à revelia daquilo que foi autorizado e, portanto, em arrepio ao próprio regime democrático, que exige a subsunção dos governantes aos objetivos do Estado. De fato, o caráter autorizativo do orçamento não pode originar uma benesse ao Executivo de forma a ser possível descumpri-lo, caso contrário, voltaríamos para a fase anterior à existência do orçamento, com a aplicação arbitrária dos recursos públicos. Não é esse o objetivo do orçamento. Ao contrário, a discricionariedade administrativa deve ser exercida visando unicamente cumprir os objetivos encampados na Lei Maior.[58]

Consoante ponderei:

> "É inegável a crescente pressão social para que haja uma modificação na interpretação da peça orçamentária, dotando-a de maior coercitividade no que tange aos limites de efetivação da aplicação dos recursos nela aprovadas, evitando que o Executivo renegue a vontade popular a partir da manipulação do orçamento. A doutrina, a propósito, também começa a se manifestar, inclinando-se, embora lentamente, quanto à necessidade de vinculação do Executivo à peça orçamentária".[59]

58. Francisco Gilney Bezerra de Carvalho Ferreira, "Das controvérsias doutrinárias quanto à natureza das leis orçamentárias e suas implicações jurídicas na discussão acerca do modelo impositivo de orçamento", *Jus Navigandi*, Teresina, ano 17, n. 3.183, 19 mar. 2012, disponível em: <http://jus.com.br/revista/texto/21318>, acesso em 10.8.2012.

59. Régis Fernandes de Oliveira, *Curso de Direito Financeiro*. cit.

Entendo que quando a lei orçamentária fixa uma despesa pública surge o dever jurídico para Administração de realizá-la, conferindo executoriedade e efetividade aos direitos sociais, cumprindo, à exaustão, o orçamento, em todos seus detalhes.

Celso Antônio Bandeira de Mello, ao examinar a função normativa do Poder Executivo em um Estado Constitucional, assim leciona:

> "No Estado de Direito, quer-se o governo das leis e não o dos homens, consoante célebre e vetusta frase atribuída, conforme noticia Santa Maria Pastor, a James Harrington, filósofo político inglês do séc. XV. Não se considera, pois que o administrador possa obrar a seu talante, perseguindo os escopos que mais lhe aprazam, ainda que com boas intenções, como sucedia em período histórico pretérito.
>
> "Isso significa que é ao Poder Legislativo que assiste o encargo de traçar os objetivos públicos a serem perseguidos e de fixar os meios e os modos pelos quais hão de ser buscados, competindo à Administração, por seus agentes, o mister, o dever, de cumprir dócil e fielmente os *desiderata* legais, segundo os termos ali estabelecidos. Assim, a atividade administrativa encontra na lei tanto seus fundamentos quanto seus limites. Por óbvio, então, a função normativa do Executivo, expressa mediante regulamentos, na lei encontra seus fundamentos e limites."[60]

Por guardar pertinência com a questão da discricionariedade do Executivo para alterar a lei orçamentária, concluo recorrendo novamente a Celso Antônio Bandeira de Mello: "É invariavelmente na regra geral, abstrata e impessoal expedida pelo Legislativo e que, por sua origem e compostura, interdita favoritismo e perseguições, assim como tende a prevenir caprichos ou intemperanças, que a Administração tem que se basear".[61]

Como se observa, pouco resta de margem de discrição ao Poder Executivo na execução do orçamento. Deve cumpri-lo na forma aprovada em lei, ressalvadas alterações decorrentes de: a) insuficiência de recursos previstos; b) alteração possível de metas que podem ocorrer na

60. Celso Antônio Bandeira de Mello, "O poder normativo do Executivo no Brasil", in André Ramos Tavares, George Salomão Leite e Ingo Wolfgang Sarlet (orgs.), *Estado Constitucional e Organização do Poder*, São Paulo, Saraiva, 2010, p. 194.

61. Idem, ibidem.

fluência da execução orçamentária; c) crise institucional que obrigue o Executivo à adoção de medidas extraordinárias.

Fora tais hipóteses, não há como deixar de cumprir o quanto está previsto no orçamento nem contingenciá-lo, como se verá.

4.2 Cláusula da reserva do possível

O argumento da escassez dos recursos como restrição ao reconhecimento dos direitos sociais é denominado pela doutrina "cláusula da reserva do possível".

> A teoria da reserva do possível foi invocada pela primeira vez pelo Tribunal Constitucional da Alemanha no julgamento da decisão conhecida como *numerus clausus*, que versava sobre o direito de acesso ao ensino superior. Ao decidir a questão, o tribunal firmou jurisprudência no sentido de que "a prestação reclamada deve corresponder ao que o indivíduo pode razoavelmente exigir a sociedade, de tal sorte que, mesmo em dispondo o Estado dos recursos e tendo o poder de disposição, não se pode falar em uma obrigação de prestar algo que não se mantenha nos limites do razoável".[62]

No Brasil, a cláusula da reserva do possível é constantemente invocada pelo Poder Público como justificativa para a não efetivação dos direitos sociais, o que, a meu ver, atenta contra os direitos fundamentais e viola frontalmente o princípio constitucional da dignidade humana.

Esse também é o entendimento que prevalece no Supremo Tribunal Federal. Vale destacar trecho do voto do Ministro Celso de Mello:

> A destinação de recursos públicos, sempre tão dramaticamente escassos, faz instaurar situações de conflito, quer com a execução de políticas públicas definidas no texto constitucional, quer, também, com a própria

62. Clara Cardoso Machado, "Controle jurisdicional de constitucionalidade em abstrato de lei orçamentária", *Revista Evocati*, n. 55, publicado em 29.7.2010, disponível em: <http://www.evocati.com.br/evocati/interna.wsp?tmp_page=interna&tmp_codigo=428&tmp_secao=10&tmp_topico=direitoconst>.

implementação de direitos sociais assegurados pela Constituição da República, daí resultando contextos de antagonismo que impõem, ao Estado, o encargo de superá-los mediante opções por determinados valores, em detrimento de outros igualmente relevantes, compelindo, o Poder Público, em face dessa relação dilemática, causada pela insuficiência de disponibilidade financeira e orçamentária, a proceder a verdadeiras "escolhas trágicas", em decisão governamental cujo parâmetro, fundado na dignidade da pessoa humana, deverá ter em perspectiva a intangibilidade do mínimo existencial, em ordem a conferir real efetividade às normas programáticas positivadas na própria Lei Fundamental. A cláusula da reserva do possível – que não pode ser invocada, pelo Poder Público, com o propósito de fraudar, de frustrar e de inviabilizar a implementação de políticas públicas definidas na própria Constituição – encontra insuperável limitação na garantia constitucional do mínimo existencial, que representa, no contexto de nosso ordenamento positivo, emanação direta do postulado da essencial dignidade da pessoa humana. Doutrina. Precedentes. – A noção de "mínimo existencial", que resulta, por implicitude, de determinados preceitos constitucionais (CF, art. 1º, III, e art. 3º, III), compreende um complexo de prerrogativas cuja concretização revela-se capaz de garantir condições adequadas de existência digna, em ordem a assegurar, à pessoa, acesso efetivo ao direito geral de liberdade e, também, a prestações positivas originárias do Estado, viabilizadoras da plena fruição de direitos sociais básicos, tais como o direito à educação, o direito à proteção integral da criança e do adolescente, o direito à saúde, o direito à assistência social, o direito à moradia, o direito à alimentação e o direito à segurança. Declaração Universal dos Direitos da Pessoa Humana, de 1948 (Artigo XXV). O princípio da proibição do retrocesso impede, em tema de direitos fundamentais de caráter social, que sejam desconstituídas as conquistas já alcançadas pelo cidadão ou pela formação social em que ele vive. – A cláusula que veda o retrocesso em matéria de direitos a prestações positivas do Estado (como o direito à educação, o direito à saúde ou o direito à segurança pública, *v.g.*) traduz, no processo de efetivação desses direitos fundamentais individuais ou coletivos, obstáculo a que os níveis de concretização de tais prerrogativas, uma vez atingidos, venham a ser ulteriormente reduzidos ou suprimidos pelo Estado. Doutrina. Em consequência desse princípio, o Estado, após haver reconhecido os direitos prestacionais, assume o dever não só de torná-los efetivos, mas, também, se obriga, sob pena de transgressão ao texto constitucional, a preservá-los, abstendo-se de frustrar – mediante supressão total ou parcial – os direitos sociais já concretizados.[63]

Não é desarrazoado lembrar que as necessidades públicas carecem de um tratamento jurídico eficaz capaz de obrigar o Executivo a aplicar recursos nas áreas consideradas prioritárias pela vontade da coletividade.

Vale lembrar que as necessidades públicas primárias são aquelas indispensáveis à sobrevivência do indivíduo com dignidade. Revelam, portanto, o direito ao mínimo existencial. De outro lado, as necessidades públicas secundárias relacionam-se com direitos e interesses fundamentais da coletividade não abarcados pelo mínimo vital.

As necessidades básicas representam os valores sociais e as opções políticas delineadas na nossa Constituição Cidadã.

Como já deixei assentado, "tudo começa com a definição política dos interesses que o Estado deve cuidar. Normalmente, quando se elabora a Constituição, tais objetivos são identificados pelo que se denomina poder constituinte".[64]

O problema é que, para o exercício de todos os direitos, é imprescindível que haja recursos.

> Através do orçamento, os recursos são destinados às necessidades assumidas pelo Poder Público. Há uma prévia definição do que deve ser atendido, porque o agente político deve escolher, entre as diversas opções que tem, a que prioridades dará atenção. As necessidades são ilimitadas e infinitas. Diante da assunção, pelo Estado, de inúmeras atribuições, o que se verifica pela análise da Constituição, o agente público deve identificar onde alocará os recursos disponíveis. Não tem como atender a tudo e a todos. Logo, elege prioridades.[65]

Ana Paula de Barcellos pondera que "as escolhas orçamentárias recebem influência direta das opções constitucionais acerca dos fins que devem ser perseguidos em caráter prioritário".[66]

63. STF, ARE 639.337 AgR-SP, rel. Min. Celso de Mello, 2ª Turma, j. 23.8.2011.

64. Régis Fernandes de Oliveira, *Gastos Públicos*, São Paulo, Ed. RT, 2012, p. 114.

65. Idem, ibidem, pp. 122-123.

66. Ana Paula de Barcellos, "Neoconstitucionalismo, direitos fundamentais e controle das políticas públicas", *Revista Diálogo Jurídico*, Salvador, n. 15.

De igual forma, escrevi que

> os direitos sociais são tidos como de segunda geração. Os de primeira são os individuais, oriundos da herança liberal. De qualquer forma, do ângulo jurídico não há qualquer distinção. Ambos devem ser atendidos e priorizados. A distinção é que, em relação ao indivíduo, os gastos são menores, mesmo porque são atendidos com a só omissão do Poder Público. Já os sociais exigem atividade da Administração. Educação, saúde, trabalho, moradia, meio ambiente, segurança, cultura, previdência e assistência aos desamparados impõem despesas enormes. Estes são os objetivos principais do Estado.[67]

Assim, não é razoável admitir elevada margem de liberdade dos administradores para escolhas orçamentárias, visto que muitas delas constituem premissas constitucionais, cuja força vinculante exige uma maximização da atuação do Poder Público.

Resta evidente a necessidade de uma leitura constitucional do orçamento a fim de limitar a margem de discricionariedade do Poder Executivo, no intuito de fazer prevalecer os objetivos constitucionais.

5. Limitação de empenho ou contingenciamento

Uma vez iniciada a execução orçamentária, a discricionariedade do Poder Executivo torna-se ainda mais latente diante dos mecanismos de flexibilidade que a lei orçamentária lhe autoriza.

O contingenciamento de recursos parece ser o exemplo mais notório.

Pode o Poder Executivo decidir quando gastar ou quando deixar de gastar o que está previsto na lei orçamentária? Penso que não.

A decisão de gastar é, sem dúvida, eminentemente política. Assim, todo o processo de elaboração das leis orçamentárias, desde a participação popular até as discussões de emendas no Legislativo, perde o sentido quando a discricionariedade administrativa passa a ser utilizada meramente como manobra político-partidária, deixando de executar aquilo que foi exaustivamente planejado e discutido com os representantes dos interesses da sociedade.

67. *Curso de Direito Financeiro*, 4ª ed., cit.

De fato, parece mesmo um contrassenso ter todo o exaustivo trabalho de elaboração do orçamento, para no momento da execução tratar-se de mero indicativo.

5.1 Conceito

O contingenciamento de recursos federais se traduz no adiamento da execução da despesa programada na lei orçamentária. "*Contingenciar* é controlar ou limitar despesas previstas no orçamento para evitar desequilíbrio durante o exercício financeiro."[68]

No final de cada bimestre, o governo, através de seus órgãos de controle, avalia o atingimento das Metas Fiscais propostas no Anexo de Metas Fiscais da LDO para aquele exercício e, caso essas metas não tenham sido alcançadas, o Governo contingencia os recursos dos órgãos da Administração Direta, através da limitação dos seus empenhos, até que as referidas metas sejam cumpridas.

A partir dessa imposição da LDO de cumprimento de metas fiscais (superávit primário), a política de contingenciamento ganhou um novo enfoque. A necessidade do cumprimento efetivo do ajuste das contas públicas constitui em mais um ponto de rigidez no orçamento da União. Dessa forma, as despesas que não estão incluídas na proteção de dispositivos constitucionais ou legais, que não são aquelas denominadas "obrigatórias", podem sofrer ajustes – ou redução, sempre que houver a necessidade de garantir o atingimento da meta de superávit primário estabelecida em relação ao PIB.

Como assentei, o governo de qualquer esfera dos entes federativos tem o dever de aplicar os recursos auferidos no curso do exercício financeiro. Se houve a realização da receita, gasta-se. "O problema que ocorre, na prática, situa-se no fato de que: não se realizando a receita não se pode ter a despesa. Daí a possibilidade legal de ocorrer o denominado *contingenciamento*, a saber, deixar de atender à despesa prevista."[69]

A discussão sobre o assunto se acentuou com o advento do art. 9º da Lei de Responsabilidade Fiscal, que estabeleceu o contingenciamento entre os três poderes do Estado e o § 2º do mesmo dispositivo legal,

68. Régis Fernandes de Oliveira, *Curso de Direito Financeiro*, cit., p. 324.
69. Idem, ibidem, p. 323.

que dispôs que não poderão ser "objeto de limitação as despesas que constituam obrigações constitucionais e legais do ente, inclusive aquelas destinadas ao pagamento do serviço da dívida, e as ressalvadas pela lei de diretrizes orçamentárias".

Mais um argumento de restrição à discrição administrativa. Daí a indagação: excluída a limitação apontada, caberia o contingenciamento *ad libitum* do chefe do Executivo? Absolutamente não.

Daí a conclusão a que se chega de que não tem qualquer sentido que se possa

> limitar posteriormente as despesas previstas, salvo na hipótese de não realização da receita. Embora nos filiemos à corrente que entende seja impositivo o orçamento, não se trata de tal questão. Em verdade, cuida-se de mero cumprimento de lei, ou seja, se há previsão de determinado gasto e realizada foi a receita, impõe-se o dispêndio. Não há como se fazer contingenciamento de qualquer maneira ou sustentar cumprimento de contratos ou, por fim, anular empenhos.[70]

5.2 Lei de Diretrizes Orçamentárias (LDO) e limitação de empenho

O texto da Lei Complementar 101/2000 (Lei de Responsabilidade Fiscal) adicionou exigências ao disposto no § 2º do art. 165 da Constituição. Exige do administrador que a Lei de Diretrizes Orçamentárias, ao lado de estabelecer metas e prioridades, oriente a lei orçamentária anual, disponha sobre política de aplicação das agências financeiras oficiais de fomento e que tenha "equilíbrio entre receitas e despesas" (alínea "a" do inciso I do art. 4º).

É verdade que o equilíbrio orçamentário, visto por alguns como princípio, deve ser *real*. Não mais se pode supor o equilíbrio formal, de maneira a servir de base a "maquiar" a receita e buscar novas operações junto ao Senado Federal que contém exigências, através da Resolução, para endividamento em relação ao produto da receita.

O Legislativo também poderá ser envolvido em qualquer disfarce para iludir outros órgãos se não examinar com profundidade os valores que lhe são encaminhados.

70. Idem, ibidem, p. 328.

A tarefa do Legislativo não deve ser vista, também, como mera formalidade à aprovação do orçamento. Deve esmiuçar a proposta. Estudá-la, uma vez que se cuida de projeção futura, mas deve alicerçar-se em dados concretos e factíveis.

A Lei de Diretrizes Orçamentárias deverá igualmente dispor sobre limitação de empenho. O empenho é, na lição de Hely Lopes Meirelles, "operação financeira de caráter contábil, visando à reserva de numerário para o pagamento da despesa comprometida, dentro da dotação específica".[71]

A ser inteligente a lei, melhor seria falar em limitação de obrigações, uma vez que, se decorrentes a liquidação e o pagamento de obrigação legal ou contratual, não há como deixar de cumpri-la. O que se propõe, salvo engano, não é que não se realize a operação financeira, mas que se limite a possibilidade de vinculação pecuniária.

O que a lei está determinando é que a LDO estabeleça o critério de congelamento (contingenciamento) das dotações quando as receitas puderem comprometer o pagamento dos débitos assumidos. Qual é o critério escolhido pelo legislador? Sobre que situação e de que forma será efetuado o contingenciamento?

Conforme vimos, os Poderes e órgãos ficam subordinados, reféns, no que diz respeito à realização dos projetos e atividades inscritas no Orçamento Geral da União, aprovado pelo Congresso Nacional e sancionado pelo Poder Executivo.

Portanto, é necessário produzir um raciocínio que, fundamentado nos dispositivos constitucionais, verifique a legitimidade do instituto do contingenciamento orçamentário por parte do Poder Executivo e suas implicações diretas e indiretas no ordenamento jurídico à luz da lei orçamentária anual.

A jurisprudência tem se manifestado levando em consideração a sustentabilidade da economia pública.

Em recente julgado, o STJ assim se manifestou:

> A inicial demonstra, suficientemente, a possibilidade de grave lesão à economia, referindo-se à necessidade e à legalidade do contingencia-

71. Hely Lopes Meirelles, *Direito Municipal Brasileiro*, 17ª ed., 2ª tir., São Paulo, Malheiros Editores, 2014, p. 222.

mento de despesas com o propósito de sustentar projetos indispensáveis ao equilíbrio das contas públicas. Em primeiro lugar, observo que, segundo a requerente, "a sentença determinou o repasse imediato do acumulado, em virtude da reserva de contingência para superávit (o que totaliza hoje, aproximadamente, R$ 1,65 bilhão), além da transferência dos recursos dos anos a partir da sentença" (fl. 26). Nesse caso, o contingenciamento de despesas serve como controle de gastos e de manutenção de metas econômicas por parte da União, viabilizando despesas outras, indispensáveis à sociedade e à solidez da economia pública. Daí que a Lei de Responsabilidade Fiscal (LC n. 101, de 4.5.2000), no seu art. 9º, dispõe: "Art. 9º Se verificado, ao final de um bimestre, que a realização da receita poderá não comportar o cumprimento das metas de resultado primário ou nominal estabelecidas no Anexo de Metas Fiscais, os Poderes e o Ministério Público promoverão, por ato próprio e nos montantes necessários, nos trinta dias subsequentes, limitação de empenho e movimentação financeira, segundo os critérios fixados pela lei de diretrizes orçamentárias" (...) "Isso posto, fica patente que a programação de uma parcela expressiva das receitas vinculadas em reservas de contingências concorre significativamente para o cumprimento da meta anual de superávit primário, estabelecido pela Lei de Diretrizes Orçamentárias. Em outros termos, caso tal prática não seja mais permitida, à União restará a alternativa de reduzir a meta de superávit ou inviabilizar a execução de outros programas, a exemplo dos relativos às políticas sociais, ou ainda a combinação de ambas as alternativas. Em quaisquer situações, não restam dúvidas quanto aos efeitos nefastos delas decorrentes" (fl. 18). Por outro lado, além de os valores aqui discutidos serem elevados, há, sem qualquer dúvida, a possibilidade de efeito multiplicador, tornando-se comuns demandas propostas com o objetivo de evitar indispensável contingenciamento de despesas por parte da União.[72]

5.3 *Implicações da limitação de empenho*

Uma vez que os recursos se encontram contingenciados, deflagram os primeiros sinais de violação da racionalidade da lei orçamentária anual.

72. STJ, AgRg na SLS 1.120 SP 2009/0183545-7, Corte Especial, rel. Min. Cesar Asfor Rocha, *DJe* 10.9.2011.

A doutrina e a jurisprudência caminham juntas no entendimento que considera esse instrumento uma das causas que mais influenciam as distorções na execução da lei orçamentária.

Na orientação de Marcos Mendes, "o contingenciamento, da forma que está sendo utilizado, faz com que se questione a razão da existência das reservas de contingência constantes da lei orçamentária anual, que de acordo com a própria LRF, se destinam ao atendimento de passivos contingentes e outros riscos e eventos fiscais imprevistos".[73]

O autor segue afirmando que "quando há um contingenciamento, os procedimentos licitatórios necessários à aquisição de bens e serviços para a Administração Pública são prejudicados. O prejuízo decorre da limitação de empenhar, que em outras palavras é pagar ou dar garantias de que há recursos para o processo de aquisição".[74]

De acordo com Castro Santos e Machado, "o controle do Executivo sobre a execução orçamentária implica em aparente ganho de eficácia no que se refere à compreensão dos gastos públicos, por outro, tem como consequência a perda de transparência das ações governamentais, dificultando sua avaliação".[75]

Para G. H. Franco,

> o contingenciamento de despesas, isto é, a imposição de limites quantitativos às despesas, tem sido a medida mais típica de repressão fiscal. Várias são as distorções que provoca: 1) cria-se um paradoxo de inversão de prioridades, através do qual uma unidade de despesa procura inicialmente efetuar a menos importante de suas despesas, de modo a pleitear, mais adiante no exercício, a liberação de recursos adicionais para suas despesas realmente indispensáveis; 2) não podendo deixar de efetuar despesas de custeio, a unidade se endivida através de atrasos que são, na verdade, créditos de fornecedores cuja rolagem resulta em prejuízo para estes, que frequentemente recorrem a sobre preços para com-

73. Marcos José Mendes, "Sistema orçamentário brasileiro: planejamento, equilíbrio fiscal e qualidade do gasto público", *Caderno de Finanças Públicas*, Brasília, n. 9, pp. 57-102, dez. 2009.

74. Idem, ibidem.

75. Maria Helena de Castro Santos e Érica M. Machado, "Governabilidade e os poderes constituídos: uma agenda preliminar", *Revista do Serviço Público*, ano 45, v. 118, n. 1, p. 31, jan./dez. 1995.

pensar essas perdas; 3) uma unidade de despesa procura tipicamente iniciar diversas atividades de modo a tornar os seus programas irreversíveis, no sentido de que é mais barato completar uma obra que interrompê-la; 4) como o Ministério da Fazenda dispõe de poder discricionário para reter ou liberar as verbas orçamentárias, fica sobremodo favorecida a prática do clientelismo através do uso político deste poder e, por fim, 5) como em qualquer atividade que envolve racionamento, há uma tendência para a proliferação de mercados negros.[76]

Na visão de Fernando Henrique Cardoso, "o uso do contingenciamento para equilibrar as contas públicas conduz a diversas distorções, em particular, leva a uma perda de transparência do processo orçamentário. Em vez da mediação política do Legislativo sobre confronto aberto das demandas sociais, o arbítrio burocrático do Executivo passa a definir as prioridades efetivas do gasto público".[77]

Carla Protásio e Maurício Bugarin consideram que

> o contingenciamento dos recursos públicos, utilizado para conter os gastos dos órgãos, gera uma série de distorções, como por exemplo, a inversão de prioridades, pois os órgãos empregam o seu orçamento primeiramente em ações menos prioritárias para forçar a liberação de recursos para ações que não podem ser adiadas, e também o endividamento por meio de atrasados, que faz com que os fornecedores cobrem do governo preços acima daqueles vigentes no mercado. Além disso, com o fim da inflação elevada, esses mecanismos perderam eficácia, pois as dotações orçamentárias não têm mais seu valor tão fortemente corroído.[78]

Ao comentar as distorções causadas pelo contingenciamento, Giambiagi sugere "a adoção do orçamento mandatório, preservando-se, con-

76. G. H. Franco, "A crise fiscal da União: diagnóstico e apontamentos para uma lei das finanças públicas", in G. H. Franco, *O Plano Real e Outros Ensaios*, Rio de Janeiro, Francisco Alves, 1995, p. 214.

77. Fernando Henrique Cardoso, "Exposição de motivos n. 395, de 7 de dezembro de 1993", *Revista de Economia Política*, v. 14, n. 2 (54), abr./jun. 1994.

78. Carla G. Protásio e Maurício S. Bugarin, "À espera da reforma orçamentária: um mecanismo temporário para redução de gastos públicos", *Revista de Estudos Econômicos*, São Paulo, v. 34, n. 1, pp. 5-41, jan./mar. 2004.

tudo, uma margem para que o governo adote o contingenciamento nos casos de eventuais situações adversas. Dessa forma, reduzir-se-ia ao mínimo a margem de arbítrio efetivamente utilizada pelo governo no contingenciamento das despesas". Para o autor,

> se o governo adotar um bom sistema de planejamento fiscal; sem ter receitas superestimadas nem incertezas em relação ao montante das despesas previdenciárias do exercício; bem como com uma meta de superávit primário bem-definida e com hipóteses conservadoras para a elaboração do orçamento, o uso do contingenciamento não se justificaria, podendo-se, assim, executar o orçamento em sua totalidade e no decorrer do exercício financeiro, não se restringindo apenas aos últimos meses do ano.[79]

Como já se viu, o procedimento adequado, realmente, é o orçamento impositivo. Aliás, a discussão é até ociosa, uma vez que, em se cuidando de uma lei, deve ela ser cumprida, tal como aprovada.

O que se admite são alterações específicas e momentâneas para atender a situações empíricas que se alteram ao longo do tempo. A surpresa não pode ser arma utilizada pelo administrador. Ao contrário, o princípio da segurança jurídica norteia todo o ordenamento normativo, de forma a dar-lhe seriedade, de que o agente público não pode fugir.

Daí se poder afirmar, sem sombra de dúvida, que a margem de discrição do administrador público é mínima, devendo o orçamento ser cumprido na forma aprovada pelo Parlamento.

6. Constitucionalismo contemporâneo e orçamento público – uma breve reflexão

Partindo da concepção contemporânea de direito constitucional, nota-se a necessidade de trabalharmos em direção à concretização dos direitos fundamentais que sustentam o modelo de Estado Democrático de Direito. É preciso fortalecer os novos paradigmas que delineiam o

79. F. Giambiagi e A. C. Além, *Finanças Públicas: Teoria e Prática no Brasil*, Rio de Janeiro, Campus, 2000, p. 23.

nosso ordenamento jurídico, em consonância com as nuances que marcam a sociedade da pós-Modernidade.

"Após uma longa fase de enfoque meramente periférico e político da Constituição, percebeu-se a necessidade de aferir uma carga axiológica, normativa, vinculante e suprema ao texto constitucional, a fim de que todas as relações jurídicas fossem concebidas a partir da Lei Fundante do País."[80]

O constitucionalismo contemporâneo derrubou a concepção de Estado Legislativo de Direito (positivismo jurídico), fazendo emergir o Estado Constitucional de Direito, que evidencia a centralidade e a supremacia da Constituição Federal.

Assim, as condições de validade das normas jurídicas passam a depender não só de aspecto formal, mas também da compatibilidade material com os princípios e regras constitucionais.

A Constituição de 1988 deu ao tema orçamentário grande importância, uma vez que se traduziu em um instrumento de planejamento da atuação administrativa do governo. Verifica-se o retorno ao Poder Legislativo da prerrogativa de propor emendas ao projeto de lei do orçamento.

Ao tratar da colisão entre interesses públicos primários (bem-estar social) e secundários (erário), Luís Roberto Barroso aponta como "parâmetro fundamental para solucionar esse tipo de colisão, o princípio da dignidade humana. Como se sabe, a dimensão mais nuclear desse princípio se sintetiza na máxima kantiana segundo a qual cada indivíduo deve ser tratado como um fim em si mesmo".[81]

É nesse contexto que se faz necessária uma filtragem constitucional do orçamento. Todo processo de planejamento, elaboração e execução orçamentários deve observar os valores e objetivos delineados na Lei Maior, com vistas à concretização dos direitos fundamentais.

No contexto de um Estado Constitucional Democrático, que deve ser eminentemente garantidor dos direitos fundamentais, não se pode mais admitir a redução do orçamento ao aspecto político-instrumental de cunho meramente financeiro.

80. Clara Cardoso Machado, "O neoconstitucionalismo e a aplicação imediata dos direitos fundamentais nas relações privadas", *Revista Direitos Fundamentais & Democracia*, n. 2, jul. 2007.

81. Luís Roberto Barroso, *Curso de Direito Constitucional Contemporâneo*, cit., p. 73.

Orçamento é o instrumento jurídico, por excelência, de exercício da democracia, de proteção à cidadania e de concretização dos direitos fundamentais. Através dele são deliberados os destinos da sociedade.

Aliomar Baleeiro leciona que

> o estudo do orçamento compreende quatro aspectos fundamentais: a) o jurídico, isto é, a natureza do ato orçamentário à luz da Constituição; b) o político, pelo qual o orçamento revela desígnios sociais e regionais na destinação de verbas, e confere liberdade decisória ao Poder Executivo; c) o econômico, através do qual se apreciarão os efeitos recíprocos da política fiscal e da conjuntura econômica; d) o técnico, que envolve os processos estatísticos de cálculo de receitas e despesas Os aspectos políticos, técnicos e econômicos sempre preponderam no exame do orçamento. *Contrario sensu*, o viés jurídico é relativizado, ou, até mesmo, esquecido, percepção que reluz, por exemplo, quando se alega impossibilidade de controle jurisdicional da lei orçamentária. Ora, emerge cristalina a necessidade de uma leitura constitucional do Orçamento a fim de limitar a margem de discricionariedade do Executivo e permitir que os objetivos constitucionais sejam alcançados.[82]

Os novos paradigmas que sustentam o neoconstitucionalismo nos obrigam a repensar o papel do orçamento público enquanto instrumento jurídico de planejamento de políticas públicas, dotado de força impositiva, e responsável pela efetivação dos direitos fundamentais.

Assim, a discricionariedade do Executivo em matéria de orçamento deve ser exercida dentro dos parâmetros e limites constitucionais. Atualmente, pode-se afirmar que "o que era uma atividade discricionária, que ensejava opções ao político na escolha e destinação das verbas passa a ser vinculada. Não deixa de ser decisão política, uma vez que o constituinte optou por uma solução dentre várias que possuía. Por isso sua natureza material".[83] O fato de ter efeitos concretos ou abstratos não retira sua característica material. A própria Constituição Federal confere ao orçamento a natureza de lei (art. 165, III e §§ 5º, 6º e 8º).

82. Aliomar Baleeiro, *Uma Introdução à Ciência das Finanças*, cit., p. 27.

83. Sandoval Alves da Silva, *Direitos Sociais: Leis Orçamentárias como Instrumento de Implementação*, Curitiba, Juruá, 2007, p. 31.

Penso que quando a lei orçamentária fixa uma despesa pública surge o dever jurídico para a Administração de realizar as políticas públicas consideradas prioritárias para a coletividade. Uma vez considerada lei em sentido material, passa a gozar de executoriedade, garantindo maior efetividade na realização dos direitos sociais.

Pensar em sentido diverso implicaria negar o princípio da dignidade humana, no qual se fundamenta a nossa Constituição.

7. *Conclusão*

Embora os governantes sejam eleitos pelo voto do povo, tal fato não se consubstancia em garantia de atuação conforme os interesses dos representados. Inúmeros são os casos de divergência entre o interesse público e o interesse governamental. Embora as expressões sejam vagas, podendo ser manipuladas por quem as utiliza, há um consenso mínimo sobre o que sejam.

Conforme se depreende de todo o exposto, a ação do Estado deve ser compatível com os objetivos constitucionais que vinculam sua atuação.

Assim, o investimento em políticas públicas deve ser real no sentido de promover melhorias significativas na vida da população. É nesse sentido que deve estar orientada a atuação discricionária do Poder Executivo no processo de elaboração e execução da lei orçamentária.

Nas palavras de Fábio Comparato,

> uma lei, editada no quadro de determinada política pública, por exemplo, pode ser inconstitucional, sem que esta última o seja. Inversamente, determinada política governamental, em razão da finalidade por ela perseguida, pode ser julgada incompatível com os objetivos constitucionais que vinculam a ação do Estado, sem que nenhum dos atos administrativos, ou nenhuma das normas que a regem, sejam, em si mesmos, inconstitucionais.[84]

É importante que a orientação doutrinária e jurisprudencial reconheça não somente a inconstitucionalidade comissiva, mas, também, a

84. Fábio Konder Comparato, "Ensaio sobre o juízo de constitucionalidade de políticas públicas", São Paulo, *RT* 737, 1997.

inconstitucionalidade omissiva do Poder Público em não executar políticas públicas fundamentais para a população.

O Estado, enquanto instituição jurídica e política organizada funcionalmente para regular a sociedade e garantir direitos fundamentais, reclama a concretização dos mesmos através da atividade financeira e orçamentária do Poder Público.

No momento da elaboração e execução da lei orçamentária, o Poder Executivo deve absorver os valores que sustentam a nossa Constituição Federal, com vistas à otimização do atendimento das necessidades públicas por intermédio do orçamento público.

O desvirtuamento na execução das leis orçamentárias gera reflexos diretos na efetivação de direitos sociais e na consolidação da democracia cidadã.

Consta do *Curso de Direito Financeiro* a seguinte afirmativa: "Já não se pode admitir um orçamento sem compromissos, apenas para cumprir determinação legal. Já não se aceita o governante irresponsável. Já longe vai o tempo em que se cuidava de mera peça financeira, descompromissada com os interesses públicos. Já é passado o momento político em que as previsões frustravam a esperança da sociedade".[85]

> É verdade que ao Chefe do Executivo resta a última palavra, na estruturação e elaboração do orçamento. No entanto, a sensibilidade política impõe que sejam atendidas as reivindicações da população ou que, ao menos, sejam levadas em conta. É imperioso que se passe a um estágio democrático mais adiantado, não só com a participação do povo nas deliberações do governo, como também que seja ele ouvido e atendido em suas angústias e apreensões.[86]

Em suma e concluindo, não se sustenta a ação arbitrária do chefe do Executivo e a discrição é restrita. O que resta? O efetivo cumprimento do orçamento em todos os seus itens. A única hipótese de contingenciamento (discricionariedade na aplicação da lei orçamentária) é a não realização de receitas.

85. Régis Fernandes de Oliveira, *Curso de Direito Financeiro*, cit., p. 312.
86. Idem, ibidem.

Bibliografia

ALESSI, Renato. *Principi di Diritto Amministrativo*. 4ª ed. Milão, Giuffrè, 1978.

BALEEIRO, Aliomar. *Uma Introdução à Ciência das Finanças*. 15ª ed. rev. e atual. por Dejalma de Campos. Rio de Janeiro, Forense, 2002.

________. *Uma Introdução à Ciência das Finanças*. 17ª ed. Rio de Janeiro, Forense, 2010.

BARBOSA, Eurico. *Rui Barbosa e o Ideal do Tribunal de Contas*. Goiânia, Kelps, 2001.

BARCELLOS, Ana Paula de. "Neoconstitucionalismo, direitos fundamentais e controle das políticas públicas". *Revista Diálogo Jurídico*. Salvador, n. 15, 2007.

BARROSO, Luís Roberto. *Curso de Direito Constitucional Contemporâneo*. 2ª ed. São Paulo, Saraiva, 2010.

BASTOS, Celso Ribeiro. *Curso de Direito Financeiro e de Direito Tributário*. 2ª ed. São Paulo, Saraiva, 1992.

BAUDHUIN, Fernand. *Précis de Finances Publiques*. 12ª ed. Bruxelas, Estab. Emile Bruylant, 1951.

BOUVIER, Michel; ESCLASSAN, Marie-Christine; LASSALE, Jean-Pierre. *Finances Publiques*. Paris, Générale de Droit et Jurisprudence, 2000.

BURKHEAD, Jesse. *Orçamento Público*. Primeira edição em Português. Rio de Janeiro, Fundação Getulio Vargas, 1971.

CAMPOS, Francisco. "Orçamento – natureza jurídica – anualidade – discriminação de rendas – imposto de indústrias e profissões – movimento econômico – imposto sobre vendas e consignações". *Revista de Direito Administrativo*. Fundação Getulio Vargas, v. 71, 1963.

CARDOSO, Fernando Henrique. "Exposição de motivos n. 395, de 7 de dezembro de 1993". *Revista de Economia Política*, v. 14, n. 2 (54), 1994.

CASTRO SANTOS, Maria Helena de; MACHADO, Érica M. "Governabilidade e os poderes constituídos: uma agenda preliminar". *Revista do Serviço Público*. Ano 45, v. 118, n. 1, 1995.

COMPARATO, Fábio Konder. "Ensaio sobre o juízo de constitucionalidade de políticas públicas". *RT* 737. São Paulo, Ed. RT.

DEODATO, Alberto. *Manual de Ciência das Finanças*. 3ª ed. São Paulo, Saraiva, 1949.

DUGUIT, Léon. *Droit Constitutionnel*. 2ª ed., t. 4º. Paris, De Boccard, 1927.

FERREIRA, Francisco Gilney Bezerra de Carvalho. "Das controvérsias doutrinárias quanto à natureza das leis orçamentárias e suas implicações jurídicas na discussão acerca do modelo impositivo de orçamento". *Jus Navigandi*. Teresina, ano 17, n. 3.183, 19 mar. 2012. Disponível em: <http://jus.com.br/revista/texto/21318>. Acesso em: 10.8.2012.

FRANCO, G. H. "A crise fiscal da União: diagnóstico e apontamentos para uma lei das finanças públicas". In FRANCO, G. H. *O Plano Real e Outros Ensaios*. Rio de Janeiro, Francisco Alves, 1995.

GIACOMONI, James. *Orçamento Público*. 15ª ed. São Paulo, Atlas, 2010.

GIAMBIAGI, F.; ALÉM, A. C. *Finanças Públicas: Teoria e Prática no Brasil*. Rio de Janeiro, Campus, 2000.

GORDILLO, Agustín. *Tratado de Derecho Administrativo. Parte General*. 7ª ed., t. 1. Belo Horizonte, Del Rey, 2003.

HARADA, Kiyoshi. *Direito Financeiro e Tributário*. 19ª ed. São Paulo, Atlas, 2010.

JÈZE, Gaston. *Théorie Générale du Budget*. Paris, Giard, 1922.

LABAND, Paul. *Derecho Presupuestario*, por Álvaro Rodrigues Bereijo. Madri, Instituto de Estudios Fiscales, 1979.

________. *Le Droit Public de l'Empire Allemand*. vol. 6.

LAUBADERE, André. *Manuel de Droit Administratif*. 10ª ed. Paris, Librairie Générale de Droit et Jurisprudence, 1976.

LEROY-BEAULIEU, Paul. *Traité de la Science des Finances*. Paris, Lib. Guillaumin, 1876.

MACHADO, Clara Cardoso. "Controle jurisdicional de constitucionalidade em abstrato de lei orçamentária". *Revista Evocati*. N. 55, 29.7.2010. Disponível em: <http://www.evocati.com.br/evocati/interna.wsp?tmp_page=interna&tmp_codigo=428&tmp_secao=10&tmp_topico=direitoconst>.

________. "O neoconstitucionalismo e a aplicação imediata dos direitos fundamentais nas relações privadas". *Revista Direitos Fundamentais & Democracia*, n. 2, jul. 2007.

MEIRELLES, Hely Lopes. *Direito Municipal Brasileiro*. 17ª ed., 2ª tir. São Paulo, Malheiros Editores, 2014.

MELLO, Celso Antônio Bandeira de. *Curso de Direito Administrativo*. 31ª ed. São Paulo, Malheiros Editores, 2014.

________. "O poder normativo do Executivo no Brasil". In TAVARES, André Ramos; LEITE, George Salomão; SARLET, Ingo Wolfgang (orgs.). *Estado Constitucional e Organização do Poder*. São Paulo, Saraiva, 2010.

MENDES, Gilmar Ferreira; COELHO, Inocêncio Mártires; BRANCO, Paulo Gustavo Gonet. *Curso de Direito Constitucional*. 3ª ed. São Paulo, Saraiva, 2008.

MENDES, Marcos José. "Sistema orçamentário brasileiro: planejamento, equilíbrio fiscal e qualidade do gasto público". *Caderno de Finanças Públicas*, Brasília, n. 9, 2009.

MONTESQUIEU, Charles de. *Do Espírito das Leis*. São Paulo, Martin Claret, 2007.

OLIVEIRA, Régis Fernandes de. *Ato Administrativo*. 5ª ed. São Paulo, Ed. RT, 2007.

________. *Curso de Direito Financeiro*. 4ª ed. São Paulo, Ed. RT, 2011.

________. *Gastos Públicos*. São Paulo, Ed. RT, 2012.

PEREIRA, André Gonçalves. *Erro e Ilegalidade no Ato Administrativo*. Lisboa, Ática, 1962.

PINTO, Bilac. *Estudos de Direito Público*. Rio de Janeiro, Revista Forense, 1953.

PROTÁSIO, Carla G.; BUGARIN, Maurício S. "À espera da reforma orçamentária: um mecanismo temporário para redução de gastos públicos". *Revista de Estudos Econômicos*. São Paulo, v. 34, n. 1, jan./mar. 2004.

QUEIROZ, Cid Heráclito de. "O orçamento público". *Revista Justiça e Cidadania*. São Paulo, n. 96, 31.7.2008.

SAINZ DE BUJANDA, Fernando. *Sistema de Derecho Financiero*. vol. I, t. I. Madri, Ed. Facultad de Derecho de la Universidad Complutense, 1975.

SANT'ANNA E SILVA, Sebastião de. *Os Princípios Orçamentários*. Rio de Janeiro, Fundação Getulio Vargas, 1962.

SCAFF, Fernando Facury. *A Efetivação dos Direitos Sociais no Brasil*. São Paulo, Quartier Latin, 2010.

SILVA, José Afonso da. *Comentário Contextual à Constituição*. 8ª ed. São Paulo, Malheiros Editores, 2012.

SILVA, Sandoval Alves da. *Direitos Sociais: Leis Orçamentárias como Instrumento de Implementação*. Curitiba, Juruá, 2007.

STOURM, René. *Le Budget, son Histoire et son Mécanisme*. Paris, Lib. Guillaumin, 1889.

TORRES, Ricardo Lobo. *Tratado de Direito Constitucional Financeiro e Tributário*. 2ª ed., vol. V. "O Orçamento na Constituição". Rio de Janeiro, Renovar, 2008.

TROTABAS, Louis. *Finances Publiques*. Paris, Lib. Guillaumin, 1964.

________; COTTERET, Jean-Marie. *Droit Budgétaire et Comptabilité Publique*. 5ª ed. Paris, Dalloz, 1995.

WILLOUGHBY, W. F. apud MOOJEN, Guilherme. *Orçamento Público*. Rio de Janeiro, Edições financeiras, 1959.

PRINCÍPIO DA LIBERDADE DAS FORMAS NO DIREITO ADMINISTRATIVO

RICARDO MARCONDES MARTINS

Doutor em Direito Administrativo pela PUC-SP – Professor de Direito Administrativo da Faculdade de Direito da PUC-SP.

1. Breve introdução

A *distinção* entre o *direito público* e o *direito privado* é um dos temas centrais da *teoria do direito* e certamente o tema principal do *direito administrativo*. Esse ramo dogmático foi construído em contraposição ao direito privado, que há séculos já existia. Como se sabe, essa construção deu-se a partir da jurisprudência do Conselho de Estado Francês;[1] surgiu após a Revolução Francesa.[2] As linhas mestras do

1. Esclarecedora a explicação de Jean Rivero: "Os homens da Revolução [*Francesa*], dominados pela lembrança do combate secular travado pelos Parlamentares contra a administração real, entenderam subtrair a atividade dos administradores ao controlo do poder judicial; retiraram, pois, ao juiz ordinário o conjunto dos litígios respeitantes à Administração. Por conseguinte, esses litígios foram confiados a uma jurisdição especial, estreitamente ligada ao poder executivo, à cabeça da qual se encontra, desde o ano VIII, o Conselho de Estado. A tendência do juiz ordinário teria sido a de aplicar aos litígios administrativos as regras do direito que lhe era familiar, ou seja, do direito privado. O juiz administrativo, pelo contrário, muito mais a par das exigências próprias da atividade administrativa, subtraiu-a muito naturalmente a um direito

direito privado foram traçadas pelos romanos e positivadas no Código de Justiniano. Aos poucos, percebeu-se que as relações entre Administração e administrados não deveriam ser regidas pelas normas incidentes sobre as relações entre particulares. O *direito comum* não era adequado para reger a *relação administrativa*. Impôs-se a construção de um direito *especial*, *exorbitante*, diferente do direito privado. Com efeito: o direito administrativo foi construído a partir do direito privado, por *oposição* a ele. A partir daí, tornou-se um eterno problema teórico definir as fronteiras do *novo* ramo e apurar até que ponto o *direito privado* aplica-se às relações em que a Administração é parte.

Este estudo não tem por objeto central enfrentar esse problema. Pretende, sim, discutir até que ponto existe uma "liberdade de formas" no direito administrativo. Pode a Administração valer-se de uma "forma privada" ou sempre deve utilizar-se da "forma pública"? Pode, por exemplo, substituir livremente o "ato administrativo unilateral" pelo "contrato" ou, ainda, pode substituir livremente a "forma autárquica" pela "forma empresarial"? Pode substituir uma "concessão de uso de bem público" por um "comodato"? Pode, enfim, substituir o "cargo público" pelo "emprego"? Existe, enfim, "liberdade de formas" ou "vinculação de

que ele de modo algum tinha por missão aplicar; desempenhou um papel decisivo na elaboração de um direito administrativo autónomo" (*Direito Administrativo*, trad. de Rogério Ehrhardt Soares, Coimbra, Almedina, 1981, pp. 23-24, esclarecimento nosso). No mesmo sentido, Georges Vedel: "Historicamente, é a existência de uma jurisdição administrativa que deu nascimento a um direito administrativo autônomo" (*Droit Administratif*, 5ª ed., Paris, Presses Universitaires de France, 1973, p. 63, tradução nossa).

2. Por todos, explica Celso Antônio Bandeira de Mello: "Sobrevindo a Revolução Francesa, como o período histórico precedente era o da Monarquia Absoluta, inexistiam disposições que subjugassem ao Direito a conduta soberana do Estado em suas relações com os administrados. Daí que era preciso aplicar um Direito 'novo', ainda não legislado (ou que mal iniciava sê-lo). É que as normas do Direito até então existentes disciplinavam as relações entre particulares, inadaptadas, pois, para reger vínculos de outra índole, ou seja: os intercorrentes entre o Poder Público e os administrados, já agora submissos todos a uma ordem jurídica. Tais vínculos, consoante se entendia, demandavam uma disciplina específica, animada por outros princípios, que teriam que se traduzir em normas que viriam a ser qualificadas como 'exorbitantes' – porque exorbitavam dos quadros do Direito até então conhecido, o 'Direito Comum'. Foi o referido Conselho de Estado – instituído pelo art. 52 da Constituição de 22 Frimário do Ano VIII, isto é, de 15 de dezembro de 1799 – que, com suas decisões, forjou estes princípios e as concepções que se converteram no que se chama 'Direito Administrativo'" (*Curso de Direito Administrativo*, 31ª ed., São Paulo, Malheiros Editores, 2014, Cap. I-12, p. 39).

formas"? Eis o problema proposto. Ocorre que enfrentar esse problema, por evidente, exige enfrentar o problema que está por trás dele.

Pretende-se, de fato, examinar se existe ou não uma "liberdade de formas" no direito público, mas, para tanto, necessita-se enfrentar o tema das *fronteiras* entre o direito público e o direito privado e, diante da fixação desses limites, apurar até que ponto essas fronteiras podem ser ultrapassadas. Eis a proposta.

2. *Direito administrativo e "liberdade de formas"*

Há quem tenha sustentado inexistir no direito administrativo discricionariedade sobre a forma. Foi essa a posição de Hely Lopes Meirelles, que, sem ressalvas, sustentou: "elementos vinculados serão sempre a competência, a finalidade e a forma, além de outros que a norma legal indicar para a consecução do ato".[3] Em assonância com esse posicionamento, segundo José dos Santos Carvalho Filho o *direito público* é regido pelo *princípio da solenidade das formas*, ao contrário do direito privado, regido pelo *princípio da liberdade das formas*.[4] Significativa parcela da doutrina brasileira, porém, expressamente admite a configuração da *discricionariedade* em relação à *forma* do ato. Celso Antônio Bandeira de Mello, por exemplo, é expresso nesse sentido: a "opção quanto à forma que revestirá o ato" pode ser discricionária.[5] Maria Sylvia Zanella Di Pietro, após afirmar que "em geral" a forma é vinculada, admite existir "eventualmente" discricionariedade em relação à forma.[6]

3. Hely Lopes Meirelles, *Direito Administrativo Brasileiro*, 16ª ed., 2ª tir., São Paulo, Ed. RT, 1991, p. 97. Essa é a última edição atualizada pelo próprio autor.

4. José dos Santos Carvalho Filho, *Manual de Direito Administrativo*, 25ª ed., São Paulo, Atlas, 2012, p. 110.

5. Celso Antônio Bandeira de Mello, *Discricionariedade e Controle Jurisdicional*, 2ª ed., 11ª tir., São Paulo, Malheiros Editores, 2012, p. 17; *Curso de Direito Administrativo*, cit., Cap. XIX-30, p. 988.

6. "Com relação à forma, os atos são em geral vinculados porque a lei previamente a define, estabelecendo, por exemplo, que serão expressos por meio de decreto, de resolução, de portaria etc. Eventualmente, a lei prevê mais de uma forma possível para praticar o mesmo ato: o contrato pode ser celebrado, em determinadas hipóteses, por meio de ordem de serviço, nota de empenho, carta de autorização; a ciência de determinado ato ao interessado pode, quando a lei permita, ser dada por meio de publicação ou de notificação direta. Nesses casos, existe discricionariedade com relação à forma" (Maria Sylvia Zanella Di Pietro, *Direito Administrativo*, 25ª ed., São Paulo, Atlas, 2012, pp. 221-222).

Sem desprestigiar o entendimento contrário, é evidente a possibilidade de discricionariedade em relação à forma. À luz do caso concreto é perfeitamente possível que o Direito aceite tanto a forma "A" como a forma "B" para determinado ato da Administração e impute a escolha ao agente competente, caracterizando-se a *competência discricionária*.[7] O art. 62 da Lei 8.666/1993 afirma a possibilidade de mais de uma possível forma para um contrato administrativo.[8] Se a questão fosse essa, pouco haveria a ser dito. Nos casos em que o Direito impõe uma forma específica, configura-se a *vinculação* em relação à forma; mas não são nada incomuns situações em que o Direito não exige uma específica forma para o ato, mas admite tanto uma forma como outra e imputa a escolha ao agente competente. Enfim, ainda que *forma vinculada* seja a regra, é cientificamente indiscutível a possibilidade no direito administrativo de *forma discricionária*.

Forma *livre*, contudo, é impossível no direito público. A situação jurídica de *liberdade* é incompatível com a *função pública*. De fato: na situação de *liberdade* a escolha entre uma alternativa e outra é, observadas as restrições impostas ao ordenamento, livre, vale dizer, pode basear-se exclusivamente na *vontade* de quem escolhe. Observadas as restrições impostas pelo sistema normativo, no direito privado subsiste uma esfera em que os particulares são habilitados a perseguir seus próprios interesses e, portanto, a decidirem única e exclusivamente de acordo com sua vontade. Nesse campo, podem escolher a alternativa pior aos seus próprios interesses. No direito público, quando se abre ao agente competente uma possibilidade de escolha, ele sempre deve buscar a alternativa que, no seu íntimo, realize da melhor forma o interesse público. O dever de realização ótima do interesse público lhe é sempre imposto, mesmo nas situações de escolha entre duas alternativas possíveis. A escolha nunca se baseará exclusivamente em sua vontade, pois

7. Sobre a discricionariedade administrativa, vide nosso *Efeitos dos Vícios do Ato Administrativo*, São Paulo, Malheiros Editores, 2008, Cap. VI-5, pp. 176-191.

8. "O instrumento de contrato é obrigatório nos casos de concorrência e de tomada de preços, bem como nas dispensas e inexigibilidades cujos preços estejam compreendidos nos limites destas duas modalidades de licitação, e facultativo nos demais em que a Administração puder substituí-lo por outros instrumentos hábeis, tais como carta-contrato, nota de empenho de despesa, autorização de compra ou ordem de execução de serviço."

ao ato de escolha impõe um *agir impessoal*.[9] Consequentemente, *liberdade* é incompatível com a função pública; no direito administrativo é admissível uma *forma discricionária*, jamais uma *forma livre*.

A grande questão não é saber se é teoricamente possível a forma discricionária, mas se é teoricamente possível a escolha discricionária entre uma *forma pública* e uma *forma privada*: pode o agente público escolher entre o *direito público* e o *direito privado*? Eis o problema tormentoso que se apresenta.

3. Regime jurídico discricionário

Será possível a existência de discricionariedade quanto ao regime jurídico aplicável? Noutras palavras, é teoricamente possível que à luz do caso concreto o Direito admita tanto o *regime jurídico público* como o *regime jurídico privado* e impute a escolha ao agente competente? Se sim, perceba-se, caberá ao agente competente decidir qual o *regime jurídico* aplicável; a incidência de normas públicas ou de normas privadas dependerá tão somente da sua *vontade*. Caso seja possível essa escolha, haverá *discricionariedade* quanto ao regime jurídico incidente. Eis o problema a ser enfrentado.

Renato Alessi admite que a Administração *renuncie* à sua posição de *supremacia* e, voluntariamente, se submeta às formas do direito privado. Para entender o pensamento do autor, todavia, deve-se atentar para a distinção enfatizada por ele entre o interesse *secundário* e o interesse *primário*. Segundo o notável administrativista italiano, a *renúncia* à supremacia é a *regra* quando se trata de realização de *interesses secundários*, mas é *exceção* quando se trata de realização de *interesses primários*. Em relação aos interesses secundários, afirma textualmente: "si è detto ora che per il soddisfacimento degli interessi secondari l'amministrazione, anzichè fare uso dei mezzi pubblicistici, deve fare uso dei mezzi giuridici eventualmente predisposti dal diritto privato".[10] Nessas situações, portanto, de *interesse secundário*, não há *discricionariedade*

9. Sobre a diferença entre liberdade e discricionariedade, vide nosso *Abuso de Direito e a Constitucionalização do Direito Privado*, São Paulo, Malheiros Editores, 2010, pp. 57-74.

10. Renato Alessi, *Principi di Diritto Amministrativo*, vol. I, Milano, Giuffrè, 1966, § 140, p. 235.

na escolha do regime; impõe-se como regra geral, o regime privado. Trata-se, pode-se dizer, de *regime vinculado*. Nesses casos, porém, observa Alessi, "a natureza pública do sujeito que exerce a atividade não deixa de influir sobre o regime da atividade".[11]

Sem desprestigiar o benemérito administrativista italiano, ele parece ter esquecido sua própria premissa: o *interesse secundário* só é juridicamente admissível se for *coincidente* com o primário.[12] E o que é ser coincidente? Coincidir significa ser igual em formas e dimensões, ter ajustamento perfeito, apresentar a mesma identidade, caráter, sentido.[13] Pela própria premissa do autor, o interesse *secundário*, enquanto juridicamente reconhecido, não possui *autonomia*: só é juridicamente acatado pelo ordenamento, insiste-se, quando for *coincidente* com o primário, ou seja, quando for *também* um interesse primário. Se este é indisponível, o *interesse público secundário* juridicamente admitido, por óbvio, também o é. Não se justifica, nesses termos, afirmar que o direito público rege o *interesse primário*, mas não rege o *interesse secundário*. Se o primário exige um regime peculiar, o secundário que seja coincidente com o primário, pelo fato de ser coincidente, também exige, em igual medida e extensão. É surpreendente que Renato Alessi não tenha percebido a flagrante contradição de sua própria teoria.[14]

Em relação à realização do interesse *primário*, Alessi admite que a Administração, excepcionalmente, renuncie à situação de supremacia e *voluntariamente* se submeta ao direito privado. Enquanto para a realização do interesse secundário, o regime de direito privado, segundo o autor, é, como regra geral, *impositivo*; para a realização do interesse

11. "Ancorchè l'attività dell'amministrazione che si esplica in uno dei mezzi giuridici predisposti dal diritto privato, sia regolata fondamentalmente, come si è detto, dal diritto privato, pure la natura pubblicistica del soggetto che la pone in essere non manca di riflettersi in vario modo, si noti, sul regime dell'attività stessa" (idem, ibidem, § 141, p. 237).

12. "Anche potendosi concepire un interesse, secondario, dell'amministrazione considerata come apparato organizzativo, esso non potrebbe esser realizzato se non in caso di *coincidenza* con l'interesse primario, pubblico" (idem, ibidem, § 126, p. 201, grifo nosso).

13. Cf. Antônio Houaiss e Mauro de Salles Villar (eds.), *Dicionário Houaiss da Língua Portuguesa*, Rio de Janeiro, Objetiva, 2001, p. 755.

14. A crítica foi desenvolvida em nosso "Arbitragem e administração pública: contribuição para o sepultamento do tema", *RTDP* 54/194-209, São Paulo, 2011, pp. 200-201.

primário, nas situações em que o direito privado seja admissível, situações essas excepcionais, a adoção do regime é *discricionária*. Eis as hipóteses de *regime discricionário*: a submissão ao direito privado, diz Alessi, nesses casos, é *voluntária*, há uma *renúncia voluntária à posição de supremacia*.[15]

Essa renúncia só é válida quando for juridicamente admissível que a Administração ponha em *primeiro plano* um *interesse secundário*, patrimonial, e deixe em *segundo plano* o interesse geral.[16] Se houver dúvida sobre estar ou não no primeiro plano da atividade administrativa a direta e imediata consideração do interesse geral, inadmissível se torna a renúncia. Somente quando for claro que a Administração está autorizada a buscar primariamente a realização de um interesse patrimonial, sem tomar em consideração o interesse geral, será possível a renúncia e, pois, a adoção do regime privado.[17] O autor impõe duas condições a essa "submissão voluntária": a) deve existir efetivamente um meio jurídico equivalente oferecido pelo direito privado e deve haver

15. "Si è detto che talvolta l'amministrazione, per la realizzazione di interessi pubblici (in senso proprio) rinunzia alla possibilità di esplicare i suoi poteri di supremazia che le consentirebbero di instaurare all'uopo rapporti pubblicistici (ossia improntati alla supremazia, attuale o potenziale, dell'amministrazione stessa) per addivenire invece alla instaurazione di rapporti privatistici, e pertanto improntati alla parità delle parti, in quanto l'amministrazione fa semplicemente uso dei mezzi giuridici offerti dal diritto privato ad ogni soggetto giuridico come tal. In questi casi può parlare de una *sottoposizione volontaria al diritto privato* cui corrisponde una *rinunzia volontaria dell'amministrazione alla sua posizione di supremazia*" (Renato Alessi, *Principi di Diritto Amministrativo*, cit., § 142, p. 242, grifos nossos).

16. "A facilitare la soluzione varrà la considerazione che se l'amministrazione pubblica ha potestà di avvalersi, al pari di ogni altro soggetto giuridico, dei mezzi giuridici posti a disposizione dall'ordinamento privatistico, anche per la realizzazione indiretta di interessi pubblici determinati, pretermettendo i mezzi pubblicistici corrispondenti, tuttavi è da tener presente che, in tal caso, essa formalmente, per il solo fatto che ricorre a mezzi privatistici (che sono fondamentalmente predisposti per la realizzazione di interessi secondari, soggettivi, patrimoniali quali sono gli interessi dei soggetti privati) deve venire a collocare in *primo piano*, per così dire, nella sua considerazione allorchè essa si determina all'azione, un interesse soggettivo (come soggetto giuridico a sè stante), secondario, patrimoniale, lasciando nello sfondo l'interesse pubblico generale" (idem, ibidem, § 142, pp. 243-244).

17. "Perciò, *nei casi dubbi*, per potersi ammettere la configurabilità privatistica del rapporto, occorre che risulti ben chiaramente che l'amministrazione ha inteso agire per realizzare direttamente un interesse di ordine patrimoniale senza diretta considerazione per un interesse publico generale" (idem, ibidem, § 142, pp. 244-245).

uma equivalência entre o meio de caráter privado e o meio de caráter público; b) devem inexistir graves razões para considerar que a atuação com caráter público seja essencial, vale dizer, não seja juridicamente exigido que nas considerações do ente público encontre-se em primeiro plano o interesse geral.[18] Observados esses limites, Alessi sustenta a possibilidade de um *regime discricionário*, a possibilidade de escolha entre a submissão ao *direito público* e ao *direito privado*.

No Direito francês, Maurice Hauriou estabeleceu uma distinção que se tornou célebre: *gestão pública* e *gestão privada*. Há "gestão privada" quando a Administração executa uma operação nas mesmas condições de um particular, submetendo-se às regras do direito privado, abstraindo suas prerrogativas especiais, exorbitantes do direito comum. Essa "faculdade de utilizar os métodos e procedimentos do direito privado", afirma o aclamado jurista, resulta diretamente da "capacidade jurídica" do ente público.[19] Prosper Weil informa que, no futuro, após a diferenciação feita por Hauriou, admitiu-se na França a discricionariedade na escolha do regime jurídico. Registra-se sua lição, *in verbis*:

> Para futuro, admitia-se que um ente público, tendo em vista o serviço público, podia renunciar ao emprego dos meios que exorbitam do direito comum para "se pôr como civil" e colocar-se nas condições do direito comum. O que é verdadeiro para os contratos é-o igualmente para o pessoal, bens e trabalhos. Ao lado dos agentes públicos, a administração contrata assalariados nas condições do direito privado. Ao lado do domínio público, os entes públicos possuem um domínio privado, que dirigem nas condições do direito comum. Ao lado dos trabalhos públicos, a atividade administrativa conhece trabalhos efetuados sob o império do direito civil.[20]

18. Idem, ibidem, § 143, pp. 245-246.

19. Nas palavras dele: "Il y a gestion privée lorsqu'une administration accomplit une opération dans les mêmes conditions qu'un simple particulier, en se soumettant aux règles du droit privé et en faisant abstraction des droits et prérogatives spéciaux, exorbitants du droit commun, qu'elle tient de la puissance publique. Cette faculté que possèdent les administrations d'utiliser les méthodes el les procédures du droit privé résulte directement de leur *capacité juridique*, qui comporte, autant que la possession des droits de puissance publique, la jouissance et l'exercice des droits privés" (Maurice Hauriou, *Précis de Droit Administratif et de Droit Public*, Paris, Sirey, 1933, p. 1.064).

20. Prosper Weil, *O Direito Administrativo*, trad. de Maria da Glória Ferreira Pinto, Coimbra, Almedina, 1977, p. 78.

Pouco adiante, conclui: "regra geral, a escolha entre a gestão pública e a gestão privada é deixada à administração".[21] No Direito alemão, boa parte da doutrina admite a possibilidade de escolha do regime aplicável. Nesse sentido, afirma Hartmut Maurer:

> Deve ser observado que à administração, no âmbito da atividade de prestação, compete um direito de escolha (limitado) entre formas de atuação jurídico-públicas e jurídico-privadas. Sob esse aspecto, portanto – de certo modo no antecampo –, pode depender da vontade da autoridade. Se ela, todavia, em virtude de seu direito de escolha, decidiu geralmente para um determinado âmbito e, com isso, predeterminou o desenvolvimento pretendido, então ela também deve perseguir consequentemente o caminho tomado.[22]

E dá um exemplo:

> Está no poder discricionário da administração municipal se ela quer formar jurídico-pública ou jurídico-privativamente a ordenação do uso da biblioteca municipal. Se ela se decidiu para a formação jurídico-privada das relações de uso, então também todos os contratos celebrados nesse quadro são de natureza jurídico-privada. A decisão prévia geral prejulga também as relações particulares posteriores.[23]

Maria João Estorninho, em sua tese de doutoramento, após observar que a "liberdade de escolha" no âmbito do direito administrativo refere-se, por um lado, à "liberdade de escolha das formas de organização" e, por outro, à "liberdade de escolha das respectivas formas de atuação", afirma que a doutrina alemã tem sido favorável a ambas:

> A doutrina alemã tem sido favorável a essa ideia de "liberdade de escolha". Segundo a doutrina majoritária tradicional, aliás, a Administração

21. Idem, ibidem, p. 79.

22. Hartmut Maurer, *Direito Administrativo Geral*, trad. de Luís Afonso Heck, Barueri, Manole, 2006, § 14-9, p. 410.

23. Idem, ibidem.

tem uma dupla liberdade de escolha, podendo escolher quer as formas de organização, quer as formas de atuação do Direito Privado. Na verdade, segundo essa doutrina, no caso de serem aplicáveis quer normas de direito público, quer de direito privado, deve caber à Administração Pública uma liberdade de escolha ("Wahlfreiheit"), quanto às "formas de organização" e quanto às "formas de atuação".[24]

E pouco adiante complementa:

> Fala-se, assim, em "liberdade de formas" ("Formenfreiheit") e em "variedade de formas" ("Formenvielfalt"), admitindo-se que as relações jurídicas da Administração prestadora possam, mediante escolha da própria Administração, ser fundadas através de três diferentes institutos jurídicos: um contrato jurídico-privado, um ato administrativo ou um contrato jurídico-público.[25]

Observa Estorninho que, apesar de a doutrina da *liberdade de escolha* ser amplamente majoritária na doutrina alemã, há quem discorde. Entre os autores citados pela professora lusitana destaca-se Christian Pestalozza, para quem não basta saber se uma determinada situação de fato se reconduz a uma norma jurídico-privada, é necessário perguntar se a norma privada em questão é válida para o ente público, do ponto de vista do "âmbito de aplicação pessoal da norma".[26] O direito público é um *direito especial*, próprio para o Estado, um "direito do Estado" ou um "direito da função" (*Amtsrecht*). Daí a conclusão de Pestalozza: "as normas de direito privado só valem para o Estado quando esse seu 'direito da função' falta ou quando ele expressa ou implicitamente remete para a aplicação de normas jurídico-privadas".[27] Essa, segundo ele, é a *primeira barreira* ou *regra de colisão* (*Kollisionsnormen*). Mas há uma segunda barreira: ainda que a norma privada seja "compatível" com o

24. Maria João Estorninho, *A Fuga para o Direito Privado*, Coimbra, Almedina, 1999, p. 190.

25. Idem, ibidem, p. 192.

26. Christian Pestalozza, "Kollisionsrechtliche Aspekte der Unterscheidung von öffentlichen Recht und Privatrecht in Die öffentliche Verwaltung", *DÖV* 1974, p. 189, *apud* Maria João Estorninho, *A Fuga para o Direito Privado*, cit., p. 196.

27. Idem, ibidem.

"direito especial", com o "direito da função", é possível que a norma privada não seja compatível com a atuação pública específica. Noutras palavras, a norma deve ser compatível com a *natureza de quem atua* e com a *natureza da atuação*.[28]

Pestalozza tem absoluta razão. A escolha discricionária pela Administração do regime aplicável encontra enormes obstáculos. Primeiro, na própria natureza do ente público, segundo na própria natureza da atividade pública. Ambos – a natureza do ente e a natureza da atividade – são, regra geral, incompatíveis com o direito privado e exigem o regime de direito público. Para entender essa assertiva, faz-se necessário examinar, ainda que rapidamente, um dos assuntos mais tormentosos do direito administrativo: a razão dogmática da dicotomia direito público – direito privado.

4. Direito público e direito privado: razão dogmática da distinção

Há quem na doutrina defenda a imprestabilidade da distinção *público-privado*. Kelsen foi taxativo: "a distinção, como princípio para uma sistematização geral do Direito, é inútil".[29] A saudosa Lúcia Valle Figueiredo, em sua dissertação de mestrado, aceitou a dicotomia *cum grano salis*[30] e defendeu um *regime híbrido* para as empresas estatais: "um regime em estreita simbiose entre o público e o privado".[31] Discorda-se dos renomados juristas: não há apenas *utilidade* na classificação; mais do que isso, ela é imprescindível para a compreensão do Direito. Não é apenas útil, mas indispensável.

Para entender o porquê dessa assertiva, antes se faz necessário apontar o *núcleo essencial* da distinção. O que diferencia o *público* do *privado*? Celso Antônio Bandeira de Mello de longa data defende que se

28. Idem, ibidem, p. 197.

29. Hans Kelsen, *Teoria Geral do Direito e do Estado*, trad. de Luís Carlos Borges, São Paulo, Martins Fontes, 2000, p. 297.

30. Lúcia Valle Figueiredo, *Empresas Públicas e Sociedades de Economia Mista*, São Paulo, Ed. RT, 1978, p. 20.

31. Idem, ibidem, p. 38. Ao fixar as premissas de seu raciocínio, a autora afirma: "Não podemos entender como determinada classificação possa permanecer, ao correr dos séculos, como dotada da qualidade de 'verdade universal', que não deva ou possa ser contestada" (idem, ibidem, p. 16).

trata de dois *regimes jurídicos* distintos: há um *conjunto normativo* próprio para o *direito público* e um *conjunto normativo* próprio para o *direito privado*.[32] Afirma que o *regime de direito público* constrói-se sobre dois grandes princípios: a *supremacia* do interesse público sobre o privado e a *indisponibilidade* do interesse público.[33] Jean Rivero muito se aproxima da proposta de Celso Antônio: o *regime de direito administrativo* é composto de normas que estabelecem *prerrogativas* para a Administração e normas que lhe estabelecem *restrições*: é um conjunto de duas ideias opostas – a *puissance publique* e a *servitude publique*.[34]

E o que aparta esses regimes? Qual o *critério* para determinar quando uma situação deve ser regida pelo regime público e quando uma situação deve ser regida pelo direito privado? Como saber quando as normas que impõem *restrições* e *prerrogativas* incidem? Hans J. Wolff, Otto Bachof e Rolf Stober informam que diversos critérios já foram

32. Cf. Celso Antônio Bandeira de Mello, "O conteúdo do regime jurídico-administrativo e seu valor metodológico", *Revista de Direito Público*, São Paulo, ano I, v. 2, pp. 44-61, out./dez. 1967.

33. Cf. Celso Antônio Bandeira de Mello, *Curso de Direito Administrativo*, cit., Cap. I-29, p. 57.

34. Nas famosas palavras de Jean Rivero: "Si l'administration, en effet, dans le rapport de droit administratif, apparaît le plus souvent, soit comme dotée d'un pouvoir supérieur à celui des particuliers dans leurs relations, soit comme protégés vis-à-vis d'eux avec une particulière énergie, il n'en est pas moins vrai que, avec toute une autre série de règles, l'administration apparaît, tout à l'opposé, infiniment moins libre, dans l'exercice de sa volonté, que les particuliers. La règle de droit administratif attache souvent, à cette volonté, des effets beaucoup plus puissants qu'à celle des particuliers, et c'est la puissance publique qui joue alors; mais, parfois, à l'inverse, elle l'enserre dans des limites ignorées des particuliers; ce n'est plus l'administration impérieuse, c'est l'administration ligotée, c'est à côté de la puissance publique, la servitude publique" ("Existe-t-il un critère du droit administratif?" (*Revue du Droit Public et de la Science Politique*, avril/juin. 1953, p. 279, *apud* Jean-Louis de Corail, *La Crise de la Notion Juridique de Service Public en Droit Administratif Français*, Paris, Librairie Générale de Droit et de Jurisprudence, 1954, p. 346). Sintetiza em seu manual: "A quase totalidade das normas de direito administrativo pode reconduzir-se a uma ou a outra dessas derrogações do direito privado – derrogações *para mais* e derrogações *para menos* – umas e outras explicáveis pela necessidade do interesse geral e por vezes pelas do serviço público. (...) As normas do direito administrativo caracterizam-se em face das do direito privado, seja porque conferem à Administração prerrogativas sem equivalente nas relações privadas, seja porque impõem à sua liberdade de ação sujeições mais estritas do que aquelas a que estão submetidos os particulares" (Jean Rivero, *Direito Administrativo*, cit., p. 42).

propostos.[35] Apenas para dar alguns exemplos: há quem considere ser a *natureza do interesse* o critério para definição do regime aplicável, haveria interesses que exigem o direito público e haveria interesses que exigem o direito privado; os interesses públicos são indisponíveis e os privados, disponíveis. O critério não é adequado: muitos interesses privados são indisponíveis, daí o âmbito de incidência das chamadas *normas privadas de ordem pública*. Há quem sustente que o critério está na *horizontalidade* da *relação jurídica* ou na *verticalidade* da *relação jurídica* – enquanto no direito privado as partes estão numa relação horizontal, no direito público as partes estão numa relação vertical, dado que a Administração encontra-se numa posição de supremacia. O critério também não é adequado: é possível a incidência de normas de direito público mesmo quando a Administração não exerce sua supremacia.

Hans J. Wolff propôs a *teoria da imputação* como critério: a *distinção* entre o direito público e o privado não resulta de uma diferença de previsão de fatos ou de uma diferença de efeitos jurídicos, vale dizer, não resulta, propriamente, nem das *hipóteses* normativas, nem das *consequências* normativas; nem dos *fatos jurídicos*, nem dos *efeitos jurídicos*; trata-se de uma "diferença dos sujeitos de imputação" (*Zuordnungssubjekte*), dos "sujeitos aos quais são imputados direitos e deveres subjetivos".[36] Wolff, contudo, nega a "antiga teoria dos sujeitos", segundo a qual pertenceriam ao direito público todas as normas cujo sujeito de imputação é o Estado ou quem lhe faça as vezes. O direito público exige, segundo o renomado jurista alemão, que o *sujeito de imputação* seja exclusivamente um "titular de poder de autoridade".[37] Aqui, equivoca-se redondamente. Só haveria "direito público" segundo Wolff onde houvesse "poder de autoridade". E esse equívoco fez história, a doutrina custa a superá-lo.

Eduardo García de Enterría e Tomás-Ramón Fernández, de modo similar a Wolff, conceituam o *direito administrativo* como um *direito estatutário*: "un Derecho de naturaleza estatutaria, en cuanto se dirige a la regulación de las singulares especies de sujetos que se agrupan bajo

35. Hans J. Wolff, Otto Bachof e Rolf Stober, *Direito Administrativo*, vol. I, trad. de António F. de Sousa, Lisboa, Fundação Calouste Gulbenkian, 2006, pp. 265-267.

36. Idem, ibidem, p. 268.

37. Idem, ibidem.

el nombre de Administraciones Públicas, sustrayendo a estos sujetos singulares del Derecho común".[38] Esse "caráter estatutário" do direito administrativo faz com que ele seja um "direito referido a um tipo determinado de sujeito", a Administração Pública.[39] Perceba-se a proximidade com a proposta de Wolff. Os aclamados administrativistas espanhóis também admitem, apesar do critério estatutário adotado por eles, a submissão – ainda que excepcional e instrumental – da Administração ao direito privado.[40] Nesse ponto também se equivocam: administração pública e regime de direito privado são noções incompatíveis.

Léon Duguit foi o grande responsável pela superação do equívoco de Wolff. Difundiu a ideia de que o direito não se constrói a partir da noção de *soberania*, mas a partir da noção de *serviço público*: justamente porque o Estado deve atender a certas necessidades, ele tem certos poderes, e não o contrário.[41] No Brasil, Celso Antônio Bandeira de Mello chama a atenção para o equívoco de pensar o direito administrativo a partir da ideia de "poder": o poder no direito público é sempre *instrumental*, *ancilar* de um *dever* a ser cumprido pelo Estado; donde, o direito público não deve ser visto como um "direito aglutinador de 'poderes' desfrutáveis pelo Estado em sua feição administrativa", mas sim como um "conjunto de limitações aos poderes do Estado ou, muito mais acertadamente, como um conjunto de deveres da Administração em face dos administrados".[42]

Propõe o Professor paulista que ao invés de se estruturar o direito público em torno da ideia de *poder*, de *autoridade pública*, ele seja estruturado em torno da ideia de *função pública*.[43] Função é a situação

38. Eduardo García de Enterría e Tomás-Ramón Fernández, *Curso de Derecho Administrativo*, 11ª ed., vol. I, Madri, Civitas, 2002, p. 42.

39. Idem, ibidem, p. 43.

40. Idem, ibidem, pp. 54-63.

41. Nas palavras dele: "La conciencia moderna ha tenido el sentimiento claro de que lo que ella demanda a los Gobiernos no puede encontrar su sanción y su fundamento jurídicos en un sistema de derecho público que se apoye en la noción de soberanía. Un sistema jurídico no tiene realidad sino en la medida en que pueda establecer y sancionar reglas que aseguren la satisfacción de las necesidades que se imponen a los hombres en una sociedad dada, y en un cierto momento" (Léon Duguit, *Las Transformaciones del Derecho Público*, Navarra, Analecta, 2006, pp. 84-85).

42. Celso Antônio Bandeira de Mello, *Curso de Direito Administrativo*, cit., Cap. I-15, p. 44.

43. Idem, ibidem, Cap. I-18, p. 46.

jurídica de quem está investido no *dever* de satisfazer o interesse alheio e detém as prerrogativas necessárias para se desincumbir desse dever. Função pública é a situação de dever de satisfazer o interesse público e o manejo dos poderes necessários (e apenas dos necessários) para se desincumbir desse dever.[44] A ideia de poder, portanto, é sempre subordinada à ideia de dever: porque há o dever, há o poder e há este apenas e tão somente na medida exigida por aquele.

Apresentadas essas noções fica claro a todas as luzes o absurdo equívoco de pensar que o direito público só está presente quando houver "poder de autoridade". Há um aspecto que até bem pouco tempo não vinha sendo enfatizado pela maioria esmagadora da doutrina brasileira. Tudo que diz respeito ao Estado em última análise diz respeito ao *povo*. O dinheiro do Estado não é do Estado, é do povo. Os bens do Estado não são do Estado, são do povo. Os interesses do Estado não são do Estado, são do povo. O Estado, em si, é uma pessoa jurídica criada para tutelar o interesse *alheio*, o interesse do povo; para gerir o dinheiro alheio, os bens alheios. Trata-se de uma noção óbvia, mas surpreendentemente desprezada por quase toda doutrina de direito público. Nada, absolutamente nada que se refere ao Estado refere-se a ele de forma autônoma, pois ele não existe para tutela de interesses próprios. O Estado só existe para tutela do interesse alheio, para o exercício de *função pública*.

O conceito de *liberdade*, perceba-se, é absolutamente incompatível com o conceito de Estado, com o conceito de Administração Pública e, pois, com o conceito de função pública. *Liberdade jurídica* é a possibilidade de decidir tão somente com base na própria vontade: é a possibilidade de optar pela decisão que seja mais favorável aos seus próprios interesses, com desprezo (até certo limite) aos interesses alheios. Mais do que isso: é a possibilidade de optar pela decisão desfavorável (até certo limite) a seus próprios interesses. Ser livre é poder agir com desprezo, respeitados certos limites, aos interesses alheios e próprios.[45] Ja-

44. Idem, ibidem, Cap. I-54, p. 72. Sobre o conceito de *função* e de função pública, vide nosso *Efeitos dos Vícios do Ato Administrativo*, cit., Cap. II, pp. 37-63.

45. Sobre o conceito de liberdade, vide nosso *Abuso de Direito e a Constitucionalização do Direito Privado*, cit., pp. 62-65. O *desprezo* aos interesses alheios e próprios vai até *certo limite* em decorrência da incidência dos direitos fundamentais às relações privadas. O tema extravasa os limites desta exposição e foi tratado na referida monografia (idem, pp. 74 e ss.).

mais, e não há exceção, um agente público pode agir nesses termos. Ele sempre deve buscar a melhor forma de concretizar o interesse público. Sempre deve verificar o peso de todos os valores incidentes, sejam os valores relativos aos bens coletivos, sejam os valores relativos aos direitos individuais.

É até possível que se abra possibilidade de escolha entre duas ou mais alternativas, que o Direito não imponha apenas uma alternativa, não imponha uma decisão independente da opinião das pessoas, mas que, diante da diversidade de opiniões sobre o bem comum, diante do pluralismo político, o Direito aceite, ao menos num primeiro momento, duas ou mais soluções. Mesmo nesses casos, porém, não haverá liberdade: o agente competente, qualificado pelo sistema jurídico para escolher, para decidir, deverá buscar no seu íntimo a escolha que melhor satisfaça o interesse público.[46] E no limite, numa situação de absoluta agonia sobre a busca dessa "melhor alternativa para o interesse público", deve buscar sempre uma maneira objetiva de escolha, uma maneira não pessoal: no limite deve sortear; jamais escolher por critério pessoal, afetivo. Enfim: na função pública pode haver *discricionariedade*, jamais *liberdade*. A situação jurídica do Estado, da Administração Pública, por ser incompatível com a situação de *liberdade*, é sempre *contraposta* à situação jurídica do particular. Donde: a situação da Administração pública é uma situação jurídica própria, perceba-se, peculiar, regida por normas próprias.

As duas noções expostas estão logicamente vinculadas: justamente porque a situação pública está indissociavelmente ligada à tutela de interesses alheios, ela se contrapõe à situação privada, vale dizer, é incompatível com a situação de liberdade.[47] A primeira noção é a mais impor-

46. Cf. nosso *Efeitos dos Vícios do Ato Administrativo*, cit., Cap. VI-5.8, pp. 186-187.

47. A diferença entre a situação jurídica da Administração Pública e a do particular é tão acentuada que vai além do *conceito de função*. Existe situação de *função* no *direito privado* (tutela, curatela, poder parental, por exemplo), mas essa situação não se confunde com a *situação pública* por várias razões: 1) O sujeito privado titular do interesse que é objeto da função privada possui *liberdade* (o tutelado, o curatelado e o filho possuem, é indiscutível, liberdade). 2) Por isso, observados certos limites, o tutor, o curador, o pai e a mãe podem perseguir o interesse privado do tutelado, do curatelado e do filho com os olhos fechados para os interesses dos demais. 3) A Administração deve sempre buscar a síntese ótima dos valores jurídicos incidentes, ob-

tante, é *essencial* para entender o direito público. Quem exerce a função pública é sempre uma *pessoa física*, um *ser humano*. Não há como fugir disso: o exercício da função sempre depende do *agente público*, pessoa física. Toda pessoa, sendo humana, pode desviar-se de seus deveres. Para garantir que a função seja corretamente exercida, que os deveres sejam sempre cumpridos efetivamente, existe um regime jurídico próprio. Deveras, o direito público existe para *proteger* os interesses alheios do mau exercício da função pública. É um *regime protetor* da coisa pública. Justamente porque tudo que se relaciona ao Estado pertence, em última análise, ao povo, existe um regime para proteger os interesses do povo em todas as atuações estatais. Como o dinheiro não é do agente, é do povo, o agente não é livre para gastá-lo como quiser. Como os bens não são do agente, são do povo, o agente não é livre para geri-los como quiser. Essas afirmações são de uma obviedade ululante, mas surpreendentemente quase toda doutrina as despreza e sustenta a possibilidade, por mais absurdo que possa ser, de o Estado submeter-se *integralmente* ao direito privado.

Jamais há liberdade no exercício da função pública. Jamais esse direito "protetor" do interesse do povo é afastado. Sempre que o Estado estiver presente, sem exceção, o direito protetor estará presente. Não é a *autoridade* o fundamental para a aplicação do regime jurídico, mas a necessidade de proteção do interesse do povo. Essa necessidade sempre está presente quando o Estado estiver presente numa relação jurídica. Por conseguinte, o critério correto para identificar a incidência do *direito público* é a *presença* da Administração Pública. Correta, pois, é a chamada *antiga* teoria dos sujeitos, é a adoção *radical* do critério *estatutário* para identificação do direito administrativo. Enfim, sempre que a Administração Pública estiver presente numa relação jurídica, estará presente o direito administrativo; e sempre que ela estiver presente, impossível será a submissão da relação ao direito privado.

servados os princípios formais. Ela tutela o interesse não de um particular específico, mas de toda a coletividade. Jamais atua com os olhos fechados para os interesses de um particular específico, porque todos os interesses privados, de certa forma, dizem respeito ao interesse público. 4) Como o titular da função privada possui sua própria liberdade, em rigor, a situação jurídica dele nunca se equipara à situação do agente público, que torna presente um sujeito que não possui liberdade. Não se exige, por isso, do tutor e do curador, do pai e da mãe a mesma impessoalidade que se exige do agente público.

O Professor Celso Antônio Bandeira de Mello, até a 28ª edição de seu *Curso*, sustentava que o regime de direito administrativo decorria da *supremacia do interesse público sobre o privado* e da *indisponibilidade do interesse público*, e a primeira noção desdobrava-se na *posição de privilégio* da Administração e na *posição de supremacia*. Decorrência lógica de sua proposta era que onde não houvesse *privilégio* ou *supremacia* não haveria regime de direito administrativo. Seguia, pois, o equívoco generalizado. Na 29ª edição de seu *Curso* corrigiu o equívoco. Passou a sustentar que a *supremacia do interesse público sobre o privado*, além de abranger a posição privilegiada e a posição de supremacia, abrange "restrições ou sujeições especiais no desempenho da atividade de natureza pública".[48] Com pena de ouro, o notável jurista pontuou:

> Por força dela [*da supremacia do interesse público sobre o privado*] o Direito Administrativo desvenda não ser um instrumento de atuação estatal marcado tão só pelas prerrogativas de autoridade, conquanto defensivas do interesse público, mas exibe a sua marca mais expressiva: a do comprometimento com os interesses da sociedade, em nome dos quais erige *barreiras defensivas* contra quem quer que esteja no desempenho de atividade estatal.[49]

Justamente esse, diz o nobre professor com absoluto acerto, é o traço fundamental para identificação da *antítese entre direito privado e direito público*. E, com maestria absoluta, conclui:

> O Estado, no exercício da função administrativa, pode desenvolver atividades sob um regime *parcialmente sujeito ao direito privado*. Isto ocorre, por exemplo, quando atua diretamente no campo econômico, mediante empresas que cria para tal fim. Nestas hipóteses, tais sujeitos não desfrutarão nem de uma posição privilegiada, nem de uma posição de supremacia em suas relações com os particulares. Isto, entretanto, evidentemente não significa elisão do princípio da supremacia do interesse público sobre o interesse privado, nem exclusão, para elas, do en-

48. Celso Antônio Bandeira de Mello, *Curso de Direito Administrativo*, cit., Cap. I-50, p. 70.

49. Idem, ibidem, p. 74, grifo nosso.

quadramento de todas as demais características próprias do regime jurídico administrativo.[50]

Se mesmo quando se sujeita a regras de direito privado a Administração estará sujeita à indisponibilidade do interesse público e à supremacia do interesse público, vale dizer, ao regime jurídico administrativo, resulta evidente que mesmo quando se sujeita a regras de direito privado o regime será o de direito público, e não o de direito privado.[51] E é evidente a correção desse raciocínio: se a Administração está presente, está presente o interesse do povo e, pois, a necessidade de proteção desse interesse. O fundamental no direito público não é o poder, a autoridade, mas a proteção dos interesses da sociedade. O direito administrativo, em última análise, é um ramo construído para ser *arma* e *escudo* do cidadão contra o uso desatado do poder.[52]

À guisa de conclusão deste item, pode-se afirmar que a *razão* da *distinção entre direito público* e *direito privado* é a necessidade de proteger os interesses da sociedade. Como essa necessidade de "proteção" sempre se faz presente quando a Administração atua, basta que ela esteja presente numa relação jurídica que incidirá nessa relação, inexoravelmente, o *direito público*. Este é um *direito estatutário*: é o direito que rege a Administração Pública. É um direito identificado pelo "sujeito da imputação": incide sempre que o sujeito de imputação for a Administração Pública. Como no agir da Administração há o inexorável dever de concretizar da melhor forma possível o interesse público, construiu-se

50. Idem, ibidem, p. 76.

51. Foi o que afirmamos em outra oportunidade: "A situação jurídica do Estado é sempre regida pelo direito público, ainda que aplicáveis certas regras de direito privado. A simples presença do Estado implica a incidência de uma série de princípios próprios do direito público, caracterizadores de um *regime jurídico*. O regime de direito privado não é ditado pela aplicação de regras de direito privado, mas pela incidência de princípios que possibilitem a busca de fins egoísticos. Conclui-se: a figura do Estado é incompatível com o regime privado, implicará sempre a incidência do regime de direito público configurador da situação de dever de concretização dos princípios constitucionais" (*Efeitos dos Vícios do Ato Administrativo*, cit., Cap. IV-4, pp. 112-113).

52. As palavras de Celso Antônio Bandeira de Mello são sempre oportunas: "Ele [*o Direito Administrativo*] é, *por excelência, o Direito defensivo do cidadão* (...) *o Direito que instrumenta, que arma o administrado, para defender-se contra os perigos do uso desatado do Poder*" (*Curso de Direito Administrativo*, cit., I-20, pp. 47-48, esclarecimento nosso).

um regime jurídico para garantir, o máximo possível, que esse dever seja observado. O direito administrativo é um conjunto normativo que constrange o agente público, independentemente de quem ele seja, se bom ou ruim, santo ou demônio, a observar os deveres inerentes à função pública. O Direito não deixa o povo a mercê de ter a sorte de que os agentes públicos sejam santos.

5. Fuga para o direito privado

Se o direito administrativo foi construído para evitar a *corrupção*, para garantir que o poder não seja exercido com desrespeito aos deveres aos quais se encontra umbilicalmente ligado, é intuitivo que todo governante que seja *corrupto* queira *fugir* do direito administrativo: tornou-se rotineira a tentativa de livrar-se do dever de licitar ou driblar esse dever, livrar-se do dever de fazer concurso público ou driblar esse dever, livrar-se do dever da publicidade, da transparência, da finalidade, da motivação, da legalidade, ou driblar esses deveres. Os corruptos odeiam o direito administrativo e amam o direito privado. Só no direito privado estão *livres* para desviar recursos, nomear amigos, perseguir inimigos, fazer negociatas. Essa *vontade* irresistível do governante de fugir do direito público é bem antiga e não é privilégio da república tupiniquim. Tanto é verdade que já em 1933 Fritz Fleiner batizou o fenômeno de *fuga para o direito privado* ("Flucht ins Privatrecht").[53]

Fixe-se a seguinte *regra metodológica*: sempre que a submissão da Administração Pública ao direito privado não se apoiar num *fundamento racional*, caracteriza-se a *fuga para o direito privado*, vale dizer, o afastamento das garantias ao bom cumprimento da função pública, o drible aos empecilhos à corrupção. Por isso, a submissão da Administração ao direito privado sem *fundamento racional* é sempre *inválida*. Quando há um fundamento racional justificante da submissão da Administração a regras do direito privado, *descaracteriza-se a fuga*.[54] A fuga,

53. Fritz Fleiner, *Instituciones de Derecho Administrativo*, trad. de Sabino A. Gendin, Barcelona, Labor, 1933, p. 263. Sobre o tema, vide: Maria João Estorninho, *A Fuga para o Direito Privado*, cit., passim. Allan R. Brewer-Carías, *Derecho Administrativo*, t. I, Bogotá, Universidad Externado de Colombia; Universidad Central de Venezuela, 2005, Primeira Parte, § 3º, pp. 215-263.

54. Foi o que afirmamos em outra oportunidade: "A submissão da administração pública ao direito privado exige a observância de um *critério racional*, exige um

muito comum no direito alienígena, é frequente no Direito brasileiro. Como se sabe, a Administração brasileira é vergonhosamente corrupta.[55] E num cenário como o brasileiro, de uma longa história de patrimonialismo, de clientelismo estatal, com índices altíssimos de corrupção, não surpreendem as recorrentes propostas legislativas e doutrinárias de submissão da administração ao direito privado. Não há por que tergiversar: toda tentativa não racionalmente justificada de submeter a Administração ao direito privado consiste num favorecimento, intencional ou ingênuo, à corrupção. Não há como apontar neste estudo todos os casos no direito administrativo vigente de *fuga* e, pois, de *invalidade*. Registram-se, a título de exemplo, apenas alguns casos emblemáticos.

5.1 Entidades privadas

Uma das formas mais comuns de *fuga para o direito privado* é a criação de uma entidade "privada". Muitos supõem bastar afirmar que uma entidade criada pelo Estado se submete ao direito privado que automaticamente todas as garantias normativas à adequada gestão da coisa pública são afastadas. O Estado, conceitualmente, jamais se torna um *particular*. Ele não tem como ter liberdade, porque não tem interesses "próprios" a serem perseguidos. Seu interesse é sempre o interesse pú-

fundamento teórico sério. A Administração Pública não é livre para submeter-se ao direito privado; o legislador também não é livre para submetê-la. O *direito público* existe para proteger o administrado contra o uso desatado do poder: é a arma e o escudo do cidadão. Por isso, a *submissão* da administração ao *direito privado* sem uma justificativa racional *configura* 'fuga para o direito privado', enfraquecimento indevido da arma e do escudo do cidadão. Toda *fuga* para o direito privado é inconstitucional. Quando há um fundamento racional justificante, descaracteriza-se a fuga" (*Regulação Administrativa à Luz da Constituição Federal*, São Paulo, Malheiros Editores, 2011, Cap. V-5.3, p. 273).

55. A Organização *Transparência Internacional* publica anualmente um índice de percepções da corrupção (IPC) dos países do globo. Em 2012, o Brasil teve nota 4,3 (de 0 a 10), e ficou, dentre os 174 países analisados, em 69º lugar. Em 2011, o Brasil teve nota 3,8 (de 0 a 10), e ficou, dentre os 183 países analisados, em 73º lugar (fonte: http://www.transparency.org). Está bem longe da Nova Zelândia, Dinamarca e Finlândia, que, em 2012, ficaram em primeiro lugar com a nota 9,00, seguidas da Suécia, que ficou em segundo, com a nota 8,8. Em 2011, a Nova Zelândia ficou em primeiro lugar com a nota 9,5, seguida da Dinamarca e da Finlândia, ambas com a nota 9,4, e Suécia, com a nota 9,3. Os índices, ainda que não sejam absolutamente corretos, revelam algo indiscutível: a corrupção no Brasil é vergonhosa.

blico, que é o interesse dos particulares enquanto partícipes de uma sociedade.[56] É possível, todavia, que o Estado se submeta *parcialmente* às normas de direito privado. Isso ocorre, por exemplo, quando ele *explora atividade econômica*.

Ressalvadas as atividades econômicas discriminadas no art. 177 da CF, cuja exploração é reservada à União,[57] toda atividade econômica é livre aos particulares. A Constituição admite, no art. 173, *caput*, que o Estado a explore excepcionalmente, apenas quando necessário aos imperativos da *segurança nacional* ou a relevante *interesse coletivo*, na forma da lei. Essa exploração não afasta os particulares do mercado, dá-se em *concorrência* com eles. Para que essa concorrência não seja *desleal*, o Estado deve submeter-se parcialmente ao direito privado. Há, pois, aí *dois critérios racionais* para a submissão ao direito privado: as normas de direito público não se aplicam quando sua aplicação torne mais vantajosa a posição da Administração em relação aos demais agentes econômicos – pois do contrário haveria *concorrência desleal* – e quando sua aplicação inviabilize a própria exploração da atividade econômica – pois do contrário estaria comprometida a própria atividade. A parcial submissão ao direito privado exige a adoção de uma "forma privada", daí a instituição de *empresas estatais*: sociedades de economia mista e empresas públicas.

Qual é o regime dessas empresas? Durante muito tempo, boa parte da doutrina brasileira sustentou que elas se submetiam *integralmente* ao direito privado. Equívoco atroz: a Administração jamais se submete ao *regime de direito privado*, quando muito se sujeita a algumas *regras de direito privado*. Lúcia Valle Figueiredo chamou a atenção em sua dissertação de mestrado para a incidência de muitas normas de direito público sobre as empresas estatais.[58] Celso Antônio Bandeira de Mello dedicou vários estudos ao tema e sempre enfatizou a *densa* submissão dessas entidades ao direito público.[59] Sempre que faltarem os dois crité-

56. É o difundido conceito de interesse público de Celso Antônio Bandeira de Mello, *Curso de Direito Administrativo*, cit., Cap. I-65, p. 66.

57. Sobre o regime dos monopólios estatais, vide nosso *Regulação Administrativa à Luz da Constituição Federal*, cit., Cap. VII, pp. 321 e ss.

58. Lúcia Valle Figueiredo, *Empresas Públicas e Sociedades de Economia Mista*, cit., passim.

59. Desenvolveu o assunto nos seguintes trabalhos: Celso Antônio Bandeira de Mello, "Sociedades de economia mista estaduais e municipais", *Revista de Direito*

rios racionais apresentados, as normas de direito público incidem sobre essas empresas de modo inexorável. Não há, por exemplo, falar em não submissão das empresas estatais ao controle do Tribunal de Contas, pois

Público, São Paulo, ano XIII, v. 53-54, pp. 44-49, jan./jun. 1980; "Natureza essencial das sociedades mistas e empresas públicas", *Revista de Direito Público*, São Paulo, ano XVII, v. 71, pp. 111-117, jul./set. 1984; "Sociedades mistas, empresas públicas e o regime de direito público", *Revista de Direito Público*, São Paulo, ano 24, n. 97, pp. 29-36, jan./mar. 1991.

Na *RDP* 71, qualificou-as como "instrumentos personalizados da ação do Poder Público" e explicou com maestria: "é preciso admitir sem rebuços que os sujeitos de direito ancilares do Estado, conquanto venham a receber rótulos de pessoas de direito privado, não podem eludir suas naturezas essenciais de coadjuvantes do Poder Público. Disto resultará, inexoravelmente, uma força imantadora que faz atrair sobre elas e sobre suas missões a incidência de preceitos publicísticos. Para recusar esta conclusão, ter-se-ia de sufragar uma tese incompatível com os postulados do Estado de Direito; a saber: que é dado ao Poder estatal eximir-se de todo o aparato jurídico montado em prol da defesa dos interesses e valores que nele se consagram. Ficar-lhe-ia facultado ladear o modelo defensivo dos administrados, o esquema avalizador de seu ajustamento às regras protetoras do interesse público e do cauteloso meneio de recursos provenientes dos cofres governamentais. Para obter este salvo-conduto, esta carta de isenção a uma ordem normativa que foi estatuída em favor de interesses superiores, nada mais lhe seria necessário senão que se 'travestisse', adotando, para fins esconsos, a roupagem, adereços e ademanes de pessoa de direito privado" (pp. 115-116).

Na *RDP* 97, Celso Antônio aclarou ainda mais o regime das empresas estatais exploradoras de atividade econômica nos seguintes termos: "Já as exploradoras de atividade econômica protagonizam seu empenho em um campo que é, por definição, o terreno próprio dos particulares, das empresas privadas, e ao qual o Estado só por exceção pode acorrer na qualidade de personagem empreendedor; ainda assim, este papel lhe é facultado apenas quando houver sido acicatado por motivos de alta relevância. Em tal hipótese, contudo, justamente para que não se instaure uma 'concorrência desleal' com os particulares, a entidade governamental terá de comparecer despojada dos atributos que acompanham os entes governamentais" (p. 31). E, pouco adiante, apresentou a correta exegese da imputação do "regime de direito privado às empresas estatais" constante do § 1º do art. 173 da CF: "giza sua esfera de aplicação, propiciando entender que o propósito vazado na imperfeita dicção do parágrafo em causa foi, sobretudo, o de impedir que as empresas estatais pudessem dispor de situação privilegiada quando concebidas para operar no setor econômico, que é esfera reservada aos particulares e na qual a intervenção estatal personalizada é excepcional e só possível em hipóteses muito estritas. Então o que os versículos em causa pretenderam foi prevenir uma 'concorrência desleal' entre suas empresas e as empresas privadas. Isto ocorreria se as primeiras pudessem dispor de um regime instrumentado com prerrogativas de autoridade ou se fossem beneficiadas por favores e vantagens próprias de um regime distinto do que se atribui à generalidade das pessoas privadas que atuam no setor" (pp. 33-34).

esse controle não prejudica a concorrência privada nem inviabiliza a exploração estatal da atividade econômica. Do mesmo modo não há falar em dispensa de licitação para atividades-*meio*, porque a licitação só inviabiliza a exploração da atividade econômica – e, pois, falta o segundo critério – quando se trata de atividades-*fim*. Dessarte, a licitação é inexigível para a rotineira *aquisição de insumos* relativos aos bens e serviços ofertados ao mercado, bem como para a rotineira *comercialização* desses bens e serviços.[60]

Nesses casos de submissão parcial ao direito privado fundamentada em regras racionais, não há *fuga*. Em rigor, sequer há aí, propriamente, submissão ao regime de direito privado. Ocorre, sim, a incorporação de normas privadas ao *regime de direito público*. Por isso, afirmou-se: a Administração *nunca* é regida pelo regime de direito privado, é sempre regida pelo regime de direito público, mas esse regime pode exigir a submissão a regras de direito privado. Essas regras de direito privado sofrem o influxo do regime público e tornam-se, propriamente, regras do regime de direito público.

Tornou-se frequente a criação de empresas estatais para prestarem *serviços públicos*, realizarem *obras públicas* e exercerem *função pública*. A Constituição previu as empresas estatais para a exploração da atividade econômica, justamente para evitar a concorrência *desleal*. Qual a pertinência da "forma privada" quando não há *concorrência* a ser protegida? Houve aí uma inegável *fuga para o direito privado*: centenas de *sociedades de economia mista* e *empresas públicas* foram criadas sem fundamento racional que as legitimasse. Recentemente, o legislador brasileiro resolveu valer-se de outros rótulos: passou a chamar as entidades administrativas por ele criadas, por exemplo, de *serviço social autônomo*.[61] Qual é o regime jurídico dessas entidades?

60. Sobre o tema, vide nosso *Regulação Administrativa à Luz da Constituição Federal*, cit., Cap. V-rodapé 61, pp. 275-276.

61. Foi o que fez o legislador do Estado do Paraná na Lei 11.970/1997: criou uma entidade estatal encarregada de gerir os recursos estaduais da educação, qualificou-a como "serviço social autônomo" e submeteu-a integralmente ao regime de direito privado. Evidente e absurda a inconstitucionalidade. O STF, contudo, timidamente, reconheceu apenas a inconstitucionalidade parcial. ADI 1.864/PR, rel. Min. Maurício Corrêa, rel. para o acórdão Min. Joaquim Barbosa, j. 8.8.2007, *DJe*78 30.4.2008, *RTJ* 204-02/535. Tornaram-se recorrentes os equívocos da Corte brasileira quando o assunto é o combate à deturpação do direito administrativo. A Corte, reco-

Num primeiro momento histórico a doutrina aceitou a fuga e absurdamente defendeu quc essas entidades regiam-se pelo direito privado. Celso Antônio Bandeira de Mello e Geraldo Ataliba passaram a defender que empresas estatais não exploradoras de atividade econômica regiam-se em maior medida pelo direito público do que as exploradoras de atividade econômica.[62] Certo, porém, é considerá-las *contrafações de autarquias* e, pois, sujeitas *integralmente* ao regime de direito público. Foi a posição defendida com brilho por Toshio Mukai em sua tese de doutoramento: trata-se de "simulação jurídica" ou "abuso de forma" que dispensa a "desconsideração da personalidade jurídica".[63] Essas empre-

nhece-se com tristeza, prestou com sua jurisprudência efetiva contribuição à manutenção dos altos índices de corrupção no País.

62. Cf. Celso Antônio Bandeira de Mello, *Prestação de Serviços Públicos e Administração Indireta*, 2ª ed., 3ª tir., São Paulo, Ed. RT, 1987, pp. 99-125 e 141-145; "Natureza essencial das sociedades mistas e empresas públicas", cit., *RDP* 71/111-117; "Sociedades mistas, empresas públicas e o regime de direito público", cit., *RDP* 97/29-36. A doutrina foi acolhida e desenvolvida por Geraldo Ataliba em dois memoráveis trabalhos: Geraldo Ataliba, "Empresas estatais e regime administrativo", *Revista Trimestral de Direito Público*, São Paulo, v. 4, pp. 55-70, 1993; "Patrimônio administrativo – empresas estatais delegadas de serviço público – regime de seus bens – execução de suas dívidas", *Revista Trimestral de Direito Público*, São Paulo, v. 7, pp. 21-40, 1994. Celso Antônio Bandeira de Mello defende essa doutrina, atualmente, no *Curso de Direito Administrativo*, cit., Cap. IV-40-90, pp. 191-226.

63. Afirmou com muita propriedade Toshio Mukai: "É evidente que aqui, mais do que em qualquer outra hipótese, a personalidade privada é uma fachada que esconde propósitos para afastar o regime jurídico de direito administrativo" (*O Direito Administrativo e os Regimes Jurídicos das Empresas Estatais*, 2ª ed., Belo Horizonte, Fórum, 2004, p. 265). Pouco adiante, com absoluto acerto, afastou a *desconsideração da personalidade*: "Seja como for, porém, no caso das empresas públicas de que tratamos, não nos parece que seja suficiente a aplicação da teoria da desconsideração da pessoa jurídica, sendo, ao contrário, e na realidade, um verdadeiro caso de simulação jurídica ou abuso de forma, que compete ao direito repelir. Isto porque a desconsideração da pessoa jurídica tem relação com o desconhecimento da personalidade para efeitos certos e determinados, enquanto que na simulação ou na 'aparência' (ou na 'interposição de pessoas') o afastamento do valor jurídico da personalização se dá no plano do permanente" (p. 266). E logo adiante: "Trata-se, portanto, de uma simulação jurídica o que ocorre na personalização privada de um serviço público, seja ele administrativo ou industrial e comercial. Em última análise, estamos diante de um problema que diz respeito à teoria do abuso das formas jurídicas em direito, que é vedado pacificamente" (p. 267). Concluiu: "Com isso, fica demonstrado que o regime jurídico das empresas públicas (prestadoras de serviços públicos industriais ou comerciais) não é, ao contrário do que se pretende, de direito privado. É o direito administrativo que rege tais atividades, na sua plenitude" (p. 282). E registrou, de forma lapidar: "No

sas estatais não são o que rotulam: trata-se de autarquias ilicitamente travestidas de sociedades de economia mista, empresas públicas, serviço social autônomo, entidades de apoio etc.

Não há, enfatize-se, no que tange à *organização da Administração Pública*, *discricionariedade quanto à escolha de regimes*: nem para ela, nem mesmo para o próprio *legislador*. Empresas estatais autênticas, constituídas para explorar atividade econômica, devem se submeter, necessariamente, às regras de direito privado quando os critérios racionais aludidos estiverem presentes e devem se submeter, necessariamente, às regras de direito público quando os critérios estiverem ausentes. As demais entidades criadas pela Administração ou pelo Legislador devem, necessariamente, submeter-se ao direito público: são autarquias ou *contrafações* de autarquias. Qualquer desvio é inválido. Todas as leis que se afastem dessa *diretriz* são inconstitucionais.

Não se adota a posição dos *realistas*: o Direito não é o que o Judiciário diz, mas a correta compreensão dos textos normativos vigentes. Os juízes, seres humanos, muitas vezes equivocam-se. Ainda que o Judiciário se negue a reconhecer a invalidade dessas entidades, do ponto de vista científico ela é inquestionável. Não é dado ao legislador pretender transformar o Estado num particular e livrar o governante de todos os obstáculos ao mau exercício da função pública. Advertem, com acerto, Wolff, Bachof e Stober que pelas *violações de forma* "a Administração não se pode nem desvincular inteiramente das formas a que estaria vinculada se tivesse feito a escolha na forma exigida pela ordem jurídica, nem obter privilégios inerentes à forma ou ao instituto empregues".[64] Sempre que o legislador pretender a injustificada submissão ao direito privado e, pois, autorizar a livre gestão dos recursos públicos, impõe-se

Brasil, em face do texto constitucional, as empresas públicas (*stricto sensu*) e as sociedades de economia mista só podem ser criadas legitimamente para a exploração de atividades econômicas. Aqui sim, portanto, a forma e o fundo se harmonizam, havendo, então, perante o direito, um aspecto essencial a ser considerado: é o direito privado puro, que, em grande parte, rege tais sociedades. Não há que se falar aqui em simulação, nem em aparência de direito" (p. 283). Faz-se apenas uma ressalva: discorda-se do respeitável jurista quando afirma que na exploração estatal da atividade econômica há incidência do direito privado "puro". Como aqui sustentado, as regras de direito privado, quando validamente aplicáveis à Administração, sofrem o influxo do regime de direito público e tornam-se, propriamente, regras de direito público.

64. Hans J. Wolff, Otto Bachof e Rolf Stober, *Direito Administrativo*, cit., p. 303.

uma *interpretação conforme a Constituição* e, por força dela, a incidência do direito público.

5.2 Empregos públicos

Outra forma muito comum de *fuga para o direito privado* é a adoção do *regime celetista*. Há um regime próprio para os profissionais que trabalham na Administração Pública: o *regime estatutário*, pensado não para atribuir a esses trabalhadores *privilégios* arbitrários. A mídia difunde a ideia de que as prerrogativas atribuídas aos servidores configuram arbitrários e odiosos privilégios, e o faz com o evidente intuito de enfraquecer o regime defensor do interesse público. Como bem acentuou Celso Antônio Bandeira de Mello em palestra proferida no I Ciclo de Estudos de Direito Público, promovido, em dezembro de 1985, pela Associação de Advogados da Prefeitura do Município de São Paulo,[65] as prerrogativas próprias do regime estatutário são paralelas às imunidades parlamentares e aos predicamentos da magistratura: do mesmo modo que o parlamentar necessita de garantias para bem desempenhar o mandato e o magistrado para cumprir seu dever judicante, os agentes públicos necessitam de prerrogativas para imunizarem-se à influência política e, pois, conseguirem exercer a função de modo obediente à legalidade, à impessoalidade e à moralidade administrativa. Sem essas prerrogativas todos os obstáculos erigidos pelo sistema normativo contra o mau exercício da função tornam-se "castelo de areia", derrubado por mero sopro do *superior hierárquico*.[66]

Ao perceber o verdadeiro *fundamento* do regime estatutário, logo se conclui de modo inexorável: nem a Administração, nem o Legislador são livres para aderir ao regime celetista. A submissão arbitrária ao regime trabalhista privado e o afastamento ou enfraquecimento das imunidades à influência política configuram evidente *fuga para o direito privado*. Os empregos públicos, quando não assentados em fundamento

65. Celso Antônio Bandeira de Mello, "Servidores públicos: aspectos constitucionais", *Estudos de Direito Público – Revista da Associação dos Advogados da Prefeitura do Município de São Paulo*, São Paulo, ano IV/V, v. 8, pp. 81-92, jul./dez. 1985 e jan./jul. 1986.

66. Sobre o tema, vide nosso "Regime estatutário e Estado de Direito", *RTDP* 55/39-155, 2011, pp. 140-144.

racional, são indiscutíveis *contrafações de cargos públicos*, casos em que se impõe, também aqui, a interpretação conforme a Constituição: onde o editor normativo disse "emprego público" e "regime celetista" deve ser lido "cargo público" e "regime estatutário".

O *direito público*, contudo, admite excepcionalmente a adoção do *regime celetista* nas seguintes hipóteses: a) exploração de atividade econômica pelo Estado, autorizada por lei, em concorrência com os particulares, nos termos do *caput* do art. 173 da CF/1988; b) estabilização – e não efetivação – dos servidores públicos civis da administração direta, autárquica e fundacional, em exercício na data da promulgação da Constituição há pelo menos cinco anos continuados, que não tenham sido admitidos por concurso, nos termos do art. 19 do ADCT; c) contratação sem concurso para atender a necessidade temporária de excepcional interesse público, nos termos do inciso IX do art. 37 da CF/1988; d) desnecessidade da imunização à influência política diante do caráter subalterno da atividade.[67] Nas duas primeiras hipóteses, o regime de emprego é *impositivo*: o inciso II do § 1º do art. 173 da CF/1988 e o § 1º do art. 19 do ADCT exigem o regime celetista. Nas duas últimas hipóteses, é discutível a configuração de uma escolha discricionária: é possível indagar se o sistema admite ou não tanto o regime estatutário como o regime celetista.

Admitida a discricionariedade, o legislador pode atribuir às "contratações" por tempo determinado[68] e às funções subalternas[69] o regime

67. Cf. nosso "Empregado público", in Rodrigo Garcia Schwarz (org.), *Dicionário de Direito do Trabalho, de Direito Processual do Trabalho e Direito Previdenciário*, São Paulo, LTr, 2012, pp. 413-417.

68. O tema é controvertido na doutrina. Existem três correntes: 1) Há quem entenda que as contratações por tempo determinado devem ser submetidas, necessariamente, ao *regime celetista*. É a posição, por exemplo, de José Maria Pinheiro Madeira, *Servidor Público na Atualidade*, 8ª ed., Rio de Janeiro, Elsevier, 2010, pp. 30-31. Nas palavras dele: "o regime jurídico do pessoal contratado pela Administração Pública para desempenhar, temporariamente, serviços de excepcional interesse público, somente pode ser o regime da Consolidação das Leis do Trabalho, aliás, o único que se aperfeiçoa com o caráter temporário da contratação". 2) Para outros, o regime deve ser, necessariamente, o *regime estatutário*. É a posição, por exemplo, de Cármen Lúcia Antunes Rocha, *Princípios Constitucionais dos Servidores Públicos*, São Paulo, Saraiva, 1999, p. 245. Nas palavras dela: "O regime jurídico que informa a relação funcional acordada entre o contratado e a entidade pública contratante deve ser estabelecido na lei que prevê a hipótese constitucional e a regulamenta no âmbito de cada qual das en-

celetista ou o regime estatutário. Haveria aí *discricionariedade legislativa* em relação à escolha do regime. No *plano abstrato*, impõe-se a assunção de uma "possível discricionariedade no plano concreto", pois a CF/1988, no art. 114, admite a existência de empregos públicos na Administração direta. A discricionariedade, porém, só se configura no plano concreto: da *incompletude normativa* advém apenas *indício de discricionariedade*.[70] Isso porque o sistema jurídico exige, entre as possíveis alternativas vislumbradas no plano abstrato, que o agente público escolha sempre a opção *ótima* para a realização do interesse público.[71] Celso Antônio Bandeira de Mello reconhece que, embora "constitucionalmente possível" no caso de atividades subalternas o vínculo de emprego, ele "não é desejável".[72] E por que ele não é desejável? Porque o regime celetista não foi pensado para a Administração: o vínculo contratual é incompatível com a falta de *liberdade* própria da situação de

tidades políticas. É certo, todavia, que, seja qual for o conjunto de direitos, deveres e responsabilidades firmadas legalmente para as partes, será aquela sempre uma relação de direito público, firmando-se nos princípios e regras do direito administrativo". 3) Finalmente, há quem entenda ser possível tanto o regime *celetista* como o regime *estatutário*. É a posição, por exemplo, de Fabrício Motta, "Contratação temporária por excepcional interesse público", in Maria Sylvia Zanella Di Pietro, Fabrício Motta e Luciano de Araújo Ferraz, *Servidores Públicos na Constituição de 1988*, São Paulo, Atlas, 2011, pp. 69-84. Nas palavras dele: "Sobre o regime jurídico desses contratos – lembrando que a natureza jurídica do vínculo é de função pública – a lei de cada entidade federativa deverá optar pelo regime trabalhista ou pelo vínculo estatutário" (p. 73).

69. Na preciosa lição de Celso Antônio Bandeira de Mello, sobre a possibilidade de *emprego público* na Administração direta, autárquica e fundacional: "Que atividades seriam estas, passíveis de comportar regime trabalhista, se a lei assim decidir? Só poderiam ser aquelas que – mesmo desempenhadas sem as garantias específicas do regime de cargo – não comprometeriam os objetivos em vista dos quais se impõe o regime de cargo como sendo o normal, o prevalente. Seriam, portanto, as correspondentes à prestação de *serviços materiais subalternos*, próprios dos serventes, motoristas, artífices, jardineiros ou mesmo de mecanógrafos, digitadores etc., pois o modesto âmbito de atuação destes agentes não introduz riscos para a impessoalidade da ação do Estado em relação aos administrados caso lhes faltem as garantias inerentes ao regime de cargo" (*Curso de Direito Administrativo*, cit., Cap. V-21, p. 269).

70. Foi o que explicamos em nosso *Efeitos dos Vícios do Ato Administrativo*, cit., Cap. VI-5.3, pp. 180-181.

71. Por todos: Celso Antônio Bandeira de Mello, *Discricionariedade e Controle Jurisdicional*, cit., p. 32.

72. Celso Antônio Bandeira de Mello, *Curso de Direito Administrativo*, cit., Cap. V-8, p. 254.

função pública.[73] Ora, se não é desejável, e se o sistema exige a "solução ótima", impõe-se a conclusão lógica de que, o mais das vezes, no plano concreto impor-se-á a escolha do regime estatutário.

Em todas as hipóteses de *regime de emprego público válido* (vinculadas – nos dois casos em que o sistema impõe o regime de emprego, *exploração de atividade econômica* e *estabilização de servidores não concursados* – ou discricionárias – nos dois casos em que, excepcionalmente, o sistema no plano concreto admita a escolha de regimes, *contratação temporária* e *atividades subalternas*), o regime jamais será integralmente celetista. Nesses casos, o *regime administrativo* reporta-se a *regras* do direito do trabalho, mas continua sendo, propriamente, o *regime público*. Nos termos explicados anteriormente, a Administração nunca é regida pelo direito privado. Dessarte: há aplicação das regras da CLT, mas o regime continua sendo o administrativo. Tanto que, apenas para dar um exemplo, é impensável que a Administração possa exonerar o empregado público sem *motivar* sua decisão e sem garantir-lhe *ampla defesa* e *contraditório*; é impensável que a Administração acorde com o empregado público, em convenção individual ou coletiva, benefício não previsto em lei.[74]

Fora das quatro hipóteses mencionadas, insiste-se, a adoção do emprego público configura *fuga para o direito privado*. Impõe-se ao intérprete a interpretação conforme a Constituição: o suposto emprego público é *contrafação* de cargo público, e a relação de trabalho é integralmente regida pelas normas de direito público, sem incidência das normas da CLT.

5.3 Atos administrativos

Perquire-se, neste estudo, a possibilidade de escolha discricionária entre uma *forma pública* e uma *forma privada* ou, noutros termos, pela voluntária submissão parcial a *regras de direito privado*. Em relação à forma atribuída aos *entes públicos*, se *autárquica* ou *empresarial*, concluiu-se ser impossível essa escolha: ou o sistema impõe a *forma autárquica*, ou impõe a *forma empresarial*. Em relação ao *regime de pessoal*,

73. Sobre essa incompatibilidade, vide nosso "Empregado público", in Rodrigo Garcia Schwarz (org.), *Dicionário de Direito do Trabalho, de Direito Processual do Trabalho e Direito Previdenciário*, cit., pp. 413-414.

74. Idem, ibidem, p. 415.

concluiu-se que, em regra, a escolha também é impossível: ou sistema impõe o *regime estatutário*, ou impõe o *regime celetista*. Apenas em duas hipóteses é possível no caso concreto a admissão de uma escolha discricionária do regime de pessoal e, mesmo nesses casos, essa possibilidade é excepcional: comumente, o regime estatutário será impositivo. A adoção da *forma empresarial* e da *forma empregatícia* muitas vezes configura *fuga* do regime protetor e, assim, *contrafação* da *forma autárquica* e *contrafação* da *forma estatutária*. Examina-se, agora, a possibilidade de escolha entre um ato regido pelo direito privado, um *ato da Administração*, e um ato regido pelo direito público, um *ato administrativo*.

A doutrina em geral admite que certos atos editados pela administração sejam regidos pelo direito privado, e não pelo direito público. Chama-os de *atos da Administração*, diferenciando-os dos *atos administrativos*.[75] Paralelamente, os *contratos* celebrados pela administração seriam *administrativos* quando regidos pelo direito público, e *da Administração* quando regidos pelo direito privado.[76] Pelos motivos retro expostos, discorda-se da posição amplamente majoritária: um ato editado pela Administração jamais será regido pelo direito privado, pois jamais se assentará na *autonomia da vontade*. Todo ato editado pela Administração é regido pelo direito público, ainda que submetido, em maior ou menor medida, a *regras* de direito privado. Assim, afirma-se peremptoriamente: não existem atos e contratos da Administração em contraposição aos atos e contratos administrativos.[77]

Feita esta ressalva – o regime é sempre público, ainda que incidam várias regras de direito privado –, é inegável que a Administração pode valer-se, em certos casos, das *formas do direito privado*. Pode, por exemplo, celebrar um "contrato" de locação (Lei 8.666/1993, art. 62, § 3º, I). As relações administrativas são regidas por um *princípio formal* que dá um peso maior, no plano abstrato, aos *princípios materiais* relativos a *bens coletivos* em relação aos princípios materiais relativos a

75. Por todos: Celso Antônio Bandeira de Mello, *Curso de Direito Administrativo*, cit., Cap. VII-14, p. 387; Diogenes Gasparini, *Direito Administrativo*, 16ª ed., São Paulo, Saraiva, 2011, Cap. III-1, pp. 109-110.

76. Sobre o tema, vide nosso "Contratos administrativos", *Revista de Brasileira de Direito Público – RBDP*, Belo Horizonte, ano 5, n. 18, pp. 117-168, jul./set. 2007, pp. 122 e ss.

77. Foi o que afirmamos em nosso *Efeitos dos Vícios do Ato Administrativo*, cit., Cap. IV-4, pp. 111-114; "Contratos administrativos", cit., *RBDP* 18/124-131.

direitos individuais.[78] Esse princípio formal pode ser chamado de *princípio da supremacia do interesse público sobre o privado*.[79] O resultado da ponderação dos princípios materiais, considerados os pesos dados pelos princípios formais, é o *interesse público* a ser perseguido.[80] As prerrogativas atribuídas à Administração para tutela desse interesse decorrem da *regra da supremacia do interesse público sobre o privado*.[81]

78. Como se sabe, Robert Alexy chama de princípios as normas que determinam a realização de algo na maior medida possível, à luz das circunstâncias fáticas e jurídicas e os classifica em *princípios materiais* e *princípios formais*. Os primeiros classificam-se em *princípios relativos a bens coletivos* (*v.g.*, meio ambiente) e em *princípios relativos a direitos individuais* (*v.g.*, intimidade). Cf. Robert Alexy, *El Concepto y la Validez del Derecho*, 2ª ed., trad. de Jorge M. Seña, Barcelona, Gedisa, 2004, pp. 179 e ss. Sobre os princípios formais, vide Robert Alexy, *Teoria dos Direitos Fundamentais*, trad. de Virgílio Afonso da Silva, São Paulo, Malheiros Editores, 2008, posfácio, pp. 575 e ss. Sobre ambos, vide nosso *Abuso de Direito e a Constitucionalização do Direito Privado*, cit., pp. 38 e ss.

79. Em outra oportunidade explicamos: "Sempre que forem ponderados o interesse de um particular e o interesse da coletividade há, em abstrato, um peso maior dado ao interesse da coletividade. Disso não decorre que sempre o interesse da coletividade irá prevalecer" (*Abuso de Direito e a Constitucionalização do Direito Privado*, cit., p. 54). Pouco adiante: "O interesse privado pode, diante das circunstâncias, apresentar-se tão pesado que afaste o interesse coletivo. Além disso, a prevalência do interesse público não deve atentar contra o núcleo essencial dos direitos fundamentais" (p. 55). E concluímos: "Da leitura do conjunto de normas constitucionais (...) extrai-se o princípio constitucional implícito da supremacia do interesse público sobre o privado que estabelece, em abstrato, numa colisão entre o interesse particular (princípio relativo a direito individual) e o interesse da coletividade (princípio relativo a bem coletivo) uma primazia deste último. O princípio da supremacia do interesse público sobre o privado é um ótimo exemplo de *princípio formal especial*" (p. 56).

Em sentido muito próximo, afirma Daniel Wunder Hachem: "O segundo embate entre interesses que reclama a incidência do princípio constitucional da supremacia do interesse público é aquele em que um interesse da coletividade em si mesma considerada (*interesse geral*) contrasta com outro interesse igualmente agasalhado pela ordem jurídica, mas titularizado por um indivíduo (*interesse individual*) ou por um grupo determinado (*interesse coletivo*). Em tais ocasiões, há que se falar em uma prevalência do *interesse público em sentido estrito* (*interesse geral*) sobre os *interesses específicos* (*individuais* ou *coletivos*)" (*Princípio Constitucional da Supremacia do Interesse Público*, Belo Horizonte, Fórum, 2011, p. 200).

80. Cf. nosso *Abuso de Direito e a Constitucionalização do Direito Privado*, cit., p. 59; *Efeitos dos Vícios do Ato Administrativo*, cit., Cap. VI-6.2, pp. 192-194.

81. Segundo Daniel Wunder Hachem: "se for acolhida a formulação que define *princípios* como *mandados de otimização*, diferenciando-os das regras com base no seu modo de aplicação (critério da *estrutura lógico-normativa*), aí a norma da supremacia do interesse público [*em sentido amplo*] deve ser caracterizada como uma *re-*

Adotando a terminologia proposta por Daniel Wunder Hachem, pode-se dizer que o *princípio da supremacia* refere-se ao *interesse público em sentido estrito*, e a *regra da supremacia* refere-se ao *interesse público em sentido amplo*:[82] a Administração deve ponderar nos casos concretos valores relativos a bens coletivos (P1) e valores relativos a direitos individuais (P2). O peso dos primeiros é acrescido de um peso adicional, decorrente do *princípio da supremacia* (P1 + PFs). Ao ponderar esses valores, chega-se a um resultado, ao princípio (ou princípios), mais pesados no caso concreto. Esse é o interesse público a ser tutelado, e esse interesse é, por força da *regra da supremacia*, associado à *posição privilegiada* e *de supremacia* da Administração e às *restrições* ou *sujeições especiais* impostas ao seu desempenho.

Pois bem, esse *princípio formal*, da supremacia do interesse público em sentido estrito, incide em todas as relações administrativas. Mas há que se diferenciar: seu peso é maior nos *atos administrativos unilaterais* do que nos *atos administrativos bilaterais*, e é maior nos atos

gra. Isso porque essa dimensão da norma ora apreciada impõe uma razão *definitiva* para decidir, e não uma ordem *prima facie*. Ela não pode ser ponderada frente a razões opostas e independe das condições fáticas e jurídicas existentes. Os interesses protegidos pelo Direito necessariamente irão preponderar sobre aqueles não amparados" (*Princípio Constitucional da Supremacia do Interesse Público*, cit., p. 197, esclarecimento nosso).

82. Cf. Daniel Wunder Hachem, *Princípio Constitucional da Supremacia do Interesse Público*, cit., pp. 194 e ss. Da obra do notável administrativista curitibano, fica evidenciada a *diferença* entre a atribuição de peso no plano abstrato pelo *princípio da supremacia* aos princípios materiais ponderados pelo Legislador e pela Administração e as prerrogativas atribuídas à Administração pela *regra da supremacia* para a adequada tutela do resultado dessa ponderação.

A chamada por ele *supremacia do interesse público em sentido estrito* refere-se ao *princípio formal* que acrescenta um peso aos princípios relativos a bens coletivos (por ele chamados de *interesse geral*, para que não haja confusão com os *interesses coletivos*). A *supremacia do interesse público em sentido amplo* refere-se ao *resultado da ponderação*, pois, para ele, o interesse público em sentido amplo "compreende todos os interesses juridicamente protegidos, englobando tanto o interesse da coletividade em si mesma considerada (*interesse geral*) quanto interesses individuais e coletivos (*interesses específicos*), quando albergados pelo Direito positivo" (idem, p. 162).

Registra-se, contudo, que Hachem não utiliza a terminologia proposta por Alexy, aqui integralmente acolhida. Não se refere aos *princípios formais* nem aos *princípios relativos a bens coletivos*. Em relação aos últimos, muito provavelmente para que não haja confusão com os *interesses coletivos*, prefere a expressão "interesse geral". Alexy, em sua classificação dos *princípios materiais*, não diferencia o *interesse geral* do *interesse coletivo*.

bilaterais de *forma pública* do que nos atos bilaterais de *forma privada*. Sempre que o ato administrativo for *bilateral*, em que tanto a "vontade do ordenamento" como a vontade do particular são imprescindíveis para o conteúdo da relação (e não apenas para a edição do ato),[83] o *princípio formal que dá primazia à tutela dos bens coletivos* é enfraquecido. Como explicado em outra oportunidade, nos atos bilaterais não se admite a retirada do ato pela *revogação*, pelo juízo de conveniência e oportunidade do agente competente, pois a *bilateralidade* é incompatível com a *precariedade*.[84] Assim, o peso do *princípio formal da supremacia* é maior nos *atos unilaterais* do que nos *atos bilaterais*.

Em relação aos atos bilaterais de forma pública, o peso do referido princípio formal é maior do que nos atos bilaterais de forma privada. Adotada a forma pública, como regra geral, a Administração pode, quando o interesse público exigir, alterar unilateralmente o regime da relação estabelecida bilateralmente com o particular; pode, também, extinguir unilateralmente o vínculo.[85] Ao adotar a *forma privada*, esse princípio formal é deveras *enfraquecido*: ressalvadas circunstâncias ex-

83. Nos termos explicados em outra oportunidade, preferimos a denominação *atos bilaterais* ao invés de *contratos*: "Há que se indagar sobre a expressão *contrato administrativo*. Diante do exposto, ele é fruto de um *vício metodológico*: conceitos próprios do direito privado, de origem secular, foram considerados pertinentes à teoria geral do direito e, por isso, aplicáveis tanto ao direito privado como ao direito público. Esse vício gera consequências graves: ao examinar relações próprias do direito público, em que está presente a Administração Pública, os juristas aplicam integral ou parcialmente o regime de direito privado. Antes de buscar no regime de direito público as soluções jurídicas relativas às situações públicas, buscam-se as soluções nas regras de direito privado. Para evitar esses equívocos deve-se ter presente que o chamado *contrato administrativo* é um instituto do *direito público*, trata-se, na verdade, da denominação dada aos *atos administrativos bilaterais*" ("Contratos administrativos", cit., *RBDP* 18/130).

84. Cf. nosso "Contratos administrativos", cit., *RBDP* 18/138-141. Com base em nossa exposição, o TJSP lapidarmente assentou: "Inviabilidade de a Administração extinguir contrato administrativo (ato administrativo qualificado pela bilateralidade) por meio do instituto da revogação. Ausência de discricionariedade a permitir um juízo de conveniência e oportunidade sobre a extinção, ante a aquisição de um direito pela parte adversa. Violação à segurança jurídica, à função social do contrato e à moralidade (que, encampa, no âmbito do Direito Administrativo, à boa-fé objetiva). Transação que firmada entre litigantes não admite arrependimento unilateral" (TJSP, 4ª Câmara de Direito Público, Apelação Cível 0143697-07.2008.8.26.0000 (994.08.143697-7), rel. Des. Rui Stoco, j. 14.2.2011).

85. Sobre o tema, vide nosso "Contratos administrativos", cit., *RBDP* 18/141-152.

cepcionais, o vínculo deve ser mantido; a alteração unilateral só é admitida em circunstâncias fáticas incomuns. Nada impede que os *atos unilaterais* e os *atos bilaterais* reportados à *forma privada* sejam chamados, respectivamente, de *atos* e *contratos da administração*, desde que não se cometa o difundido equívoco de supô-los regidos pelo direito privado, cujo alicerce fundamental é a *autonomia da vontade*.

À vista do exposto, é possível estabelecer uma *ordem crescente de pesos* do *princípio formal que dá primazia aos bens coletivos* (supremacia do interesse público em sentido estrito): nos *atos administrativos unilaterais* (PFs1) ele é maior do que nos *atos administrativos bilaterais de forma pública* (PFs2) e nesses o peso é maior do que nos *atos administrativos bilaterais de forma privada* (PFs3), de modo que PFs1 > PFs2 > PFs3.

Este estudo não pretende examinar o regime jurídico dos chamados (impropriamente, reconhece-se) "contratos da Administração". Ele pretende examinar a possibilidade de a Administração escolher se edita um ato ou contrato administrativo ou um ato ou contrato da Administração. Há dois problemas a serem enfrentados: a) existe possibilidade de opção entre *ato unilateral* e *ato bilateral*; b) existe possibilidade de opção entre *contrato administrativo e contrato da Administração*. E a resposta, ao contrário do que vem prevalecendo na doutrina estrangeira e brasileira, é negativa. Como regra geral, não há *competência discricionária* para escolha do regime; não pode a Administração, ao juízo discricionário do agente, como regra geral, escolher se edita um ato administrativo unilateral ou se celebra um contrato e não pode escolher se celebra um "contrato administrativo" ou um "contrato da Administração".

Foi o Prof. Celso Antônio Bandeira de Mello que esclareceu o porquê dessa impossibilidade. Primeiro, nem por ato unilateral, nem por contrato podem ser modificadas disposições de lei.[86] Trata-se de uma afirmação evidente, mas infelizmente desprezada por alguns. Se a lei estabelece a remuneração dos servidores, não pode, por contrato, a Administração alterá-la. Restam os espaços deixados pelo Direito à apreciação da Administração. Daí a segunda ressalva: não pode a Administração *renunciar* ao exercício de suas competências e "assumir o compromisso

86. Celso Antônio Bandeira de Mello, *Curso de Direito Administrativo*, cit., Cap. IV-96, p. 233.

de não realizar aquilo que viesse a se configurar como interesse público em dado momento".[87] Ora, se o sistema permite que a Administração atue unilateralmente, o faz não para o deleite da Administração, mas para adequada tutela do interesse público. Se o interesse público exige que a Administração possa adotar, independentemente da vontade de outrem, determinada providência, poderá a Administração renunciar a essa situação e constranger-se à vontade alheia? Vale dizer: a *imperatividade*, o atributo de se impor a terceiros independentemente de sua concordância, existe por uma exigência do interesse público, e não do interesse governamental. Da mesma forma que o agente não pode renunciar ao interesse público, pois se trata de interesse alheio, não pode renunciar aos *atributos* inerentes a esse interesse, aos meios de que se vale o ordenamento para sua adequada tutela. Assim, não pode o agente, por sua vontade, renunciar à imperatividade.

A terceira ressalva efetuada por Celso Antônio Bandeira de Mello é sem dúvida uma verdadeira *regra de ouro* neste tema. Se a Administração possui dois caminhos, não pode optar pelo caminho mais dificultoso para a tutela do interesse público. Deveras: se lhe abrem duas alternativas, não pode optar pela alternativa mais gravosa à defesa do interesse público. A lição, de obviedade ululante, mas surpreendentemente desprezada por boa parte da doutrina, dá o norte, a diretriz fundamental para o entendimento sobre a suposta escolha entre o ato unilateral e o ato bilateral e o ato regido por forma pública e o ato regido por forma privada. Tão importante é a lição que merece registro integral, *in litteris*:

> Dispondo o Estado de duas vias jurídicas para aceder a um resultado – a via impositiva e a via consensual –, jamais poderia adotar a trilha que o expõe a eventuais comprometimentos patrimoniais despiciendos. Ou seja, não lhe é validamente permitido eleger via jurídica potencialmente onerosa se esta é incapaz de lhe outorgar, de direito, vantagens maiores do que as que captaria servindo-se da outra via, não onerosa (a impositiva).[88]

87. Idem, ibidem, Cap. IV-98, p. 234.

88. Celso Antônio Bandeira de Mello, *Curso de Direito Administrativo*, cit., Cap. IV-99, p. 235.

5.3.1 Atos bilaterais

Das três ressalvas apresentadas por Celso Antônio, extrai-se uma *primeira diretriz* fundamental: como regra geral, não pode a Administração Pública *substituir* o *ato administrativo unilateral* pelo *ato administrativo bilateral*. Ela só pode editar um *ato bilateral* quando a vontade de outrem for *imprescindível* ou *extraordinariamente conveniente* para a configuração do conteúdo da relação jurídica administrativa. A parcial submissão da Administração à vontade de outrem, perceba-se, é uma *exigência* do Direito, e não uma exigência da *vontade* do agente competente; não decorre de *competência discricionária*. Sempre que a Administração não puder impor um comportamento a alguém, só pode obter esse comportamento se houver aquiescência ou concordância da pessoa.[89] E sempre que a vontade da pessoa for necessária para o conteúdo do vínculo (para fixação do valor pecuniário que ela exige receber por determinada prestação, por exemplo), exige-se sua concordância.

Por que não pode haver a *substituição* do ato unilateral pelo bilateral? Porque o ato bilateral é sempre um caminho mais oneroso. Ele, por exemplo, é incompatível com a *precariedade*. A submissão à vontade alheia interfere no regime jurídico da alteração e extinção da relação jurídica. Donde, se o interesse público exigir a alteração ou extinção unilaterais de um ato bilateral, como regra geral, surgirá o dever de indenizar os danos daquele que teve sua vontade desprezada.[90] Como

89. Assentimento vem do verbo "assentir", que vem do verbo latino "*assentio, is, ire, sensi, sensum*", e significa juntar seu assentimento ao de outrem, dar assentimento, aprovar. Consentimento vem do verbo "consentir", que vem do verbo latino "*consentio, is, ire, sensi, sensum*", e significa sentir ao mesmo tempo, estar de acordo. Cf. Ernesto Faria, *Dicionário Latino-Português*, Belo Horizonte, Garnier, 2003, pp. 106 e 236. As duas palavras são registradas como sinônimas na maioria dos dicionários. Há diferença substancial: assentir importa numa atitude *passiva* do agente, é apenas aquiescer; consentir importa numa atitude *ativa* do agente, é sentir junto, é concordar. Tecnicamente, nos atos unilaterais há *assentimento*, a norma foi elaborada por um e aceita por outro; nos atos bilaterais há *consentimento*, a norma é elaborada por dois (ou mais) ou é elaborada por um e assumida como produto de ambos (ou de todos).

90. Há que se diferenciar. A extinção unilateral de um *ato bilateral de forma pública*, de um "contrato administrativo", não acarreta o dever de a Administração pagar tudo o que havia convencionado com o administrado caso todo o objeto do ajuste fosse executado. Do contrário, a extinção unilateral não seria admissível. Acarreta o dever de pagar: a) a contraprestação prevista pelas atividades desenvolvidas até o momento da notificação da rescisão; b) o integral ressarcimento de todas as despe-

afirmado, o peso do princípio formal que dá primazia aos bens coletivos é enfraquecido nos atos bilaterais em relação aos atos unilaterais. Esse enfraquecimento não pode decorrer da competência discricionária da Administração justamente por força da *indisponibilidade do interesse público*, viga mestra do regime do direito administrativo. Insiste-se: não pode o agente optar pelo caminho mais gravoso, pelo caminho que imponha maiores obstáculos à tutela do interesse público. Pontua-se: obstáculos, dificuldades, gravames à ótima realização do interesse público não podem ser estabelecidos graças, tão somente, à vontade do agente (competência discricionária). Só a vontade do ordenamento (e não do agente) pode constituí-los. Em suma: atos bilaterais só são válidos quando a concordância de outrem for necessária ou extraordinariamente conveniente para a ótima realização do interesse público e, pois, for uma exigência do Direito.

5.3.2 Atos da administração

Extrai-se das três ressalvas uma *segunda diretriz*: como regra geral, não pode a Administração Pública *substituir* o *ato administrativo bilateral de forma pública*, impropriamente chamado de "contrato administrativo", pelo *ato administrativo bilateral de forma privada*, impropriamente chamado de "contrato da administração". Para a edição de um ato com forma privada, vários condicionantes devem ser obedecidos. *Primeiro*: deve inexistir a imposição constitucional ou legal de

sas realizadas pelo contratado em decorrência da celebração do contrato; c) o ressarcimento de todos os valores que, comprovadamente, deixou de auferir em decorrência da assinatura do contrato. Cf. nosso "Contrato administrativo", cit., *RBDP* 18/141-152; "Manutenção da concessão de serviço público considerada inválida pelo Tribunal de Contas", *Revista Brasileira de Infraestrutura – RBINF*, Belo Horizonte, ano 1, n. 2, pp. 269-291, jul./dez. 2012, pp. 280-281.

Em relação aos *atos unilaterais*, como regra, não há esses deveres. A Administração não é obrigada a ressarcir esses prejuízos por ter, por exemplo, revogado uma permissão de uso de bem público, ato dotado de *precariedade*. Os atos unilaterais geram direito à indenização pela quebra da *confiança legítima*, campo da *responsabilidade civil do Estado*. Sobre o tema, vide nosso *Efeitos dos Vícios do Ato Administrativo*, cit., Cap. X, pp. 554 e ss.; "Responsabilidade civil do Estado, nexo causal e imputação objetiva", in Alexandre Dartanham Guerra, Luis Manuel Fonseca Pires e Marcelo Benacchio (coords.), *Responsabilidade Civil do Estado: Desafios Contemporâneos*, São Paulo, Quartier Latin, 2010, pp. 362-390.

uma *forma pública própria*. Se as normas abstratas impõem uma forma pública, não é dado à Administração optar pela forma privada. Trata-se de uma imposição dos princípios da constitucionalidade e da legalidade (ou seja, da juridicidade). Assim, se a lei impõe a forma pública, está irremediavelmente afastada a forma privada.

Segundo: a forma privada não deve ser incompatível com o interesse público. E essa incompatibilidade pode decorrer, nos termos da doutrina de Pestalozza dantes mencionada (*supra*, 3), tanto da *natureza de quem atua*, da necessidade de adequado controle, como da *natureza da atuação*, da busca pela ótima realização do interesse público. Ao contrário do que pensam os *neoliberais*,[91] há uma *presunção relativa de incompatibilidade* entre a forma privada e a adequada tutela do interesse público. Nos termos dantes sustentados, o regime do direito público é edificado, entre vários motivos, para impedir a corrupção, para permitir a eficaz concretização dos valores mais pesados no caso concreto. Sempre que a forma pública for afastada, surge um *ônus argumentativo*, a ser enfrentado na *motivação do ato*, de demonstrar a compatibilidade da forma privada com o interesse público.

É mister esclarecer o seguinte: quando não houver uma forma pública própria, a lei não impuser a forma privada e a forma privada for absolutamente compatível com o interesse público, ela é imposta, e não simplesmente facultada pelo Direito. Os agentes públicos não são livres para criar formas jurídicas. Se o sistema não apresenta uma forma pública para a relação jurídica e a forma privada não se mostra inadequada ao interesse público, deve a Administração adotar a forma privada. Não há aí competência discricionária. Sem embargo, são situações bem incomuns. Em geral, quando não houver forma própria prevista, o controle exigido pelo interesse público e sua adequada tutela são incompatíveis com a forma privada.

A forma privada em relação aos atos bilaterais pode ser *autorizada expressamente pela lei*. Nesse caso, de duas, uma: ou a forma privada é *claramente injustificada* para a adequada proteção do interesse público, ou há dúvida razoável sobre a pertinência de sua adoção. No primeiro caso, a lei é inconstitucional e a adoção da forma privada é inválida; o

91. Sobre o neoliberalismo, vide nosso *Regulação Administrativa à Luz da Constituição Federal*, cit., Cap. III, pp. 137 e ss.

Direito impõe a forma pública, mesmo considerando o peso do princípio formal que dá primazia às ponderações do legislador. A reverência excessiva ao legislador, nos dias de hoje, está sepultada: toda lei deve ser examinada com os olhos voltados para a Constituição.[92] A determinação legal de submissão à forma privada, em países consumidos pela corrupção, é comumente atentatória ao texto constitucional vigente e, por isso, inválida. No segundo caso, em decorrência do princípio formal que dá primazia às ponderações do legislador, nos casos em que não for clara a impertinência da adoção da forma privada, ela deve ser aceita. A forma privada, nessas hipóteses, decorre da competência discricionária do legislador.

Pela análise do direito globalmente considerado, a forma privada pode apresentar-se inadmissível, independentemente da opinião de cada um, caso em que, se o legislador autorizar sua adoção, a lei será inconstitucional. Se pelo direito globalmente considerado a pertinência da submissão do ato administrativo à forma privada for própria do pluralismo, depender da opinião de cada um, sem possibilidade de impor uma orientação a todos, a submissão à forma privada é admissível.[93] Contudo, a escolha discricionária não se abre para a Administração, mas para o Legislador. Há aí uma *reserva legal*.[94] Nos casos de competência dis-

92. Sobre essa necessidade de compreender as leis com os olhos voltados para a Constituição, vide nosso *Regulação Administrativa à Luz da Constituição Federal*, cit., Cap. 1-4, pp. 41-48. Sobre o princípio formal que dá primazia às ponderações do legislador, vide nosso *Efeitos dos Vícios do Ato Administrativo*, Cap. II-2.5, pp. 93-95; Cap. VI-4 e 5, pp. 161-191; *Abuso de Direito e a Constitucionalização do Direito Privado*, cit., Cap. I-1.7.1, pp. 40-44.

93. A impossibilidade de impor uma valoração a todos é o grande fundamento da discricionariedade. Nesse sentido é a doutrina de Edmund Bernatzik, assim exposta por Afonso Rodrigues Queiró: "na aplicação do direito, como também em qualquer outra esfera de atividade lógica do espírito, há um limite além do qual terceiras pessoas deixam de poder avaliar da justeza da conclusão obtida. Por conseguinte, essas terceiras pessoas podem ser de outra opinião, mas não podem legitimamente pretender que só elas tenham uma opinião justa e que a das outras pessoas seja falsa: se o pretendessem, não teriam a generalidade a dar-lhes razão" (Edmund Bernatzik, *Rechtsprechung und Materielle Rechtskraft*, 1886, pp. 1-46, apud Afonso Rodrigues Queiró, *O Poder Discricionário da Administração*, 2ª ed., Coimbra, Coimbra Editora, 1948, pp. 121-122).

94. A expressão "reserva legal" é utilizada aqui não no sentido proposto por Otto Mayer, de matéria reservada à competência legislativa, para diferenciá-las das supostas matérias não reservadas à competência legislativa (cf. Otto Mayer, *Derecho*

cricionária, se o legislador não autorizou a adoção da forma privada, a Administração deve valer-se, necessariamente, da forma pública.

Inexistindo autorização legislativa expressa para edição de contrato da Administração e inexistindo imposição constitucional ou legal expressa da forma pública, perceba-se, não pode o agente público substituir, por sua escolha, um "contrato administrativo" por um "contrato da Administração". Não há aí competência administrativa discricionária: ou o direito impõe a forma pública, ou o direito impõe a forma privada. E por que não pode *substituir*? A forma privada enfraquece o princípio formal que dá primazia aos bens coletivos (inclusive em relação aos atos bilaterais de forma pública) e reforça o peso da vontade alheia. A alteração e a extinção unilaterais tornam-se excepcionalíssimas. O Direito passa, com a adoção da forma privada, a ser refratário ao desrespeito da vontade privada necessária para a fixação do conteúdo da relação. Surgem, assim, obstáculos para a adequada tutela do interesse público que inexistem quando a forma é pública.[95] Como já explicado, esses obstáculos não podem decorrer da competência discricionária da Adminis-

Administrativo Alemán, trad. de Horacio H. Heredia y Ernesto Krotoschin, Buenos Aires, Depalma, 1949, § 6-2, p. 98). Não há no direito positivo brasileiro matérias afastadas da competência do Parlamento: a competência legislativa do Congresso Nacional abrange toda matéria, nos termos do *caput* do art. 48 da CF/1988. A expressão "reserva legal" é no Direito brasileiro utilizada em outro sentido: ela impede que determinados efeitos jurídicos sejam extraídos diretamente dos princípios constitucionais sem a prévia edição de uma lei; quer dizer, ela impede que os efeitos decorram de *ponderação em concreto* sem a prévia ocorrência de *ponderação em abstrato*. Quando há uma reserva legal, exige-se a ponderação do legislador. Um didático exemplo é a tipificação de uma conduta como crime: independentemente do peso dos princípios no caso concreto, uma conduta só pode ser tipificada como crime se houver prévia tipificação legal.

95. Para que fique claro: se o direito *não* admite a rescisão unilateral e a Administração rescinde o ajuste, deverá pagar ao administrado tudo o que havia convencionado com ele caso todo o objeto do ajuste fosse executado. Como a rescisão unilateral nos *atos bilaterais de forma privada* é excepcionalíssima, como regra geral, sempre que houver a rescisão unilateral do ajuste, impor-se-á o dever de pagar ao administrado tudo o que ele receberia se o ajuste não fosse rescindido. Somente nos casos excepcionalíssimos referidos a rescisão unilateral será juridicamente admissível, impondo-se à Administração o dever de pagar apenas as verbas mencionadas *supra*, na nota 90. Perceba-se: como nos casos excepcionalíssimos os "contratos da Administração" seguem o regime dos "contratos administrativos", na verdade, todo contrato celebrado pela Administração é, em última análise, *administrativo*. Cf. nosso "Contratos administrativos", cit., *RBDP* 18/151-152.

tração por força da *indisponibilidade do interesse público*, viga mestra do regime do direito administrativo. Não pode o agente optar pelo caminho mais gravoso, pelo caminho que imponha maiores obstáculos à adequada tutela do interesse público.

6. Conclusões

1. É cientificamente indiscutível a possibilidade no direito administrativo de discricionariedade em relação à *forma*. O "princípio da liberdade das formas" aqui discutido refere-se à possibilidade de escolha discricionária não propriamente da forma jurídica, mas do regime jurídico. Indaga-se se a escolha entre o direito público e o direito privado pode decorrer da *vontade* do agente competente.

2. Apurou-se que no direito estrangeiro prevalece o entendimento da ampla possibilidade de escolha do regime pela Administração. Entre as vozes dissonantes, registrou-se o respeitável posicionamento de Christian Pestalozza, professor da Universidade de Berlim, que sustenta a existência de duas barreiras à escolha do direito privado: a incompatibilidade com a "natureza de quem atua" e a incompatibilidade com a "natureza da atuação".

3. Para enfrentar o tema, inquiriu-se a razão de ser da distinção entre o direito público e o direito privado. Concluiu-se tratar-se de dois conjuntos normativos distintos. O critério para incidência do regime de direito público, ao contrário do que sustenta a doutrina majoritária, não é presença de "autoridade", mas sim a necessidade de proteção dos interesses da sociedade, que sempre ocorre quando a Administração estiver presente numa relação jurídica. Concluiu-se: o direito administrativo é um "direito estatutário", é o direito que rege a Administração Pública; incide sempre que o "sujeito de imputação" for a Administração, que, por isso, jamais é regida pelo regime de direito privado, mesmo quando a ela se aplicam regras do direito privado.

4. A submissão injustificada da Administração às regras do direito privado configura "fuga para o direito privado", vale dizer, fuga das amarras erigidas contra a corrupção e o mau exercício da função pública. Inexistindo fundamento racional, a submissão da Administração ao direito privado é, nesses termos, inválida. As regras de direito privado quando validamente aplicáveis à Administração sofrem o influxo do regime de direito público e tornam-se, propriamente, regras de direito público.

5. A aplicação válida de regras do direito privado às *empresas estatais* assenta-se em dois fundamentos racionais: evitar a concorrência desleal com as empresas privadas; possibilitar a exploração estatal da atividade econômica. Ausentes esses fundamentos, as empresas estatais regem-se pelas regras de direito público. Por isso, concluiu-se: inexiste *discricionariedade* em relação à escolha de regimes: as empresas estatais *exploradoras de atividades econômicas* devem se submeter às regras de direito privado quando presentes os dois critérios racionais e devem se submeter às regras de direito público quando ausentes esses critérios. As demais entidades criadas pela Administração ou pelo Legislador são autarquias ou contrafações de autarquias e, portanto, submetem-se integralmente às regras de direito público.

6. Em relação à escolha entre o regime estatutário e o regime celetista concluiu-se que, como regra geral, também inexiste discricionariedade. Apenas em duas hipóteses o sistema normativo impõe o regime celetista: exploração estatal da atividade econômica e estabilização dos servidores, prevista no art. 19 do ADCT. Em duas hipóteses é possível haver discricionariedade legislativa em relação à escolha do regime: contratação temporária, nos termos do inciso IX do art. 37 da CF/1988, e atividades subalternas. Nessas quatro hipóteses há aplicação de regras da CLT, mas o regime continua sendo o administrativo. Fora desses casos, a adoção de emprego público configura fuga para o direito privado, e o suposto emprego público, numa interpretação conforme a Constituição, deve ser considerado contrafação de cargo público.

7. A partir da doutrina de Celso Antônio Bandeira de Mello, enunciaram-se *três ressalvas* à substituição do ato administrativo unilateral pelo ato administrativo bilateral. *Primeira*: a Administração não pode modificar por ato administrativo o que foi determinado pela lei. *Segunda*: da mesma forma que o agente público não pode renunciar ao interesse público, não pode também renunciar aos atributos inerentes ao interesse público e, por conseguinte, não pode, por sua vontade, renunciar à imperatividade. *Terceira*: havendo dois caminhos para tutela do interesse público, não pode a Administração optar pelo caminho mais gravoso.

8. A partir dessas três diretrizes, enunciaram-se *duas diretrizes*. Primeira: não pode a Administração, no exercício de competência discricionária, substituir o ato unilateral pelo ato bilateral. Atos bilaterais só são válidos quando a concordância de outrem for necessária ou ex-

traordinariamente conveniente para a ótima realização do interesse público e, pois, for uma exigência do Direito. A indisponibilidade do interesse público impede que a Administração opte pela bilateralidade quando esta não for exigida pelo Direito.

9. Segunda diretriz: não pode a Administração substituir um ato bilateral de forma pública por um ato bilateral de forma privada. Concluiu-se que os atos bilaterais de forma privada só são admitidos juridicamente quando: a) inexistir a imposição constitucional ou legal de uma forma pública própria; e b) a forma privada não for incompatível com o interesse público. Sustentou-se uma *presunção relativa de incompatibilidade* entre a forma privada e a adequada tutela do interesse público: sempre que a forma pública for afastada, surge um *ônus argumentativo* de demonstrar a compatibilidade da forma privada com o interesse público. Concluiu-se que sempre que se configurar a admissibilidade jurídica dos atos bilaterais de forma privada, sua adoção não é facultada, mas imposta pelo ordenamento, pois não é permitido aos agentes públicos criarem formas jurídicas, trata-se de competência administrativa vinculada.

10. Nos casos em que a lei expressamente autorizar a forma privada, de duas, uma: se a forma for claramente injustificada, a lei é inconstitucional; se houver dúvida razoável sobre a admissibilidade da forma, a lei é constitucional. Os casos de admissibilidade discricionária da forma privada estão submetidos a uma *reserva legal*: faz-se necessária a expressa *autorização legislativa* para edição de atos bilaterais de forma privada.

11. Inexistindo forma pública própria, de duas, uma. Ou a forma privada é indiscutivelmente compatível com o Direito e sua adoção é impositiva, ou há dúvida fundada sobre a admissibilidade da forma privada e sua adoção só é válida se a lei expressamente autorizá-la. A indisponibilidade do interesse público impede que a Administração, no exercício de competência discricionária, opte pelo ato bilateral de forma privada.

Bibliografia

ALESSI, Renato. *Principi di Diritto Amministrativo*. vol. I. Milano, Giuffrè, 1966.

ALEXY, Robert. *El Concepto y la Validez del Derecho*. 2ª ed., trad. de Jorge M. Seña. Barcelona, Gedisa, 2004.

________. *Teoria dos Direitos Fundamentais*. 2ª ed., 3ª tir. Trad. de Virgílio Afonso da Silva. São Paulo, Malheiros Editores, 2014.

ATALIBA, Geraldo. "Empresas estatais e regime administrativo". *RTDP* 4/55-70, 1993.

_______. "Patrimônio administrativo – empresas estatais delegadas de serviço público – regime de seus bens – execução de suas dívidas". *RTDP* 7/21-40, 1994.

BACHOF, Otto; WOLFF, Hans J., e STOBER, Rolf. *Direito Administrativo*. vol. I, trad. de António F. de Sousa. Lisboa, Fundação Calouste Gulbenkian, 2006.

BANDEIRA DE MELLO, Celso Antônio. *Curso de Direito Administrativo*. 31ª ed. São Paulo, Malheiros Editores, 2014.

_______. *Discricionariedade e Controle Jurisdicional*. 2ª ed., 11ª tir. São Paulo, Malheiros Editores, 2012.

_______. "Natureza essencial das sociedades mistas e empresas públicas". *Revista de Direito Público*. São Paulo, ano XVII, v. 71, pp. 111-117, jul./set. 1984.

_______. "O conteúdo do regime jurídico-administrativo e seu valor metodológico". *Revista de Direito Público*. São Paulo, ano I, v. 2, pp. 44-61, out./dez. 1967.

_______. *Prestação de Serviços Públicos e Administração Indireta*. 2ª ed., 3ª tir. São Paulo, Ed. RT, 1987.

_______. "Servidores públicos: aspectos constitucionais". *Estudos de Direito Público – Revista da Associação dos Advogados da Prefeitura do Município de São Paulo*. São Paulo, ano IV/V, v. 8, pp. 81-92, jul./dez. 1985 e jan./jul. 1986.

_______. "Sociedades de economia mista estaduais e municipais". *Revista de Direito Público*. São Paulo, ano XIII, v. 53-54, pp. 44-49, jan./jun. 1980.

_______. "Sociedades mistas, empresas públicas e o regime de direito público". *Revista de Direito Público*. São Paulo, ano 24, n. 97, pp. 29-36, jan./mar. 1991.

BREWER-CARÍAS, Allan R. *Derecho Administrativo*. t. I. Bogotá, Universidad Externado de Colombia; Universidad Central de Venezuela, 2005.

CARVALHO FILHO, José dos Santos. *Manual de Direito Administrativo*. 25ª ed. São Paulo, Atlas, 2012.

CORAIL, Jean-Louis de. *La Crise de la Notion Juridique de Service Public en Droit Administratif Français*. Paris, Librairie Générale de Droit et de Jurisprudence, 1954.

DI PIETRO, Maria Sylvia Zanella. *Direito Administrativo*. 25ª ed. São Paulo, Atlas, 2012.

DUGUIT, Léon. *Las Transformaciones del Derecho Público*. Navarra, Analecta, 2006.

ESTORNINHO, Maria João. *A Fuga para o Direito Privado*. Coimbra, Almedina, 1999.

FARIA, Ernesto. *Dicionário Latino-Português*. Belo Horizonte, Garnier, 2003.

FERNÁNDEZ, Tomás-Ramón, e GARCÍA DE ENTERRÍA, Eduardo. *Curso de Derecho Administrativo*. 11ª ed., vol. I. Madri, Civitas, 2002.

FIGUEIREDO, Lúcia Valle. *Empresas Públicas e Sociedades de Economia Mista*. São Paulo, Ed. RT, 1978.

FLEINER, Fritz. *Instituciones de Derecho Administrativo*. Trad. de Sabino A. Gendin. Barcelona, Labor, 1933.

GARCÍA DE ENTERRÍA, Eduardo, e FERNÁNDEZ, Tomás-Ramón. *Curso de Derecho Administrativo*. 11ª ed., vol. I. Madri, Civitas, 2002.

GASPARINI, Diogenes. *Direito Administrativo*. 16ª ed. São Paulo, Saraiva, 2011.

HACHEM, Daniel Wunder. *Princípio Constitucional da Supremacia do Interesse Público*. Belo Horizonte, Fórum, 2011.

HAURIOU, Maurice. *Précis de Droit Administratif et de Droit Public*. Paris, Sirey, 1933.

HOUAISS, Antônio; VILLAR, Mauro de Salles (eds.). *Dicionário Houaiss da Língua Portuguesa*. Rio de Janeiro, Objetiva, 2001.

KELSEN, Hans. *Teoria Geral do Direito e do Estado*. Trad. de Luís Carlos Borges. São Paulo, Martins Fontes, 2000.

MADEIRA, José Maria Pinheiro. *Servidor Público na Atualidade*. 8ª ed. Rio de Janeiro, Elsevier, 2010.

MARTINS, Ricardo Marcondes. *Abuso de Direito e a Constitucionalização do Direito Privado*. São Paulo, Malheiros Editores, 2010.

________. "Arbitragem e administração pública: contribuição para o sepultamento do tema". *Revista Trimestral de Direito Público – RTDP*. São Paulo, n. 54, pp. 194-209, 2011.

________. "Contratos administrativos". *Revista de Brasileira de Direito Público – RBDP*. Belo Horizonte, ano 5, n. 18, pp. 117-168, jul./set. 2007.

________. *Efeitos dos Vícios do Ato Administrativo*. São Paulo, Malheiros Editores, 2008.

________. "Empregado público". In SCHWARZ, Rodrigo Garcia (org.). *Dicionário de Direito do Trabalho, de Direito Processual do Trabalho e Direito Previdenciário*. São Paulo, LTr, 2012.

________. "Manutenção da concessão de serviço público considerada inválida pelo Tribunal de Contas". *Revista Brasileira de Infraestrutura –RBINF*. Belo Horizonte, ano 1, n. 2, pp. 269-291, jul./dez. 2012.

________. "Regime estatutário e Estado de Direito". *Revista Trimestral de Direito Público – RTDP*. São Paulo, n. 55, pp. 139-155, 2011.

________. *Regulação Administrativa à Luz da Constituição Federal*. São Paulo, Malheiros Editores, 2011.

________. "Responsabilidade civil do Estado, nexo causal e imputação objetiva". In GUERRA, Alexandre Dartanham; PIRES, Luis Manuel Fonseca; BENACCHIO, Marcelo (coords.). *Responsabilidade Civil do Estado: Desafios Contemporâneos*. São Paulo, Quartier Latin, 2010, pp. 362-390.

MAURER, Hartmut. *Direito Administrativo Geral*. Trad. de Luís Afonso Heck. Barueri, Manole, 2006.

MAYER, Otto. *Derecho Administrativo Alemán*. Trad. de Horacio H. Heredia y Ernesto Krotoschin. Buenos Aires, Depalma, 1949.

MEIRELLES, Hely Lopes. *Direito Administrativo Brasileiro*. 16ª ed., 2ª tir. São Paulo, Ed. RT, 1991.

MOTTA, Fabrício. "Contratação temporária por excepcional interesse público". In DI PIETRO, Maria Sylvia Zanella; MOTTA, Fabrício; FERRAZ, Luciano de Araújo. *Servidores Públicos na Constituição de 1988*. São Paulo, Atlas, 2011, pp. 69-84.

MUKAI, Toshio. *O Direito Administrativo e os Regimes Jurídicos das Empresas Estatais*. 2ª ed. Belo Horizonte, Fórum, 2004.

QUEIRÓ, Afonso Rodrigues. *O Poder Discricionário da Administração*. 2ª ed. Coimbra, Coimbra Editora, 1948.

RIVERO, Jean. *Direito Administrativo*. Trad. de Rogério Ehrhardt Soares. Coimbra, Almedina, 1981.

ROCHA, Cármen Lúcia Antunes. *Princípios Constitucionais dos Servidores Públicos*. São Paulo, Saraiva, 1999.

STOBER, Rolf; WOLFF, Hans J., e BACHOF, Otto. *Direito Administrativo*. vol. I, trad. de António F. de Sousa. Lisboa, Fundação Calouste Gulbenkian, 2006.

VEDEL, Georges. *Droit Administratif*. 5ª ed. Paris, Presses Universitaires de France, 1973.

WEIL, Prosper. *O Direito Administrativo*. Trad. de Maria da Glória Ferreira Pinto. Coimbra, Almedina, 1977.

WOLFF, Hans J.; BACHOF, Otto, e STOBER, Rolf. *Direito Administrativo*. vol. I, trad. de António F. de Sousa. Lisboa, Fundação Calouste Gulbenkian, 2006.

A ADMINISTRAÇÃO SERVIENTE E O PROCESSO ADMINISTRATIVO (BREVES NOTAS)

SERGIO FERRAZ

Membro da Academia Brasileira de Letras Jurídicas – Foi decano do Conselho Federal da OAB e Presidente do Instituto dos Advogados Brasileiros – Foi consultor jurídico do Ministério da Justiça e Professor Titular de Direito Administrativo da PUC-RJ.

1. A administração serviente. 2. O processo administrativo como instrumento da democracia participativa. Processo administrativo e relação jurídica.

1. A administração serviente

Somente se justifica a existência da Administração Pública (e do próprio Estado) se tem ela, como norte indeclinável, a prestação de serviços públicos (é dizer, serviços ao público).

Serviço público é toda atividade de oferecimento de utilidade ou comodidade à coletividade, propiciada ou executada pelo Estado.

Os *topoi* acima, hauridos de magistérios encontráveis, por exemplo, em Duguit e Celso Antônio Bandeira de Mello, podem ser tidos mesmo como truísmos da ciência jurídica. Mas para ascenderem ao patamar de postulados de nossa ordem jurídica imprescindível será ter em mente a grande revolução de nosso constitucionalismo pós-1988: a elevação da participação da cidadania à condição de elemento de legitimação e validação de toda a atuação estatal, desde a própria formação e formulação da "vontade administrativa" (isto é, da decisão administrativa, por tomar certas ações e atitudes), até as etapas finais de fruição, fiscalização e controle do desempenho estatal (*in casu*, a prestação, direta ou delegada, do serviço público de que concretamente se cogita).

Em suma, o magistério de Duguit há que ser complementado: não é qualquer serviço público que legitima e justifica a existência da Administração Pública e do Estado: como tal, somente o serviço público manifestamente desejado pelo administrado e adequadamente a ele prestado.

Identicamente se diga quanto à lição de Bandeira de Mello: serviço público, que mereça essa denominação, só é aquele propiciado ou executado pelo Estado, como atividade ou utilidade em prol da coletividade, mas por esta manifestado como aspiração e assim prestado em condições de perfeita adequação.

E essa interação coletividade/Administração unicamente se viabiliza pelas sendas do processo administrativo. Em suma, para explicitar com exatidão o significado do título que adotamos para este trabalho,

– administração serviente é aquela nuclearmente vocacionada à prestação de serviços à coletividade, particularmente aqueles por ela desejados; e nesse sentido é que ela se legitima;

– a interação coletividade/Administração se viabiliza, primordialmente, pela via do processo administrativo, com todo o complexo de instrumentos de que ele dispõe.

2. O processo administrativo como instrumento da democracia participativa. Processo administrativo e relação jurídica

Escrevemos alhures: somente se pode falar em efetiva realização do princípio democrático onde possa o administrado participar da feitura do querer administrativo ou da sua concretização efetiva. E essa participação se há de marcar pelas garantias fundamentais de há longo tempo reconhecidas às partes no processo jurisdicional: liberdade de postular, certeza de ter seus argumentos considerados, contraditório, prova, recursos e publicidade.

Processo administrativo e democracia: binômio incindível. Com a marca imprescindível: aqui se trata do devido processo legal, em sentido formal e material, como direito humano fundamental, aliás assim posto nos arts. 8º e 10 da Declaração Universal dos Direitos Humanos, de 1948. Processo administrativo é Administração em movimento e, por isso, é a própria forma da função administrativa.

A partir das notáveis contribuições elaboradas desde a última década do século XIX e primeiras do século XX por, entre outros, Adolf

Wach, Degenkolb e Plósz, Windscheid e Mutter, que se irradiaram como rastilho de pólvora da processualística civil germânica para o sentimento jurídico do mundo ocidental, estabilizou-se: *processo*, como ambiência para a dirimência de controvérsias, como *relação jurídica* entre Estado e cidadão, para viabilizar e instrumentalizar o direito público subjetivo à solução *imparcial* dos litígios pelo Estado (heterocomposição dos litígios), mesmo quando o Estado seja parte (trata-se de um direito emanado da ideia de *cidadania*, um dado integrante do *status civitatis*).

Como *relação jurídica*, o processo administrativo congloba uma relação *inter-pessoas* (Administração/administrados ou administrados/administrados), a que a regra, incidindo sobre sua estrutura, torna *jurídica*. Com essa incidência, arquiteta-se uma trama de direitos e deveres, que junge todos os sujeitos da relação. Daí a síntese notável de Von Thur: relação jurídica é a eficácia jurídica das relações humanas; ou, com Savigny, a relação entre pessoas, determinada pela regra jurídica.

Cumpre, afinal, o processo administrativo, visto como *relação jurídica*, a dúplice finalidade de viabilizar uma atuação eficiente e razoável da Administração, ao mesmo passo assegurando a participação cidadã na consecução da atividade administrativa (como autêntico contraponto às restrições à liberdade individual, que essa atividade administrativa de ordinário produz). Nessa dimensão pode-se até falar em *direito* ao processo administrativo, como face particularizada da garantia do devido processo legal.

Em trabalho publicado há mais de quinze anos ("Vertentes autoritárias do direito administrativo no Brasil") proclamamos que estava findo o ciclo do direito administrativo, caracterizado pela ênfase no estudo do aparelho administrativo (Administração Pública) e seus poderes excepcionais, com a consequente delimitação de um espaço de sujeição reservado aos administrados. Desde lá fora enfatizado que, num Estado Democrático de Direito, a participação do cidadão na definição e fiscalização (com a decorrente responsabilização estatal eventual) do concreto agir administrativo integra a própria conceituação da disciplina jurídico-administrativa. Com isso, a ênfase do estudioso estava aqui deslocada do exame da *Administração Pública* para a análise do *ato administrativo*. A consolidação da ambiência democrática ensejou a regulação, em todo o país, do processo administrativo. Estava criado o *instrumento* viabilizador da coparticipação da cidadania, no desempenho da função administrativa. E daí a revolução verdadeiramente copernicana, que a doutrina brasileira do direito administrativo passaria a vivenciar (embora com atraso de cerca de três décadas – demora dolorosamente invencível para os países não hegemônicos): o núcleo da investigação migrou do *ato administrativo* para a *relação jurídica administrativa*.

E conceituamos relação jurídica administrativa como o vínculo jurídico de interação entre Administração e Administrados, como pressuposto da formulação do querer administrativo, confiando-lhes poderes recíprocos, de observância obrigatória por todos os sujeitos envolvidos, como requisito de validade, mesmo, do ato final.

Reitere-se, porém: não há falar em novidade, nessa visão da dogmática jurídica. A transferência do ponto central do direito administrativo, do ato administrativo para a relação jurídica, há décadas constitui o cerne da produção científica alemã. Claro que, para a esse ponto chegar, foi necessário tivessem eles abandonado as ortodoxias positivistas e as convicções, tão ao gosto germânico, do regime jurídico-administrativo como uma relação de poder para a Administração e de sujeição para o administrado (isto é, o administrado como *objeto* do ato administrativo): em suma, a evolução seria inviável sem a rejeição à acepção do direito administrativo como vertente autoritária do direito público, repousado particularmente no atributo da hierarquia.

A partir dessa reformulação conceitual, soa incontestável o magistério de Bachof, no sentido de que apenas a aceitação, no direito administrativo, da ideia de relação jurídica, como ponto de partida para além da teoria do ato administrativo, como verdadeiro "conceito-quadro", explica a coparticipação da cidadania na prática dos atos administrativos (com a instrumentalização propiciada pela disciplina do processo e do procedimento administrativos).

É óbvio que a concepção de relação jurídica administrativa não afasta, só por si, a prevalência do interesse público ou mesmo do Estado em face do cidadão. Mas a "relação de submissão", nessa nova panorâmica, se estratifica mediante regras obrigatórias para todos os sujeitos vinculados, com uma tessitura de recíprocos deveres e obrigações, para cuja construção ou controle o administrado teve oportunidade de contribuir. Nesse contexto, é inequívoco o papel que desempenha o princípio constitucional da dignidade da pessoa humana.

García de Enterría percebeu a nova realidade e a traduziu brilhantemente ao afirmar que o reconhecimento de direitos individuais fundamentais, pela ordem jurídica constitucional, importa numa "(...) mudança radical de posições na relação básica de Direito Administrativo, a relação entre a Administração e o administrado. Toda a tradição era a de uma superioridade da Administração em razão de sua posição, que derivaria, podemos dizer, de uma espécie de superioridade quantitativa: a Administração seria a titular do interesse geral, o cidadão seria o titular de um interesse particular".[1]

Mas agora, segundo o notável mestre espanhol, se a Administração pode invocar seu dever de perseguir a realização do interesse geral (público), os cidadãos podem invocar seu estatuto jurídico-constitucional de garantias e direitos fundamentais, para acompanhar, fiscalizar e controlar essa atividade. Com a luminosa conclusão, ainda de Enterría: "(...) a primazia dos direitos fundamentais (do cidadão), que decorre de sua posição de superioridade no ordenamento jurídico", por isso que interesse geral ou público "não é sinônimo de interesses superiores!"[2]

Com acerto sintetizou Vasco Dias Pereira da Silva, ao configurar esse novo equilíbrio no regime jurídico-administrativo: "Nem se diga que a Administração ocupa uma posição privilegiada em razão da prossecução do interesse público, uma vez que a possibilidade que os particulares têm de invocar diretamente os direitos fundamentais, que definem o seu estatuto jurídico-constitucional, torna a sua posição perante os poderes públicos equiparada à da Administração".[3]

Aliás, parece que o pioneirismo no prestígio à concepção de uma posição central, no direito administrativo, para a relação jurídica, bem como à revelação da íntima conexão entre Constituição, processo administrativo e relação jurídica, deve ser tributado a Häberle, que viu no processo administrativo uma "lei fundamental do cidadão", viabilizando sua participação ativa nos processos decisórios da Administração, não mais ficando relegado à postura de sujeição, de simples objeto do agir administrativo.

Antes que se diga que estamos a produzir uma importação servil e acrítica do direito estrangeiro, antecipamo-nos:

1. García de Enterría, *Hacia una nueva Justicia Administrativa*, Madri, Civitas, 1992, pp. 54-55.

2. Idem, ibidem.

3. Vasco Dias Pereira da Silva, *Em Busca do Ato Administrativo Perdido*, Coimbra, Almedina, 2003, p. 194.

– as ideias de Vasco Pereira da Silva fundamentam-se no art. 266º, 1, da Constituição Portuguesa e no art. 4º do Código do Procedimento Administrativo daquele país;

– o pensamento de García de Enterría lastreia-se no art. 53 da Constituição da Espanha e no art. 3º da Lei de Procedimento Administrativo (Lei 30/1992, com as alterações ditadas pela Lei 4/1999).

Dá-se que há óbvio paralelismo entre os comandos constitucionais acima referidos e os §§ 1º e 2º do art. 5º de nossa Constituição, combinados com os arts. 37 e 60, § 4º, IV, do mesmo diploma; paralelismo de idêntica mensagem se registra entre os artigos das leis processuais administrativas retro destacadas e o art. 2º, parágrafo único, VI e VIII, da Lei brasileira 9.784/1999.

A doutrina italiana igualmente se debruçou sobre a valia do conceito de relação jurídica, como alternativa dogmática à perspectiva anterior, apodada, por Vasco Dias Pereira, como "actocêntrica".[4] E levou-a até as mais radicais consequências: importa, no ponto, destacar, dentre outras, a grande contribuição de Sabino Cassese e de Mario Nigro. Enfatize-se, nas lições do Nigro (*Rivista di Diritto Processuale*, n. 2, pp. 252 e ss.), sua percepção inspirada, ao afirmar que o processo administrativo alterou o tipo burocrático de Administração, concebido por Max Weber, substituindo-o pela viabilização de um modelo participativo (relacional, pois). Daí concluir Nigro que o direito administrativo estava a iniciar um novo período de evolução doutrinária, superando a etapa cêntrica da relação jurídica e passando a viver a era do processo administrativo como seu conceito básico. Mas a tanto ainda não chegamos, até porque não vemos como destacar, com autonomia conceitual, o processo administrativo da dogmática da relação jurídica. Só não há, porém, como negar sua importância magna, como instrumento de concretização de uma Administração participativa e, por isso, efetivamente serviente.

Bibliografía

ENTERRÍA, García de. *Hacia una nueva Justicia Administrativa*. Madri, Civitas, 1992.

PEREIRA DA SILVA, Vasco Dias. *Em Busca do Ato Administrativo Perdido*. Coimbra, Almedina, 2003.

4. Vasco Dias Pereira da Silva, *Em Busca do Ato Administrativo Perdido*, cit., p. 302.

INTERVENÇÃO DO ESTADO NA PROPRIEDADE

SILVIO LUÍS FERREIRA DA ROCHA

Mestre e Doutor em Direito Civil pela PUC-SP – Doutor e Livre-Docente em Direito Administrativo pela PUC-SP – Professor das disciplinas de Direito Civil e Direito Administrativo na PUC-SP – Juiz Federal em São Paulo – Conselheiro do Conselho Nacional de Justiça.

1. Considerações gerais. 2. A limitação. 3. O sacrifício. 4. A funcionalização. 5. Conclusão.

1. Considerações gerais

Escrevo este artigo em livro destinado a homenagear a saudosa Professora Lúcia Valle Figueiredo, Livre-Docente e Titular de Direito Administrativo da Faculdade de Direito da Pontifícia Universidade Católica de São Paulo, que, durante anos, atuou também como Juíza do Tribunal Regional Federal da 3ª Região.

Tradicionalmente a propriedade é conceituada como o poder pleno sobre a coisa (*plena in re potestas*). Significa do ponto de vista jurídico o completo conjunto de faculdades que um sujeito (pessoa natural ou jurídica) pode ter em relação a um bem, móvel ou imóvel, tanto que o art. 1.228 do Código Civil define-a como "a faculdade de usar, gozar e dispor da coisa, e o direito de reavê-la do poder de quem quer que injustamente a possua ou detenha".

Nas nações civilizadas do Ocidente, seja qual for o modelo jurídico adotado, a propriedade, ao lado da liberdade e da responsabilidade, constitui instituto jurídico essencial, fonte de diversas dicotomias, como os modelos econômicos capitalistas ou socialistas ou os Estados liberais ou sociais.

A natureza jurídica da propriedade é controvertida. Alguns a consideram autêntico direito natural, que preexiste à constituição do Estado e não pode ser suprimido pela ordem jurídica; outros a consideram fator de dominação, exploração e injustiça; entre nós, a Propriedade configura direito fundamental (art. 5º, XXIII, da CF).

A intervenção do Estado na Propriedade significa, em termos genéricos, a atuação do Estado no sentido de restringir ou limitar o agir do proprietário em favor de um interesse público ou da coletividade. Intervenção nesse caso representa o gênero cujas espécies são a *limitação*, o *sacrifício* e a *funcionalização*.

2. A limitação

A *limitação* é uma restrição ao exercício amplo de poderes sobre o bem do qual se é proprietário, em decorrência de uma lei aprovada em benefício de interesses da coletividade. Dessa forma, certos atos são proibidos em prol da coletividade, em favor do interesse da sociedade. A limitação decorre de uma lei que, por atingir a todos os que abstratamente se encontrem naquela situação, não serve para fundamentar contra o Estado uma pretensão condenatória. Assim, restrições ao direito de construir fundadas em questões urbanísticas e restrições ao uso do imóvel em favor do sossego e segurança da vizinhança são exemplos de limitações à propriedade.

Lúcia Valle Figueiredo, nossa homenageada, Titular de Direito Administrativo da PUC-SP, ensinava que "as limitações correspondem ao perfil do direito. São a própria conformação do direito. Daí por que são gerais (como necessariamente a lei é), abstratas (como a lei é) e atingem ou podem atingir a todos, ou a determinadas categorias".[1]

3. O sacrifício

Ao lado da limitação temos o sacrifício, definido como medidas administrativas nas quais a Administração, amparada em lei, com vistas a atender a interesses públicos, investe contra direitos dos administrados,

1. Lúcia Valle Figueiredo, *Curso de Direito Administrativo*, 9ª ed., São Paulo, Malheiros Editores, 2008, p. 305.

restringindo-os ou eliminando-os, mediante indenização pelos agravos sofridos. Assim, nos sacrifícios de direito, os direitos definidos pela lei são afetados ou suprimidos por uma providência administrativa, também autorizada por lei, com vistas à satisfação de um interesse público.

Ensina Celso Antônio Bandeira de Mello: "sacrifícios de direito, vale dizer, providências administrativas nas quais a Administração, para realizar interesses públicos, devidamente apoiada em lei, investe contra direitos dos administrados, restringindo-os ou eliminando-os, ressalvada a indenização a que estes fazem jus pelo agravo sofrido".[2]

Lúcia Valle Figueiredo denominava os sacrifícios de direito *restrições administrativas* e as definia como específicas e gravosas: "as restrições administrativas, à diferença das limitações, são específicas, e atingem determinadas pessoas ou bens, produzem gravames e devem ser indenizadas na medida do dano provocado".[3]

Ao lado das limitações e dos sacrifícios emerge como terceira espécie do gênero intervenção a funcionalização do instituto.

4. A funcionalização

A funcionalização do instituto da propriedade é fenômeno jurídico mais recente entre nós. Por funcionalização entendemos a subordinação da propriedade ao atendimento de certos interesses sociais e coletivos. No caso, a propriedade passa a ser vista como um instrumento necessário ao atendimento de certos fins colocados em benefício da coletividade.

Na Ciência Jurídica a funcionalização assinalou o abandono de uma compreensão estruturalista do Direito (quais elementos o integram?) em favor de uma compreensão finalística (para que serve o Direito?).

A resposta nesse caso, para fazer algum sentido, só podia ser *realizar justiça*. Assim, os institutos jurídicos, entre eles a propriedade, foram subordinados ao atendimento de um fim maior relacionado com a justiça distributiva.

Cuida-se de condicionar o uso da propriedade não apenas à satisfação dos interesses egoísticos do proprietário, mas à satisfação dos inte-

2. Celso Antônio Bandeira de Mello, *Curso de Direito Administrativo*, 31ª ed., São Paulo, Malheiros Editores, 2014, p. 687.

3. Lúcia Valle Figueiredo, *Curso de Direito Administrativo*, cit., p. 313.

resses da coletividade. Estamos diante da transposição de uma categoria própria do direito público – a função – para o direito privado.

No âmbito jurídico, Léon Duguit, em 1912, sustentou na obra que reuniu seis conferências proferidas por ele na Faculdade de Direito de Buenos Aires a ideia de função social da propriedade ao dizer que todos os indivíduos são obrigados a cumprir na sociedade certa função em razão direta do lugar que ocupam, e que o detentor de riqueza é obrigado na proporção de seu capital a aumentar a riqueza geral, assegurar a satisfação das necessidades gerais; nesse sentido a propriedade não é mais um direito subjetivo do proprietário, mas uma função social do detentor da riqueza.[4]

Dessa forma, para ele o proprietário tem o dever e, por conseguinte, o poder de empregar a coisa também na satisfação de necessidades comuns, de uma coletividade nacional inteira ou de coletividades secundárias.[5]

A função social da propriedade também é tema presente no pensamento social da Igreja Católica Apostólica Romana, que a enxerga como um direito subordinado à realização do bem comum. Na lição de Maria Sylvia Zanella Di Pietro, as Encíclicas *Mater et Magistra* do Papa João XXIII, de 1961, e *Populorum Progressio*, do Papa João Paulo II, associam a propriedade à função de servir de instrumento para criação de bens necessários à subsistência de toda a humanidade.[6]

A funcionalização aparece como espécie autônoma de intervenção do Estado na propriedade, diversa da limitação e do sacrifício.

A função social constitui um princípio ordenador da propriedade privada que se insere no ordenamento constitucional com eficácia imediata para o legislador. A admissão de tal princípio implica para o direito de propriedade duas consequências imediatas. A primeira, que o princípio da função social não é uma mera fórmula verbal indicadora de um complexo de obrigações impostas ao proprietário por diversas disposições legais. Tais obrigações podem encontrar seu fundamento em títulos

4. Léon Duguit, *Les Transformations Genérales du Droit Privé Depuis le Code Napoléon*, 2ª ed., Paris, Librairie Félix Alcan, 1920, p. 158.

5. Idem, ibidem, pp. 165-166.

6. Maria Sylvia Zanella Di Pietro, *Direito Administrativo*, 17ª ed., São Paulo, Atlas, 2004, pp. 122-123.

distintos de intervenção na ordem econômica ou na atividade de polícia da Administração Pública. A segunda consiste em que, transformado o fundamento da atribuição do direito, o princípio vai incidir plenamente sobre o conteúdo do direito e incitar o legislador a determiná-lo em função dos interesses sociais tomados em consideração, e, assim, as faculdades, os poderes, os vínculos, as obrigações mudarão em cada caso.[7]

Essas duas consequências delimitam o papel operativo do princípio da função social. Por uma parte, a distingui-lo da atividade administrativa de polícia, e por outra, determinar o verdadeiro alcance como princípio ordenador: normativo e interpretativo.[8]

Como princípio normativo, afeta o mecanismo de atribuição do direito de propriedade e o regime de exercício. A atribuição do direito de propriedade não se efetua de modo incondicionado, mas submetida ao cumprimento por parte do proprietário da orientação social que contém. A função social implica que se reconheça ao direito de propriedade a ausência de determinadas faculdades, o exercício condicionado de outras e o dever de exercitar algumas livremente ou de acordo com determinados critérios.

O princípio da função social possui uma clara função normativa para o direito de propriedade, quando se configura como manifestação do princípio da solidariedade, inspirador das relações entre indivíduo e sociedade em uma comunidade política, e quando o poder constituinte atribui ao legislador a tarefa de desenvolvê-lo através das distintas formas típicas que apresenta a propriedade em nossos dias. Essa função normativa se desenvolve tanto no momento da atribuição do direito, o que o torna um direito subjetivo causal, como no momento do exercício, cujo conteúdo haverá de responder sempre à causa que motivou o seu reconhecimento.[9]

O princípio da função social presta-se também a atuar como critério interpretativo. A função social oferece um critério de interpretação válido para todas as normas, gerais e especiais, que fazem referência ao direito de propriedade em seus vários aspectos e momentos.[10]

7. Pedro Escribano Collado, *La Propiedad Privada Urbana*, Madri, Montecorvo, 1979, p. 123.

8. Idem, ibidem, p. 123.

9. Idem, ibidem, p. 133.

10. Idem, ibidem, p. 136.

Não se pode, portanto, conceber a função social como algo externo ao conceito jurídico de propriedade, pois, na verdade, ela integra a estrutura do conceito jurídico de propriedade. Não há por que confundir função social da propriedade com limites ou restrições, pois a função social, fator determinante do agir do proprietário, serve como fonte de estímulos e sanções, ou meio de impor deveres positivos, pelo fato de ser proprietário, em relação a outros sujeitos determinados ou perante a coletividade.

Nesse sentido, a lição de Fábio Konder Comparato:

> Quando se fala em função social da propriedade não se indicam as restrições ao uso e gozo dos bens próprios. Estas últimas são limites negativos aos direitos do proprietário. Mas a noção de função, no sentido em que é empregado o termo nesta matéria, significa um poder, mais especificamente, o poder de dar ao objeto da propriedade destino determinado, de vinculá-lo a certo objetivo. O adjetivo social mostra que esse objetivo corresponde ao interesse coletivo e não ao interesse próprio do *dominus*: o que não significa que não possa haver harmonização entre um e outro. Mas, de qualquer modo, se se está diante de um interesse coletivo, essa função social da propriedade corresponde a um poder-dever do proprietário, sancionável pela ordem jurídica.[11]

A função social da propriedade ganha projeção nos textos constitucionais a partir da Constituição Federal de 1934, que, no art. 113, § 17, no título destinado à Ordem Econômica e Social, garantia o direito de propriedade, mas vedava o seu exercício contra o interesse social ou coletivo, na forma que a lei determinar.

A Constituição de 1937 silenciou a respeito, assegurado o direito de propriedade, salvo a desapropriação por necessidade ou utilidade pública, mediante indenização prévia no art. 122.

A Constituição Federal de 1946, no art. 147, condicionou o uso da propriedade ao bem-estar social. Coube, no entanto, à Constituição Federal de 1967 prever de modo expresso a função social da propriedade,

11. Fábio Konder Comparato, "Função social da propriedade dos bens de produção", *Revista de Direito Mercantil*, São Paulo, v. 63, p. 75, 1986.

embora como princípio da ordem econômica, no art. 157, III, o que foi mantido na Emenda 1, de 1969, no art. 160, III.

Na Constituição Federal de 1988, a função social da propriedade recebeu expressa designação nos arts. 5º, XXIII, 170, III, 182, § 2º, e 186.[12]

A função social da propriedade apresenta-se como ideia-valor da propriedade a fixar-lhe o conteúdo e a dirigir-lhe o exercício sempre a um fim social. A concretização dessa ideia-valor pode ser feita de vários modos e encontra-se presente em diversos institutos jurídicos.

No âmbito estritamente privado, a função social da propriedade prevista no texto Constitucional foi acolhida no § 1º do art. 1.228 do Código Civil, que condiciona o exercício do direito de propriedade com as suas finalidades econômicas e sociais, e de modo que sejam preservados, de conformidade com o estabelecido em lei especial, a flora, a fauna, as belezas naturais, o equilíbrio ecológico e o patrimônio histórico e artístico, bem como evitada a poluição do ar e das águas.

Contudo, o legislador, no art. 1.228, não conseguiu livrar-se do ranço de definir a propriedade a partir das faculdades reconhecidas ao proprietário, entre elas, a de usar, gozar e dispor da coisa (CC, art. 1.228), quando na verdade o que importa é o fato de o exercício da propriedade ter que se revelar útil e proveitoso não apenas para quem é o titular do direito, mas também para a coletividade.[13]

12. Uadi Lammêgo Bulos, *Constituição Federal Anotada*, 5ª ed., São Paulo, Saraiva, 2003, p. 191. Os citados dispositivos devem sem interpretados de modo sistemático e, por isso, podem ser compreendidos como realidades conexas, indissociáveis, complementares. Numa palavra, a função social da propriedade, conforme a Constituição de 1988, traduz-se pela investigação do sentido, significado e alcance do conjunto de todos os dispositivos que tratam da matéria. Tais preceitos constitucionais mantêm estreito vínculo de reciprocidade.

Esse conjunto de normas sobre a propriedade comprova que ela não mais consigna simples direito individual. Se viesse prevista apenas como instituição econômica (art. 170, III) já seria o bastante. É o caso das Constituições da Itália (art. 42) e de Portugal (art. 62), que enquadram a propriedade no bojo das relações econômicas. Mas o constituinte de 1988 procurou reforçá-la em várias partes do texto, no intuito de não mais vê-la como instituição específica do direito privado, e sim voltada para assegurar a todos existência digna, conforme os ditames da justiça social.

13. De acordo com Marina Mariani de Macedo Rabahie, "A função social da propriedade", in Adilson Abreu Dallari e Lúcia Valle Figueiredo (coords.), *Temas de Direito Urbanístico 2*, São Paulo, Ed. RT, 1991, p. 229, o princípio da função social

Houve, no entanto, consideráveis avanços. O maior deles, a nosso ver, reside na dignidade conferida ao instituto da posse, até aqui concebida como um direito real de menor expressão, se comparado com a propriedade, mas que pela função social ganha posição de destaque, como se vê na usucapião *pro labore* (CC, art. 1.240) e na aquisição compulsória *pro labore* (CC, art. 1.228, § 4º).

A aquisição compulsória *pro labore*, prevista no art. 1.228, § 4º, é admitida como meio de defesa inibidor do efeito reivindicatório do direito de propriedade quando o imóvel reivindicado consistir em extensa área e estiver na posse ininterrupta e de boa-fé, por mais de cinco anos, de considerável número de pessoas, e elas nela houverem realizado, em conjunto ou separadamente, obras e serviços considerados pelo juiz de interesse social e econômico relevante.

Nesse caso, o autor da ação reivindicatória poderá perder para os réus a sua propriedade mediante justa indenização fixada pelo magistrado (art. 1.228, § 5º).

Cuida-se de modalidade de aquisição compulsória que pode funcionar como instrumento de pacificação de conflitos sociais em torno da disputa da propriedade, principalmente nas áreas rurais, já que o Código Civil não distingue se o imóvel está localizado em área urbana ou rural ao permitir aos posseiros que adquiram a propriedade do imóvel em litígio, mesmo contra a vontade do proprietário, mediante o pagamento de justa indenização por parte dos réus.

Para tanto há necessidade de que os réus estejam de boa-fé, isto é, que a posse não seja clandestina, violenta, nem precária e que seja mansa, pacífica, ininterrupta por mais de cinco anos e no imóvel os réus tenham introduzido acessões e benfeitorias consideradas de relevante interesse social e econômico.

Nas áreas urbanas a utilidade do referido instituto é menor em razão da introdução pelo Estatuto da Cidade da modalidade de usucapião urbana coletiva, não prevista no Código Civil, que apresenta parcial coin-

qualifica o direito subjetivo de propriedade, nele inserindo um dever-poder sem, contudo, aniquilá-lo. Na verdade, com base na lição de Eros Roberto Grau, a citada autora julga que "não é o bem apropriável que tem uma função (pois a função só tem sentido e valor na medida em que for exercitada) e sim o proprietário a quem incumbe, por imperativo constitucional, exercitar os poderes inerentes ao seu direito, de modo condicionado ao interesse comum".

cidência com o referido instituto, tornando-a menos atraente por depender do pagamento de indenização, enquanto a usucapião urbana coletiva dispensa o pagamento de indenização para a aquisição da propriedade.

No entanto, resta a controvertida possibilidade de a aquisição compulsória *pro labore* ser invocada contra o Poder Público por réus em ação reivindicatória promovida por ele.

A função social da propriedade manifestou-se com mais intensidade no direito urbanístico no tema relativo à propriedade urbana e o seu papel no desenvolvimento urbano.

De acordo com o texto constitucional (art. 182, § 2º, da CF) "a propriedade urbana cumpre sua função social quando atende às exigências fundamentais de ordenação da cidade expressas no plano diretor".

O plano diretor pode exigir do proprietário do solo urbano não edificado, subutilizado ou não utilizado, que promova o seu adequado aproveitamento (art. 182, § 4º), o que demonstra uma aplicação do princípio da função social da propriedade que recusa a noção radicada no direito de propriedade de que o proprietário pode dar o destino que deseje ao seu imóvel, mesmo que o fim seja o de não edificar ou não aproveitar o bem.

Os mecanismos de coerção estão descritos no próprio texto constitucional. Existe a possibilidade de exigir-se sucessivamente o parcelamento ou a edificação compulsória, a cobrança de imposto sobre a propriedade predial e territorial urbana progressiva no tempo e a desapropriação do bem com pagamento mediante títulos da dívida pública de emissão previamente aprovada pelo Senado Federal, com prazo de resgate de até dez anos, em parcelas anuais, iguais e sucessivas, assegurados o valor real da indenização e os juros legais.

Com o propósito de realizar o programa definido na Constituição com relação à função social da propriedade urbana o legislador elaborou vigoroso e inovador instrumento legislativo, denominado Estatuto da Cidade (Lei 10.257/2001).[14]

14. Para a história do Estatuto da Cidade, ver Mariana Moreira, "A história do Estatuto da Cidade", in Adilson Abreu Dallari e Sergio Ferraz (orgs.), *Estatuto da Cidade, Comentários à Lei Federal 10.257/2001*, 3ª ed., São Paulo, Malheiros Editores, 2010, pp. 27-43. A origem do Estatuto da Cidade, segundo a referida autora, p. 32, remonta ao Projeto de Lei 775/1983 do Poder Executivo, sucedido por diversos pro-

No direito público, podemos citar como manifestação do princípio da função social que incide sobre a propriedade pública a *regularização fundiária de interesse social sobre área de domínio público*, introduzida pela Lei 11.977/2009.

A regularização fundiária consiste num conjunto de providências jurídicas, urbanísticas, ambientais e sociais com o propósito de regularizar assentamentos pela formalização no registro público do parcelamento do solo e concessão de título jurídico à posse de seus ocupantes.

Elaborado o projeto de regularização fundiária, composto, entre outros documentos, de planta e memorial descritivo de todo o assentamento, do cadastro de todos os ocupantes beneficiários, e do auto de demarcação urbanística[15] com a identificação dos títulos onerados, se não houver impugnação[16] ou esta mostrar-se indevida, o projeto será registrado, as matrículas dos imóveis inteiramente englobados encerradas, abertas novas matrículas em favor dos lotes e áreas públicas e outorgados aos ocupantes cadastrados os títulos de legitimação de posse para fins de moradia.

Decorrido o prazo de 5 (cinco) anos do registro do título de legitimação de posse, preenchidos os requisitos de conversão, o detentor poderá requerer ao Oficial de Registro a conversão em propriedade por usucapião extrajudicial.

Trata-se, no caso, do mais enfático exemplo de incidência do princípio da função social da propriedade sobre o domínio público.

jetos substitutivos, que, pretendendo explicitar o conceito de função social, propunham a observância de diretrizes como "iguais oportunidades de acesso à propriedade urbana e à moradia; distribuição equitativa dos benefícios e ônus decorrentes da urbanização; correção das distorções de valorização da propriedade urbana; regularização fundiária de áreas ocupadas por população de baixa renda; e a devida adequação às normas urbanísticas do direito de construir".

15. A demarcação urbanística é o procedimento administrativo pelo qual o poder público, no âmbito da regularização fundiária de interesse social, demarca imóvel de domínio público ou privado, definindo seus limites, área, localização e confrontantes, com a finalidade de identificar seus ocupantes e qualificar a natureza e o tempo das respectivas posses (art. 47, III, da Lei 11.977/2009).

16. A impugnação deverá ser encaminhada pelo interessado ao registrador imobiliário que decidirá. Pelo teor literal do diploma normativo, considerada justificada ou razoável a impugnação, sem que haja possibilidade de conciliação entre as partes, o pedido de averbação da demarcação deverá ser indeferido e as partes enviadas para o juízo competente para dirimir a controvérsia.

Para alguns, no entanto, a Constituição de 1988 teria proibido, expressamente, qualquer espécie de usucapião de bem público a partir dos textos dos arts. 183, § 3º, e 191, parágrafo único.

Estamos diante de um conflito de normas, pois as normas que estabelecem a função social da propriedade disciplinam um fim que, para ser alcançado, necessita, entre outros instrumentos, da usucapião, que, no entanto, em relação aos bens públicos, é vedada. Em outras palavras, as normas que proíbem a usucapião dos bens públicos suprimem importante meio de realização da função social da propriedade, prevista como fim em outras normas, configurada, com isso, uma antinomia teleológica, que, no entanto, pode ser solucionada.[17]

A admissão da possibilidade da usucapião de bens públicos em razão do princípio da função social da propriedade passa pela distinção da espécie normativa que há entre as normas veiculadas nos arts. 5º, XXIII, 170, III, 182 e 186 da Constituição Federal e as normas veiculadas nos arts. 183, § 3º, e 191, parágrafo único, da Constituição Federal.

As primeiras são princípios, enquanto as segundas são regras.[18]

A norma-princípio ou o princípio na lição de Celso Antônio Bandeira de Mello é por definição

17. A respeito da antinomia teleológica, Maria Helena Diniz, *Compêndio de Introdução à Ciência do Direito*, São Paulo, Saraiva, 1988, p. 430, afirma: "se se apresentar incompatibilidade entre os fins propostos por certa norma e os meios previstos por outra para a consecução daqueles fins. Essa antinomia pode, em certos casos, converter-se em normativa, devendo como tal ser tratada; em outros, terá de ser suportada, como a antinomia valorativa".

18. De acordo com J. J. Gomes Canotilho, *Direito Constitucional*, Coimbra, Almedina, pp. 1.086 e 1.087, os critérios sugeridos para distinguir no âmbito do superconceito norma, entre regras e princípios, são: a) grau de abstração: os princípios são normas com um grau de abstração relativamente elevado enquanto as regras possuem uma abstração relativamente reduzida; b) grau de determinabilidade na aplicação do caso concreto: os princípios, por serem vagos e indeterminados, carecem de mediações concretizadoras, enquanto as regras são suscetíveis de aplicação direta; c) caráter de fundamentalidade no sistema das fontes de direito: os princípios são normas de natureza ou com um papel fundamental no ordenamento jurídico devido à sua posição hierárquica no sistema das fontes (ex.: princípios constitucionais) ou à sua importância estruturante dentro do sistema jurídico; d) "proximidade" da ideia de direito: os princípios são *standards* juridicamente vinculantes radicados nas exigências de *justiça* ou na *ideia de direito*; as regras podem ser normas vinculativas com um conteúdo meramente funcional; e) natureza normogenética: os princípios são fundamento de regras, isto é, são normas que estão na base ou constituem a *ratio* de regras jurídicas, desempenhando, por isso, uma função normogenética fundamentante.

> mandamento nuclear de um sistema, verdadeiro alicerce dele, disposição fundamental que se irradia sobre diferentes normas compondo-lhes o espírito e servindo de critério para sua exata compreensão e inteligência exatamente por definir a lógica e a racionalidade do sistema normativo, no que lhe confere a tônica e lhe dá sentido harmônico.[19]

Os princípios irradiam efeitos e iluminam a compreensão de outras regras que integram o ordenamento jurídico, apresentando uma função interpretativa e integradora. De acordo com Jorge Miranda,

> a ação mediata dos princípios consiste, em primeiro lugar, em funcionarem como critérios de interpretação e de integração, pois são eles que dão a coerência geral do sistema. E, assim, o sentido exato dos preceitos constitucionais tem de ser encontrado na conjugação com os princípios e a integração há de ser feita de tal sorte que se tornem explícitas ou explicitáveis as normas que o legislador constituinte não quis ou não pôde exprimir cabalmente.[20]

É certo que no âmbito constitucional entre uma e outra espécie de norma não há hierarquia em sentido normativo, de modo que pelo princípio da unidade da Constituição as normas constitucionais estariam no mesmo plano. Sem prejuízo dessa assertiva é evidente que entre as diversas normas constitucionais as funções são distintas, sendo que os princípios funcionam como critérios de interpretação e integração do texto constitucional.[21]

Assim, as regras, ainda que inseridas na Constituição, não deixam de recolher influência de ditos princípios constitucionais. Ensina Roque Antonio Carrazza,

> Sem outros cuidados, podemos, agora, sustentar que um princípio jurídico-constitucional, em rigor, não passa de uma norma jurídica qua-

19. Celso Antônio Bandeira de Mello, *Curso de Direito Administrativo*, cit., 31ª ed., cit., p. 54.

20. Jorge Miranda, *Manual de Direito Constitucional*, 3ª ed., t. II, Coimbra, Coimbra Editora, pp. 226-227.

21.Luiz Roberto Barroso, *Interpretação e Aplicação da Constituição*, 4ª ed., São Paulo, Saraiva, 2001, p. 150.

lificada. Qualificada porque, tendo âmbito de validade maior, orienta a atuação de outras normas, mesmo as de nível constitucional. Exerce, tal princípio, uma função axiologicamente mais expressiva, dentro do sistema jurídico.[22]

Enquanto princípio, a *função social da propriedade* é princípio-garantia (art. 5º, XXIII) e princípio político conformador da organização econômico-social do Estado (arts. 170, III, 182, § 2º, e 186),[23] e como tal fornece diretrizes de interpretação das outras normas constitucionais. Assim, as regras constitucionais que proíbem a usucapião de bens públicos (arts. 183, § 3º, e 191, parágrafo único, da Constituição Federal) devem ser interpretadas e compreendidas à luz do princípio da função social da propriedade, que, como visto, informa, também, a propriedade pública.

Assim, parece-nos constitucional o art. 60 da Lei 11.977/2009, que permite a conversão do título de legitimação de posse, após 5 (cinco) anos de seu registro, em título de aquisição de propriedade pela usucapião administrativa do bem imóvel incluído no programa de regularização fundiária de interesse social.

22. Roque Antonio Carrazza, *Curso de Direito Constitucional Tributário*, 2ª ed., São Paulo, Malheiros Editores, 2013, p. 58.

23. J. J. Gomes Canotilho, *Direito Constitucional*. Jorge Miranda, *Manual de Direito Constitucional*, t. II, *Constituição e Inconstitucionalidade*, 3ª ed., pp. 229 e 230, distingue entre princípios constitucionais substantivos, válidos em si mesmos e que espelham os valores básicos a que adere a Constituição material; e, de outra parte, princípios constitucionais adjetivos ou instrumentais – princípios, sobretudo de alcance técnico, complementares do primeiro e que enquadram as disposições articuladas no seu conjunto. Os princípios constitucionais substantivos o citado autor subdistingue em princípios axiológicos fundamentais (proibição de discriminações, inviolabilidade da pessoa humana, a integridade moral e física das pessoas, a não retroatividade da lei penal incriminadora, o direito de defesa dos acusados, a liberdade de religião e de convicções, a dignidade social do trabalho) e princípios político-constitucionais, que refletem as grandes marcas e direções caracterizadoras de cada Constituição (o princípio democrático, o princípio representativo, o princípio republicano, o da constitucionalidade, o da separação dos órgãos do poder, o da subordinação do poder econômico ao poder político). Os princípios constitucionais instrumentais correspondem à estruturação do sistema constitucional, em moldes de racionalidade e operacionalidade; princípios fundamentalmente construtivos e que, embora vindos do Estado constitucional ou de Direito, hoje adquiriram uma relativa neutralidade (princípio da publicidade das normas jurídicas, o da competência).

5. *Conclusão*

Do exposto, constata-se, a título de conclusão, que da tríplice possibilidade de intervenção do Estado na propriedade a *funcionalização* assume papel de destaque como meio de assegurar uma distribuição equilibrada de bens essenciais.

Bibliografia

BANDEIRA DE MELLO, Celso Antônio. *Curso de Direito Administrativo*. 31ª ed. São Paulo, Malheiros Editores, 2014.

BULOS, Uadi Lammêgo. *Constituição Federal Anotada*. 5ª ed. rev. e atual. até a Emenda Constitucional 39/2002. São Paulo, Saraiva, 2003.

CANOTILHO, J. J. Gomes. *Direito Constitucional*. Coimbra, Almedina.

CARRAZZA, Roque Antonio. *Curso de Direito Constitucional Tributário*. 29ª ed. São Paulo, Malheiros Editores, 2013.

COLLADO, Pedro Escribano. *La Propiedad Privada Urbana*. Madri, Montecorvo, 1979.

COMPARATO, Fábio Konder. "Função social da propriedade dos bens de produção". *Revista de Direito Mercantil*. São Paulo, v. 63, p. 75, 1986.

DINIZ, Maria Helena. *Compêndio de Introdução à Ciência do Direito*. São Paulo, Saraiva, 1988.

DI PIETRO, Maria Sylvia Zanella. *Direito Administrativo*. 17ª ed. São Paulo, Atlas, 2004.

DUGUIT, Léon. *Les Transformations Genérales du Droit Privé Depuis le Code Napoléon*. 2ª ed. Paris, Librairie Félix Alcan.

FIGUEIREDO, Lúcia Valle. *Curso de Direito Administrativo*. 9ª ed., rev., ampl. e atual. até a Emenda Constitucional 56/2007. São Paulo, Malheiros Editores, 2008.

MIRANDA, Jorge. *Manual de Direito Constitucional*. 3ª ed., t. II. Coimbra, Coimbra Editora.

MOREIRA, Mariana. "A história do Estatuto da Cidade". In DALLARI, Adilson Abreu; FERRAZ, Sergio. *Estatuto da Cidade, Comentários à Lei Federal 10.257/2001*. 3ª ed. São Paulo, Malheiros Editores, 2012, pp. 27-43.

RABAHIE, Marina Mariani de Macedo. "A função social da propriedade". In DALLARI, Adilson Abreu; FIGUEIREDO, Lúcia Valle (coords.). *Temas de Direito Urbanístico 2*. São Paulo, Ed. RT, 1991, p. 229.

DA INCONSTITUCIONALIDADE DAS LIMITAÇÕES LEGISLATIVAS À CONCESSÃO DE LIMINARES EM MANDADO DE SEGURANÇA

VALMIR PONTES FILHO

Mestre em Direito pela PUC-SP – Professor Titular da Universidade de Fortaleza-UNIFOR.

O sistema de distribuição constitucional das funções estatais entre órgãos distintos, cada qual possuindo área própria de atuação e com competência para exercer o controle dos demais, compõe, é sabido, o mecanismo ideal de salvaguarda das liberdades e dos direitos individuais. Não raro desconsiderado, todavia. Não se justifica, pois, a hipertrofia de qualquer desses órgãos (em especial do Executivo, historicamente o mais autoritário), cercando-se seus atos de uma capa impermeável à fiscalização dos demais órgãos de governo. Enfim, que os atos administrativos, não importando de onde promanem, se mantenham imunes a qualquer tipo de controle.

É o ato administrativo aquele ato jurídico praticado em patamar infralegal, compreendendo toda manifestação lícita da vontade da administração pública, destinada à aquisição, à conservação, à transferência, à modificação ou à extinção de direitos.

O Estado, pois, no exercício da função administrativa, manifesta sua vontade por meio dos atos administrativos, criando, reconhecendo, modificando, resguardando ou extinguindo, sob o influxo da lei, situações jurídicas subjetivas em matéria administrativa. Deixando propositadamente de lado as questões relativas às características e aos elementos dos atos administrativos, passemos ao problema crucial do controle deles pelo Poder Judiciário, segundo a ordem constitucional vigente e sob a ótica de quem entende deva ser tal controle o mais amplo e profundo possível, de modo que os direitos dos administrados se vejam eficazmente garantidos.

A partir dessa elementar noção de direito público e a despeito de algumas vacilações que o formalismo tradicional e o liberalismo da nossa formação jurídica ainda não permitem que se desfaçam de todo, chegou-se à convicção de que o abuso de poder pode abrigar-se, incontáveis vezes, no âmago dos atos administrativos, e não apenas se revelar na sua face exterior. Como no mais íntimo das pessoas, não apenas pelo seu comportamento exterior, ou visível, é que se vai buscar a definição do seu caráter, das suas inclinações, da sua personalidade, enfim.

Mas essa busca, essa descida ao âmago dos atos da administração pública para ajuizar da sua legalidade e da sua legitimidade encontrava um obstáculo sério, que decorria de uma concepção até bem pouco tempo abstencionista do Poder Judiciário. Na tradição do nosso direito público, ao Judiciário descabia examinar o chamado mérito dos atos administrativos, restando-lhe apenas o exame desses atos sob os aspectos de competência e de forma ou, quando muito, sob o aspecto objetivo da ofensa direta ou frontal a algum dispositivo de lei. Muitos e muitos atos abusivos da administração levados ao conhecimento dos juízes brasileiros foram por eles convalidados com fundamento nessa teoria, em que a "intocabilidade" do seu mérito se opunha tenazmente à análise de abusos outros que não fossem de competência ou de forma ou decorrentes do puro e simples desrespeito a dispositivo legal. E em que consistia ou onde estava o falado mérito da ação administrativa? Residia no interior dos atos, zona sagrada, indevassável, interdita ao exame do Poder Judiciário.

Foi por influência da doutrina francesa do desvio de poder que afinal se fez a necessária luz nesse ângulo do direito público em nosso país. Conforme essa doutrina, que teve em Marcel Waline um dos seus mais lúcidos expositores e exegetas, o administrador público pode praticar abuso de poder quando, embora competente a autoridade e ainda que perfeito o ato sob o aspecto formal e não objetiva ou frontalmente contrário a nenhum preceito de lei, não parta ele de motivação capaz de legitimá-lo. Quer dizer: o ato administrativo, como diz Waline, há de sempre repousar, mesmo quando a lei expressamente não o exija, sobre um motivo, isto é, justificar-se em certa situação de fato existente no momento em que o ato é emitido, sobretudo nos casos em que a ação administrativa restrinja uma situação jurídica, um direito adquirido ou uma liberdade pública de um cidadão, devendo ter, ademais, um motivo legal, ou seja, um daqueles motivos cuja existência a lei imponha como condição necessária de uma restrição de direitos ou de liberdades.

Interessante é observar que, na construção dessa teoria dos motivos do ato administrativo, hoje plenamente incorporada ao nosso direito público, atribui-se ao juiz o poder de penetrar no ato administrativo, não só para perquirir-lhe os motivos e invalidá-lo, quando não os encontre suficientes para legitimá-lo, como até mesmo para substituir os motivos dados pelo administrador, acaso inaceitáveis, por outros que o sistema jurídico possa acolher como capazes de conferir validade ao ato. Cabe, nesse lanço, referir à doutrina segura de Lúcia Valle Figueiredo, eminentíssima jurista e juíza exemplar:

> (...) o controle do Judiciário sobre a Administração Pública é mais amplo do que a Constituição precedente ensejava. E, como o juiz deve sempre decidir, prestar sua jurisdição, na hipótese de a norma legal não lhe parecer suficiente, no juízo de subsunção cabe-lhe colmatar a lacuna. A prestação jurisdicional não pode ser negada. A mera ameaça de lesão já é suficiente. O limite de atuação do Poder Judiciário será gizado pelo próprio Judiciário, que tem por finalidade dizer o direito no caso concreto, sem invadir a competência administrativa. Isso faz parte do equilíbrio e do jogo dos poderes.[1]

A motivação ou fundamentação dos atos administrativos é tema fascinante, abordado por um sem-número de notáveis administrativistas, sempre preocupados com os limites dos poderes discricionários, à vista dos motivos e dos fins do ato jurídico a ser praticado e do interesse coletivo a ser atingido.

O Supremo Tribunal Federal tem tido, a seu turno, ocasião de sustentar a necessidade dessa motivação em vários casos, como refere Baleeiro, com referência a Gallotti, em acórdão na *RTJ*, v. 73, pp. 732 e ss.

1. Lúcia Valle Figueiredo, *Curso de Direito Administrativo*, 9ª ed., São Paulo, Malheiros Editores, 2008, p. 345. Nessa magnífica obra a autora dá mostra inconteste de seu brilho. Bem poderia ser Lúcia Valle a primeira mulher a ocupar uma vaga no Supremo Tribunal do nosso País.

E o legislador pátrio não falta com a sua contribuição, ao explicitar, no art. 2º, parágrafo único, "d", da Lei da Ação Popular, embora de modo imperfeito, que "(...) a inexistência dos motivos se verifica quando a matéria de fato ou de direito, em que se fundamenta o ato, é materialmente inexistente ou juridicamente inadequada ao resultado obtido".

Se por ausência de motivação ou por motivação insuficiente ou inadequada, como já vimos, pode o ato administrativo ser levado ao crivo do Judiciário (que examinará o seu próprio mérito), o mesmo se passa quando o ato, não obstante emanado de autoridade competente, revestido de forma legal e bem-fundamentado, tem por finalidade um resultado diverso daquele que aparenta obter. Trata-se, aí, de abuso de poder por desvio de finalidade, que a Lei da Ação Popular diz ocorrer "(...) quando o agente pratica o ato visando a fim diverso daquele previsto, explícita ou implicitamente, na regra de competência" (art. 2º, parágrafo único, "e").

Por último, aluda-se, em rápida síntese, aos meios procedimentais de que dispomos para o controle jurisdicional dos atos administrativos. Saídos daquela fase de extremo autoritarismo governamental, durante a qual proliferaram os famigerados "atos institucionais", a excluir da apreciação do Poder Judiciário o exame de extenso rol de atos do então chamado "poder revolucionário", voltou a subsistir a norma salutar de que a lei não poderá excluir da apreciação do Judiciário qualquer lesão ou ameaça a direito (CF/1988, art. 5º, XXXV).

Afora o autocontrole dos atos administrativos propiciado pelo instituto da representação e pelos recursos hierárquicos, um sistema interno de contenção, pelos próprios órgãos administrativos, da sua atividade, há, entre nós, duas linhas de controle dos atos administrativos pelo Judiciário: uma estabelecida na Constituição, outra em diplomas ordinários de natureza processual. Na primeira dessas linhas estão o mandado de segurança, o *habeas corpus*, o *habeas data* e a ação popular. São meios dados à coletividade pela própria Lei Maior, insuscetíveis, portanto, de retirada ou eliminação pelo legislador ordinário, que apenas os disciplina processualmente, sem que os possa desfigurar ou descaracterizar como instrumentos de defesa de direitos.[2]

2. A respeito do instituto do *writ*, aliás, impende referir a tese – sustentada com brilho por Sergio Ferraz e à qual incondicionalmente aderimos – segundo a qual

Cuidado extremo no trato deste tema, ou seja, o pertinente à Lei 12.016, de 7.8.2009, que veio a dar novo disciplinamento ao mandado de segurança – é imposto por um motivo óbvio: o diploma legal recém--editado estabelece severas limitações para o uso de um instituto essencial para a proteção dos direitos individuais e coletivos.

Como chegou a anotar a respeito do mandado de segurança, tal como previsto pela Constituição de 1988, o Professor José Carlos Barbosa Moreira, "(...) agora, embora conservando a sua função de garantia aplicável à defesa dos direitos individuais, o mandado de segurança vê ampliada, alargada, a sua fisionomia, para abranger também a figura nova do mandado de segurança coletivo, destinado à proteção já não mais de direitos pertencentes a esta ou aquela pessoa, a este ou aquele indivíduo, senão de direitos pertencentes à coletividade".[3]

Com efeito, esse remédio extremo mereceu trato constitucional ininterrupto – exceção feita à Carta ditatorial de 1937 – hoje figurando no art. 5º, LXIX, do Capítulo I (Dos Direitos e Deveres Individuais e Coletivos), do Título II (Dos Direitos e Garantias Fundamentais) da Constituição de 5 de outubro de 1988. Tem, pois, dignidade superior, a ele não se podendo conferir tratamento legal que não seja mesuroso a essa sua especial posição e qualidade.

Assim, absolutamente imperioso que se observe, de logo, a relevante questão atinente à própria índole da Lei 12.016/2009. Tem essa regra, a desdúvidas, natureza claramente restritiva dos efeitos de norma constitucional que, por disponibilizar instrumento indispensável à garantia de direitos individuais e coletivos, há de possuir eficácia plena e aplicabilidade imediata.

Impõe-se, como é de farta sabença, exegese lógico-sistemática que prestigie o texto constitucional e que lhe confira a máxima eficácia, de

a norma legal, anterior à CF/1988, que fixou prazo para a impetração do mandado de segurança, não foi por esta recepcionada. Afinal, se a utilização desse remédio é direito individual constitucionalmente assegurado (CF, art. 5º, LXIX), não condicionando a Lei Suprema o recurso a ele a qualquer prazo, não haveria de ser uma simples lei (ainda mais anterior à CF vigente) que poderia obstaculizar temporalmente o exercício pleno desse direito.

3. Palestra proferida em seminário sobre Mandado de Segurança realizado, em 1994, em homenagem ao Professor Celso Agrícola Barbi (transformada em artigo publicado no livro *Mandado de Segurança*, Belo Horizonte, Del Rey, 1996, pp. 73-89).

modo a proteger as garantias dos cidadãos e da coletividade contra o uso desmedido do poder. A Lei 12.016/2009 – que é lei ordinária – fez exatamente o contrário: restringiu o uso, em muitas de suas dimensões, de instituto de natureza constitucional e manejável exatamente contra atos ilegais e abusivos da autoridade pública.

Hugo de Brito Machado diz ter ouvido de um advogado norte-americano a seguinte singela e eloquente definição: *o mandado de segurança é o processo do qual as pessoas podem dispor para obrigar o governo a fazer o que deve, e não faz, ou a não fazer o que faz, mas não deve!* Segundo esse notável juspublicista, o mandado de segurança "(...) é uma garantia constitucional que, como tal, não pode ser abolida, direta ou indiretamente, pela lei".[4] Repita-se: a Lei 12.016 vai nesse deplorável sentido, já por isso se revelando eivada de inconstitucionalidade. Admitir-se-ia, sim, norma legal que robustecesse a garantia do mandado de segurança, facilitando a sua utilização. Ou até mesmo, como já se faz alhures, emenda à Constituição prevendo sua impetração contra atos privados. Não o contrário.

Para além dos argumentos aqui já singelamente expostos, justificadores, por si sós, da propositura de uma Ação Declaratória de Inconstitucionalidade contra a indigitada Lei, importante tecer crítica pontual a alguns de seus dispositivos:

I) O § 2º do art. 1º impede a impetração de MS contra "(...) *atos de gestão comercial* praticados pelos administradores de empresas públicas, de sociedade de economia mista e de concessionária de serviço público". Não se desconhece que tanto a doutrina quanto a jurisprudência distinguem bem, há tempos, esses atos, editados que são na esfera da mera administração privada de empresas públicas, de sociedades de economia mista ou de concessionárias de serviço público; de ver, todavia, que podem existir hipóteses em que essa mera "gestão privada" pode importar a prática de atos claramente abusivos ou ilegais, ofensivos, por exemplo, de direitos e interesses da comunidade administrada (por exemplo, a locação de um imóvel por valores absurdamente elevados, de modo a comprometer a própria estabilidade financeira dessas entidades); não se deslembre, afinal, que o Estado, tal

4. Hugo de Brito Machado, *Mandado de Segurança em Matéria Tributária*, 7ª ed., São Paulo, Dialética, 2009, p. 13.

com o Rei Midas, publiciza tudo o que toca, nem que os dirigentes de uma sociedade de economia mista, que fazem as vezes da autoridade, lidam com recursos que não são só privados. Nesse caso, vê-se necessário que a Suprema Corte dê ao dispositivo, ao menos, interpretação compatível com a Lei Suprema, de modo a declarar a sua inconstitucionalidade sem redução de texto.

II) O inciso III do art. 7º confere ao juiz, quando da concessão de medidas liminares, a faculdade de exigir caução, fiança ou depósito, com o objetivo de ressarcir a pessoa jurídica de direito público; disposição dotada de evidente inconstitucionalidade, posto que limita a capacidade postulatória aos mais dotados econômica e financeiramente. De lembrar, aliás, que conceder liminares, uma vez satisfeitos os requisitos legais, é obrigação do magistrado, não mera faculdade sua! Especificamente quanto a esse tópico, imperiosa a remessa ao brilhantíssimo parecer proferido pelo Conselheiro Federal da OAB, Professor Paulo Roberto de Gouvêa Medina.[5]

5. "*1*. A nova lei do mandado de segurança faculta ao juiz condicionar o deferimento da liminar, exigindo, *do impetrante, caução, fiança ou depósito, com o objetivo de assegurar o ressarcimento à pessoa jurídica*. É o que dispõe, no art. 7º, III, *in fine*, a Lei n. 12.016, de 7 de agosto de 2009.

"2. Corresponde o citado preceito ao texto do projeto de lei de que resultou o novo diploma – o Projeto de Lei n. 5.067/2001 –, enviado ao Congresso Nacional em 7 de agosto de 2001, por meio da Mensagem presidencial n. 824, que era acompanhada de Exposição de Motivos dos Senhores Ministros Gilmar Ferreira Mendes, Advogado-Geral da União e José Gregori, Ministro de Estado da Justiça (Cf. Hely Lopes Meirelles, *Mandado de Segurança*, 31ª edição. São Paulo: Malheiros Editores, 2008, pp. 748/757).

"*3*. Na vigência da Lei n. 1.533, de 31 de dezembro de 1951, que não previa semelhante condição para o deferimento da medida liminar em mandado de segurança, reinava certa controvérsia, na doutrina e na jurisprudência, em torno da legitimidade de sua exigência, pelo juiz, em cada caso.

"Na doutrina, admitiam-na, entre outros – sempre em casos especiais – Hely Lopes Meirelles (ob. cit., pp. 85/86); Celso Agrícola Barbi (*Do Mandado de Segurança*, 7ª edição. Rio de Janeiro: Forense, 1993, p. 178, n. 183); Cármen Lúcia Antunes Rocha (*A liminar no mandado de segurança, in Mandados de Segurança e de Injunção*. São Paulo: Saraiva, 1990, pp. 199/230-222 – obra coletiva, sob a coordenação do Ministro Sálvio de Figueiredo Teixeira); Hugo de Brito Machado (*Mandado de Segurança em Matéria Tributária*, 6ª edição. São Paulo: Dialética, 2006, pp. 166/167, n. 9.2.); Lúcia Valle Figueiredo (*Mandado de Segurança*, 4ª edição. São Paulo: Malheiros Editores, 2002, pp. 139/140, n. 5.5) – esta autora somente a admitindo, aliás, '*em condições excepcionalíssimas*.

"No sentido de sua inadmissibilidade, sem que lei que a autorizasse, era o pensamento do Ministro Carlos Alberto Menezes Direito, respaldado em expressivos julgados do Superior Tribunal de Justiça (*Manual do Mandado de Segurança*, 4ª edição. Rio de Janeiro: Renovar, 2003, pp. 129/131).

"Em termos peremptoriamente contrários à exigência de caução, por entender que a liminar sujeita-se, apenas, aos pressupostos que a lei para tanto estabelece, manifestava-se Cassio Scarpinella Bueno (*Mandado de Segurança*, 4ª edição. São Paulo: Saraiva, 2008, pp. 99/100, n. 10).

"Uma resenha da orientação jurisprudencial nos dois primeiros sentidos acima indicados é apresentada por Sergio Ferraz (*Mandado de Segurança*. São Paulo: Malheiros Editores, 2006, pp. 282/284), que, no entanto, não chega a tomar posição em torno da controvérsia.

"*4*. Examinando hipótese análoga à presente, o Supremo Tribunal Federal deu indicação de que exigência dessa natureza para a concessão de liminares seria de considerar-se inconstitucional. Foi no julgamento do pedido de cautelar na ADI n. 1.576, a 16 de abril de 1997. A referida ação direta de inconstitucionalidade tinha por objeto a Medida Provisória n. 1.570/1997, cujo art. 2º introduzia parágrafo no art. 1º da Lei n. 8.437, de 30 de junho de 1992 para condicionar a concessão de liminares em ações cautelares contra atos de pessoa jurídica de direito público, sempre que houvesse risco de dano, à prestação de garantia real ou fidejussória. O Supremo, por seis votos a cinco, vencidos os Ministros Marco Aurélio (relator), Nélson Jobim, Octávio Gallotti, Sydney Sanches e Moreira Alves, deferiu a medida cautelar para suspender a eficácia do citado dispositivo, por considerar que este continha restrição ao acesso à Justiça.

"A Medida Provisória n. 1.576, na sua quinta edição, converteu-se na Lei n. 9.494, de 10 de setembro de 1997, sem o dispositivo impugnado.

"(...)

"*6*. De ressaltar-se que, na hipótese mencionada, a Lei era imperativa, dispondo que, ante a possibilidade de prejuízo ao erário, 'o juiz ou relator determinará a prestação de garantia real ou fidejussória'. Já a Lei n. 12.016/2009, no seu art. 7º, III, diz que o juiz deferirá a liminar, 'sendo facultado exigir do impetrante caução, fiança ou depósito, com o objetivo de assegurar o ressarcimento à pessoa jurídica'. Nas duas hipóteses, contudo, a verificação da ocorrência de risco ao erário público envolveria juízo discricionário do magistrado.

"A diferença substancial entre as duas situações, na verdade, estaria, apenas, na circunstância de que a Medida Provisória n. 1.576/1997 abrangia todas as ações contra o Poder Público e a Lei de que ora nos ocupamos trata, especificamente, do mandado de segurança.

"*7*. De qualquer forma, é de considerar-se que o mesmo entendimento que prevaleceu no caso anterior há de servir de bússola à interpretação da nova restrição prevista para a concessão de liminar.

"Tenho que não só a norma constitucional que assegura o acesso à Justiça (Constituição, art. 5º, XXXV), mas o dispositivo, mesmo, que institui o mandado de segurança para proteger direito líquido e certo contra ato de autoridade pública ou de quem exerça função delegada do Poder Público (Constituição, art. 5º, LXIX), contrapõe-se a semelhante exigência.

"É que a concessão de liminar parece-me inerente ao instituto do mandado de segurança. De modo que este seja, realmente, para o interessado, *remédio efetivo para os atos que violem os direitos fundamentais que lhe sejam reconhecidos pela Constituição ou pela lei*, como preconiza o art. VIII da Declaração Universal de Direitos Humanos, a concessão da liminar há de ser efetivada, sem peias, quando for o caso. Por outro lado, na perspectiva da proteção dos direitos fundamentais, o Estado não pode intervir, como uma sombra, a empanar a possibilidade de sua fruição.

"*8*. Coincide com a concepção que sustento acerca da liminar, o pensamento de Clovis Beznos: 'muito embora não exista a previsão constitucional expressa da liminar, salta aos olhos que a mesma é absolutamente inerente ao próprio remédio constitucional, que, destinado à proteção de direito contra ato ilegal de autoridade, tornar-se-ia letra morta caso não se coibisse desde logo a ilegalidade, como nas hipóteses em que os efeitos do ato lesivo de direito viessem a ocasionar a irreversibilidade da lesão, pela demora no trâmite processual. Disso decorre, inelutavelmente, a conclusão da previsão constitucional implícita da liminar, pois não se poderia compreender tivesse pretendido o Constituinte prever um meio de defesa de direito eficiente algumas vezes e inócuo em determinadas circunstâncias'. (Apud Carlos Alberto Menezes Direito, ob. cit., p. 128).

"Não é outro o pensamento de Cármen Lúcia Antunes Rocha, embora a eminente Ministra admita, em tese, a legitimidade da caução, que, a seu ver, já no regime jurídico anterior, o legislador poderia ter estabelecido: 'Em virtude da imprescindibilidade da liminar para o aperfeiçoamento da garantia fundamental do mandado de segurança, em alguns casos, é que se tem atribuído, com exatidão, instância constitucional a esta medida, conquanto a sua expressão não se contenha na norma do art. 5º, LXIX, da Carta Magna, mas apenas no art. 7º, II, da Lei n. 1.533/51'.

"A raiz constitucional da liminar de mandado de segurança, inobstante implícita no texto normativo magno, explica-se pela sua indispensabilidade em algumas hipóteses para a realização da finalidade protetora de direito líquido e certo posta na regra fundamental' (*A liminar no mandado de segurança*, *in* ob. cit., p. 201).

"*9*. Ora, se a liminar acha-se ínsita na própria definição constitucional do instituto do mandado de segurança, não é admissível que o legislador infraconstitucional preveja condições outras para o seu deferimento que não sejam aquelas decorrentes dos seus pressupostos e da sua natureza de antecipação provisória dos efeitos do provimento final.

"Ao revés, o que é razoável esperar é que a lei potencialize os efeitos da liminar constitucionalmente prevista. A tanto o intérprete é induzido, aliás, por um dos princípios mais caros na hermenêutica constitucional, o *princípio da máxima efetividade* (Cf. Inocêncio Mártires Coelho, *Interpretação Constitucional*, 3ª edição. São Paulo: Saraiva, 2007, p. 107, n. 6).

"*10*. De outra parte, não parece razoável a exigência de caução, fiança ou depósito para o deferimento da liminar, ao argumento de que os interesses da pessoa jurídica de direito público precisam ser resguardados. Como contracautela suficiente para prevenir danos ao interesse público a Lei já prevê o pedido de suspensão da liminar (art. 15) – que pode, até, ser renovado (art. 15, § 1º), além do recurso próprio – o agravo de instrumento (art. 15, §§ 3º e 5º).

"A previsão de tais instrumentos para sustar, de imediato, eventual liminar que cause grave dano ao interesse público, está a demonstrar que, em determinadas hipó-

III) O § 2º do art. 7º impede a concessão de medida liminar "(...) que tenha por objeto a compensação de créditos tributários, a entrega de mercadorias e bens provenientes do exterior, a reclassificação ou equiparação de servidores públicos e a concessão de aumento ou a extensão de vantagens *ou pagamento de qualquer natureza*". Cabe, neste passo, a referência a elucidativo trecho do parecer, já referido, de Marcus Vinícius Furtado Coêlho, para quem... "na atual ordem democrática, inconcebível tal proibição, pois a Constituição protege não apenas a lesão de direito, como também a ameaça de lesão e esta apenas poderá ser protegida com a concessão de liminares".

A primeira parte do dispositivo sob exame reproduz, a rigor, regra legal já existente, mas alusiva à ação cautelar, que é instrumento previsto na lei processual; necessário observar, todavia, que o mandado de segurança é instrumento de *matriz constitucional*, a ele não se podendo

teses, sopesando os valores *justa pretensão – segurança jurídica*, os órgãos competentes do Judiciário poderão, à luz desse último, negar a liminar requerida. Se esse conflito não existir ou se o valor segurança jurídica não se revelar preeminente, caberá, portanto, a liminar, sem outras condições, que não sejam as que dizem respeito ao atendimento dos seus pressupostos de admissibilidade.

"*11*. O preceito legal em referência – art. 7º, III, *in fine*, da Lei n. 12.016/2009 – é, pois, suscetível de ser questionado, junto ao Supremo Tribunal Federal, por meio de ação direta de inconstitucionalidade.

"Ensina o Prof. Alfredo Buzaid: '... diz-se inconstitucional todo ato que direta ou indiretamente contraria a Constituição. A ofensa resulta da simples inconciliabilidade com a Constituição; ela é direta, quando viola o direito expresso; e indireta, quando a lei é incompatível com o espírito ou o sistema da Constituição'. (*Da Ação Direta de Inconstitucionalidade no Direito Brasileiro*. São Paulo: Saraiva, 1958, p. 46, n. 13).

"Lúcio Bittencourt, por sua vez, observa: 'Vale considerar, aliás, que a ofensa a direito ou garantia constitucional não precisa decorrer direta e imediatamente das prescrições da lei, mas, para que esta seja ineficaz, basta que, por qualquer forma, ainda que indireta ou mediatamente, sejam atingidos e lesados aqueles direitos e garantias'. (*O Controle Jurisdicional da Constitucionalidade das Leis*, 2ª edição, atualizada por José de Aguiar Dias. Rio de Janeiro: Forense, 1968, p. 87).

"*12*. Não se pode, entretanto, contar com probabilidades otimistas de êxito, na ação que venha a ser ajuizada.

"O cenário, de início, descrito revela que o tema é controverso e polêmico.

"O precedente judicial mais relevante não fugiu à instabilidade desse quadro. Dos Ministros do Supremo Tribunal vencidos, no julgamento, um continua a atuar naquela Corte, a ele devendo juntar-se, numa nova assentada, o atual Presidente que, como Advogado-Geral da União, parece haver sido o principal autor do projeto de lei que se converteu no diploma legal analisado."

aplicar, por via de simples lei, restrição dessa ordem. aliás, bem-lançadas decisões judiciais já reconheceram, pela via incidental, a incompatibilidade dessa proibição com a Lei Maior, segundo noticiado em sítio da *internet*.[6]

No que respeita à segunda parte, reconheça-se ser adequada, em sede de liminar, a vedação de concessão de aumento de remuneração de servidores públicos ou a sua reclassificação ou equiparação; mas agora do que se cuida é de proibir "pagamento de qualquer natureza". Isso importa dizer que a remuneração dos servidores públicos (que tem inegável natureza alimentar) pode vir a ser diminuída por ato administrati-

6. "Mais um juiz considerou inconstitucional o artigo da nova Lei do Mandado de Segurança que proíbe a concessão de liminares para questões relacionadas à importação de mercadorias. O juiz substituto da 8ª Vara Federal de Brasília, Tales Krauss Queiroz, liberou na sexta-feira insumos utilizados para a fabricação de incensos adquiridos pela Avatar Dourado Importação Exportação e Comércio, que foram apreendidos pela alfândega. Na semana anterior, em Novo Hamburgo, no Rio Grande do Sul, a 2ª Vara Federal atendeu ao pedido da mantenedora da Pontifícia Universidade Católica do Rio Grande do Sul (PUC-RS), a União Brasileira de Educação e Assistência (Ubea), e permitiu a entrada de equipamentos importados pela entidade direcionados à pesquisa científica.

Na decisão em Brasília, o juiz federal entendeu que a proibição do uso de liminar para liberação de importações é inconstitucional porque exclui da apreciação do Judiciário casos em que há ameaça ao direito, o que é vedado pelo artigo 5º da Constituição. Afastada essa questão, o juiz citou súmulas do Supremo Tribunal Federal (STF) e do Superior Tribunal de Justiça (STJ) que consideram inadmissíveis a apreensão de mercadorias como meio coercitivo para a arrecadação de tributos. Para ele, a conduta das autoridades fiscais responsáveis 'restringe injustificadamente a atividade comercial da empresa, que no caso, está sujeita aos altos custos da armazenagem'. (...) A decisão demonstra mais uma vez que essa vedação para a concessão de liminar na importação deverá ser limitada apenas quando houver vício intrínseco no produto importado – como falsificação, importação proibida ou risco para o consumo. (...) Além disso, Seiblitz afirma que a nova Lei do Mandado de Segurança apenas compilou dispositivos já existentes sobre o tema e que essa vedação já estava prevista na Lei n. 2.770, de 1956. 'Essa antiga norma já teve sua aplicação afastada em muitos dos casos, o que deve continuar a ocorrer.' No caso julgado no Rio Grande do Sul, o juiz Daniel Henrique Dummer também entendeu pela inconstitucionalidade da proibição de liminares para a liberação de produtos importados e afastou a incidência do ICMS sobre a aquisição das mercadorias, como queria a fiscalização, ao apreender o produto. Para o juiz, a entidade é reconhecidamente uma instituição assistencial, sem fins lucrativos, para a qual se aplica o inciso IV do artigo 150, da Constituição, que veda a cobrança de impostos para essas situações" (Associação dos Advogados de São Paulo – AASP, "Juiz libera importação com liminar", disponível em: <http://www.aasp.org.br/aasp/imprensa/clipping/cli_noticia.asp?idnot=6088>).

vo ilegal ou abusivo, sem que o juiz possa, liminarmente, recompor o *status quo ante*; nada mais juridicamente intolerável do que isso, o que leva à constatação da inconstitucionalidade da parte final do dispositivo em alusão ("(...) ou pagamento de qualquer natureza").

IV) § 2º do art. 22 – por via de tal dispositivo se impede, nos mandados de segurança coletivos, a concessão de liminares *inaudita altera pars*, é dizer, sem a prévia ouvida, em 72 horas, do representante judicial da pessoa de direito público envolvida; mais uma vedação intolerável, de vez que essa demora, em determinadas hipóteses, pode ser fatal para o direito dos impetrantes; a providência reclamada, nesses casos, ou é imediata, ou não terá serventia alguma (em situações de danos ao meio ambiente, por exemplo, isso ocorre frequentemente).

V) O Art. 23 – na linha do que restou inicialmente exposto, descabe à lei – quando a própria Constituição não o faz nem admite expressamente sejam feitas – estabelecer restrições, inclusive quanto a prazo, para a impetração de mandado de segurança. O que se enxerga no inciso LXIX do art. 5º da Lei Suprema é a outorga direta da prerrogativa de obter a concessão de mandado de segurança para "proteger direito líquido e certo, não amparado por *habeas corpus* ou *habeas data*, quando o responsável pela ilegalidade ou abuso de poder for autoridade pública ou agente de pessoa jurídica no exercício de atribuições do Poder Público". Ali não se condiciona o exercício dessa prerrogativa à edição posterior de lei que imponha a satisfação de condições, inclusive de natureza temporal (de prazo, portanto). Não se trata, o mencionado inciso LXIX (do art. 5º), de norma constitucional de eficácia *restringível* (para usar a classificação de Celso Bastos e Carlos Britto[7]), mas de *norma imediatamente fruível e exigível, conferidora de poder-direito ou direito em sentido estrito, insuscetível de restrição*, como magnificamente explicado por Celso Antônio Bandeira de Mello;[8] daí a inconstitucionalidade da fixação do prazo (decadencial) de 120 dias para a impetração da segurança.

VI) Art. 25 – sob o color de que apenas se estaria reproduzindo (equivocada) jurisprudência dominante, o art. 25 da Lei 12.016/2009

7. Carlos Britto e Celso Bastos, *Interpretação e Aplicabilidade das Normas Constitucionais*, São Paulo, Saraiva, 1982.

8. Celso Antônio Bandeira de Mello, *Eficácia das Normas Constitucionais e Direitos Sociais*, São Paulo, Malheiros Editores, 2009, p. 25.

proíbe a condenação ao pagamento dos honorários advocatícios; com isso, aquele que se vir atingido por ato ilegal ou abusivo da autoridade pública deverá arcar, integralmente, com os honorários do seu advogado, enquanto ao Estado nenhuma penalidade pecuniária se imporá, ainda que sob a forma de honorários sucumbenciais; este, assim, enriquece indevidamente. Mais uma regra a merecer crítica severa, portanto.

Bibliografia

ASSOCIAÇÃO DOS ADVOGADOS DE SÃO PAULO – AASP. "Juiz libera importação com liminar". Disponível em: <http://www.aasp.org.br/aasp/imprensa/clipping/cli_noticia.asp?idnot=6088>.

BANDEIRA DE MELLO, Celso Antônio. *Eficácia das Normas Constitucionais e Direitos Sociais*. São Paulo, Malheiros Editores, 2009.

BASTOS, Celso; BRITTO, Carlos. *Interpretação e Aplicabilidade das Normas Constitucionais*. São Paulo, Saraiva, 1982.

FIGUEIREDO, Lúcia Valle. *Curso de Direito Administrativo*. 9ª ed. São Paulo, Malheiros Editores, 2008.

MACHADO, Hugo de Brito. *Mandado de Segurança em Matéria Tributária*. 7ª ed. São Paulo, Dialética, 2009.

* * *

GRÁFICA PAYM
Tel. (11) 4392-3344 · paym@terra.com.br

01023